国家出版基金项目
NATIONAL PUBLICATION FOUNDATION

U0586472

中国近代思想家文库

◎

汤一介 赵建永 编

汤用彤卷

中国人民大学出版社

·北京·

《中国近代思想家文库》编纂委员会名单

主　任　　柳斌杰　纪宝成

副主任　　吴尚之　李宝中　李　潞

　　　　　王　然　贺耀敏　李永强

主　编　　戴　逸

副主编　　王俊义　耿云志

委　员　　王汝丰　刘志琴　　许纪霖　杨天石　杨宗元

　　　　　陈　铮　欧阳哲生　罗志田　夏晓虹　徐　莉

　　　　　黄兴涛　黄爱平　　蔡乐苏　熊月之

　　　　　（按姓氏笔画排序）

总　序

　　对于近代的理解，虽不见得所有人都是一致的，但总的说来，对于近代这个词所涵的基本意义，人们还是有共识的。一个国家、一个民族走入近代，就意味着以工业化为主导的经济取代了以地主经济、领主经济或自然经济为主导的中世纪的经济形态，也还意味着，它不再是孤立的或是封闭与半封闭的，而是以某种形式加入到世界总的发展进程。尤其重要的是，它以某种形式的民主制度取代君主专制或其他不同形式的专制制度。中国是个幅员广大、人口众多、历史悠久的多民族国家，由于长期历史发展是自成一体的，与外界的交往比较有限，其生产方式的代谢迟缓了一些。如果说，世界的近代是从 17 世纪开始的，那么中国的近代则是从 19 世纪中期才开始的。现在国内学界比较一致的认识，是把 1840 年到 1949 年视为中国的近代。

　　中国的近代起始的标志是 1840 年的鸦片战争。原来相对封闭的国门被拥有近代种种优势的英帝国以军舰、大炮再加上种种卑鄙的欺诈打开了。从此，中国不情愿地加入到世界秩序中，沦为半殖民地。原来独立的大一统的中央集权的君主专制国家，如今独立已经极大地被限制，大一统也逐渐残缺不全，中央集权因列强的侵夺也不完全名实相符了。后来因太平天国运动，地方军政势力崛起，形成内轻外重的形势，也使中央集权被弱化。经历第二次鸦片战争、中法战争、甲午战争、八国联军入侵的战争以及辛亥革命后的多次内外战争，直至日本全面侵略中国的战争，致使中国的经济、政治、教育、文化，都无法顺利走上近代发展的轨道。古今之间，新旧之间，中外之间，混杂、矛盾、冲突。总之，鸦片战争后的中国，既未能成为近代国家，更不能维持原有的统治秩序。而外患内忧咄咄逼人，人们都有某种程度"国将不国"的忧虑。

　　"天下兴亡，匹夫有责"，读书明理的士大夫，或今所谓知识分子，尤为敏感，在空前的危机与挑战面前，皆思有所献替。于是发生种种救亡图存的思想与主张。有的从所能见及的西方国家发展的经验中借鉴某些东西，形成自己的改革方案；有的从历史回忆中拾取某些智慧，形成某种民族复兴的设想；有的则力图把西方的和中国所固有的一些东西加以调和或结合，形成某种救亡图强的主张。这些方案、设想、主张，从世界上"最先进的"，到"最落后的"，几乎样样都有。就提出这些方案、设想、主张者的初衷而言，绝大多数都含着几分救国的意愿。其先进与落后，是否可行，能否成功，尽可充分讨论，但可不必过为诛心之论。显而易见，既然救国的问题最为紧迫，人们所心营目注者自然是种种与救国的方案直接相关的思想学说，而作为产生这些学说的更基础性的理论，及其他各种知识、思想，则关注者少。

围绕着救国、强国的大议题，知识精英们参考世界上种种思想学说，加以研究、选择，认为其中比较适用的思想学说，拿来向国人宣传，并赢得一部分人的认可。于是互相推引，互相激励，更加发挥，演而成潮。在近代中国，曾经得到比较广泛的传播的思想学说，或者够得上思潮的，主要有以下几种：

（一）进化论。近代西方思想较早被引介到中国，而又发生绝大影响的，要属进化论。中国人逐渐相信，进化是宇宙之铁则，不进化就必遭淘汰。以此思想警醒国人，颇曾有助于振作民族精神。但随后不久，社会达尔文主义伴随而来，不免发生一些负面的影响。人们对进化的了解，也存在某些片面性，有时把进化理解为一条简单的直线。辩证法思想帮助人们形成内容更丰富和更加符合实际的发展观念，减少或避免片面性的进化观念的某些负面影响。

（二）民族主义。中国古代的民族主义思想，其核心是"非我族类，其心必异"，所以最重"华夷之辨"。鸦片战争前后一段时期，中国人的民族思想，大体仍是如此。后来渐渐认识到"今之夷狄，非古之夷狄"，"西人治国有法度，不得以古旧之夷狄视之"。但当时中国正遭受西方列强的侵略和掠夺，追求民族独立是民族主义之第一义。20世纪初，中国知识精英开始有了"中华民族"的概念。于是，渐渐形成以建立近代民族国家为核心的近代民族主义。结束清朝君主专制，创立中华民国，是这一思想的初步实现。第一次世界大战爆发，中国加入"协约国"，第一次以主动的姿态参与世界事务，接着俄国十月革命爆发，这两件事对近代中国的发展历程造成绝大影响。同时也将中国人的民族主义提升到一个新的层次，即与国际主义（或世界主义）发生紧密联系。也可以说，中国人更加自觉地用世界的眼光来观察中国的问题。新生的中国共产党和改组后的国民党都是如此。民族主义成为中国的知识精英用来应对近代中国所面临的种种危机和种种挑战的一个重要的思想武器。

（三）社会主义。社会主义作为一种模糊的理想是早在古代就有的，而且不论东方和西方都曾有过。但作为近代思潮，它是于19世纪在批判近代资本主义的基础上产生的。起初仍带有空想的性质，直到马克思和恩格斯才创立起科学社会主义。20世纪初期，社会主义开始传入中国。当时的传播者不太了解科学社会主义与以往的社会主义学说的本质区别。有一部分人，明显地受到无政府主义的强烈影响，更远离科学社会主义。直到五四新文化运动兴起之后，中国人始较严格地引介、宣传科学社会主义。但有一段时间，无政府主义仍是一股很大的思想潮流。中国共产党的成立，从思想上说，是战胜无政府主义的结果。中国共产党把在中国实现社会主义乃至共产主义作为自己的奋斗目标。此后，社会主义者，多次同各种非科学社会主义思想的信仰者进行论争并不断克服种种非科学社会主义思想的影响。

（四）自由主义。自由主义也是从清末就被介绍到中国来，只是信从者一直寥寥。直到五四新文化运动兴起，具有欧美教育背景的知识精英的数量渐渐多起来，自由主义始渐渐形成一股思想潮流。自由主义强调个性解放、意志自由和自己承担责任，在政治上反对一切专制主义。在中国的社会条件下，自由主义缺乏社会基础。在政治激烈动荡的时候，自由主义者很难凝聚成一股有组织的力量；在稍稍平和的时候，他们往往更多沉浸在自己的专业中。所以，在中国近代史上，自由主义不曾有，也不可能有大的作为。

（五）激进主义与保守主义。处于转型期的社会，旧的东西尚未完全退出舞台，新的东西也还未能巩固地树立起来，新旧冲突往往要持续很长的时间，有时甚至达到很激烈的程度。凡助推新东西成长的，人们便视为进步的；凡帮助旧东西排斥新东西的，人们便视为保守的。其实，与保守主义对应的，应是进步主义；与顽固主义相对的则应是激进主义。不过在通常话语环境中人们不太严格加以区分。中国历史悠久，特别是君主专制制度持续两千余年，旧东西积累异常丰富，社会转型极其不易。而世界的发展却进步甚速。中国的一部分精英分子往往特别急切地想改造中国社会，总想找出最厉害的手段，选一条最捷近的路，以最快的速度实现全盘改造。这类思想、主张及其采取的行动，皆属激进主义。在中共党史上，它表现为"左"倾或极左的机会主义。从极端的激进主义到极端的顽固主义，中间有着各种程度的进步与保守的流派。社会的稳定，或社会和平改革的成功，都依赖有一个实力雄厚的中间力量。但因种种原因，中国社会的中间力量一直未能成长到足够的程度。进步主义与保守主义，以及激进主义与顽固主义，不断进行斗争，而实际所获进步不大。

（六）革命与和平改革。中国近代史上，革命运动与和平改革运动交替进行，有时又是平行发展。两者的宗旨都是为改变原有的君主专制制度而代之以某种形式的近代民主制度。有很长一个时期，有两种错误的观念，一是把革命理解为仅仅是指以暴力取得政权的行动，二是与此相关联，把暴力革命与和平改革对立起来，认为革命是推动历史进步的，而改革是维护旧有统治秩序的。这两种论调既无理论根据，也不合历史实际。凡是有助于改变君主专制制度的探索，无论暴力的或和平的改革都是应予肯定的。

中国近代揭幕之时，西方列强正在疯狂地侵略与掠夺殖民地和半殖民地，中国是它们互相争夺的最后一块、也是最大的资源地。而这时的中国，沿袭了两千年的君主专制制度已到了奄奄一息的末日，统治当局腐朽无能，对外不足以御侮，对内不足以言治，其统治的合法性和统治的能力均招致怀疑。革命运动与改革的呼声，以及自发的民变接连不断。国家、民族的命运真的到了千钧一发之际，危机极端紧迫。先觉分子救国之心切，每遇稍具新意义的思想学说便急不可待地学习引介。于是西方思想学说纷纷涌进中国，各阶层、各领域，凡能读书读报者，受其影响，各依其家庭、职业、教育之不同背景而选择自以为不错的一种，接受之，信仰之，传播之。于是西方几百年里相继风行的思想学说，在短时期内纷纷涌进中国。在清末最后的十几年里是这样，五四时期在较高的水准上重复出现这种情况。

这种情况直接造成两个重要的历史现象：一个是中国社会的实际代谢过程（亦即社会转型过程）相对迟缓，而思想的代谢过程却来得格外神速。另一个是在西方原是差不多三百年的历史中渐次出现的各种思想学说，集中在几年或十几年的时间里狂泻而来，人们不及深入研究、审慎抉择，便匆忙引介、传播，引介者、传播者、听闻者，都难免有些消化不良。其实，这种情况在清末，在五四时期，都已有人觉察。我们现在指出这些问题并非苛求前人，而是要引为教训。

同时我们也看到，中国近代思想无比的多样性与复杂性呈现出绚丽多彩的姿态，各种思想持续不断地展开论争，这又构成中国近代思想史的一个突出特点。有些论争为我们留下了非常丰富的思想资料。如兴洋务与反洋务之争，变法与反变法之争，革命与改良之争，共和与立宪之争，东西文化之争，文言与白话之争，新旧伦理之争，科学与人生观之争，中国社会性质的论争，社会史的论争，人权与约法之争，全盘西化与本位文化之争，民主与独裁之争，等等。这些争论都不同程度地关联着一直影响甚至困扰着中国人的几个核心问题，即所谓中西问题、古今问题与心物关系问题。

中国近代思想的光谱虽比较齐全，但各种思想的存在状态及其影响力是很不平衡的。有些思想信从者多，言论著作亦多，且略成系统；有些可能只有很少的人做过介绍或略加研究；有的还可能因种种原因，只存在私人载记中，当时未及面世。然这些思想，其中有很多并不因时间久远而失去其价值。因为就总的情况说，我们还没有完成社会的近代转型，所以先贤们对某些问题的思考，在今天对我们仍有参考借鉴的价值。我们编辑这套《中国近代思想家文库》，希望尽可能全面地、系统地整理出近代中国思想家的思想成果，一则借以保存这份珍贵遗产，再则为研究思想史提供方便，三则为有心于中国思想文化建设者提供参考借鉴的便利。

考虑到中国近代思想的上述诸特点，我们编辑本《文库》时，对于思想家不取太严格的界定，凡在某一学科、某一领域，有其独立思考、提出特别见解和主张者，都尽量收入。虽然其中有些主张与表述有时代和个人的局限，但为反映近代思想发展的轨迹，以供今人参考，我们亦保留其原貌。所以本《文库》实为"中国近代思想集成"。

本《文库》入选的思想家，主要是活跃在 1840 年至 1949 年之间的思想人物。但中共领袖人物，因有较为丰富的研究著述，本《文库》则未收入。

编辑如此规模的《文库》，对象范围的确定，材料的搜集，版本的比勘，体例的斟酌，在在皆非易事。限于我们的水平，容有瑕隙，敬请方家指正。

《中国近代思想家文库》编纂委员会

目　录

导　言

汤用彤先生（1893.8.2—1964.5.1，字锡予）是享有国际声誉的佛教史家、哲学史家、教育家和国学大师，也是 20 世纪中国学术界涌现出的一批学贯东西、会通古今的大师级思想家的代表之一。他身处一个新旧过渡的时代，这种过渡体现在政治、经济、文化各个方面。用彤先生的全部思想即在这一时代背景下展开，以解决中国文化如何实现新旧顺利过渡的时代问题为其核心，并推动了这一时代学术发展的新陈代谢，从而使其学术人生鲜明体现了时代的特点，可谓中国学术近代化进程的一个缩影。

一、思想酝酿——新旧过渡

（一）新旧教育

用彤先生家学渊源深厚，他中年时用"幼承庭训，早览乙部"来描述自己的家学传统教育。1908 年，用彤先生随父亲来到北京，就学于北京顺天高等学堂，接受新式教育。该学堂前身是戊戌维新时期就开始筹设的顺天府中学堂。用彤先生除了上国文课外，还学习英文和数、理、化各科。用彤先生在戊班，梁漱溟在丙班，张申府在丁班，李继侗与郑天挺在庚班，一个年级为一班。他尝与梁漱溟共读印度哲学之书与佛教典籍。稍早考入顺天学堂的梁漱溟，当时名梁焕鼎，其回忆录中多次提及用彤先生等昔日中学同窗。

1909 年 7 月，游美学务处在北京成立，同时筹备附设肄业馆，让各地考选来的学生在此学习留学相关知识。1911 年 3 月，用彤先生与吴宓分别从北京顺天学堂、西安宏道学堂考入刚成立的清华学堂中等科。两人性情虽异而志趣相近，意气相投，很快结为契友。他们心系国家之兴废存亡，极其注重道德品性的修养，常互相督促，一起切磋文章道义，畅谈人生。用彤先生在清华期间阅读中外图书甚多，经常发表读书心得，多醒世警言和奇思妙想，揭示出社会、哲学、宗教学乃至科学的不少重要问题。

用彤先生在清华打下了国学和西方语言、科学等西学的扎实基础。1914 年，他担任清华学校达德学会刊物《益智》的总编辑，于 1916 年至 1917 年担任《清华周刊》总编辑，后任该刊顾问，还曾担任 1917 届学生年级手册编辑。由于用彤先生工作出色，1917 年 6 月荣获金奖。用彤先生在清华 1917 年夏毕业，考取官费留学美国，因治疗砂眼而缓行一年，以学生身份留校任国文和中国历史课教员。由是钱穆认为"其时锡予之国学基础亦可想见"①。

（二）留学美国

1918 年，用彤先生入汉姆林大学哲学系。他认真学习各门课程，如饥似渴地汲取西方文化，本科留学生活既紧张又充实，仅一学年（9个多月）就获得文学士学位（B. A.）。当时汉姆林大学校报上面曾有两篇关于他的报道。因其学绩出类拔萃，被荐入哈佛大学继续深造。

陈寅恪、用彤先生与吴宓均在 20 世纪 10 年代末至 20 年代初就学于哈佛大学，分别主攻比较语言学、哲学和文学。他们虽学业和性情殊异，却志趣相投，文化理念契合，初识就引为知己，相交莫逆。又因三人在哈佛中国留学生中成绩优异，学问超群，名噪校园，故而被誉为"哈佛三杰"。自此，他们便在学术上切磋共进，人生上互相支持，结下贯穿一生的深厚友情，演绎了一系列激励后学的文坛佳话，成为中国文化史上三座巍峨连峰。

1922 年 1 月，梅光迪、刘伯明、吴宓、胡先骕、柳诒徵等人于南京东南大学创办《学衡》杂志。用彤先生回国前，吴宓邮寄《学衡》各期并随长函至其哈佛寓所。《学衡》创刊后，很快云集了一群文化精英与宏通博学之士，如梁启超、王国维、陈寅恪、吴芳吉、刘扑等，均为《学衡》撰稿人。

由于国家对人才急切的需要和友人的热诚邀请，用彤先生放弃了继续攻读博士学位的机会，及早回国效力。他在哈佛师从白璧德、兰曼、

---

① 钱穆：《忆锡予》，《燕园论学集》，23 页，北京，北京大学出版社，1984。

佩瑞诸泰斗，其所受科学训练奠定了他治学的基础和方向。他留学哈佛时的未刊英文手稿，现存哲学、宗教学、逻辑学三辑共五册，16 开本。这五册厚重的文集满载着他从哈佛学到的学术精神和方法，都被带回并扎根于国内学术界，通过他教学南北的传授，丰富并深化了当时的文化研究，具有思想启蒙和为现代中国学术奠基的历史作用。

二、学术初创期——探求真理

1922 年夏，由梅光迪、吴宓推荐，用彤先生应东南大学副校长刘伯明之聘，回国出任哲学系教授，随后任系主任。他学术工作主要从协助吴宓办理《学衡》杂志，讲授东西方哲学史、宗教史，译介西方哲学、印度哲学，以及在此基础上的撰著三方面展开。此间，归国留美生逐渐成为我国教育界的主导力量，很大程度上解决了近代中国教育师资尤其是高等教育师资严重匮乏的燃眉之急，也一改过去中国高等教育多聘外籍教员甚至主持校政的现象，为现代教育的发展奠定了基础。他们当中包括用彤先生在内的一些人更是当之无愧的教育家和学术大师，在此后的文化教育革新中发挥了关键作用，在中国文化发展史上居功甚伟。

（一）东南大学时期

在东南大学期间，用彤先生的各项学术活动都是围绕落实学衡派的理念来展开的，因此这一阶段在他的思想分期上可称之为学衡时期。用彤先生刚回国时，恰逢欧阳竟无经过数年筹备的支那内学院在南京正式成立。10 月 17 日，支那内学院开学于南京公园路，欧阳竟无始讲《唯识抉择谈》，一时学人云集，梁启超赴金陵受业兼旬，张君劢亦负书问学。一时名流如吕澂、姚柏年、梁漱溟、陈铭枢、王恩洋、黄树因等，皆拜投欧阳门下学习唯识，用彤先生于课余亦前往受学。内学院初建即英才荟集，一时声誉鹊起，与太虚法师创办的武昌佛学院遥相辉映，成为全国两大佛学中心。

1923 年 9 月，内学院研究部分设的正班和试学班开学，用彤先生参与主持其事。招收学员二十六人，其中正学班十人，试学班十六人。学制均为二年，试学班结业后，成绩及格可升入正学班。研究部有如现在的研究生院，实行导师制，招收学生十几人，通习唯识要典。以用彤先生博学，受聘为研究部导师。每两个月开研究会一次，发表研究成果，年终则编印年刊及杂刊。将内学院办成佛教大学是欧阳竟无的理想，由于条件尚未成熟，故先从试学班开始，由欧阳渐、用彤先生、邱稀明、王恩洋、吕澂、聂耦庚六位导师指导。

同年，内学院院刊《内学》在南京创刊，由欧阳竟无主编。用彤先生的《释迦时代之外道》发表于《内学》第一辑。《内学》年刊是富有纯粹学术价值的佛学刊物，专门刊登国内佛学名家和学者如用彤先生、欧阳竟无、吕澂、王恩洋等人的研究心得，反映出当时佛学研究的水准。举凡收集 20 世纪最有价值的佛学成果和了解现代中国佛学的早期发展及其方向，必离不开此刊。此刊第四期以后，以《内院杂刊》的形式继续出版。

1924 年，用彤先生任内学院巴利文导师。1 月至 6 月，他指导"《长阿含游行经》演习"一课。2 月，他最早的佛学论文《佛教上座部九心轮略释》发表于《学衡》第 26 期。9 月至 12 月，他开讲"金七十论解说"及"释迦时代之外道"两课程，这两门讲义整理成文皆刊于《内学》杂志。1925 年 7 月，自 1923 年 9 月开办的内学院试学班，在用彤先生赴南开前夕圆满结束，共有蒙尔达、韩孟钧、刘定权、谢质诚、李艺、邱仲、释存厚、释蓁觉、黄通、曹天任、陈经、黄金文、刘志远、阎毅、樊毅远、释碧纯 16 名学员顺利毕业。

汤用彤讲授过旧大学哲学系的大多数课程，在东南大学开设的课程有：哲学史、唯心论、反理智主义、伦理学、印度学说史等。这一时期（1922—1925），他培养的学生有向达、陈康①、范存忠、严济慈等人。

（二）南开大学时期

1925 年 8 月，用彤先生在张伯苓的感召下，受聘转任南开大学哲学系教授、系主任。南开大学素有"家庭学校"之誉，实行教授治校、师生合作的校务管理方针，家庭温情的魅力召唤了大批著名学者加入南开大家庭。学生会主办的《南大周刊》特邀用彤先生、范文澜、蒋廷黻、黄钰生等教授做顾问，成为师生沟通、合作的重要桥梁。该刊主编开篇语中讲，所请的九位顾问"除指导一切外，并须自己做文章"。用彤先生应邀撰《佛典举要》发表于《南大周刊》两周年纪念号。

在南开哲学系期间，用彤先生主讲过该系几乎所有课程，如西洋哲

---

① 汤用彤在东南大学时的讲义里古希腊哲学文化占相当比重。在他的影响下陈康走上致力于古希腊哲学研究的道路。参见汤一介：《汤用彤先生与东南大学》，载《光明日报》，2002-06-14。

学史、现今哲学、实用主义、实用主义与教育、康德哲学、逻辑学、社会学纲要、伦理学、印度学说史、印度哲学、宗教哲学、佛学史等，为南开哲学学科的发展奠定了基础。[1] 他培养的学生，如郑昕后成为我国最杰出的康德研究专家，江泽涵则成为著名数学家、学部委员。

（三）中央大学时期

1927 年 9 月，用彤先生与钱宝琮、竺可桢等同入南京第四中山大学（后改为中央大学）工作，出任哲学院院长。次年，用彤先生邀请熊十力来校讲学。此间是熊十力由佛转儒，奠定其新儒学体系的关键时期。1930 年，用彤先生的一篇讲演发表于《中央大学日刊》，论述熊十力《新唯识论》及其思想的关键性转变。正是通过用彤先生的这篇演讲及其保存的熊十力讲义，学界才得以了解熊十力逐步扬弃旧论师说，形成新唯识论体系的过程。

用彤先生中央大学时期开设的课程有：19 世纪哲学，近代哲学，洛克、贝克莱、休谟著作选读，梵文，《金七十论》，印度学说史，印度佛教初期理论，汉魏六朝佛教史等。当时唐君毅先生得列门墙，常与用彤先生讨论唯心论问题。用彤先生此时期（1927—1931）培养的学生还有程石泉、邓子琴、常任侠等人。1931 年夏，用彤先生应胡适之邀，以美国庚款补助特聘教授名义，受聘北京大学哲学系教授。在他推荐下，宗白华继任中央大学哲学系主任。

三、学术鼎盛期——圆融东西

（一）北京大学时期

1931 年，胡适用英庚退款，以研究教授名义，聘请用彤先生至北大哲学系任教。"九一八"事变以后，日本飞机在北平上空盘旋时，用彤先生依然在红楼教室里给学生讲佛教史，并蔑视说"我的声音压过飞机的声音"。他认为天之不亡我中华，必不亡我中华文化，作为一个学者所能做的是在学术上的贡献，学人肩负着复兴民族文化的使命。因而他主张学术救国，通过文化的传承来振奋民族精神，增强抗战的信心。

用彤先生到北大后与冯友兰、钱穆、蒙文通、张东荪、梁漱溟、林

---

[1]　南开大学校史编写组编：《南开大学校史（一九一九——一九四九）》，147 页，天津，南开大学出版社，1989。

宰平等人更是时相过从，切磋学问。用彤先生为人温润，宽厚平和，与人为善，拥有令人钦佩的人格魅力。他做学问极为谨严，对认定的学术见解颇为坚持，但与朋友聚会，他常默然，不喜争论。用彤先生与当时学者们相处友好，无门户之见。钱穆与傅斯年有隙，却都与他交好。熊十力在佛学、理学问题上常与吕澂、蒙文通相左，争辩不休，然均与其相得。梁漱溟常谈及政事，亦有争议，独用彤先生"每沉默不发一语"（钱穆语），绝非无学问无思想，性喜不争使然也。故钱穆赞其为"柳下惠圣之和者"。

对于中国20世纪的哲学学科而言，用彤先生最重要的贡献并不仅是他的哲学思想、学术体系和观点，还包括他对中国哲学学科的制度化建设所起的推动作用。1934年起用彤先生任北大哲学系主任，主持系务20多年，北大哲学学科的教学研究方向和深度均与他本人的研究和领导有很密切的关系。他还主持文学院及校务10多年，奠定了北大文科教学研究的基础和特色。

1931年至1949年是用彤先生学术思想的鼎盛期。对中古时期中外文化关系史全面深入的研究，使他在反思文化问题时具有更成熟的会通古今中西的特性和更为厚重的文化历史感。他到北京大学后每学期开两门课，中外并授，开讲中国佛教史、笛卡尔及英国经验主义、哲学概论、汉魏两晋南北朝佛学研究（1935年开设）等课程。1931年至抗战前，他在北大培养的学生有任继愈、石峻、韩裕文、王维诚、王森、韩镜清、熊伟、胡世华、齐良骥、庞景仁、逯钦立等。

1935年4月13日至15日，用彤先生与冯友兰、金岳霖等哲学界同仁发起成立的"中国哲学会首届年会"在北京大学召开，20余名哲学家出席会议，冯友兰致开幕词，胡适介绍了哲学会的发起、经过和意义。它的第一届委员会由用彤先生与黄建中、方东美、宗白华、张君劢、范寿康、林志钧、胡适、冯友兰、金岳霖、贺麟、祝百英12人组成，用彤先生与金岳霖、冯友兰当选为哲学会常务理事，负责日常会务工作。他们在会上宣读了自己的研究成果，如冯友兰的《历史演变中之形式与实际》、胡适的《楞伽宗的研究》、用彤先生的《汉魏佛学理论之两大系统》、贺麟的《宋儒的思想与方法》等，标志着中国哲学家各自创立学术研究系统的时机业已成熟。

用彤先生希望把北大哲学系办成会通中、西、印文化的学术重镇。从1937年该系聘任教授的名单，可以看到他的良苦用心。当时聘任讲授中国哲学的有熊十力、容肇祖，教授西方哲学的有张颐、贺麟（中西兼授）、陈康、胡世华、郑昕，并聘请印度师觉月教授来北大教印度哲学。

　　牟宗三晚年评论早期中国哲学界时说：北大"讲中国哲学以熊（十力）先生为中心，再加上汤用彤先生讲佛教史。抗战期搬到昆明，就成了完全以汤用彤为中心"①。中国佛教史是用彤先生一直重点讲授的课程。他在北大主要致力于中国佛教史讲义的修订、补充。1937 年 1 月，用彤先生将《汉魏两晋南北朝佛教史》稿本（今存）交胡适校阅，胡适称"此书为最有权威之作"，并荐之于商务印书馆长王云五。1938 年 6 月，该书由商务印书馆在长沙印行（50 万字）。

　　（二）西南联大时期

　　1937 年 7 月 7 日，抗战军兴。8 月，北京大学、清华大学、南开大学计划迁往长沙，组成临时大学。10 月，用彤先生与贺麟、钱穆三人同行，在天津小住数日，取海道辗转于 11 月底到长沙，再转赴文学院所在地南岳衡山。1938 年 6 月，临时大学转至昆明，改称国立西南联合大学。用彤先生任西南联大哲学心理教育系主任、北大文科研究所所长，后兼联大文学院院长、联大常委会代理主席。1941 年，用彤先生与陈寅恪、吴宓等人，同列教育部第一批部聘教授。1945 年 6 月，蒋梦麟因赴任国民政府秘书长而离职，北大教授会推举用彤先生为北大代理校长。用彤先生一再推谢让贤，劝在美国的胡适返校主持工作。在胡适到任前，由傅斯年做代理校长。用彤先生在傅斯年赴渝开会时，代理联大常委职责。用彤先生时常出席联大常委会、校务会议、教授会，与各级领导精诚合作，共商决策，对各项学科建设做出不可磨灭的贡献，延续着中国教育的命脉，形成了西南联大的新风格，创造出世界一流大学的成功办学模式。

　　西南联大时期，用彤先生新开讲了 9 门课程：印度哲学史、汉唐佛学、魏晋玄学、斯宾诺莎哲学、中国哲学与佛学研究、佛典选读、欧洲大陆理性主义、英国经验主义、印度佛学通论。这一时期（1937—1946），用彤先生培养的学生有石峻、任继愈、冯契、王叔岷、张世英、汪子嵩、杨祖陶、陈修斋、王明、王利器、周法高、郑敏、宿白、杨

---

　　① 牟宗三：《时代与感受》，见《牟宗三先生全集》，第 23 卷，167 页，台北，联经出版事业股份有限公司，2003。

辛、许鲁嘉等，还有后来以老庄研究名世的杨柳桥先生也曾前来向用彤先生问学。

（三）复校北归

1946 年，用彤先生任北大文学院院长，协同傅斯年安排北大复校。北大复校扩建任务艰巨，机构繁多，任重事繁，加之物价飞涨，经费拮据，肩上的担子很重。他工作虽繁忙，但待人接物总是和蔼近人，从容不迫，有条不紊。白天忙于治校，每晚在家看书备课，著书立说。当时周炳琳致函胡适述及北大情况："锡予兄处事稳重持平。深知各方面情形，数月来局面之维系，孟真实深得其助。"用彤先生在北大工作时间最长，与老一辈学者一道为北京大学的学科和学风建设做出了重大贡献。他任北大文学院长期间聘请张颐、贺麟、郑昕、游国恩、朱光潜、废名、季羡林等为教授。

1947 年夏，他休假赴美国加州大学为客座教授。次年夏，婉拒哥伦比亚大学讲学之邀，返回北平。同年当选为中央研究院院士、评议员，兼任中央研究院历史语言研究所北京办事处主任。1948 年 12 月 15 日，胡适南下时委托用彤先生主管北大。胡适走后，北大没有了校长。北大教授会随即召开会议，成立校务委员会，深孚众望的用彤先生被推选为主席，主持学校各项事宜，成为事实上的北大校长。此时，蒋介石制定的"抢救"知名学者计划，用彤先生被列入重点对象，并派飞机来接用彤先生等人南下。经地下党竭力挽留，加之师生们的信任，用彤先生决定留下来，履行校长职责，共济时艰，迎接解放，领导北大度过了新旧更替的过渡时期。

四、新时期——暮年宏愿

1949 年 5 月 13 日，北平市长叶剑英正式任命用彤先生为北京大学校务委员会主席兼文学院院长。当时北大不设校长，尚未实行后来的党委制，校务委员会遂成为北大最高领导机构，一直延续到 1951 年 6 月马寅初校长到校就职。因此，在北大校史上都把用彤先生列为胡适之后，马寅初之前的校长行列。用彤先生主持的校务委员会工作十分繁忙。他以"事不避难，义不逃责"的精神与秘书长郑天挺共同为建设新北大尽力。

1949 年 9 月，用彤先生作为"中华全国教育工作者代表会议筹备委员会"的代表出席了第一届全国政治协商会议。1951年9月3日，经中央人民政府委员会第12次会议通过，毛泽东主席亲笔签发"府字第3984号"令，任命用彤先生为北京大学副校长。他主管基建、财政，虽学非所用，仍勤恳工作，直到病逝。另一副校长由党委书记江隆基兼任。

1953年，用彤先生兼任中国科学院历史考古委员会委员；1955年，任哲学社会科学学部委员，兼《哲学研究》、《历史研究》编委；历任第一届全国政协委员、第三届常委，第一、二、三届全国人大代表。

经过解放初的知识分子思想改造、全国院系调整和"三反"、"五反"等运动，到1954年学校的教学秩序初步稳定。用彤先生遂提出大学虽以教学为主，但也要积极开展科学研究的主张。为此他筹备创办《北京大学学报》，开展学术上的自由论辩以推动科学研究工作，并亲自积极组稿。

1954年初冬，用彤先生患脑溢血，经马寅初请卫生部长组织苏联专家会诊，特护治疗数月方脱险。此后，他长期卧病，撰写文章多由任继愈、汤一介先生协助，但仍谆谆教导后学，耕耘不辍，辛勤培养提携年轻科研人才，在运动频仍的岁月里依旧保持对学术的执着追求。用彤先生晚年制定了庞大的印度哲学、佛教和道教史的研究规划，搜集整理了不少相关材料，颇具学术价值。

1963年劳动节晚，用彤先生应邀上天安门城楼观赏焰火，由周恩来总理导见毛泽东主席。毛泽东询问其身体状况，说自己阅读过用彤先生"所撰全部文章"，嘱咐他量力而行写短文。1964年劳动节，用彤先生因心脏病去世，追悼会由陈毅元帅主持，葬于八宝山公墓。他临终前念念不忘的遗憾，一是研究计划还没完成，二是他的两个研究生还没培养到毕业。1946年北大复校至1964年病逝，他在北大培养的学生有汤一介、张岱之、杨祖陶、黄心川、萧萐父、武维琴、许抗生等。

用彤先生的教学生涯主要在北大度过，几部传世之作皆发表于北大期间，至今仍是哲学系和宗教学系的基本参考教材。由于他成就卓著和高风亮节，深得北大师生敬重与爱戴，因而"长期担任北大重要职务，起着文科教学和学术研究的主要组织者和带头人的作用。因此，他的治学态度、方法和办学方针对北大文科的学术传统的形成与发展，对北大之特殊精神的弘扬，都产生了深远的影响"①。

宗师虽逝，风范犹存。1993 年，海内外近百名学者在北京隆重举行"纪念汤用彤先生诞辰百周年学术座谈会"。季羡林、任继愈、张岱之等与会者怀着崇敬的心情追述了汤老在学问、道德上对他们的深刻影响，来自海外的学者就其亲身体会探讨了汤老在国际学术界的崇高地位。自 1997 年起，"汤用彤学术讲座"在北大已连续举办了 14 届，该讲座每年均由北京大学校长签发邀请函，邀请海内外有代表性的国际知名学者就其所关心的学术文化问题主讲，每次讲座旨在引介哲学与宗教等人文学科中一新兴的研究方向，以纪念和传承汤老求实创新的治学精神。自创办至今，汤用彤学术讲座与同期举办的蔡元培学术讲座，在北京大学校内外已产生广泛影响，并成为北京大学人文学科的一项传统学术文化活动。

五、本卷编选思路

用彤先生的学术成就主要集中在印度哲学史、中国佛教史和魏晋玄学史三个密切联系的领域，其中在佛教史方面尤为突出，他亦借此在学术界确立了崇高的地位。用彤先生以现代学术方法研究佛教史，并将其作为自己的治学重心，始于他留学哈佛期间所受白璧德和兰曼的影响。在白氏博通观念启发下，用彤先生从研究不同文化体系的本来特性入手，进而探讨其由碰撞到融合的过程，这构成汤氏独到的治学理路。依此，他从未将佛教视为孤立的文化现象。在治中国佛教史之前，用彤先生通览西方哲学史、印度佛教和印度哲学史，经受了严格系统的中外学术训练。这为其佛教史研究提供了新的学术视野、理论方法和比较参考的对象，成为其佛教史研究成就超乎众家之上的重要原因。

本书作为"中国近代思想家文库"中的"汤用彤卷"，选入了用彤先生写作于解放之前在上述研究领域的三部代表性著作，也是用彤先生生前出版的著作中最重要的部分。《印度哲学史略》虽然初版于 1945年，但其主体内容在 1929 年即已写成，而且对《汉魏两晋南北朝佛教史》的写作也产生了一定的影响。《汉魏两晋南北朝佛教史》于 1938 年

---

① 汤一介、孙尚扬：《不激不随 至博至大——汤用彤与北大》，见萧超然主编：《巍巍上庠 百年星辰——名人与北大》，115 页，北京，北京大学出版社，1998。

出版。《魏晋玄学论稿》虽然初版于 1957 年，但其内容则都是在解放前写就的，每篇文章最后标注有其发表的期刊或年代。此三部书的顺序编排上，我们将《印度哲学史略》置于最前，《汉魏两晋南北朝佛教史》次之，《魏晋玄学论稿》最后，目的在于反映出用彤先生撰作三部著作的实际年代顺序和研究思路。因本文库所确定的篇幅限制，并鉴于用彤先生在《汉魏两晋南北朝佛教史》颇为赞扬高僧的人格与学问，本卷只选取了围绕道安、鸠摩罗什、慧远、道生等高僧的前后相关章节。《印度哲学史略》、《魏晋玄学论稿》的内容均全部选入，其中《印度哲学史略》1960 年中华书局版的"重印后记"，以及《魏晋玄学论稿》的"小引"，虽然作于解放之后，但对了解书中内容也有一定价值，故收入本卷，以便于参考。① 这三部书，依次简介如下：

(一)《印度哲学史略》

《印度哲学史略》的最早雏形是用彤先生在东南大学时期开讲的"印度学说史"一课的讲稿。他对之重新修订增补后，于南开大学主讲"印度学说史"和"印度哲学"课程。在南开讲义基础上，用彤先生1929 年于中央大学编成汉文油印讲义"印度学说史"，在绪论之外分十四章。他到北京大学后开设"印度哲学"一课，并由出版组铅印成讲义内部使用。1939 年，用彤先生在西南联大为三、四年级学生开设必修课"印度哲学史"，此后隔年讲授一次。

1945 年，用彤先生把历年讲义删益成十二章的《印度哲学史略》，由重庆独立出版社印行。《印度哲学史略》是我国第一部用现代科学方法研究印度哲学史的重要著作，并且在相当长的时期内是作为"我国唯一一部研究印度哲学史的著作"②，起到了引领我国印度哲学学科发展的重要作用。该书总括 8 世纪前的印度宗教哲学发展史，以思想演进为中心，系统讲述印度上古吠陀、梵书、奥义书，以至佛教起源、演变，并与各种"外道"对照，终于商羯罗（约 788—820，印度佛教至此已衰）的吠檀多论，为治中国佛教史提供了必要而丰富的印度学知识背景，至今仍是海内外公认的学术经典。

---

① 该段上述文字是由汤一介先生生前草拟的，是本卷编选的指针。本卷《导言》之所以能够遵循汤先生的编写思路，是因为笔者与汤先生曾就用彤先生全部著述的编纂以及"年谱长编"的撰写有着长期的研讨。汤先生为笔者提供了大量原始资料，给予了很多指导意见，倾注了无数心血。因此，本卷的"导言"乃至"年谱"，也可以看作汤先生与笔者的合作成果。

② 《陈垣、陈寅恪、汤用彤、顾颉刚著述情况》，载《历史研究》，1962（5）。

　　黄心川、宫静共同撰文指出：印度哲学中极丰富的唯心论，把人类的生理和心理活动分析为上百种状态，阐述细腻；唯物论萌芽也多种多样，如元素论、原子论、极微说等。在认识方法上，有佛教的因明学，正理派的逻辑学，各式各样的量论。这些内容在《史略》中均有介绍。[①] 用彤先生的学生王太庆教授说："此书内容深邃而行文简明，读他的书、听他的讲确是一种精神享受。古代印度思想中有很多成分在现代中国人看来非常可怪，他却能把它的来龙去脉交代得清清楚楚，甚至比某些印度学者讲的还要明白。这是因为他严格掌握史料，善于发现问题，从梵文、巴利文原著中进行研究，用西方现代的逻辑方法整理，又顺着中国人固有的思路和语言来表达的缘故。"[②]

　　《印度哲学史略》展现了用彤先生深厚而独到的学术功力的原因，正如钱文忠教授所论：不仅是因《黎俱吠陀》和奥义书的一些重要章节是由用彤先生直接从梵文翻译过来的，还是因为他对当时国际学界相关领域的了如指掌；而更多的是因为他有独特视角，驾轻就熟地掌握了在当时甚至是今天研究印度哲学的专家们视野之外的资料来源。所以，尽管该书的初创距今已有 90 年，正式出版也逾 60 年，却"仍然具有国内外的同类著作无法替代的学术价值和地位"。用彤先生继承我国历代僧俗学者研究印度哲学的优良传统，并加以突破性创新，成为以现代科学方法研究印度哲学和宗教的奠基人。

　　从用彤先生对印度哲学源流及其特性进行的开创性梳理中，我们可以看到，佛教作为印度社会历史的产物，是在与印度传统教派的斗争中发展壮大。在纵向联系上，哪些学说属于佛教对印度传统的继承和创新；在横向联系上，哪些观念是在互相交汇中的发展，过去中国人不大清楚。用彤先生的印度哲学史论著和他对汉文佛经中的印度哲学、佛教史料的整理，全面系统地研究了印度各派哲学的发展和相互关系史，从而为中国学者进一步深入认识和研究佛教奠定了基础，同时也为其它学科了解印度历史文化提供了确切的材料。它作为中印文化交流的硕果，不但在当时有其重要意义，而且也为今人研究打下了良好基础，并使我们进一步了解到中国文化中的印度影响因素。

　　用彤先生开掘了中国保存的丰富印度哲学和佛教史料，梳理出印

---

　　① 黄心川、宫静：《汤用彤对印度哲学研究的贡献》，见汤一介编：《国故新知》，91 页，北京，北京大学出版社，1993。

　　② 《国立西南联合大学校史》，167～168 页，北京，北京大学出版社，1996。

度哲学的整体发展脉络，澄清了西人对印度哲学的误解，并扩大了中国佛教研究的视野，从中印文化比较中探索中国文化的某些渊源，从而也开辟了比较宗教和比较哲学研究的领域。因此，他的佛教史著述纠正了以往研究中，以印度佛教来评判中国佛教，或根本无视印度佛教原意等偏颇，深入分析了印度佛教中国化的历史过程中，两种文化相互作用、渗透的关系，从而开创了印度哲学和中国佛教史研究的新时期。①

（二）《汉魏两晋南北朝佛教史》

对于《高僧传》的整理与研究，是用彤先生治佛教史的门径，故其常年随身必携《高僧传》。《高僧传》借主体性人格的力量以弘道的特色，深深地影响了用彤先生佛教史研究的理念。他研究佛教最为契赏高僧们的伟大人格精神，其创作《汉魏两晋南北朝佛教史》意在"俾古圣先贤伟大之人格思想，终得光辉于世"②。由是他自然对古人的崇高人格怀有一种同情和敬意，并进而提出"同情默应"和"心性体会"的研究方法。用彤先生对佛教特点有精确把握的原因，正是抱同情理解，入乎其中，切身体验对方的感受；同时持客观态度，出乎其外。所以《汉魏两晋南北朝佛教史》无论在学界还是教界都具有权威性。汤著佛教史深刻体现了理论与方法的一贯，标志着我国学术界对宗教研究的方法论自觉。

与以上指导理念和方法相应，汤著佛教史以人物为核心来考察佛教的兴衰变迁之迹。从其书章目即可看出佛教人物在全书中的醒目位置。用彤先生从《高僧传》的开篇人物始，对历代高僧的思想要旨、学脉源流及其在中国佛教史、哲学史的地位和影响，皆有精审辨析，从而令其著述呈现出以思想性推展为主线的特点。所以用彤先生的佛教史著述实际上是一种佛教哲学发展史。其中所表现的现代哲学观念与研究方法，既为中国佛教哲学史研究奠定了基础，也为中国哲学史的研究打通了难关。

相较于佛教的传统史著，用彤先生的优势在于既有深厚的考据功

---

　　① 参见黄心川、宫静：《汤用彤对印度哲学研究的贡献》，见汤一介编：《国故新知：中国文化的再诠释》，北京，北京大学出版社，1993；武维琴：《汤用彤先生对印度佛教思想的研究》，见汤用彤编，李建欣、强昱点校：《印度佛教汉文资料选编》，402～409 页，北京，北京大学出版社，2010。

　　② 汤用彤：《汉魏两晋南北朝佛教史》，见《汤用彤全集》第 1 卷，655 页，石家庄，河北人民出版社，2000。

底，又受到严格而系统的现代学术训练，掌握了新工具和新方法。确如贺麟所言："（用彤先生）得到了西洋人治哲学史的方法，再参以乾嘉诸老的考证方法。所以他采取蔡勒尔（Zeller）治《希腊哲学史》一书的方法，所著的《汉魏两晋南北朝佛教史》一书，材料的丰富，方法的谨严，考证方面的新发现，义理方面的新解释，均胜过别人。"① 正因为如此，用彤先生在梳理、集成和诠释佛教原始文献的基础上，厘清了佛教思想发展的轨迹，产生了新观念和新结论，从而创建了佛教史研究的学科体系。

《汉魏两晋南北朝佛教史》的出版，使国内外佛教史研究焕然一新，直接促成了中国佛教史学科的创立，并带动了整个魏晋南北朝史乃至中国文化史的学术研究，受到学术界的普遍赞誉。

1938 年 12 月，容媛在《燕京学报》介绍了《汉魏两晋南北朝佛教史》的基本结构和主要观点，认为"此可见著者眼光所及，固已及于中国思想史之全范围。然则研究中国思想史者，固不可不一读此书也"②。1944 年，该书与陈寅恪的代表作《唐代政治史述论稿》同被教育部学术审议委员会评为一等奖，诚为实至名归。吕澂把《汉魏两晋南北朝佛教史》作为其代表作《中国佛学源流略讲》的主要参考书。③ 张岱年细读了《汉魏两晋南北朝佛教史》后，认为此书"为现代中国学术史开辟了一个新纪元"④。1976 年，牟宗三在台湾大学哲学系开讲"南北朝隋唐佛学"第一堂课时介绍："汤用彤先生的《汉魏两晋南北朝佛教史》，这部书是一定要看的，这是了解中国吸收佛教的初期必看的书，考证的很详细……这部书考证六家七宗考证的最好，讲竺道生讲的最好。"⑤饶宗颐在首届"汤用彤学术讲座"中开场便坦言："汤老的学术研究对我启发很大，他的《汉魏两晋南北朝佛教史》一书，至今仍是我的重要

① 贺麟：《五十年来的中国哲学》，21～22 页，北京，商务印书馆，2002。

② 容媛编：《国内学术消息·〈汉魏两晋南北朝佛教史〉》，载《燕京学报》，1938（24）。

③ 吕澂的名著《中国佛学源流略讲》总共九讲，每讲末尾都附录"本讲参考资料"，其中关于汉魏晋南北朝时期的有七讲，汤著《汉魏两晋南北朝佛教史》皆排列在吕澂精选出的古今中外名家著述之首位。吕澂：《中国佛学源流略讲》，31、42、65、85、109、136、158页，北京，中华书局，1979。

④ 尚易：《忆往谈旧话宗师——纪念汤用彤先生诞辰百周年学术座谈会侧记》，载《北京大学学报》，1993（6）。

⑤ 牟宗三：《讲南北朝隋唐佛学之缘起》，见《牟宗三先生全集》，第 27 卷，281 页，台北，联经出版事业股份有限公司，2003。

资源之一。"① 季羡林赞誉："此书于 1938 年问世，至今已超过半个世纪。然而，一直到现在，研究中国佛教史的中外学者，哪一个也不能不向这一部书学习，向这一部书讨教。此书规模之恢弘，结构之谨严，材料之丰富，考证之精确，问题提出之深刻，剖析解释之周密，在在可为中外学者之楷模。凡此皆是有口皆碑，同声称扬的。在中国佛教史的研究上，这是地地道道的一部经典著作，它将永放光芒。"② 该书问世使中国佛教史"成为一门系统的科学而登上了学术舞台"③，并始终不失为最有权威的传世经典，一直被海内外学者视作"中国佛教研究中最宝贵的研究成果"④。此言可作定评。⑤ 用彤先生尽管对自己的著作并不满意，但佛教史的主要问题已得到基本解决。可以说，若没有认真读过汤著，要想在佛教史研究上有所超越是很困难的。

　　以往学界认为，用彤先生在抗战期间没有继续研究佛教史而转向魏晋玄学，是因为 1938 年他到云南后，两箱《大正藏》丢失于运途中，手头缺乏佛教资料。而从现存用彤先生读书札记来看，这一说法则可修正。通过用彤先生 1932 年到 1937 年因"七七事变"才中断的 8 册读书札记⑥，我们可以看出，他对玄学及其与佛教关系的认识呈逐步加深的轨迹，并力图充分反映魏晋南北朝佛教与中国本土的玄学、道教、儒家思潮由冲突到融合的进程。《汉魏两晋南北朝佛教史》出版后尽管誉满学界，然而他仍不满意，多次欲加修订。从这些札记可以看出，他拟补充的内容当指玄学及其与道家道教和儒家之间关系方面。这也可求证于1938 年 6 月 9 日，用彤先生在致王维诚的信中所说："《汉魏两晋南北朝佛教史》已由商务排版，闻已排竣待印，但未悉确否？此书本不惬私意，现于魏晋学问，又有所知，更觉前作之不足。但世事悠悠，今日如

---

　　① 杨立华：《高山仰止——第一届汤用彤学术讲座侧记》，载《北京大学校刊》，1997-04-15。

　　② 季羡林：《〈国故新知〉序》，见汤一介编：《国故新知》，1、2 页，北京，北京大学出版社，1993。

　　③ 麻天祥：《汤用彤评传》，88 页，南昌，百花洲文艺出版社，1993。

　　④ 孙尚扬：《汤用彤》，42 页，台北，东大图书公司印行，1996。孙尚扬教授说："该书被誉为字字珠玑、增一字则嫌多、减一字则嫌少的经典之作。"孙尚扬编：《〈汤用彤选集〉前言》，见《汤用彤选集》，长春，吉林人民出版社，2005。

　　⑤ 参见许抗生：《读汤用彤先生的中国佛教史学术论著》，载《北京大学学报》，1984（6）。

　　⑥ 这些札记的部分按语，已作为附录整理收入《用彤先生有关"中国佛教史"的若干材料》。详见汤用彤：《汉魏两晋南北朝佛教史（增订本）》，北京，北京大学出版社，2011。

不出版，恐永无出版之日，故亦不求改削也。"① 此言与该书《跋》中所云，可互相印证。

(三)《魏晋玄学论稿》

用彤先生认为《汉魏两晋南北朝佛教史》对中国本土思潮反映得不够充分，故而开始专门研究魏晋玄学。这是因为玄学虽是老庄思想的新开展，但也是对儒家经典的新诠释，而且还是佛教得以融入本土文化的桥梁。汉魏晋南北朝时期的玄学是当时本土文化的典型形态，佛教必须依附于其下才能为国人所接受。厘清佛教与玄学融合的过程，须先厘清玄学自身的理论根源及其相互关系。因此，用彤先生在完成《汉魏两晋南北朝佛教史》后，由对佛教的研究进入到对玄学和道家道教的研究，是合乎逻辑的发展过程，只有如此才能更进一步说明佛教中国化的过程。这都说明用彤先生佛书的丢失只是他研究玄学的表面原因，其深层原因是想深入探究中国哲学未曾中断的传统。他倘若没有丢失佛书，只不过会更加侧重玄学与佛教的关系而已。由此亦可见，他是站在中国文化通史研究的高度来写玄学断代史，特别注重玄学思想发展的前因后果的连续性，因此可以说他的玄学研究是"断代史不断"。

用彤先生于1936年开设"魏晋玄学"课程。这是现知最早正式使用"魏晋玄学"名称的课程，也是其玄学史研究逐渐为学界所知的开始。他为了纪念这一年讲授此课，而为其幼子命名为"一玄"，可见他对玄学的重视。解放前，学界虽感到这一阶段的思想形态有其特色，但还没有形成固定的名称，有人称之为"清谈"、"玄谈"、"思辨之学"、"魏晋思想"、"汉唐玄学"、"五朝学"等等。孙尚扬认为："自用彤始，学界统称魏晋思想为魏晋玄学。"② 用彤先生首先用"魏晋玄学"来概括魏晋时期的思想，今天这一名称已为学界所普遍采用。

在西南联大期间，用彤先生对玄学用力更多，并想以问题为中心来写一部《魏晋玄学》，抗战中因生活极不安定而未完成，但他于1939年至1947年期间陆续写成9篇开拓性的论文，可视为此书中的部分章节。

1939年，用彤先生关于魏晋玄学的第一篇专文《读〈人物志〉》发

① 汤用彤：《汤用彤致王维诚信一通》，见耿云志主编：《胡适遗稿及秘藏书信》，第24册，511～512页，合肥，黄山书社，1994。

② 孙尚扬：《汤用彤》，206页，台北，东大图书公司，1996。

表于昆明《益世报》读书双周刊第 119 至 121 期，旨在探讨魏晋玄学思想的渊源。该文经修订后，于次年定名为《读刘邵〈人物志〉》发表于《图书季刊》新 2 卷 1 期。

1940 年，他在《国立北京大学四十周年纪念论文集》发表《魏晋玄学流别略论》和《向郭义之庄周与孔子》。前文是其魏晋玄学研究的总纲，扼要评述了玄学思想发展史。后文论析了向秀、郭象《庄子注》以"儒道为壹"的思想。随后，他写成《言意之辨》综论魏晋玄学方法论，并以此视角比较了汉代经学与魏晋玄学的根本不同。该文当时未正式发表，1942 年曾由北京大学文科研究所油印散发。

1942 年，《王弼大衍义略释》发表于《清华学报》第 13 卷第 2 期。1943 年，《王弼圣人有情义》发表于《学术季刊》第 1 卷第 3 期；《王弼之〈周易〉、〈论语〉新义》发表于《图书季刊》新 4 卷 1、2 合刊。这三篇论文以王弼作为个案研究来"以分释全"，阐明了宇宙构成论到本体论在汉魏之际的转变。《王弼之〈周易〉、〈论语〉新义》一文 1947 年由奥地利汉学家李华德译成英文刊于美国《哈佛亚洲研究杂志》[①]，引起了西方学术界的重视。

1946 年，《谢灵运〈辨宗论〉书后》[②] 发表于天津《大公报》10 月 23 日《文史周刊》第 2 期，详论道生顿悟说在中国哲学史上的意义。《魏晋思想的发展》是根据石峻记录的用彤先生在联大一次演讲整理而成[③]，1947 年 7 月发表于《学原》第 1 卷第 3 期，后来作为附录收入《魏晋玄学论稿》。该文综述魏晋玄学的产生发展及与外来佛教的关系，可视为用彤先生对自己玄学研究的总结。

----

① "Wang Pi's New Interpretation of the I Ching and Lun Yu"（Translation and Notes by Walter Liebenthal），*Harvard Journal of Asiatic Studies*，Volume10，No. 2. 李华德（Walter Liebenthal，1886—1982）曾英译《肇论》（其中发挥了汤用彤的相关论述）、《六祖坛经》。

② 《魏晋玄学流别略论》和《谢灵运〈辨宗论〉书后》在刊印前的底稿，由时任汤用彤助手的杨辛先生手书。它们既是汤用彤开创魏晋玄学研究的奠基之作，也是杨老翰墨生涯早期硕果仅存的书法创作，集学术性、思想性、艺术鉴赏及文物价值于一体，珠联璧合，弥足珍贵。古人云"字如其人"、"书为心印"。杨老手书的汤文，工整清晰，一字不苟，几如碑帖，以后如能集成专辑影印出版，诚不失为学界和艺坛一段佳话。

③ 该文底稿由石峻正楷手书，汤用彤于其上略加增删后发表，今存北京大学燕南园。我们目前正在新编的《汤用彤全集》，不论如何齐全，终究以其作品的最终成果为主，很难反映他的写作过程。而从手稿反复修改的墨迹中，更能亲切体会到汤用彤对著作精益求精的精神和治学的风格。影印手稿作为一种更为鲜活的文本，见证了一代宗风的形成轨迹，可视为其艺术和学术的共同结晶。

用彤先生晚年将 1938 至 1947 发表的九篇上述论文略加修订①，汇集成《魏晋玄学论稿》，1957 年由人民出版社印行，1962 年、1983 年中华书局再版，迄今在大陆和台湾已再版十多次。用彤先生为《魏晋玄学论稿》新写有《小引》和《引用书简目》。《小引》系于《魏晋玄学论稿》首版前夕，用彤先生在助手汤一介先生协助下写成。《小引》从多方面对其魏晋玄学研究工作加以解说，这对于进一步揭示玄学发展的线索，以及了解他的治学理路及其当时的思想状况都颇有价值，可以作为阅读其《论稿》的一种向导或序言。《引用书简目》则不仅写明其资料来源，还列出相关的较为可靠版本的信息，为学界更好地阅读该书和研究书中的问题提供了便利。

蒙文通在《魏晋玄学论稿》首版刊行之际就致函用彤先生评论该书"体大思精，分析入微，实魏晋以后之奇书。论诸家异同，如辨缁渑，于古人思想体系和造诣，论之极深，于各家学术问题范围，所论亦广"。"其每造一句、每下一字皆有来历。此唯精熟古书而后能之。""读论首小引，于兄拟作诸章，不免小憾，但读之及半，然后知未作各章亦可不续作，倘读得此书明了者，亦可以循旨补作。"②

《魏晋玄学论稿》既有对资料的全面、认真的梳理，也深蕴着用彤先生对往哲先贤深刻的同情之了解，更包含着他对西方哲学方法、范畴不露斧痕的精熟运用。书中对玄学主要问题进行深入分析，揭示出魏晋思想与汉代思想之区别，以及魏晋思想与汉代思想之区别，总结了玄学的主要发展阶段，对玄学代表人物的思想做出了精湛的评述，呈现出魏晋玄学的起源、发展、流变的清晰轮廓及其内在线索，而且将当时佛教般若学放在玄学思潮中予以研究，开文史哲结合以研究玄学与佛教的风气，与其《汉魏两晋南北朝佛教史》堪称双璧。

用彤先生既运用中国传统考据方法，又以西方科学的研究方法分析玄学家们的著作，做出严谨细致的解释和结论，从而开创了对魏晋玄学的研究，并奠定了魏晋玄学的整体研究框架和方向。他关于玄学和佛教史的研究与教学对中国哲学史学科建设做出了划时代的历史性

---

① 笔者曾将《魏晋玄学论稿》与其原稿对勘，发现汤用彤的修订多在字句的表述方面，如删减了一些中英文对照的范畴中的英文词。关于汤用彤对待旧作的态度，王元化有很高的评价。王元化：《谈汤用彤》，见汤一介、赵建永编：《汤用彤学记》，71 页，北京，三联书店，2011。

② 蒙文通：《致汤锡予书》，见四川大学历史文化学院编：《蒙文通先生诞辰 110 周年纪念文集》，36 页，北京，线装书局，2005。

贡献。

《魏晋玄学论稿》虽说只是薄薄的一本论文集，但它清晰地勾画出魏晋玄学思想发展史的轮廓，已具备了专著的规模，至今仍哺育着学界对魏晋玄学的研究。李泽厚认为："汤用彤七万字的《魏晋玄学论稿》能抵得上别人七十万字。书不在乎多，文章也不在乎长，就是看有没有分量。"[1] 用彤先生对魏晋玄学思想渊源、学术方法、哲学特质、发展阶段以及历史影响等难点展开专题研究，构建起全面系统的学理体系，尤其是对早期玄学的形成，致力最多。他关于玄学特质是"以本体论'体用'方法融合儒道的观点，对二十世纪魏晋玄学研究的基本思路，产生了决定性的影响"[2]。因此可以说，学术界关于玄学的研究基本是在用彤先生的基础上起步的。

中印文化交汇产生了中国化的佛教，并促成魏晋玄学到宋明理学的发展。用彤先生的相关著述就是对这一文化发展路径的开创性探索和梳理总结。他费尽毕生心血的研究成果，为后世学术研究奠定了牢固的基础，并开辟出广阔的道路。用彤先生鞠躬尽瘁的学术人生，为弘扬东方文化建设呕心沥血，为当代学人树立了崇高典范，是学界的一份珍贵精神遗产。我们编选本书，不仅是为了纪念一位值得尊敬的学者，更是为了引发我们思考如何继承和弘扬东方文化，如何进一步完成汤老未竟的事业，推动文化的发展与长久的昌盛。重温用彤先生的学术历程，对于继承发扬他的治学精神和汲取总结中外哲学文化建设的宝贵经验，是十分有益的。

---

[1]　李泽厚：《没有新意就不要写文章》，见李泽厚、刘绪源著：《该中国哲学登场了？——李泽厚 2010 年谈话录》，120 页，上海，上海译文出版社，2011。

[2]　王晓毅：《魏晋玄学研究的回顾与瞻望》，《哲学研究》，2000（2）。

印度哲学史略

绪　论

　　印度有史之初，其人民所礼之神，如普霜（日神之一）、第亚（天神）是上天神；如因陀罗（雷雨神）、华塔（风神之一）是气象神；如须摩（原是草汁，能醉，用于祭神，复神视之，后遂衍为月神）、阿耆尼（火神）是大地神。（此外有祖先神如阎摩是）盖大都感于自然之象，起禳灾祈福之心。所求非奢，所需甚简。百姓乐生，乏深忧患，信巫觋，用桃符，重祠祀，崇《吠陀》。婆罗门教于焉托始。其道德虽留野蛮遗风，然神多严正，民知畏法。今读其颂神歌辞，了然可睹。若哲人晚出，探宇宙之本，疑天神之妄，则皆特出，匪其常轨。是曰印度教化之第一时期。继而民智渐增，旧教衰颓，僧侣败度，迷信纷起，轮回之说、悲观之教既张，而《吠陀》时代乐生之精神遂至全改。于是祭祀之用，不在敬神造福，而在解脱灭苦。学理几研，苦行致力，亦为前此所罕有。而小乘佛教暨尼犍子六师学说，则更指斥经典（《吠陀》），别立门户，即如《奥义书》，名为承婆罗门之正统，但其中高谈玄理，《吠陀》诸神地位盖亦已大衰。是为印度教化之第二时期。自时厥后，各宗重智慧解脱，争相辩难，学理益密。以是五顶、雨众，渐成一家之言，龙树、世亲，又专宏大乘佛教。谈量谈理，则求因明。总御总持，则精瑜伽。他若胜宗、顺世、明论、声论，亦俱大成。虽其时婆罗门神教并未中断，六论诸派，降及近代，亦未全亡。然自阿输迦至商羯罗，实为印度哲学极盛时代。商羯罗者，居此期末叶，吠檀多宗之大师也。印度论者谓其智深言妙，遂灭佛法。实则其时释氏尊宿零落，僧伽染异教之颓风，后且受回纥之摧残，遂至大法东移，渐成绝响，婆罗门之势乃再盛耳。佛陀以来，早有凭《吠陀》之余烬而崇拜诸天（谓梵天等如兽主外道是也）者，约至世亲以后，此风大盛，后遂演生所谓印度教。此则印度教化已自第三时期而入第四时期矣。印度教者，宗派复杂（后当稍详），惟大要尊礼三身，谓梵天、韦纽天及尸婆天。尊后二者之徒党尤盛。其教外借数论或吠檀多之说，内实不重智慧，而笃信神之威权，故常盲从，不用理解，主感情，薄理性，大类基督教之所谓信仰。此乃逐时风而大变，是为笃信说。承继瑜珈，密教大盛，悉檀记字，因字字而达心性之源；身分焦膈，因部部而合天地分位。如翁（Aum）声于神为尸婆，于身为前额。郎（Lam）声于神为大地，于身为颈骨。其持颂之繁琐，不能备举，是为秘咒说。等而下之，更有精力说。精力者，为湿婆天等之妻，用以代表天之精力。印度教学理，大都杂采六论学说，附会而成宗义，殊少新说也。加以回教侵入，混和失真（有名之混合教名"塞克"），遂成印度教化之最近时期。迨于现代，志士叠出，一方颇受欧西之教化，然仍多有欲改进旧风，复兴旧教，如佛教之研究，即其一端。此即印度教化又将另辟一新纪元也。

复次，依地言之，印度文化虽非全出乎雅利安人，然究以之为主干。雅利安人早居五河，势力南渐，占有印度河流域（其民族由此得名），其足迹恐罕能及马鲁斯塔拉沙漠以东，而两海（阿拉伯海及孟加拉湾）则《黎俱吠陀》似未闻知。及至《梵书》时代，势力逐移恒河上游，包括"中国"区域，约即佛陀行化之地。其文化之中心，如婆那拉西，如舍卫城，如毗舍离，如巴塔里甫多罗，而在印度河之塔克施拉，则亦以学术著（尤长医学）。然当其时，婆罗门势力约仍在西方，而沙门外道则弥漫于恒河中流。降至阿育王之后，婆罗门诸宗盛于东方，而优禅尼国为法相佛教发祥之地，一切有毗婆沙师，则势力更被其西。至若般若之兴，则恐与南印度有关。再后尸婆与韦纽之密教，则起自南印度，北趋而为印土之主要宗教焉。

印度学说宗派极杂，然其要义，其问题，约有共同之事三：一曰业报轮回，二曰解脱之道，三曰人我问题。

业报轮回之说，各宗所同信（除顺世外道等），然未见于《黎俱吠陀》，论者遂谓是义乃雅利安人得之土著。但轮回有二要义：一为身死而灵不灭；二为惩恶劝善，颜夭跖寿，均在来生受报。此二义《黎俱吠陀》中俱已有之，故亦可谓轮回之说系循雅利安人思想进化之顺序，匪由外铄。夫因业报而定轮回，轮回则不能脱离生死苦海。有生则死，有欲生之心，则万障俱张，则不能常乐我净，故出世之说兴焉，此其影响一也。泰古之人以罪恶为尘垢（《阿闼婆吠陀》有洗罪之说），即耆那教亦以业为补特迦罗（物质）。若胜数诸论则谓业为势用，而业之种类（黑白等）、期限（有尽不尽等），亦为冥想之资，此其影响二也。印度宗派详论何为真我，因有析知识行为享受与知者作者受者为二事，遂生何物轮回之研讨。盖仅有神我轮回，则人受生后必恒有知者等、知识等，必遂无根据。且数论等谓神我是常，无缚无脱，实不轮回。故轮回者，恒于神我之外，别立身体（物质）知识（精神）之原素。即如数论之轮回者，为细身：（一）细身人相具足，受生后为身体之原素（此种变迁名曰"相生"）。（二）细身为有（犹言心理状态业缘属之）熏习，乃成人心理之原素（此种变迁名曰"觉生"）。神我之于细身，绝为二物。细身轮回，而神我固仍超出生死。吠檀多亦信真我是常，以知者与知识对立，故亦有细身说（稍与数论异）。惟佛教立无我义，人生轮回遂徒依业报因果之律，念念相续，无轮回之身。盖佛陀深信一切无常，其轮回一义以无常为骨干，则实能知轮回说之精义者也。此其影响三也。

从无始来，人依业转，脱离苦海，自为急义。解脱之旨虽同，而其方不一：曰戒律，自持严整，清心寡欲，因欲望为烦恼之源也。戒律之极曰苦行，毁身练志，刘尽瞋痴，自沙门之无量苦身法至近世之三杖涂灰皆是也。曰禅定，修证之方，在外为苦行，在内为禅定。屏绝世虑，心注一处。自证本源，以达不可思议之境界。曰智慧，印度智慧，绝非西洋之所谓理智，乃修证禅定之所得。人生烦恼根本无明，智慧为其对治。各宗多主智慧解脱。戒律禅定终的均在得智慧，以其断惑灭苦也。曰信仰，笃信神权，依之解脱。或因祭祀（此指印度教祭祀），或用密咒，希图往生极乐世界（他若神权治病求福等，则目的非在解脱）。凡此五者，皆解脱之方。惟见仁见智，意见纷歧，曷能枚举，兹之所言，粗及其略，未能一概论也。

自我一名，在梵为我（Atman），或神我（Purusa），或命（Jiva），均指不变，是常之主宰，颇似世俗灵魂之说。夫有鬼论初民同信，而印人学理中真我之搜求，实基于俗人鬼魂之说。真我是常，亦有藉于灵魂不死之见。俗人对于灵魂无确定之观念，故学术界讨论何谓灵魂之疑问甚烈，如《长阿含经》之第十七布吒婆楼与如来争辩何谓灵魂。而《梵网经》、（《长阿含》误译"梵动"）中历数关于神我诸计，或谓我是色（犹言物质），四大所造，乳食长成；或谓我是无色（非物质），为想（犹言知识）所造；或谓我亦非想等，系发知识行为或享受之本（故有我为知者作者受者诸名），而非知识行为或享受所构成（如数论谓我为知者，而一切知识则属于觉我慢等）。异执群出，不克备举。再者，宇宙与人我之关系为哲学之一大问题。在印度诸宗，咸以解脱人生为的。宇宙实一大我，真我真如，原本非异，故其研究尤亟。吠檀多谓大梵即神我，梵我以外，一切空幻。梵我永存，无名无著。智者知此，即是解脱。僧佉以自性神我对立。神我独存，无缚无脱。常人多惑，误认自性。灭苦之方，先在欲知。欲知者智慧之初步也。以及戒律、苦行、禅定、祠祀，要其旨归皆不出使神我得超越苦海，静寂独存，达最正果也。

夫目的既在离生死苦，超越轮回，以谋自我之解脱，故谈理所以得究竟，智慧有待于修证。印度诸见——原音"达生那"（Darsana），如印人马达伐之《摄一切见集》，实为一部哲学史。今不曰"印度诸见史"而仍曰哲学史者，因旧译佛经"见"字单指邪见也，非西洋之所谓哲学，亦非其所谓宗教也。据今人常论，治印度学说有二难焉：国情不同，民性各别，了解已甚艰，传译尤匪易。固有名辞（或西洋哲学译名）多不适用，且每易援引泰西哲学妄相比附，遂更淆乱失真，其难一也。学说演化，授受复杂，欲窥全豹，须熟知一宗变迁之史迹，更当了然各宗相互之关系。而印度以通史言，则如纪事诗已难悉成于何时；以学说言，则如佛教、数论实未能定其先后，其难二也。而著者未习译事，见闻浅陋，生罹百忧，学殖荒芜，曷足语此。惟念中印关系，近年复渐密切，天竺文化，国人又多所留意。惟因历年来曾就所知，撷拾中印所传之资料，汲取外人近日之研究，有文若干篇，起自上古，迄于商羯罗，今复删益成十二章，勉取付印，或可暂为初学者之一助。至若佛法典籍浩博，与我国学术有特殊之关系，应别成一书，本编中遂只稍涉及，未敢多论焉。

第一章 《黎俱吠陀》及《阿闼婆吠陀》

印度最古典籍首推《黎俱吠陀》，其所载多为雅利安民族颂神歌曲。雅利安种来自北方，地点旧说指为帕米耳，近则指为中亚或南俄，而又复有考为奥匈捷克国境，其入居印度五河流域，似在公元前四千至五千年之中。自时厥后，种族繁殖，势力渐达五印全境，顾亦颇受原有土著民族之影响，但不知始于何时（说者有谓《黎俱吠陀》思想亦受土著影响，然少可考见），思想变迁，衍为一特殊文化。

"吠陀"一字古译为"明"，于今义为"学"。因其书渐受尊礼，而此字义转为圣典。印人之认为圣典者初仅三集（《长阿含》有《三明经》，其时《阿闼婆》一集尚未立为圣典）。（一）《黎俱》最早，集一千又十七篇之歌颂，是曰颂明。（二）《娑摩吠陀》，义为歌明。其中篇什几全取自《黎俱》，依须摩祭祀以序次者也。（三）《夜殊吠陀》为祭祀最要典籍，是为祠明。歌祠二明集成于《黎俱》之后。（四）至若《阿闼婆吠陀》则虽晚成立，而其宗教则较《黎俱》卑陋。按之宗教演进程度，早期者多咒语，信魔鬼，其后乃有歌颂崇拜神祇。按《阿闼婆》之思想为魔教，故较《黎俱》之神教为尤古。亦有说者，谓《黎俱》代表雅利安人之宗教，而《阿闼婆》则多土著之思想。言之虽无可征考，而理或然欤。兹分述《黎俱》及《阿闼婆》二《吠陀》之学说如次。

一、《黎俱吠陀》之教

上述《吠陀》四集不仅为古代印人所信崇，即降至近世，印人亦认其有最高威权。婆罗门人宗教信仰道德法律均谓以《吠陀》为依归。故学说之尊《吠陀》者为正宗（如六论是），而非《吠陀》者则为异教（如佛教是）。故研究印度思想不可不知《吠陀》，而以《黎俱》为首要。

《黎俱》歌颂非一人所作，亦非一时所成。虽或有作于雅利安人入印土以前者，而按之其所用地名，则亦实有作于其后者，其时未有文字，全赖口传。上古宗教与政治不分，而政治又多寄于家族，故《黎俱》歌颂，常分属诸婆罗门族。后人集之，分为十卷，一千又一十七颂。雅利安人当时之情状，于此可得其概略。人民畜牧或业农，民族即政治团体，家族以父统治，国王多由世袭，是非邪正之辨，已深为人民所信，而精神之修养，则尚未发达，故其宗教最上止于福善祸淫，下者则其崇拜等于贸易，神之喜怒以供养之厚薄为断。至若悲愍之怀，明心见性之说，则尚非所知。

《黎俱吠陀》诸神大抵取诸自然现象，加以人化，人化而有超乎自然之权力，不死而有家庭之关系，亦如人类然。诸神化成人之程度，亦至不一。水神（名阿婆斯，有多数）为女神，常指为母，为少妻，然亦谓饮之可增力（七之四、九之四）；晓神（名乌沙斯）虽拟为艳丽女郎，然读其歌颂，仍可了然其为自然现象。此其故则似日常亲近者，其人形化极难。其可震惊可敬畏，又非平日所习见者，化具人性较易。如须摩执弓御车，然因本为植物之汁，常用于祭祀，故常呼为甘汁，在《黎俱》卷七（二十六及二十七）谓一鹰自天取须摩与因陀罗。又阿耆尼（火神）因为每日祭祀之需要，且散布各处，故实未全化人形，而在《黎俱吠陀》中终未脱火之自然性象也。

"须摩"一字原为植物，"阿耆尼"则原义为火，均用之作神名。而"因陀罗"虽为雷雨所演化之神，但其字义则未详，即此亦可见其自原来自然现象脱化甚远。盖迅雷疾雨，其来也骤，百姓疑畏，神话滋生，因而完全人性化。因陀罗可谓为《黎俱吠陀》最大之神。其父为天神（名第亚）。自母侧而生。有头，有臂，腹大充满须摩。躯干奇伟，驾大地十倍以上。手持雷杵，杵系铁制。乘金色车作战。与华由（风神之一）关系甚密，为之御车。沉湎于须摩，而有须摩饮者之号。饮须摩可兴奋加精力，因陀罗亦有百力之名。常与群魔战。魔者阿修罗、罗刹之属。有斐多罗者，旱炎之魔也。颂中常呼为蛇，常阻雨水，遮日光。因陀罗持杵与战，群神助之，俱败北。但因陀罗后卒击杀之，雨水得降，云消日出。因陀罗又为战神，常助雅利安人征服土著之黑族（常呼为达沙，实 Drasidion 种），曾驱散黑人五万，令雅利安人有其土地。因陀罗以威力胜，而行为颇不端正，饕餮酗酒，残暴弑其父，又与梵主争。梵主者，婆罗门所敬仰之神也。

因陀罗以武力见尊，伐龙那（原似系盖天所化成）则以执法为人所敬。二者俱见于 Boghaz Koi 之刻文，则似均雅利安人入印度以前所已拥戴之神。因陀罗而外，伐龙那实最大。颂中言及其面、其目、其臂、其手足。旷瞩众生，其眼为日。有多侦探，坐于其旁，观察天地。其使者具金色翅（此指太阳）。自然及道德法律均为伐龙那所维系，天地因之奠定，日月星辰水火均依之运行，诸天受其指令，一切世间均为其领土。伐龙那具一切智。鸟之翔空，舟之行海，风之达远，彼均可知其所向。明察阴私，鉴人之诚伪，惩恶劝善，最为人民所敬畏。正直之士，希于死后见伐龙那及阎摩天。与伐龙那常同见颂中，同受敬礼者，为密多罗。在印度为不甚重要之神，而在波斯宗教则为大神。

《黎俱吠陀》尊崇三十三天（"天"今译为"神"，"三十三"果何指实不可考，且《黎俱》中神亦不只此数），说者且分为三类，天、地、气象是矣。其天上之神有天神（名第亚），有伐龙那，有密多罗。日神之著者有三：曰苏利亚（指太阳）、曰沙畏吹（指日能鼓舞生命动作之现象）、曰普霜（指日能生育之现象，尤有关于畜牧）。此外有乌沙斯女神，则为晓神。而韦纽天者似亦原为日神（指太阳行动之现象），在《黎俱吠陀》并非重要，而在印度教则为首要三神之一。又有骑神二（名阿什雯那）主救急难，为天神之子，显即希腊 Dioskouroi（为 Zeus 之子，亦人之救星），而巴比伦诸国多有相似之神，证以 Boghaz Koi 之刻文，雅利安人在未四散迁移以前，即有此二神。至若气象之神，有因陀罗，又有华塔及华由，皆风神也。有禄陀罗，此时亦非重要，在《梵书》经书，其威渐著。最后印度教尊奉梵与韦纽及尸婆三天。尸婆即禄陀罗所演化也。又有麻若诸神常与因陀罗偕，战胜斐多罗。地神则有阿耆尼（火神），有梵主（僧侣之神），而须摩亦属之。

此外有陀什吹者，精于制造。因陀罗之杵，梵主之斧，诸天之饮器，均其所造。而人畜之在胎，亦经其工作。其女（名沙郎纽）与微华斯结婚，而生阎摩与阎美，是为人类之始祖。阎摩（其义为双，故中译佛经亦称为双王）处于天之远边（说者有谓为日中），死为其道，二犬守之。人死则由此道至阎魔所居，见其先祖。阎魔常名为王，而未明言为神，且仅统治幸运之死者。惩罚罪恶之说，则后来所增益也（"阎魔王"梵文为"阎魔罗遮"，故中译有称"阎魔罗"）。

雅利安人迩时所奉之神祇魔鬼，名类繁多，不克备录。近世宗教学家谓神之崇拜类皆自多元而趋于一元。太古之人，信精灵妖鬼之实有，于是驱役灵鬼之方繁兴。其驱使之力寄于人者谓之巫觋，托于物者则如桃符。其于祭祀皆以其所持，求其所欲，实含商业性质（凡具此性质之歌曲多见于《阿闼婆吠陀》，是编虽晚出，而思想有较《黎俱吠陀》尤古）。人之于神实立于对等或同等地位。顾鬼神即可用之害人，自亦可因之自害。由是而生恐惧，而生敬畏。人之于神渐不敢驱而须求，不事威逼，而用祈祷、祭祀、供献用以悦神，俾神可还赠，满足其所希求。然交换赠受之外，祭祀亦有忏悔洗罪之功用。盖人民程度渐高，福善祸淫遂亦为信仰之要素。《黎俱吠陀》之祀神，其根据不出此二功用。其时若因陀罗，好勇斗狠，游乐饮宴，其性质固不高于人类也。印度初民或震于热带之暴雷疾雨，且侵入印土，征服土著，端赖战神，其威力因驾群神之上。然伐龙那司世界之秩序，亦为雅利安人所最尊敬，印度太古《吠陀》宗教之性质于此亦可见矣。

《吠陀》诗人怵于宇宙之奇，而震于自然之象，亦有所歌咏。尊崇往往不觉过当。因陀罗位固最上，而伐龙那、阿耆尼亦常称为无上。伐龙那固为大神，然亦言其遵从韦纽天。凡神于颂祷时常可推在第一位。

此则虽尚非一神教，而究已离多神教之范围。说者常号此为尊一神教，谓为多神教至一神教过渡之现象，但至《黎俱吠陀》晚期，一神之说渐兴，而且另辟一元哲学之途径（多见第十卷为晚出之颂），兹当详论之。

宗教根本既在笃信神之威权，遂趋于保守，而进化迟缓。其初当人民幼稚时代，神之性质自以人为标准，故民众尚斗，而因陀罗之神尊，尊其残暴也。民俗贪饮，而须摩之草神，神其能醉也。其后文化增进，民德渐高。然宗教以尚保守，神之性质，遂形卑下。此种现象，在《黎俱吠陀》中，已可索得形迹。如其卷十之一百十七篇，仅奖劝人为善，而毫未言及神，盖似以神之德衰非可凭准也。卷十之一百三十一篇为颂信神之歌，论者谓当时盖信仰渐弱，作者有为而言（如卷二之十二即谓因陀罗神之存有否认之者）。及至佛陀出世之时，对于《吠陀》宗教之怀疑者更多。神之堕落，其地位几与人无殊。其后弥曼差学者，解说祭祀之有酬报，非由神力。《数论颂释》力攻马祠之妄（见《金七十论》卷上）。而非神之说（或称无神 Atheism）不仅见于佛书，印度上古中古各派几全有之。而早在《黎俱吠陀》末期，人民对于诸神之信仰既衰，而遂有一元宗教之趋向。论者谓埃及之一元趋势，在合众神为一。犹太之一元宗教，始在驱他神于族外，继在斥之为乌有。而印度于此，则独辟一径，由哲理讨论之渐兴，玄想宇宙之起源，于是异计繁兴，时（时间）方（空间）诸观念，世主 Prajapati 大人 Purusha 诸神，《吠陀》诗人叠指之为世界之原。盖皆为抽象观念，非如《吠陀》大神悉自然界之现象，实为哲理初步，而非旧日宗教之信仰也。此种变迁，显著于初期《奥义书》中。《奥义书》者，旨在发明《吠陀》之哲理，而实则《吠陀》之宗教甚乏哲理之研讨。诸书（《奥义书》有多种）所言系思想之新潮。顾宇宙起源之玄想，在《黎俱吠陀》中已有线索，其中虽无具体之宇宙构成学说，然其怀疑问难，已可测思想之所向。此诸诗作者，不信常人所奉诸神创造天地，而问日与夜孰先造出，世界为何木（意犹谓何种物质，何种木质）所造。类此疑难，散见颇多，而以十卷之一二一篇及一二九篇等至为有名。其一二一篇曰：

太古之初，金卵始起，生而无两，万物之主，
既定昊天，又安大地，吾人供养，此是何神？（一）
俾吾生命，加吾精力，明神众生，咸必敬迪，
死丧长生，俱由荫庇，吾应供养，此是何神？（二）
徒依己力，自作世王，凡有血气，眠者醒者，

　　凡人与兽，彼永为主，吾应供养，此是何神？（三）

　　神力庄严，现彼雷山，汪洋巨海，与彼流渊，

　　巨腕远扬，现此广莫，此是何神？（四）

　　大地星神，孰奠丽之？天上诸天，孰维系之？

　　茫茫寥廓，孰合离之？吾应供养，此是何神？（五）

　　两军（指天地）对峙，身心战栗，均赖神力，视其意旨，

　　日出东方，照彼躯体，吾应供养，此是何神？（六）

　　汪洋巨水，弥满大荒，蕴藏金卵，发生火光，

　　诸神精魄，于以从出，吾应供养，此是何神？（七）

　　依彼神力，照瞩此水，蕴藏势力（指金卵），且奉牺牲（指火光），

　　维此上天，诸天之天，吾应供养，此是何神？（八）

　　祈勿我毒，地之创者，明神正直，亦创上苍，

　　并创诸水，明洁巨伟，吾应供养，此是何神？（九）

　　（本篇共有十阕，第十阕显为后人窜入，故未译。）

　　怀疑思想之影响有三：夫人以有涯之生命，有限之能力，生无穷之欲望，受无尽之烦恼，于是不能不求解脱。印土出世之念最深，其所言所行，遂几全以灭苦为初因，解脱为究竟。降及吠陀教衰，既神人救苦之信薄，遂智慧觉迷之事重。以此在希腊谓以求知而谈哲理，在印度则以解决人生而先探真理。以此在西方宗教、哲学析为二科，在天竺则因理及教，依教说理。质言之实非宗教，非哲学。此其影响之大者一也。宇宙起源之说既兴，而大梵一元之论渐定。大梵者非仅世之主宰（如耶教之上帝），亦为世之本体（西方此类学说名泛神主义）。其后吠檀多宗，以梵为真如，世间为假立。此外法是幻之说也。僧佉以梵为自性，世间为现象，此转变之说也。至若弃一元大梵，而立四大（或五大）极微，如胜论、顺世，则积聚之说也。至若佛教大乘我法皆空，蕴界悉假，则精于体用之说也。是脱多神之束缚，亦且突过一神（大梵说乃泛神论，非一神论）之藩篱矣。此影响之大者二也。《吠陀》诸神势力既坠，而人神之关系亦有变迁，由崇拜祭祀进而究问本源。吠檀多合人我大梵为一。僧佉立自性神我为二。胜论于五大之外，别有神我。诸宗对旧日所祈祝之因陀罗、阿耆尼，均漠视之。此其影响之大者三也。

　　至若《黎俱吠陀》时代道德则以"黎塔"一义为大本。黎塔者，为法，为秩序，充塞世界，神人之所遵守。此世界之规律若未施行于现在与人世，亦必须收效于将来之天上。颜夭跖寿，必可均衡。此实后来业

报之说之滥觞也。黎塔为道德之标准，实万事之真谛。纷乱不得其平，反乎黎塔，则为虚伪。守法规秩序，持久不舍，谓之善人。朝三暮四，毫无恒心者，则为失德。道德之完者，既须亲神（须祈祷行祭礼），复当和众（慈善乐施为美德）。魔术咒语，奸淫赌博，均所痛斥。苦行之说，虽已发见，而百姓类甚享天然之美，喜世间之宏大。人生此世甚为乐观，少忧郁厌世之想。世谓印度为悲观国家，据此则最早亦非如此也。

方雅利安人侵入印度，为战胜之民族，威力想必隆盛。居此世间，予取予求，当少障碍。厌世之想罕能发生。夫人既欣乐此生，自无企图于来世。故于死后之若何，不甚注意。其所望者，寿命可经百年（第十卷之十八）。身后暨地狱之说，则颂中言之而未详。人之生命为神所授与，死则躯壳归于土。常人之魂恒附系于坟墓间，而善人之魂还居天上，在日落之处，阎魔之所居，见其祖先，清净受福。惟逢家祀，亦来受享。子孙之福利，亦常不能去怀。恶人则身体深沉土中，其鬼魂被弃置极暗深渊。至若地狱之严酷，轮回之可畏，当时雅利安人似未梦及。

二、《阿闼婆吠陀》之教

《阿闼婆吠陀》，非古也，而其教则必甚古，且其思想有早于《黎俱吠陀》者。全书间取《黎俱》歌颂，性质颇复杂，其天神亦淆乱，且进而信泛神论或万有神教。又发现《黎俱》所未有之神及恐怖之地狱。读其颂，几全为恶意、善意之诅咒。用魔咒以求子嗣长生，以防毒物邪术历疫恶蛇。而祭祀之重要，则置于神祇之上。《黎俱吠陀》虽亦用咒术，然以二者比较，其态度迥然不同。盖《黎俱》多诸天，《阿闼婆》则多群魔；一多歌颂，一多诅咒；一取天然之象（如天日雷风等），一取无生之物（如木石等）。《阿闼婆吠陀》虽有因陀罗、阿耆尼，然在《黎俱》则受畏敬且信其必降福田，在《阿闼婆》则恐怖而求不为人害。征诸世界宗教演进事实，多魔教在多神教之前，《阿闼婆》全书虽渐成于《梵书》时代，然必集泰古之所传。说者曰《黎俱》为雅利安人之宗教文学，《阿闼婆》传土著民族之崇拜。雅利安僧侣（婆罗门）以战胜之威，先集其祖宗之歌诗，依次集为三《吠陀》，及后不惟不能铲除土人之文化，乃渐杂二种教化而成第四《吠陀》。此事虽史阙无可多证，然亦言之成理也。

第四《吠陀》，原名《阿闼婆案吉利》。"阿闼婆"与"案吉利"（为火神名号之一）均火祠僧侣之名。其立为《吠陀》，当在《奥义书》及佛教出世以后。盖《阿含》只言"三明"，而《奥义书》中多仍用"阿闼婆案吉利"之名（《唱徒集奥义书》则称为《阿闼婆吠陀》），直至《摩挈法典》，犹沿用此名。火为祭祀所必需，为"家族之主人"，故《黎俱》诗人已常称之为神人之使者，送祭品于天上者（因祭品如油，如须摩，均投入火中）。因陀罗、伐龙那均言为即阿耆尼，诸神亦均即阿耆尼。征诸佛典，火祀最多，可见在佛陀以前，火神之势渐盛。《阿闼婆案吉利》遂立为第四《吠陀》，而魔术亦几夺上等宗教之席。佛典记载多可证此事。如《长阿含》卷十四有曰：

> 如余沙门婆罗门，食他信施，行遮道（二字系直译，遮道系谓横行，横行指畜生，引申之为卑鄙，故遮道法者谓卑鄙之法也）法。邪命自活，召唤鬼神，或复驱遣，种种厌祷无数方道，恐热于人，能聚能散，能苦能乐。又能为人安胎出衣，亦能咒人使作驴马，亦能使人聋盲瘖痖，现诸技术，叉手向日月，作诸苦行，以求利养。沙门瞿昙，无如是事。

> 如余沙门婆罗门，食他信施，行遮道法。邪命自活，或为人咒病，或诵恶术，或诵善咒。（中略）沙门瞿昙，无如此事。

> 如余沙门婆罗门，食他信施，行遮道法。邪命自活，或咒水火，或为鬼咒，或诵刹利咒，或诵鸟咒，或枝节咒，或安宅符咒，或火烧鼠啮，能为解咒，或诵知生死书，或诵梦书，或相手面。（中略）沙门瞿昙，无如此事。

魔术之教起于上古。上古初民微弱，震于病死之可畏，精灵之难防，视宇宙几全为魔鬼所充塞。疾病死亡，暴风地震，均视为不可知见之力所左右。驱避之方或为咒语，或为符草。咒语者以语言达其欲望，最平淡者在求患害之不至，或祈幸福之降临（如欲国王之祚永，见十之十、十三）。拜蛇之教其时最盛，故颂中避蛇之咒最多。如与敌争斗，或以祭祀求神相助，或以恶诅魔术中伤。符多用草木，恒向之诅，以资防护。至若惩妇之不贞，求女之相爱，疾病之治疗，以至赌博之胜利，均为咒术之所常及也。

《黎俱吠陀》信多神者也，然其晚出之颂则有一神一元之说（已如前说）。《阿闼婆》书成于《梵书》以后，故主一神，而进为泛神或万有神教。一神者以一神为主宰，而群神隶焉。万有神者，一切万有均是此神，此神为宗教崇拜之目的且为哲理之一元本质也。《阿闼婆》崇拜迦拉（时间）、迦麻（爱情）、斯坎巴（意为"依"，或可译"原质"）。斯坎巴最上，为最高原理，亦为世主，为补楼沙，为梵，包举时空。此外可证

《阿闼婆吠陀》杂有晚时之信仰者，约有数事：

（一）在《黎俱吠陀》中祭祀为悦神之具，而《阿闼婆》则视其地位高逾神祇，与《梵书》同（见后）。

（二）禄陀罗为畜类之主，其后演为印度教之尸婆天。尸婆（亦作"湿婆"）一字，义为"吉祥"。《黎俱》既未用为禄陀罗之名号，且言禄陀罗残毁畜类。

（三）风（此从古译，非风雨之风）者，印度哲学说为自然界生命之源。数论、吠檀多均言五风（见后），此字始于第四《吠陀》。

（四）《黎俱》诸神男女均有，而特重男神，《阿闼婆》则恰反是。其后印度教乃特重女性。印度教者多迷信，重咒语，历史上二者当有密切之关联也。

第二章 《梵书》及《奥义书》

婆罗门教根据《吠陀》，偏重祭祀，为《梵书》之学说。约自三《吠陀》、（《黎俱》、《夜殊》、《娑摩》）之完成直至释迦出世，为其隆盛之时。婆罗门教虽重《吠陀》，然《娑摩》、《夜殊》特重祭祀，故实最要。二者成于《黎俱》之后，而在《梵书》之前。《梵书》者，名"婆罗门那"，为《吠陀》之解释。其着眼之点有二：一在释圣经与祭祀之关连，一在释其中之象征。祭祀之专家，非只一派，故三《吠陀》恒具多家解释。如《黎俱》、《娑摩》各有二婆罗门那，而《夜殊》之《梵书》有三（《阿闼婆》因成立较晚，几可谓无《梵书》）。《梵书》之末类有《森林书》，谓深义密意须在森林寂静中传授。《森林书》之中，载《奥义书》，则纯为推阐哲理之书，世所谓《吠陀》之终的（Vedanta）是也。

兹章所述为《梵书》之婆罗门教及《奥义书》之哲理，时间约当西历纪元前 1000 年至 600 年，即自三《吠陀》之完成至释迦牟尼出世之时也。

一、《梵书》之婆罗门教

自雅利安人侵入印土，被征服之土著流为奴婢，不得参与《吠陀》教会，遂成为第四阶级。而在雅利安人中亦稍稍分为三级。盖上古民族，内赖鬼神之团结，故祭祀有专司；外须作战以御异族，故武士为专职；其不司祭祀、战斗者为工农，器用财赋于是取给。以是有僧侣、帝王、平民之划分，迹其始意，并非阶级。盖阶级者（古译种姓），重婚律，其义在保持血统之清洁，故婚嫁必限同级。然索诸佛典，虽称誉种德婆罗门，谓其"七世以来父母真正不为他人所轻毁"，又谓"颜貌端正得梵（婆罗门）色（犹言种姓也）像"。（见《长阿含》卷十五）但种姓原义并非阶级，其限制结婚，在乎种族，而不限于同级，且非婆罗门之各种族均可互婚，异种异色之结婚尤时有所闻，而所生之子，且可为武士或僧侣。迨阶级之制盛，僧侣始不得为武士，帝王不得为僧侣。然在《黎俱吠陀》，帝王可为僧侣，牧童亦可为战士。即迟至佛时，婆罗门不必为僧人，帝王种亦常作工匠，见于《本生经》中，并不必为闻者所奇也。

当时阶级之制虽不严，然为僧侣者之权渐大。如《梵书》谓"天有二种，诸天是天，而精熟《吠陀》以教人之僧侣亦天也"，彼等习于祭神之歌曲仪礼，他人则须营生业，作战争，无暇学驱使神鬼之术，而"聪慧婆罗门纳诸天于其权力之下"矣（上所引二语均见《梵书》中）。故僧侣之通人必"异学三部（谓三《吠陀》，即三明），讽诵通利。种种经书（解释《吠陀》诸书），尽能分别。世典（恐系记天像故事等之书）幽微，靡不综练。又能善大人相法、占候吉凶、祭祀仪礼。"（见《长阿含》卷十五）

《吠陀》之中《娑摩》、《夜殊》二者，侧重祭祀。尤以《夜殊》为婆罗门教之初期典籍，故释此之《梵书》更为详备，最有名之《百道梵书》Satapatha-brahmana 属焉。凡诸《梵书》，类详载礼仪，佐以譬喻，所言繁琐，多无所谓。其中虽不乏奖励道德，笃行敬礼，然终为罕见。概言之，则势力实在婆罗门，而不寄于诸天之手。威福实在祭祀，而非得之神人。故《梵书》有谓诸神不死，乃由力行祭祀苦行而得者（见《百道梵书》中），而人兽之得不死亦同赖祭祀。如四《吠陀》中言："我昔饮须摩味，故成不死，得入光天识见诸天。"又于马祠则有曰："兽，汝父母及眷属悉皆随喜汝。汝今舍此身，必得生天上。"（均见《金七十论》卷上。又参看《百论疏》卷五。）祭祀之威权既若是之大，故举行时须谨慎将事，一言一动及至发音之轻重，均有莫大之效果。稍乱其次第，则白昼必永为长夜，或四时十二月均失其常。《梵书》详叙礼仪之进行，布置之末节，盖以此也。

祭祀出自魔术，用术驱鬼，必用咒语，祭祀求天，亦赖歌曲，故通《吠陀》者，战胜一切。"智有三：《黎俱吠陀》、《夜殊吠陀》、《娑摩吠陀》是也。《黎俱》歌颂地也，《夜殊》空（空界）也，《娑摩》天也。人以各《吠陀》而战胜地空天。"（见《百道梵书》）《梵书》于祭事则谓之法，于祭理则谓之智。《百道梵书》中曰："祭牛若东去，则祭者可得生善世；北去，则于人世声名伟烈；西去，则多人民财谷；南去则死。"如是乃"智之道"也。其智之粗拙如此。歌颂为祭祀之文，智论为祭祀之理，二者乃互相为用也。

祭祀之种类极繁，自帝王灌顶马祠（帝王为祭者，期甚长。盖须放马于野，任其所之，以卜当征服之地点何在），以至平民之火祠（甚简陋），几于无日无之。而人生之大事，礼节特重。据书传所传，祭祀为数二十一，列为三组，组各有七：一为油乳等之供献，二为须摩之供献，三为牺牲之供献。然祭祀之数，实不止此。其时期常延至一年以上，参与者亦常至千万。印人之所以特重祭祀，盖以为天地之行，祭祀节目悉可与之相应。凡举行正当之祭祀者，即可得自然界之威权。故祭者（谓求福之人，担任祭费，请僧人主持。故僧人不必即祭者）如发愿言某人当死，则其人立亡。质言之，此项学理，与所谓同情魔术者相同。如结草人，载某名姓生日，诅之，某必殂。盖草人与生人相表里，亦犹祭祀与天下事理之相应也。因是有象征主义，祭用茅草以象天地，歌曲音韵以象人类，牺牲神龛无一不有所指，而神庙之方向亦含重大之意义焉。

祭祀之指有三：一曰供养。盖牺牲者，神赖以生。祖先之灵，亦需饮食。故油汁须摩投倾爝火。而《韦纽天传》曰，用祭祀而诸天之生得养。此则最初人民之遗传，人之视神相去不远。二曰赎罪。祭者恒陈牺牲使代受过。如《梵书》有曰："呜呼！牺牲，起归汝之肢体于火！汝为诸天祖父人类及吾辈所作罪洗涤。所有罪恶吾人于梦中醒时有意无意所作，均汝为洗净。"三曰求福。人神授与，意本无殊易。故人恒持供献于诸天之前而说誓言："给我，我乃给汝。授我，我乃授汝。"（见《百道梵书》）以其所供，求其所欲。所求愈大，所供愈丰。故婆罗门受巨额之金钱，牛羊牺牲，动以千百计（参见《长阿含·究罗檀头经》）。彼等受之，恬不为怪，乃又从而为之辞。或谓施僧可得大福，如谓凡人施僧以千牛者，得尽有天上诸物。《金七十论》曰：马祠说言，杀尽六百兽，少三不具足，不得生天为戏（指男女戏乐）等五事，其言亦同。或且归诸神旨，言僧人受施，理所应然，则尤可鄙。如谓"祭祀之用有二，供献诸天，给养诸僧。以供献厌足诸天神，以给养厌足诸人神。二神均足，则祭者可以直生天上"。黄金尤为彼辈所欣悦。盖谓金有不死性，火神之种子也（亦见《梵书》）。而《大毗婆沙》百十六引一类婆罗门之言，谓大地所有，本是梵王神力化作施诸婆罗门，今婆罗门势力羸弱，刹帝利等侵夺受用。故婆罗门取受用时，是取己物，皆无盗罪（佛常斥婆罗门贪财，如《长阿含》五《阇尼沙经》等）。顾僧人所贪虽特多，而祭者所求尝亦甚奢。驱病杀敌，及凡所欲而力不能达者，如生天不死，神通自在等，无不可得之于祭祀。合法之马祠行之百次，则祭者可进位为神，竟夺天帝释之席也。

僧侣且可任意修改祭祀仪文，《梵书》各家之所以并出，婆罗门各族各派之分立门户有以致之。祭言 Yajnavalkya 大师，印土教史中之老宿，而为祭礼之专家。食祭牛之事自古悬为厉禁，而师则曰：至若我，如为牛肩亦食之。其擅改礼法如此。其后维持风俗礼教，渐衍为婆罗门之特权，而法典遂为彼辈独治之学，祭言大师盖亦法律家之一。僧侣既挟此无上之威权，故荡检逾闲，无识鄙陋者，所在多有也。

婆罗门僧人以此恒为有识者所鄙，如倮形迦叶闻佛"呵责一切诸祭祀法，骂诸苦行人以为弊秽"（见《长阿含》第十六卷）。传闻虽过，然其贪鄙，史俱有征。《三明经》（出《长阿含》）亦曰：

> 三明（谓三《吠陀》）婆罗门见日月游行出没之处，叉手拱养（此一种祭祀），而不能说此道真正当得出要，至日月所常叉手供养恭敬，岂非虚妄耶？（中略）彼三明婆罗门为五欲所染，爱著坚固，不见过失，不知出要。彼为五欲之所系缚，正使奉事日月水火，唱言扶接我去生梵天者，无有是处。（中略）譬如阿夷罗河，其水平岸，乌鸟得饮，有人欲度，不以手足身力，不因船筏，能得渡不？答曰不能。（佛曰）三明婆罗门亦复如是，不修沙门清净梵行，更修余道不清净行，欲求生梵天者，无有是处。（下略）

顾《梵书》中亦常奖进善行。第一语须诚实。阿耆尼（火神）于诸天中为发愿之主，而言语亦列名天中，"一切均二分，绝无三分。或为实，或为不实。仅实为上天，而不实为人类。"第二戒淫。淫者触犯伐龙那（司善恶，甚正直），当祭祀之时，祭者之妻必经僧人正式诘问，是否忠于其夫。盖祭时不能容罪恶于胸。若先事忏悔自白，则罪可灭，至于杀盗堕胎，均须严禁。而宗教之条律，尤须恪守。此虽多对祭者（谓出资求福请婆罗门僧主祭者）而发，然婆罗门之德行须修，明者亦渐觉其重要。在《黎俱吠陀》（如十之一三及十之八二）已斥僧人为逢场作戏。《唱徒集奥义书》（一之十二）竟斥之为群狗（见附录）。故不久有四努力之设，分为梵行时期、在家时期、森林独居时期、遍出或比丘时期，意在管束人生，谨严教训。然佛之时代，婆罗门教之衰坏，实非虚构也。

以上所言，俱据《梵书》。《梵书》、《奥义书》，特为上级人之学说（《奥义书》学说见下），通俗之信仰不必相同。征诸往籍，当时平民特别迷信鬼神：（一）天堂地狱之说渐形复杂，其用意在惩恶劝善，言诚者生天上，作诳者入地狱，祸福年限亦各等差，视善恶之高下为断。（二）驱使魔鬼颇多方术：或种植树木，鬼神所依以谋生活，或占相男女吉凶好丑，以求利养，或作种种厌祷，或诵种种邪咒，或知生死，或习医方，或占天气，或说国运，亦能咒人作驴马，亦能使人聋盲喑哑，或焚烧鼠啮能为人解（均见《梵网经》）。（三）多数人民虽仍礼《吠陀》，而所尊之神渐异。求之佛典，其重要者为大地之神（净居天），山林之神（雪山神），旧日之神存于俗者甚少。因陀罗在古昔最大，乃转为帝释，性质即异。而吉祥 Siri 女神，伊撒那 Isana 均渐见尊仰。后在印度教，吉祥为韦纽天神妃，伊撒那则为尸婆天。顾旧教之衰替不独见群众信仰，婆罗门中优秀亦渐弃古多神教，而主泛神说，如《奥义书》所载是矣。（群众中不乏苦行及新学说，然此俟下论之。）

二、《奥义书》之教理

《梵书》上承《吠陀》，敷陈礼仪，"法"之事也。《梵书》之末类有《森林书》，而《奥义书》之最早者即常为《森林书》之一部。此二者均重理论，而《奥义书》尤深探哲理，则"智"之事也。智法互相为用，徒行祭祀之法而不识其理，所求必不得。此虽《梵书》之言，而《奥义书》之于婆罗门教，乃为教外别传。《梵书》之智，实指《奥义》。而《奥义书》之智，则已进入哲学之域，必智者乃可知之。其道父仅可传其子，师仅可选授优秀，中枢秘密应不著一字。《奥义书》之重要有名者，都十三种。其最初者成于佛陀出世以前。各书所载，或诗或文，或二者兼有，寓言、故事、神歌均编入篇中（各种《奥义书》多非一人手著，且其中亦采帝王阶级言论），其言虽庞杂，而大义固有可寻者。

《黎俱吠陀》中晚出之诗章（《黎俱吠陀》集长时间歌曲而成），即有世界本质之疑问，降及《奥义书》而讨论益亟，答案亦多。故印度各宗，如计水外道（《大林奥义书》五之五），金卵外道（《唱徒集奥义书》三之十九），计时外道（《慈爱奥义书》六之十四），声常外道（《唱徒集奥义书》一以下），自然外道，必然外道，偶然外道（《白骑奥义书》一之二），均于诸书中有迹可寻。而五大五风，所食食者诸说，亦散见各篇，而数论、瑜伽及吠檀多之道均于是托始。综其大略，则主张泛神，虽未尝推之至极，未全立商羯罗如幻之说，而力持即我即梵，实为后弥曼差（吠檀多之别名）之祖。（此下所引务据早期《奥义书》，其后期《奥义》去佛日远也。）

"梵"字原义为颂（魔术咒语即曼荼罗），为礼节，为唱诗僧；其后引申为礼节所得之魔力，人如作供献，正歌曲，则有梵生。再引申而为世界之精力，天地之运行，人类之生命，胥于是赖。故依神言之，梵为最大，为造物主；依天象言之，梵为虚空，周遍一切；依人类言之，梵为风，生命之本（"风"系旧译，应译"生气"，指呼吸之气，乃生命所托）；依哲理言之，梵为世界本质，一切事物均自是生，而日月水火等均可指为梵。等而上之，梵为真如，义如虚空，不落言诠，须遮不表，是以有"不不"之说，谓梵出吾人有限知识以外，不如此，亦不如彼。故韦迦陵问梵于白伐，白伐应之曰："趣学梵，吾友。"即复默然。及再问三问，乃答曰："余实诏汝而汝不悟。默然即此神我也。"（见商羯罗注《吠檀多经》三卷二之十七）

所谓"神我"者，谓阿提茫（Atman）。《奥义书》之大义，可以一言以蔽之，"即梵即我"是也。此为密意，昏昏者难知（参看附录《由谁奥义书》第三节以下），而知之者，即可解脱。如《大毗婆沙》卷二百引《明论》说曰：

> 有我士夫，其量广大，边际难测，光色如日，诸冥暗者，虽住其前，而不能见。要知此我，方能越度生老病死，异此更无越度理趣。（参看《埋帝利奥义书》第六以下）

在《黎俱吠陀》，"阿提茫"或指世界之原质，或指个人之生命。而在《奥义书》中，阿提茫多指自我。"自我者，乃人类固定不变之本质，永住妙乐，如无梦眠，虽彼实无知而实知之。但彼所不知平常之知。（何以故）盖以其不灭，（平常之知有生灭）而知者之知无已时。"（见《大林奥义书》第四编三之三十）寂然不动是谓无知，独为知者则是有知，一切知作非即彼体而从彼生，彼为能见而不被见，彼为能听而非所听，彼为能思而非所思，故为独存之主体，绝对之主观，是之谓人之实质。

人之实质无以异于世界之精神，此意在《黎俱吠陀》已见端倪。其第十之九十，比世界为"补卢沙"（旧译"丈夫"，又译"神我"），日出于目，月出于心，因陀罗及阿耆尼（火神）出于口，伐由（风神）出于呼吸，空气出于鼻端，天出其首，地出其足。类此言论，屡见《奥义书》（《唱徒集奥义书》三之十八，《大林奥义书》一之二），而梵为内宰 Antaryamin（谓一切外界受其宰御），尤似个人神我，自我以外无他物（语见《大林奥义书》四篇三之三十）。梵即我，我即梵，此之谓奥义，深密不可言说。至于现象世界山河大地是真是幻，则《奥义书》诸哲未深加推求。如幻之说，虽现端倪，而多认梵我实有，不言世间为非实，此则未免矛盾也。

总上所言，大义有二：（一）梵与我均为世界之原质；（二）梵即我，我即梵。因其均为原质，故包举一切，无内无外，无生无死，不可见闻，不可探索。昔乌德拉克既使其子施伟塔克图学诸《吠陀》，进而诏以梵之密义，兹节译之如下（《唱徒集奥义书》六之八）：

"吾儿，此诸河流通，东者向日出，西者向日入，自此海达千彼海，而仍仅流为海，彼等亦莫辨孰为此河，孰为彼河。"、"吾儿，人世恰亦如是。一切众生虽同出一生，而不自知其为一。彼神秘之原体，世界以之为精魂。彼乃真实，彼乃自我，彼是汝。"

又曰：

傍将死之人，诸亲毕集，各问曰："汝识我欤？汝识我欤？"当其语未没入心，心未没入于命，命未没入火，火未没入最高精神，彼有知识；既而其语没入心，心没入命，命没入火，火没入最高精神，然后不知。彼神秘之原体，世界以之为精魂。彼乃真实，彼乃自我，彼是汝。

又：

其父曰："置此盐于水中，明晨其来见我。"其子奉行。父谓之曰："趣取置于水中之盐。"子觅之不得，固已全化矣。父曰："于水面尝之若何？"子曰："盐。"父曰："于中间尝之，若何？"子曰："盐。"父曰："于水底尝之，若何？"子曰："盐。"父曰："弃之，再来谒我。"子行之，然盐仍在。

父乃曰：于此身中，"汝亦不能觅见实质，但彼固亦存在。彼神秘之原体，世界以之为精魂。彼乃真实，彼乃自我，彼是汝。"

此中"彼"指"大梵"，"汝"指"自我"；"彼是汝"一语谓梵我本来为一，是此后吠檀多宗极有名之格言。下引一段，亦甚有名，为哲人商谛礼所说（《唱徒集奥义书》三之十四）：

全世诚为梵，凡灵魂净寂者趣尊礼之，趣以之为其所欲知。人诚为智所成，故当其逝去即变为智，因为其在世所有也，是以彼趣精进向智。其质为神，其身为生，其形为光，其意为实（真实不妄），其体为无限。全能全智全嗅全味者，包含天地默然不乱者，彼乃吾之精神，处于吾心，小于米粒，或麦，或芥子，小于草子，或竟小于草子之空皮；此吾心中之精神，大于地，大于天，大于神区，大于万有世界。全能全智全嗅全味者，包含天地默尔不乱者，彼乃吾心中之精抻，彼乃梵。当余逝去，应彼是达，知此者诚无复疑虑。商谛礼之言若此，商谛礼之言若此。

梵我合一之说，为《奥义书》之主旨，世间如幻之说，乃商羯罗所后加。《奥义书》大半近于吠檀多，然其内容缛杂，故他宗要旨亦间可得，最著者为数论、瑜伽之说。盖吠檀多合梵我为一，而数论、瑜伽则显分为二（自性与神我）。虽其说多见于后期诸书中，而初期书（如《唱徒集》六之四，《迦塔奥义书》四之七），迹亦可得。佛陀出世时之已有数论，亦可征之佛典（如《佛所行赞》第十二品等），而推学理之进化，当时应有此说。特数论之成熟则恐时仍稍后，事理繁复，兹不详探。

进而言《奥义书》之解脱道。轮回之说，《黎俱吠陀》已有萌芽，至此时而益显。因有无常之惧，而愈有出世之想。大梵是常，故人我须没其中，合而为一。天上是常，故人须离世间不返。其解脱之道，主在智慧。祭祀乃"法"之道，《奥义书》则重"智"之道。人能知天地之秘，斯可独存，能知梵之奥义，斯即为梵。业报之起，悉由无明，故若有智，业力可断。印度各宗均以智灭苦，佛家智慧亦最尊。其所谓智慧非为平常知识，乃澈底之觉悟，而得之禅定者。得者于此绝对信仰，成为第二天性。美人髑髅，富贵朝露，凡庸识之，仅为格言，圣哲通之，见诸事实，非仅知之也。且我即慧智，慧智即我，因我为清静智慧，故了无所限，不死不生，竟合大梵。《迦塔奥义书》（一至三）述一婆罗门往谒阎魔，不受世界一切快乐，而欲求生死之秘密。智慧之见重，于此可见一斑。是亦印度哲学特性之一也。

附录一 《黎俱吠陀》集选译

第一卷 第一篇 颂火神（阿耆尼）

我尊火神，家祭专司。凡有祠祀，彼神时施。招神祇者，诸宝广输。阿耆尼神，前之诸仙，后之诸圣，俱彼是尊。其载诸天，俾使来兹。因阿耆尼，人得其财。日复一日，人其兴发。声名藉甚，有雄产生。噫阿耆尼，祠祀供献，来自四方，汝悉包藏。即此祠献，归百神享。维彼火神，招神祇者。智慧、真实，至极威名。维彼神来，与诸神偕。噫汝火神，于祀祭者。何善功德，汝将行施。若何征实，噫案吉利，噎汝火神，汝烛暗者。日复一日，吾人深思。对汝火神，均来顶礼。对汝火神，祭祀之王。天地运行，汝是持护。扬辉光大，在汝之居。因是敬礼，噎阿耆尼。若父于子，其吾亲近。为民幸福，其相安处。

第六卷 第五十四篇

普霜导我，其以智者。彼能迅速，明示训诲。彼将相告："彼即在此"。吾人愿行，与普霜偕，教我直达，何家何厩。并将相告："凡此即是"。普霜之轮，其毋毁坏。其车之辕，其毋脱落。且其轮缘，亦毋动摇。爰以供献，谊敬神者。普霜于彼，必不相忘。彼其首先，聚有资财。维汝普霜，其视我牛。维彼普霜，其保我马。维彼普霜，为我得财。噎神普霜，其随护牛。牛属祭人，人献须摩。其亦护我，我等赞汝。毋使失踪，毋失伤毁，毋使堕阱，破彼肢躯。其以完牛，无毁无伤。维彼普霜，其耳聪明。谨慎监守，永保其产。支配财赋，吾人望仰。维汝普霜，其毋我伤。凡我诸人，汝命是行。吾人在此，赞汝颂汝。维彼普霜，申彼左掌。迴护吾人，覆盖极广。彼其驱归，我所失亡。

附录二 《奥义书》选译

《由谁奥义书》

第一节

一、由谁促进，飞越远出之心灵？由谁令行，逸出最初之气息？由谁促进，此诸语言始经人道？眼乎耳乎何神令行？

二、他乃耳官之耳，心官之心，语言之声，气息之气，视官之目。——经此解脱，智者当此世时，遂得不死。

三、彼处目不见，语不达，心亦不至。吾人不知，吾人不识，应如何解说他。实则渠出已知之外，且直超乎不知。此上吾人闻自先圣，其解说他与吾人若此。

四、非语言之能言，而语言因之而言——此真为梵，非如人之所拜礼者。

五、非心之所思，而心之所以思——此真为梵，非如人之所拜礼者。

六、非目之所见，而目因之以见——此真为梵，非如人之所拜礼者。

七、非耳之所闻，而耳因之以闻——此真为梵，非如人之所拜礼者。

八、非气息之所呼吸，而实气息之所以通——此真为梵，非如人之所拜礼者。

第二节

九、（师曰：）若汝思及"我熟知"仅甚微汝之知。——梵之色相乎？——于此何者为汝自己？于此何者在诸天中？——故汝思自以为知者，正汝之所应审思者也。

一〇、（弟子答：）我未思及"余熟知"，但我不知"余不知"。凡吾人中知他者是知他者，但不知"余不知"。

一一、（师曰：）凡不思他者，他乃为其所思。凡思他者，实不知他。凡识他者，他乃不为其所识。凡不识他者，是真识他。

一二、因一觉悟而知时，他则为所思，而人之所得诚为不死。因神我而得威力，因智力而得不死。

一三、若已知他，则有真实；若未知他，败坏大矣。因识他于万物之中，智者当离此世时即成不死。

第三节

一四、令梵为诸天而战胜，于彼梵之战胜，诸神欢跃。彼等作如是观："此吾辈之战胜，此吾辈之伟烈。"

一五、他识彼等此意，遂现示于彼等前。彼等不识"此精神为谁何？"

一六、彼等告阿耆尼（火神）："全知者——趣认识此——此精神为谁何？"答曰："如是。"

一七、彼趣向之，而他语之曰："汝为谁？"曰："余诚为阿耆尼，余诚为全知者。"

一八、"若汝辈者，有何神力？"、"余可燃在大地上一切诸物。"

一九、他置一草于彼前曰："烧此。"彼以全速趋向之。彼不能烧，因是彼竟返曰："余未能认识此。——此精神为谁何？"

二〇、复次彼等告伐由（风神）："伐由——趣认识此——此精神为谁何？"答曰："如是。"

二一、彼趋向之，而他语之曰："汝为谁？"曰："余诚为伐由，余诚为麻塔利桑。"

二二、"若汝辈者，有何神力？"、"余可驱去大地上一切诸物。"

二三、他置一草于彼前曰："去此。"彼以全速趋向之。彼不能去，因是彼竟返曰："余未能认识此——此精神为谁何?"

二四、复次彼等告因陀罗曰："麻加王! 趣认识此——此精神为谁何?"答曰："如是。"彼趋向之，他即避彼隐去。

二五、即在此地，彼遇一甚美妇人，名为乌磨，雪山之女，彼谓女曰："此精神为谁?"

第四节

二六、女曰："梵也。于梵之战胜，汝辈欢跃。"于是彼遂能知"他为梵"。

二七、故此诸天，即阿耆尼，伐由与因陀罗位他天之上，因其最近他也，因彼等及彼（谓因陀罗）先知"他为梵"也。

二八、故因陀罗遂在其他诸天之上，因其最接近他也，因其先知"他为梵"也。

    *   *   *   *

二九、关于他有此指示——电光瞥现，使人瞬目，呼曰呀。——此呀指天事。

三〇、至若指人事——凡经过吾心者，因之人屡忆不忘。——此义"即他也"。

三一、彼名塔得他伐那（欲望），因他为欲望，他应受崇祀。如有人若是识他者，众生归依之。

    *   *   *   *

三二、"尊者告我以奥义。""奥义已宣示汝矣，吾辈实已告汝梵之奥义。"

三三、苦行、节欲、勤作为其基，《吠陀》为其肢，真实为其宅。

三四、人之若是知之（奥义）者，驱去苦恼。在最胜不死之天界，彼能建立。——噫! 彼能建立。

《唱徒集奥义书》

（一之十二）

复次为诸犬之歌唱——

巴克大必亚——即格拉伐马推亚——出学《吠陀》。

一白犬现于其前，围绕此犬，他犬集焉。言曰："尊者趣以歌曲为我辈求食，吾等诚饥饿。"彼乃诏犬等："明晨汝等其即会我于此地。"于是巴克大必亚——即格拉伐马推亚——守候视之，乃竟如僧人然。当彼等将唱巴须博瓦麻颂时，携手前进，故彼等亦如是前进，次彼等皆坐，而作第一次之发声。

彼等歌曰："唵！吾辈趣食。唵！吾辈趣饮。唵！神伐龙那与世主及沙畏吹，其以食至。——噫！食神其以食至此。——呜呼！其以食至此。——唵！"

第三章　释迦同时诸外道

释迦牟尼出世之时大概在《奥义书》之末期，其时异说并出。婆罗门人宗祀《吠陀》，然上焉者则《奥义书》谈哲理，引进僧佉诸论；下焉者则崇魔术，演为秘咒之教。至若非《吠陀》之嫡派，则尤繁兴，佛教与耆那教是矣。其大师之有名者，尤指不胜屈，如祭言、如商谛礼、如施伟塔克图，则见于《奥义书》；如六师、如调达，则见于佛典；均为一时所重，彼时印土之学术骤昌，究其因缘，约有四焉：

盖印度雅利安人奠居已久，民力增涨，智识渐高。礼乐文化，待年遂兴。而其时贸易交通，见闻较广。公众辩难，流为风尚。或挟金以求议论，或行之大祭场中，或争执不决，至筑屋以居，俾可长久讨究。即帝王亦奖励甚殷。（见《本生经·离欲品》等，而如巴利文《那先比丘经》有智者王者议论之说，智者以理屈，王者以力服，弥兰王则慨然取智者议论之法。）而持学说者往往足无定居，与求道者以无上方便。故教化普及，不易为婆罗门所专持，如佛陀、尼犍子均出帝王阶级。《奥义书》中，婆罗门亦常低首承教于刹帝利种，当时普通民智之高，实新说盛起之原因一也。民智既高，《吠陀》诸神，以常留野蛮遗风，而失人民之仰望，是以建立梵天，黜多神教，而起万有一神之观念（晚期之《黎俱吠陀》及《阿闼婆》），甚至谓祭祀自可得福，福非神授（《梵书》），而于神之有无，亦三复致疑，信仰求福之念大消，而多由智慧以求解脱，原因二也。《吠陀》之世，重在祈福，故祭师权力特大，经时既久，僧侣滥行威权，神殿成贸易之场，祠祀作谋生之术（婆罗门教），纵欲乱纪，识者忧之。乃有努力（asrama）之设，苦行之教，其意无非在严定清规，禁私欲，原因三也。有鬼之论，始于《黎俱》时代之前。自玄想渐多，益考虑死后真我之究竟，而自轮回说兴，无常之惧骤盛。人生戚戚富贵，汲汲名利，奄忽物化，以何为宝？况宗教重不死，而印人尤喜寂静常在。然事与望违，如佛告比丘："世间无常，无有牢固，皆当离散，无常在者。心识所行，但为自欺，恩爱合会，其谁得久？天地须弥，尚有崩坏，况于人物，而欲长存？"（录东晋译《般泥垣经》）烦恼生死，悉为业果。无常之苦，根据轮回。所以大变《黎俱》乐生之风，持悲观之说，异计群兴，均以尽业缘、出轮回为鹄的，原因四也。

婆罗门教承《吠陀》之余绪，保守祭祀之法。《奥义》重学理研究，新创解脱之智。智之道虽已多门，如吠檀多及数论之先河等。其实当时发愿出世，广立智论者，婆罗门正统外尚大有人在。希腊有梅迦斯屯尼者，以西历纪元前三百零二年受命使月护王庭，归而著一书，内谓当时印土宗师，显分二派：一为婆罗门，一为沙门。其所谓沙门，类重苦行，敝衣乞食。有执巫医占卜之术者，大不似指佛陀信徒。惟据巴利最早经典，常以婆罗门、沙门并称，而未明言沙门为释氏所有之专名。则沙门者，似为当时不属于婆罗门正统者共有之名号，其行为如林住，如巫占，虽不必有异于婆罗门僧人，然究不属于《吠陀》之宗绪。计此时最有名非婆罗门之学统，为佛教及耆那教。依今考证，婆罗门教或较盛于西方，其东则婆罗门之化较衰，而为佛教、耆那教发展之域。当是时也，非婆罗门教哲人之知名者为六师（《长阿含》载阿阇世王曾就六师问沙门果，则六师应均为沙门）、为阿罗逻迦蓝、为郁陀迦摩罗子（佛尝问道于二人，据《中阿含·罗摩经》，二师各为沙门团体之领袖）、阇马力（为尼犍子之婿，叛其岳父之耆那教而别立团体）及叛佛之调达（即提婆达多，义为"天授"。叛佛另立团体，至晋犹有存者，见《佛国记》）等。至于释迦牟尼则诸哲中之特立者也。当时贵族出家求道，世人见之，不但不以为怪，且有尊礼之者（如《中阿含·箭毛经》所述）。出家者夥，其中不无借行乞以谋自活，轶出常轨者，如末伽黎拘舍罗为六师之一，即邪命外道之首也。居舍卫城，馆于陶人妇家，持一杖乞食（故得末伽梨名），行诸种奇异苦行，至谓淫乐无害，精进无功。其初本师尼犍子，后以坏戒离去。耆那教人亦斥为妇女之奴隶，诡作奇说，动世人，以谋生活。故时人谓之邪命外道。由是等事，而各宗首领常聚众设戒，为有组织之教会。（梵曰僧伽，拘舍罗反对此项团结，与尼犍子徒辩论，斥其师聚党。可知僧伽之制，非当时出家者之常规。）其时教律最严者，为耆那教。

求道既成风尚，于是宗计繁兴，散见典籍（如佛教书及耆那教书）者不少。整理发明，谈佛教史者，应详搜讨。

一、凡沙门、婆罗门，广博多闻，聪明智慧，常乐闲静，机辩精微，乃为世所尊重（见《长阿含》卷十四）。以是辩论之律渐兴，而离支难堕负之语随出（见《杂阿含》四八）。有散慝邪，毗罗梨子者，六师之一也，每于一事全无定见，如人捕鳝，不可捉摸（见巴利文本《沙门果经》）：

> 若汝问我，是否有他世，如我思其为有，我当如此说，但我不如此说。并且我不思其如此或如彼，且我不思其为不然。且我不非之。且我不说无有，或非无有他世。而若汝问我是否有化生。……是否善行恶行有结果。……是否如来死后有生。……对于此各问我均如上答之。

同时谓此事实，此事异，此事不异，此事非异，此在六十二见有四见（以下所陈六十二见俱依《长阿含》文）。耆那教（尼犍子）斥为不知主义（Ajnanavada），而立或然主义（Syadvada）。（见下）其邪命外道之拘舍罗，亦立三句，谓同一事可是，可非是，可亦是亦非是。凡此者盖均辩论术之方式也。

二、世间诸论尤为繁兴。

甲、有谓世间常（六十二见之四），或谓世间半常半无常（六十二见之四）。言常住者，谓一切世界均是不变；言或常或不常者，如欲界变化而梵天常住云。

> 彼大梵者能自造作，无造彼者，尽知诸义，典千世界，于中自在，最为尊贵，能为变化，微妙第一，为众生父，常住不变，而彼梵化造我等，我等无常变易，不得久住。（此段似《奥义书》，尊大梵为世主等思想。）

乙、论世间有限无限。（有边无边，六十二见之四。）

丙、论世间变化之原因。传说有三种《中阿含》十三《度经》：（一）宿作因论，谓一切世事皆由前定。如邪命外道拘舍罗，谓业报极强，无道解脱，一切运行均系必然，故其语阿阇世王曰：“大王！无力无精进人，无力无方便，无因无缘众生染著，无因无缘众生清净，一切众生有命之类皆悉无力，不时自在，无有怨仇，定在数中。”（中文《长阿含》文，且谓此段系谓迦旃延语，惟证以巴利文及《尼犍子经》，此系拘舍罗语。今从之。）此所谓数，命运之谓。（二）尊祐论，崇自在天，一切运行均依神意，婆罗门书中散见此说。（三）无因无缘论（六十二见有二见），谓世事皆出偶然，如推此说必无果报，而似富兰迦叶（六师之一）之学。如言：

> 大王！人若自作，或教人作；人若残伤，人若罚，或教人罚；人若生苦害，或教人苦害；人若自悲伤，或使人悲伤；人若杀害众

生，取非所与，擅入人居，结伴掠财、强盗、路劫，或作淫乱，或打诳语，关于此诸人无有罪恶。若用铁轮，刃利如剃刀，脔割世上众生，以为肉聚，此无罪恶果报，亦无罪恶之增加。人若于恒河南岸击杀，或教人残伤，若欺压，若使人欺压，此无罪恶果报，亦无罪恶之增加。人若于恒河北岸施与，或使人施与，作祀献，或使作祀献，此无功德果报，亦无德之增加。（巴利文《沙门果经》）

此乃无因外道，似开顺世外道自然因说之先河（上言尊祐无因二论亦见《长阿含》卷十七《布吒婆罗经》）。此外亦有以世界事物变化之因归之神我者。由命（神我也，犹言灵魂）有想生，由命有想灭（亦出上经），此则神我为因之说也。（此亦见于《白骑奥义书》，而上第一说亦系该《奥义书》中所言之必然外道，第三说即彼书之或然外道。）

三、为自我或灵魂之研究。

甲、耆那教经言最著名之邪道有四：一为不知主义（已见前）；一为戒律主义（专崇戒律）；一为有作主义，谓我实有，且能作能受；一为无作主义，谓我非有，不能作，不能受。谓我非有，佛亦持之。

而耆那教经典另举有二说：第（一）说持我与身一。下自足底，上至发端，居于皮内为生命，即是自我，自我有生，当此身死，彼即不生。彼之时限与身躯同，命偕身尽。他人负之付诸烈火，当彼已为火烧，所存者黑如鸽之骨，而四负担者携其架床复归村中，故别于身之我实无，实不存在。说曰：

> 趣杀，趣掘，趣屠烧，趣烹切破坏，生命尽于是，此外无世界。

第（二）说亦蔑视道德，卖人伤生，在所不禁。惟言身乃地水火风空聚成，五大散灭，生命亦尽，此等说颇似阿夷多翅舍钦婆罗（六师之一，见《长阿含》卷十八）之言：

> 受四大人取命终者，地大还归地，水还归水，火还归火，风还归风，皆悉败坏，诸根归空。若人死时床舁举身置于冢间，火烧其骨如鸽色，或变为灰土，若愚若智，取命终者，皆悉坏败，为断灭法。

凡此宗派，顺世外道之先河（顺世后有二派：一说身与我一，一说身与我异，惟均谓四大有灭我亦随死），断见（六十二见有七见）之极则也。

此外亦有持我与身异者，如耆那教立命句义，命者灵魂，与物质对立。而六师中之迦旃延谓身乃由七积聚而成，命亦为其中之一。其言曰：

> 大王！下说七类非所作，亦非使所作，非创生，亦非使创生，乃是无生，安住如山，坚立如柱（伊师迦）不动，无有转变，互不相触，无补于乐，或苦或苦乐。何等为七？谓地、水、火、风、苦、乐及命为七。此七类非所作，非创生，亦非使创生，乃是无生，安住如山，坚立如柱（伊师迦）不动，无有转变，互不相触，无补于乐，或苦或乐，或无教杀人者，亦无杀人者，听者或说者，知者或释者。设有人以利刀斫士夫首为二，无人因此害世间生命，盖利刀不过游转于七类中间耳。（巴利文《沙门果经》）

乙、何为我之本体，亦当时聚讼之点，要不外即蕴离蕴二大纲。如布吒婆楼（见《长阿含》十七）与佛争辩何等是我，而陈多说：（一）谓色身四大、六入、父母生育乳哺长成，衣服庄严无常磨灭法，此等色身是我。（二）谓欲界天是我。（三）谓空处是我，乃至说识处不用处有想无想处无色天是我。而六十二见有谓我是有想之十六见（谓我是有色有想乃至我是无量想等）、无想之八见（我是有色无想至我是无边无边无想）、非想非非想之八见（自有色非有非无想至非有非无边非有非无想），虽不必持诸见者均有其人（邪命外道言我为有想有色，尼犍子言我为有想而无色），而当时探索自我之原质可知其亟也。

四、各宗虽俱信轮回之说，而其解释各异。

甲、轮回之期限。有谓无尽，得智慧，作苦行，可使中断。尼犍子及佛说是矣；有谓身与我是一，故身死我灭，轮回既无，期限更可不论，阿夷多（六师之一）等是矣；有谓轮回甚久（如邪命外道说），必须待其自然成熟，绝不能以智慧苦行断灭，轮回之期为八百四十万大劫，每一大劫为三十万沙拉，而每一沙拉之计法如下：

> 恒河长五百由旬，宽半由旬，深五十陀那，今有十三万七千一百五十七恒河，而令移去其中之沙，每百年一粒，直至沙尽时则为一沙拉。（每由旬约当四英里半，每陀那约当六英尺。）

乙、轮回之程径。《奥义书》有谓善人死后循祖先之道，以至月宫享福受乐，至其善业尽，后生人间。恶人反之，须入地狱受苦。而得大梵上智者，解脱轮回，不生不死，是曰天之道。而沙门婆罗门亦设天堂地狱之说，其神话之复杂，即览佛典所载，亦当惊印土此类信仰之完备也。

丙、轮回之身。如尼犍子谓轮回为有色物，业报是矣。如《奥义书》则轮回为无色物，因彼执我是无色也。使数论为佛时学说，则谓神我无缚无脱，轮回别有细身。佛教既主无我，故无实物轮回，不堕断见，实深微妙也。

五、请言解脱，解脱之说，种类繁多，各宗互异。或谓及时行乐，五欲自恣，此是我得现在涅槃。此六师阿夷多等之说，而后时之顺世外道也；或谓去欲恶不善法有觉有观离生喜乐观入初禅，即是解脱。或谓灭觉灭观内主一心无觉无观定生喜乐谓入二禅，即是解脱。除念舍喜住乐护念一身自知身乐谓入三禅，即是解脱。或乐灭苦灭先除忧苦不苦不乐护念清净谓入四禅，即是解脱。（上六十二见中之现在涅槃四见。文悉依《长阿含》。）或修无有处定，即是涅槃，则阿罗逻之说也。或修非想非非想定，即是解脱，则郁陀迦之说也。当时或依瑜伽解脱成为风尚，佛重智慧亦主治心。《大林奥义书》（四之四）曰：如人知神我而悟我即彼（指神我即大梵），尚有何欲爱令彼围于身。此即诠瑜伽义。瑜伽义在相应，明梵即我之秘可得自瑜伽也。夫离欲（瑜伽义亦作相离）静寂，专在治心，瑜伽之学也。毁形残生者在治身，苦行之说也。自其上者言之，则治身即可治心，瑜伽即苦行之一。等而下之，则苦行偏于外仪，乃戒之事，为禅之外行。瑜伽精于内观，乃定之事，乃智之基本。苦行者去欲受戒，其事已足，而沙门婆罗门乃有竞骛新奇，意以骇俗，食他信施以谋生活者（邪命外道其最著者也）。如佛典云：

> 常执须发，或举手立，不在床坐，或复蹲坐，以之为业。或复坐卧于荆棘之上，或边椽坐卧，或坐卧灰上。或牛屎涂地，于其中坐卧。或翘一足，随日而转。盛夏之日，五热炙身。或食莱，或食稗子，或食舍楼柫，或食糟，或食油滓，或食牛粪。或日事三火，或于冬节冻冰衬体。有如是等无量苦身法。（出《杂阿含》）

佛经又曰：

> 离服倮形，以手自障蔽。不受夜食，不受杅食，不受两臂中间食，不受两刀中间食，不受两杅中间食，不受共食家食，不受怀妊家食。狗在中前不食其食。不受有蝇家食，不受请食，他言先识则不受其食。不食鱼，不食肉，不饮酒，不两器食。一餐一咽，至七餐止。受人益食不过七益。或一日一食，或二日、三日、四日、五

日、六日、七日一食。（上段证之巴利文《中阿含》三六，似邪命外道行。）或复食果，或复食莠。或食饭汁，或食麻米，或食秢稻。或食牛粪，或食鹿粪。或食树根枝叶花实，或食自落果。或被衣，或被莎衣，或衣树衣，或草苫身，或衣鹿衣。或留发，或被毛编，或著冢间衣。或有常举手者。或不坐床席，或有常蹲者。或有剃发留髭须者。或有卧荆棘上者，或有卧果蓏上者，或有裸形卧牛粪上者。或一日三浴，或一夜三浴，以无数苦，苦役此身。

是皆释迦之所不许。盖"彼戒不具足，见不具足。不能勤修，亦不广普。"（上均见《长阿含》卷十六）欺世盗名之徒也。

智慧解脱，各宗多尚之。《吠陀》时代，解脱之方不在智而在法，法者祭祀。然自《吠陀》神衰，婆罗门哲人侧重奥义，知秘旨者乃得解脱。故其后正统六论（吠檀多、弥曼差、数论、瑜伽、胜论、正理论）莫不以智慧为主。沙门外道辩论反复，各立异说。即瑜伽修行莫不目的在得真谛。而佛家驱斥邪见，重一切智，得最正觉乃得成佛。西方哲学多因知识以求知识，因真理以求真理（Knowledge for Knowledge's Sake）。印度人士，则以智慧觉迷妄，因解脱而求智慧，故印度之哲学，均宗教也。

解脱者，出轮回超生死之谓。无论以苦行烧除（苦行字义为烧），或以智慧独存，要在停止业力，使之无用不生。然邪命外道则唱自然解脱之说，谓命运前定，业力极强，中途不可使止，作善作恶均无效用。拘舍罗曰：

大王，无因无缘，令有情杂染。非因非缘而有情杂染。无因无缘，令有情清净。非因非缘而有情清净。无有自作，无他人作，无人可作。无力，无精进，无人力，无人势。一切有情，一切众生，一切活者，一切命者，无权，无力，无精进。定合其自有性，而变于六胜生，受诸苦乐。有十四亿六万六百生门，有五百种业，五业，三业，一业，半业。六十二行迹，六十二中劫，六胜生类，八大土地，四千九百种活命，四千九百种出家，四千九百种龙家，二千种根，三千地狱，三十六尘界，七有想藏，七离系藏，七天，七人，七毕舍遮，七池，七波秋他，七百小波秋他，七险，七百小险，七梦，七百小梦——于如是处，经八百四十万大劫，若愚若智，往来流转，乃决定作苦边际。此中不"可作此言"曰：以戒以行以苦行以净住，我将使业未熟者熟，已熟者触己却便变吐，以如是斛量苦乐，于轮回中，不可变换，无可增减，无可多少，如掷缕丸，缕尽便住，如是若愚若智，流转轮回，乃能作苦尽边际。（译巴利文《沙门果经》）

邪命外道与顺世外道（六师中富兰迦叶及阿夷多翅舍钦婆罗类此），虽均蔑视道德，而一则业报极强，时尽乃脱，故虽弃礼义亦可谓无恶果；一则身死命随，无轮回，无业报，故称淫乐为涅槃。二者结论虽同，而立旨实异也。

附录一　六师学说

六师外道见引于大小乘佛经中者极多。此章所引学说，仅为佚文六段，此外其说散见于他者颇少，此佚文六段之题目如下：

一、恒河祭祀杀人无功罪　巴利文《中部·沙门果》谓为富兰那所说。（文已见本章）

二、掷缕丸　巴利经谓为拘舍罗说。（文已见本章，详释见下章）

三、四大　巴利经谓为阿耆多说。（文已见本章）

四、七类　巴利经谓为迦旃延说。（文已见本章）

五、捕鳝　巴利经谓为删阇夜说。（文已见本章）其言不著边际，不可捉摸，如捕鳝，故有此名也。

六、四自制　巴利经谓为尼犍陀之说。其文曰：大王，尼犍陀制行四自制。何者为四？彼自制于诸水，自制于诸恶，一切彼悉涤尽，且欢乐于恶之受制，此为四自制。尼犍陀行此四自制，尼犍陀遂心已达到，心已制服，心已立定。

此中制于诸水，盖指彼教不饮冷水之戒律。如《中阿含·优婆离经》，有尼犍饮汤断冷水之言（其余散见四《阿含》者颇多）。

此六段佚文散见中文佛典中者虽文大同小异，而说此各段之人，则不但与巴利原文多不同，且亦各自互异。现今欲考定何段为何师学说，颇为困难。说者谓此六师或原属同派，故各说均可纳于他人之口，如尼犍陀原与拘舍罗本属同宗，可证也。

附录二　顺世外道学说

顺世外道者，不悉始于何时。其教为沙门及婆罗门所同诟病，彼最不信智慧，蔑视神权，力持死后无我，而举一切归之自然，遂以纵欲为解脱之正道也。

"顺世"原音"路哥夜多"，在早期《阿含经》中，此字指典籍之一部。如《究罗檀头经》有曰：此婆罗门异学三部（指三《吠陀》）讽颂通利，种种经书，尽能分别。世典幽微，靡不综练，此世典者，即路哥夜多。夫既为婆罗门所综练，则非彼等所弃之顺世外道可知。顾在《阿含经》中，路哥夜多虽不指顺世，而其学说则已有六师之富兰那、拘舍罗开其端。且在《白骑奥义书》中，已有自然因外道之名，则此类学说，发源固甚早也。

顺世之徒又名"迦伐卡"。相传迦伐卡为此派之创者，故其徒党因之得名。其根本经典为梵主（神名）所撰，今已佚。印人马达伐作《摄一切见集》曾引之，彼集于第一章中略述，似非早期顺世学说，但述彼外道较他处为详。

顺世外道仅信现量，而非比量譬喻量等，并反对《吠陀》之圣言量，因此而主自然因说。凡宇宙事物，均自然而生，自然而灭，非由天神（指自在天等），非由自性（如数论说），实为无因主义。故《大毗婆沙》一九九引无因论者曰：

> 现见孔雀鸾凤鸡等，山石草木花果刺等，色形差别，皆不由因，自然而有。彼作是说："谁铦诸刺？谁画禽兽？谁积山原？谁凿涧谷？谁复雕镂？草木花木，如是一切，皆不由因。于造世间，无自在者。"由斯便执我及世间皆无因生，自然而有。

隋译《本行集经·王使往还品》云：佛言，故先典中有如是语，棘针头尖是谁磨造？鸟兽色杂是谁画之？而《金七十论》引其说曰（锡兰觉音《长阿含》释亦引一段意与此同）：

> 能生鹅白色，鹦鹉生绿色，孔雀生杂色，我亦从此生。

此中我者指自我，谓生命亦自然而生。盖彼宗谓人之灵魂智力附于身体，身体合四大（地水火风）而成，我亦随之自然而起。如槽之出酒，本非二事。人若命终，四大分散，神我即灭，此言身与我一，所谓堵塔迦伐卡派（Dhunta carvaka）。爰有派别，主身与我异。惟亦执命终身坏，身坏神即随灭，此名苏师尸塔迦伐卡派（Susiksita carvaka）。故顺世外道者，断见之极也。

此派既执断灭，故谓善恶均无报应，而倡言于此世间，宜取目前之欢乐。黜信仰，蔑道德，满足肉欲为人生终的。兹取其梵主所作经一段，以殿斯篇。

> 无天上，无究竟解脱，无灵魂在他世界。且四阶级诸教会等之行为，不生何等真果。火祀三明苦行者之三杖涂自身以灰，均自然为乏知识勇气所设之生路。若兽被杀于吉约退须托麻礼仪而可以生天上，然则祭者胡不竟献其生父耶？如信仰可使死者餍足，则如世间行旅之初发，是可不用为路中备糇粮。如在天者可以此世之供献信仰而餍足，则胡不于屋下给此食与立于屋上者？当生命尚在，任

人欢乐，人其以肉糜为活，虽至负债亦可。当身体之变灰胡能复返？若离此身者赴他世，则彼甚恋爱亲友者胡为不归？故婆罗门所设之死祀，均谋生活之具，实无何处有果报也！《吠陀》之三著者，乃妄人也，鄙夫也，魔鬼也。智者之有名咒言，马祀对于王后之秽礼均妄人所发明，诸种赠僧之物亦复如是，夫夜出饿鬼固亦如是求得肉食也。

第四章　耆那教与邪命外道

沙门外道在释迦出世之时虽极盛，然诸教恒流行不久，典籍早佚。学说散见他宗之书者，亦为断简残篇，且他宗引用时，恒益以门户之见，未可即据为定论。惟耆那教犹存印土，经典俱在。邪命外道则因与耆那有关系，其学说散见者较多，兹取其要，陈述如下。

一、耆那教

耆那教徒，承祖大雄。大雄（生于西历纪元前540年，死于纪元前468年）姓若提，名增胜。父属王族，与摩迦陀王有戚谊。本生奇迹，或人，或兽，或为天帝，或为梵僧。及至降生若提王族，母梦白象（共有十四梦），瑞应最多。年三十，弃富贵出家求道，游行乞食，亘十三年，婆罗树下，得独存智，尊号大雄，或称胜者，其教因名耆那（义为胜者），离系出世。其徒因名尼犍子，并以其姓为若提，佛典中遂名大雄为尼犍陀若提子（译为离系亲子），为六师之一。布教立规，多众归依。年七十二始入涅槃，超生死海。大雄之前，有祖二十三（如释迦之前有七佛），而大雄之师为勃斯伐，立四大戒：不杀，不诳，不盗，不有私财。（大雄加第五戒：不淫。）令其徒著二衣。（一里衣，一外衣，大雄则尚裸体。）据耆那教经中载大雄之徒与勃斯伐之徒辩论二师之异同（见《东方圣书》四十五册之一一九页以下），则勃斯伐者似实有其人，而大雄非即耆那教之祖（据彼教书谓其初祖名勒沙勃）。大雄于未成道以前与拘舍罗于王舍城附近共修极端苦行者六年，然拘舍罗后自立团体，世称之为邪命外道焉。而大雄之婿阇用力，亦因教理上之争辩，离耆那教而独立，是为第一次之分裂。

及至大雄死后约六百年而有第八次之大分裂（西历纪元后83年）。爰分为白衣、天衣二宗。白衣者衣白衣，天衣者以天为衣（即裸体），各有经典。天衣派尤重苦行，以拥座著衣者及妇女均不得解脱。而二派教理之区别，则实琐屑无所谓矣。

　　耆那教乞食剃发（或拔发），游行人间，于雨季则恒居住说教（如佛教之夏坐），最忌杀生。因之必携帚以行（天衣派则携孔雀毛或牛尾），扫除道路，防生命为所践踏，其防范杀生之周密，大概类此。依耆那教理言之，天神、人类均入轮回，苦行智慧乃解脱之道。故崇拜诸天，实无意义。惟自其教广布印土以后，受神教之影响，而说者谓其第二十二祖与韦纽天为亲戚，故耆那教渐有神之崇拜。而其寺宇之壮丽，亦至有名。中古以来，彼教虽经回教徒摧残，在印势力尚盛，据近年（1901）调查，其信徒犹有千余万也。

　　《奥义书》立言世界之体是常，故其本体为梵为我，梵我常之极。推其言故世间现象是变，亦应是幻。耆那则谓立说不可趋一端，譬彼金瓶为极微所成，故自极微言瓶则为实非虚；自全瓶言，瓶则可变，亦谓为幻。又瓶可同时为实为非实。（实之梵音"陀罗骠"，胜宗句义之一。）自地大言之，瓶则为极微所成；自水大言之，则非极微所成（金盖为地大极微所成，依彼教地水均属实句义）；自地变成金言之，则瓶为地大所成；自地变成石言之，则瓶非地大所成。世间事物经生住灭，物性（物谓物质，性谓性相）变化不可拘执，故耆那执不一边主义。（彼教常分三句义，一实，二德，三变。或又分二句义，一实，二变。）

　　物非单纯，各具多方面，依此言则谛，依彼言或妄，故大雄之徒又立二道七分之说，二道七分之说者何？二道者，一物自其本体言之，则为实道；自其名相言之，则为变道。实道有三，变道有四，兹姑不详。七分者属或然主义，言事物均可自七方面说，如（一）瓶是实；（二）瓶非实；（三）瓶亦实亦非实；（四）瓶不可说；（五）瓶实亦不可说；（六）瓶非实亦不可说；（七）瓶亦实亦非实亦不可说。盖一切诸句俱可成立，说者须了然于其所依据，而定执一边者，则必误也（故《百论疏》三有若提子立非有非无宗之言）。

　　耆那与数论均系二元，物质是常，诸我亦常，两相对立。如是有六句义：谓命（即我之谓，义如灵魂）、法、非法、时、空、四大。或有七句义：谓命、无命（此有四谓空法非法及补特迦罗）、漏、缚、戒、灭、解脱。此中命与四大最为重要，盖人之精灵，降生四大中，缚于业，迷于漏，遂有时间空间之限，有善恶诸行。解脱之方在戒律（苦行属此），而解脱之旨在灭苦也。

　　一切事物，或有生命，或无生命，二者为绝对差别。身体绝非生命之本源（如顺世外道所说），生命亦非身体之本质。人之所以有知有作，以其有命。命为作者、知者、受者。命有二种，一轮回命，囿于生死，不断相续；一解脱命，脱去躯壳，直入涅槃。命如已解脱，清净独存，则有无边见，无边智，无边喜，无边能。然从无始来，生命缚于业缘，其能力清净，均有边限。命之数无限，非遍满亦非极微，惟随身大小，充遍各部，如橐籥风，随量舒卷；如炬在室，随量充照。因耆那教最戒杀生，故知命之所在至为必要。命随根数而分六种：有一根（皮）者如植物，有二根（皮舌）者如虫，有三根（皮舌鼻）者如蚁，有四根（皮舌鼻眼）者如蜂，诸兽则有五根（皮舌鼻眼耳），而人天及魔等并有心根（内根）。凡有心根者，属有想类，余则无想（心者谓末那）。四大极微，均有生命（名为地命等）。此诸生命，生死轮回于诸大中。此诸命身，或粗或细，细者不可见。最下之生命，仅具一根，是为植物。植物有一命者恒粗，而一植物中，每有无限生命者，则细不可见（此诸植物极细命身名尼哥达），其中生命共同消化，至为痛苦。世界全充满以此种生物，若世有一命已解脱，则此中一命脱离，入世轮回，以补解脱者之缺。（即使全世界有情均已解脱，即尼哥达最小之一部，亦堪补其所缺。）

补特迦罗者，非命句义之一也，译谓物质（非犊子部之补特迦罗为个人为个性）。补特迦罗为极微所成，极微是常，且无方分，体极邻虚，是曰极微。有触、有味、有香、有色。极微有四种，地水火空（气）是也。物有二种：粗如器，细如业（业是有色）。各极粗物，极微所成。排置不同，故物各异。人之精灵（命）本来清净，因有作业，而补特迦罗之细质，转变为业。输注于命，此之谓漏。因命有情感，遂缚于业，其影响于生物之道有八，故业分八类。此诸业类，细质结为业身，附着于命，相偕轮转。若业已生果，则即脱离。吾人一切行为，均由业定，智愚贤鲁，亦由业缘。业者本生所作，将来必报，非由神力（简自在天外道等），非祭祀所能坏（简婆罗门教）。业非无碍，无碍之物，不能生物，亦不生害，有如虚空，故业是有碍，而为补特迦罗也。命因贪著而为业附，依业之性质而转生诸趣，譬如衣被油渍，易为尘据。衣喻命，油如贪爱，而尘则补特迦罗也。

八业者何？凡遮盖本有智慧者，名为智盖，遮盖正见者名曰见盖，凡生苦乐者曰受业，凡遮蔽正信者曰痴。业又有四种，决定个人境性，曰寿业（定寿长短），曰名业（定性质），曰种业（定种姓国籍等），曰遮业（定命之性力）。依耆那教，业之种类，分析极繁，兹不能详。惟诸业总合，则生特殊颜色，于是而分为六胜生类（又名为黎舍），黑青灰黄红白是也。（邪命外道，亦分有黑、青、红、黄、白及最白六种。）六者定人之德性，后三属善，前三俱恶。白者命已解脱，最恶之命，则为黑（诸色均不可以肉眼见）。

耆那教最重业力，谓一切事物，悉凭因果业报。故《维摩经注》曰：其人起见，谓罪福苦乐尽由前世，要当必偿，今虽行道（此必系指常人之道，非尼犍子之道），不能中断。（参看《百论疏》三）

法句义者，无味、无触、无嗅、无声、无色，充遍世间，为动之源。如水之与鱼，虽不能助鱼行动，而鱼之行动须水依据。非法句义为静之原，命与物质，静止不动，乃由非法。空（空间）句义者，充遍此世（人天等所居）与非世（已解脱之命所在），绝非空无，实为细质。时（时间）句义亦然。如法为动源，非法为静源，有空故物可占方位地段，有时故物可有新性质之取得。时本不变，然可分为年月日等。于耆那原文，时间谓迦罗，而年月日等时则曰沙马牙。依彼教言宇宙无始终，世间乃苦乐场所，大分三部，一天所居，一人所居，一地狱。世间之外无法，但仅有空，包绕此世，有空大三层，命若解脱，则直出此世，静寂（法乃动之源。彼世无法，故静寂）独存。

解脱之方，总曰三宝：正智、正信、正行是也，正智者明耆那诸谛，而不落于一边，有正智者，乃有正信；正信者，信耆那教理及经典；解脱之因，首在正行。行在戒律，发五大愿，一不杀，二不诳，三不盗，四不淫，五不有私财。每愿皆有严格之解释。如不杀生者，凡五根（兽）四根（蜂）三根（蚁）二根（虫）一根（植物）之生命等，均不应食。不饮冷水，以其中多有生命故。（参看《婆沙》一四二卷）严立罚条，意业口业，均在罚中，而以行业为最重。（释迦则重意业，余二次之，因此曾与尼犍子辩，见《中阿含·优婆离经》。）凡诸戒律实即苦行。苦行禁制人欲，在灭业因，令生智慧，得以独存。尼犍陀之教，苦行外道也。《中阿含·尼乾（即尼犍子之别译）经》曰：

> 诸尼乾等如是见，如是说，谓人所受，皆因本作（谓以前本来所作业）。若其故业，因苦行灭，不造新者，则诸业尽。诸业尽已，则得苦尽。得苦尽已，则得苦边。

而《杂阿含》第二十一亦称尼犍子之徒曰：

> 我师尼犍子灭炽然法，清净超出，为诸弟子说如是道。宿命之

业，行苦行故，悉能吐之。

苦行或内或外，内者忏悔禅观，禅观者治心之法，心能定止，则业质之除灭易，禅观有修无常观，修无依（无助）观，修不净观，修漏观，修守法观，修世观，修菩提观。外者残身，重参戒，或渐食，或一日不食，或二日不食，乃至多日不食，最上者不食自杀。解脱之旨在离诸苦，故命既解脱，必达至乐，为无限智，无限见。（参见《长阿含·沙门果经》尼犍陀语）常人正智为业所蔽，离系成道，业已烧尽（苦行原字之义为烧），得无余智，同时遍照，净寂长存，成阿罗汉。

佛陀尼犍，行迹各殊，理论径庭，然亦不乏相同之教，如重智慧，信轮回均是，而以非《吠陀》祭祀为最著。耆那教经有曰：

> 缚牺牲（备祭祀），诸《吠陀》祭祀，皆罪恶之因，均不能令罪人解脱，盖其业力尤甚大也。人不因剃头即为沙门，不因唵字真言即为婆罗门，不因林住即为牟尼，不因着草衣即为苦行者。
>
> 人能心定即为沙门，人能清净（不淫）即为婆罗门，因其智慧而称牟尼，因其坚苦而称为苦行者。

尼犍陀深重业报，不信神权，故谓天亦轮转，而世间之创始，则由五因（一时，二自然，三必然，四业，五欲行），非自在天（如基督教之所谓上帝）之力也。

耆那教与胜宗虽时间有先后，且胜论系婆罗门所认为正统学说之一派，然其学说多相合：（一）二者皆信有我，且持我直接受行动感情之影响。（二）二宗均主因中无果。（三）均持积聚说，皆立极微。（四）均以实与德对立。较之数论、吠檀多等，耆那教与胜宗实最相近。然其中有无传承关系，史无确证，不可妄定。（耆那教人有言，胜宗为彼教之支派者，惟二宗正宗外道之别，泾渭昭然，似不可混谈。）

二、邪命外道

耆那经典，常称有所谓"阿什斐迦"者，并言拘舍罗末迦黎子，与大雄并时行化，为阿什斐迦之领袖。佛经亦间道及阿什斐迦（《增一部》五之二七六页），而拘舍罗与大雄（尼犍陀）亦同列入六师中，其学说见于《寂志果（沙门果）经》者，亦与阿什斐迦说相同。（"阿什斐迦"一字，中译邪命，说者谓原意盖斥其借行道以谋生以自活其生命也。）

拘舍罗之父竹杖乞食，名末迦黎，生子于牛栏，因名之曰拘舍罗。拘舍罗壮年亦效其父之所为，乞食游行，偶遇大雄，强为其徒。然因拘舍罗之欺诈，竟至绝交。拘舍罗遂别立僧迦，称曰阿什斐迦，栖止于舍卫城一陶人妇家。十六年后，大雄偶至其地，闻拘舍罗之声望，愤而暴露其奸，遂相争斗。拘舍罗及其徒大败，为众所弃，遂荒淫无度，六月而死。又十六年而大雄入涅槃。（上多据耆那经所载）据耆那教经及佛典，大雄及拘舍罗意见多同，行为亦相似。拘舍罗间立异说，其主张究若何，未可详考。惟于佛陀、尼犍书中散见，经西人韩莱搜译，粗得其凡。

拘舍罗乃一坚持命运论者，如耆那教经谓拘舍罗曾曰：

> 无人力，无作，无力，无精进，无人势，一切不变，均系前定。

而佛经亦言拘舍罗曰：

> 无因无缘，令有情杂染。非因非缘而有情杂染。无因无缘，令有情清净。非因非缘而有情清净。无有自作，无他人作，无人可作。无力，无精进，无人力，无人势。一切有情，一切众生，一切活者，一切命者，无权，无力，无精进。定合其自有性，而变于六胜生，受诸苦乐。……以如是斟量苦乐，于轮回中，不可变换，无可增减，无可多少，如掷缕丸，缕尽便住。如是若愚若智，流转轮回，乃能作苦尽边际。

拘舍罗既力主一切前定，因否认道德，其行事遂亦荡检逾闲。释迦常斥其教不清净（《中部》一之五一四页），彼师为恶人（《增一部》一之二八六页），而大雄亦常谓其为妇人之奴隶，肆行淫乱。

前定主义，为拘舍罗根本教义。一切有情均须经固定之程序时间，乃能作苦尽边际。（邪命外道实主常见。《俱舍论》并谓邪命执极微常无生灭，《俱舍光记》卷七十言此邪命乃胜论师，恐非是。）如耆那经引拘舍罗语：

> 我如是见——凡已完成未完成或将完成者，须经八百四十万大劫。于此期中，均须依次转生，七次为天上神，七次世间入无想胎，七次世间入有想胎，而终须七次再生于不同之身体而于此轮回除尽五业三业半业之效用，各依十万六万六百之比例——如此乃达完成。

而《长阿含·沙门果经》亦谓拘舍罗曰：

> 有十四亿生门，又六万生门，又六百生门。有五百种业，五业，三业，一业，半业。六十二行迹，六十二中劫，六胜生类，八

> 大土地，四千九百种活命，四千九百种出家，四千九百种龙家，二
> 千种根，三千地狱，三十六尘界，七有想藏，七无想藏，七离系
> 藏，七天，七人，七毕舍遮，七池，七波秋他，七百小波秋他，七
> 险，七百小险，七梦，七百小梦——于如是处，经八百四十万大
> 劫，苦愚若智，往来流转，乃决定能作苦边际（《大毗婆沙》一九八载
> 此文与此异且谓为阿夷多说）。

此中十四亿生门者，生门如佛法中所谓胎卵湿化。此诸生门一切有情，
共须尽受，不增不灭。五业者或谓举下屈伸行，或谓语手足大小门。三
业即语身意。一业指语业。半业指意业。（另有多说，详《婆沙》。）八大土地
者，如佛法中四静虑、四无色具功德处，彼道亦说有八梵胜处，名八大
土地。活命者（即阿什法），指谋生之职业。尘界者，如佛说之随眠，有三
十六，为一切杂染依处。有想藏者，谓有想定。（韩莱谓藏者入胎，有想藏为
有想所生，即人类。）无想藏，谓无想定。离系藏者，谓于诸定加行应离诸
系，摄心修习。七天七人七毕舍遮，彼说有情于天人及毕舍遮处七返往
还，方得解脱。池者，世间灭罪泉池。险者，坑谷山岩河岸诸舍命灭罪险
处。七梦七百梦者，彼说有情生处差别，大梦有一，小梦七百，所更所见，
各各不同，一一有情，皆具经历。大判者，前章已说。（上据《大毗婆沙》，有
无可考者阙之。）六胜生类之说与耆那之教大同。据《大毗婆沙》曰：

> 六胜生类者，满迦叶波外道（即六师之富兰那迦叶）。施设六胜生
> 类，谓黑、青、黄、赤、白、极白生类差别。黑胜生类，谓杂秽业
> 者即屠脍等。青胜生类，谓余在家活命。黄胜生类，谓余出家活命。
> 赤胜生类，谓沙门释子。白胜生类，谓诸离系。极白胜生类，谓难陀
> 伐蹉（拘舍罗之党徒），末塞羯利瞿赊利子（即末迦黎拘舍罗子音之转）等。

锡兰觉音释《沙门果经》，谓六胜生类者，黑指屠脍等（与上同），青指
比丘释子，赤指离系，黄指在家裸体乞食者，白指邪命，极白指邪命领
袖，谓难陀伐蹉及克沙删克蹉与拘舍罗等。《大毗婆沙》所说与此虽不
同，然俱列拘舍罗于极白生类，则此说之属于拘舍罗学说或可信也。
（《婆沙》谓六胜生类为富兰那迦叶之说，则或迦叶亦拘舍罗之党乎？）

据耆那典籍，拘舍罗为三昧者。三昧者，如尼犍陀之或然主义。谓
如是，非是，及亦是亦非是。例如有情可分三类：一已解脱者，二缚著
者，三既非实缚者亦非实解脱。解脱须经八百四十万大劫，拘舍罗自以
为属于此类，而大雄等则指为属第三类。盖彼等虽舍此世间，然实骄

慢，不能解脱。(三类之说拘舍罗似谓之活命论，又彼言有四千九百种活命，活命者原字为阿什法。"阿什斐迦"一字，或由此得名。)

拘舍罗又持于有情将解脱以前，须借体再生者七次。又有八最终之说，即最终歌，最终饮，最终舞，最终淫，最终暴雨，最终象，最终争战，最终论师 (指拘舍罗)。又有四可饮、四不可饮之说。凡此诸说均支离无谓，耆那教谓彼师等说此以饰其奸焉。

拘舍罗亦事苦行眩流俗。巴利《中部》三十六载拘舍罗、难陀伐蹉、克沙删克蹉之行事曰：离服裸形，舐手而食。(按大雄与拘舍罗俱守不有私财之戒，拘舍罗以为钵亦私财，因合掌就食，大雄则否。)不食唤来食，候食不食，送来不食，先备不食，不受请食，不食熟食，不受锅食，不受门间食，不受薪间食，不受差食，不受夫妇二人中间食，不受孕妇食，不受乳妇食，不受曾共男淫之妇食，不受歉食，狗在中前不食其食。不受蝇家食，不食鱼，不食肉，不饮酒，不食麦粥。或有乞食一家，受食量一握者，或乞食二握者，或乞食七家受七握者。受人益食，一次二次或乃七次，或一日食，或二日食，或仅七日一食，乃至半月一食。

拘舍罗一杖乞食，裸体苦行，然仅借此以自活。其德荒淫，为识者所共认。说者谓大雄初仅立四戒 (系承其师之说)，后因拘舍罗纵欲，止于陶人妇家，遂加不淫为第五戒。大雄与拘舍罗之争辩分裂，盖以戒律之遵行为主因也。

拘舍罗死后，其教团命运不可考见，惟至阿育王时代阿什斐迦之名三见于石刻，其二刻于石窟中。其一文曰：

善见王 (阿育王之尊号) 即位十三年，赠此窟与阿什斐迦。

其一则刻于柱上，为其即位后二十八年所立。

朕已饬理教专吏，敬视僧伽 (即佛教徒) 之事，并及婆罗门、阿什斐迦、尼犍陀，实及其他出家诸宗。

此后西历纪元后第六世纪及第九、第十、第十三世纪，阿什斐迦亦间见于记载。惟通常谓此邪命之徒即天衣宗 (耆那教二宗之一)，而考证二者之行事 (如裸体一杖等)，亦多相同。意者当大雄与拘舍罗友善之时，大雄之徒称尼犍陀，拘舍罗之徒号邪命。其后拘舍罗离去独立，邪命之徒或未全随之去，而仍以耆那为宗主。其后转为天衣宗，全教因之大分裂。而拘舍罗之教在其死后，或即衰微也。

第五章 佛教之发展

前此所言，《吠陀》、《梵书》虽为印度传统之正宗，尼犍若提虽有悠久之历史，然其声教之广大，盖均未有佛陀之教若也。佛教虽非印土之正教，而实足以代表印度之精神，虽在印土大陆灭绝，而其信徒犹遍布于东亚。若非其人其教真有过人之处，曷克臻此。

佛陀本释种，名悉达多，族姓为乔达摩（传为净饭王太子），生于迦毗罗卫。出世八十载而涅槃，约与尼犍子拘舍罗同时。惟涅槃果在何年，则殊难考。泰西论著，断为西历纪元前 480 至 490 年之间，其最确证据有二：一为我国所传纪元后 489 年之众圣点记，依点记九七五上溯，则得纪元前 486 年。一依希腊所传月护之年代及锡兰《大史》及《岛史》二书所言，盖据希腊记载，证月护即位之年为纪元前 321 年，而其孙阿育王约于其后五十六年灌顶。据锡兰之书，则阿育灌顶之年，在佛大涅槃二百一十八年之后，故证涅槃之岁为纪元前 483，即周敬王之三十七年。上溯八十年，则佛生于纪元前 563，即周灵王九年也。

如佛生于周灵王九年，则实长于孔子十二岁。生二十九年而出家（纪元前 534），又六年而成道（纪元前 528），行化于恒河流域（在其上游）者，又四十五年。佛未成道以前，初学于阿罗逻迦兰及郁陀迦罗摩子二仙人，历诸苦，降群魔，卒发明前人所未闻知之中道。有受其化者为憍陈如等五人。弟子之著名者为舍利弗、目犍连、迦叶、优婆离、阿难等。佛出家为沙门，故常受婆罗门之轻视，而与六师亦争辩甚烈。有从弟提婆达多者，初为信徒，后不慊于佛教之和易，叛教独立，佛弟子一时颇受诱惑。其徒党至我国晋时，沙门法显游履印土，见其犹有存者，唐时玄奘亦见其寺庙。

释迦牟尼（此译"能仁"，与佛陀、世尊、如来等均为尊号）之教，在其生时仅为各沙门学派多种中之一，然不久即昌盛，执印度各派之牛耳。二百余年后，阿育王几至奉为国教。此其故不仅在其教义之深宏，亦因其人格之伟大也。

佛陀一生事迹及所说教，各方传说不同，经近代学者考证，公认锡兰所传巴利文佛藏记载最为近古。及至佛法演变既久，宗义分歧，欲整理搜讨，则中国所译佛经实保留资料最多。现存佛典绝大部分收在汉文或藏文大藏经中，梵文所存者颇少，但自为可供参证之极重要材料。至若佛教密宗典籍，则自以我国西藏所存为巨擘。佛教不但依其教化之广被，历史之悠久，而即以其经典文字之复杂论（除上述外，尚有中亚诸种语言及西夏、蒙古、满洲文等），实无疑为世界最大宗教之一也。

本书注重印度佛教以外各宗，故本章所述，仅先略言佛陀说教与他宗不同之特殊精神，再叙其教化发展之概要。

佛法首重实用，重实用故重断苦绝欲，重修证之方。戒、定、智慧均修证也。重实用不重空洞无关人生解脱之理论。佛斥外道诸见，多在斥其空谈也。《箭喻经》曰（出《中阿含》，此依巴利本意译）：

> 住于梵行，非由诸见。或谓世非常，或谓世有限，或谓世无限，或谓命（指灵魂）与身同，或谓命与身异，或谓如来有终，或谓如来无终。——由此诸见，非谓即住梵行，盖虽持此诸见，然仍有生，仍有老，仍有病，仍有死，仍有愁哀苦忧懊恼。凡此现在诸事，乃皆余之所欲去者也。

因以除去现世之生老病死愁哀苦忧懊恼，为住梵行之鹄的。故最初佛法不重思辨，而在修道。因此即涅槃之本体，亦未多有理论上之推究，而重灭苦解脱之实行。详阐涅槃之体性，遂为后世佛徒之事矣。佛陀既不重空谈，亦不尚迷信，凡婆罗门祠祀、卜占、巫咒、之术，均佛所常痛斥。（见第一章引《长阿含》语，日人大村西崖所著《密教发达志》曾详论此。）如《增一阿含》（卷十二），世尊告比丘有云，婆罗门咒术覆则妙，露则不妙；而如来法语露则妙，覆则不妙。又别译《杂阿含》（卷十二），佛言婆罗门设大祭祀求福，实则必得大罪。

复次，释迦处处以自身修养诏人。智慧所以灭痴（无明）去苦，禅定所以治心坚性，戒律所以持身绝外缘。至若神通虽为禅定之果，虽为俗众所欣慕，并不为佛所重视。《长阿含·坚固经》曰：

> 佛复告坚固，我终不教比丘为婆罗门长者子居士而现神足上人法也，我但教弟子于空闲处静默思道。（神足者神通，上人法犹言超人法术也。）

而戒律亦屏弃苦行，不似当时外道眩世欺俗，残生太甚，徒劳身心，于修持无补。佛既于毕钵罗树下，证大菩提，于是至鹿苑初转法轮，开宗明义，告五比丘曰：

> 出家人应避二边（趣于中道），或沉于私欲，卑陋俗鄙，至为无

益；或专苦自身，亦痛苦而无效也。

佛陀既不重苦行，与当时沙门颇异其趣（如耆那及邪命），故提婆达多破僧，即倡言佛道之戒律既不免宽纵，遂云："五法是道，八圣道则非真道。五法者，一至寿尽，著粪扫衣；二至寿尽，常乞食；三至寿尽，唯一坐食；四至寿尽，常露居；五至寿尽，不食一切鱼肉血味盐酥乳等。"（见《大毗婆沙》一一六）五者较佛戒为尤严峻，因此一时得众之欢心，而诱其党与叛教。至若佛立戒之深意则见于《长阿含》卷十二《清净经》。佛谓其所制定之衣食住乐要在能足，不在自苦。若有外道来责释子，以乐自娱，当答曰："有乐自娱，如来呵责；有乐自娱，如来称誉。"而杀盗纵欲，如来所呵责之乐也；禅定涅槃，如来所称誉之乐也。是仍首重修证，苦行与放荡俱无实益也。

佛陀教化不但其宗旨与沙门、婆罗门异，而其观察方法亦与外道不同。佛陀教人向来主张如实知见（亦曰如是知），因如实知见，故同时诸外道所虚妄构想而全非事实者，须扫而空之。如外道均主有我，但果于身心密察，除坏灭之物质流动之心理外，何处有我，无我而执我，此因不如实知而自行虚妄构想也。因如实知见，而佛陀一生于宇宙人生作种种之分析，或分为五蕴，或十二入，或十八界，或十二因缘，其不惮烦作此详密之分析，盖欲从各方面如实知此有为法之世间也。因佛以如实知见即为契于实相之唯一方法，此知见即智慧即般若，而所谓禅定无非亦乃契于实相之方法。佛法大乘之真如义，以及瑜伽宗之根本律"有则为有，无则为无"，盖均为佛陀基本方法之表现也。

佛陀教化不但其宗旨方法与诸沙门婆罗门异，而其教之要义尤与外道不同。佛陀一生之精义基于三法印。三法印者，无常、苦、无我。（三法印或四法印各书所言不同，此据巴利经典。）因诸行无常，故痛苦生。因五蕴非常，故曰无我。是以无常一义，最宜玩味。佛于鹿苑既转法轮，憍陈如比丘者首得解脱，无垢法眼，即于此起，谓"一切有因必须毁灭"。佛将涅槃，最终告诫，亦曰："生者必灭。"综计释迦伟大之教法，无不首在无常义之真确认识。十二缘起，昭示无常之途径也。五蕴，昭示无常之我也。四谛则深悟无常之苦，以求解脱之道也。

然婆罗门人有谓自我常在，固为邪见，而称沙门如六师中有一切断灭，死后无有，则为恶见。盖释迦虽立无我，而仍深信轮转业报之说。业报者就福善祸淫之说，而谓作业此生，依其自然牵引力（简自在天外道），受果来世（谓之异熟）。作业必异熟，故前后生灭相续不绝，如火燎原，薪尽火传，五蕴散灭，因业另聚，非常见亦非断见，故佛自称其说为中道。中道者离于二边，超于一切极端之学说也。佛陀在世尝自称其法为闻所未闻。盖世尊出家熟习诸道，知其缺陷，而于所澈悟之大法则笃信不疑也。

佛陀既有卓绝之伟大人格，又有深契实相之特出宗义，故其初释教虽与六师居同等地位，但不久而教化广被，远过余宗。

佛陀入灭后约二百余年（此据锡兰所传，中国佛典则多言一百余年），而阿育王（阿输迦）盛弘其教。此二百年中教之大事有二：一为结集，一为分部。结集通常相传有三次：第一次于佛葬讫，在王舍城，有五百高僧，共定圣典。第二次于佛陀涅槃后百年，在毗舍离城，有七百僧。第三次在波吒厘子，即在阿育王时，有一千比丘。所谓结集者，原谓诵出经典，意在依佛说，制定圣言。（其时无写定之书，经典由口传。）而三次结集，均为经典结集否，则无由考定。盖结集之事，见于锡兰、中国、印度、西藏各种佛书。一切戒律，及玄奘所记均有之。其传说至为不一，大要其事迹不免为后人所附会，有所为而增损其事实。其尤著者，如谓第一次结集经、律、论、杂、集、禁咒五藏（《西域记》），此显为密教发达以后之说。如谓第二次所结集者，亦有菩萨藏（《分别功德论》第一），此显为大乘教兴起后所传。如谓第三次依分别说教，结集三藏则显为锡兰上座部之所传，因彼等为分别说者也，故此第三次结集不见于上座部以外各书。而至迦腻色迦王时，有结集说一切有部三藏之事，则尤非全体僧迦之结集矣。结集历史，因极不可信，惟结集之所以举行，必因对于戒律及学说有不同之意见，而聚众制定，俾得齐一。佛没后异说渐起，而致诸部分立，则结集之事虽不能决定其次数事实，然而亦未可视为全属子虚也。

现存巴利文、中文、藏文佛经中，多言佛说原分上座、大众二部，由此而渐分为十八部。惟十八部之名称及其传授之次第则至不一。

兹仅列中译《异部宗轮论》之说如下：

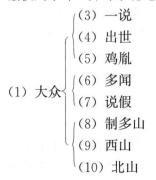

（1）大众
（3）一说
（4）出世
（5）鸡胤
（6）多闻
（7）说假
（8）制多山
（9）西山
（10）北山

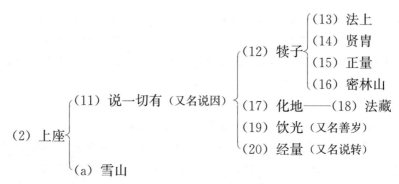

依此所谓十八部者乃指除大众、上座二根本分部外而言，其雪山部即上座部分出说一切有部以后，势力大弱，住于雪山，故得此名。

部之原字，义即为说。说一切有者，实即言一切有说（如现言唯心说等），亦即谓一切有部，故部者原实仅意见之纷歧。其于戒律意见之不同自亦有行为之不同（参看《寄归传》卷一），然所谓十八部者究属同一僧伽，分部固非破僧也。分部之历史传说不一，盖或由各部自张其军，故有附会。而经时既久，诸部势力消长，学说变迁，自或亦起不同之传说，今日若欲考证各部分裂之历史盖甚难也。

分部由于意见之纷歧。意见之纷歧有二：（一）戒律推行既久既广，自有变迁增损，因而生异见。据锡兰所传，第二次结集乃上座耶舍见跋耆比丘僧众所为非法而起教内之争，所争者为戒律之十事（第一角盐净，第二二指净，第三他聚落净，第四住处净，第五赞同净，第六所习净，第七不攒摇净，第八饮阇楼嗽净，第九无缘坐具净，第十金银净）。因为召众共决结集戒律，长老上座判跋耆等所行非法。跋耆之党，别为一团，为大众部。而长老一派，乃名上座云。而据梁僧祐所述，分部或五或十八，均由戒律之互异。（见《祐录》三）（二）学说或因释迦所未明言，后人各依意为解释；或因受流行外道之影响，而内学亦生变化。此则至为重要，然因史料不备，未经整理，至为难言。据世友《异部宗轮论》（及《婆沙》等），谓阿育王时，有大天者，妄言五事（一余所诱、二无知、三犹预、四他令入、五道因声起），于教理上持异义，为上座所呵。后因分为上座、大众二部，大众盖谓大天之徒党也。大天五事，亦见于巴利文阿毗达磨中之《论事》，见第二卷之首五段，言为东山西山部所执，此诸部盖即大众部之支末，故世友书所载，亦有所本也。

戒律之不同，虽亦为分部之原因，而教理之异执，则于分部更为重要。佛说之所以分为小乘十八部，又由小乘演化为大乘，盖多源于理论之研讨。依今所知，其所研讨之最重要问题有四：一佛陀论、二阿罗汉、三诸法所依、四诸法之分析。

佛教之异说，上座、大众之分立，大乘、小乘之对峙，盖首由于佛陀观念之不同。缘释迦在世，断除我慢，涅槃时明言依法不依人，对其本身之地位之性质，必不加以诠释。然因轮回说而对于佛之本生，加以推求，因赞颂佛生之故事而有瑞应之传说。此项本生故事及瑞应传说，虽经后人附会，与时俱增，而二者之发生则必甚早。又在佛时，即有如来死后有生与否之疑问，因此等问题，起玄理之探讨。及释迦既入灭，其教渐昌，其徒对于先师之伟大人格更为尊崇。因本生瑞应而益使释尊神话化，因玄理探求而终谓佛即法体。前者约为上座、大众分别之主因，后者为小乘、大乘差别之大事。据《异部宗轮论》，谓大众部一说部、出世部、鸡胤部之根本义如下："一切如来无有漏法，诸如来语，皆转法轮，佛以一音说一切法，世尊所说，无不如义。如来色身，实无边际。如来威力，亦无边际。诸佛寿量，亦无边际"等语。总之，彼等谓佛陀非世间凡人，故曰："诸佛世尊皆是出世。"出世部者，盖大众部之分支以执世尊出世，因得部名。现存梵文佛经，有书名《大事》者，出世部律藏之一部。其中言有多数佛（如上言一切如来等即同执，而中译《增一阿含》系大众部经，中称目莲往见尸弃佛云云），非血肉生，乃意生身。不饥不渴，无肉欲，其妻为处女。为人类故，随世俗故，而行动如人。或令世信其为人，但实则超出此世。而据藏文经载，亦谓一说部曰诸佛出世，如来不限于世间法等语，大都与上所言相同。故大众部所执，盖根本以佛陀观而与上座相违也。因佛身之出世说后与真如诸法实相发生关系，而佛身即为法身，如是有大乘教之三身说、如来藏说。且佛陀受后世之极端推崇，复因佛教受印度神教之影响，而有佛之崇拜，由此而有生补处，及安乐土（净土）诸信仰生焉。《宗轮论》载于施佛及礼塔［窣堵波］，化地法藏二部所执不同。）

佛教前后教义之不同，亦可自所达之果见之。最初佛教终的在得阿罗汉果。其后因渐执阿罗汉，亦有所限，如大天谓阿罗汉可为天魔所诱，化作不净（余所诱），于男女等名氏等不必能了知（无知），遂不能不有疑（犹预），而须他人宣示（他令入）——此大天五事之前四——因而有执阿罗汉有退者。又一方因菩提萨埵（简曰菩萨）观念之发展，而渐谓教徒之最终目的，不在成阿罗汉果，而在成佛。故出世部《大事》一书，即有"十地"一章。十地者，盖菩萨成佛之程序也。故《宗轮论》

谓大众部、出世部等谓第八地中亦得久住是也。及至大乘教，则指趣阿罗汉者为声闻教，而大乘则意专在成佛。

无我一义，为佛陀三法印之一。轮回历劫，而无恒常之我。后人滞于世见，必求诸法所依。此若无者，云何得有忆识诵习恩怨等事，谁能造业，谁复受果，谁于生死轮回诸趣，谁复厌苦求至涅槃，因而犊子部正量部等施设补特伽罗。补特伽罗，非离五蕴，非即五蕴。轮回中待此为此世与后世之关联，故曰中有。此外若大众部立根本识，上座部分别论者立有分识，化地部计穷生死蕴，经部执一味蕴，以至唯识之阿赖耶识，均在解释诸法所依之如何也。

佛陀在世，常分析诸法，以见宇宙人生之实相。如是分析法相而有蕴处界，分析心法而有诸识及心所等，分析人生而有十二因缘，分析诸苦而有随眠盖缚等，分析道谛而有戒定慧等，因而其名相须整理，其精义须诠释。列名相者，如《阿含经》中有《十法经》，而阿毗达磨之详陈诸法者亦属之，如锡兰之《法集论》（《论藏》之第一种），迦湿弥罗之《发智论》等是矣。其诠释精义者，则如阿毗达磨之宣畅宗义者，如《清净道论》，及《毗婆沙》等是矣。因整理诠释，而生甚多问题，如蕴处假实之异义，心性净染之推求，三世法有无之争论，苦之假实，蕴之常断，亦均为诤论之事，皆见于《宗轮论》者也。因异执纷繁，逐时兴起，而佛教先后学说之不同，遂甚为显著。如初则有大众之言过未（过去和未来）无体，次则有一说部世、出世法（世间法和出世间法）皆无实体但有假名（《宗轮论述记》），次则有大乘之无相皆空。盖因诸法之详细研析，而学说因以衍进也。

上述四端不过为总摄纷纭之变化而举其首要者四事，其实细分之自不止此。又此四者自互有关涉。如大乘之菩萨观念自受佛陀观念发展之影响，而分析诸法自与诸法所依问题有极密切之关系也。又除所述佛教自身因戒律理论分歧而生变化以外，当亦受外道之影响。第一，佛教因与外道辩论而发明若干问题与理论；第二，佛教之宗派不免因时代学风之变化，而颇采外人之学说（如因明）。

佛学变迁虽极繁赜，但实可分为二大系统，一则自小乘之大众部以至大乘之空宗，二则小乘之上座部演化以至经部（经量），再进为大乘法相唯识之有宗。大众部一系盖佛教中激进派，其宗旨疑在发挥佛说之精神而不拘泥于文字。大众部之领袖为大天，察关于彼之故事，疑为豪放不羁之人物。其解释旧说甚自由（见《宗轮论述记》及《毗婆沙》一九八），大不为教中长老所喜。因大天之立异，而分为根本二部。一为大天青年党徒之大众部，其精神较为激进；一为反大天之长老所领率之门徒，其性质重在保守，名为上座部。自此以后，大众一系因阐发佛说之精神而注重法性之体认，而渐偏于谈空；上座一系因研讨经教之文义而注重法相之分析，故趋于说有。

大众部者初行于南印度，巴利文所传之案达罗诸部谓出于此部。此诸部学说，近于空宗，亦行于南印度。而般若、方等之流布原亦在南印度。佛说之根本义原由无常而说无我，又由无我而有因缘和合而生灭义。大众部主过、未无体，刹那生灭。一说部说世、出世法，皆无实体。说假部谓十二处非真实。此外谓属于多闻部之《成实论》明人法二空。唯《成实论》虽受大乘影响仍属小乘分析空，且谓空相而不空性。再上则有大乘中观之妙有空，并性相皆空。此盖明为一系之发展，小乘大众部以讫空宗固是一贯也。

上座部之根本宗义不详。但锡兰上座部主分别诸法，而又称为分别说。一切有部说七十五法。其后诸师对诸法详加辨析，此派典籍最富于辨析名相之《阿毗昙》，但流衍既久，不免重于支节而渐远于佛之根本义。故具智慧之大师稍批评此宗旧义，以期恢复佛陀之原有精神，因此而有经量部出，此部依经而不依《阿毗昙》。一切有部执七十五法实有，至经部而认为其一部分非实有，且谓过去未来之法亦非实有（与大众同）。又原信此宗者至经部出世时有极受空宗学说之影响者，乃就一切有部之旧有体系加以订定，而置其全部于空宗之基础上（此指无著、世亲二大师），乃成立法相唯识之学。故吾人如由法相之百法上溯至一切有部之七十五法其关联至为明显也。此外则（一）因上座部主本体实有，而引出有分识（锡兰上座部）、穷生死蕴（化地部）、一味蕴（经部）诸说，此下则接法相宗之阿赖耶识。（二）关于知觉学说，一切有部主缘实体，经部主缘假，且可缘无，再后自可有见相不离之唯识学说。由此言之，上座部系统由一切有部进而为法相唯识之学固亦是一贯也。

佛教全部教理最为浩博，千头万绪，难以略说。而佛教固我国学术之一部分，尤应加详，故此书只简述为此章，而印度佛教史当另为一书焉。（参看吕澂《印度佛教史略》，商务印书馆出版。）

第六章　婆罗门教之变迁

当佛陀出世之时，印度学说显分为二大系统：一为沙门诸道（第三章），大雄之苦行解脱（第四章）、释迦之智慧涅槃（第五章）为其中巨擘；一为婆罗门系，上承《黎俱吠陀》，本《夜殊吠陀》及《梵书》之精神，而有主祭祀之婆罗门教（第二章）。彼教之流弊，一在其仅尚外仪，轻蔑心性之修证，救此而别出《奥义书》（第二章），明人生之本源，从智慧趣解脱，而其后六论兴焉（第七至十二章）；一在唯尚祭祀，不重天神之信仰，救此弊而渐有新神教之兴起（本章），崇拜神祇之威权，从信仰得解脱，而卒蔚为印度教。沙门团体亦由见婆罗门人之流弊，而与《吠陀》居反对地位。自佛陀之后数百年与六论等并行于印度，而影响远及于四方者，则为佛教之诸派（亦在第五章）。

印度文学中有二大纪事诗焉，第一为《大博罗他》纪事诗，全诗约在十万首卢迦以上，分为十九卷，其第十九卷实为附录，各卷之长短不等，全诗叙博罗他族之战争。盖往昔有博罗他王者，其裔有拘留及盘豆二家族因争王位而斗，战事盖经十八日，此事约占二万首卢迦。余则杂以神仙帝王之故事，宇宙起源之神话，复有哲理宗教法律之讨究，常至冗长，几使读者忘其与战事有何关涉。盖全部以战争为线索，经展转附益，既非出一人手笔，又经数百年之时间，其纪载之战史，盖发生于西历纪元前七百年以前，而其书之完成亦必在纪元后第五世纪以前（其证明为第五世纪之石刻，而我国晋末所译佛经《大毗婆沙》已有二纪事诗之名），或即在第二世纪。易言之，即自佛陀时代至迦腻色迦王（马鸣）后二百年中本诗渐渐构成，故此诗实蕴蓄佛教兴起后八百年中之思想。

第二为《逻摩衍拿》，约有二万四千首卢迦，分为七卷。载逻摩与私多之故事，而亦多所穿插。论者谓其约起源于纪元前五世纪，而终成于二世纪以后。二大纪事诗，后人因其曾尊崇韦纽天（但亦尊他天），而谓为韦纽天派之圣典，故印度神教于此已见其端绪。惟《大博罗他》则颇存哲论，实婆罗门六论滥觞，而以其中所谓四哲学书为最著，四者在该书中之卷数列下：

卷五　章四十至四十五　Sanatsujatiya（《沙那苏阇提》，人名）

卷六　章二十五至四十二　Bhagavadgita（《世尊歌》）

卷十二　章一七二至三六七　Mokshadharm（《解脱法》）

卷十四　章十六至五十一　Anugita（《随歌》）

纪事诗者，婆罗门人之书也，然其教与《梵书》之婆罗门教异趣。溯邃古以来，先有《黎俱吠陀》之宗教，中有《梵书》之婆罗门教，后有纪事诗之神教，最后则由此衍为印度教。兹章略述《梵书》时代以后神教之变迁，多取材于纪事诗，爰以四事说之：一变迁之原因；二教律之加密；三新神之渐起；四《世尊歌》之要义。

甲、变迁之原因

纪事诗承认《吠陀》为圣言，于沙门外道多所攻击。《世尊歌》曰："但无知不相信者，疑难满衷，必趣坏灭。无此世，亦无他世，于彼心疑者，必无幸福。"（四之四十）无此世亦无彼世，盖引沙门之言，佛陀尼犍亦为其所诽斥。（如曰弃诸《吠陀》，游行乞食，剃头著黄衫，则指释子也。）《大博罗他》诗中，似于僧人祭祀，均可毁谤。而非难《吠陀》，则为极恶之否认者（nāstika），必堕地狱。盖自《梵书》以来，婆罗门人，《吠陀》之正宗，深受异计繁兴之威胁，为适应新生环境，其教遂不得不变更。而纪元前三百年来，有希腊塞种暨月氏之侵入，文化接触，亦当对于婆罗门教有影响。而雅利安人奠居天竺，为时既久，宗教虽为僧人所把持，然因土著民族，魔教渐盛，浸假而雅利安人亦染其风，《阿闼婆》之立为第四《吠陀》，可证也。因之上古神教，不觉演化为新宗教（印度教）、新学说（六论），此均于纪事诗中见其端也。

计沙门兴起以后，时代精神影响于婆罗门教之大事有三：一曰瑜伽。无量苦身之法，禅定治心之法，为《大博罗他》所特重。婆罗门旧教以祭祀驱使天神，今则易以瑜伽，由此得致神通。天神几为瑜伽人之玩物，行为悉视其意旨。二曰魔术。神通本属魔术，而曼陀罗（咒语）之效力尤大。《阿闼婆吠陀》为魔教之书，而崇拜韦纽天首见其中（见前），则魔术与新神教固有深切之关系也。三曰泛神说（万有神教）。《黎俱吠陀》主多神，《阿闼婆吠陀》及土著宗教主多魔。泛神之说，因哲理之探讨，而导始于《黎俱》第十卷，发展于《奥义书》。此虽与普通信仰泾渭分途，然亦渐混合为一潮流，故韦纽尸婆之教，亦常带泛神之彩色。如《世尊歌》称黑神（谓为韦纽天之化身）曰："如大风行至各地，不离空间。一切众生于我依住，亦复如是。"（我者，神自称，见九章之六。）

乙、教律之加密

《梵书》时代，僧人败德，在纪事诗中亦然。给僧以金，为无上功德。贪鄙纵欲，奢侈骄慢，仍如佛陀所深痛。整理裁制，法律专书因之以兴。《吠陀》典籍最后有经书。经书常依其性质分为六类，所谓六《吠陀》分也：一《式叉论》（字音之书），二《阐陀论》（释诗之音韵），三《毗迦罗论》（文法），四《尼鹿多论》（释名字源流），五《竖底沙论》（天文），六《柯剌波论》（祭祀之法）。法律盖常属于经之第六类，所谓"法经"是也。法经原意在制定祀法，如现存最古之《乔达摩法论》，显系婆罗门人辑订之宗教法律。然教律恒与民俗有密切关系，如僧人之威权，衍为阶级制度，而阶级制度基于婚姻之法。因帝王为政治元首，政教相涉，而须定王者之职权。僧人因渐有权编定法典，合教法政法为一。所谓法论者，遂轶出宗教之范围，如《摩挐法典》是矣。（《摩挐法典》约成于纪事诗时，为印土所最尊崇，即缅甸、暹罗、爪哇亦共遵之。）

婆罗门人道德之败坏，法典中常加以裁制，众生由罪恶而灭亡，罪恶者如瞋、喜、怒、贪、疑、伪、诳、妒、恨、害、訾、不克制官感，不摄治其心皆是也。（《Apastamba法论》一之八之三七）僧人有十戒：自足、忍、节制、不盗、清净、制官感、智慧、知识（知神我）、真实、离瞋。而四阶级应共守之规律有五：勿杀生、不诳语、不盗、清净、制官感。（《摩挐》六之九二及十之六三）而法律中于四努力尤为详尽，梵行时（即求学时）则须尊师勤读（读《吠陀》），职责礼仪，均应奉行。在家、林住、及比丘时，亦各有精密之规条。而法律又常特为宗教作保障，《摩挐法典》承认《吠陀》祠祀。而阶级制度则谓为出自神意。（一之三十一）婆罗门因得握宗教政治之立法威权，经沙门外道之攻击，而仍能复兴，亦此之由也。

丙、新神之渐起

在《梵书》时代，《吠陀》神祇已不为僧人所重视，其后佛陀视神为六道轮回之一，《奥义书》亦另立梵我之说，二者虽不废旧神，而天之地位实与人兽无异。纪事诗中犹存《黎俱吠陀》诸大神，而渐降为新神之附庸。阿耆尼或指为韦纽之子，或指为湿婆之化身。最伟大之伐龙那，堕落而加入人类之战争。因陀罗在佛经中，称为天帝释，其性质亦殊异。须摩演为月神，其威权乃全失坠。《大博罗他》诗中曾曰："诸神之花鬘已雕残，其威烈已去。"（见一之三十之三七）纪事诗时代新兴之神，实以湿婆天与韦纽天为最著。

湿婆天者出于《黎俱吠陀》之禄陀罗神，原代表暴虐之天象，至《阿闼婆吠陀》，则称为畜类之主，尊为主要之神。在《由谁奥义书》，始有乌魔女神之名（见前），然未言其为湿婆之妃。在《大博罗他》中，湿婆崇拜始为主要宗派，彼有强力，躁怒刚烈，然亦好施与，向之需索，无有所吝。与其妻乌磨居雪山上，有徒众环绕，具最高天神之一切性质。陵河（男生殖器）为其象征，世又崇拜之。其名又为大天为商羯罗（参看《因明大疏》卷二），又名兽主，或大自在。故在纪事诗中称有五派，而兽主派居其一。我国佛典常称之为大自在天派（《百论疏》之摩醯首罗天），月氏国王阁膏珍自称为彼教之信徒，则约纪元前一世纪，此教已盛矣。

兽主一派之教义，纪事诗未详言。惟据后人所述，约为五义：（一）所作（义译为果），此有三，知识感官及自我是也。兽主原音为"播输钵多"，"播输"中译为"兽"，实指人兽之有生命者，所谓自我（灵魂）是也。（二）能作（因），即为湿婆，即为兽主之主（钵提），世界人类之造作灭破，均依于彼。（三）瑜伽，用禅定等，使自我归入湿婆。（四）规律，可纳人于正。如须每日三次涂自身以灰，或卧灰中（故有涂灰外道之名）。（五）尽苦，此有二途，一尽苦边际，二得五神通。

湿婆之妻乌磨，又名突迦，原为印度南方频阁诃山土著人所奉之女神，最为凶恶，专司破坏，故又名迦利（义为黑，即破坏之谓）、迦婆利（戴髑髅者）、闯地（凶暴）、摩诃迦利（大破坏者）。乌磨之崇拜为精力教之始，本非出于雅利安人。而陵诃之崇拜，原亦出自土著民族，后为雅利安人所采用者。《大博罗他》纪事诗主要之教派，则在崇拜韦纽天。有所谓世尊派者，其徒奉婆苏提婆。而克利须那（黑神）原为上古名哲，亦演化为彼天之别名。二者均不属第一阶级，或且不出于雅利安族。然其后婆罗门人，因此派强盛，而称其所崇拜者，即韦纽天（名见《黎俱吠陀》）。此天通称为世尊（参看《百论疏》三），宗派因之得名。其教唯敬世尊，故称之曰一边法（一神教），一切生命为其所创造。诗中尊黑神时有曰：自其莲花脐，梵天生焉。自其怒额，湿婆生焉。（三之十二之三七）婆苏天为最上生命，为一切生命之根。"凡敬爱我者，归入于我，而得解脱。"（《智度论》引彼教曰，爱之令所愿皆得，恶之令七世皆灭。）韦纽与湿婆均号为天中天，或天中第一天。此教之经典曰 *Panca-ratra*（译谓五夜），亦见于《博罗他》中。韦纽天教之世尊派出世甚早，纪元前第二世希腊人 Heliodoros 信奉之（见于近来发见之石刻）。据近人考证，此宗本为沙徒搭（Sattuata）人所信仰，在印度西北。而兽主派为月氏王所信，亦在迦湿弥罗（希腊使臣梅迦斯屯尼之言亦可为证）。盖当印土东方沙门外道风起云涌之时，西方婆罗门亦受新神之影响，而大变其面目也。纪事诗中所述韦纽湿婆二派之教理，颇不一致。有时似僧佉论，有时似吠檀多。盖新神教与新哲理并起，常相交融。二教主一神，因亦常染有泛神之说，故始有显著之垂迹观念，谓诸神乃最上天神之化身，惟归纳诸神于三天（梵天及韦纽湿婆等），均由一本垂迹。则后来印度教之要义，不见于纪事诗中。(《百论疏》三疑该论何故不列人梵天而言二身,乃为之解释。实则其时梵天之地位及三身之说犹未显著也。) 二派之教义最可注意者,则在特重信仰,众生之运命系于神之意旨,"凡天之所加惠者,可与相见。"(《大博罗他》十二之三三七) 众生须对于天神有热烈之信仰。(《大博罗他》那罗延段载:婆苏天非祭祀者、苦行者所可得见,唯尊仰者乃可见之云。) 印度分解脱之道为三:(一) 业之道,婆罗门之祭祀是矣;(二) 智慧之道,《奥义书》之哲理是矣;(三) 信仰之道,著名者为近世之印度教。而于《大博罗他》诗,固已见其端绪也。

丁、《世尊歌》之要义

《世尊歌》者,印土最有名之哲理诗篇,至今犹家传户诵,视为圣典,原在《大博罗他》之卷六中,都十八章。叙克利须那王子与阿勇那王子之问答,克利须那传为韦纽天之化身,故谓之曰"世尊歌"。

博罗他族之裔,因争王位,至以兵戎相见,当二军对阵,盘豆族王子阿勇那乘车至阵前,而克利须那为御者。阿勇那见父兄子弟姻娅友朋将相残杀,顿生悲心,谓宁可自杀,不忍伤害亲戚;宁弃王位,不愿战胜。克利须那告以自我常存,非兵刃所能伤。(下依意节译原文) 常住之体,不能毁灭。无生无死,无将来,无过去。如思杀人或为人杀,均非真知。彼不能杀,亦不被杀。如舍敝衣,别著新衣者,自我离此衰朽躯壳,别就新者,正复相同。人能体验此常存之自我,乃可超出生死。体验之方,首在尽驱私欲。人生世间,作业由天赋,不可有所为而为,亦不可有所为而不为。非由不作,可坏业力。亦非仅由出离,乃得成就。宇宙本由业缚。解脱之道,不在静止,而在作业,屏除贪慢,无所执著。武士以战争为天职,故意不战,实为罪恶。无著一义,至为深远,《世尊歌》于此三致意焉。

《世尊歌》之出世,当释迦布教之前后。其时《吠陀》诸神已不能维系人心,婆罗门祭祀又重形式,极烦琐,与普通信仰相径庭。佛陀、大雄则更以人兽与天神等量齐观。苦行方法,残生太甚。至若依智慧解脱,则又非下愚群众所堪了悟。《薄伽梵歌》特提出信仰一义示人,信仰本在人心,不假外铄,循此热烈情感之活动,人可与万物同体,与天帝合而为一。在卷十一克利须那突然显示其秘密真身,虽具身形,而无量限,无端,无末,亦无中间,人天众生,悉包其中。于是复告阿勇那曰:"汝所见余之身,至难得见,即神祇亦常希望见之(而不得)。非由《吠陀》,非由苦行,非由布施,非由祠祀,我可被见如汝所见者。唯由笃信，我则可知，则可见其真，可与我为一。若能作事（业也），能全依托我，能笃信我，无所执著，不怀瞋恨，乃可归我。"《世尊歌》盖执一边法（一元），宇宙为一大我，众生有自我精神。无执著以作业（业解脱道），悟澈天地密意（智解脱道），自证本源，扩芥子为须弥，令小我合于最上大我。达此境界，作业智慧，实为助因。而要须能诚心悦服，以世界精神为自我本来所寄托，是即笃信之解脱说也。

第七章　数　论

数论者，梵云僧佉论，印度婆罗门正宗六论之一。其教不知果始于何时，然必出世甚早，且经颇久之变迁，至西历纪元后约第 14 世纪，始有《僧佉经》之确立。相传其初祖为迦毗罗仙人。"迦毗罗"一字，曾见于《白骑奥义书》，然详其文义不必即为人名，而此仙事迹见于《大博罗他》纪事诗等书者，亦悉为神话难信。迦毗罗传弟子阿修利（见《金七十论》），阿修利传般遮尸伽（《金七十论》亦作"般尸诃"），译谓"五顶"，为僧佉大师，其学说散见《大博罗他》纪事诗诸书中。其后有毗利沙迦那者，译曰雨众，亦甚知名，佛典中至常有称数论为"雨众外道"云。又有自在黑者，作七十颂，即中译《金七十论》之本颂也。又据《婆薮盘豆（世亲）传》，雨众之弟子有名频阇诃婆娑者，则曾与世亲争论失败，愤懑而死。而《唯识述记》卷四称有金耳国外道造七十颂申数论宗。日人高楠顺次郎曾考此频阇诃婆娑即金耳国外道，亦即为自在黑，而《金七十论》称其师为跋婆利，则为跋利娑（梵文"雨"字）一字之讹，即指雨众，其文详而甚辩。然据近来在印土发现之《金七十论》梵本，跋婆利当为蹉婆利（《大博罗他》纪事诗载阿斯多践婆利者亦数论师，且略述其学）之讹，似非雨众。而 Gunaratna 之书似又指自在黑与频阇诃婆娑为二人，则高楠之说或真谛也。

论以数名，不知何解，"僧佉"（即数）一字，亦曾见《白骑奥义书》中，其义为审择，因与瑜伽一名并列，有释者谓为禅之异名。《百论疏》三曰："僧佉，此云制数论。明一切法不出二十五谛，故一切法摄入二十五谛中，名为制数论。"《唯识述记》四曰："僧佉此翻为数，即智慧数，数度诸法，根本立名。从数起论，名为数论。论能生数，亦曰数论。"此诸诠释，若以僧佉原义考，或以《述记》数度之说为最允当。惟《大博罗他》诗中屡言数者数算也。于谛一一数之，尽二十五谛，则可解脱。

数论经典首重《僧佉经》及《僧佉颂》。印度六论，论各奉经为正典，故晚近数论视经典为最要。经虽传为迦毗罗所作（凡五六二颂），其成立实在西历纪元后十四世纪，而《僧佉颂》则甚早。《僧佉颂》者，则自在黑之七十颂，我国大藏经中之《金七十论》，为陈时真谛所译。其长行乃七十颂之释论，不悉何人所作。近印人发现 Mathara-vrtti 一书，谓为该论之梵文原本。在印土所传七十颂释者有数人，而以 Gaudapada 所作最通行。此与《金七十论》文义大同，或同出一源。（此下中译释论称《金七十论》，梵文 Gaudapada 释论简称《僧佉颂释》。）七十颂之作成，必在世亲以前。（因世亲曾造《七十真实论》以破之，详见《世亲传》。）而再前则又有恰拉克 Caraka 医书中所传之数论。至九世纪婆恰斯巴提密斯拉为之作释，名曰《明谛论》（Tattva Kaumudi），至若《僧佉经》之释，则以识比丘 Vijnana Bhiksu 所著为最要云。

兹篇所述：（一）于《奥义书》以后数论之变迁，稍有论列。（二）于数论学说，则据经颂举其要义云。

一、数论之变迁

僧佉学说在《奥义书》中虽未成熟，而后来观念大具于是，《迦塔奥义书》为早期作品（约在佛陀之前），此中有非祭祀之言（一之三谓献牝牛而升上天，则上天为无可乐之土），似《金七十论》卷上所说。而如其三之十至十一曰：

> 根上有其境，境之上为心，
> 心上则有觉，觉之上大我，
> 大上不变易，再上则神我，
> 此上更无物，斯即为终道。

其六之七至八亦曰：

> 高于诸根者为心，高于心者为萨埵，
> 超于萨埵为大我，高于大我为不变，
> 但高于不变者为神我，充遍且毫无相，
> 知此者人得解脱，可得不死。

此中不但含二十五谛诸名辞（如根、心、觉、不变易、神我等），且列转变之程序，与后来数论之精神大同。所谓不变易者，后即谓为自性，言自性出于神我，则同恰拉克之说，均早期数论之教理也。（似此学说亦

见于《波罗尸那奥义书》)

数论学理见于《白骑奥义书》（晚期之作）者更多。例如其四之五曰：

> 有一牝羊，赤白且黑。生子孔多，酷肖其母。一牡爱之，同之欢乐。又一牡羊，乐后舍去。

商羯罗释曰：赤白黑者为喜忧暗三德。牝指自性，能生一切。牡为神我，随之入世，受世间乐。

至《埋帝利奥义书》，而萨埵、罗阇、多磨三语始同见，且陈述三德之来源，谓最初唯有暗，智田之名亦见于本篇。（亦见《白骑奥义书》）暗者指自性（故自性名为冥谛），智田者，神我之别名，此实数论最早之教义。如《金七十论》曰：

> 迦毗罗仙人为阿修利略说如此，最初唯暗生，暗中有智田（神我与自性同源，恰拉克亦如是说，可见此说甚早），智田即是人（人谓神我）。有人未有智，故称为田。次回转（神我轮转）变易（自性变易），此第一转生，乃至解脱。（世亲《佛性论》卷一曾节引此段）

此说虽纳神我自性于一元，而数论教义至《埋帝利奥义书》出世时（在佛陀后），当已规模略具矣。

《大博罗他》纪事诗中有所谓四哲学书，其陈述学说，汇集各派，且互混杂。数论学说虽亦散见在各处，然其时彼论想尚在酝酿，未成系统，论者谓其中有一元之数论，则早期未完成之说。二元对立（自性神我）明二十五谛，则晚期之说。早期之说主一元，如本诗中之《世尊歌》七之四至五谓自性之上有神我，《解脱法品》二一九记般遮尸伽之说，亦主一元，论者遂多疑其述吠檀多学（主一元），非数论之真。然据《金七十论》等书，均言般遮尸伽为数论大师。而近印人考证主恰拉克所传实早期之数论（此说学者亦有持异议者）。《解脱法品》所载，虽甚简略，然已可见其说与恰拉克所述相同，故实亦数论发祥之学说。用特约陈恰拉克所言之特点如次：（一）自性有变易之部，谓之为田。自性有不变易之部，即是神我，名曰智田（即知田者）。智田即是思（佛典常谓数论执我是思），从此生觉，从觉生我慢，从我慢生五大及根。若是则宇宙转变完成，及至劫灭，则均返于自性。（二）神我遍满是常，无始，无因，无识。一切知觉均神我与五知根及心结合而生，感情（苦乐等）动作亦均因此而有。（三）神我与余谛（觉、慢、根、心、大等）结合，纯由自意。（参见《金七

十论》)因罗阇、多磨二德而有生死轮转，去此二者则解脱。萨埵增胜，
则此结合终止。（四）结合而生一切有情（《金七十论》谓之含识），解脱则
神我与觉慢等离异，而反乎无知识无相之体矣。（五）恰拉克未言及五
唯，而于五大粗质之外，亦认有五种细质，知根则言为物质所成。《解
脱法品》所传般遮尸伽之说不但与恰拉克所传相似，且与迦毗罗传授阿
修利者（见前）亦颇相合。则说者有以此属于根本数论，似可信也。

纪事诗主自在天，为有神说。说者（如 Edgerton）遂谓纪事诗中所述
均谓有神数论，无神数论则为晚出。（无神说否认神造作万有，非谓无神之存
在。）然纪事诗中常以僧佉、瑜伽并称，且言瑜伽有二十六谛，其第二
十六谛即为自在天，而无自在天之二十五谛学说，则似指数论也。

纪事诗不但有二十六谛之说，且自性转变之程序与数目亦具多项学
说，惟其中有二处与数论已成熟之说大同。一在十二之三〇八：

$$非变易（自性）——大——我慢——五唯 \begin{cases} 五知根 \\ 五作根 \\ 心根 \\ 五大 \end{cases}$$

而十四之四十至四十一则如下：

此二者均甚近于二十五谛之说，为第二期数论之学说也。

《金七十论》末偈（第七十二）谓七十偈摄般遮尸伽之六万偈。而此
六万偈所说，不出六十义。六十义则如下列：

觉生五十分（见后）

　　一、疑，五分；

　　二、无能，二十八分；

　　三、喜，九分；

　　四、成就，八分。

十义（下详）：

　　一、因中有果义；

　　二、自性是一义；

　　三、意用义；

四、五道理立自性义；

五、五道理立神我义；

六、独存义；

七、和合义；

八、离义；

九、神我是多义；

十、身（细身）住义。

般遮尸伽之六万偈，虽谈六十义，而其书名之是否为《六十义论》（即《金七十论》所引之《六十科论》，见卷上）则不可知。而另有确据，《六十科论》（或《六十义论》）一书为雨众所作，然雨众之六十科，是否即如上说，亦不可知，盖印土书中另有一说，列六十义判为二类：一有三十二，二有二十八，内容（不具详）与上述者全异。其最要之点则主有神，与无神之数论大相径庭也。

数论二十五谛其名数在未确定以前，则有多说，今姑不具详。如《大博罗他》纪事诗中有立二十六谛者（系瑜伽论），有立二十四谛者（此合自性、神我为一），而二十五谛复有数种。我国佛典中亦常言及数论诸谛，并各有异。惟中土所传最可注意者有三：（一）马鸣《佛所行赞》（梵本现存）第十二品叙佛于未成道前求法于仙人阿罗逻迦蓝。此仙人学说，有似数论。（宋宝云译《佛本行经》第十五品，隋西方僧人阇那崛多译《佛本行经》卷二十二，亦同此，惟学说互有出入。）说者遂引此为佛教源出数论之证。惟马鸣此说不见于早期佛经中，不必可信。（二）《百论疏》三解释《智度论》七十之言，谓觉谛从前冥漠处生，称曰冥谛，亦名世性，一切世间以此冥谛为其本性（中文佛经引及数论冥谛者甚多）。据《金七十论》曰：迦毗罗告阿修利曰，最初唯暗生，此暗即冥谛，亦即无明之别名。此亦为数论甚早之学说。（参看《金七十论》五十八偈不了为自性之别名）（三）大乘《大般涅槃经·憍陈如品》，叙阇提首那之说，具二十四谛暨三德，而无神我一谛，当是略也。（见《百论疏》）

依上所言，无神之数论，其变迁之大段有三：第一，一元之数论。盖初见于《迦塔奥义书》中，而《金七十论》所引迦毗罗之说，纪事诗所载般遮尸伽之说，及恰拉克所传，均堪佐证。第二《僧佉颂》。中传与 Gaudapada 所作长行（颂在世亲以前）。第三《僧佉经》（约在十四世纪）。而识比丘曾为之作释。识比丘盖已约在十七世纪，其说多强冶僧佉与吠檀多于一炉，席近世调和各派之风，则实为第四段落。下节所述僧佉学

说，盖取颂经二者共同之要义，而于识比丘之所执，则姑从略。（本书所引《金七十论》系用支那内学院刊行本）

二、数论之学说

数论之出世，虽不知始于何时，然其发端要在《奥义书》时代，其时《吠陀》之教已衰，而婆罗门教亦腐败。数论因兹时会，爰渐萌芽，故其说但名义上为《吠陀》之支派，而实际深受当时风尚之影响。详绎此中消息，盖有四端：

第一，苦义。僧佉宗派，旨在寻求灭苦之定（决定）极（究竟）方法也。《僧佉经》及颂开卷即声言须灭三苦。三苦者，一依内苦，谓风、热、痰，不平等所生之疾病。（按《俱舍论》十谓风痰热为内三灾患。《涅槃》二十五谓风热水为病之三相。）二依外苦，谓人、兽、毒蛇、山崩、岸圻所生之伤害。三依天苦，谓寒、暑、风、雨、雷电所生苦恼。（《金七十论》卷末又有二十四本苦及三缚之说）而根本之苦在轮转生死，故《金七十论》引圣言曰：

> 筋骨为绳柱，血肉为涂泥，不净无常苦。

此言在物质世界反覆轮转，不净，无常，亦即苦也。

第二，非祭祀杀生。《大博罗他》诗卷十二载迦毗罗见将杀牛以祭，顿生悲心，而斥《吠陀》之妄。此虽传说，然颇可与数论典籍相印证。《金七十论》第二颂曰：

> 汝见随闻尔，有浊、失、优劣。

盖谓主《吠陀》者之意见，不过随闻而已。实则杀生妄语非清净（浊）也。天神亦有灭坏，则退失也。天神因所赋不同，而下神见上神，次第生忧恼，则有优劣也。（《百论》曰"如《僧佉经》言祀法不净、无常、胜负相故"，即引上文。）故《吠陀》之祭祀及八分医方，均非决定究竟之法也。（"八分医方"之名，见义净《寄归传》三。）

第三，反对神权。诸天之势力堕落，须轮转生死，与人兽同。而所谓尊佑论者，执世界为自在天之所作，解脱亦由自在天，则为《金七十论》所明斥，而《僧佉经》复反覆非之。盖以自在天既与轮回之说不相容，而假使有慈悲之天帝，则决不能创此万苦之世界也。因是而四《吠陀》之地位，遂亦变更。《金七十论》谓僧佉之智在四《吠陀》未出世时已得成就，由此智，四《吠陀》及诸道后得成。而《僧佉经》亦否认《吠陀》为天所成云。

第四，智慧解脱。《僧佉颂》以欲知为苦灭之因（第一偈），而其所谓独存之智为解脱之因，此实决定而究竟之正遍知。因之黜《吠陀》诸神及《梵书》祭仪，而绝与印度教之信仰无关也。

此四义者盖《奥义书》之所蕴蓄，而亦沙门诸道之所共信，实一时之风尚，各派均染之。如苦义虽罕见于早期《奥义书》，而《埋帝利》一篇，亟言天地可崩坼，神鬼亦坏灭，人身仅为血肉积聚、贪瞋及烦恼所成，此与佛陀之苦谛盖无以异。而《奥义书》之非祭祀弃神权，亦与佛教同。至若因天神之势衰，祠法之被摈，而解脱之方，乃侧重智慧（上均参见此前诸章），则尤以《吠陀》系之《奥义书》与非《吠陀》系之佛陀等所同主张。故数论者实渐兴于《奥义书》及《吠陀》时代，而同染当日之风尚也。

数论之建立，基于量论。其所立量有三。（此据第四偈，他书亦有立六量者，不具列。）量之一字，原有多义，据《金七十论》，量者，准绳之谓，如尺如称，能知长短轻重。而世间知识之量，能通一切境，境依量成立。此论三量为何？一者证量，二者比量，三者圣言量。证量之智，乃以根为具，对尘（尘者，对象也）而生解，然不能了知，即直觉之谓。非不定，无二。了知者根于判断。不能了知者乃因未有判断分别，故曰不可显现。比量者，以证量为根据，其旨在证一相（性相）与一有相（有此性相者）相应不相离。如证死性与孔子相应不相离，坚白性与石相应不相离，证其死，证其坚白，则比量乃成。比量有三：一有前，为推知未来，亦由因推果。如人见黑云，当知必雨。二有余，推知过去，亦由果推因。如见江中满新浊水，当知上源必有雨。三平等，推知同时，亦可谓为用譬喻推得。如见巴吒罗国庵罗树发华，当知憍萨罗国亦复如是。圣言量者，即如《吠陀》，若天神、北俱卢洲，非证量比量所可通，则依圣教乃可得知。依此三量，通一切境，而最要者为平等比量。盖数论之二大原素，自性及神我，均因起乎感官以外，非证量得，实用平等比量建立：（一）譬如檀木破碎，片片同性，乃知原从一本而来。今见世界事物如觉等，均具三德，则亦知应根发一源，此即自性。（二）世界聚积当为他故，故立神我。

僧佉论者，观察宇宙之现象，以为生命原有不变清净之本体，是曰神我。而其余一切心理物质之现象，亦有一本体，是曰自性。自性与神我相合，乃转变生万有（归纳万有不出二十三事，合之为二十五谛），故数论者转变之说也。因执转变，故主因中有果（如自性中有觉而转变为觉），此有五证：（一）实无则不可造作，如从沙不能出油。（二）求一物必须取其因，如酪取得于牛乳中，不从水出。（三）一切物不能生一切物，如草木沙石等不能各均生金银等。（四）此因能作所作之果，如土能聚作瓶。（五）随某种因即得某种果，如种瓜得瓜。（参看《百论疏》十一，《显扬》第九。）

神我为自性所依，而转变为色心诸法。故自我法二者对立言之，则为二元。自诸法原从一自性生言之，则为一元。故如外道《小乘涅槃论》曰：僧佉人说一切法一。义净《寄归传》曰：僧佉从一以始生。均由诸法言之也。（上所谓二元者非西洋精神物质之对立，亦非本体现象之二层，故以欧西二元论比之实误。）

数论依因中有果之原则，立转变义，故谓自性为诸法（宇宙心物诸现象）之本体。就诸法言，有生灭变化。就本体言，一切常存。是以《俱舍光记》引雨众言，谓有必常有，无必常无，无必不生，有必不灭。（见卷七十）自性所转变之现象，是有非无，不可譬为幻化。而数论师又察宇宙现象，以为不外三方面，是曰三德。德之一字，用于耆那教（见前）及胜论（见后）等，则对于实而言。实谓本体，德者本体之属性。数论之三德，则自性即由其相合而成，非仅为属性。（《僧佉经》六之三九明言德为陀罗骠，译即为实。）盖宇宙万有或具轻微光照之象，如理智是。或具沉重遮覆之象，如物质是。而理智物质之错综，必有使动及动者在。即以人生论之，轻明则官感（诸根）能了别对象（执尘）。若笨暗则感知钝拙。而有时心欲争持，躁动不安。因举凡事物咸有此三方面而立三德：一曰萨埵。轻光为其相，其功用在照别。二曰多磨。重覆为其相，其功用为系缚。三曰罗阇。持动为其相，其功用为造作。此三者果为何物，则极难解。惟《金七十论》第十二偈曰：喜忧暗为萨埵、罗阇、多磨之体，则似数论人分析万有而最终归之情态，于苦感乐感之外，人常有麻木沉闷之情感。三者实为万有之本体，宇宙之变化，无非三者之分合。（一）或此胜彼伏。（二）或彼此相依赖。（三）或彼此相生。（四）或同时并行。（五）或可同时引起不同之事（如喜生喜而又同时生忧）。而所谓自性则由此三德相合而成。当三者平衡，互相牵制，则为自性之本体，及其均衡失坠，则变动生，是曰自性之转变。

自性者，或名胜因，或名为梵，或名众持。在七十颂中之第十五偈，以五道理证明自性是有。（一）世界有类别之物，皆有限量。有限量者必有所本，如陶器有数量，系从有量之土聚成，器若无本，应无数量。（二）世间诸法，同具三性（即三德），故知皆自一本所生。（三）世间变化，必因功能。变者有生，生依能得成。而此生之所依，是曰自性。（四）世间因果差别，土聚为瓶，瓶能盛水。而土聚不能，此必亦有别因。而世间变化，亦必有别因在。（五）世界劫灭，一切俱泯，在彼时普遍之相，了无差别。是纯粹浑沌之状态，称曰自性。

自性为能生之本体，为能变而非所变，故称为根本。其所变者有二十三法：一觉，二我慢，三至七为五唯，八至十二为五大，十二至十七为五知根，十八至二十二为五作根，第二十三为心根（合自性与神我为二十五谛）。此二十三法转变之程序古今所传不同（见上节），即在《金七十论》亦有二说。其一列下（内院本上三右九上七右八上九右七及《百论疏》三）：

$$\text{自性}\rightarrow\text{觉}\rightarrow\text{我慢}\rightarrow\text{五唯}\begin{cases}\text{五大}\\\text{五知根}\\\text{五作根}\\\text{心根}\end{cases}$$

其二如下（《金七十论》第二十二偈及长行即上二十三右及 Gaudapada 梵文释论及《涅槃经·憍陈如品》）：

$$\text{自性}\rightarrow\text{觉}\rightarrow\text{我慢}\begin{cases}\text{五唯}\rightarrow\text{五大}\\\text{五知根}\\\text{五作根}\\\text{心根}\end{cases}$$

自性之所以转变，乃因我意，我意犹言为神我故也。此有二种：一者受用声香色味触之诸尘，二者转变可使人了然于神我固于自性根本无关系，而得解脱。故此生命之本体与万法之本体二者之结合，乃因为神我之故。因神我必先受诸尘，堕死生苦海，其解脱之要求乃愈亟，因此故而生世间（第二十一偈由义生世间义即我意）。然现象之世间，虽二本体相合而生，而一切心物诸法，则全从自性转变而来。盖（一）神我者实常住不变，而心物现象则非常；（二）神我果系独立存在，则必本来与此万苦变异之世间无关系。因此二故，僧佉人不得不视神我为独存不变之实体，而举所有变化多苦之心理物质诸项均隶属自性。

复次我既是常，则非作者，盖作者亦非常也。僧佉人因是执我仅为见者、受者，而非作者。我为知见之绝对主观，为能知而毫不涉所知。故我是思，受用外境。（《唯识述记》四）而自性（三德）则无知而能作（能转变），神我自性结合，而遂使中直（独立不倚）之神我无作而如作者。

三德之自性无知而如知者。神我独存中直，为绝对之观者（《金七十论》译为证义）。《唯识述记》四谓外人问僧佉曰：此我知者、作者、受者耶？答是受者非作者。三德作故。问既非作者，用我何为？曰：为领义故。义之言境，证于境也。我是知者，余不能知。自性因神我之故（我意）而有转变，神我误认此转变之心色诸法为自身，而被系缚。若终能了然与己绝然无关，即是解脱。

复次神我是多非一。凡每一有情之身，各有一神我。此有五证：如若各身一神我，则：（一）生时应同生。（二）死应同死。（三）耳根坏时（聋），应一切人均坏。（四）一人作业，应同作。（五）一人苦乐时各人应均同。而今并均非如此，是故知实有多我。此诸我者，各原遍一切处（论上十左八及经六之五九），因时空之限制，而似附人身中（据毗耶舍《瑜伽经》注一之三六谓般遮尸伽执神我量如极微）。

数论人以五事证明神我为有。《金七十论》第十七偈曰：

> 聚集为他故，异三德，依故，食者，独离故。五因立我有。

（一）聚集为他故。（《因明入正理论》引此，斥为犯法差别相违过。）如床席等聚为他用，非为自用，故自性转变亦必为他用，他者即是我。（二）异三德故。自性有三德，无三德之知者，则为神我。（三）依故。自性所生之身，若无神我为其所依，则身不能作。（四）食者故。世间客观之现象（所食），必有主观之神我（能食之食者）。（五）独离故。解脱世间诸苦之身，为圣人所教。若身外别无神我，解脱则无所谓。

僧佉既以五道理立自性，复以五道理立神我，然恐世人以为二者非感官之所可见，而疑其无有者，乃立八不可见（《大毗婆沙》十三引之）及四无（《俱舍光记》七十言及）之说。谓自性神我，如烟热尘气，细微不可见，而决非毕竟无有，如非神人之二头三手也（神人自在可有二头三手）。

数论由神我自性二元对立，而演为二十五谛。自性为神我故而生变易，变易者指余二十三谛，与自性有九不相似六相似，反之与神我有九相似六不相似，兹姑不详。由转变之程序（有二已如上说）而生世间。复于世间外五大之器世间与依于内五大之诸有情。而现象之世界与现象之我如是而成。实则此现象界者均为三德在自性中不平均而生起者也。

自性当未转变，原为浑沌之本体，故古称为冥谛（或曰暗即无明），而"不了"（即浑然冥漠，见五八偈）亦其别名。其时三德分散，相互牵制。但为神我（我意）故，须使其受尘至于解脱，因而动生，原为泯然不别之自性，乃以三德动而萨埵增胜，故转而为有知，此时附于各神我之诸觉（名别觉），遂各独立。而总此时以智识胜之情态，名之曰觉谛（名总觉），自其居劫初包罗一切之变异，故又名曰大。以充遍此世时故亦曰遍满。自性者三德平均，觉谛者萨埵增长，是为第一次转变。续起变动则分三途：或暗德增长，或忧德增长，或喜德增长，当此时遍满之大谛，更划分而分彼此，第二次转变遂总名曰我慢。我慢者盖于自性及大中执著而生种种心物分别，自其暗多之我慢（名大初）而有五唯五大之物质，自其喜多之我慢（名变异，原文作"转变"或"转异"，均不妥）而有十一根之心理机能。而心物之构成，必由执著躁动。故忧德增长之炎炽我慢实为上二种我慢转生之主动力也。易言之，则宇宙心理方面基于萨埵（喜德），物质方面基于多磨（暗德），而二者之变化构成均由于动作之原理，罗阇（忧德）是矣。依此则转变之程序如下（此与上列转变之第二说相合，《僧佉经》颂及梵文颂释均主之）：

$$自性 \rightarrow 大（觉）\rightarrow 我慢 \begin{cases} 大初 \rightarrow 五唯 —— 五大 \\ 炎炽 \\ 变异 \rightarrow 十一根 \end{cases}$$

自性转变，一方为山河大地之器世间，一方则各个神我所附之诸有情。从无始来，此诸神我各因根本无明而有业报轮转之身，其心理方面则有觉我慢及十一根，其物质方面则有由五唯所生之五大。

觉与我慢为自性转变之第一、第二步，亦为各个有情之心理构成分子。自性生觉，觉谛代表宇宙全体，由冥漠浑然转为有知（故言喜德增长，《僧佉经》谓此为总觉世界之觉也），而此充遍之觉中，各个有情之觉亦生焉（此名别觉）。个人之觉为判断决定之心智，如决断此为人，此为杌。我慢者执著此为我，此为我所有。由我之执著，而生彼此。由觉之判断，而智识有所统属因以完成。盖五知根（耳、皮、眼、舌、鼻）各能取外境，如耳能取声，皮能取触，眼能取色，舌能取味，鼻能取香。五作根（舌、手、足、男女及大遗）各能作，如舌能语言，手能握执等。此五感觉器官，唯能取能作，不能分别。分别功能则属之于心根，心根谓是极微，在身体至为活动。如目有见，心根奔赴眼根与之相应。且知根作根及心根虽可有知作，而决定此知之如何，作之如何，则全在乎觉。既有知作，复加以人我之分别，分主客为二，则我慢之事也。知作十根对待外境，惟知现在，名外作具。觉慢及心，不取外尘，能知三世，则为内具。外具如门户，而内具则如管辖诸门者。如人行路，忽见高物，则知根之用也。因起分别，疑为人或杌。如见衣摇，或见其屈伸，由心根之分别，而判定其为人，则觉之事也。而且起念，我决知此为人，则我慢之执著也。此十三作具，各能作其职事。悉本于自性，故性为能作。然此各项心理，必有主观之知者，乃能生知识，则是神我也。神我仅为能知，而知识之内容（所知）则纯属于自性。

数论立五风之说，谓为十三作具所共同所作之事，此五者盖有情所有之全身之情态，大略如今人所谓之态度或气习。一波那，主活动。二阿波那，主退缩。三优陀那，主骄傲。四婆那，指生气。五婆摩那，主摄持贪悭。而此外心理动作之分类，又有八有，五十分之说（略见下）。因心理活动均决于觉，故均谓觉所生。

有情活动，必有待于物质之身体与物质之世界（内五大与外五大）。物质者有粗细：粗者五大（地、水、火、风、空），细者五唯（香、味、色、声、触）。五唯者不能为人类感觉之所直接取得，仅为物质之体、之功能（《金七十论》上二四左六谓五唯如香等唯体唯能），系由大初我慢（多磨种）因炎炽我慢（罗阇种）之助所生。最初自大初生声唯，一分之多磨与声唯合而生触唯，次由一分之多磨与声唯合而生色唯。味唯香唯再相次生，亦遵上法。五大极微由五唯生，则有二说：（一）声唯生空大，触唯生风大，色唯生火大，味唯生水大，香唯生地大。（《金七十论》梵颂释、《百论疏》三、偏造说《光记》十一、《唯识述记》四别成义。）（二）声唯生空大，触唯并声唯生风大，色唯与声触合成火大，味唯合色声触成水大，香唯及余四合成地大（明谛论主此说）。

物质之世界，就人类经验言之，乃五大极微所成，根本自在五唯，但为人类之感觉所不能达（神可对之有知感）。五唯盖仅有为感觉对象之可能性，且本身无差别，而有分为种种差别之可能性，故名曰无差别尘。五大则实为人类感觉之对象，且有差别，故曰有差别尘（尘者，对象也）。现象之世界，因自性之转变而开展，为诸神所附之有情活动之舞台，至劫灭而止。次劫复然，如是周而复始。

所谓有情者，盖物质之身体与觉慢十一根而成。物质之身体，《僧佉经》谓为地大所成，不过其血之资助在水，体热在火，呼吸在风，气管在空。十一根者数论所说不一，或言五唯所成（故《金七十论》常言五唯生十一根，如上列转变说之第一表），或言五大所成。推想其意，或自根之功用言，故为五唯所成，或我慢所生；自根之外形言，则五大所成。（二者犹佛教之胜义根、扶尘根。）

　　自性为神我故（意用）而转变，为诸有情流转生死苦海中。神我本来独立存在，无所谓轮回。而物质五大之粗生，有滋生坏灭，自亦非轮回之身。因是数论于粗身外，别立细身。细身者，手足头面等体相（身体相状）具足。其性细微，人不可见，山石壁等所不能碍。当自性转变时，细身先生，堕落胎中，由父母滋益，构成粗身（故名父母生身）。细身发展为粗身之共和合身，暂住世间，死时分崩，粗身坏灭，细身则常住，继续轮回于三世间（天人兽）。

　　细身为现象之身之根源，故具心物二方面：（一）细身为五唯身（故细不可见），五大粗身之所从出，此则为体相生。（二）细身中有觉及我慢（五唯与觉慢七者亦合名细身），则为有情心理之基础。其中虽无十一根，而其功能必亦已潜附于中。故五唯身（细身之别名）与十三心理机能（十三具作）相互依附。五唯为所依，十三乃能依。双方如画不离壁，光不离火。且此细身之如何轮转，悉视过去作业情态为断。作业有善有恶。善有四：一法（守道德规条），二智（谓智识与智慧），三离欲（见世间烦恼及得智慧而出家），四自在（有八神通之类）。恶有四：与前相反，一非法，二非智，三爱欲，四不自在。因有情在自作业所起之八情态（原译"八有"），潜伏为熏习，因作业悉决于觉，觉是生因，故此亦名觉之八分。（此八有熏习随觉与细身轮回，并由三途取得：一因依善成，二因先天本有成，三由后天教育所得，故《金七十论》亦言三有。）依觉之八有而轮回有区别，或生天，或堕兽道，或解脱。（唯智可解脱，兹不具详。）故此谓之有生，又曰觉生。觉生者，心理方面由之发展。体相生者，物质方面由之发展。二者相依，不可离也。因此二种之发展而生各项有情。（此名含识生，合上二称曰"三生"。）有情之种类，分为天（神分八种）人及兽（有五类植物属之，《金七十论》谓山石亦属此中，颂释则不然）三类。

　　兹依有情之发展为表如下：

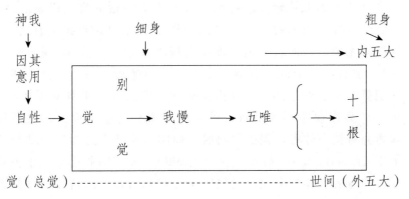

有情含识，虽有等差，然轮转无已时，历生死苦海。内苦、外苦、天苦，令人不安定。人生之行为，或因知识之错误颠倒（此称曰疑倒，有暗、痴、大痴、重暗、盲暗五分），或因知识作用之欠缺（此曰无能，有十一根损害及十七种智害。智害者，九喜八成就之反面，故有十七），悉是苦中作乐，不能解脱。而普通之求解脱者，亦均所见较浅，非真实智慧。（此有九分，名喜，姑不详。）解脱之唯一方法在智慧。智有二义：一外智，知识之谓，如六《吠陀》分。二内智，则数论之哲理，为真实之智。成就此智慧之途径有八（此名八成就，略见下。合上疑倒五分，无能二十八、喜九分，谓之为觉生五十分），然最后取得智慧之方在修持。

僧佉之智在神我了然，于自性与彼本无关涉。世间之知识行为欲望，莫不与苦偕行。执世间少量之得失，视为与己身有莫大关系，而以为"我可怜我可爱"，此根本之我慢，我之执著。实则所见极小极浅，是曰无智。因无智而系缚于身，令在天人兽中反复轮转。缚有三：（一）自性缚。沉没八性中而不自知。八性者，自性、觉、我慢、五唯。未离此八，而自以为解脱，实则其后仍须轮转受五大粗身。（二）布施缚。如人计行大施，作大祠，令诸天饮须摩味，于后世间当行受乐，然仍堕轮回。（三）变异缚。人得八种自在（神通），而望生梵王等处，实则亦不离生死苦海。一切有情，沉溺于三苦三缚中，悉因细小浅薄之眼光，不知生命之本体（神我）本来无系缚，无解脱，无轮转生死。自性之所以转变，盖因神我依根本无明作业而未证本源，故演为含识诸生。使神我受世界之经验，以至于澈悟而求解脱。故自性之转变，如歌妓登舞堂，示其色相，系为观众之娱乐。若观者于舞台上悲欢离合，而引为自身之苦乐，则障生。神我于自性，固亦如是。若果能知其原不相涉，自证本源，则细身粗身分离，反于冥漠之自性，不再轮转。故解脱者实五大十一根五唯我慢觉之还原，归隐于自性。当其时，平日执此为我及斤斤于此为我所有之心理，均涤净无余，则苦恼不生。神我因修得此智，而清净（除世间烦恼）独存（离自性）。其时虽有世界之变易，而能视为与己无涉。如人静住观舞，不起丝毫惑业。既得正遍知，则虽五大粗身未灭坏时（未死时），其作业即不为轮回之因（业力为轮回之因），而此时之所以不遽离弃有情身体者，盖虽已解脱，而因宿业所余势力仍令此身住若干年（此为有身脱解，如佛教之有余依涅槃），及至宿业已尽，正舍此身时，内身五大还外五大，诸根以至觉均归自性。而自性与神我无涉

（《金七十论》译为自性人我中间）之理益显，神我因得独存之智，决定而究竟也。

数论之所谓智慧，亦修持所得者也。修持者，谓禅观也。成就此智之道虽有八：一思量，二闻，三读诵，四离外苦，五离内苦，六离天苦，七由友得，八由施得。然此八者不过可引起此禅定智慧之入手机缘。因智必因观证乃可得。观证者，盖屏弃平常细小浅薄之知识，因此知识而人堕入尘世，见五大等片段之现象，而起分别，有执著，因堕于三苦三缚，均浅小之知有以致之也。果能由浅入深，从小扩大，观自性之全体，了然于二十五谛之地位，此至深觉悟，可令自性转变失其用（偈六十六"无用故不生"），而得解脱。（数论谓本无缚无脱，解脱在自性。）数论之禅观曰"六行观"。谓"一观五大过失，见失生厌，即离五大，名思量位。二观十一根过失，见失生厌，即离十一根，此名持位。三用此智慧观五唯过失，见失生厌，即离五唯，名入如位。四观我慢过失及八自在，见失生厌，即离慢等，名为至位。五观觉过失，见失生厌，即得离觉，名缩位。六观自性过失，见失生厌，即离自性，是位名独存"。察其程序，盖由浅至深，由小至大。于此六行，数数修习，究竟修习，则生智慧（《金七十论》下十九左一），故智慧乃修证所得也（瑜伽论依数论之理论而特别发挥修证之法者也）。

附录　《金七十论》科判（根据内学院本注明卷页等以资参阅）

一、总纲——世界观（约当卷上）

目的上一左至三右八

二十五谛（此有二说转变程序不同）

（一）上三右九至四右二

（二）上二三右六至二四右三

量论上四右三至六右一

因中有果说转变说之根本律上八左四至九右三

自性

诸名上二三右八

细不可见上六右二至七右五

五道理立自性上一五右九至一七左九

何以生大等上一七左十至一八右一

三德上十二左八至十四右十

神我

五道理立神我上十八右二至十九右十

性质

多上二十左一至二一左一

见者非作者上二一左二至二二右四

证义（等）同上

自性与神我上二二右五

现象世界

与自性关系

不相似上九右四至十一左三

相似上十一左四至十二左三

构成（大等）上二四左一至右三

二、有情（约当中卷至下卷六页）

心理构成

觉中一左三至二右四又十三右七至十四右六

我慢中二右六至四左一

十一根中四左二至四右八

谁之所作中五右三至七左一

性质中七左二至十三左四

物质——五唯五大中十四右七至十五右二

心理状态

风中七右八至八右三

有中十七右七以下　十九左六　下十左十

八分中一左四下　中二十左三下

五十分下一左三至十左九

细身与轮转中十五右三至二十左二　下十左十至十一左八

含识生下十一左九至十二右二

三、解脱（约当下卷六页以下）

八成就　六观下七左一至十左九

自性解脱下十三左八至十七右九

解脱后情状下十七右九至二十一右十

第八章　瑜伽论

瑜伽宗以巴檀阇黎之《瑜伽经》为根本经典，乃印度六宗之一，与数论关系极密，几不可分，故常被相提并论，而总称为"僧佉瑜伽"。僧佉（数论）可视为瑜伽学行之理论背景，瑜伽可视为僧佉学说之修行方法。通常均谓二者理论之有别，以承认自在天与否为最要。瑜伽承认自在天，故称为"有自在（天）僧佉"，而数论则称为"无自在（天）僧佉"。本章略陈瑜伽宗行法。（瑜伽有多种，此所述者乃王瑜伽。）而本宗之来源，其发展之经过及其与数论之关系，亦当先为叙述。

一、瑜伽论之历史

"瑜伽"一字早已数见于《黎俱吠陀》。其意义之一，为枷或驾（如服牛驾马之意），故有联系、合一诸义。而中华旧籍因译为相应。《摄一切见集》谓个人之我与胜义之我相合，是曰瑜伽。盖人我沉溺罪欲，而与大我分散，故一切罪恶之根为分散，不统一，求去罪恶，须有精神之统一。《奥义书》及《世尊歌》中常阐此义，而此即所谓瑜伽也。然瑜伽之名，固特指修行之方法。盖自《黎俱吠陀》以来，宗教苦行或净行为人所重。情欲奋发，不可克制，有如劣骑。驾服劣骑，必有技巧，因此瑜伽字原用之于牛马者，乃用之为制服情欲方法之名称。印度古《巴尼尼文法书本》认为系作于佛陀之前，其中分瑜伽之为三昧、行法，与瑜伽之意为联系者为二字，盖在彼时瑜伽已成为专门修行方法之名辞，与普通有联系意义之字已不相同矣。由身体心理之修持，使人超越痛苦，由修行而得非常之身心威力，此项意见，发源甚早，在《黎俱吠陀》中即已有赞颂（第十卷一三六），似言及此项方术之价值。至若《阿闼婆吠陀》则常谓苦行可以致神通。再进一步，苦行乃并具道德观念，如耆那教所谓之"塔波斯"是矣。塔波斯烧除业力，必须摒去嗜欲，解脱罪恶。在《奥义书》中言及瑜伽行法，且重在内心之修养，追求真际之智慧。禅定修心之方，乃极见注重。苦行净行，亦并认为致神通之法。在《迦塔奥义书》、《白骑奥义书》及《慈爱奥义书》中，瑜伽乃与僧佉并称。僧佉致力于义理上研究，瑜伽专指实行之工夫。在《迦塔》以及《慈爱奥义书》中，瑜伽已为专门名辞，确指禅那与三昧。人世烦恼滋生，思虑纷纭，因希求超越尘劳，入于超经验状态，而禅定之术生焉。故《迦塔奥义书》谓在瑜伽之最高状态中，感觉、心及智，三者均停止。《慈爱奥义书》言及瑜伽之六支：一调息、二制感、三禅那、四静虑、五思择、六三昧。而巴檀阇黎之《瑜伽经》则有八支：一夜摩、二尼夜摩、三坐法、四调息、五制感、六执持、七静虑、八三昧。二者虽不相同，但大体相似。《瑜伽经》除加首二项关于德行者外，仅以坐法代替思择。故在此《奥义书》时代，瑜伽宗行法已具有雏形，而思择者指理性作用，按《长阿含·梵网经》六十二见中谓外道或依禅定或依思择（理性作用）而执世间是常，则禅定与思择关系极为密切。由此可以推断，《慈爱奥义书》中之瑜伽六支为最古之禅定学说，而为《瑜伽经》之先导。

据上所述，"瑜伽"一词如指修行方法，原有二义：一为苦行法，塔波斯是也；一为持心法，禅定是也。释迦牟尼佛祖曾修此二法，先曾练苦行无效，后乃修禅定。佛陀并曾学道于阿罗逻仙人。据《佛所行赞》（梵文及中文本），此仙人之学说，本属僧佉瑜伽，而佛教早期经典中盛言定法，如巴利《中部》之《念处（意止）经》，其中专门名辞多见于《瑜伽经》中。瑜伽之学固与佛教有密切之关系。例如：（一）佛经（如《中部》一之十六）言信、精进、思维、定、慧，为通瑜伽之路。《瑜伽经》（一之三三）亦有此说。（二）二者均注重慈悲喜舍之四无量，而此说颇不见于印度他宗。（三）《瑜伽经》悲观意味甚重，亦有似佛教。而经中并有四圣谛。（二之十五十六十七）《瑜伽》叙人生缘起，有似十二因缘，而无明特居首位。凡此诸例，均可见《瑜伽经》与早期佛教关系之密切。

《瑜伽经》为关于修行方法极有系统之著作，其著者巴檀阇黎之时代颇难确定。印度在西历纪元前二世纪有一大文法家，名巴檀阇黎。如此人与作《瑜伽经》者同一人，则《瑜伽经》出世甚早。惟据哈佛大学伍慈教授之考证，此经不能在纪元后第四世纪以前，其理由之一，乃经之第四卷中攻击佛家法相唯识之说也。

《瑜伽经》分为四卷，内容如下：

第一卷 三昧分，中述禅定之性质与目的；

第二卷 修持分，中述达此目的之方法；

第三卷 变化分，中述神通；

第四卷 独存分，中述解脱。

此书在第三卷之末，据文字上之证明，本已完毕，故疑第四卷为后来加入。如果如是，则攻击法相唯识一段，不能用以证明《瑜伽经》之晚出也。

《瑜伽经》之主要注释，为毗阿沙所作，此人约在纪元后四世纪。此注释有疏甚多，重要者乃博阇、及婆恰斯巴提密斯拉、及毗笈那比丘（识比丘）三人所作者。识比丘颇批评前人之说，而欲调和瑜伽与《奥义书》之理论。

瑜伽与数论在历史上之关系，为一困难之问题。就《僧佉颂》《金七十论》之数论，与《瑜伽经》之瑜伽言，数论自较瑜伽为早。但此二学说达到最后之系统，均经过极长时间之发展，两方学说与名称均早见于《奥义书》中。或者在最初二者未分化成二固定系统，实原出一源，古籍尝称之"僧佉瑜伽"，即指此。其后，一方面受佛陀时代反对神教之影响，并重智慧，而演为僧佉宗。一方面受神教之影响，并偏重修持，而终组成瑜伽论。因其同属一源，故基本理论无多殊异也。

巴檀阇黎之著作，系用僧佉哲学之背景，而将瑜伽理论组织成一系统。所有之数论二十五谛均承认，而不加讨论。一、从自性言，宇宙为不变易，为常。彼为三德所成，无始终，而一切有变异有终始之事物，均为其所转变。二、与此对立，有无限数目之神我。其性为净清，不变，而常住。三、因与宇宙发生关联，乃有诸有情之代生，而神我似随之流转，于是神我乃缚于有情之生命，感受苦乐，堕入生死轮回。此三点乃瑜伽之根本义，与僧佉无何不同。

关于自性之转变，瑜伽立义，谓自大（觉）以下，其发展为二方面：一方面发展为我慢、末那及根（五知根及五作根）；而其另一方面发展为五唯以至五大。据毗阿沙曰，五大生自五唯，而自我慢或我执生十一根。此谓五唯不自我慢发生，似与数论之说不同。但识比丘于此释曰，毗阿沙之意，仅谓觉之转异可分为此二类，而并非谓五唯不自我慢生。据此僧佉、瑜伽于此亦并无不同。而按数论之书，由大初我慢生五唯，由变异我慢生诸根，二方均来自觉。而且变异我慢系喜德多，觉固亦喜德增胜。故毗阿沙之说，实与数论原意无大抵触。

有情挟无明以俱生。无明者，对于宇宙实相之无知，而为贪欲之源，由此而生诸苦。无明自何而生，为无意义之问题，因此世间固无始也。即在每劫之末，诸有情之心（此非末那心根，而系包三内具觉慢心之总称）与其无明均潜伏。及至下一劫初，世间之所以再创，即因于此诸无明。无明附于心而为烦恼，由此而有生死老病等。不过瑜伽宗解释世界之创生，亦谓为无明与自在天二者之力。瑜伽之所以建立自在天，乃因自性之无知，盲目而无意向。夫宇宙之秩序及调协孰实为之？转变之程序如何最适宜于神我？世界如何有转变？有情如何解脱系缚？而转变之中善者得福，恶业取祸，更受何者支配？凡此均非自性所能辨。因此除自性外，必须有一存在，为转变之指导者，此特殊存在，即为自在天。自在天不似基督教之上帝，而为一向无贪欲无明之神我。其体为喜德所成，故为无明所不能侵。彼全智全能，而其唯一意向，在指导转变无阻，使众生得受尘与解脱。因自在天之此一意向，而三德之转变乃为神我之利益，而进行无碍。无明因其无知，而漠然于神我之向望。自在天有知，故能使自性之显现便于神我。自在天非能创造自性，彼不过先使三德失其平衡，而后引导转变使业报得其常轨，而宇宙向有意义之秩序发展。此自在天之建立为瑜伽与僧佉论最重要分别之一。

二、瑜伽行法

瑜伽与僧佉最要之分别除上述者外，亦在其对于觉谛之分析。觉谛在僧佉书中通称为"大"，而在瑜伽则常称为"心"。不过"心"之广义则常并摄我慢与末那（心根），并可包括诸根。此谛视三德之成分不同而生各种变化，此各种变化称为心之转异。而瑜伽之定义，则为"心之转异之断灭"。盖由自性与神我发生关系，而现象界遂展开。僧佉论所注重究在自性（现象之体）。而瑜伽则注意在现象（自性之用），所谓觉或心之转异是也。故心之转异包括宇宙一切对象及有情对彼之认识，所谓心理情态及其对象，无非均属于此心之流转也。而此流转系由过去作业所决定，故有情各个不同。诸有情各因过去生命中所作业而遗留于心，因有种种潜伏印象，所谓熏习是也。熏习非如习惯，习惯限于此一生，而熏习则有常住之力量，不随此生终止而毁灭。而在有情之此一生所作，均可留有下意识之诸印象，随相当因缘而复起作用。此则所谓"行"，而诸"行"之对于来生起作用者即所谓熏习。故瑜伽之断灭心之转异，不但断此生心身所呈现情变，并须断诸行，或熏习之一切不可见之势力。有情生命为过去熏习，此世诸行，及此心现行所围困，重重结网，永恒转异，殊难自拔。

但心因其仍能使诸作根应付外起之事物，故可有自动之行为。又因其能自制，使生命变换趋向，或继续进行，故心亦谓"有能"。因此二事，亦属于心之本性，故有情可以令心注一处，不使他驰。而能令心注一处，则为瑜伽行法之基础也。

心之转变有不同之情态，名曰五地：为事物所播弄，是曰扰心；昏迷不明，谓之盲心；不常安定，谓之迁心；集于一点，谓之一心；止息心转，谓之灭心。凡此五心，均不完善。又人之知识，亦分为五：一量，谓真知；二似知，谓误知；三分别，谓想像之知；四睡眠，谓心在睡眠中；五念，谓记忆。凡此五知，亦均起于神我与觉之结合，而神我堕于现象界中自须断绝。凡此入瑜伽行，乃能解脱。

神我因陷入觉所转异之迷网，误认其本真，而以现象之流为其本身，故解脱之道，最后在神我之发现自己。吾人须断灭心之活动，摧破其重重缚网。欲停止心流，必须修持与克欲。克欲之方，在端正之生活。修持之要点，在心智之坚定。瑜伽分心之转异为有烦恼者与无烦恼者，前者总归于无明，后者均属于智慧之情态。无明者以非我为我，以染为净，以苦为乐，以非常为常。总而言之，则系以现象之流为真实自我。瑜伽人须修炼内心，使诸事均显其真相，而修行之重心则在"离欲"。世间事物，分为二项：一者可见，如饮食人物等，二者随闻，如天上之欢乐等。离欲者对此二项均无欲求，对于人世天上之苦乐均泯然遗弃，故不为任何事物之欲求所奴役。在离欲之最上阶级，则真我之体证起，而解脱得以完成。

神我不但为烦扰之心所缠绕，而且与坏灭血肉之身体有密切关联，身体之痛苦、不快、与不定，以及出息入息，均与忧恼相应。虽身体康强非人生之目的，但亦为其主要条件之一。身体既与神我结合，故瑜伽行法不能置身体于不顾，而并须在物质方面加以调整。

《瑜伽经》谓行法有八支：一夜摩，二尼夜摩，三坐法，四调息，五制感，六执持，七静虑（禅那），八等持（三昧）。前五支称为外支，后三支称为内支。

一、夜摩

夜摩义为禁制，为消极之道德条律。此总为五：一不杀、二实语、三不盗、四净行（不淫）、五不受余财（不贪）。此中之主干为不杀，其他均为其枝叶。不杀者，泛指禁止随时随地对于任何生物之伤害与仇视。此不只为不杀伤，且包括不仇视。以此对于一切善恶苦乐事物，而修慈悲喜舍（此四称为对治修行），可以使心宁静。吾人必根绝嫉妒，不幸灾乐祸。此项戒条性质绝对，必无例外，即对国贼逃兵及宗教之叛徒亦不杀害。即自卫亦不能用为杀人之辩护。无种姓国籍老少及任何情形，夜摩诸戒，均绝对施用。

二、尼夜摩

尼夜摩义为遵行，为积极之道德条律。此亦总有五：一清净、二轻安、三苦行、四读诵、五敬自在天。瑜伽人须常行此五者。瑜伽行法旨在逐渐清除身心一切之束缚。道德不修，贪欲不尽，为解脱道之第一重障碍。瑜伽人必须行为心意清正，克伏罗阇及多磨二德，而令萨埵增长，恶力渐除，乃可进而行修心之法。

三、坐法

修心之前，必须修炼身躯。身不修炼，定心无由而生。坐法之讲求，为瑜伽之必要条件。入三昧地，当先修坐法。在急走及睡眠之中，人心自不能加以修持。盖心及诸根，本附于身体。身不坚定，心与诸根自不能治理。坐法甚多，有人谓几无数量。毗阿沙之释论则只列举十一式，所谓莲花坐等是也。坐法之根本要义，为使身体轻安、自在，而且坚定。身体行坐法时，须不有丝毫矜持不安，实即务使全身得无上之休息。如此则身体无痛痒扰乱，直至忘却吾人之有身体。故《瑜伽经》曰，坐者坚定而愉快。（二之四六）因行坐法对于身体极有益，故即未修禅定，仅行坐法，亦极为印人所重视。坐法原指坐之姿式，推广之乃为锻炼身体之方术，其结果能调整全身及消化机能。

瑜伽之原意，在调整身体，而非在自苦自杀。不过就人生之目的言，精神自比身体为重要，故不能因身体之需要，而有害于精神，瑜伽因此教人节制饮食。此宗之末流，甚至谓须使身体能耐极大裁制，受常人所不能堪者。

四、调息

息者，原指呼吸。《瑜伽经》一之三三谓"慈悲喜舍"可以安心。其一之三四谓"由出息或入息"亦可安心。故调息只认为安心法之一，而行之与否，可由人选择。又依经二之四九言及调治出息入息。而五十则称此有三，一外，二内，三不动（出入息及停止呼吸）。此种方法在佛教经典中常见之，所谓"念安般"是也。调息之原意，乃因呼吸不调，可扰乱定心。经二之五二言由此而心光之障乃渐消。

然此所谓息者，与僧佉所谓五风之风本为一字，因此调息亦即系调伏诸风。风或分为五，或分为十，充遍全身，而为一切活动之支柱。僧佉论谓风为五知根、五作根所共同发生之心理情态。如能调伏此诸心理情态，一切诸根亦得调伏。

因坐法与调息方术之极度发展，而为哈塔瑜伽。哈塔瑜伽之内容，兹可不谈，而彼等对于调息之解释甚与上述者不同，而且笃信调息，可以致神通。但在瑜伽则以治心得解脱为目的，虽言及神通变化，并不重视。在《瑜伽经》卷三中列举多种变化，如天眼通、天耳通、宿命通、他心通等。盖在修心之程序自执持、静虑以至三昧，总名之为总御（三者详下）。瑜伽人如行不同之总御，注意不同之处，可得各项神通。印度所谓神通，自彼等观点言之，并非西洋所谓之超自然力。神通者，不过揭开吾人感觉所得之世界，而深入宇宙之内层。感觉之世界，不过宇宙自然之一部分。在此以后，亦同为宇宙之一部分，同有定律与秩序，神通并非超于定律与秩序。神通变化又名成就，《瑜伽经》四之一曰，成就之得，或由天生，或由药物，或由咒术，或由苦行，或由三昧。天生之有神通者，仍因前生曾修瑜伽，故稍行修炼，即得神通。用药物乃谓麻醉剂。咒术即持诵曼陀罗经。中虽言及药物，但未重视。神通变化使人能为所不能，自为人类所欣慕渴求。印度后期之瑜伽（哈塔瑜伽），因坐法、调息以及结印等之发展，而以为因身体之调治，可得各惊人变化。然神通究不为正统之瑜伽修行者所赞许，释迦世尊原斥人玩弄神通，《瑜伽经》三之三八曰："此等为三昧之阻碍，乃世俗之力量。"盖瑜伽之最终目标为解脱世间，神我独存。而欣慕神通，沉溺不返，使人误入歧途，缚于此世，不愿自拔，因而神我不能离自性所转变之宇宙，而堕落生死中也。

五、制感

瑜伽之目的，在停止心流。道德之修持，身体之调整，均不足以停止心流。心流之最初波动，起自感于外物。物感交集而无穷，故心流不断而长往。瑜伽修心之第一步，在制止感觉。制感者并非根绝官感，而仅为修习不为外物所纷扰，而继以使心注于一处。制感之效，在使有情对于世间诱惑失其兴味。犹如知妻不贞，其夫对之全失其爱欲。

六、执持

《瑜伽经》三之一曰："执持者，使心注一处。"心注一处者，或在体内，如鼻端，或丹田，或注于在外之一物，如此则心不外驰而得坚定。

七、静虑

心既注于一处，而顺利前进则有静虑（禅那）。当主观（知者）几将与此所注之对象合而为一，则静虑进至三昧（等持）。执持、静虑、等持三内支，为修心之要着，关系极密，几不可分。当此三者注于一事，总名之为"总御"。行总御于一物（内或外），则可有神通（如前所述）。但瑜伽行者必须不以此为满足，而须于既达三昧之后，继续修行，直至神我独存，得以解脱而后已。

八、等持

等持者，梵音为"三昧地"（简称"三昧"），又译为"定"，此为瑜伽八支之正支。故《瑜伽释论》曰，瑜伽者即三昧。因此关于三昧之学说，必须稍详述之。

解脱之道在离欲，最上之离欲者，脱离一切可见及随闻之对象，而神我独存。离欲之要，为于一切对象事物真见其实相，渐证自性神我之本来互相独立，故须静坐注意一处，俾渐辨宇宙之真实。每一现象之知，均有三事：一知者，二知（知之作用），三知之对象。在神我之真知，则超出此三分别。如此三之分别具绝对性，吾人自无由超越现象，证知真实。故瑜伽人在禅定之过程中，能知与所知须合为一。故解脱之途，即在自性之中调伏自性。瑜伽行法起自世俗之知，层层破其藩篱，逐次深入，以趣智慧，而神我得独存智。故调伏之次序，依自性展转之层次，而心依之有等差之知。在世智中，心酬对五大之粗尘。在禅定之初，即在五大粗尘（如牛如瓶）综合其诠（观念）行（印象），而得此一对象之知觉。心注此项对象，称为有寻三昧（佛教旧译有寻为有觉）。在此阶段中，知觉之诸分子，一声（如"牛"字之声），二名（如牛名），三义，与实在之对象合一，而成一经验。（《经》一之四二）世智中之对象有二特性：一为客观（对象）与主观（心理）之互相独立，二为此对象之所以独立，因其与他对象有差别。在有寻三昧中，对象之经验，仍全具此二事。但名言知识往往于事实增益余相余义，而失彼自相，而起分别智（因明所谓之思构想）。故须远离一切声名义诸知识，而直与其实在之对象相接（如初生婴儿初见牛时之知识）。如此则由有寻三昧进而为无寻三昧。声名义等依于记忆。（佛经译"记忆"为"念"，发生字之音，而引起牛相，自依于念。）扫除记忆以及一切关于对象之观念，而直知实在，称为无寻三昧。《经》一之四三）此上二种三昧之分别，实似佛学新因明中无分别智（现量）与有分别智（似现量）之分别。

瑜伽行者必须再进而取细尘（细尘即五唯）。此一阶段之禅定，其初犹尚有名言之杂入，至后则直取细尘之实相。此初后二者，称为有伺三昧及无伺三昧（"伺"佛经旧译为"观"），其分别与有寻、无寻相同。不同者在其对象为五唯。（《经》一之四四）据本宗理论，普通经验只可取五大粗尘，至若五唯细尘，则非世智之所能知，其存在但由比量所得。瑜伽行者在有伺无伺三昧中，可直取五唯，并可至自性。自性细微，本不可

见，在定中乃能证知。(《经》一之四五)

瑜伽行者由此阶段，尚须更进，由上述定中，自我发现无论粗细尘均非究竟，乃进而取更细之对象，以求于其中发现自我。惟上述细尘者，似谓粗象（五大）之外五唯及忧、暗二德增胜之自性，此属于客观物质方面。至若喜德增胜之诸根以及觉谛（或兼摄我慢），则属于主观能照作用方面，在上述诸定主观与客观物质合一。若再进一步，则与主观作用（诸根）合一，此一阶段称为有喜三昧。更进一步若以自我知识（觉）为对象而与之合一，则为有我三昧。此上所述之四阶：

（一）有寻三昧，无寻三昧；

（二）有伺三昧，无伺三昧；

（三）有喜三昧；

（四）有我三昧。

统因在此中心注于各项不同对象，且亦有知，或知善恶，或知过未，或尚有喜心，或尚有自我意识，故此四者，总名为有智三昧。

世间本为自性所转变，神我本自独存。但因无明业力，陷溺此世间，于是乃以非我为我，此悉由于不识自我及世间之真相。瑜伽行者，首重德行，以清行为之污染。次定身调息，以除肉体之障碍。再制官感，以屏此世万端之纷扰。盖在常人，此心迁转无常，心身不固，随物动摇，虽在作意于一物或一事之时，亦为亿兆旁象所缠绕。瑜伽行者如修至能制感，则由此可心注一处，此谓执持，乃修心之第一步。如禅心顺利，则称为静虑，而为修心之第二步。再则有三昧，注意一处，主观客观合一。由心取粗法、细法、以至知之作用（诸根）。再上则心能静观喜德增胜之觉，而自我知识，巍然明照。夫觉为自性所变之第一步，故心证知觉谛，已得自性之全体。但在有我三昧中，虽早舍暗、忧二德增胜之烦扰世间，而终取轻光能照之喜德而与之合一。但此中究有主观客观之二元，尚未全灭，而真我（神我）与假我（觉）尚未全分，故此上三昧均为有智三昧。

在有智三昧，尚有心之迁流。在此三昧中，虽超越世智，但心仍有作用，而有主观客观相对之知。此知虽已超乎常知，但关于外象之心行（心之潜伏印象）犹留存而未灭，心行为世间经历所造成，故神我缚于世间而不得脱。瑜伽行者自有智三昧，灭尽主客之知，心已停诸作用，乃进而有无智三昧（又称为灭三昧）。在此三昧中，心行亦仍未灭。心行者过去生活所遗留，而支配未来生活之诸种差异，故可号为种子。而此上所有一切三昧，均心行未灭，故均名为有种三昧。无智三昧如行之既久，则有三昧所造成之行。此行障碍一切之行，及至三昧之行亦灭，则种子灭尽，而名为无种三昧。瑜伽行者首屏弃世间烦扰，次停止心之迁流，复灭一切种行，层层尘网，均被破除，心之缚束力量，至此已不能用于神我，而真知（般若）光照，神我由是独存而无垢矣。（按世俗心智可比之污垢湖面，树影在中，迷惘失真。有智三昧则可比之明湖朗照，树影在中，真状呈现。无智三昧则可比之树巍然独存，湖水已涸，影象不显。又无种三昧与无智三昧之关系，所释不能尽同。此上所述，只其一说。）

禅定之智超越世智，称为般若。禅定之发展，即般若之逐渐增胜。《瑜伽经》一之二〇谓修心法之成功，亦在乎五事：一信、二精进、三念、四定（三昧）、五慧（般若）。而般若者，本为分辨自性、神我不同之智，名曰清辨智，或分别智。世智仅取粗尘，般若乃可取细尘。一切有情活动均留存印象于心中（所谓行）。当般若之行日渐增长，世智之行日渐消灭，于是瑜伽行者日在般若智慧之中。般若能令人解脱，而不缚于自性之轮转中。般若之增长至最后须经七级。前四称为果解脱，后三称为心解脱，兹姑不详。神我之慧光照，三德之缚退缩，有此清辨智，称为法云三昧。瑜伽行者得此，死后神我独存，不受后有，但在未命终之前达此地者，神我虽与觉有缘，但此觉已屏除一切染污而得全悟，此种情状，称为命解脱，凡已命解脱者，虽在此世，而于世无著。

第九章 胜 论

胜论旧称为吠世师迦，或卫世师、或鞞世师、或鞞崽迦、或卫生息，均一字音之转也。梵字“吠世师迦”有殊胜义，即谓差别。说者谓为自六句义之异句义得名，因胜字异字原出一字也。惟据《百论疏》及《唯识述记》，则均意谓义理殊胜，诸论罕匹，故称曰胜。《胜论经》一、一、四曰：

> 因同相异相，而有实德业同异和合六句义。——乃由殊胜之法所生，由此而达至善。

胜论为婆罗门人所认为正宗六论之一。即梵即我，但遮不表，遍满虚空，无有差别，世谛惑妄，乃起异同，此则如幻之说，是商羯罗之吠檀多论也。从一始生，均依三德，性我对立，而觉而慢，而余二十一谛，此则转变之说。其中无神之教智慧为先，是数论也。有神之教最重笃修，是瑜伽论也。其余三论均属积聚之说。弥曼差论多释祭祀，正理论一派多论因明，而极微自我之说皆与吠世师迦多同，其间盖互有因袭也。至吠世师迦分析句义成一切法，则于积聚之说特为著眼者也。

本章述胜论义分为二节：一、胜论之变迁；二、胜论之学说。

一、胜论之变迁

胜论学说主积聚，执极微，分析句义，均不见于《奥义书》。及至佛陀时代，诸说始行世，而极微说最流行，如六师以及数论均有之。迹胜宗之精神或与六师中说最符合，然二方关系究如何，则无事实佐证甚难言。或者实一时潮流，胜宗即自其时孕育而成，无一定传统之关系也。

六师之中阿夷多主地水火风四大之说，迦旃延计地水火风苦乐及命积聚而成有情世界，拘舍罗（邪命外道）执运命说（如胜论之不可见），均与胜论相关合。而尼犍陀既说极微积聚，复有句义之分析，尤与胜论大纲全同，无怪耆那教人指此宗为其支流也。

计耆那教与胜论之同处有四：（一）耆那计极微（补特迦罗）是常，胜论亦同。（二）耆那谓有五实，谓命、法、非法、虚空、补特迦罗；胜论有九实，地水火风即补特迦罗也，我即命也，空即虚空也。（三）耆那常立二句义，一实二变，或立三句义，一实二德三变。与胜论之六句义虽不同，然说者谓胜宗羯那陀原立三句义（实、德、业），此三虽内容与彼不同，然或可证胜宗句义本从二句义或三句义演进渐加详密也。（四）二宗均主因中无果，且于极微外立自我。（参看第四章）

《胜论经》曾言及弥曼差宗（有时亦引数论），而且常谓时为最终之因。此时节为因之说，见于《白骑奥义书》，当亦甚古，因有谓胜宗原本出于弥曼差派，均在佛前。盖弥曼差学说颇有同于胜论者，然此二宗经先后甚难决定，而是否均在六师之前，则更为可疑。《法经》为《吠陀》经典最晚出者，其中仍未言及胜论。《大博罗他》纪事诗中言及和合（六句义之一），或可证胜论在其时已出世。而据耆那所传，则纪元前后有耆那教人罗喉笯多立说，后遂为胜论之祖，胜论之在其时渐成熟可知也。

纪元后 2 世纪胜宗大成，与数论同为佛典所重视而常辟之。其时《胜论经》或已行世。《胜论经》者传为羯那陀所造。羯那陀为此宗所认之创始初祖，中文佛经常称其人名"优楼迦"。据印土所传，其人原名"迦叶波"。优楼迦义为鸺鹠。据印人所传，湿婆天因此人苦行精进，而化为鸺鹠宣说斯学。又谓此人常食米齐（亦见《成唯识论述记》），故又名羯那仆或羯那陀云。此人不悉在何年代。《唯识述记》谓在成劫之末，自为神话，即据他种传说，亦均近附会，不得确知其事迹及年代。唯本宗当在西纪后二世纪前即已成熟。盖《大毗婆沙》言及胜论之五业，而恰拉克医书亦引及此宗，二者均约在迦腻色迦王时也。其后龙树《十住毗婆沙》言及优楼迦宗义，而提婆《百论》引卫世师说甚多，虽与《胜论经》有出入，而据其相同各段约可断《胜论经》实已成立。诃黎跋摩《成实论》亦多破之。

《胜论经》历时既久，或有增损，现存者有三百七十经，分为十卷。第一卷通论五句义（实、德、业、同、异），第二卷第三卷说实句义，卷四说极微及其性质，卷五说业句义，卷六说法、非法，卷七杂说德、极微、我，并及和合句义，第八、第九大部说现量、比量，第十卷则论多事而与卷九同涉及因中无果之说。

有波罗夏他巴答者，在吠檀多大师商羯罗之前，约为五、六世纪造《摄句义法论》，称为《胜论经》之疏释。兹略叙其纲目如下：

叙述句义（实、德、业、同、异、和合）

实句义：

    九实合说，

    九实分详；

德句义：

    诸德合说，

    诸德分详；

业句义

同句义

异句义

和合句义

除《胜论经》外此书最为重要，虽祖述彼经，然不随经文解释，非注疏体裁（比较上述二书之内容可知），且立说颇与彼经不同：（一）世界之创始与坏灭；（二）火大对于余大之影响；（三）数为意识所成，彼体此体亦然；（四）合、离二者步骤之分析；（五）动之步骤；（六）悟他比量。此六者均《胜论经》之所全未言者也。而波氏言德有二十四（《经》仅有十七），同、异、和合三句义之性质及因明之意见，均与《胜论经》殊异。

我国唐玄奘译有《胜宗十句义论》，谓为胜者慧月所造。此人事迹不详，然因其常用波罗夏他巴答之说，故知在玄奘以前波氏之后，即在六世纪顷。惟十句义之说在印度罕迹可寻，即在中土《中》、《百》等论吉藏所疏，《唯识》、《俱舍》基、光所述，亦均偏重六句义法。然玄奘独舍《胜论经》而译此论，岂龙树、世亲时代仅有六句义说，而玄奘时则十句义颇有注目者耶？然奘师志弘佛典，尽日穷年，或因此论较短，遂偶尔译之，原非必十句义之盛行其世也。

先是约在四世纪有富差耶那者，为《正理经》作释，颇用胜宗之说。此人因明曾为陈那所斥驳。其后波罗夏他巴答之因明，甚受陈那之影响。而约同时乌地阿塔克拉（属正理派）反驳陈那之说，而所作《正理疏》亦用胜宗义，且称羯那陀为最上仙师，因而正理派更渐与胜宗混合。（详第十章）

《胜论经》之注释甚多，最有名者为商羯罗密斯拉所作，乃印度所常用。而在我国唐以前所译佛经言及此宗，则多根据六句义之《胜论经》及波罗夏他巴答之书，因之唐人注疏遂多引六句义法。然《十句义论》虽在印土不重视，然在中国则为外道译书二者之一，且亦甚难读，近经日人宇井伯寿依梵典释之始颇了然，下节述本宗教义，遂多从之。

二、胜论之学说

胜论执积聚说。执积聚说，故先须精密分析宇宙万有。其分析所得，是曰"句义"。而由分析所得再综合之，遂有此形形色色之世间。了然于其分析及综合二方面，胜论之纲领具矣。爰述其大要如下。

"句义"一字，胜论未详解，然句者名言，义之为言境也。此盖谓依名言思考而实境显现。胜论者盖执有外境，内心亦实有。分析内外诸境，而得句义。但总古今所传，胜论句义各有不同。汇集诸籍，大别有三：

（一）有六句义。如《胜论经》谓句义有六，一实、二德、三业、四同、五异、六和合。《成实论》卷三、《百论疏》卷三，均同此说。现今印土所传，亦均此说。虽有言七句义者，然即前六加入无说，大体无殊。中土所传述六句义，则多宗吉藏之疏，其文云："今言六谛者，一陀罗骠，称为主谛，亦云所依谛，谓地、水、火、风、空、时、方、神、意。此九法为一切物主，故云主谛。又解，一切法悉有依主，故《破神品》云，黑是求那，氍是陀罗骠。《破异品》云，瓶是陀罗骠，一是求那，故知依主通于万法。二者求那，此云依谛，有二十一法。谓一异合离数量好丑，八也；次有苦乐憎爱愚智勤惰，亦八也；次有五尘，即色声香味触也。以五尘依地水火风空五主谛也，苦乐愚智等依神意二主谛，余八通依。三者羯摩谛，此云作谛，谓举下屈申所有造作也。四者三摩若谛，此云总相谛，谓总万法为一大有等。五毗尸沙谛，此云别相谛，谓瓶衣不同也。六三摩婆夜谛，此云无障碍谛，如一柱色香遍有而不相障。问：一切物皆具六谛耶？答：具。今略举内外二物，瓶为主，尘依之，即依主二谛。瓶为他所作，即是作谛，瓶有总别，瓶上五尘不相障碍，即余三谛也。身为主，二法依之，一诸尘，二心数，身有所作，身具总别，身上诸尘不相障碍，即不相障也。"

（二）有六句义。如《成唯识论述记》卷五云，谓羯那陀说所悟六句义法，一实、二德、三业、四有、五同异、六和合。其他中译经典如《广百论》（卷六卷八）、《俱舍论》《光记》十九）、《显宗论》（卷七）、《顺正理论》（卷十二），均有总同句义（即有句义）与同异句义之说。

（三）有十句义，即《十句义论》所说。此中之同句义即基师所述之第四句义，其异句义则等于《胜论经》之异句义，而《胜论经》之同句义在护法所述则分属于有与同异，在本论则分属于同与俱分。又护法所述之同异在本论似分为异（第五句）与俱分（第九句），有能无能据《胜论经》则在六句义中似为觉德所摄，无说句义则六句不摄也。《濮阳演秘》卷二，传有三义，应详参阅。今依己意表其异同如次。

【《胜论经》《百论疏》等同】　　【中土所传《广百论》等】　　【《十句义论》】

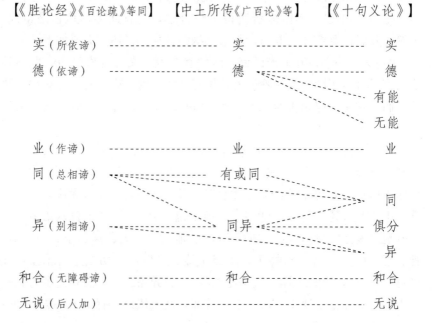

第一实句义。实者仅为诸法本体，其所显现则为德业。德谓属性，业犹动作，故《胜论经》曰，实之相在为有德业者为和合因缘。（意谓德业依实而有，是谓和合于实，故实乃和合原因。）实有九，一地、二水、三火、四风、五空、六时、七方、八我、九意。

地水火风是四大极微，圆而且常，能生粗色，极微至细，无十方分。（《百论疏》十二）据羯那陀所说（《胜论经》）极微既不可分，故极邻虚。虽无量度，而积聚多微，遂成有量度之物。其后立说渐详，如《二十唯识述记》卷三云："其地水火风是极微性，若劫坏时此等不灭散在处处，体无生灭说为常住，有众多法体非是一。后成劫时两两极微合生一子微（按此应译"第二微"），子微之量等于父母，体惟是一。（按极微无个性，故体非一；子微有个性，故体是一。）从他生故，性是无常。如是散极微皆两两合生一子微，子微并本合有三微（按三微为三极微成），如是复与余三微合生一子微（两三微，又并本合生一子微，有七极微，故名第七），第七其子等于六本微量。如是七微复与余合生一子微（二第七微并本为第十五微），第十五子微其量等于本生父母十四微量。如是展转成三千界，其三千界既从父母二法所生，其量合等于父母量。"（按以上所谓量，解详后。）此窥基所传也。而印土现传另有多说。如一谓第二子微由两极微成，第三子微由二子微成，余以此推（此恐系羯那陀说）。二谓第二子微由两极微成，第三子微由三第二子微合成，第四子微由四第三子微合成，余以此推。第二子微仍无方分，第三子微大如日光中之野马。按此四大性质各异。地之色青，味苦，香无好恶，触无冷热，鼻根为地所成。水之色白，味甘，触冷，并无液性为润湿，舌根为水所成。火色光耀，其触热，眼根为其所成。风之性为非冷非热之触，皮根为其所成，四大各具特性。如吉藏传，色是火德，香是地德，味是水德，触是风德（《百论疏》三），此通常四大之定义。

空者非同诸大（原子），《胜论经》二、一、二七谓声为空相，《十句义论》谓唯有声为空，盖此乃遍满传声之本质也。《唯识述记》卷五曰：别有空大，非空无为，亦非空界色。空无为者，真正之虚空，空界色者，犹谓空气。空大乃如以太，亦为传导之媒介也。空且为一切活动之地，如《百论》第九曰："外曰定有虚空法，常亦偏亦无分，一切处一切时信有故。"（参照本颂之疏）又外曰定有虚空，遍相亦常，有作故。若无虚空者，则无举无下无去来等。所以者何，无容受处，今实有所作，是以有虚空亦遍亦常。

时者何？《胜论经》二、二、六曰：时以关于此之此、俱、迟、速为相。而《句义论》则取波罗夏他巴答之定义。意曰，时是彼或此之俱或不俱与迟或速之诠及缘之因。诠犹谓观念，缘犹谓认识。故时者，乃对于事物（彼或此）之同时或异时、迟或速所发生之观念及认识之原因也。故窥基解曰：若是彼此俱不俱迟速能诠之因，及此能缘之因，名时。（《述记》卷五）此乃时之定义，与《百论》（第九）所言相同。《百论》曰：以一时不一时久近等相故可知有时，无不有时，是故常。意则与经近似。案依时间言彼可指过去，亦可译为先，此指现近，亦可译为后，因此《胜论经》之定义，意谓时者乃以关于后来（此）、事物之后（此）以及俱（同时）、迟速等为其存在证明（相）。又《百论》之一时不一时，即俱不俱，而久近即先后亦即彼此也。

方云何？《经》谓方以起此远或不远于他之知识为相。《十句义论》曰：是东南西北等之诠及缘之原因。此等者等取东南东北等。胜论谓时方均与空同，体一是常。《百论》曰：外曰实有方，常相有故。（物均有方，亘古如是，故知是有。参照原疏。）

我云何？《胜论经》卷三详言之，意约与《十句义论》相同。《十句义论》谓我以觉及乐及苦及欲及瞋及勤勇及行及法与非法等之和合因缘之起智为相。按我为觉等之和合因缘，即谓体相间有不相脱离性。意则为觉等之非和合因缘，即谓其中无不相离性（见下）。据《论》所说，谓我以起智为相，而所起之智则为起我为觉等之和合因缘之智。此所谓相者，谓征象，即证明。即谓证我是存在，或我乃存在之相。盖胜论证我之实有，恒谓觉等必有所依故。《俱舍论》曰："必定信我体是有。以有念等德句义故，德必依止实句义故，念等依余，理不成故。"又曰："诸心生时皆从于我。"（参看《光记》卷一百）以此我为和合因缘，离我则无觉等，二者和合不能相离。非如壁持画，如器持果，壁坏器倾，画果仍在。故《俱舍》曰：非如壁器我为彼依，此但如地能为香等四物所依。《百论》中谓外人证明我存在之相亦复如是。其文曰：优楼迦言实有神，常，以出入息视眴寿命等相，故知有神。复次以欲恚苦乐智慧等所依处故知有神。是故神是实有，云何言无（"神"字系"我"之异译）。胜论说我是常，遍一切处，我与觉异（我为觉之和合因缘），我为作者，是有执受。僧佉，人非作者，与此别异。我虽遍满而数是多，其理由亦如《金七十论》，则与僧佉相同。

我虽是常，然因前生之业报或法或非法困缚于身体，以是而有轮回。轮回必非无因。盖种子生芽，曷非有因。轮回决非以大梵（吠檀多说）或自性（数论说）为因，盖食果各异，因自非一。轮回之因且应非可见，盖因生远果中必不能有可见者为媒介。轮回受生必无间断，盖婴儿受乳而自喜悦，而仙人常能记忆前生事迹。业之传果悉依行（解说见后）。法与非法为不可见因。

不可见者，为一不可思议之势用。一切天象及有情组织均为其所支配，故亦为天然力。又含命运意义，实则原义为业力，法及非法是也。盖业为世界构成毁灭之原因，故摄一切势用。而后期胜论遂至主有神说，所谓自在天也。而不可见力遂为神之别名，此势用又为其特权矣。

此自在天说在正理宗与胜论混合之后。彼天一切智，一切能，常住，极乐，依世人之业报而使劫始劫灭。自在天在晚期胜论遂为我谛中之最重要者，彼无身体，遂不轮转。世人以假智而误认身体意觉等为真我，故各依本业转回无已。解脱之方在知六谛，既得六谛智慧，假智黜，悟真我，而可超出尘世矣。

《胜论经》三、二、一谓当与根及境合，有时有智生，有时无智生。此可证明意之存在。《十句义论》则谓意以觉乐苦欲瞋勤勇行法非法和合因缘所起之智为相。按和合因缘，谓性不离体，犹如质料因。而一切凡非质料因者则为不和合因缘。如一、由德生德，例如合德（我与意合）为因能生觉乐等。二、由德生业，例如物是重体为因生坠下果。三、由业生德，例如以取业舍业而生离合等德。四、由业生业，例如此动致使彼动。凡此四因，均为不和合因缘。和合及不和合二种而外，后人又立有所谓助因（如士用因）。助因者，如作者因等。

我于觉等系为亲因，意于觉等为增上因，以有觉等而证明有我（已如上述），以有觉等而亦证明有意。盖我为遍满，如可无意则离身绝远之尘缘亦应生识。今以身内有意为内具，一切外缘悉必经其媒介乃可生识，故人所知非能极遍是有限制，故因有觉苦乐等而承认（起智可如是解）有觉，故以对于觉等之不和合因缘而生承认为觉之相。相者亦指证其存在之相也。

意与我合，乃能有知。意非如所谓精神，而似所谓物质。基师云：其大如芥子，无知有作。其开始之动作，由于法非法（即不可见）。每身各有一意，体仅是微，且是有触，无有居定，急速回转，身上任何处有尘缘，意即往接，故如充遍全体然。

德句义云何？《胜论经》中：德之定义为依一实，无有德，非离合之因。依一实者以一实为其本体。无有德者，德不能更为他德所依。非离合之因者，则明德所以别于业也。《胜论经》言有十七德，谓色、味、香、触、数、量、别体、合、离、彼体、此体、觉、乐、苦、欲、瞋、勤勇。后波罗夏他巴答又加七德，谓重体、液体、润、行、法、非法、声，共为二十四德。《十句义论》及后世胜论书均从之。（此后引《十句义论》，编者为帮助了解，在原文中加入些旁注小字，但可和正文连读。）

色味香触唯各为眼舌鼻皮所取，各依极微合成之粗物，故为眼等所知。盖微则为眼等所不知也。

数谓一二三四等，量谓微大短长圆等，《十句义论》曰：

> 数云何？谓一切实和合且为一或非一如二三四等实等之诠及缘的因如一体等名数。

按一切实和合者，谓数为一切实须有之性质。一非一实等诠缘因者，谓对于实之一或非一（二三四等，非一实等者，等谓多实，非等取他句义）而发观念（诠）认识（缘）。一体等者，谓数例如一性二性三性等也。数之所以不为一切德等合者，盖德不能有德也。

量云何？经谓有四大微长短是也。而十句义加一圆体。彼论曰：

> 微体者……谓以二微果为其和合因缘，并为二体所生之一实的微之诠及缘之因——是名微体。

按微体依二微果，为其微果性质之一，故曰以二微果为和合因缘。以此微性乃于二体（父母二微）所生之一实见之，故于此实可有微之观念（诠）及认识（缘），故曰一体所生一实微诠缘因。于大体短体长体，《十句义论》曰：

> 大体者——谓因多体而有大体此大体与积集差别所生三微果等和合，且为一实之大之诠及缘之因。——是名大体。
>
> 长体者——谓因多体而有长体，此长体与积集差别所生三微果等和合。且为一实之长的诠及缘之因。——是名长体。
>
> 短体者——谓以二微果为其和合因缘，并为二体所生之一实的短之诠及缘之因。——是名短体。

按大体乃因多体而成，故为积集之一种（差别可作如是解），即所生三微及更上各子微等和合。二微不能有大性，三微始有之。故与三微果等和合，三微等合成亦可谓为实。故大体者，可使吾人对于一实而发生大之观念（诠）及认识（缘），故为一实大诠缘之因。短体长体亦准此释之。

圆体有极微极大二种。九实之中四大为极微。空时方我为极大，遍满一切，故亦名遍行。意则非微非大，实为二微。基师谓大如芥子。

别体与数相似。故《十句义论》别体定义与数之定义文字大同。

> 别体云何——谓与一切实和合。且为一及非一实之别的诠及缘之因，如一别体等。——是名别体。

按别体定义与数相似，惟数者旨在聚，如聚三一而为三。别之旨在分，如三别体别于二别体及四别体而言。故胜论人释曰，别体为分之观念之因，别体与异句义不同。别体指数，而异谛指一切之异。且异谛为遮表觉因，别体则仅诠缘之因也。物各有别体。千缕成一衣，衣缕各别，缕中无衣，以此而持因中无果之说。后人传其理由有七：一、因果观念异。无人见缕视为衣，无人视衣为缕。二、因果名称异。无人称衣为缕，称缕为衣。三、一因生异果。缕可成布，又可作索。四、因果之时间异。因前果后，非同一时。五、因果形异。衣非缕形。六、因果数异。衣一缕多。七、若因中有果，则因应只一，而不应有多因共一果，如由缕成衣，应无须助因（如作者及器械等），以此七事应知。

合者，《十句义论》谓原不至一处之二物至一处时曰合。离则反是。合有三种：一随一业生（谓二物中之一能动作），二随二业生（谓二物均能动作），三合生（谓由合物生合如身之与树合由手合于树也）。离亦有三种：一随一业生，二随二业生，三离生。又和合句义与合德不同。和合施于不相离物。合者施于可相离之物。离者施于已合之物。

彼体、此体就《经》及波罗夏他巴答所说观之，则有《十句义论》之定义。文曰：

> 彼体云何——谓属一时等及远觉所待之一实所生，且为彼之诠及缘之因。——是曰彼体。

> 此体云何——谓属一时等及近觉所待之一实所生，且为此之诠及缘之因。——是曰此体。

按彼体者，一关于空间，立在此岸，对岸曰彼。一关于时间，根据此一时，另时曰彼（此解属一时等，等者等取方）。故彼体者，属于（所待）远距之知觉（此解远觉所待）。凡彼体者均由有此性质（属一时等远觉所待）之实物而生（此本文前半）。而为发生"彼"之观念（诠）认识（缘）之原因也（窥基法师述记所解，失却本义），此体定义准上可知。

觉者谓了悟一切境（《十句义论》），量与非量均属之（经释）。《胜论经》与波罗夏他巴答之经释均以为圣言、譬喻、义准等不应另立为量，均应属于比量。故量惟有二，现量、比量是也。《经》谓现量有二：一常人之知觉，二瑜伽人之知觉，后人分别名之为世间与非世间之现量。世间现量仅达实物，而非世间则可对于我、空、时、方、意及极深微法均可了知。《十句义论》未言及非世间现量，余则与经意略同。其文曰：

> 现量者——于至实之色等与根等和合之时，而有了相生。——是名现量。
>
> 比量者——此有二种：一见同故比，二不见同故比。
>
> 见同故比者——谓因见相故及待相之所相两相属念故及我意合故。而于不见之所相的境有智生——是名见同故比。
>
> 不见同故比者——谓因见因或果或相属或一义和合或相违故及待彼相属念及故我意合故。而于彼毕竟不现见境有所有智生。——是名不见同故比。

按现量者，由四事合生：一境，谓根等所可至之实之色等；（如极微非根能至，此解与《述记》不同。）二根，谓四大所造眼耳等；三意，为内具；四我，为作者。根外有意有我，故曰根等。须此四事和合而有了相生。

按见同故比者，如见烟故（烟相为诸火之所同有。故比曰见同），而忆念此烟（相）恒与火（所相）不离而相属，故心与意合，而于不见之火之境发生知识。又如见野牛形状（相），而忆念此形状与家牛（所相）相属，于是我与意合，而于不见家牛之境发生知识（此在正理宗谓之比喻量）。按不见同故比者，一如见黑云（见因），以至忆与彼相属之天将雨，而我意合，于毕竟不现见（即天雨）之境而发生一切知识；二如见江中满新浊水（见果），以至忆与彼事相属之上流有雨，以是而我意合，于毕竟不现见境（即上流之雨）而有一切智生；三如嗅香或见霜而忆与彼相属之地或坚冰，而我意合，于毕竟不现见境（即地大或坚冰）而发生知识；四如见火之光色而忆及焚烧，盖能焚发光二性均和合于一事（一境）也；五如见台空而知风去，盖台空与风在为相违也（《述记》解说有误）。

乐苦欲瞋勤勇均为我之德。乐苦无动作，而为欲瞋之因。欲瞋为有动作，因之而生勤勇。

经释所加之七德中，以行法非法声为最要（余三为重体液体润）。行者瑜伽论有之。声因与声论如弥曼差立异，亦有详说（见引于《成实论》

者颇多）。由法非法而有系缚，故亦为最要。

此中行者为潜伏潜行之心理，业报之能及久远者。以凡人作业均留有行也，以此而为忆念之因，动作之因：（一）如见兵士（此现智）于此，而生种种熏习（此译数习差别），如士兵持枪军服等，此印象与我和合，是谓之行。以后各时忆及兵士，均因此时所见，故曰念因。或有时生比智，谓佳兵不祥，见印象成为种种熏习，而后时均可忆此，亦是念因。（二）业生势用，如攒掷等作业，均生一种力，而此力成为潜伏之行，后如发动，则仍可生动作，故为作因。凡力自均依于一实，如火力依于薪，且仅有质障实（地水火风及意）乃藏有势用。念因，《述记》解谓智种子。作因则如物理学所谓能力也。

《十句义论》释法与非法曰：

> 法云何——此有二种：——一能转，二能还。
>
> 能转者——谓为可爱身等所生乐之因，与我和合且有一实与果相违，是名能转。
>
> 能还者——谓为离染缘之正智所生喜之因，与我和合，且有一实与果相违，是名能还。
>
> 非法云何——谓为不可爱身等所生苦及邪智之因，与我和合，且有一实与果相违，是名非法。

按善行生法，恶行生非法，于人有益名法，于人无益名非法。（见《光记》）能转之法未离假智，仍有生死。能还之法已离染缘，（《慈恩传》曰：胜论师立六句，此六是我所须具，未解脱以来受用此六。若总解脱与六相离，称为涅槃。）即出世间。故一人于世中行善业（法），与此我和合，而来世降生，或在天上，或在人间，为可爱身，以此生乐（此上解可爱身等乐因与我和合）。来生食果是乐，是可爱，非如前生，故此生之身（指一实）与来生之果相违（此解一实与果相违）。二但如此生正智（即明六智）离一切染缘，此等善法与我和合，能断业报出轮回，神我独立永住于善，此所得果可使身离，故此身之一实与果相违。非法使人堕入畜道等，故曰不可爱身。

业句义者，《经》谓为依附一实、无德，而为合及离之因。此有五：取业、舍业、屈业、申业、行业是也。（《十句义论》同此，《大毗婆沙》第十三引之。）所谓取业者自下向上，如自地取球向上抛掷。舍业者自上向下，如手舍球掷下至地。屈业申业为惰性及弹性之用行业，为一切物质之普通动作。

同异句义则有多说：

（一）《胜论经》立同异二句义。其文有曰：

> 同诠与异诠（观念）乃与觉相对待者（一、二、三）。
>
> 所谓相对待者，谓同异二观念乃视其所对待者而言。故牛性对于野牛性则为同，而对于动物性则为异（一、二、五）。
>
> 惟有性（在性）则一切实德业所同，故仅为同（一、二、四）。
>
> 而有边异（极端之异）则不能同时可为同又为异。因此仅为异也（一、二、六）。

（二）护法《广百论》谓胜论立同及同异二句义，而同者谓有性，余性则均属于同异。

（三）《十句义论》立同异俱分三句义。同句义者谓有性，余则属之异句义，及俱分句义（谓实性、德性、业性等）。

兹就此三说，究其分别之故，实基于《胜论经》同异乃相对观念之言，故如《十句义论》之俱分者（在该论之末，又译为"同异"）其位置在本论同句义及异句义之间。盖此论中同谓有性，有性一切实德业所同有，无有与之异者，是乃同而不异，故又名大同。（见《述记》）此论中之异，谓指此牛此瓶，又此一极微甲则凡大千世界一切事物如羊豕瓦罐等，如极微乙丙等，均是彼非此，均与之异。此则异而不同，故曰异。而俱分句义者，如实性，对于地水等则为同，对于德业等则为异；如地性，对于瓶等则为同，对于水火等则为异。又如牛性，对于黄牛青牛等则为同，对于羊豕等则为异，而黄牛性等亦复如是。凡此均亦俱亦分，亦同亦异（此依相违释）。自其同言之，则为小同，自其异言之，则为同异（此依依主释）。

故关于同异可有三种分别：一、同而不异，二、亦同亦异，三、异而不同。第一家《胜论经》中之六句义，其同谛约举一二两项而言，其异谛指第三项。此即《成实》及《百论》所陈之六谛。故《百论疏》曰：同谓有等，有指第一项，等者等取第二项。第二家窥基所述之六句义，其同谛即有，指第一项。而其同异谛则包括二三两项，故与《胜论经》所言不同。而基师乃谓其说"依《百论》"，误矣。（见《述记》）盖第一家之同谓有等，而第二家之同仅谓有也。第三家十句义之同，与第一家之同谛异，而与第二家之同句义同，亦即《俱舍论》之总同句义。《光记》十九释此有误。为上列第一项仅同而不异，有性是也。（《因明大疏》卷七，引及有性，可发明此谛真义。）十句义之异（与第一家之异相同），为第三项仅异而不同（如此极微是矣）。十句义之俱分，指第二项，与第二家之同异句义实不相同，盖其同异包举二三两项而言也。基光二师均谓"当旧所说同异性"实亦错误。今摄取其要，立表明之。

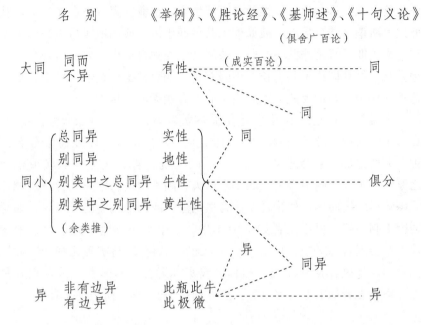

总同异，别同异诸名，见《因明大疏》卷七、九右，可参考。有边异者，谓极端之异，有九，地水火风四种极微及空时方我意是矣。非有边异者，谓不极端之异，谓四微所造色，如此瓶别于彼瓶，此牛别于彼牛是矣。有边及非有边异，文中误刊为边有异及非边有异。

《十句义论》释和合句义曰：

> 和合句义云何——谓合实等不离而相属，并为此之诠智之因，又性是一，名和合句义。

按和合句义能合实与德业不离而相属。此简合德之有离乃有合，且因有和合而生白属于雪之观念。"此诠智"之此字据梵籍应作在此解。盖白在此雪中，以是和合句义乃为此诠智之因。

《十句义论》，增加有能无能及无说三句义。其释有能无能曰：

> 有能句义云何——谓与实德业和合。凡共一或非共一所造各自果时之决定所须者，如是名为有能句义。
>
> 无能句义云何——谓与实德业和合。凡共一或非共一不造余果时

之决定所须者，如是名为无能句义。

据《经》说：一、一实可生一实、或多实、或德、或业。二、多实可共同生一同类之实。三、德生实或德、或业。四、多实亦然。五、一业生德。六、多业生德。惟业必不能生实、或业。惠月之有能句义即从此出。所谓共造自果者，或如地水共一而生泥，或如地实与香德而生实现之香。非一者谓非共一。非一造之义，为独自造果，如地微独自生土地。凡一切共同或不共生长，均因有能，如豆种生豆是也。反之，豆不造瓜（余果），乃由无能。以此诸义而有有能无能二句义。

无说句义在正理与胜论混合派亦立为句义之一（加余六为七句义），在《十句义论》此为有性（第四句义之同）之反面。在印度通常分有四种，而此论加一不会无（《金七十论》亦有四无之说）。未生无者实或德业之原因尚未至，则不得生，如薪未遇火，则不得燃。已灭无者谓实德业或因势尽已生而坏，如轮转直往力尽则停。或因缘相违已生而坏，如轮转因手制而停。更互无者如羊中无牛，牛中无羊，地中无水，水中无地。不会无者（《光记》十九误作"不生无"），如有性与实等无和合，如风无香德，是风香及有性之不和合。或实等无合，如树未与手合则亦是无。毕竟无者如龟毛无因可生，故一向（三时）不生而毕竟无有也。

第十章　正理论

正理论与胜论几为不可分之宗派，因其均执自在天，多数我之存在，以及极微所构成之宇宙，而其知识学说亦相同，故尝称为"同宗"。《正理经》之释论现存之最早者为富差耶那所著，即在此释论二派已未明白划分。盖二派渊源虽异，然后经综合而互相依傍则甚早，在西历九世纪顷综合完成而几可称为一派。但胜论注重原在极微之宇宙学说，正理注重知识之真似与轨式，二者注重究有不同。兹先述本论之原委，再叙其学说。

一、正理论之原委

"正理"一字，梵音"尼耶也"。其字根义为引，为导。正理原义为导引至一宗义（结论），凡导引至一结论者为一理论。凡一理论或真或似（正或误），一宗派专作理论之研究称为尼耶也宗。但尼耶也虽原义为理论，而通常指真理而言，故中译此字为正理，而尼耶也宗中译为正理论。

正理论之根本经典为《正理经》，说十六句义，全关于知识学说及辩论方术。故此宗究重印度之所谓因明，与胜论执六句义，分析宇宙范畴者不同。故此宗渊源出于古印度之辩论术及关于知识学说。

尼耶也学渊源之一，无疑为《吠陀》经典之训释与研求，因关于崇拜仪轨有解释正确之必要，故弥曼差学之发达引起逻辑之发展，事实上弥曼差宗所撰著述亦尝取"尼耶也"一语入其书名，故"弥曼差"与"尼耶也"二字实可互换援用。

古来印度辩论之风行自亦为其逻辑学发达之一原因，尼耶也宗本亦名为辩明（所谓思择明是也，思择之义亦为辩，明者谓学，思择明即辩学），或称为说明。（说者讨论，说明者即讨论之学。）佛经中常述及佛与外道之辩论，《奥义书》亦常言及学士之聚会举行讨论，而尼犍子之二道七分法以及佛经所斥之捕鳝说自为辩论之基本原则。因辩论而发现思辩之原则轨式及立敌对论时之方法规则，自为因明学发达之又一主要因由。

正理宗之根本经典为《正理经》，相传为阿义波达（足目）乔达摩作。此人中文经籍通称为足目，而印度则常称为乔达摩。现代学者有认为此二名本属一人，足目为其名而乔达摩则为其族姓，但亦有人认其为二人者。《尼耶也经》分为五卷，其内容约略如下：

第一卷　十六句义

第二卷　疑　四量

第三卷　自我　身　根　觉　心

第四卷　勤勇　轮回　业报　苦及解脱　似　全及分

第五卷　倒难　堕负

中土吉藏《百论疏》中所传摩醯首罗（大自在天）外道十六谛，即相当《尼耶也经》卷一之十六句义，正理宗信自在天且与尸婆宗之信仰相混合，故吉藏所传即正理之说。（吉藏似谓摩醯首罗即尼犍子宗，实误。）所谓十六句义或十六谛者名称如下：

> 一量，二所量，三疑，四目的，五见边，六宗义，七论式，八思择，九决断，十论议（说），十一诡论议，十二坏义，十三似因，十四曲解，十五倒难，十六堕负。

此十六句义依新译名称不尽与吉藏疏相同。此中颇有辩论方式，可见正理论之来源固与古代论议之风习有关。

足目或乔达摩为何人，已不可考。中土谓足目生在劫初，自纯为神话。印度亦稍存有关于足目之故事亦不可信。至若《正理经》是否为一人一时所造亦不可知。今所可定者，富差耶那既有《正理经注》，则在其前此经已完成，佛教因明大师陈那所著书中，曾驳富差耶那之说，故富差耶那生于陈那之先，即约在西历纪元后四世纪之后半。在另一方面言，在《正理经》中显然曾反驳佛教空宗大师龙树之学，龙树约在三世纪，故《正理经》之出世当在三与四世纪之间。

《正理经》完成于三、四世纪之间，足目作经或只收集前人逻辑及辩论之术而整理为一系统，正理之学不必始于此经。在《大博罗他》纪事诗中言仙人那拉达娴熟"尼耶也"及能分别五支论式之真似，则至少在第二世纪此学或已具有规模。我国所译《方便心论》为古因明之典籍，此论今题龙树所造，但其作者不见旧录，时代可疑。故正理之学在经出世以前之历史书阙难知之，仅能谓其在佛陀以后逐渐发达，直至龙树以后此学乃大成。

自佛教言正理原为外学，但佛徒论议必早渐采用此术，故尼耶也宗完成不久，佛徒即已深究此学。弥勒、无著相传之《瑜伽师地论》卷十五即备述因明，于论轨大备。而中土旧说世亲菩萨具陈轨式。或者因明之学，法相宗人特所究心。及至西历纪元后五世纪顷，陈那承世亲法相之学，改造因明，使此学精神一新，因而此学遂有古新之分，凡在陈那以前者称为"古因明"，在陈那以后者号曰"新因明"。

自《正理经》出世，富差耶那作释论之后，因明之学几全以佛教及耆那教徒之著作为最盛。陈那在其所造论中极为非驳富差耶那之学说，而《胜论经》释论作者波罗夏他巴答之因明似深受陈那之影响。其后正理宗论师乌地阿塔克拉（此实为一尊号，义为显者，此人之姓名已失传）复作论反驳陈那，其书中提及佛教著作之名，现勘知系法称所作。而法称为陈那以后佛教因明大师，著作中有《正理方隅》（《正理滴》），此书中亦论及乌地阿塔克拉。《正理方隅》之梵本现尚存在，其释论为法上所造。《方隅》及释论现已译为英文，欧美人之研究印度逻辑者多取材于此。佛教及耆那教因明之著作恒为纯粹逻辑之讨论。而正理宗诸师所著常杂以宗教及形而上学，晚期作者尤其在论逻辑问题中涉及极微、自我、自在天诸问题，其纯粹述逻辑者则殊不多见。

《正理经》最早之释论为富差耶那所作，乌地阿塔克拉所造者为此释论之疏，婆恰斯巴提密斯拉则为此疏作记。此外经之注疏极繁，而注疏以外之论著亦异常之多。迨至西元十二世纪竞甘沙之著作，只说量论不涉形而上学，在新洲（孟加拉）盛行，成为一派，称为奴地阿派

（或新洲正理学）。其学辨析细微，如理丝毛。其党徒著述亦极富，至西元十七世纪有阿难波他论师著作《思择集论》，为近代印度人最流行之正理学纲要（有英文、德文译本）。

兹就此上略说，表列正理学（因明）之最要著述如下：

（一）正理论师所作：

《正理经》　　　著者乔达摩（足目）

《正理经释论》　　　著者富差耶那

《正理经释论疏》　　　著者乌地阿塔克拉

《正理经释论疏记》　　　著者婆恰斯巴提密斯拉

《思择集论》　　　著者阿难波他

（二）佛教大师所作：

《集量论》　　　著者陈那（现存西藏文本）

《正理门论》　　　著者陈那（有中译本）

《因明入正理论》　　　著者商羯罗主（有中译本）

《正理方隅》　　　著者法称（有梵本）

《正理方隅注》　　　著者法上（有梵本）

此上略述正理宗之历史与典籍，以下略述本宗之学说。

二、正理论之学说

正理宗一向许有四量：一现量、二比量、三譬喻量、四声量。此宗谓一切意识情态属于自我，一切意识情态总称为觉。自我为实（本质），觉为此实之德（此本质之性质）。觉者谓于一切有了知，故称为觉。但非谓起了知之作用，故为我之性质。此说与僧佉（数论）不同。僧佉谓觉为内具，乃指作用。正理宗则觉为我之性质，实指了知情态。而工具或作用则为末那（心），心为作用，乃为工具。《正理经》解释觉为智为知。一切知之成，其条件有四：

> 一为量者，即是能知之主观，即谓有觉之实（自我）。
>
> 二为所量，即是所知之对象事物。
>
> 三为量果，即是觉之结果，亦即上二结合而生之结果。
>
> 四为量，即知之方法。

"量"之定义，据富差耶那谓为"能知之主观，由之而知对象"为量。故量者指知之来源或知之方法。但据此量乃纯为心理学上之意义。后来论师乃恒言量不但由之而生知识，并且由之而生真知。因此量不但为方法，亦且为方式，即知识方法所取之方式。而梵文之"波罗玛"字义为真知,"波罗麻那"字义为量,即取得真知之方法。二字音所差不多,其义互相关,但所指实为二事也。

正理宗所承认之四量中,现量最为重要。富差耶那有言略曰:"当人于一事物由声量得知时,彼或尚求由比量知之。当人于一事物已由比量得知,彼或尚欲直接见此事物。但如此人已直接见此事物,则彼已满足而再无他求。"现量对于事物直接知识,而不有他项知识为之先,其他种知识如声量(圣言)譬喻及比量,均依于他项相识,即有他知为之先,至若记忆则吾人有已知之知之谓,但现量则无知为之先。至若非世间现量则更是直接,当下即是,了无余依,自更不依先有之知识也。

乔达摩之《经》有定义曰:"现量者乃生于根与境相接之知,无误,决定,并不可显示。"无误者简似伪之知。决定者谓此知直取自身,了无增减。不可显示者谓离名言。由此而现量分别为二,第一依其不可显示则有无分别现量,第二依其决定则有有分别现量。无分别现量者如婴儿初生见物,了见白色触知坚冷,只有纯粹直接了知,又离名言,此为与外象初接时之纯直觉。再进则对外物了知其相及其名,此即吾人日常对于外物之具体经验,其知决定毫不增减,所谓有分别现量是也。无分别现量虽显现物之自相共相,但离名言,故其知不分明。有分别现量则了知已备具名言。上二现量均是真知,此宗于此所说与佛教新因明家所言不同。

现量难题之一为论全体与部分之知觉。在《经》中(二、一、三十)曾言有人主张现量亦即为比量。盖如人见树,实指见其一部分,余则得之于比量,而彼一分不过其全之象征。此项主张为经所不取。《正理经》谓吾人不但对于"白"有现量(一分),即对于"白马"亦有现量(全体)。此宗人不但认部分为实在,并认全体为实在。(由是不但白与坚为实有,石亦为实有。)因此现量有二:无分别现量给与吾人以无名言之独立知感,如有"黄"之知感,有牛性之知感,有和合(句义之一)之知感,三者各别。及至有分别现量乃联并此诸分子,如"此牛是黄"。盖正理宗人亦如胜论,其形而上学主原子积聚而成物,故其知识学说亦可由部分而合为全体。

由上所言,正理宗执无分别现量,不但有自相(如黄)之知,并且有共相(如牛性)之知。其与有分别现量之不同则如上所述。简言之,即无分别现量中,诸分子(如黄、如牛性)各各独立,未加联合,而在有分别现量则所别与能别（牛与黄）联合为一（而有此牛是黄）。此项主张与佛家谓现量（无分别）但缘自相之说根本不同。

又此宗后期师有言，在日常知识中有分别现量为吾人所认知，无分别现量仅由比量而知其有。有分别现量不但构成日常经验，而且有自证之知。（不但有白马之知，并且吾自知有白马之知。）

正理宗（无论早期晚期）均认有分别现量为真知（量）。而佛教则斥之为似伪（非量）。此宗人言诸法并非唯有自相，且亦非刹那性，诸法本有共相，是故现量亦可有共相之知，此知为外境所直接给与，故非似伪。至若佛家谓所谓有分别现量者，悉于实事增益，而以类、以德、以业、以名、以实五项共相加于实事，但比如某事谓属某类，实则除此事外别无某类。又如某德谓属某物，实则除诸德外实别无某物，业与有业者，名与有名者，均非是二。而谓持杖之人为一实，但人自为人杖自为杖，不得是一。有分别现量因此既于实事增益余相余义如所述五事，故佛家谓有分别现量实为非量而为似量。正理宗人对佛家此说根本驳斥，彼等以为实际上吾人对事物之知识非仅只有刹那生灭之自身（自相），而其自相之外之共相（如德等）亦并非自外增益，非妄生分别，而为事物所固有。实则吾人了解事物，非有关于类德业等之知识不可。总之，佛家谓物之自相为其所固有，此外增益共相等等系由分别心所增益而非实有。而正理宗师则承胜论之形而上学，于物之自身，固许为实有，此外并许德业共相等亦为实有（许其同属六句义中），因其与佛家之形而上学不同，故其知识学说亦相歧异。

此上所言，乃关于五根（眼等）与五境（色等）为缘之世间现量。后期正理论师于此外复许有非世间现量。此有三种：第一同相，第二智相，第三瑜伽生。同相者以同（共相）为此智之相，由心与同（共相）相接而起，此即吾人与一特殊之物相触（如此烟）而起一同智，因此同智而知一切同类之物（如一切时一切地之烟）。智相者以智为其相，即因一根所取之智而得他根之智，如见花在远处而知其香气。此项直觉为比量之基础，此亦为心之作用。第三所谓瑜伽生者乃行瑜伽行所生之智，如他心智等。

比量为取得真知首要之法。根据与一事相联之相（棱迦）而对之下一判断，如见此山有烟（相）而断定此山有火。依此而一比量中计有三端，一对之下判断（此山），二所下判断（有火），三判断之根据（有烟）。三者之中第三最为重要，此称为相，或名曰因。比量之能成立在有烟与有火不离之关系（即凡有烟者必有火）。此项关系梵言曰"毗阿布提"，中国旧译号曰"回转"（《般若灯论》）。但认因为最重要并特别注意回转关系，恐系佛家新因明出世以后之说，早期正理宗师并未见及此。

《正理经》（一之一之三二）所陈论式有五支。依通常所列，举例如下：

> 宗　此山有火；
>
> 因　以有烟故；
>
> 喻　如灶，于灶见是有烟与有火；
>
> 合　此山如是（有烟）；
>
> 结　故此山有火。

在最早学说中，上列第三支仅举一特别之事例，而未能陈一普遍原则，此于三事可以见之。第一经述及比量之基本原理仅谓"由与喻之相同，不由与喻之不同，而因证成宗"。此所谓喻显指特殊之事例（灶），而比量者乃由二特殊（灶与此山）之相同性质而得结论。此种推理精神几可谓从一特殊至特殊，其注重者不在普遍之原则。第二此第三支梵字曰"乌陀诃啰喃"，此字原义本指事例（灶）。第三按第四第五两支原文应云：

> 合　此（此山）亦如是，
>
> 结　故（此）如是。

按梵文原意，此文系紧接喻而来，全文乃谓如灶，此亦如是，故（此）如是，意即因灶而推知，此山既有烟故有火，其推理着眼所在全在特殊例证上。

《正理经》分比量为三类：一有前，二有余，三平等见。此三原义甚为不明。注疏家有二项不同解释，第一解释谓有前者自因推果（如见黑云，而知有雨），有余者谓由果推因（如见江中新浊水，而知上游有雨），平等见者自二事之相同性而推知（如见物体移动时其地位变迁，而由太阳在白昼中地位之变迁因知其移动）。第二解释谓有前者由以前经验而推知（如由过去知烟与火之相连，而知此山有烟故有火），有余者指消元法（如谓声或为实为德业，而既知其非实非业，故声必为德），平等见者谓由感觉可见事之如彼而推知不可感觉之事之亦当相类（如知斧之为工具须有工匠，而推知心为工具亦必须有作者，作者即所谓自我）。

自《正理经》之后，正理与胜论两宗关于比量虽有论述，然实至佛家陈那大师出世，此学面目乃得一新。正理宗关于比量新说虽不自认为得自佛家，但现在学者多认为系受陈那影响，盖其立说精神多与新因明相同也。以下略述后期之正理学。

比量者乃比智之亲因，而比智者有其特性，与现智不同。佛家谓现智缘物自相，比智则缘共相，此项区分因正理宗之立有分别现量而不能采用。此宗谓在现量中，吾人知物之自相以及其共相，如吾人现在见火炬在前。在比量中吾人所知则仅物之共相，如烟与火之普遍关系（无论现在过去未来）为吾人所认识，而火之本身固不必现于吾人目前也。

基于有烟必有火之普遍必然关系而有推理，此必须经过心理上之思考，故心理上之思考为比量之特殊性质，因此而正理宗人承认比量有为自与为他之别。为自比量指心理之历程，自心推度，惟自开悟。为他比量须将心知显于言说，说自所悟，晓喻于他。言说之用唯在引导他心，使起与为自开悟相同之思辨。以心理所悟显于言说，实则仅在晓喻他人，而非比量之本身。比量本身系指心之思考。比量见于言说，则不过假借名为比量，而实非比量。为他比量为何？即指五支论式，如前列此山有火（宗）等等是也。

比量之基础在普遍必然关系，此项关系谓之回转。如有烟与有火之相回转。有烟（因）为所回转，有火能回转。有烟为有火所回转，此即谓每有烟之事例必为有火之事例，由此而对于此有烟之山下一断定，谓其有火。但此回转关系有止负两方面，在正面凡有烟之事例（如灶）必为有火，在反面凡无火者（如湖）亦必为无烟。前者为与山为同品，后者为与山为异品。因此正理宗完全之五支论式应如下例：

宗　此山有火，
因　以有烟故，
同喻　凡有烟必有火，如灶，
异喻　凡无火必无烟，如湖，
合　此山亦如是，
结　故如是。

此中喻分两方面，即所以表明普遍必然关系为比智之根本。而喻中明言有烟有火及无火无烟之原则，正显示其推理之普遍性。至若如灶如湖，则不过举例以表明原则之意义，此项推理并非以此特殊事例作为根据也。

比量既言基于回转，即谓根据因与宗（指宗之法，法者谓宾辞也）之关系，二者间之关系如何乃为正因。正因有三相：一、遍是宗法性（或言宗有性），二、同品定有性，三、异品遍无性，此俱如佛家所说。然正理宗后期有人分因为三种，故比量有三种：

（一）正及反。因与宗间关系许有正面与反面关系，如有烟为因，证成有火宗。有烟则有火（正），无火则无烟（反），于此二方，均有例可举（如灶、如湖）。

（二）仅有正。因只许有正面，如"可知"为因，而仅许说"凡可知者必可名"，但不能说"凡不可名者必不可知"，因正面有例可举，但反面则无例可举，盖举任何事物即为人所知，不能称为不可知也。

（三）仅有反。因只许有反面，如立量略曰：

宗　地大（极微）与他大异，

因　有地之特性故，

同喻　凡有地之特性者与他大异，

异喻　凡非与他大异者无地之特性如水。

此中反面可成立因有例（水）可举。正面不能立，因除地大外再无同品之例可举也。

比量之根据在普遍关系，此关系为何，且如何得知，佛家法称之说则谓宗（有火）因（有烟）不离之关系或在其自性同，或在其因起。自性同者指因宗间之自性同，如人皆有死，死是人之性，因起者谓因宗有因果关系，如有烟者有火，火是烟之因。正理宗师对于此关系之意见较佛家为宽，彼等不但承认有烟必有火，并且承认分蹄者必有角。烟火之间可言因果，蹄角之间并无因果。正理师对于普遍关系之成立亦多所研究，但彼等与胜宗之形而上学承认同句义之实有根本所谓共相本为实有，而其非世间现量中本可直知共相。比量之成立乃由于此。

正理宗通主有比喻量，如人未见水牛而闻其有似家牛，其后见一动物有似家牛而知此即所谓水牛是也。此由与已知物（家牛）之相似而知未知物乃所谓比喻量。其主要之点有二：（一）关于未知物之知识（闻其似家牛）；（二）见其相似点。早期论师注重前者，后期论师则注重后者。比喻量所得之知识为关于一物与其名称之知识，如见一动物，而因闻水牛似家牛而知此即所谓水牛。此项知识乃在一物之名与所名之物能生联系，而其所以有此联系乃因此物与一已知之物相似。

正理宗言有四量，现量、比量、比喻量共三种已如前述，第四量为声量，乃真知之得自可信人之言说者。此可信之人深知真理，并以正确方式表达之。故声量之价值在乎说者之德性（其真诚与表达能力），因此《吠陀》之教训亦属可信，因其造者为自在天，而自在天乃为全知者。胜宗不立声量，弥曼差宗所谓声量仅指《吠陀》经典或圣贤所说。正理声量所摄似较广，无论属何种姓皆有可信言说，悉可为声量。如人迷途，而问之当地老人亦自可信而属于此类。可信之言可分为二类：（一）可见境，如医方谓此药医某病。（二）不可见境，如行善得生天，此则为仙圣所言。《吠陀》教训虽为声量，但正理宗师不全执《吠陀》声常如弥曼差宗所说。

记忆（旧译念）为心理活动重要之一种，但正理宗不许为量之一，其理由甚为明显。盖记忆无自己独立之价值，因其根据过去经验也。在记忆中，吾人无对象之知觉，仅有过去知识之再演，而记忆知识之正误依赖所再演经验之正误，即使过去经验正确，但因忘记其一部或全部，自亦不能证实记忆之真似，因此记忆虽甚重要，但正理宗除少数论师外未许其为真知（量）。正理宗人分知识为二大类：一、觉知；二、忆知。忆知生于"行"（潜伏心理印象），故其定义曰：忆知乃生于心与我及过去心理所留迹象之特殊接触。而正理师又分记忆与回忆为两种心理（如写字中自含有记忆，但如知于前此曾见此字则为回忆），记忆谓纯生于行，回忆则除行外，并有现在知识对象与过去知识同一之认识。故记忆之特性只在过去之重演，回忆特性在现在知识与过去经验之同一。

中土古籍谓足目创标真似。（《因明大疏》）以今观之，正理初期宗师虽于知识多有论列，然于似知所言甚少。错误知识之分析，实亦经佛徒详论以后乃渐复杂，而其最后完成学说亦当受陈那大师诸书之影响。

依比量言，知识之真似在乎因之正确与否。正因必有三相，违背因之规则乃生过误。陈那分因之过误为三类：一不成，二不定，三相违。正理所谈似因过有五类：

一、不定或歧异：此乃由于犯因之第二相或第三相或二相俱犯，而结论不能定，致堕于疑似。此类又可分为三：

（一）共不定：因不但同品有，异品亦有，如谓此山有火（宗）是所知故（因）。

（二）不共不定：因不但异品无，即同品亦无，如谓声常（宗）所闻性故（因）。

（三）不决：宗之有法（即宗之主辞）极宽，使同品异品均不能立，而第二第三相均经违反，如言一切是常（宗）以是可知故（因）。

二、相违：此类之因能成立与宗相反之命题。不能于同喻中有而反于异喻中有，故犯第二第三相，如曰声常（宗）所作性故（因）。

三、不成：不成之因可分三类：

（一）所依不成：此即宗之有法不成，如言空中莲花香（宗）以似他莲花故（因），实则空中并无莲花。

（二）因自身不成：此即因不在宗中，而不能为推理之根据，如言此湖为实（宗）以有烟故（因）。

（三）回转性不成：此谓因与宗之法间关系不一定或不必然。如谓此山有火（宗）以有金烟故（因），此中关系不成立，金色烟为不能有之事故也。又如谓此山有烟（宗）以有火故（因），此中关系为有限的，盖只湿薪所生之火乃有烟也。此类似因实与共不定相混，但共不定因，乃普遍关系是有，但不过太宽。此则实在无真正之普遍关系。

四、实有违宗：此项因乃佛家因明书中所谓之相违决定。对于此因可有他因证成相反之宗。如声常（宗）所闻性故（因），又声无常（宗）所作性故（因）。

五、为自违（自相矛盾）：如有一因证成一与经验相反之命题，如言火不热（宗）以是实故（因），此与实有违宗之因不同，因此在本推理中已自己相违，前过则因有另立之宗也。

陈那及他因明师立有宗过及喻过。正理宗人恒不许立此，彼等谓宗只能有犹疑，如宗是真或误均不须比量。比量之错误专在似因。正理宗之谈错误除似因以外于论相时亦常涉及。相者陈述事物之相（如逻辑所言之定义）。相不能太宽，以致包含所相之物所无有之事，如言牛是有角动物。相亦不能太狭，以致一部分所相之物不能有此相，如言马是白色动物，因此他色之马均不能包括在内。相之第三种错误为不可能，即此相为一切所相之所无有者，如言牛是不分蹄动物。正确之相必远离此三种错误。易言之，相者为所相物之性所以分别此物及一切他物，或相者可谓为特性，恰用于一切所相之物，不增不减。

除上述错误各类以外，正理宗亦尝论其他错误，然大概为辩论之错误，而非逻辑之错误。逻辑与辩论术之混合在早期之正理学说尤为明显，所谓正理宗之十六句义即已如此。兹于论列此宗重要学说之后，再将十六句义解释如下：

（一）量：《正理经》中即已承认四量，惟其内容与后师颇有不同。

（二）所量：此言知识之对象，包摄正理师对于宇宙之学说，大概与胜论之句义相似。

（三）疑：当相似性质之混乱或不同意见之冲突，而欲作决定时则有疑，如见远物直立而疑为人为杌。

（四）目的：人常为达到某事或为舍弃某事而有所作为，此某事称为目的。

（五）见边：此亦译喻，即例证，为凡圣所共许者。

（六）宗义（悉檀）：极成之结论或理论称为悉檀。悉檀有四：第一各宗悉檀乃理论为一切宗所共许者。第二本宗或相似宗所许而他宗所不许之理论称为对宗悉檀。第三为阿地羯拉那悉檀，此乃如许一理论而其他自随之而立。第四为阿毗乌拍迦马悉檀，善于辩论者常用敌人之理论，不加评论，而引申其义，终至表显其说之乖理，此项敌人之理论属于此悉檀。

（七）论式：此有五，宗、因、喻、合、结是也。

（八）思择（或译计度）：此盖思择于一未知事物而明了其真性，故此常在乎为一假设求其理由而屏去其他假设。此非比智，乃心因求确解而踌躇考虑（故有疑则有思择）。思择之一例即所谓一种反证 Reductio ad Absurdum，如欲证明自我是常而先假定自我非常，然如非常则何者受报何者轮转？故证明自我不能是非常也。此项理论不能给吾人以决定知识，但使人知其反面之不可能也。

（九）决断：如由思择而超出错误，则得决定之断案。

（十）论议（简称论或说）：如两家持不同之论，或立不同之说，一家谓有我，一家谓无我，有我无我乃所谓说或论也。而根据因明之规则反覆推论，以辨别真似，是谓之论议。

（十一）诡论议：如辩论目的不在别真似，而在乎淆乱是非以取得胜利，则为诡论议。

（十二）坏义：如辩论目的只在破坏敌方言论，而自己并未立义则曰坏义。

（十三）似因：此在《正理经》中分为五类，名称（一不定，二相违，三所立相同，四理论相似，五过时）与正理宗完成时所用（见前）颇有不同。但注疏家谓其内容前后无殊，其说确否兹姑不论。

（十四）曲解：如故意误解敌方之言而击败之则为曲解。此有三：第一故意解释一字以另一意义。（如梵字"那伐"一字，一义为新，一义为九，敌用此字为新，而汝故解为九。）第二取一字太宽之意义。第三取一哲学用字之字面意义（如将《中庸》天命之天解作苍苍之天体）。

（十五）倒难：《正理经》举二十四种（后期论师甚少言及）。如为击败敌人而故意立相反之戏论，如人立声无常（宗），以是所作故（因），如空大（喻）。而答以声常（宗），是所闻故（因），不如瓶（异喻）。

（十六）堕负：设为辩论时之负相，凡堕入者即认为失败，此在《正理经》中列有二十二项（佛藏《如实论》、《方便心论》从之），除理论上之错误外多为辩论上之过失，如辩时致无言对答或不能了解。（在大众集会中，如经询问三次而不答，或陈述三次而不解，均为失败。）又如所言无伦次无意义，或所言太多或太少。

总计正理宗之十六句义乃彼宗最早之说。吉藏《百论疏》言摩醯首罗说十六谛义，其所述大概与《正理经》相同。观上述十六义之内容（除第二谛外），全与知识论论理学或辩论术有关，则此宗之原有性质可以知矣。

正理宗既注重研究知识论及逻辑，自不能不讨论关于真与误之一根本问题。上述所谓量（波罗麻那）乃指取得量知或真知（波罗玛）之方法或准则，至若何为真仍为尚待研讨之问题。但在研讨何为真之先，仍须研讨对于事物是否有知识之可能。佛教徒对于知识之可能有所怀疑，《正理经》注疏家于此曾加详辨。空宗谓一切事物自性不可得，知识自身矛盾，因此真知为不可能。正理师以为否认真知之说有量为根据乎，抑直无根据？如无根据则不必论，如有量为根据则是谓有真知。又空宗谓一切皆空，故对于事物之知识实不可能。但如谓有思想，即当谓宇宙实有。正理师曰：如用思想分析事物为可能，则谓物之自性不可得为非。然如物之自性不可得，则用思想分析事物为不可能也。因此既谓有用思想分析事物，又谓之自性不可得，实为自相矛盾。

又唯识宗谓一切唯识，见相合一。因此事物不过即知识，亦无所谓对于事物之知识。正理师以为如此则知识与梦无别。夫知所梦之非真乃因醒时世界之实有，今既谓一切由心所现，则直否认梦醒之分别（此分别为吾人所共许）。又如一切唯识，则真知与幻觉无别。又吾人识见可以随心起落（如吾人可以想象一山，或不想象一山），而事物则不能随心起落，故不能谓一切唯识。

又经量部谓外物实有，但外物具刹那性，此亦不应理。以现量言，由境生识，必是前一刹那之境生后一刹那之识。但现量应只取现在，何能取过去，如谓恰在对象灭坏之时，即有识起，但亦须知吾人所见只是现在非是过去。又依刹那法性言，比量亦不可能。

正理论师执有外境，知识之性乃关于境。必须境有存在乃有知识。此境之有（存在），并不须有知识，知识实不依人之意志而随客观之事实。故量知（真知）者在知事物之本性或真性。因有定义曰："知物之真性为量知（波罗玛），而此类知识之方法为量（波罗麻那）。"云何谓知物之本性或真性？凡如此存在而如是知之，并且不如彼存在而不如彼知之——则谓之知其真性。譬如绳索有其如此之存在而不如蛇之存在，如仅知绳之如是存在而非如蛇之存在知之，则是真知。但如误绳为蛇，则系如蛇之存在而知之（而蛇之如彼存在固非绳所有），此乃误知而非仅无知也。

正理宗（胜论亦然）以为事物之关系有二种：一如实（石）与德（坚白）间之关系为和合。二如两实间（以手击石）之关系为合。至于知觉与外物之关系（如见石）则既非和合又非合，一因知觉虽为德，但为我之德而非外物之德，故非和合之关系。二因知觉为德，故知觉与物间亦非二实之关系，故亦非合之关系。知觉与外物间之关系甚为特殊，盖其关系并非直接。如见一石，石并不入知见中，故知之对象实并非一物质之实物。谓石入知中，不但无此事，而且如所见即为外物，则错误无由发生。又如见一石，所见者亦不能为心理情态。因如对象纯为心理，则何谓为知外物？然则见一石者为何，此盖石所有性质为心所见，而为知觉之内容。此石所有性既非物质又非纯心理，而为物之自所有性。此自所有性称为"自色"，故知觉与外物间之关系称为自色关系。

一切知觉乃关于物之自色，而自色直指一外在之物质。故知之对否不由自立（或自量）而由他立（或他量）。他立者谓知觉并非自明，而其对否之成立乃在知觉以外。如知觉为自明，则疑无由生，故知之对否为事实所决定。依事实以证实，乃对与不对之最后法庭。例有一判断谓此为马，如欲证实此语之对不对，最后在于摸抚此物。又例如见水，如欲证实，其最后方法在于取饮。

因有"此为马"之判断而能乘骑，因有"此为水"之判断而能取饮止渴。当吾人所欲（如骑马如饮水）能满足时，则认为判断正确。故正理宗人谓一切知识在乎引起行动，知识告人以事物之是否可欲。自我并非一纯粹之旁观者（如数论所说）而为作者，既有欲求，且知避害，彼等谓"知识者乃引起欲求以至行动之知见"，故吾人知识之对否乃在其是否导人至于有效之行为（如有水知而可取饮）。知识之基础在于人类之需要，而其真似在乎引起有效之行用。

真知与似知（或疑）之分别在乎是否能引起行动之成功，幻觉不能使人达到目的（如海市蜃楼固不可登临），故非真知。一切似误均由于主观。如行沙漠中，忽睹阳焰，光线闪烁，以为有水，此则知识对象（客观）并无错误，所见之光实真有光，光之闪烁亦非空无（不似龟毛兔角之空无），其错误之生在乎见光闪而以为有水（主观）。光为似知之因而非水之幻觉之对象，故似伪之知亦有相当之实在基础。凡物本如是，而乃不如是知之，必有错误。此等错误学说印度名之为不如是观说，弥曼差宗之大师枯马立拉亦主张此说。

正理宗之宇宙论与胜宗相同，其自我学说由比量成立。此宗谓苦乐勤勇等等不能属于身体，定别有所属，此其所属即为自我。自我是常，多数而遍满。虽与身体分离，但其动作依身体乃得实现。自我是无知，须身与我合作乃得有知。知亦称觉，乃自我之德（属性）。自我是常，觉是非常。自我与觉分别（自我无知），乃正理师之特殊主张。

正理师主有自在天，此亦由比量成立。盖世间是所作（是果），而且其组织极有秩序。凡是所作而具秩序者必有创造者（果须有因），如瓶是所作必有制造者。须有创造者故立自在天。自在天直接知一切（不须有意或心），并且常知一切（故不须有记忆）。彼依有情之业力消长而创造世界或使世界毁灭。（按《正理经》中只一次言及自在天，似此宗最初对于神教并不深信。）

正理师信世间一切皆苦，虽间有乐事，但只引导至更大之痛苦，故智人以为一切皆苦，决不留恋于享乐之生活以致受更甚之苦恼。纯粹之自我与物质之身体结合而永轮转于生死烦恼。轮回之因为业力，有情每生之不同悉因过去业力之差异。凡此诸义略与印度各大宗派所执相同。

正理宗注重伪似知识之澄清，正确知识之取得，因而详研辩论术以及逻辑。如欲人相信此宗须精辩论术。如正理师不能伏人之口，则不能得其弟子之信心，信心不立，则弟子将无所适从，而趋向解脱之道将不可能。此家古师执十六谛义，其中如堕负等纯属辩论术，而彼等以为此均有助于解脱，其故盖在此也。世间有情之被缚在乎以非我者为我，非我者如身体根心觉知等。如人永以身为我，或以心为我，则非我与自己永不得离而长轮转于苦海。如能辨真似，知量知非量，除伪显真，则不着外境（非我）。无著则业力灭，由此而不受后有，脱离苦恼。由此而自我独立，反其本真，与世间之苦乐觉知等均行绝缘，如此则号为"阿难陀"，所谓自我之乐是也。

第十一章　前弥曼差论

弥曼差者原义为理性之探讨，此字颇常见于《梵书》中。凡关于祠事之研论均常称为弥曼差。盖自婆罗门重祭祀，其仪式日繁重，其影响日扩大，经年既久，疑问常生，因生理论之探讨，而渐形成为一宗。至西纪前约二世纪，而有《弥曼差经》（此为六论经之最早者），相传为耆米尼所造。此宗最大论师，为枯马立拉及波罗巴伽罗二人，均在八、九世纪。立论颇相殊异。

清辨之《般若灯论》曰："弥息伽外道所计《韦陀》声常。"法称之《金刚针论》曰："四《围陀》及弥辂娑并僧伽论、尾世史迦乃至诸论悉了，名婆罗门。"弥辂娑即弥曼差，弥息伽即弥曼息伽（谓弥曼差人）。"弥曼差"一字，固本指耆米尼之宗派。然其后吠檀多亦称为弥曼差，乃因耆米尼宗解释论究祠祀，而曰业弥曼差。吠檀多乃理智（《奥义书》）之解释论究，而名为智弥曼差。《吠陀》宗系，先祠法，后智慧，因而又各得前后弥曼差之名焉（耆米尼宗通常仅称为弥曼差宗）。

本章首略述前弥曼差宗之大略。本宗计《吠陀》（即《韦陀》或《围陀》）声常。声常之说散见我国佛典，因亦稍详论之。

一、前弥曼差宗义

《吠陀》诸集与《梵书》常不相符，因而须决定其是非（因为判决者故不定以圣言量为根据）。此外经师多另有口传，年久混乱，纳于正理（尼夜耶），因而经说解释之规律出，历时甚久，而有《弥曼差经》焉。此不独经典祀法所据，即法律亦援引其规律，以得正确解释。又因尊《吠陀》而有声常住之说，因建立解释规律而有量论，且引申之而研究宇宙天神人我诸问题，故此宗亦自为一系统。兹所述者，偏于其哲理方面，余则略之。

本经分十二章，六十节，为经二千七百四十二（或言二六五），内容杂乱，大要约如下列：

第一章　知源论

第二章　仪式行法差别　非量

第三章　圣传教义上下文之轻重

第四章　诸仪式之互相影响

量论

知识有二：一波罗玛，译谓真知。二阿波罗玛，译为误知。而知之真性曰"波罗玛尼耶"，犹言真或真理。证知识为真为误，则须有证明方法（或标准），是曰"波罗玛那"，此皆源出一字，此字均取于计量之量。量论者，一在知何谓真（或真理），一在证明真理方法。

弥曼差主张一切知识均真，而记忆则有真有误。真者自身即可证实，不赖外事或他项知识乃可证其真否。此谓之为首他波罗玛尼耶说，易言之即自真说。（记忆有待于以前知觉，故可有误。）而正理论则主波罗他波罗玛尼耶说，即他真说。其难弥曼差人曰：知之真否有待于他因。盖就知本身不能辨其真误，而须视知与外界对象符合与否，且知之真否视其可否达到人之意旨或所希望之结果。波罗巴伽罗答曰：知之有误，乃由此记忆，如见螺钿而曰此物是银，此乃见白色物而误忆为银。又如梦之所以为幻境者乃非直有知，乃亦由记忆而生，且二知觉相混乃有错误，如戴黄镜所见皆黄，实乃二知相混合而生误知也。迹其所言，似谓如言符合外象，乃为真知。实则外象云何，为所知耶？为不知耶？如为所知，则无符合之可言（仅一知又一知相合）；如是不知，则更何由知其符合，故知识真误，仅据本身，不可另觅他因也。

证知真误方法有六：一现量，二比量，三比喻量，四义准量，五圣言量，六无体量。波罗巴伽罗主前五，枯马立拉并主后一量。

现量谓知识之由根境相触而起，且根须与我接，乃能有知。然根境触时，有时为我见，有时不为我见，可见根与自我并非直接，乃有心为之媒介。（如心不在则视而不见，听而不闻。）现量有二，有分别与无分别是也（陈那谓现量无分别）。二均为真知。比量者，由见甲因其与乙有必然之关系，而对于与根未接触之乙生知。喻如见烟，且由烟与火为必然关系，因而知有火。比量由何而生，何以知其真误，则归之于经验。比量有二：一自悟，一悟他。自悟者，内心推理之历程。悟他者，宣说所推得之理。后者指三支，谓宗因喻。三支与错误均常依佛家陈那之说。

比喻量者，由未见之物，因其相似，而推知所现见之物，如见野牛而记忆家牛，知其相似，此知谓之比喻。

义准量者，谓由二事相违而生新知，如天授未死，且未在室，而知其外出。枯马立拉氏曰：如疑其实死，则何以信其实生？既信其实生，而又不见其在室，故立新义以调和之。调和者，义准量之特性也。波罗巴伽罗曰：见天授之未在室，而知其不生，但实已知未死，故准此而立新义，谓其外出。

圣言量者，他量所不能得，则由圣言知之。如祭祀之法，乃由《吠陀》命令，非由余量，《吠陀》之外，圣贤之言，亦可为量。（圣言量原字实为声量，说见下。）

无体量，枯马立拉氏认为量之一（即取得真知方法之一）。如谓此案上无瓶，吾人所见者唯案，实不见瓶，而知无瓶。非比量得，亦非他量所可得，故枯氏谓无有亦可为量。

句义

《弥曼差经》对于世界之假实，似未言及。惟其后论师常对佛教之空宗反驳之，故此派亦为诸法俱有之宗。而且受胜论之影响，亦采取其句义说，作诸法之分析。枯马立拉执句义有六，谓实、德、业、同、异五者，去《胜论经》之和合，而加无说为第六。波罗巴伽罗执八句义，谓实、德、业、同、异、和合、有能、似数。

实者谓德所依。波氏谓有九，谓地、水、火、风、空、我、意、时、方，与胜论同。枯氏加暗、声二者。他人尚有加金为第十二者。德者依一实而非业，波氏谓有十六，色、味、香、触、数、量、别体、合、离、彼体、此体、乐、苦、欲、瞋、勤勇，此大体显为《胜论经》之说。枯氏则约同于波罗夏他巴答之说，谓有二十四德。惟去法、非法、声，加有能、音、显。即上言十六加觉、重、液、润、行、音、显、有能八者。业者有五，悉如胜论所说。同异、和合、无说、有能四者，亦略如胜论。波氏主张似数亦为句义，盖因二者不能为句义所摄也。

弥曼差宗重祭祀。祭祀目的在得未来之酬赏，故须有继续不变之受者，是曰"阿提芒"，译为自我（实句义之一）。此与觉与根及身有别，乃永久独立存在。而近世之论师，多谓此宗自我系非物质者，又为多非一。因吾人不能直知他人之我，惟藉比量得知。而一人之所知，不必为他人所知。惟祛马立拉一派又执我是遍满，非如极微，亦非随身大小。各各自我虽均遍一切处，然因法非法（善行恶行之酬报）等，而互相殊异。我是受者，且为作者。

前弥曼差虽亦认天神为祭祀之鹄的，然此诸神以外，不言有最高神权为创世惩劝之主，因遵守《吠陀》之法，不须有上天为助。《吠陀》是常，非由神造。祭祀之受福，系因无前（解见下）之力，亦非出自天神之仁慈。世界生灭不已，无有劫数。极微之变动，法非法之势用，均不须有天帝为之因。简言之，此宗虽承认《吠陀》中所崇拜之诸天，而否认支配一切之最高天帝，即所谓自在天也。本论后期论师因不满于此项学说，而渐附会此宗原执有自在天。至吠檀多德司伽而有自在天弥曼差派出焉。

解脱

常人自我因业之力，轮转生死，不能解脱。波罗巴伽罗谓解脱之程序首在发心厌此世间，知此中乐亦与苦俱，而求解脱。一方守戒律，使无恶业待报；一方又不有意为善，使无善业待报，且勤勇精进，俾未熟之业速得报酬。后自制知足，了然于自我之地位，如是自我乃超出轮回，不再转生，因而自我在不乐不苦之境界中。祛马立拉之意见大体与波氏相同，惟亟言仅知识不能直接解脱（故反对数论之智慧解脱）。虽知自我地位，可使人愿行祠祀，又祠祀如何举行，亦均须由于知识。惟努力于业报之消失，乃可解脱。行业有报，因有欲望，故祭祀必以无著心出之。凡不望事之有善果者，即不得此果。果报由于私欲。故吾人无为而为，则业无酬，常人祭祀可生福德，然非由神力，乃祭祀自身即有能力，名曰无前。由此而有果报，而有轮转。如人作业，屏除一切意用，无所为而为，无所为而不为，则可解脱。斯盖与《世尊歌》无著之义大相似也。

二、声常住说

弥曼差宗旨在阐明《吠陀》祭祀之法。法者谓人间必须行之事，犹谓义务。不行此项义务，则不能达人生目的。但法者不能由现量得，盖法须待人之行为而有，且不能为感官所取得也。比量余四，均依现量，故法亦非由之而得。法之知识，实本于声量。声有二：一常人之声，二《吠陀》之声，二者无何分别，惟常人之声，如不发自不可信之人，可以为量，而《吠陀》则无错误，《吠陀》及圣贤之言均法之所自出，故又译为圣言量。(此为枯马立拉说。波罗巴伽罗则谓仅《吠陀》之命令为圣言量。命令者，指使为祭祀上之行为也。此意亦根源于《弥曼差经》。)

声音合三而言之：一发出之音，二诠或意义，三所指事物。波罗巴伽罗执一切声音本为单个字母，众多字母相合，而可了知。字母者继续发出，刹那即灭。听者受音，对于每字母继续起知，亦刹那灭。夫音既继续坏灭，其能诠之名（即字）因何而起？答曰：音虽续灭，各留印象，是曰行。此继续所留之行，相联合而生能诠之名。(枯马立拉意与此略同)

然声者本身能诠。就其体言，无论人了知否，彼自身能有所指。因声本为能诠之体性，故听者闻声，即晓其意，即谓声先有此诠，故闻之乃知其意。故诠与字声非由人类习惯所生，故一切声谓为常住。(常住之证明有多理由，兹不俱说。)然必待乎一显现此声之机能，乃能为人所知，此机能乃人发声之努力，故声者待勤勇无间（继续努力）而显。

据我国窥基所传谓声论有二说：一声显，一声生。弥曼差者盖声显论也。《成唯识论》曰：

> 有执一切声皆是常，待缘显发，方有诠表。

此中待缘显论（声显），谓声是常，待缘而显。如《法苑义林》卷二曰：

> 声显论者，声体本有，待缘显之，体性常住。此计有二：一者随一一物，各各有一能诠常声。⋯⋯以寻伺等所发音显。音是无常，今用众多常声为体。二者一切法上但共有一能诠常声。⋯⋯以寻伺等所发音显。此音无常，今者唯取一常声为体。其音声等但是缘显，非能诠体。此二之中，各有二种：一计全分，内外诸声皆是常住。二计一分，内声是常，外声无常，非能诠故，犹如音响。故声显论总束为四。计一，计多，各通内外。

待缘发者，谓为声生论，发者生也。《义林》曰：

> 其声生论，计声本无，待缘生之，生已常住，由音响等，所发生故。

《因明大疏》卷六曰：

> 声生说声，总有三类：一者响音，虽耳所闻，不能诠表。如近瓨语（瓨，长颈瓶也），别有响声。二者声性，一一能诠，各有性类。离能诠外，别有本常。不缘不觉。新生缘具，方始可闻。三者能

诠，离前二有。响及此二皆新生。响不能诠。

弥曼差宗自执声显，其声生者，不知指何派，然二者皆主声常住，其所以主常住，想系因此而立《吠陀》声常也。

第十二章　商羯罗之吠檀多论

吠檀多者，谓《吠陀》之"案多"，即《吠陀》之终极也。盖《吠陀》宗派约有三系：一业解脱道。天神之崇拜，导源《黎俱吠陀》。祭祀之繁重，见尊于《梵书》。行为之裁制，大备于《法经》。上承此三，研其原理，定其异同，是曰业弥曼差，或曰前弥曼差。二智解脱道。探宇宙人生之究竟，而归之于一，自我大梵，本体非二。现象世间，如幻非真。真智对治无明，而有解脱。此上溯为《奥义书》之学说，归结为商羯罗之理论，是曰不二之吠檀多，是为后弥曼差。三为信仰解脱道，虽认人我与大梵为一体，然究各有本源。世间众生各住梵中，非谓幻境，是为准不二说。而梵者亦世界之主宰，为自在天。解脱之方，在众生之信仰，在天帝之加惠，是涉于信仰解脱之说，是亦曰有自在天弥曼差，通常亦认为吠檀多宗之一派，其论师以罗摩拿阇（Ramanuja）为巨子。

此三者中业弥曼差已于前章略言之。本章所述：（一）略叙吠檀多之历史，系举后二者合言之。（二）略叙吠檀多之学说，则专指商羯罗之作也。

一、吠檀多论之历史

"吠檀多"一语，早见于《奥义书》中，如《白骑奥义书》之末曰：

吠檀多中最高密意，为往古之所宣示者，
不应施之不定静之人，只可传与子或弟子。

此所谓吠檀多者，显即指奥义。《奥义书》中主即梵即我，已开吠檀多之说，然其内容复杂，且非整齐系统之探讨。吠檀多学进展之历史，即根据《奥义书》，而继续整理发明，以至大成于商羯罗阿阇黎之手。《大博罗他》纪事诗中，常用吠檀多之名，然所指不一，有时指数论，有时指瑜伽，有时指他派他书，通常则为《奥义书》之别名。诗中虽不乏本宗义理，然未立为宗派。然斯项理论必渐酝酿光大，即在《吠檀多经》以前已有三说，均旨在释大梵自我之关系。盖《吠檀多经》言及往昔大师数人，而其说之重要者有三：

（一）Asmarathya 之说，自我不与大梵全一，亦不全异。此谓为分及不分说。

（二）Audulomi 之说，自我未解脱时与大梵异，若至解脱则没入梵中。此名实分说或二元说。

（三）Kasakrityna 之说，自我大梵毫无所异。此谓不二说，或一元说。

《吠檀多经》相传为跋多罗衍那所造，又名《梵经》，亦称《根本思维经》。其中曾破佛教空宗，故出世必不甚早。说者有定为纪元前 2 世纪，有定为纪元后 2 世纪（此外尚有他说），似以后说为近是。本经之注释甚多，最要者为商羯罗及罗摩拿阇所作。前者执一元，后者非执一元。

《吠檀多经》最大之注疏为商羯罗所造。然彼经作者似实不执一元，故罗摩拿阇之解释，较近于经之原旨。盖经中虽反对数论、胜论之说，然亦无商羯罗如幻义。虽认众生出于大梵，但对梵亦为独自之真实物质。世间亦复如是。惟彼经简涩，须注释乃可通，各家因其意为之解。后世又认为韦纽天派之经典，故此类注疏亦甚夥。

经出世后约五百年，而高答巴达作《曼都吉颂》，始主绝对一元之说。相传彼为歌文达之师，而商羯罗为歌文达之弟子。商羯罗曾言《吠陀》中之绝对一元主义由高氏而复兴，据此言反证可知经之著者，似非力执不二说者也。本颂据《曼都吉奥义书》，敷陈新理，谓自我有四位：一觉我，二梦我，三深眠我位。而最上之我，不见，不取，无相，无愿，不可说，与自我为一味，安静，吉祥，不二。世间显现，均依于此。宇宙万有依世俗谛，则分为二。依第一义谛则悉如幻。一切诸法，不生不灭，一切是空。智者念一切是苦，而灭爱欲，无著不动，泯除分别，以达一切智。

佛教空宗清辨之《般若灯论》卷一述外道言：唯是一我，如一虚空，瓶等分别，皆见其假云云，似指高答巴达之所言。盖谓梵如大空，小我如瓶中之空。瓶中之空，来自大空，为大空之一属性，本质全同。小我发乎大我，而为大我之一属性，本非相异，亦复如是。瓶中之空为瓶所限，乃别于大空。小我亦暂依于身体，而宛然若外于大我。瓶破则瓶中之空融于大空。身体之限若解，小我真冥合于大我。即瓶未破时，瓶空岂判乎大空？身体之限，但似有非有之幻影，初无小大我之分也。

高答巴达所言盖在龙树、无著以后，而深受其影响者也。其如幻之说，既有取于般若宗，而所用名辞亦多同。如绳蛇、阳焰、镜影、火轮诸喻均见于佛书。而其四之九十八、九十九，谓一切诸法自性清净虚空，诸佛解脱者及导师首先知之。此外尚有数处，似为赞佛之言。

商羯罗阿阇黎虽辟佛教空宗，然仍被斥为隐藏之佛徒，盖彼继高答巴达之后，而发挥不二学说也。其年代约在西纪后七八八至八二零，其目的谓在光大《奥义书》及《吠檀多经》之教义。作《吠檀多经》注最为宏大（亦彼经现存注释之最早者），又注《奥义书》之重要者及《世尊歌》。（《奥义书》、《吠檀多经》及《世尊歌》为本宗圣典，后称为"三源"。）相传其著述极多，然是否均其所作，则实可疑。商羯罗大师为印度所最尊崇。相传其因吠檀多教人凌乱无序，乃分之为十部，各以其弟子一人领导之。至今此宗出家人，犹分十部，各以大师弟子之名名其部。又在印土立四大寺，为本宗人居处，至今犹存，其势力及于全印。而后世印度神教，亦多受其教泽。至若谓商羯罗辩才无敌，摧残释迦、耆那教徒，焚其典籍，则不尽可信也。商羯罗以后，吠檀多宗之发展有二大事：一神教各派之兴，二一元说之变化。

神教各派之兴似由罗摩拿阇一人之力。彼造《吉祥注释》（《吠檀多经》之释），风靡一时。各派神教因均致力于造注疏以自张其军。故此类书至繁多，不能备举。不二主义在商羯罗以后，著述至夥，然渐引他宗学说入本宗义，而采数论说为尤多。在十五世纪沙陀难陀著《吠檀多精要》，简明便初读者，然已杂以数论之说。盖近世印度各论常有混合之趋向也。

二、商羯罗之学说

吠檀多之根本宗义，为梵我合一。"彼是汝"、"我即梵"，《吠陀》文学中已申此意。盖梵者存在之常理，万千世界，因其力而生，而依住。归原还灭，亦入于是。我者如依正智——即个人自我——吾人之真实内质。此梵此我本来是一。各人之自我非梵之一部，亦非梵所转变，完全即彼常住不可分之大梵。

但经验未显此项同一性。其所表现为名色之多性，之复杂性。个人自我为其一部，而有赖于生长坏灭之身体。

吠檀多宗之根本义亦违反《吠陀》之祭祀法。盖此宗认身虽生灭，我则常住。且许我数是多，各别于梵。诸我经无终之轮回，弃此身体，复入彼躯壳。来生情形，悉视此生作业而定。

但经验者源于世界诸量（如现、比等），而《吠陀》祭祀暨其惩劝命令禁止，亦基于邪智、幻想，是曰无明。无明所诏，恰如梦境，方人未醒，认为真实。精密察之，则知无始之无明者，谓自我不能知彼与彼所附之限制迥然各别。此限制者（旧译应为"所依"）为身、机能、业三者，三者中仅身于死时灭坏，余仍随我轮回。无明之反面为明，亦名正见，由此而我自别于限制。了知此限制乃根据无明，仅为幻想慢执，因是而彼乃与唯一全在之大梵合而为一。

正见不可自世间诸量（如现、比等）得，亦非《吠陀》圣典所可指定为义务（法），因二者均源出无明，不克超脱。明之来源，专在随闻，随闻者，谓《吠陀》，包举其业之部与智之部而言。智之部指散见于《吠陀》颂及《梵书》中之若干章，并特指《奥义书》。所谓吠檀多即《吠陀》之终的是也。全部《吠陀》无论其业部或智部，本颂之全体或《梵书》或《奥义书》，均非源出世间，乃梵呼吸所出，而为人间仙圣所见知。《吠陀》是常。宇宙劫灭，而彼常存于梵中，世间诸事均存于《吠陀》声内。成劫之初，梵依《吠陀》而造天人兽等。然后由梵之呼气，而《吠陀》乃显示与天人兽等。业之部，示以行为轨范，以幸福为目的。智之部，为正见之因，其果无他，乃为至乐。至乐何谓？即是解脱。正见之来，非自思择，亦非由遗传。（此对随闻而言经典数论、瑜伽及《摩拏法典》、《大博罗他》纪事诗等。）二者仅因其根据《吠陀》而解释补充之，亦可谓为真理所由来。但此已为第二义。

说梵

人我之最高目的在解脱，易言之，即自我轮回之停止。轮回之停止，在认识个人之我与最高之我（即梵）本无殊异。故明（或正智）之内容，即为梵或自我之知识。梵我二字固可互换用也。但关于梵有二种知识，上明及下明是也。上明者以正智为鹄，而解脱即其果。下明之目的，不在知梵，而在梵之崇敬。视其崇敬之程度，乃有行为成功，而有幸福，而渐近于解脱。上明以上梵为境（对象），下明以下梵为境（对象）。

是以《吠陀》分别梵之二色（形式），上梵，即无德（性质）之梵，而下梵则有德。《吠陀》之教谓前者漠然无德，无分别，无行相，无所依（限制）。然为崇敬故乃立下梵，有各项德，有分别，有行相，有所依。

同一事不能有德又无德，不能自身有行相又无行相。梵固无德，无分别，无行相，无所依。但如无明为崇敬故被之以限制，则为下梵。被梵以限制，仅为幻象，如红色放射，而结晶体幻现为红，但仍透明，不为红染，故梵之本质无明被以限制，实并无变化。上梵体性无德，无行相，无分别，无所依。彼乃"非粗，非细，非短，非长"（《大林奥义书》三之八之八）。"不可闻，不可触，无行相，不坏灭。"（《迦塔奥义书》一之三之十五）彼"非如此，非如彼"（《大林》二之三之六）。易言之，无形，无观念，无可表示其体性。故谓为"不同于吾人所知，亦不同吾人所不知"（《由谁奥义书》一之三）。"言语思想遇之退缩，不能达彼。"古昔仙人白伐，因有问以梵之体性，而用默然答之。（《吠檀多经释》三之二之十七）

无德之梵仅可以一事称谓之，即彼非不实有也。故彼为实有，但就通常经验言，彼固可谓为不实有。圣典又进而诠定梵体，曰如盐块，通身均咸。梵亦全为纯粹知识。但此二诠释，本亦非二。存在之体即纯知，知之本体即存在，故梵非有二性质也。有时喜亦谓为上梵之性质，但非就其本体而言，或仅视为消极之性质，即脱离痛苦是也。盖仅梵乃可谓脱离痛苦，因圣典曰："一切异于梵者悉受痛苦。"（《大林奥义书》三之四之二）

无德大梵之不能诠知，乃因其为万有之内我。因其如此，故毫不可否认。彼之所以不能诠知，乃因一切认识，彼为主观，永不为对象。但圣者在散罗达那定中，自外界对象，收敛诸根，而以诸根静观一己之内体，则梵可得见。如知吾人内我，即无德梵。且信名色组织之不实，则有解脱。

上梵如加以纯净不可超越之限制，则为下梵。在圣典中，如加梵以任何限制或性质行相分别等，则系指下梵。下梵之建立其因不在知识，而在崇敬。崇敬之结果及其作业，非为解脱，乃为幸福（多指天上幸福），但仍为轮回所限。天上之自在，由敬下梵，而于死后经天之道得之。但可引入全部了知，故可解脱，此之谓渐进之解脱。然因崇拜梵者，未全烧却其无明，故完全解脱不能为其直接结果。因无明者乃限制上梵而使变为下梵者也。上梵虽有如是限制，然不动其毫末。夫色光之射于晶体，日影动摇于水中，烈火焚于空间，其晶日空间，亦何尝有关涉耶？

下梵之解，至为复杂，姑分为三事述之如下：一就泛神言，彼为世界精神。一就心理言，为个人灵魂。一就神教言，为有个体之上帝。

此中关于第一事，特约举圣典中之要言。在《唱徒集奥义书》三之十四，梵称为"全能全智全嗅全味者，包含天地默然不乱者"。或谓曰月为其目，天之四隅为其耳，风为其呼吸。或谓梵为诸光之源，为超乎天地之光月，梵分为名色。梵为生命原素，一切有情之所自出，大千世界动摇其中。梵为内宰，宇宙秩序之原理。又为津梁，诸世由之而分辟，不致混乱。而日月天地时间年日之分别，由之而有。并为世界之破坏者，一切均收没其内。（均见《奥义书》）

既如是言梵之广大，又复诏示其为最细小，是谓为心理之原素，故谓其居于身之中坚，心之莲花。为侏儒，长如一指，或一寸，小于芥子，大如针端。为生命之原素。为旁观者，为瞳子。类此之譬喻甚多。

最后上梵归结而为有个体之神，即谓自在天，《奥义书》殊未详明此义。在呋檀多，则甚重要。因自在天之允许，而有轮回。因其恩惠，而有达解脱之真智。如植物种子，因雨而各发生为草木。自在天依人类前生作业，而造新生命之限制。命令自我何者作业，何者领受。但吾人须知梵之人格化，而为自在天，为世界之主宰，乃仅就经验言之。此义固根源无明。依严格说，实无实性。

说宇宙

上明下明之教不独于梵（见前）于死（见下）有之，即宇宙及有情均可作如是二方面观，世谛及第一义谛是矣。梵创造此世界，诸自我有所限制，遂有个性轮转不已，是世谛也。梵我同一，执一黜多，因而否认世界之创造与存在并及自我之个性与轮回，是第一义谛也。惟二谛之分别常不严，依此二谛而论梵论死以及世界有情，亦详略不均也。梵论与死论之上智下智，与宇宙及有情之世谛第一义谛，须密接为一系统，学说乃可圆成。以此而前二者之下明，应与后二者之世谛相合，而为无明所生之宛然实有学说。又凡人不了悟梵我同一之理，此学说亦即可引起世间宗教。最要者仅下梵，而非上梵，可认为宇宙之创主。盖第一创造，须有多数之能力，而多数仅可用之于下梵。第二圣典所谓"全能全智全嗅全味"，可证梵有多数创造能力，此亦谓为指下梵而言也。

《奥义书》谓梵创此世，然后由个人自我入此世间。未言创世以前，自我已在。或世间循环创造，劫复一劫。依《奥义书》之意，已含世谛及第一义谛，二者并立。然未多发明。其第一义谛乃梵我之同一，其世谛乃经验世界之发展。在呋檀多宗，此二义完全分离。在第一义谛，有梵我之同一，而无世界之生住灭。在世谛有世界之创造，而无梵我之同一。盖因限制而有个人自我，个人自我，无始已有，如不解脱，则其轮回，亦且无终，创世说亦变成劫数说。自梵开展，而有世间，后复灭坏，没入大梵（此之谓一劫），没入之后，重又开展，如是循环，亦无穷尽。

自我极微，在世间复没入梵时，则其存在仅为功能种子，及世再造，仍自梵出，毫未改变，故持此新说而创造之原义全消失。但吠檀多之所以尚言创造者，实因《吠陀》有之，在本宗则其目的不在世界之创造，而在世界之永存。但为救《吠陀》之言，遂言循环开展与还灭。而又因须持世间是常，故言此轮环创造，应无止期，且不能变改固有之秩序。此循环劫数之存在，则由于道德之要求，如后所说。

宇宙有情，依世谛言，则从无始来，轮转无已，从无始来，别于大梵，一切个人自我各各存在。依胜义谛，我本即梵，但囿于限制，而与梵分别。限制之中，除业以外，有细身所附之心理机能（根心及首风）。有时广义言之，粗身及外境亦称为限制。死时仅粗身灭坏，细身及其机能从无始来附于自我，复随此我轮转不已。轮回之我，亦为业附，业者（或祭祀或道德）乃作于生时者。业必受报，故轮回无已时。无业则无人生，故人生未有无第二生为其果报者。作上善业，得生天为神。作极恶业，堕生为动植物。即在此生，毫不作业，亦须转生。盖特殊之善恶业，有须食报数世者。此业身如不为智慧所断，则为无终，轮回因亦无终。

感觉世界之开展，就其本体言之，不过业报加自我以负担，常言谓世界乃"业加于作者之果报"。世界为食（所享受），自我则一方面为食者（受者），一方面为作者。而二者必与前生行动恰相符合。业与果（包括来生之行为及苦痛）之关联非业之不可见力，实为自在天。自在天者，梵之个性化，仅世谛有之。彼依前生所作，而于来生加自我以行为苦痛之报应。

在世界还灭后之再造，如轮回然，亦依道德之要求。因自我虽没入大梵，然仍与业之种子继续存在。业待果报，故须不断之宇宙创造，即梵之分子之发展。兹稍详其步骤于下：

创造原字为"息休提"，义为涌出，为流溢。创造之初，首从大梵流出者为空，此空者如以太，为遍满可见之空间，其质细微。然后风从空出，火从风出，最后水地依次流出，每次极微之所从出，实非极微自身，而为梵所幻化之极微。在世界灭坏，则地首没入水，水入火，火入风，风入空，空入梵。

空为耳根所取，风为耳身二根所取，火为耳身眼所取，水为耳身眼舌所取，地为耳身眼舌鼻所取。但世间万有，均极微之和合，每物中常有一项较多。梵既创造五大极微。彼因个人自我遂入其中。（此《奥义书》说）盖此宗义轮回之我，即在劫坏，亦有功能之存在。及次劫初，世谛幻境又起，而自我如自深睡眠复觉，依前作业，而受神人兽植物诸生，方自我轮回，其细身带有物质种子，经粗质增益而为粗身，同时潜在之心理机能亦遂开展。关于植物之机能，书未明言，或者仍是潜伏并未开展。

身体为活动机关之组合，为名色所构成，即极微之组合。自我为此组合之主宰。身体从三种物质生，粗质，中质，细质是也。依此三分，粪肉心出于地大，尿血首风出于水大，骨髓语言出于火大。但细身轮回已附有首风语言与心，似与此说不符，然或者彼指细质而言，此则指粗质。在轮回身，一切原素俱备，后天滋养而成粗身。至若人类等入胎，亦有详说。兹姑从略。

撮泥为瓶，瓶泥原本无异，其所以有分别，乃依语言，仅为假名。全宇宙亦本为梵，梵外无存在，亦无有别于梵者。

本宗立义较《吠陀》更进一步，自第一义谛言，名色之开展，色现之多非一，乃因无明所创，所持、所加于自我，乃出于邪智，乃为执慢，须用正智去之。如误绳为蛇，误杌为人，误阳焰为楼阁。若精细观察，虚幻自见，全世界仅为幻景。梵如幻术师，自现幻境，然术师本身，并不受其所化幻象之影响。又若幻师用其术化为多形，梵因无明而成为多，亦复如是。又幻术家为幻化之因，梵亦为世间长住之因。而梵又能没收世界入自身，亦犹大地没收众生于自身。

由无明而世界有多项之活动及多项之能力。无明邪智与生俱有，故不能推究其来源。如眼根不健，月本是一，视之为二。无明之于宇宙，亦复如此。依通常所言，宇宙之无有，仅为相对而非绝对。此名色所成，如幻之宇宙，与梵非一非异。如梦中境，大梦未觉，名色为实；大梦既觉，则非实有。

此唯心学说首见于《奥义书》。吠檀多见《吠陀》有创世之说，因持世界大梵同一。俾二说得以相应，故持体性常住，相则常迁。因梵为体，世间为相，而梵为宇宙之因，宇宙为其果。因果固非异而是同一也。

说有情

宇宙名色基于无明，犹若梦境，幻而非实。但此中吾人自我本为实有。自我不可证，因一切证明悉依于我。自我亦不可破，因否认自我实即承认自我（此似笛卡儿"我思故我存在"之意）。

夫此自我，其性若何？大梵包含一切，自我于梵关系又若何？

自我不异大梵？因梵之外无何存在。然梵是不变，故自我非梵所转变。梵不可分，故自我亦非梵之一部。因此而立说梵与自我本是同一，吾人各个自我即是梵之全体，即是不可分不变遍满之梵。

由此言之，凡解释上梵之性质，亦可用于自我。梵之自性为纯知，自我亦然。梵不可表，因一切诠表均加梵以限制，而梵则无限制。自我亦实可遮而不能表，故自我亦超越空间，易言之，即是遍行，自我亦全智全能，既非作者，亦不受苦乐。是谓之第一义谛。

自我之实相既如上述。凡与其实相相违，被以限制者，均由无明而起。限制包举一切自然存在，由此而有轮回之我。我既轮回，即非遍满，而住于肉团心之末那中，由此而其全知全能亦均潜伏（如火之光热潜藏木中），而非全知全能，又由此我遂为受者作者，而此生所作，须以来生之享受作业为果报，复因来生之作业，亦须有报，故我缚于轮回，永无终了。

是诸限制，使梵变为作受之自我。凡粗身及外界一切事物关系外，均为限制（粗身死时灭坏）。限制如下：

（一）心（末那）及诸根；

（二）首风；

（三）细身。

此三项永久机能，从无始来，赋与自我，直至解脱。此外则有（四）变动之原素，或可谓为德性之限制。兹分言此四者如下：

有情命终，粗身及器官（眼耳手足等）悉灭坏，惟其器官之功用，缚于自我，而是常存。此之谓根。根者生时自我以之探索，死后收入自己。诸根为有情知识二方面之根据。一曰知觉，一曰动作。故有五知根：眼、耳、鼻、舌、身是也。有五作根：手、足、口、男、女、大遗是也。此十根者总管于居中之心，一方就知根所得而有知识，一方命令作根等而有行为，故为了别及意志之总和。诸根遍布全体，而心大如针端，住于肉心内，充遍末那心中。自我如未解脱，与心不能分离，然仅因无明，缚于诸业，乃变为作者受者，实际则超出诸根，仅为观者，故虽沉没世间法，而其本体毫无执著。

首风者在《奥义书》本义为口出之风，在吠檀多义为生命元气，此亦附于自我，然不若根心与自我关系之密切。心与根者盖为知作机能所施设之个体。首风为根心所依，则为自然（或生理）生命之本原。此有五：一、出风，调理出息。二、入风，调理入息。三、介风，当人之呼吸暂停，赖此风生命得持续。四、等风，为消化本原。五、上风。前四者维持生命，而上风则于死时导自我脱离身体（彼时根心首风均离去）。此五者即数论之五风，而解释不同。在生前根心首风为管理身体机官之能力，死后均蕴藏如种子，及至再生又长成为身体之官能云。

自我轮回所带之事有二：一心理之原素，根心是也。一身体之原素，细身是也。故商羯罗曰：原质之细者为身体之种子。然细质究与粗身如何关联则未明言。细质构成细身，为物质而不可为官感所见，又为有情体热之源，故方命绝时，根等及细身随我轮回，脱离身体则体冷。

心理组合（根心，风细身）永附于我，且为不变。除此以外，随我轮回，又有变动之限制，是为德性限制。即有情在生所蕴蓄之业，细身盖为物质根基，业为德性之根基，来生之苦乐享受及其作业均依于此。

轮回之我有四位：一、醒位。在此情态，自我住于心中，总理全体，以心根为工具，有知有作。二、梦位。诸根不动，没入心中，心独活动。自我为根心所围绕，循血管周流身中，见醒时之熏习而有梦境。三、熟眠位。心与自我亦相脱离。心根不动，隐入首风。首风在熟眠时，亦有活动。迩时自我暂离限制，经心中之空而入大梵。及人既觉，自我离此与梵同一之暂时情状。而个性之限制又起，恰返前状。四、死位。此于下详言之。

说轮回

死时根入于心，心入于风，风入于我。我附有业力，而入于细身。诸分子既集于肉心而发光明，照其所应循之道路。上风导此我及其限制出于身体。凡有下智者，我自头出。有无明者，自他处出。有上智者，无所谓出。既出之后，其道分散。作善业者趣祖先之道，有下智者向天神之道，恶人无善业，而且无智，悉屏除于此二道之外。

作善恶者均依其道轮转。而有下智者行《吠陀》所载之祭祀，其智不能知梵我之同一，故以下梵为对象而崇拜之。死后则经天神之道入下梵，而得自在。自在者，超人之能力，于一定限度中，可满足其一切希望。然当自我入下梵中，正见亦可显示其前，而入永久完成之涅槃。此经过悠久程序，故谓之渐进解脱。而真正之解脱，实指即在此世间直接解脱。

说解脱

印度各派均以个体生存为苦，而探讨离此之可能与否。早在《吠陀》《奥义书》亦以为世间实无可乐。吠檀多亦持悲观，惟不甚显著耳。解脱生存系缚之方，不由作业。因善恶业均有果报，须再受生轮回，至无已时，亦不由道德之涤净，因此只于可变事物中有之。而自我之于解脱，则实不变。故解脱不在发展或活动，而在拨开无明，了悟真际。故曰："从智慧得解脱。"当自我知其与梵同一，此智即是解脱，个体之自我，遂与遍满之精神为一矣。知自我则得解脱，此自我原非他，即吾人知识之主，因此不能为根所取。盖"见之见者，汝永不能见"（大林《奥义书》三之四之二），彼非对象（客观），故不能取而察之，又不能随意知之。即求之圣典，亦只可除障，而不可达智慧。凡物之可见与否，悉视其是否显现于吾人之前，故求识自我，亦依赖自我本身。在下智，以自我与吾人对立，谓之为自在天而崇拜之，则得智慧须由神之加惠。在上智，自我绝非知识对象，此智从何而起，不可言说。

智慧虽不可言说，然许有助因，欲达智慧，须诵《吠陀》，且有四需要：一分别常与无常，二舍离一切功德之享受，三得六法（安定、制感、舍弃、忍耐、三昧、信仰），四亟求解脱。此外本宗又以为作业可以节制情感，禅观可以渐起智慧，故二者亦本宗所常言也。

智慧者直指梵我之同一。由此而世间如幻，轮回非有，过去作业，均立消灭。我非作者，亦非受者。为业果，亦是虚幻。若人得正智，谓善恶业未得果者均不再为轮回之因。智者既觉，则永解脱。"其神不失，而是大梵，而没入于大梵。"

重印后记[①]

一、1929 年，我为了讲课的方便，编写成了一本《印度思想史》

---

① 录自《印度哲学史略》，北京，中华书局，1960。——编者注

的讲稿，原稿《绪论》之外分十四章。其后到北京大学教书，又将原稿逐渐增补，改编成十二章，于 1945 年出版，排印很坏，错字极多。现将错字改正，交中华书局重印。

二、必须指明，这本旧书主要是根据西方和东方资产阶级学者的著作（几乎全是英文的），加引了汉文佛经中关于印度哲学的材料，作了一些解释而写成的。至于书中所引的梵文、巴利文材料，只有一部分系从原文译出（如《黎俱吠陀》和《奥义书》的一些章节），有的则是由英文转译的。

三、新中国的建立和我们国家的社会主义建设的飞速发展，是马克思列宁主义在我国的伟大胜利。就研究印度哲学史说，我本应在马克思列宁主义思想指导下，特别是毛泽东哲学思想指导下，更充分地占有材料，重新进行研究。不过现在由于老、病，能力精力均不足以实现这种愿望了。但是，在党的社会主义建设总路线的照耀之下，我国文化革命已经到来，我们一定会有以马克思列宁主义观点写成的《印度哲学史》出版。我这本书，作为一个旧时代的产物，只不过提供一些材料，同时也希望多多得到批判。

四、原书在哲学史领域中传播资产阶级学术思想，现在无力加以详尽批判，只先初步提出下列几点供读者参考：

第一，书中讲到历史事实的地方很少，但却采用了印度古历史以雅利安民族为主的说法。这个说法实际上是为西欧帝国主义服务的学者歪曲和夸张了雅利安人侵入印度的事，以为印度的民族和文化是从西方传过去的。这种资产阶级歪曲历史为他们殖民主义利益服务的手法，由于印度西北摩亨殊达鲁等地考古的发现，已被全部粉碎了。现在我们知道，早在雅利安人侵入以前约千年，印度已有很伟大的优秀的自己的文化。苏联科学院主编的《世界通史》已经科学地论证了这一点。（见三联书店，1959 年中译本第一卷，582～599 页。）关于这个问题，中国人民联想起过去欧洲"学者"们也曾经强调中国民族文化西来的说法，就可以了然他们的恶毒用意了。（关于这个问题，可以参看阿甫基耶夫著的《古代东方史》，三联书店，1956 年中译本，第 440 页以下各页。）

第二，资产阶级所写的《印度哲学史》，因为站在为帝国主义服务的立场上，观点方法当然是完全唯心的。我这部旧著，叙述印度思想的发生和发展，不用说也是违反历史唯物主义的，现在我也无能力和精力加以批判，只能简单地提出下面两点：首先，印度哲学史中唯物主义有强大的传统。本书内只对顺世外道提了一下，但是对之加以诬蔑，这当然是资产阶级歪曲历史的又一个方面。其次，对于佛教，原书袭用了资产阶级观点，在佛教发生问题上过分突出了个人在历史上的作用。其实很显然，在释迦时代，印度恒河中游的人民曾揭起了一次反抗婆罗门的大运动，释迦牟尼的思想实是当时革命要求的一定程度的反映，因此他反对种姓的差别，主张平等。当然，他的说教毕竟是属于宗教范围，世界观是唯心主义的，因此在历史的发展上，佛教遂常为统治阶级所利用（如因果报应的学说、悲观出世的思想）。佛教教义及其历史是复杂的，我们必须采取像马克思所指出"把神学问题变为世间问题"的方法，才能正确地搞清它。最后，我这本旧著，虽称为史，但遗漏和疏略之处实在不少。这因为我当时主要是凭借英美资产阶级的书籍，例如，本书只写到商羯罗之吠檀多，即只承认唯心主义的吠檀多的独霸，而以其他派别不足挂齿，表面上的理由是在商羯罗以后中印古代文化（佛教）交流渐少，实际上是因为西方资产阶级很少研究，因而我也就一无所知了。至于他们为什么很少研究商羯罗以后的印度哲学思想，现在看来，很明显是因为在商羯罗以后印度哲学思想中也含着强烈的反封建和反对外族侵略的潮流（参看阿尼凯也夫《古印度哲学中的唯物主义流派》，上海人民出版社，1958年中译本），这些是为资产阶级学者所不喜欢的，故加以抹杀与轻视，在我这本书中也有这样的观点。至于印度反帝运动的思想当更不为西方资产阶级"学者"所喜欢，我也就更无法提及了。（其实清末章太炎革命时，还与印度革命志士互通声气。）从这一点可以看出"厚古薄今"的学术具有什么样的阶级烙印，同时也可了解它是与反动的政治立场也不无联系的。

五、书中所引用关于印度哲学的汉文资料主要出于大藏经下列诸书中：

甲、佛教及佛教以前部分（第一章至第五章）：

（一）《长阿含经》（东晋时罽宾人佛陀耶舍共竺佛念四一四年译于长安）；

（二）《中阿含经》（东晋时罽宾人僧伽提婆三九八年译于建康）；

（三）《增一阿含经》（东晋时罽宾人僧伽提婆三九七年译于建康）；

（四）《杂阿含经》（刘宋时求那跋多罗四三五年译于建康）。

以上四《阿含》构成小乘三藏中经藏的主要部分，根据传统说法，它是记载释迦的口头教诲，因此也就保存了释迦同时或以前的学说的一些资料。其中如《长阿含·沙门果经》所述六师学说、《梵动经》所述的六十二见等比较有名的和重要的，我在书中曾经选录，并加以解释。

（五）《异部宗轮论述记》（本论系唐玄奘译，述记是窥基撰的。这是关于佛教发展的汉文史料的重要著作）。

乙、婆罗门六论（从第六章至第十二章）：

（一）《金七十论》（陈真谛译，南京支那内学院校印本可用）；

（二）《胜宗十句义论》（唐玄奘六四九年译于长安）；

（三）《百论疏》（论系鸠摩罗什四〇五年译于长安，疏系隋吉藏所作）；

（四）《成唯识论述记》（论系唐玄奘六六〇年译；述记系窥基所作，简称《唯识述记》）；

（五）《因明入正理论疏》（简称《因明大疏》，论系唐玄奘六四八年译，疏系窥基所作）；

（六）《俱舍论记》（论系唐玄奘六五二年译；普光作记，简称《俱舍光记》，或仅称《光记》）；

（七）《般若灯论》（唐波颇六三一年译于长安）；

（八）《大乘广百论释论》（简称《广百论》，唐玄奘六五一年译于长安）。

从上面所列的简略目录看来，我们可以得到这样概括的印象：佛经翻译成中国文字（主要的是汉文和藏文）是经过很长久的时间（也来自不同的地方）。因此，关于印度哲学在中国文字中所留下的资料，是可以推测印度哲学各时代发展的大体情况，并也可推测得印度各地域流行的学派的不同。如汉译《长阿含》、《中阿含》都是由罽宾人（迦湿弥罗）翻译的。根据印度上座部传说释迦涅槃之年为公元前五四四年（近年由世界各教派确定一九五六年为佛涅槃二千五百年的纪念），从公元前六世纪佛教在印度兴起，其后扩展到印度境外，经中央亚细亚而传入中国，至少在公元前一世纪中国已有正式记载，延至东晋时在中国佛经翻译已经很多。但是对于佛教三藏（小乘）尤其是经和律，中国僧人甚觉得尚不完备，必须补全，然而其时印度已有了大乘佛教（龙树系在公元后二三世纪）。因此，在四五世纪之中，小乘经（即上述之四《阿含》）以及大乘中观学派龙树、提婆的著作（《中论》、《百论》）就大量地翻译成汉文了。到了这个时候，不但小乘佛教已分了许多学派（十八部），意见纷歧，而且小乘教派（尤其是一切有部及经部）亦受大乘之影响而有《成实论》、《俱舍论》，并且大乘佛教本身也新发展而为无著、世亲及陈那等的瑜伽师宗（唯识、因明），再后（五、六世纪）而有清辨（《般若灯论》作者）、护法（《广百论释论》作者）。从龙树到护法这段时间，不但大小乘各派中互有争论，而且大乘佛教和婆罗门各宗（尤其胜论和数论）亦互相攻击。因此，大乘两派的著作汉文译本内引用了不少的二、三世纪到五、六世纪印度哲学学说，而且这些作品大多数在印度已经失传，故对其所包含的印度哲学资料应广为收集，并应依派别及年代整理出来，实可供中外学者研究印度哲学参考之用。此外，除上述情形，我们还应注意下面两方面的资料：其一，这些从晋到唐的翻译家中，也有对于当时印度流行的哲学有一些知识，他们也曾经译出一些印度哲学的著作（数论的《金七十论》，胜论的《胜宗十句义论》），并且传授他们这方面的知识给中国僧人，因而中国佛教章疏（如吉藏、窥基等的著作）中也记载了一些印度的学说。其二，汉文译经，中唐以后比较少，并且对印度哲学的记述已极少见，但是自此时西藏译经甚盛，其所译者应有汉文佛藏中所未载的材料（主要是六世纪以后的），这也是可以注意的。总而言之，中国佛教汉文翻译和著作中保存了不少印度哲学的资料，过去中外人士已多有发掘。现在为着促进对印度哲学方面的研究，我正在编一"汉文中的印度哲学资料汇编"①。——在《大藏经》中广泛抄集，无论经论或章疏中的有关资料长篇或零片均行编入。目的为今后研究印度哲学者之用，不作任何加工，只于资料注明出处及原作或译者人名年代等。至于为了教学用的，以后再编一个简编。

六、关于本书所引用的汉文中的印度哲学资料已如上述，至于外文（主要是英文）参考书籍原来附有一个目录，因为那目录已陈旧过时，现在用处甚小，所以删去。但为读者方便，此处略作下面一些说明。

（一）本书所用主要参考书是 Dasgupta 的《印度哲学史》第一册（闻现已出版五册），Radhakrishnan 的《印度哲学》，两种均系英文，后者现有俄文译本。

（二）关于印度文学（梵文等）的重要典籍如《梵书》、《奥义书》、耆那教书等，常参考在《东方圣书》中的英译本，这个丛书 *Sacred Books of the East*，简称 S.B.E.，英国牛津大学出版。

（三）汉文佛教书中的"阿含"在巴利文中称为"部"（Nikāya）。《长阿含》在巴利文中称为《长部》（Digha-Nikāya），《中》、《杂》、《增一》等准此。因此书中曾引《中部》、《增一部》即谓汉文佛教书之《中阿含》、《增一阿含》也，巴利文的四部，现在均有英文译本。

---

① 后经宫静等同志整理以《汉文佛经中的印度哲学史料》为题，商务印书馆，1994。——编者注

（四）本书第四章所称之韩莱的文章系指 Hoernlé 在《宗教伦理百科全书》（*Encyclopedia of Religions and Ethics*，简称 *E. R. E.*）中所作的 *Ājivakas*（《邪命》）一文。

（五）哈佛大学所出版的"哈佛东方丛书"（*Havard Oriental Series*，简称 *H. O. S.*）中的英译《阿达婆吠陀》及《瑜伽经》等书均为可用之书。

七、总起来说，我这部书在二十多年前缀拾东西方学者的研究成就加些翻译资料和佛经资料编撰而成，是一部资产阶级的《印度哲学史》，而且这部书是用摹古仿古的文言写的，因为我少年时即追随封建士大夫为古文，作文时并不要人懂，只求其"简练"，就是将浅显的说得深奥以自高身份，求自己的赏心悦目。（关于作文言文一事，一方面表现出封建文人思古尊古之幽情，忽视群众的观点，另一方而提倡文言文即"以文教治天下"的内容，也是封建阶级的知识分子在历史上垄断文化知识的一项手段，这里且不多说。）解放以后，我有时读自己过去写的文章，觉得用普通语言写出，应该明白得多，因而感到非常惭愧，更加认清过去参加《学衡》杂志是走反动的路线。但是我常听见党对我们这样教诲，要向前看，不要向后看，在总路线的鼓舞之下，我们应揭露批判过去写文言文所起的腐朽作用，并坚决贯彻"厚今薄古"的方针。必须打破对古文的迷信（或认为难读，或认为好），必须是"取其精华，去其糟粕"，才能贯彻"古为今用"的方针。

我这本书的缺点和错误很多，在上面已提到了一些。朋友们希望我把它重印出来，我高兴地接受了这个意见。这是因为，一则它可能在我国日益蓬勃发展的学术研究中起抛砖引玉的作用；二则多少有益于中、印文化思想的交流。我相信，随着中、印两国人民的文化交流的进一步发展，我国对印度哲学思想的研究，在马克思列宁主义的指导下，将会有更大的发展。

本书在付印前由王森同志校改字句上的错落百余处，我向他表示感谢。

汤用彤

一九五九年十二月

汉魏两晋南北朝佛教史（节选）

第六章　佛教玄学之滥觞（三国）

牟子《理惑论》

牟子约于灵帝末年（188 年）避世交趾。其后五年为献帝之初平四年（193 年），而陶谦为徐州牧，笮融督运漕，大起浮图祠。牟子约于此年后作《理惑论》，推尊佛法。其后约七年，而阮嗣宗生。约二十年，而嵇叔夜生。何平叔、王辅嗣均死于魏正始十年（249 年），在阮生后三十九年，上距牟子作《理惑论》时至多不过五十六年。此五十余年中，中华学术生一大变化。此后老庄玄学与佛教玄学相辅流行。何、王在正始之世，老庄玄谈隆盛。而牟子作论，兼取释、老，则佛家玄风已见其端。《理惑》三十七章之可重视，盖在此也。

老庄玄学，亦尚全身养生。两汉方士道家长生久视之术，曰祠祀，曰丹药，曰辟谷，曰吐纳。然至三国时，有识之士，于方技亦尝不置信。魏文帝《典论》（《全三国文》卷八），纪郤俭之辟谷，甘陵、甘始之行气，左慈之补导。并论之曰：

> 夫生之必死，成之必败，天地所不能变，圣贤所不能免。然而惑者望乘风云与螭龙共驾，适不死之国，国即丹溪，其人浮游列缺，翱翔倒景，饥餐琼蕊，渴饮飞泉。然死者相袭，丘垄相望，逝者莫返，潜者莫形，足以觉也。

陈思王作《辨道论》（《全三国文》十八），亦斥神仙道术。

> 又世虚然有仙人之说。仙人者，傥猱猿之属与？世人得道化为

仙人乎？夫雉入海为蛤，燕入海为蜃，当其徘徊其翼，差池其羽，犹自识也。忽然自投，神化体变，乃更与鼋鳖为群，岂复自识翔林薄、巢垣屋之娱乎？牛哀病而为虎，逢其兄而噬之。若此者，何贵于变化耶！

牟子引《老子》天地尚不得长久之言，以讥道家"不死而仙"之妖妄。又谓辟谷之法"行之无效，为之无征"。而当世神仙之术，秋冬不食，或入室累旬而不出，牟子笑之曰："蝉之不食，君子不贵，蛙蟆穴藏，圣人不重。"其所言与曹氏兄弟实同其旨趣也。

方技虽常为世人所讥，然其全身养生之道，亦旨在顺乎自然。而顺乎自然，亦老庄玄学之根本义。《抱朴子·畅玄第一》言，声音可以损聪，华采可以伤明，酒醴可以乱性，冶容可以伐命，此皆反乎自然。玄者，自然之始祖。玄道者，得之则永存，失之则夭折。以此举凡咽气餐霞之术，神丹金液之事，均须与自然契合。至若老庄清谈，主恣情任性，忽忘形骸，超然于尘埃之表，不为礼法所拘束，其旨亦在道本无为。故夏侯玄曰："天地以自然运，圣人以自然用。"（《列子·仲尼篇》注）何晏、王弼曰："天地万物皆以无为为本。"（《晋书·王衍传》）阮籍之传大人先生曰："夫大人者，乃与造物同体，天地并生，逍遥浮世，与道俱成。"（《全三国文》四十六）清谈家尚清净无为，固亦全生养性之道。凡与自然同德者，亦可与天地齐寿。故嵇康亦常修养性服食之事，以为神仙禀之自然，非积学所得。至于导养得理，不为声色所毁伤，则安期、彭祖之伦可及，乃著《养生论》。（参看《晋书》本传）其论云：

> 善养生者则不然矣。清虚净泰，少私寡欲。（中略）外物以累心不存，神气以醇白独著。旷然无忧患，寂然无思虑。又守之以一，养之以和，和理日济，同乎大顺。

同乎自然之大顺，然后吐纳服食乃始有济。其不知全神虚静，而徒事服食者，必至倾败。牟子教人守恬淡之性，观无为之行。以《老子》之要旨，譬佛经之所说，谓佛道在法自然，重无为，因其重澹泊无为，而视道家养生之术为诬妄。故言"道家方术，大道之所不取，无为之所不贵"。牟子与嵇叔夜所言，虽有不同，然其所据之玄旨则一也。

中华方术与玄学既俱本乎道家自然之说。汉魏之际，清谈之风大盛，佛经之译出较多，于是佛教乃脱离方士而独立。进而高谈清净无为之玄致。其中演变之关键有二要义，一曰佛，一曰道。由此二义，变迁附益，而为神仙方技枝属之汉代佛教，至魏晋之世遂进为玄理之大宗也。此二义变化之始，亦具在牟子书中，当于下述之。

三国佛教史实与传说

三国时佛教之重镇，北为洛阳，南为建业，魏由陆路与西域颇有交通。汉献帝末年（文帝即位之年［220年］），焉耆、于阗诸国皆各遣使奉献。魏文帝黄初三年（222年），鄯善、龟兹、于阗王各遣使奉献。是后西域遂置戊己校尉。明帝太和三年（229年），大月氏王波调遣使奉献。齐王芳即位之年（239年），西域重译献火浣布。据《辟雍碑》，晋时西域人有入太学者。则魏时洛阳之西域人，或亦不少。《开元录》载魏世译经沙门四人：（一）昙柯迦罗，中印度人，以齐王芳嘉平二年（250年）于洛阳白马寺出《僧祇戒心》。集梵僧，立羯磨受戒，东夏戒律始自乎此。（二）康僧铠，印度人，但既姓康，或为康居人。于嘉平四年（252年）在白马寺译经。（三）昙无谛，安息人。以高贵乡公正元元年（254年）在同寺译《昙无德羯磨》。（四）安法贤，或为安息人。亦谓曾在魏世译经。（《开元录》另有白延，但应即前凉译《首楞严》者，不在魏世。）

南方与天竺交通，亦由海程。《梁书·诸夷列传》云，后汉桓帝世大秦、天竺皆由此道遣使贡献。及吴孙权时，遣宣化从事朱应、中郎康泰通焉。其所经过及传闻则有百数十国，因立记传。但《吴志》并未载与西域交通事。是海上国际间关系，并不频繁。建业佛教，是否多自海上传来，亦不能断言。今所知者，《开元录》载译经五人，康僧会来自交趾，支疆梁接（恐与西晋在广州之疆梁娄至为一人）于交趾出经，是佛教由海道至南朝之证。但最重要之支谦，则至自北方。康僧会之学问，亦与北方有关。维祇难，竺律炎，来经何道不明。汉末大乱，北人多有南徙者，固不能断定南方佛法，全系乎海上交通也。

刘宋陆澄《法论目录》载有魏武帝致孔文举书。而陆序有曰："魏祖答孔，是知英人开尊道之情。"（《祐录》十二）《弘明集后序》亦云："魏武英鉴，书述妙化。"曹孟德原书已佚，详情与真伪均不可考。魏文帝《典论》，陈思王《辨道论》，魏武帝招致诸方士，使郗孟节（即方士郗俭）主领诸人。但谓其父子并不全信之。（详见《全三国文》）又据道宣《续僧传》三十载北周僧勔《十八条难道章》中云：

故魏文之博悟也。黄初三年下敕云："告豫州刺史：老聃贤人，未宜先孔子。不知鲁郡为孔子立庙成未？汉桓帝不师圣治，正以婴

臣而事老子，欲以求福，良足笑也。此祠之兴由桓帝。武皇帝以老
子贤人，不毁其屋。朕亦以此亭当路，行来者辄往瞻视，而楼屋倾
颓，傥能压人，故令修整。昨过视之殊整顿。恐小人谓此为神，妄
往祷祝，违犯常禁。宜宣告吏民，咸使知闻。"

按文帝、陈思王均痛斥方士，自不能明言其父笃好方术。陈思王谓其父
并未全信，文帝敕书谓其父以老子为贤人，不毁其屋，皆为尊亲讳也。
实则敕书中既引及汉帝遣宦者祠老子，次言及武帝。则孟德或奉行桓帝
故事。以汉代方术浮屠之关系言之，则魏武书中，称述佛教，或亦有其
事也。

《魏书·释老志》称魏明帝大起浮图，亦见于《三宝感通录》卷上。
（《酉阳杂俎》亦载之，但甚省略。）此事魏收以前，绝无文记，不悉确否（敦
煌本《老子化胡经》载有魏明帝序文）。又佛家相传，梵呗始于曹植之《鱼
山七声》。鱼山在东阿。《魏志》曰：初植登鱼山，临东阿，喟然有终焉
之心。但于其造梵契则正史不载，其所作《辨道论》，佛徒恒引之。
（《广弘明集》、《佛道论衡》并载之）然其旨在斥方士，于佛教则不必信也。

《高僧传》谓吴主孙权拜支谦为博士，使与韦昭等共辅东宫（《祐录》
未言及韦昭）。又谓康僧会至建业（谓在赤乌十年，而《广弘明集》引韦昭《吴
书》言在赤乌四年），权初不信佛，打试舍利，具显神异，遂大嗟服，并
为建塔，号建初寺。江南有佛寺始此。及至孙皓，又欲毁法，亦以感异
兆止。其叙述甚诡异错乱。（一）吴地有外国沙门，在赤乌年前。（下详）
而《高僧传》曰，赤乌十年康僧会至建业，吴国初见沙门，有司奏曰，
有胡人入境，自称沙门，容服非恒云云。（二）《僧传》自言："有记云，
孙皓打试舍利，谓非权时。"则慧皎所见记载，已互有不同，而必谓吴
大帝感舍利，亦少根据。（孙权试舍利亦见于《广弘明集》卷一所载之《吴
书》，其中并叙述阚泽推尊佛法，采及《汉法本内传》伪书之文，则道宣所录《吴
书》之伪，实无可疑。）（三）《吴志·孙綝传》曰：

> 綝意弥溢，侮慢民神，遂烧大桥头伍子胥庙，又毁浮图祠，斩
> 道人。（《建康实录》作烧大航及伍胥庙，毁坏浮图塔寺，斩道人。）

此事在孙休即位之时，既曰民神，则佛寺或非吴主之所建。（《吴地记》谓
通元寺，孙权夫人舍宅置，亦不知确否。）如綝所毁之祠为建初寺，则康僧会
或已被杀害，而其得见孙皓，亦无其事也。《吴志》仅载孙权好神仙，
皓信符瑞，其与佛教之关系，正史所未言。梁时《高僧传》、《祐录》所

载，又纷歧杂乱。今于支谦、康僧会事，只据魏晋人所言，而间参引梁时传记焉。

支谦

汉末天下大乱，中原人士颇有避难南迁者，优婆塞支越其一也。（支愍度《合维摩经序》称为优婆塞，是谦未出家。）越亦名谦，字恭明。据支愍度《合首楞严记》（《祐录》七）谓为月支人。其父亦汉灵帝之世来献中国，越在汉生。据道安《了本生死经序》（《祐录》七）称为"河南支恭明"。则支氏一家，原似居洛阳。《祐录》卷十三《支谦传》所记，则谓谦大月支人。祖父法度，以灵帝世率国人数百归化，拜率善中郎将。与愍度所言稍不同。该传又曰，越年十岁学书，同时学者皆服其聪敏。十三学胡书，备通六国语。此则谦似先学汉文，后习胡书。支谦一族盖已深被华化矣。支愍度又曰："支谦生于汉土，然不及见支谶。但有支亮者，字纪明，资学于谶，而谦则受业于亮。"是于支谶，则为再传弟子也。支谶传大乘学，出《道行般若》及《首楞严三昧》等经，盛行于汉晋之间。支谦曾译《大明度无极经》，则《道行》之异译。又据支愍度《合首楞严经记》曰：

> （支越）亦云出此经，今不见复有异本也。然此《首楞严》，自有小不同，辞有丰约，文有晋胡，较而寻之，要不足以为异人别出也。恐是越嫌谶所译者，辞质多胡音，所异者删而定之，其所同者述而不改。二家各有记录耳。此一本，于诸本中辞最省便，又少胡音，遍行于世，即越所定者也。

支谦以谶所出太质，因而再治，可窥见其为学，不背师承。支谶译《道行般若》，支谦再译，称为《大明度无极经》。《维摩诘经》亦其所最初出。（僧肇《维摩序》云，支竺所出，理滞于文。支者恭明，竺者法护或叔兰也。）方等深经之行于中土，始于谶，而谦实继之。

谦生于河南，并受学支亮（当在洛阳）。愍度记曰：

> 以汉末沸乱，南度奔吴。从黄武至建兴中所出诸经，凡数十卷，自有别传记录。

《祐录·支谦传》所记颇详，亦稍不同：

> 谦（中略）博览经籍，莫不究练，世间艺术，多所综习。其为人细长黑瘦，眼多白而精黄。时人为之语曰："支郎眼中黄，形体虽细是智囊。"其本奉大法，精练经旨。献帝之末，汉室大乱，与

乡人数十共奔于吴。初发日，唯有一被，有一客随之。大寒无被，越呼客共眠，夜将半，客夺其被而去。明旦同侣问被所在。越曰："昨夜为客所夺。"同侣咸曰："何不相告。"答曰："我若告发，卿（《大正藏》作"乡"）等必以劫罪罪之。岂宜以一被杀一人乎？"远近闻者，莫不叹服。

支愍度记云，谦自黄武在南方译经。（《祐录》二作"黄武初"，《祐录》十三作"元年"。）至建兴中，共出凡数十部。《安录》著录三十部。《祐录》兼采《别录》所载六部，共著录三十六部，共四十八卷。（《祐录》十三则谓其译经二十七部。《高僧传》作四十九部。《开元录》八十八部。《祐录》七谓晋末以来关中诸贤经录云，《慧印三昧经》支谦所出。）按《吴志》魏黄初二年（221年）孙权自公安移都鄂，改名武昌。其明年权改元黄武（222年）。又二年（224年）而维祇难等译《法句经》于武昌。《祐录》七载未详作者之《法句经序》曰：

始者维祇难出自天竺，以黄武三年来适武昌。仆从受此五百偈本。请其同道竺将炎为译。将炎虽善天竺语，未备晓汉，其所传言，或得胡语，或以义出音，近于朴直。仆初嫌其辞不雅。（中略）是以自竭受译人口，因循本旨，不加文饰，译所不解，则阙不传，故有脱失，多不出者。

据此序，《法句经》黄武三年（224年）维祇难所出，竺将炎译为汉文。作序文者参与其事。但将炎虽善胡而未备晓汉，所出朴质，而多脱失。其后作序者因又有修改之举。故其序末曰：

昔传此时，有所不出。会将炎来，更从咨问。受此偈等，重得十三品，并校往故，有所增定，第其品目，合为一部三十九篇，大凡偈七百五十二章。

藏经中现存《法句经》，题为维祇难等译。计其篇章数目，实为改定本。按《祐录》卷二，维祇难与支谦录中，各载《法句经》二卷。疑支谦并未别译，仅与竺将炎再校初译之文，并补其阙失。二家各有著录，并非谓第二出全未因袭前人也。此与支谦修改谶译《首楞严》事情形相同。而作《法句经序》者，盖支谦也。（《贞元录》三云，谦撰《法句经序》，即指此也。）

支谦修改《法句经》，或已在建业。按孙权于黄龙元年（229年）称帝，迁都建业，距《法句》初译时已五年。其时竺将炎于汉文或较为娴熟，亦来吴都。故谦请其更出也。《祐录》十三又云，孙权闻谦才学，拜为博士，使辅导东宫。按权即位以登为皇太子。及赤乌四年五月，太子登卒。明年立和为太子。又八年废之，而立亮为太子。又二年而权薨。亮即位，改元建兴（252年）。据《祐录》十三曰：

> 后太子登位卒（一本无"卒"字），遂隐于穹隙山，不交世务。从竺法兰道人更练五戒。凡所游从，皆沙门而已。后卒于山中，春秋六十。吴主孙亮与众僧书曰："支恭明不救所疾，其业履冲素，始终可高，为之恻怆不能已已。"其为时所惜如此。

支谦辅导东宫，不知确否，亦不知在何时。但事如确，则其所谓东宫者，或即太子登。《祐录》所谓"后太子登位卒"，"位"字衍文，后世传抄者不悉"登"为人名，故改"登卒"为"登位"。而"登位卒"者，则再后抄手，依二本合写也。谦于登卒后，遂隐居山中，其卒时当在孙亮建兴元年（252年）后也。

会译实始于支谦。《出三藏记集》卷七，载支恭明《合微密持经记》，其文讹略难读。今详加校勘，其全文并原注如下：

> 《合微密持》，《陀邻尼》，《总持》，三本：（上本是《陀邻尼》，下本是《总持》与《微密持》也。）
>
> 《佛说无量门微密持经》，
>
> 《佛说阿难陀目佉尼呵离陀邻尼经》，
>
> 《佛说总持经》，一名《成道降魔得一切智》。（二本后皆有此名，并不列出耳。）

所谓三本者，第一《微密持经》，乃谦所自译。（《祐录》二）第二简称为《陀邻尼经》，《祐录》卷四著录失译。第三为《总持经》，即《无端底总持经》，亦在《祐录》失译数中。《长房》、《开元》二录，《无端底总持经》载入魏吴失译中，即是也。支谦所出《微密持经》现存。其末有曰：

> 佛言是法之要，名《无量门微密之持》，一名《成道降魔得一切智》，当奉持之。

《陀邻尼经》卷尾，想亦有相同文字。惟在《总持经》卷首，则并题二名。故支记注曰："二本后皆有此名，并不列出耳。"支谦合此三本，而以第二之《陀邻尼经》列为大字正文，所谓"上本"也。以余二列为注，所谓"下本"也。（此经东晋觉贤亦有一译本，名曰《出生无量门持经》。故《祐录》七载梁剡西台［即法华台］昙斐［《僧传》有传］记，谓经共有四本也。）按支恭明曾重译《般若小品》（支谶《道行》为初出），校改支谶之《首楞严经》。及维祇难之《法句经》。彼盖深重经典文字之出入，故有会译之作。会译者，盖始于集引众经，比校其文，以明其义也。

《微密持》者，总持也，真言也。经中有八字咒。支谦亦居士而持咒者。又《祐录》卷十三曰：

> 越以大教虽行，而经多胡文，莫有解者，既善华戎之语，乃收集众本，译为汉言。（中略）又依《无量寿》，《中本起经》制《赞菩萨连句梵呗》三契，注《了本生死经》，皆行于世。

梵呗与转读，三国时似已流行。《高僧传》卷十三云："天竺方俗，凡是歌咏法言，皆称为呗。至于此土，咏经则称为转读，歌赞则号为梵音。昔诸天赞呗，皆以韵入弦管。"《法苑珠林·呗赞篇》云："寻西方之有呗，犹东国之有赞。赞者从文以结章，呗者短偈以流颂。比其事义，名异实同，故经言以微妙音声，歌赞于佛德，斯之谓也。"据此，转读止依经文，加以歌咏。梵呗则制短偈流颂，并佐以管弦。前者虽有高下抑扬，而后者则以妙声讽新制之歌赞，非颇通音律、擅长文学者不办。支谦依《无量寿》、《中本起经》，制《赞菩萨连句梵呗》三契。可见其深通汉文。谦所依据之《无量寿经》，不知何人译，亦不知取其何偈为赞。至若《中本起经》，实指支谦自译之《瑞应本起经》。其中有帝释天乐般遮下到石室弹琴之歌。支谦盖取此为梵呗。（按《祐录》十二，《法苑杂缘原始集》目录，载有帝释乐人般遮琴歌呗。注云，出《中本起经》，可以为证。）

支恭明制梵呗新声，注《了本生死经》。（经依《祐录》乃谦所译。据道安《经序》云汉末出，谦作注。《贞元录》云，谦自注。又谦译之《明度经》第一品亦有注文，岂均自译自注耶。）又尝恨前人出经之朴质，而加以修改。此皆支谦擅长文辞之证。道安《般若抄序》（《祐录》八）云：

> 又罗（道安《合放光光赞序》，谓《放光》乃沙门无叉罗执胡本，但后人常改作无罗叉）支越，斫凿之巧者也。巧则巧矣。惧窍成而混沌终矣。

支愍度谓谦嫌谶译《首楞严》多胡音。《法句经序》，恨传言者得胡语。（均见前引）支恭明盖主张一切名辞，译时不得用胡音。其宗旨与玄奘所谓之五不翻说，大不同。其翻《微密持经》八字真言，乃不用对音，更见其译胡为汉，不惜牺牲信实，而力求美巧。此亦其学问途径，已甚与华化相接近。如近人严又陵之译哲学，林琴南之译小说，皆因其风格偏于中华文化，故言虽雅而常不可信也。支愍度《合首楞严经记》云：

> 越才学深彻，内外备通。以季世尚文，时好简略，故其出经，颇从文丽。然其属辞析理，文而不越，约而义显，真可谓深入者也。

沙门内外备通，至东晋时常见之。其时内典与外书《老》、《庄》契合无间，而佛理风行。三国时支谦内外备通，其译经尚文丽，盖已为佛教玄学化之开端也。支愍度《合维摩经序》（《祐录》八）谓支谦、竺法护、竺叔兰并"博综稽古，研几极玄"。吾人于支氏不详知，二竺则固堪称为玄学中人也。（下章详）

又按支谦译《瑞应本起经》叙释迦文佛之本生。文有曰：

> 如是上作天帝，下为圣主，各三十六反，终而后始。及其变化，随时而现，或为圣帝，或为儒林之宗，国师道士，在所现化，不可称纪。

溯汉时佛教初入中国，本附庸于道术。双方牵合之理论，则为老子化胡之说。支谦《本起经》中文，实本于此说，而且有增益。边韶铭云，老子代为圣者作师。支谦谓佛前生常为国师道士。二人言虽相反，然汉之道术、释教，魏晋之玄学、佛学，其中声气相通。首在由老子人格与佛身观两相比拟，而有神与道合之说也。（下详）

康僧会

《高僧传》谓康僧会于赤乌十年（《广弘明集》引《吴书》作"四年"），初达建业，因舍利之感应，孙权为之立建初寺，江南大法遂兴。后孙皓亦受五戒。此事之疑伪，前已述之。今复据上段所考，支谦以黄武初在武昌，黄龙后至建业。而于太子登卒后，即隐遁。则在赤乌四年，江南早已有佛法，固不始于赤乌十年，僧会之来也。观于支谦等自黄武时已译经，则江南大法之兴，固不能全归功于康僧会立建初寺也。兹采魏晋间记载，略参以《僧传》、《祐录》，述之如下。

康僧会，其先康居人。世居天竺。其父因商贾移交阯。会年十余岁，二亲并亡，以至性奉孝，服毕出家，励行甚峻。（《高僧传》）其《安般守意经序》云：

余生末踪，始能负薪，考妣殂落，三师凋丧，仰瞻云日，悲无质受，眷言顾之，潸然出涕。宿祚未没，会见南阳韩林、颍川皮业、会稽陈慧。此三贤者，信道笃密，执德弘正，烝烝进进，志道不倦。余从之请问（问《安般经》义也），规同矩合，义无乖异。陈慧注义，余助斟酌，非师不传，不敢自由也（师为陈慧之师安世高也）。

支谦传支谶之学，而不及见谶。僧会注世高之经，亦只见韩林、皮业、陈慧。支、康二人，均在魏初（《祐录》六道安《安般经序》称曰"魏初僧会"）。并生于汉土。僧会之师不知为何人。然会于《安般序》，悼三师凋丧。于《法镜》叹"丧师历载，莫由重质"。（《祐录》六）则师固甚为其所敬信。僧会见韩林等时，当已及中年。其注《安般》当在吴未称帝以前（229年）。序文中称安世高至京师，系指洛阳，可以为证。《高僧传》谓会于赤乌十年至建业，立建初寺。会卒于晋太康元年（280年）。寺谓至晋咸和中毁于苏峻之乱。但《吴志》，谓孙綝坏佛祠，斩道人，则《僧传》所言寺毁之年，亦有可疑。东晋初住建初寺者，有帛尸密黎，永嘉之乱过江者也。建初寺在金陵大市后，故亦名大市寺。（见《至元金陵新志》，寺址想当现聚宝门外西街大市桥。）据《高僧传》，晋时曾图会像，至梁时尚存。晋孙绰为之赞曰：

会公萧瑟，实惟令质。心无近累，情有余逸。厉此幽夜，振彼尤黜。超然远诣，卓然高出。

僧会译经《祐录》卷二著录只二部，盖据《安录》所言也。而卷十三，则列六部，盖据后来之传说也。《房录》著录十四部，《开元录》厘定为七部。但僧会所出有《吴品》（凡十品，即《道行经》异译），后世道安、支遁、僧叡、梁武帝序均未言及，可见其所译，并无多大影响。否则此实即《大明度经》，乃支谦所译，而现存于藏经中者。但会生于中国，深悉华文，其地位重要在撰述，而不在翻译。会曾集《六度要目》（《祐录》十道安《十法句义序》），制《泥洹梵呗》（《僧传》），注《安般守意》、《法镜》、《道树》等三经，并制经序。（《僧传》）注今均佚，惟前二序尚存。《道树经》者，支谦所译，会为之注，可见为支谦之后辈。《安般》、《法镜》皆汉末安息来人所翻，而会尤服膺世高之学。可知会虽生于南方，仍与北方洛都佛教之关系，极密切也。

僧会译经中，现存有《六度集经》。文辞典雅，颇援引中国理论。

而其诸波罗蜜前均有短引（现存本缺般若波罗蜜小引）。审其内容，决为会所自制，非译自胡本。此乃治汉魏佛学者最重要之材料也。又藏经中之《安般守意经》，乃译文与注疏混合而成，其注疏部分，疑即陈慧、康僧会所共作。盖亦治汉魏佛学者所当注意者也。

汉末洛都佛教，有二大系统。至三国时，传播于南方。一为安世高之禅学。偏于小乘，其重要典籍为《安般守意经》，《阴持入经》，安玄之《法镜经》，及康氏之《六度集经》等。安之弟子有严浮调，临淮人也。此外有南阳韩林、颍川皮业及会稽陈慧。而生于交趾之康僧会，曾从三人问学。现存《藏经》中有《阴持入经注》，其作者不明。（标题为陈慧，但序中自称为密。）但仍出于安世高之系统，而为西晋前作品也。（其所引经均汉魏人译。惟所引《中心经》亦作《忠心政行》，《藏经》题为晋竺昙无兰译。此乃据《房录》。但《祐录》只言兰撰出二部。《中心经》则入失译录，并云出《六度集》，虽现《六度集》缺此。然或古有今缺。即《房录》亦只言兰所出，系自大部略出。）二为支谶之《般若》，乃大乘学。其重要典籍为《道行经》、《首楞严经》，及支谦译之《维摩》与《明度》等。支谶之弟子支亮，支亮之弟子支谦。世高与谶同在洛阳。僧会与谦同住建业。二者虽互相有关涉，但其系统在学说及传授上，固甚为分明也。牟子者，处于南方，颇喜《老子》之玄致，与支谦一系之学说甚见同气也。

支谦、康僧会系出西域，而生于中土，深受华化。译经尚文雅，遂常掇拾中华名辞与理论，羼入译本。故其学均非纯粹西域之佛教也。又牟子采《老》、《庄》之言，以明佛理。僧会《安般》、《法镜》二序，亦颇袭《老》、《庄》名词典故。（《法句经序》引美言不信之语，是支谦曾读《老子》。）而同时有《阴持入经注》，读之尤见西方、中夏思想之渐相牵合。嵇康、阮籍所用之理论，亦颇见于是书中。安世高、康僧会之学说，主养生成神。支谶、支谦之学说，主神与道合。前者与道教相近，上承汉代之佛教。而后者与玄学同流，两晋以还所流行之佛学，则上接二支。明乎此，则佛教在中国之玄学化，始于此时实无疑也。

养生成神

安世高之学，禅数最悉。禅之用在洞悉人之本原。数之要者，其一为五蕴。蕴义本为积聚，谓人本为五蕴聚也。故唐玄奘译为蕴，东晋罗什尝译为众（《祐录》僧叡《大品经序》）；但溯自汉以后，则译为阴。（《翻译名义集》五蕴条引《音义指归》语可参看）安世高译《阴持入经》云，积为阴貌，仍得蕴之原义。但不知中土人士，何以初译为阴？（按支谦译

《梵志阿颰经》云，五阴覆人，令不见道。译者或原本此义。）阴原与荫通。[1]
《玉篇》云："幽无形，深难测，谓之阴。"《太玄》卷七《摛》云："莹
天功，明万物之谓阳也。出无形，深不测之谓阴也。"汉代以来，中国
阴阳五行家言盛行元气之说，谓为人之本原，而且恰可谓为"幽无形，
深难测"，故汉魏佛徒以之与五阴相牵合。支谦译《佛开解梵志阿颰
经》曰：

> 天地人物，一仰四气：一地、二水、三火、四风。人之身中，
> 强者为地，和淖为水，温热为火，气息为风。生借用此，死则
> 归本。

康僧会《六度集经》卷八，《察微王经》曰：

> 深睹人原始，自本无生。元气强者为地，软者为水，暖者为
> 火，动者为风。四者和焉，识神生焉。上明能觉，止欲空心，还神
> 本无。因誓曰，"觉不寤之畴"，神依四立，大仁为天，小仁为人。
> 众秽杂行，为蜎飞蚑行蠕动之类。由行受身，厥形万端。识与元
> 气，微妙难睹。形无系发，孰能获把。然其释故禀新，终始无穷
> 矣。王以灵元化无常体，轮转五涂，绵绵不绝。

又《阴持入经注》解五阴种云：

> 师云，五阴种，身也（师或即安世高）。（中略）灭此彼生，犹谷
> 种朽于下，栽受身生于上。（康僧会《安般序》云，一朽于下，万生乎上。
> 《牟子》云，但身自朽烂耳，身譬五谷之根叶，魂神如五谷之种实。）又犹元
> 气，春生夏长，秋萎冬枯。百谷草木丧于土上。元气潜隐，禀身于
> 下。春气之节，至卦之和，元气惆躬于下，禀身于上。有识之灵，
> 及草木之栽，与元气相含，升降废兴，终而复始，转三界无有穷
> 极，故曰种也。

身本乎无行之元气，而神识亦微妙难睹。康僧会《安般守意经
序》云：

> 心之溢荡（此指心之发动，即意也），无微不浃。恍惚仿佛，出入
> 无间，视之无形，听之无声，逆之无前，寻之无后。深微细妙，形
> 无丝发，梵释仙圣，所不能照明。默种于此，化生乎彼，非凡所

---

① 阴为气，深难测，谓之阴。可以此释《老子》中之"道"及"气"。

睹，谓之阴也。

而《阴持入经注》有曰：

> 识神微妙，往来无诊，阴往默至，出入无间，莫睹其形，故曰阴。

夫佛陀之教，首在破我。僧会所持之阴，仍承袭汉代佛教神明住寿之说。而佛教之无我，则旧译本为非身。如《阴持入经注》，称四法印为非常（后译无常）、苦、空、非身（后译无我）。而其释非身曰：

> 身为四大（地水火风），终各归本，非己常宝，谓之非身。

此则所谓身者乃形体。人死神灵不灭，而形体分散，故曰非身。"本"者乃元气，人死复归元气也。

人乃阴阳之精气（阮籍《达庄论》语），神识之昏明，亦视元气禀赋之多少（嵇康《明胆论》语）。此乃中华固有之学说。而天地自然，自亦为元气所陶成。日月之运行，寒暑之推移，悉依于元气之变化。如元气失其序，则阴阳五行不调适，人身之气不和而疾病生。《大藏经》中有吴竺律炎共支越译《佛医经》，其大意同乎此。盖谓人身之安泰，均依内外元气之调和也。

至若人心之病，则在为内外情欲之所扰乱，为五阴所蔽，致失其本有之清明。故康僧会《安般序》曰：

> 情有内外，眼、耳、鼻、口、身、心，谓之内矣。色、声、香、味、细滑、邪念，谓之外也。经曰，"诸海十二事"，谓内外六情之受邪行，犹海受流，饿夫梦饭，盖无满足也。

内外情欲牵引，而受邪行。欲邪行之不生，当治之于未发。如是而守意之说尚矣。《后汉纪》谓佛教在息意去欲。《四十二章经》谓佛言慎无信汝意。汉魏间有《十四意经》、《不自守意经》。而《安般守意经》，为汉晋间最流行之经典。

汉魏佛经中，意字原当梵文二字，一指心意（谓末那也），一谓忆念。所谓安般守意者，本即禅法十念之一。非谓守护心意也。言其为守护心意，乃中国因译文而生误解。盖中国意字，本谓心之动而未形者。如《春秋繁露·循天之道篇》云："心之所之谓意。"《天道施篇》："万物动而不成者，意也。"而《安般守意经》曰："以未起便为守意，若已起意，便为不守。"意者，即《安般序》所谓"心之溢荡"也。夫心神之扰乱，当治之于动而未形之时，然心意之动极速（康僧会《安般序》曰，一日一夕十三亿意），而难知（僧会比之如种子，因其未成形难知，而为行为之根也），守护极难。故《阴持入经注》云，"意危难护，其妙难制"，治意之方，则在行安般禅法。

守意之说，中国道家养生之常谈。《春秋繁露·循天之道篇》，本为养生家言（非董子所作）。其言曰："意劳者神扰，神扰者气少，气少者难久矣。"继曰："君子闲欲止恶以平意，平意以静神，静神以养气。"道家养气之方曰吐纳。吐纳者亦犹佛教之安般也。现存《安般守意经》，亦多杂入道家言。如曰："安为清，般为静，守为无，意名为，是清静无为也。"汉末以来，安般禅法，疑与道家学说相得益彰，而盛行于世也。

道家养气，可以不死而仙。佛家行安般，亦可以成神。盖禅法之旨，在端心一意，去恶除蔽。荫蔽（五阴乃荫蔽）既消，心识澄静。于是如明镜精金，明镜之普照，精金之炼器，均可从心所欲。（上见《六度集经》卷七首段）康僧会《安般序》曰：

> 得安般行者，厥心即明。举眼所观，无幽不睹。往无数劫方来之事，人物所更，现在诸刹，其中所有世尊法化，弟子诵习，无退不见，无声不闻。恍惚仿佛，存亡自由。大弥八极，细贯毛氂。制天地，住寿命。猛神德，坏天兵。动三千，移诸刹。八不思议，非梵所测。神德无限，六行之由也（六行谓安般之六妙门也）。

按佛法禅定，效果有二：首在致解脱入涅槃，次为得神通。汉魏禅家，盖均着重神通。疑此亦受道家成仙说之影响也。

总之，神气微妙，非凡所睹，与元气相合而有身。释故禀新，周而复始。人生之祸患，外因四大之不调而生疾，内因心识之扰乱而堕邪僻。邪僻之对治在乎守意。意者心之动而未形者也。意正则神明，神明则无不照无不能而成佛矣。

神与道合

支谶主大乘学，其译品汉魏所流行者为《道行般若》与《首楞严》等。安世高、康僧会之学，在明心神昏乱之源，而加以修养。支谶、支谦之学则探人生之本真，使其反本。其常用之名辞与重要之观念，曰佛，曰法身，曰涅槃，曰真如，曰空。此与老庄玄学所有之名辞，如道，如虚无（或本无）者，均指本体。因而互相牵引附合。牟子《理惑论》释佛曰：

> 佛乃道德之元祖，神明之宗绪。佛之言觉也。恍惚变化，分身散体，或存或亡，能小能大，能圆能方，能老能少，能隐能彰，蹈火不烧，覆刃不伤，在污不染，在祸无殃，欲行则飞，坐则扬光，故号为佛也。

《牟子》又释道曰：

> 道之言导也。导人致于无为。牵之无前，引之无后，举之无上，抑之无下，视之无形，听之无声，四表为大，缥绖其外，毫厘为细，间关其内，故谓之道。

佛与道之关系，牟子虽未畅言。然于佛则曰恍惚，曰能小能大。于道则曰无形无声，曰四表为大，缥绖其外，毫厘为细，间关其内。则佛之与道，固无二致。特举能则谓之为佛。言所则号称曰道。实则佛之能弘，与道为所弘，固亦不可相离。故《牟子》曰，佛乃道德之元祖也。又《牟子》所谓无为者，泥洹之意译。（按《牟子》第一章中首谓佛泥洹而去，继谓凡人持戒，亦得无为，可证无为即指泥洹。）人致于无为（即谓入泥洹也），谓之得道。而成佛者即与虚无恍惚之道（语见《牟子》第四章）为一体也。按汉边韶《老子铭》有曰，老子先天地而生。（《道德经》曰，有物混成，先天地生。）又曰老子离合于混沌之气，与三光为终始。是老子与道，亦一而非二，与牟子所言佛为道德之元祖，旨趣相符也。（上文所引《牟子》二段名词，多取之《老子》书中。）

牟子对于佛之解释，亦见于支谦所译之《大明度经》第一品。其文略曰：

> 善业（支谦主张译经不用胡音，善业者，乃须菩提也）言，如世尊教，乐说菩萨明度无极。欲行大道，当自此始。夫体道为菩萨，是空虚也。斯道为菩萨，亦空虚也。（中略）吾于斯道，无见无得，其如菩萨不可见，明度无极亦不可见。彼不可见，何有菩萨当说明度无极。若如是说，菩萨意志不移不舍不惊不怛，不以恐受，不疲不息，不恶难，此微妙明度与之相应，而以发行，则是可谓随教者也。

此文与汉支谶、秦罗什所译，迥然不同。且显系援用中国玄谈之所谓道，以与般若波罗蜜相比附。玄学家谓道微妙虚无，此曰"道亦虚空"。亦犹牟子所谓无前无后之道也。玄学家谓至人澹泊无为；此曰菩萨体道是空虚也。与道相应不移不舍不惊不怛，亦犹牟子"在污不染，在祸无殃"也。

魏末阮嗣宗《老子赞》曰：

阴阳不测，变化无伦，飘飘太素，归虚反真。

又作《大人先生传》有曰：

夫大人者，乃与造化同体，天地并生，逍遥浮世，与道俱成。变化（《牟子》佛恍惚变化）散聚（《牟子》分身散体），不常其形（《牟子》能小能大）。天地制域于内，而浮明开达于外。

牟子所言，支谦所译，与步兵之文，理趣同符。其间不必有若何抄袭窃取之关系。实则因老庄教行，诸人均染时代之风尚，故文若是之相似也。（按《晋书·阮籍传》谓大人先生指孙登，但事不见《魏氏春秋》，恐不确。实则阮谓大人先生，即老子也。或本指老子，且以自励也。）

边韶铭云，老子先天地生。（《道德经》有物混成，先天地生，本指道。）牟子谓佛乃道德之元祖。盖均阮步兵所谓与道俱成之意也。（基督徒古时合犹太之耶稣与希腊哲学之 Logos 为一体。Logos 者，理也，道。其事与此颇相似。）按吴支谦《大明度无极经》第一品原注有曰：

师云，菩萨心履践大道。欲为体道，心为（疑是"与"字）道俱，无形故言空虚也。

原注或为支谦自撰（若然则师或为支亮）。此中所谓体道者，心与道俱，亦显即与道俱成之意也。据此则支谦实深契老庄之说，与牟子同也。又此中所谓无形故空虚者，因"道常无形"，而心神亦非可睹也。道为虚无之本体，故亦名曰"本无"。

"本无"一语，在魏晋玄谈佛学上，至为重要。魏世何晏、王弼，祖述《老》、《庄》，以天地万物，皆以无为本。（《晋书·王衍传》）晋裴頠《崇有论》，始见"本无"之名辞。但在佛经中，则汉时已常用之。支谶《道行经》第十四品，名为《本无品》。（支谦译《明度经》十四品，秦竺佛念译之第七品，均同。）但此即当于罗什译《小品》之第十五，则称为《大如品》。在宋译《佛母般若》为第十六，则称曰《真如品》。梵文八千颂，此品名为 tathatā parivarta。盖"本无"者乃"真如"（或如）之古译。而梵文之 tathatā（义即如或真如）在中文原无固有名辞与之相当。但真如指体，与老子之所谓道相同。而真如性空，道亦虚无，尤似极契合。因而号万物为"末有"，道体为"本无"。（《安般经》有曰："有者谓万物。无者谓疑，亦为空也。""疑"字似"溪"或"谿"之误。此亦谓万有为末，虚无为本。）又支谦所译常有佛亦本无（真如）之言。如《本无品》曰：

> 一切皆本无，亦复无本无，等无异于真法中本无，诸法本无，无过去当来现在，如来亦尔，是为真本无。

是则支谦认一切皆本无，如来亦本无。故佛与道为一，而本无与如来亦不二也。又自汉以来，道家如《淮南子》，已言道即元气。故神与道合者，亦即归于元气，所谓归虚反真是也。按康僧会《法镜经序》，亦言"神与道俱"。而其所译《察微王经》，并言人生自本无，归乎本无。（已见前引）则因其采用元气之说，而其立论因与支谦学系可相通也。

但僧会终主养神，故重禅法。支谦主明本，故重智慧（般若）。禅法所以息意去欲。智慧乃能证体达本。自此以后，玄风渐畅，禅法渐替。而造成两晋南朝之佛学风气。吾人实可谓之为僧会学统之衰微，而支谦学统之光大也。《大藏经》有《法律三昧经》，《开元录》谓为支谦所译。其中言有所谓四谛本，弟子本，各佛本，如来本，而谓弟子本，"不解本无"。如来本，"不离本无"。可见支谦特重本体之学也。又言有如来禅与外道五通禅之别。其解外道禅曰：

> 外诸小道五通禅者，学贵无为，不解至要，避世安己，持想守一。（中略）存神道气，养性求升，恶消福盛，思至五通，寿命久长，名曰仙人。行极于此，不知泥洹，其后福尽，生死不绝，是为外道五通禅定。

按汉代佛教，养生除欲，以守一修定为方法，以清净无为住寿成道为鹄的。与《太平经》教，同为黄老道术之支流。安世高、康僧会之学，虽亦探及人生原始，但重守意养气，思得神通，其性质仍上承汉代之道术。及至大乘般若之学兴，始于支谶，逮至支谦而颇盛。其说乃颇附合于五千言之玄理。此虽亦为道家，但学问之士，如牟子之流，乃认在九十六种中，此道最尊。牟子鄙养气辟谷，而服膺《老子》之经，以之与佛法并谈。是亦已见汉代以来，旧佛道之将坠，而两晋新佛玄之将兴。上引《法律三昧经》，自其所用之名辞言之（如无为，避世，守一，存神，道气，养性，求升，等等），恐系译人（支谦）针对汉代之佛道而发也。

但晋世般若学之兴，非仅为南方支谦学说之扩大，而且尤赖北方学者之继续研究。其最早热心此学，而身死异域者，为朱士行。

朱士行之西行

魏晋《老》、《庄》风行之际，《般若》方等适来中国，大申空无旨趣，恰投时人所好，因得扩张其势力。《般若经》之传译，朱士行最为努力。朱士行求经事，以《祐录》卷七所载之《放光经记》为最早。其文曰：

> 惟昔大魏颍川朱士行，以甘露五年出家学道为沙门，出塞西至于阗国，写得正品梵书胡本九十章，六十万余言。以太康三年，遣弟子弗如檀，晋字法饶，送经胡本至洛阳。住三年，复至许昌。二年后至陈留界仓垣水南寺。以元康元年五月十五日，众贤者共集议晋书正写。时执胡本者，于阗沙门无叉罗。优婆塞竺叔兰口传，祝太玄、周玄明，共笔受。正书九十章，凡二十万七千六百二十一言。时仓垣诸贤者等，大小皆劝助供养。至其年十二月二十四日写都讫。经义深奥，又前后写者参校不能善悉。至太安二年十一月十五日沙门竺法寂来至仓垣水北寺，求经本写。时检取现品五部，并胡本，与竺叔兰更共考校书写。永安元年四月二日讫。于前后所写校最为差定。其前所写可更取校。晋胡音训畅义难通，诸开士大学文生书写供养讽诵读者，愿留三思，恕其不逮也。

朱士行以魏甘露五年（260 年）出塞，西至于阗国，写得《般若》正品梵书九十章，是曰《放光般若经》。于阗者，盖西域盛行大乘之国家。东晋法显曰，此国众僧乃数万人，多大乘学。（《佛国记》）西晋时于阗沙门祇多罗，由于阗携来《般若》梵本，后由法护译出，为《光赞般若》。（《祐录》七《合放光光赞随略解序》）而朱士行求《般若》正本，亦须至于阗。其弟子弗如檀，当为于阗人。而译时执本之无叉罗，亦于阗沙门。又按牟子《理惑论》，亦言及于阗之国，似是汉末已视斯地为佛教重镇。而牟子学问尚澹泊无为，亦合乎中夏所谓《般若》之风格。则牟子之所以特言及于阗者，或汉末已指此为方等深经蕴藏之发源地也。

《祐录》十三《朱士行传》，亦颇有可注意者。其言曰：

> 出家以后，便以大法为己任。常谓入道资慧，故专务经典。初天竺朔佛以汉灵帝时出《道行经》，译人口传，或不领，辄抄撮而过。（按译人口传抄撮云云，谓支谶译，朔佛口传之时，于不了解处，辄加省略也。《祐录》此段甚明白。但《僧传·士行传》云，竺朔佛译出《道行经》，文句简略。后人据此以为朔亦译有此经，与支谶本不同，是慧皎行文简略致误也。）故意义首尾，颇有格碍。士行尝于洛阳讲《小品》（即《道行经》），往往不通。每叹此经大乘之要，而译理不尽。誓志捐身，远

求《大品》。遂以魏甘露五年发迹雍州，西渡流沙，既至于阗，果写得正品梵书胡本九十章，六十余万言。

于阗去洛阳一万一千七百里。（《后汉书·西域传》）甘露五年至太康三年，中间二十三年。士行行万余里，在外二十余年，终送其所求之经达本国。其后竟死于于阗，散形异域。（孙绰《正像论》云，士行散形于于阗。士行死时奇迹，见《僧传》。）真可谓弘法不惜生命者矣！而其谓"入道资慧，尝讲《般若》"，则士行之所谓佛法者，乃重在学问，非复东汉斋祀之教矣。四百余年后，玄奘忘身西行，求《十七地论》。二人之造诣事功，实不相侔。而其志愿风骨，确足相埒也。

第八章　释道安

高僧与名僧

梁慧皎《高僧传序录》曰："自前代所撰，多曰名僧。然名者本实之宾也。若实行潜光，则高而不名。寡德适时，则名而不高。"盖名僧者和同风气，依傍时代以步趋，往往只使佛法灿烂于当时。高僧者特立独行，释迦精神之所寄，每每能使教泽继被于来世。至若高僧之特出者，则其德行，其学识，独步一世，而又能为释教开辟一新世纪。然佛教全史上不数见也。郗嘉宾誉支道林，谓"数百年来，绍明大法，使真理不绝，一人而已"。其实东晋之初，能使佛教有独立之建设，坚苦卓绝，真能发挥佛陀之精神，而不全藉清谈之浮华者，实在弥天释道安法师。道安之在僧史，盖几可与于特出高僧之数矣。

释道安生于晋永嘉六年（312年），卒于太元十年（385年）。在其生前四年，竺法护在天水寺译经。道安约与竺法深、支道林同时。其生后于深公二十六岁，长于支公两岁。其死时支卒已十九年，深公逝世亦已十年矣。在安公之出世，《般若大品》恰已译出。在其幼时，永嘉名士，相率渡江，佛教玄风，亦渐南播。方支、竺野逸于东山，安公行化于河北。约当支、竺重莅建业，安公将南下襄阳。及支、竺迁神，安公西入长安译经，孜孜不倦，以及命终。其风骨坚挺，弘法殷勤，非支、竺二公所能望也。余故于两晋之际特详述关于道安事迹，而以晋末佛教史实附焉。

综论魏晋佛法兴盛之原因

自汉通西域，佛教入华以来，其始持精灵报应之说，行斋戒祠祀之方。依傍方术之势，以渐深入民间。汉末魏初，洛阳有寺。徐州、广陵、许昌有寺。仓垣水南北二寺，亦当建于是时。汉人严浮调、朱士行已出家为沙门。晋世洛中有寺四十二所，今可知者亦已及十。他处虽少可考见，然其时奉佛以求福祥，民间当更流行。而自汉末世乱，以至五胡之祸，民生凋敝，验休咎报应，求福田饶益，当更为平民之风尚。后赵时安定人侯子光（《御览》三七九引《十六国春秋·后赵录》作"刘光"。又法琳《破邪论》引傅奕云，后赵沙门张光等并皆反乱云，张光当即刘光）自称佛太子，从大秦国来，当王小秦国，聚众数千人于杜南山，称大黄帝。《晋书》一○六）可见西晋佛教，在民间煽惑力已甚强。晋道恒《释驳论》有曰：

> 且世有五横，而沙门处其一焉。何以明之。乃大设方便，鼓动愚俗。一则诱喻，一则迫胁。云行恶必有累劫之殃，修善便有无穷之庆。论罪则有幽冥之伺，语福则有神明之祐。敦厉引导，劝行人所不能行。逼强切勒，勉为人所不能为。

《释驳论》虽东晋末叶所作，然据《后汉书》、《纪》，祸福报应固早已为佛法起信之要端。而乱世祸福，至无定轨，人民常存侥幸之心，占卜之术，易于动听。竺佛图澄者，道安之师也。其行化时，五胡之乱最烈，石勒残暴，实为流寇。澄悯念苍生，以方术欣动二石，以报应之说戒其凶杀。蒙其益者十有八九。（语见《僧传》）于是中州晋胡，略皆奉佛。是则释氏饶益即未验于来生，而由澄公已有征于今世。《高僧传》详述澄术之神异，又记其立寺八百九十三所，虽不尽可信，然佛教之传播民间，报应而外，必亦藉方术以推进，此大法之所以兴起于魏晋，原因一也。

西晋天下骚动，士人承汉末谈论之风，三国旷达之习，何晏、王弼之老庄，阮籍、嵇康之荒放，均为世所乐尚。约言析理，发明奇趣，此释氏智慧之所以能弘也。祖尚浮虚，佯狂遁世，此僧徒出家之所以日众也。故沙门支遁以具正始遗风，几执名士界之牛耳。而东晋孙绰，且以竺法护等七道人匹竹林七贤。至若贵人达官，浮沉乱世，或结名士以自炫，或礼佛陀以自慰，则尤古今之所同。（《世说》谓殷浩被黜，始看佛经。）晋时最重世族。西晋时阮瞻、庾敳已与僧游。东晋时王、谢子弟常与沙门交友。史谓竺法汰北来未知名，王领车（王导之子名洽）供养之，每与周旋，行来往名胜许，辄与俱。不得汰，便停车不行，因此名遂重。（见《世说·赏誉篇》。按王洽卒于法汰到京之前，此当别一人事。）盖世尚谈客，飞沉出其指顾，荣辱定其一言。贵介子弟，依附风雅，常为能谈玄理之名俊，其赏誉僧人，亦固其所。此则佛法之兴得助于魏晋之清谈，原因二也。

西晋初，郭钦上疏，谓魏初人寡，西北诸郡，皆为戎居。江统《徙戎论》，亦历叙东汉前魏，氐羌杂居于关中，将为祸滋蔓，暴害不测。当时晋帝未能用其忠言，遂召五胡之祸。而方中原异族错居时，佛教本来自外域，信仰归依，应早已被中国内地之戎狄。王谧答桓玄难云（《全晋文》卷二十）："曩者晋人略无奉佛，沙门徒众，皆是诸胡，且王者不与之接。"《高僧传·佛图澄传》曰："澄道化既行，民多奉佛，营造寺庙，相竞出家，真伪混淆，多生愆过。"石虎下诏令中书料简，详议真伪。中书令著作郎王度奏略曰："夫王者郊祀天地，祭奉百神。载在祀典，礼有常飨。佛出西域，外国之神，功不施民，非天子诸华所应祀奉。往汉明感梦，初传其道，唯听西域人得立寺都邑，以奉其神，其汉人皆不得出家。魏承汉制，亦循前轨"云云。谓"宜断赵人不得诣寺烧香礼拜"。中书王波亦同度所奏。石虎下书曰："度议云，佛是外国之神，非天子诸华所可宜奉。朕生自边壤，忝当期运，君临诸夏。至于飨祀，应兼从本俗。佛是戎神，正所应奉。"据此汉魏之后，西北戎狄杂居。西晋倾覆，胡人统治。外来之教益以风行，原因三也。

自汉以来，佛教之大事，一为禅法，安世高译之最多，道安注释之甚勤。一为《般若》，支谶、竺叔兰译《大小品》，安公研讲之最久。一为竺法护之译大乘经，道安为之表张备至。而在两晋之际，安公实为佛教中心。初则北方有佛图澄，道安从之受业。南如支道林，皆宗其理。（《世说·雅量篇注》）后则北方鸠摩罗什，遥钦风德。（见《僧传》）南方慧远，实为其弟子。盖安法师于传教译经，于发明教理，于厘定佛规，于保存经典，均有甚大之功绩。而其译经之规模，及人材之培养，为后来罗什作预备，则事尤重要。是则晋时佛教之兴盛，奠定基础，实由道安，原因四也。

竺佛图澄

竺佛图澄者，西域人也。《高僧传》谓本姓帛氏（《世说注》引《澄别传》曰，不知何许人），似为龟兹人。（近人如王静安先生尝引《封氏闻见记》所引光初五年碑而谓澄为罽宾王子。胡适之先生曰：据赵明诚《金石录》二十所记，此碑原文，作"天竺大国附庸小国之元子也"。合校《闻见记》各种板本"庸"字先误为"宾"字，而"附"字尚不误。最后乃有人将"附"字改为"罽"。故澄为罽宾人本因字之讹误也。）清真务学，诵经数百万言，善解文义。虽未读此土儒史，而与诸学士论辩疑滞，皆暗若符契，无能屈者。自云，再到罽宾，受诲名师。（《释老志》云，少于乌苌国就罗汉入道。）志弘大法，善诵神咒。既善方技，又解深经。于晋怀帝永嘉四年（310 年）来适洛阳，欲立寺，以乱不果。于石勒屯兵葛陂之岁（311 年或 312 年），观勒之残暴，悯念苍生，欲以道化勒。乃仗策诣军门，因大将郭黑略（"黑"亦作"默"）见勒，大为敬礼。及石虎在位，尤倾心事澄。曾下诏书曰："和尚国之大宝，荣爵不加，高禄不受，荣禄匪顾，何以旌德。从此以往，宜衣以绫锦，乘以雕辇。朝会之日，和尚升殿，常侍以下，悉助举舆，太子诸公扶翼而上，主者唱大和尚，众坐皆起，以彰其尊。又敕司空李农旦夕亲问，太子诸公五日一朝，表朕敬焉。"据《高僧传》所载，澄常以道术欣动二石。（《释老志》曰，刘曜时到襄国，后为石勒所宗信，号为大和尚，军国规模，颇访之，所言多验。《晋书》载记谓冉闵亦访于道士法饶，不验被杀。）慈洽苍生，拯救危苦，其弘法之盛，莫之与先。考其声教所及，河北中州（此据《僧传》）之外，江南名僧，亦相钦敬。（支道林谓澄公以石虎为海鸥鸟，见《世说》。）于石虎建武末年（即晋穆帝永和四年，348 年），岁在戊申（《晋书·艺术传》作"寅"，误），卒于邺宫寺。澄风姿详雅，讲说之日，止标宗致，使始末文言，昭然可了。佛调、须菩提等数十名僧，远自天竺、康居来受学。中土弟子之知名者，有法首、法祚、法常、法佐、僧慧、道进、道安、法雅（又有法牙，或即法雅之误耶）、法汰、法和、僧朗（即泰山僧朗，《水经注》称为澄弟子）、安令首尼等。此中道进学通内外，法雅创立格义，法汰弘教江南，法和授徒西北。《比丘尼传》谓安令首尼，博览群籍，弘教颇力（因其出家者二百余人，又立寺五），一时所宗，先亦从澄出家。《水经注》谓朗公少事佛图澄，硕学渊通，尤明气纬。而释道安者，尤为后来南北人望。其《道地经序》，叹"师殒友折"。《僧伽罗刹经序》曰："穷通不改其恬，非先师之故迹乎。"《比丘大戒序》，谓至澄和上，戒律始多所正焉。而据《四阿含暮抄序》，安公以八九之年，曾自长安东省其先师寺庙。安公造诣极深，而于澄公深致眷念，亦必其学问德行之足感人也。然据史书（《僧传》与《晋书》等）澄公党徒之众，必常多为其方术所欣动。虽其弟子颇多学人、名僧，然道安、法雅辈之博洽、之文学，当非得之于佛图澄。而澄之势力所及，必更多在智识阶级以外。二石崇佛甚至（参考《邺中记》叙其时奉佛之奢侈），朝臣亦事佛起大塔（《僧传》，及《御览》六五八《佛图澄传》曰，尚书张离、张良家富,事佛起大塔),邺中佛寺可考者,亦有多所。(《僧传》、《晋书》佛图澄、单道开等传。)相台为六朝佛法重镇,盖始于佛图澄之世。河北佛法之盛,亦起自澄和尚。而其弟子道安初亦在河北行化多年也。

道安年历

《高僧传》谓道安卒于晋太元十年二月八日(即苻坚建元二十一年),年七十二。(此据丽本。宋元明三本均无此四字。《太平御览》卷六五五引《高僧传》及《名僧传抄》,均有此四字。)此言不知何所本。然据《中阿含经序》,道安实约死于苻坚末年(建元二十一年)。而道安作《四阿含暮抄序》及《毗婆沙序》,均有"八九之年"(即年七十二岁)之语。考二经之出也,其时约在自建元十八年八月至十九年八月。二序之作,或均在建元十九年中,皆自言七十二岁。如安公死于二十一年二月,则实七十四岁。

《僧传》谓安公先避难濩泽,遇竺法济,支昙讲。(《僧传》曰,大阳竺法济、并州支昙讲《阴持入经》,道安从之受业。然据安公《阴持入经序》及《道地经序》,支昙讲乃人名,并州雁门人。"讲"字不得作动字读。而《阴持入经序》,亦仅言二沙门冒寇远集,诲人不倦,遂与折柴畅碍,造兹注解,云云。安公实不能谓为从之受业。)顷之与法汰隐飞龙山。僧光(一作"先")、道护亦在彼山。后又至太行、恒山。且至武邑。年四十五复还冀部。其后石虎死,石遵请其入邺。未久而石氏国乱,安公乃西去牵口山、王屋女林山,等语。慧皎似谓安公避难濩泽,隐居恒山,在石虎去世之前,实大讹误。道安《大十二门经序》,言《大十二门》乃汉桓帝世安世高所出,安公所得之本,乃嘉禾七年在建邺周司隶舍写,缄在箧匮,盖二百年矣。(《祐录》六)查汉桓帝即位之初年,至石虎死年亦不过二百有二岁。(如自吴嘉禾至石虎死时,则只百一十余年。)石虎死于晋永和五年,安公在濩泽至早亦在永和三年。而《道地经序》则谓在濩泽时"师殒友折"。按佛图澄死于永和四年。则安在濩泽已在永和四年以后。又慧远见安公于太行、恒山,从之出家,时石虎已死(《慧远传》语),且当为永和十年。(说见后)又若还冀都后,石虎乃死,则永和五年安公仅年三十七岁,亦与还冀部年四十五之说不合。又据《僧光传》,谓因石氏之乱,隐于飞龙山,后乃南游,卒于襄阳。则石氏之乱,显系石虎死后之乱。(《法和传》谓石氏之乱,率徒入蜀,乃指道安南趣襄阳时事,可证。)故飞龙山隐居,濩泽避难,太行立寺,均当在石虎死后。而其所谓避难,实避冉闵之难也。(按《道地经序》有"皇纲绝纽,猃狁猾夏,山左荡没,避难濩泽"诸语。如指刘渊、石勒乱河北,并执二帝事,则时安公年仅数岁。故所言系泛指东晋偏安后北方情形。)

兹依上说，作安公年历如下：

晋怀帝永嘉六年（312 年），道安生于常山扶柳县。

晋成帝咸康元年（335 年），年二十四，石虎迁都于邺，佛图澄随至邺。其后道安入邺师事澄。

晋穆帝永和五年（349 年），年三十七，石遵请入居华林园，其后避难，疑先居濩泽（晋县，属平阳郡），后北往飞龙山（一名封龙山）。

晋穆帝永和十年（354 年），安公年四十二，慧远就安公出家。时安公在太行、恒山立寺。后应招至武邑（晋郡）。

晋穆帝升平元年（357 年），年四十五，还冀部，住受都寺。（"冀部"疑"冀都"之误。按石虎时，冀州治于邺。慕容儁平冉闵，冀州又徙理信都。安公未曾至信都。此云还冀部，疑即再至邺都也。）疑此后又西适牵口山（《水经·浊漳水篇》白渠水出钦口山，即此，在邺西北），又至王屋、女林山。（一作"女休"或"女机"。应在王屋附近。又按濩泽与王屋甚近。《僧传》述安公自濩泽，北至飞龙山，最后又至王屋，事虽可能，但依地望言之，则似由濩泽至王屋为较合。今无确证。仅列石虎死事于前，余均依《僧传》所述次序。）复渡河居陆浑（洛阳之南）。

晋哀帝兴宁三年（365 年），年五十三，慕容氏略河南，安公南投襄阳。（查《僧传》及《世说注》均言事在慕容儁［原作"俊"］时。计之，当在再前十余年。与安公在襄阳十五年之说不合。又《名僧传抄》云，安公在襄阳立檀溪寺，年五十二，疑系指其到襄阳时，"五十二"乃"五十三"之误。）

晋孝武帝太元四年（379 年），己卯，年六十七，时已在襄阳十有五载。《祐录》八道安《般若抄序》二月，苻丕克襄阳，道安遂赴长安。（《祐录》十一道安《比丘大戒序》云，岁在鹑火，自襄阳至关右见昙摩侍，令其译比丘戒本，至冬乃讫。同卷关中近出尼坛文记云，太岁己卯，鹑尾之岁，十一月十一日，昙摩侍译比丘尼戒本。盖安公是年春末夏初，至长安，昙摩侍先译比丘戒，至冬讫。又译尼戒。惟据汪日桢超辰表计算，太元四年，岁星鹑首，上引二文所记岁星均误也。）

晋孝武帝太元七年（382 年），壬午，年七十一，八月东赴邺视佛图澄寺庙。（明年《毗婆沙》译出，道安作序，有"八九之年"之语。）

晋孝武帝太元之十年（385 年），二月八日，卒于长安，年七十四。八月苻坚被杀，即秦建元二十一年也。安公卒年月日，《祐录》、《僧传》及《名僧传抄》均同。胡适先生曰，道安死时，不应在二月八日。盖《祐录》十《僧伽罗刹集经后记》云，此经于建元二十年十一月三十日译讫，"秦言未精。沙门释道安、朝贤赵文业研核理趣，每存妙画，遂至留连，至二十一年二月九日方讫"。此记明说二月九日，而不言道安之死。倘安卒于二月八日岂得不提及。此可疑之点一。又《祐录》九，道安《增一阿含序》云："岁在甲申（建元二十）夏出，至来年春乃讫。（中略）余与法和共考正之，僧略、僧茂助校漏失，四十日乃讫。"此似谓经于二十一年春译讫后，安公等校定，又经四十日。则自正月初一起算，校定完毕已在二月八日之后。此可疑之点二。据此二证，安公之死，当在二月八日以后也。（按二月八日为佛教圣日之一，道安死时《祐录》等均载其瑞相。疑后人故神其说，遂以此日为其入灭之时。）

道安居河北

释道安，本姓卫氏，常山扶柳人也。（扶柳《晋书·地理志》属安平国。《名僧传抄·道安传》云，诸伪秦书并云常山扶柳人也。又《比丘尼传》，智贤尼，姓赵，常山人也。父珍，扶柳县令。贤出家后，太守杜霸因笃信黄老，憎疾释种，符下诸寺，克日简汰云云，常山扶柳一带，已称有诸寺，则其地佛法已兴。又《晋书·载记》石季龙纳诸比丘尼有姿色者，与其交亵，而杀之。是亦当时河北已有尼之证。）家世英儒。（《高僧传》）婴世乱（《名僧传抄》），早失覆荫。（《僧传》）盖安公生于永嘉之世，大河以北，叠遭兵祸，故其《阴持入经序》（《祐录》六）云，"生逢百罹"也。幼为外兄孔氏所养，年七岁，读书再览能诵，乡邻嗟异。至年十二（《世说·雅量篇注》引《安和上传》曰，年十二作沙门。《珠林·弥勒部》引作"十三"）出家。神性聪敏，而形貌甚陋，不为师之所重。驱役田舍，至于三年，执勤就劳，曾无怨色。笃性精进，斋戒无阙。数岁之后，方启师求经。师与《辨意经》一卷（即《辨意长者经》。《祐录》三云，安公入失译。参看《开元录·北魏法场传》），可五千言。安赍经入田，因息就览，暮归以经还师。更求余者。师曰，昨经未读，今复求耶。答曰，即已暗诵。师虽异之，而未信也。复与《成具光明经》一卷（汉支曜译），减一万言。赍之如初，暮复还师。执经复之，不差一字。师大惊嗟，而敬异之。后为受具戒，恣其游学。至邺入中寺，遇佛图澄。澄见而嗟叹，与语终日。众见形貌不称，咸共轻怪。澄曰："此人远识，非尔俦也。"因事澄为师。澄讲，安每复述，众未之惬。咸言须待后次，当难杀昆仑子。即安后更复讲，疑难锋起，安挫锐解纷，行有余力。时人语曰："漆道人，惊四邻。"（上见《僧传》）

按石虎于晋成帝咸康元年（335年）迁都于邺。道安约二十四岁。以佛图澄之弟子所学言之，则澄之学，仍为《般若》方等。安公曾读支曜之《成具光明经》。自言中山支和上写《放光》至中山。（《祐录》七）又为慧远讲般若。则其于汉末以来洛阳仓垣所传之佛学，已备加研寻。

而其《渐备经叙》（《祐录》九原题"未详作者"，但按其文体及所记事，决为安公手笔）云，在邺得见博学道士帛法巨。此应即在天水为竺法护笔受者。（《祐录》七）并言遇凉州二道士，皆博学，以经法为意。（二人姓名。文有讹字，不可考。）其一人名"彦"，曾言及护公所出经，则二人疑亦为护公之徒。叙又云，得《光赞》一卷。则其在河北，已注意及竺法护所传之大乘经矣。其在濩泽，见大阳（一作"太阳"，误。大阳，晋属河东郡，今山西平陆县境）竺法济，并州雁门支昙讲，与折槃畅碍，作《阴持入经注》。又与支昙讲、邺都沙门竺僧辅注《道地经》。又冀州沙门竺道濩，于东垣界得《大十二门经》，送至濩泽。安公为之筌次作注。三经均安世高所译之禅经。此外《安般守意》、《人本欲生》、《十二门》等之经，均有关禅数，世高所译，安公各为之作注。疑均在河北。则安公早年学问，特有得于安世高之禅法也。（按与安共在飞龙山之僧光，游想岩壑，得志禅慧。安公居山，想亦行禅法。）

道安在河北，已有令誉。（《僧传》曰，安于太行、恒山立寺，改服从化者，中分河北。）武邑太守卢歆，闻安清秀，使沙门敏见苦要之。安辞不获免，乃受请开讲。名实既符，道俗欣慕。彭城王石遵即位，遣中使竺昌蒲请入华林园。而其在受都寺，则已徒众数百。观乎安公南下，从行之众，《僧传》所言，并未尝过于揄扬。盖安公内外俱赡，恰逢世乱。其在河北，移居九次，其颠沛流离不遑宁处之情，可以想见。然其斋讲不断，注经甚勤，比较同时潜遁剡东，悠然自得之竺道潜、支遁，其以道自任，坚苦卓绝，实已截然殊途矣。又道安在飞龙山与僧光（一作"先"）、道护（已见前）、竺法汰同游。僧光，冀州人，少遇道安，临别相谓曰，若俱长大，勿忘同游。后值石氏之乱，隐于飞龙山，安往从之。相会欣喜，谓昔誓始从。

> 因共披文属思，新悟尤多。安曰，先旧格义，于理多违。光曰，且当分析逍遥，何容是非先达。安曰，弘赞理教，且令允惬。法鼓竞鸣，何先何后。（上见《高僧传》）

格义乃竺法雅创立，以外书比拟内学之法。道安、法汰旧所同用。（见《竺法雅传》）及至飞龙山时，安公已有新悟，知弘赞理教，附会外书（如《庄》、《老》等），则不能允惬。而僧光谓先达不可非议，仍主拘守旧法。二人精神迥然不同。即在同时，竺法深优游讲席，或畅方等，或释《老》、《庄》（《僧传》语），支道林尤以善《庄子》见赏。比之安公反对格义，志在弘赞真实教理，其不依傍时流，为佛教谋独立之建树，则尤与竺、支等截然殊途也。

　　道安南行分张徒众

　　安公于冉闵乱后潜遁山泽多年，后复渡河居陆浑。山栖木食修学。《魏志·管宁传》，胡昭先在常山讲学，后遁居陆浑。《水经·伊水篇注》云，寻郭文之故居，访胡昭之遗像。（郭文，字文举，见《晋书·隐逸传》。文奉佛，见《弘明集》宗炳《难白黑论》。）则此山原系高人隐居之地。道安偕其徒众，或居此积年。至晋哀帝兴宁三年（365 年）慕容恪略河南，晋将陈祐率众奔陆浑。（《晋书》百十一）道安当因此率其徒众南奔（《僧传》谓有四百余人）。《世说·赏誉篇注》引车频《秦书》曰：

> 释道安为慕容晋（沈宝研本作"俊"，按均非是。）所掠，欲投襄阳。行至新野，集众议曰，今遭凶年，不依国主，则法事难举。（《高僧传》多"又教化之体，宜令广布"九字。）乃（沈本作"仍"）分僧众。使竺法汰诣扬州，曰，"彼多君子，上胜可投"。法汰遂渡江至扬土焉。

《高僧传·慧远传》云：

> 后随安公，南游樊、沔。伪秦建元九年（实为建元十四年），秦将符丕寇并襄阳，道安为朱序所拘，不能得去。乃分张徒众，各随所之。临路诸长德皆被诲约，远不蒙一言。远乃跪曰："独无训勖，惧非人例。"安曰："如汝者，岂复相忧。"远于是与弟子数十人，南适荆州，住上明寺。

据此则安法师分张徒众，前后二次。一在新野，一在襄阳。于危难之际（《僧传》叙安南行渡河，值雷雨①逢林伯升事，颇怪诞。据习凿齿与谢安书，谓安法师无变化技术可以惑人。则此等事即确，亦不过偶然之符合，非法师有意眩惑也），因势利导，使教化广布，用心之深，殊可钦仰。比之遭逢世乱，嘉遁山泽，其在佛教推行上之影响，实不啻天壤。冀州沙门竺道护，隐于飞龙山。《僧传》云：

> 与安等相遇，乃共言曰："居静离俗，每欲匡正大法。岂可独步山门，使法轮辍轸。宜各随力所被，以报佛恩。"众佥曰："善。"遂各行化，后不知所终。

---

　　①　此乃"逢占"，见《东方朔传》赞及注，《方术传》序。又《类聚》八八引东方朔占事，正与此相似。

则安公在河北飞龙山时，早已有分地行化之决心。而共相赞成其弘愿，则有同居之道护、僧光、法汰也。兹故于道安使教化广被之伟迹，综述之如下。

《高僧传·僧光传》云：

> 光乃与安、汰等（丽本作"汰等"。宋元明宫本均作"安、汰等"）南游晋平（"平"字疑系"土"字），讲道弘化，后还襄阳，遇疾而卒。

僧光盖亦与道安、法汰南下至襄阳后，曾在他处行化，后还卒于襄阳。《僧传》又谓竺道护与光等在飞龙山，后各行化，不知所终。（已见上引）则护或亦同行南下，而亦为安公所分徒众之一人也。（按与安共在濩泽有竺法济，而《高僧传·竺道潜传》，剡东有竺法济，作《高逸沙门传》。如为同一人，则亦南下行化者之一。）

安公同学又有竺法朗，京兆人。少游学长安，蔬食布衣，志耽人外。后居泰山，与隐士张忠（字巨和，《晋书》有传）游处。于金舆谷琨瑞山（《僧传》作"昆仑山"，此据《水经·济水注》）设立精舍。闻风而造者百有余人。前秦苻坚，后秦姚兴，燕主慕容德，均加钦敬。① 后人遂呼金舆谷为朗公谷。后卒于山中，年八十有五。按《僧传》谓朗公以伪秦皇始元年（351 年）移卜泰山，是年适值冉闵与石祗相残。其前一年石鉴死，再前一年石遵死。安公盖于石遵在位之后离邺。竺法朗之东趣泰山时，亦相去不远。又《高僧传·法和传》云：

> 后于金舆谷设会，与安公共登山岭，极目周眺。既而悲曰："此山高耸，游望者多，一从此化，竟测何之。"安曰："法师持心有在，何惧后生。若慧心不萌，斯可悲矣。"

金舆谷之会，在道安、法和居长安之时。（按太元四年冬昙摩侍译戒本讫，安公为之作序。太元七年后安译经极忙。此会应在太元五六年时。）其东下或应朗公之招请。若然，则法朗虽非相偕南行之一人，但其与安公随方行化，声气相通也。

释法和，荥阳人。少与安公同学。（法和应系师佛图澄，应姓竺。但《祐录》九晋道慈《中阿含序》亦称为冀州道人释法和。实依安公意改姓释。冀州道人者，和原游学河北也。）以恭让知名。善能标明论总，解悟疑滞。随安公南行至新野。安使其入蜀。并曰，山水可以修闲。（见《道安传》）《僧

---

① 参看《通鉴》百十一，德问竺朗事。

传》曰：

> 因石氏之乱，率徒入蜀。巴、汉之士，慕德成群。闻襄阳陷
> 没，自蜀入关，住阳平寺。

法和盖系闻襄阳陷没，安公至长安，故亦入关。其后佐安译经（《僧传》本传），直至安公殁后，犹东下洛阳，与僧伽提婆修改昔所出经。（《祐录》九《中阿含序》）及姚兴在关中弘法，法和乃复入关。（《僧传·僧伽提婆传》）鸠摩罗什曾作颂赠之。（《罗什传》）后晋王姚绪请居薄坂，年八十卒于彼处。（见本传）

综观《僧传》，法和以前，蜀中少闻佛法。东晋时益州名僧，多为道安徒党。法和以外，有昙翼、慧持。昙翼，姓姚，羌人，或云冀州人。年十六出家，事安公为师。随至襄阳，会长沙太守滕含之（《晋书·滕修传》，子含，但未言其为长沙太守。丽本作"腾含"，无"之"字。宋元明本"滕含之"，《名僧传抄》作"长沙太守荆州胜舍"，《珠林·弥陀部》一作"滕畯"）于江陵舍宅立长沙寺。告安求一僧为纲领。安谓翼曰："荆楚士庶，始欲归宗。（《高僧传》作"师宗"，此据《名僧传抄》。）成其化者，非尔而谁。"翼遂南下。后遭符丕寇乱（《高僧传》谓系丘贼之乱。按丘沈之乱，在西晋时，传言实误。今从《珠林·伽蓝篇》引《宣律师感应记》所载。参看《昙徽传》），江陵阖邑，避难上明（江陵之西，在大江之南）。翼又于此造东西二寺。（《僧传》只言造东寺。此据《珠林·伽蓝篇》。）至唐时称为中土大寺之一。翼曾西游蜀部，益州刺史毛璩重之。（《名僧传抄》叙翼至蜀在居荆州之前，立寺上明之后。《高僧传》叙翼游蜀于居襄阳之前。但毛璩实在符坚淝水战后为益州刺史。）时释慧持（远公之弟，安公弟子，以隆安三年入蜀）亦至蜀。毛璩亦相崇挹，卒于蜀中。《僧传》谓翼在江陵，感得佛像。有罽宾禅师僧伽难陀识，谓为阿育王所造。此罽宾僧人，盖自蜀至荆州。按晋世，凉州与江南交通，常经益部，故西域僧人颇止蜀中。此亦晋以后，蜀土佛教兴盛之原因。然道安徒众开创之功，亦不可没也。

安公使其徒众传教四方之最知名者，为竺法汰。东莞人。少与安同学。与道安避难，行至新野。安分张徒众。命汰下京。临别谓安曰："法师仪轨西北，下座弘教东南。江湖道术，此焉相忘矣。至于高会净国，当期之岁寒耳。"于是分手泣涕而别。乃与弟子昙壹、昙贰等四十余人，沿沔（诸本俱作"江"，此依元本）东下。遇疾停阳口。（《水经·沔水注》扬水又北注于沔，谓之扬口。）时桓豁镇荆州（《僧传·汰传》作桓温。但安公到襄阳时，桓温已去。《道安传》亦只言及桓朗子，豁字朗子）遣使要过，供

事汤药。安公又遣弟子慧远下荆问疾。后汰使弟子昙壹与道恒辩心无义，远公亦在座，事见下章。汰后下都，止瓦官寺。晋简文帝深相敬重。请讲《放光经》，开题大会，帝亲临幸。王侯公卿，莫不毕集。流名四远，士庶成群。汰撰有义疏。并与郗超书，辩本无义。太元十二年，六十八岁，卒于建业。弟子昙壹、昙贰，并博综经义，又善《老》、《易》。弟子竺道壹立幻化义，亦详下章。晋宋间名僧竺道生，大明涅槃理趣，在佛教史上起一壮阔波澜。亦为汰公弟子。是则孝武诏书云，汰法师"道播八方，泽流后裔"（上多采《僧传》），实非空誉也。然汰公行道江南，固亦道安之所遣也。

荆襄佛教之盛，盖亦始于道安。道安居襄阳，从之者数百。中有竺僧辅、昙翼、法遇、昙徽、慧远、慧持、慧永等。至晋太元二年（377年），桓豁表朱序为梁州刺史，镇襄阳。豁旋卒，桓冲继之。以秦人强盛，奏自江陵徙镇上明。（《通鉴》）据《名僧传抄·法遇传》云，太元三年（原文作"二年"，兹依《通鉴》改），秦苻丕（原本作"寺荷本"，三字均误）围襄阳，与昙徽（原作"微"）、昙翼（翼下江陵，似在苻丕围襄阳之前，如上文所述）、慧远（原文作"远惠"）等下集江陵长沙寺（原文作"等"）。据《高僧传·慧远传》，苻丕寇襄阳，道安为太守朱序所拘（谓留止不听去也），乃分张徒众。因是法遇等南下。其曾住长沙寺者，昙翼、法遇、昙戒。其在上明东寺者，竺僧辅、昙徽、慧远、慧持。（依《珠林·伽蓝篇》所载，上明东寺，本为长沙寺僧避寇而立。）释慧永先已东下，止于匡庐。慧远与弟慧持后亦停留庐阜，而远公尤为晋末僧伽之重镇。道安法师分张徒众之流泽广且久也（慧远事待下详）。

道安居襄阳

安公既达襄阳（365年），居白马寺，后移檀溪寺。时征西将军桓朗子镇江陵（桓豁兴宁三年领荆州刺史［365年］），要安暂往。及朱序西镇，复请还襄阳（377年）。后二年（379年），苻丕陷襄阳，安乃西入关。计居襄阳十有五载。其时适值北方秦燕交兵，无暇南图。荆襄得以少安。法师乃厘订经典，作为目录。岁讲《放光经》两遍，其《般若》诸注疏，当均作于此时。其《答法汰难》二卷，《答法将难》一卷（《祐录》陆澄《法论目录》）想均居襄与友人往返议论书札。得贤豪施助，造塔铸像。其制定僧众规条，想亦在此时。故其声望日隆。秦主苻坚、凉州刺史杨弘忠、晋孝武帝、郗超，均自远尽礼。而襄阳名人习凿齿，极为倾倒，先已致书通好。（书载《弘明集》中。《僧传》云，习见安称云，四海习凿齿。安曰，弥天释道安。[详见《金楼子》]按习与安书有曰:"弟子闻天不终朝而雨六合者,弥天之云也。弘渊源以润八极者,四大之流也。"云云。《僧传》故事,疑本由此文演化而成。)后复与谢安书(见《高僧传》)曰:

> 来此见释道安,故是远胜,非常道士。师徒数百,斋讲不倦。无变化技术可以惑常人之耳目。无重威大势可以整群小之参差。而师徒肃肃,自相尊敬。洋洋济济,乃是吾由来所未见。其人理怀简衷,多所博涉。内外群书,略皆遍睹。阴阳算数,亦皆能通。佛经妙义,故所游刃。作义乃似法兰(依丽本,余本作"简")、法道(不悉何人)。恨足下不同日而见。其亦每言思得一叙。

法师博学多识(传记其在长安识鲁襄公鼎,及新莽嘉量。按石勒时,亦曾掘得王莽权石,见《晋书》),神解佳妙,并以才辩文学著称。(传曰,长安中衣冠子弟为诗赋者,皆依附致誉。)其弘道之毅力大愿,叠经祸乱,不移素抱。其道德足以感人,故其众中,师徒肃肃,自相尊敬。《世说·雅量篇》云(并见《僧传》):

> 郗嘉宾钦崇释道安德问,饷米千斛,修书累纸,意寄殷勤。道安答直云,损米愈觉有待之为烦。

其襟怀远大,独立自尊,异于常人矣。

释法师在荆襄,功迹远逾其在河北时代。而尤为重要者,则(一)经典之整理,(二)戒规之确立,(三)弥勒净土之信仰。兹特于下分叙之。

经典之整理

《祐录·道安传》有曰:

> 初经出已久,而旧译时谬。致使深义隐没未通。每至讲说,唯叙大意,转读而已。安穷览经典,钩深致远,其所注《般若》、《道行》、《密迹》、《安般》诸经,并寻文比句,为起尽之义,及《析疑》、《甄解》,凡二十二卷。序致渊富,妙尽玄旨,条贯既序,文理会通,经义克明,自安始也。

按佛经旧译,不独时有谬误。而西方文体本与中土不同。一原文往往简略,句中字有缺省,在西文已成习惯。译为中文,则极难了解。一语既简略,而名辞又晦涩,译为华文,往往不知其所指。此均安公所谓"每至滞句,首尾隐没"也。(《祐录》八《般若抄序》)一佛经行文,譬如剥蕉，章句层叠，而意义前后殊异。但骤观之，似全重复。但含义随文，确有进展。读者乃不能不合前后，以求其全旨。故经颇有"辞句复质，首尾互隐"者。（《祐录》五《安公注经录》中语）一西文文句，常前后倒装，此安公所谓"胡语尽倒"（《般若抄序》），支道林所谓"须筌次事宗，倒其首尾"也。夫旧译间甚朴质，而多有谬误。读之者如不悉原文，其研求方法，只能在译本中，"寻文比句"，前后比较，以求其名相之含义，与全书之意义。文句比较之功夫愈多，则其意义之隐没者愈加显著。安公穷览经典，其寻文比句功夫最深，乃能钩深致远。既通其滞文，乃能"析疑"（安公作《放光析疑略》及《析疑准》）。既窥其隐义，乃加"甄解"（安有《密迹》、《持心》二经"甄解"）。既了其全旨，乃能作经科判。安公曾作《放光起尽解》疑系分段标其起讫，而说明其要旨也（参看下第十五章注疏条）。

读经既须博览，故安公于经典之搜集，颇为努力。在河北时，竺道护送来《十二门经》，又得《光赞》一品。在襄阳，慧常于凉州远道送《光赞》、《渐备》、《首楞严》、《须赖》四经。道安所见既多，研寻甚勤。集众经自汉光和已来，迄晋宁康（原文误作"康宁"）二年（374年），作《综理众经目录》一卷。按后人作目录时，每有前人目录为依据，故虽未见其经，亦可列入目中。但道安则似毫无凭藉。（所谓《汉录》、《朱士行录》等均非真。《支愍度录》虽在前，然安公必未得见。）故必须目见经本，乃可入录。（《祐录》所引安公语中，未言经阙而仍著录者。）故《安公注经录》（《祐录》五）云："遇残出残，遇全出全。"盖谓经无论残缺，必须过目，乃以入录。若仅据耳闻，则所不取。故曰："安公校阅群经，诠录传译。"（《僧传·安清传》语）此可见法师治学之勤劳而且谨严也。

又《祐录》卷十五曰：

自汉魏迄晋，经来稍多。而传经之人，名字弗说。后人追寻，莫测年代。安乃总集名目，表其时人。诠品新旧，撰为经录。众经有据，实由其功。

古人写经，多失译人名字。安公考定，其法有二。（一）广求写本，每逢同经，此一写本缺失译人，他本或有载之者。而此等记载往往系译经时所书，常详译人年月，所谓出经记是也。安公根据此项记载，乃"总集名目，表其时人"。（二）若写本均缺记载，则安公校阅全文，比校诸经辞体，以定其译人。故《祐录》十三《支谶传》曰：

又有《阿阇世王》、《宝积》等十余部，以岁久无录。安公校练古今，精寻文体，云似谶所出。

安公校阅群经，精寻文体，而于每人译经之良窳，于录中间加以详定。至若各本无记录，又难辨其文体，译人缺失，无由考定，则安公特列一《失译录》。而失译之本，按其文辞，知甚古远，或辨为凉州、关中所出，法师乃于此等总为一古异经、凉土异经、关中异经等三录。其辨为伪造者，则列入《伪经录》。此又均可见安公考定之方法谨严也。而安公校阅群经，知古今往往有同一原本，中国有两次或多次翻译，如《四十二章经》有汉译有吴译，若缺失译人，则易致张冠李戴。安公于此等经，似每注明其经之第一句，以备后人有所遵循。如《祐录》七《首楞严经注序》曰：

安公《经录》云，中平二年十二月八日支谶所出。其经首略"如是我闻"，唯称"佛在王舍城灵鸟顶山中"。

此又可窥安公作录之谨严也。

按《安录》之外，支愍度亦曾作目录。《祐录》二，称为晋惠帝时沙门。《僧传》言其在晋成帝世。则其经录，显较安公稍早。按《祐录》二曰：

爰自安公始述名录，铨品译才，标列岁月，妙典可征，实赖斯人。

《祐录》所引之《旧录》即《支录》。（说见前）但其铨品标列，想不能如安法师之谨严完备，故僧祐曰始也。

溯自吴支谦有《合微密持经》之作，至支愍度亦编合本。（通常呼曰"会译"，此依陈寅恪先生。）支谦读旧译佛经，每恨其朴质，且多胡音，因是或修改前人之作，或另行翻译，故甚注意古今出经之异同，乃创合本之法，此前已详言之。（见上第五章）支愍度能为群经作录，亦系所见经卷已多，校阅异译，深慨然于其异同参差之大，遂亦集成《首楞严》与《维摩诘》两经之合本，其《首楞严》用（一）支谦所修改之支谶本，（二）支法护本，（三）竺叔兰本。《祐录》七载其《合首楞严经记》中有曰：

求之于义，互相发明。披寻三部，劳而难兼。欲令学者，即得其对。今以越（谦亦名越）所定者为母，护所出为子，兰所译者系之。其所无者，辄于其位记而别之。或有文义皆同，或有义同而文有小小增减不足重书者，亦混以为同。虽无益于大趣，分部章句，差见可耳。

《维摩经》有支谦、法护、法兰三本。《祐录》八载支氏《合维摩经序》云："余是合两令相附。以明（支谦字恭明）所出为本。以兰所出为子。（"兰"字上疑脱"护"字。《祐录》二亦云支氏合支谦、法护、叔兰三本为一部。）令寻之者，瞻上视下，读彼案此，足以释乖迁之劳。"愍度盖深知合本之益。但愍度既得读支谦之书，其制合本当系取法于谦也。

安法师博览群籍，诠品新旧之异同，而尤留心《般若》诸译之出入。按安撰有《合放光光赞随略解》，书久佚失。《祐录》七虽载其序文，然其中又未言及制作体裁。但《祐录》七支愍度《合首楞严经记》内，有子注云：

> 三经谢敷合注，共四卷。

据《祐录》二，支愍度《合首楞严经》有八卷，注云，或为五卷。按谢庆绪年代晚于愍度。所谓"三经谢敷合注，共四卷"者，必系谢依支氏合本，由比校而得其旨，乃为作注。其仅四卷者，必系节抄愍度之书，每段摘录数字，记其起讫，故卷数较少也。安公所作之《合放光光赞随略解》，虽无由知其内容，但想系合《放光》、《光赞》二经逐品比校（但未必抄列二经全文），而随文为之略解，则其性质应与谢庆绪之书，略相似。此均合本之支裔也。又《祐录》八载支道林《大小品对比要钞序》，此钞乃取《放光》、《道行》二般若，节录文辞，乃谓节钞而本文不全，亦系合本，则又会译之别开生面者也。

戒规之确立

道安在襄阳，深感戒律传来之不全。《祐录》载其在襄阳所作《渐备经序》有曰：

> 云有五百戒，不知何以不至，此乃最急。四部不具，于大化有所阙。

其《比丘大戒序》曰：

> 大法东流，其日未远。我之诸师，始秦（此字疑误）受戒，又乏译人，考校者勘。先人所传，相承谓是。至澄和上，多所正焉。余昔在邺，少习其事，未及检戒，遂遇世乱。

《比丘尼戒本序》(《祐录》此序题为"未详作者",但审其文实道安作)曰:

> 法汰顷年鄙当世为人师,处一大域,而坐视令无一部僧法,推求出之,竟不能具。

东晋中叶道安、法汰诸人,均努力寻求戒律。释法显因此而西行。《比丘尼戒本序》作者(即道安)自云:

> 吾昔得大露精《比丘尼戒》,而错得其药方一柙,持之自随二十余年,无人传译。近欲参出,殊非尼戒。方知不相开通,至于此也。

道安在襄阳,有僧众数百(见上引习凿齿与谢安书。《渐备经序》云,襄阳时齐僧有三百人),自须制定威仪,备可节度。其立三例,或在此时。《高僧传》曰:

> 安既德为物宗,学兼三藏,所制僧尼轨范,佛法宪章,条为三例,一曰行香定座上经上讲之法,二曰常日六时行道饮食唱时法,三曰布萨差使悔过等法。天下寺舍,遂则而从之。

安公三例,诸书未见明解。《法苑珠林·明赞部》有曰:

> 又昔时有道安法师集制三科上经上讲布萨等。先贤立制,不坠于地。天下法则,人皆习行。

又《祐录》十二载有《法苑原始集目录》,其中第六为《经呗导师集》。此集末二项曰:

> 《导师缘记》第二十
> 《安法师法集旧制三科》第二十一

据此安公所制三科上经上讲布萨等,均唱梵呗。《珠林·说听篇·仪式部》,引《三千威仪经》,言及上高座读经,应即"上经",亦即上高座转读之法。彼经中有曰:

> 坐有五事,一当正法衣安坐,二楗椎声绝当先赞偈呗,三当随因缘读。(下略)

是于转读之前,当先唱梵呗。《僧传·法平传》,谓宋初法平与弟法等,均善转读。

> 后东安严公(慧严)发讲,等作三契经竟。严徐动麈尾曰,"如

此读经，亦不减发讲"，遂散席。明更开题。议者以为相成之道也。

是则讲经之先，例应转读也。又《僧传·唱导篇》论曰：

> 昔佛法初传，于时齐集，止宣唱佛名，依文致礼。至中宵疲极，事资启悟，乃别请宿德，升座说法，或杂序因缘，或傍引譬喻。其后庐山释慧远，道业贞华，风才秀发。每至斋集，辄自升高座，躬为导首，广明三世因果，却辩一斋大意。后代传受，遂成永则。

是则中宵行道，请宿德说法警众，为唱导之原始。而亦后世忏文之先声也。道安六时行道，或已有唱导之事。其后慧远乃行其法也。按上引《法苑·原始集》，安公三科，在《经呗导师集》中，而且列于《导师缘记》之后，则三科似亦与唱导有关也。

在安公晚年，戒律渐至。所得戒本，多与安公有关。兹列于下：

昙摩侍之《十诵戒本》，道安据之考前常行之戒，知其多谬。

在得此戒前，安公从武遂法潜得一部戒，规矩与侍戒同。

竺昙无兰于庐山中竺僧舒许得戒一部，亦与侍戒同（不悉与法潜戒同是一书否）。

僧纯昙充于拘夷（龟兹）得《尼戒》，道安曾见之。（此据《尼戒序》，序实道安作。）

觅历出《五百比丘尼戒》，为支遁、法汰所攻击，此在得僧纯戒以前。

法汰曾令外国人出《尼戒》，少许复不足，此亦在僧纯得戒以前。

惠常凉州得《五百戒》，此亦在前。（此均见《祐录》十一）

《鼻奈耶律》，道安在长安时译，此系《十诵广律》，《广律》之译始于此（有序）。

道安寻求律戒，其努力诚可钦佩矣。追不久罗什来华，大出律藏，从此天下僧人仪范，有所遵循，不必即仍行安公之制也。

安法师三科，虽不知流行至何时代。但其制定僧人姓氏，则千五百年来犹遵其法度。《高僧传》曰：

> 初魏晋沙门依师为姓，故姓各不同。安以为大师之本，莫尊释迦，乃以释命氏。后获《增一阿含》，"果称四河入海，无复河名，四姓为沙门，皆称释种"。既悬与经符，遂为永式（《增一》系安公在长安时译）。

又《法遇传》（亦见《名僧传抄》）云：

> 后襄阳被寇，遇乃避地东下，止江陵长沙寺。讲说众经，受业者四百余人。时一僧饮酒，废夕烧香，遇止罚而不遣。安公遥闻之，以竹筒盛一荆子，手自缄封，题以寄遇。遇开封见杖，即曰："此由饮酒僧也。我训领不勤，远贻忧赐。"即命维那鸣槌（《名僧传抄》作"磬"）集众，以杖筒置香橙上，行香毕。遇乃起出众前，向筒致敬。于是伏地，命维那行杖三下，内杖筒中，垂泪自责。时境内道俗，莫不叹息。因之励业者甚众。既而与慧远书曰："吾人微暗短，不能率众，和尚虽隔在异域，犹远垂忧念，吾罪深矣。"

按其时释和尚在长安符秦所都，故言隔在异域。法遇少时，任性夸诞，旁若无人。及与安公相值，忽然信伏。后虽师在远方，犹极虔敬。则和尚威德感人至深且切也。

弥勒净土之信仰

慧皎《道安传》曰：

> 安每与弟子法遇等（《名僧传抄》"等"字下有"以人"二字，乃"八人"之误）于弥勒前立誓愿生兜率。

《竺僧辅（道安之友人）传》曰：

> 后憩荆州上明寺，单蔬自节，礼忏翘勤，誓生兜率。

《昙戒传》曰：

> 后笃疾，常诵弥勒佛名，不辍口。弟子智生侍疾，问何不愿生安养。戒曰："吾与和尚等八人同愿生兜率，和尚及道愿等皆已往生，吾未得去，是故有愿耳。"言毕，即有光照于身，容貌更悦，遂奄尔迁化，春秋七十，仍葬安公墓右。（戒南阳人，当在襄阳为安公弟子。《名僧传抄》曰，后与安同憩长安太后寺。）

道安与僧辅、法遇、昙戒、道愿等八人，立誓往生兜率，必在襄阳。盖法遇于符秦取襄阳，即与其师别也。

据《乐邦文类》载遵式《往生西方略传序》，称安公有《往生论》六卷，唐怀感亦引及道安《净土论》（但古今目录均未著录）。符坚曾送结珠弥勒像至襄阳。（《僧传》云，送像五尊。又谓安在襄阳造铜佛像，《广弘明集》载有慧远晋襄阳丈六金像序，疑代安公作。传并言时有一外国铜像，其髻中得舍利。又《珠林·敬佛篇》言，道安造弥陀像一躯，叙事显出附会，不可信。如言像上铭云，太元十九年造。但其时安公已卒于长安矣。）或亦知其特崇弥勒。弥勒经典，在安公以前，已有译出。（据《祐录》，知《安录》载有竺法护译之《弥勒成佛经》、《弥勒菩萨本愿经》，失译《弥勒经》、《弥勒当来生经》。又据《高僧传》，道安第一次所读之经为《辨意经》。而现存之北魏法场译之《辨意长者经》之末，有弥勒佛授决云云。）弥勒受记于释迦，留住为世间决疑。道安每与弟子法遇、道愿、昙戒等于弥勒前立誓愿生兜率。而安公之愿生兜率天宫，目的亦在决疑。故僧叡（安公弟子）《维摩序》有曰：

> 先匠所以辍章退慨，思决言于弥勒者，良在此也。

安公《僧伽罗刹经序》文，载僧伽罗刹死后与弥勒大士高谈。其《婆须蜜经序》亦谓婆须蜜集此经已，入三昧定，如弹指顷，神升兜率，与弥勒等集乎一堂。且曰：

> 对扬权智，贤圣默然，洋洋盈耳，不亦乐乎。

而此序中谓入三昧定，神乃升兜率，可见安公之弥勒念佛，仍得禅定原意。虽昙戒死时，口诵弥勒名号不辍，但当时人仍知念佛乃禅之一种。如《广弘明集·僧行篇》载《僧景行状》有曰：

> 初法师入山二年，禅味始具，每敛心入寂，偏见弥勒。

《高僧传》载智严以事问天竺罗汉：

> 罗汉不能判决，乃为严入定，往兜率宫咨弥勒。（严之师觉贤，亦曾定中往兜率见弥勒。）

而《慧览传》曰：

> 达摩（西域比丘）曾入定，往兜率天，从弥勒受菩萨戒。

又《道安传》中，谓安梦见梵道人，头白眉毛长，语安曰："君所注经，殊合道理，我不得入涅槃，住在西域，当相助弘通，可时设食。"后远公知所见为宾头卢，乃立座饭之，世世成则。传又谓安公将死前十一日，忽有异僧来告其须浴圣僧。安请问来生所住处。彼乃以手虚拨天之西北，即见云开，备睹兜率妙胜之报。此异僧谓即宾头卢。按宾头卢为不入涅槃在世护法之阿罗汉，其性质亦与弥勒菩萨相似也。（Journal Asiatique, 1916, Leviet Chavannes, *Les seize Arahats*, 中译本冯承钧《法住记及阿罗汉考》。）

道安在长安与译经

晋孝武帝太元四年（379 年），道安西至长安（同行者有弟子道立），符坚甚重之。（详见《僧传》）敕内外学士，有疑皆师于安。故京兆为之语曰："学不师安，义不中难。"安外涉群书，善为文章，长安中衣冠子弟为诗赋者，皆依附致誉。（见《高僧传》）符坚晚年，将欲南征，安数次切谏，坚终不从。按法师《阴持入经序》云，"戎狄孔棘"，《道地经序》云，"猃狁猾夏"，则其谏阻符氏，或私衷不忘旧邦也。太元十年二月八日，年七十四，无疾而卒。葬城内五级寺中。计在长安七年，日以译经为务。兹述其始末于下。

汉魏间译经之重镇为洛阳。然当西晋竺法护译经，长安已为要地。其后约四十年，而符坚僭号于关中，武功极盛。而自五胡乱华之始，中国西域交通日益频繁。凉之张骏，于晋成、穆之世，使其将杨宣率众越流沙伐龟兹、鄯善，于是西域并降。（《晋书》八十六）及至符坚，攻取凉州，威名远震，鄯善车师前部王来朝。大宛献汗血马。于阗、康居诸国皆遣使贡方物。（《晋书》百十三）晋太元七年（382年）且令吕光平西域。是时中西之交通，盖甚畅达。故西方远来之僧人当益多。（道安《增一序》有"外国乡人，咸皆善之"一语，可见长安外人实不少。）

道安法师至长安后，极力奖励译事。每亲为校定，译毕之后，常序其缘起。即"兵乱都邑，伐鼓近郊"，犹工作不辍。而同时有赵整（亦作"政"或作"正"，字文业）者，仕符坚为太守及秘书郎，亦叠为译经之护持。坚没以后，出家，更名道整。亦译经之功臣也。道安、赵整，虽著功绩。然译胡为汉，实始终得竺佛念之力。竺佛念，凉州人。讽习众经，粗涉外典。其苍雅训诂，尤所明练。少好游方，备观风俗。家世西河，洞晓方语。华戎音义，莫不兼释。故义学之誉虽阙，洽闻之声甚著。符、姚二代，西僧之来华者，尝不娴华语，传译之责，众咸推念。故二秦之时，推为译人之宗。长安是时翻译之盛，盖集此诸因缘而致，固非偶然之事也。（佛念亦自译《璎珞经》[建元十二年]、《出曜经》[十九年]、《鼻奈耶律》等，谓有十二部七十四卷，详《开元录》。）

西域沙门昙摩侍，善持戒律，妙入契经。以符坚建元中在长安出《十诵戒本》、《比丘尼大戒本》、《教授比丘尼二岁坛文》三部。竺佛念为传语。（据《开元录》谓在建元三年四年。但《祐录》载道安作《比丘大戒序》，谓译戒本[即十诵]时，安公曾参与。但据《祐录》卷二，则《十诵》及《尼戒》均简文帝时译，年岁均不同。）是时佛教流行虽久，但戒律多所未正。道安、法汰、竺昙无兰均注意及此。昙摩侍特善戒律，出此三部，盖应当时之需要也。建元十八年别有罽宾沙门耶舍，译有《鼻奈耶经》。安公有序云：

> 岁在壬午（382年），鸠摩罗佛提赍《阿毗昙抄》（此即下文所谓之《阿毗昙心》，而"佛提"二字下作"跋提"），《四阿含暮①抄》，来至长安。（中略）又其伴罽宾鼻奈，厥名耶舍，讽《鼻奈经》甚利，即令出之。佛提梵书，佛念为译，昙景笔受，自正月十二日出，至三月二十五日乃了，凡为四卷。（据《开元录》入佛念录，建元十四年壬午译，"四"字系"八"字之误。）

所谓罽宾鼻奈者，言罽宾之善《鼻奈耶》（律）者也（Vainayika）。

僧伽跋澄，罽宾国人。特善数经，暗诵《阿毗昙毗婆沙》。罽宾为一切有部盛行之地，此所谓数经疑即数论，盖谓有部《阿毗昙》。苻坚建元十七年（381年）至关中。其时安公在长安已四年矣。是时秘书郎赵正崇仰大法，尝闻外国宗习《阿毗昙毗婆沙》，而跋澄讽诵，乃请出之。《僧传》称此为《阿毗昙毗婆沙》。《祐录》称为《杂阿毗昙毗婆沙论》（或云《杂阿毗昙心》），或又简称为《毗婆沙》。道安序有曰：

> 会建元十九年，罽宾沙门僧伽跋澄讽诵此经，四十二处，是尸陀槃尼所撰者也（故此非迦旃延之《大毗婆沙》也）。来至长安。赵郎饥虚在往，求令出焉。其国沙门昙无难提笔受为梵文，弗图罗刹译传，敏智笔受为此秦言。赵郎正义。（中略）经本甚多，其人忘失，唯四十事，（中略）余佐对校，一月四日。

此书有十四卷，遂称为《十四卷毗婆沙》。跋澄又出《婆须密菩萨所集论》十卷，乃佛念译传，跋澄、难陀（即昙无难提）、褅婆（即僧伽提婆）三人执胡本，慧嵩笔受。跋澄又赍《僧伽罗叉经》来长安，佛念为译，慧嵩笔受。上述二经，盖均建元二十年（384年）出也。（《僧祐录》十载《僧伽罗叉经序》，谓此经在二十年十一月三十日译讫。惟同卷载之同经后记，谓在建元二十年十一月三十日译之，至次年二月九日方讫，乃跋澄在石羊寺口诵，佛护翻译。）

昙摩难提（"摩"一作"无"）者，兜佉勒国人。兜佉勒，谓吐火罗，即月氏地。盖亦行小乘有部之教。难提暗诵《中》、《增》二《阿含》。赵整因中土无《四阿含》，遂请出之。难提乃为译《中》、《增》二《阿含》及《三法度》等。《三法度》，盖亦出于《四阿含》。故难提者，《阿

---

① "暮"衍。

含》之专家也。二《阿含》乃佛念传译，慧嵩笔受。均亦建元二十年出。《增一》至其明年乃毕功，道安与法和共考正之，僧略（亦作“䂮”，与“略”通）、僧茂助校漏失。

僧伽提婆（亦作“禘婆”或“提和”），亦罽宾人。乃有部《毗昙》之大家也。其所译有《阿毗昙八犍度论》，即《发智论》。道安序曰：

> 以建元十九年罽宾沙门僧伽禘婆诵此经甚利，来诣长安。比丘释法和，请令出之。佛念传译，慧力、僧茂笔受。和理其指归。其人检校译人，频杂义辞。和抚然恨之。余亦深谓不可。遂令更出，夙夜匪懈。四十六日，而得尽定。其人忘《因缘》一品。

安公主持译事，其所出以有部之学为最著。而以建元十八至二十年为最努力。僧尼《戒本》，俱属有部。而有部《毗昙》，除上述者外，则道安曾令鸠摩罗跋提（亦作“佛提”）译《阿毗昙心》。《祐录》十载有未详作者之序文曰（序疑乃慧远所作）：

> 释和尚昔在关中令鸠摩罗跋提出此经。（《慧远传》云，“安公请昙摩难提译”，应误。）

释和尚即指道安。鸠摩罗跋提，乃车师前部王弥第之国师。“建元十八年正月（原文无此字），车师前部王名弥第来朝，其国师鸠摩罗跋提，献胡《大品》一部，遂译之，昙摩蜱执本，佛护（即佛图罗刹）为译，慧进笔受。”即所谓《摩诃钵罗蜜经抄》也。（上见经序）鸠摩罗佛提，曾自出《四阿含暮钞》。《祐录》有不详作者之序曰：

> 有外国沙门字因提丽，先赍诣前部国，秘之佩身，不以示人。其王弥第求得讽之，遂得布此。余以壬午之岁八月，东省先师寺庙于邺寺。令鸠摩罗佛提执胡本，佛念、佛护为译，僧导、昙究、僧叡笔受，至十一月乃讫。此岁夏出《阿毗昙》，冬出此经。一年之中，具二藏也，深以自幸。

壬午乃建元十八年。夏出《阿毗昙》者，当即《阿毗昙心》，即释和尚所令出。（见上文）则此《四阿含暮抄序》，必为道安所作。盖是年夏令出《阿毗昙心》，冬出此抄。一年而具二藏，故道安引以自幸。（本年春佛念又译《鼻奈耶律》，［文见前］故该律序有具三藏之语。）

及至建元十九年，苻坚大败于淝水。秦国势衰。而道安以七十余岁之老人，犹矻矻助译不倦，出十四卷《毗婆沙》，及《八犍度》。其明年而关中乱，慕容冲且引兵据阿房城，威逼长安。而道安之用功尤勤。故出《增一序》曰：

> 此年有阿城之役，伐鼓近郊，而正专在斯业之中。全具二《阿含》一百卷、《鞞婆沙》、《婆和须蜜》、《僧伽罗刹传》，此五大经，自法东流，出经之优者也。

《增一阿含》于建元二十一年（385年）春始译毕。据《僧伽罗刹集经后记》曰（见《祐录》）：

> 大秦建元二十年十一月三十日，罽宾比丘僧伽跋澄于长安石羊寺口诵此经，及《毗婆沙》。佛图罗刹翻译，秦言未精。沙门释道安，朝贤赵文业，研核理趣。每存妙尽，遂至留连。至二十一年二月九日方讫。且《婆须蜜经》，及昙摩难提口诵《增一阿含》，并《幻网经》，使佛念为译人。

但《祐录》又载此经之序所言年月译人均不同。但此经如实至二十一年二月九日方译讫。则安公如系即在是月八日已无疾而逝（此据《僧传》等所言。但疑不确，已详上文），真可谓殉其所志也。八月苻坚被杀，关中虽乱，而竺佛念、释法和等，犹继安法师之业。再后罗什入关，僧伽提婆渡江，亦释和尚之流风遗泽也。

《祐录》载竺佛念所作之《王子法益坏目因缘经序》曰：

> 会秦尚书令辅国将军宗正卿领城门校尉使者，司隶校尉姚旻（中略）欲绍先胜之遗迹，竖玄宗于末俗。故请天竺沙门昙摩难提出斯缘本。秦建初六年（391年），岁在辛卯，于安定城二月（亦作"三月"）十八日出，至二十五日乃讫，（中略）佛念译音，情义实难。（下略）

又《祐录·竺佛念传》云："姚秦弘始之初，经学甚盛"（即罗什入关之前），念译经五部，其中有《出曜经》。盖僧伽跋澄，在前秦乱后避地东下。后因返旧乡，暂住京都。于后秦皇初五年（398年）秋译《出曜经》，六年（399年）春讫，澄执胡本，佛念为译，道嶷笔受，和、嶍二法师括而正之。（僧嶍即僧略。道安《增一阿含序》云，僧略、僧茂助校漏失。则嶍师原为道安译经时之助手。）僧叡于姚兴弘始元年（399年）为之序（现存）。后二年什公至长安，和、嶍二法师为沙门领袖，叡亦参赞著功绩也。

至若和法师，即道安同学。苻氏亡后，法和先在洛阳，继安公之志，完成其工作，则载于《祐录》之道慈《中阿含经序》中。其文曰：

《中阿含经记》云，昔释法师于长安出《中阿含》、《增一》、《阿毗昙》（《八犍度》）、《广说》（《毗婆沙》）、《僧伽罗刹》、《阿毗昙心》、《婆须蜜》、《三法度》、《二众从解脱缘》（僧尼戒本），此诸经律，凡百余万言。并违本失旨，名不当实。依稀属辞，句味亦差。良由译人造次，未善晋言，故使尔耳。会燕秦交战，关中大乱，于是良匠背世，故以弗获改正。乃经数年，至关东小清，冀州道人释法和，罽宾沙门僧伽提和，招集门徒，俱游洛邑。四五年中，研讲遂精，其人渐晓汉语，然后乃知先之失也。于是和乃追恨先失，即从提和更出《阿毗昙》，及《广说》也。自是之后，此诸经律，渐皆译正。唯《中阿含》、《僧伽罗叉》、《婆须蜜》、《从解脱缘》，未更出耳（后《中阿含》在建业由僧伽提和更出）。

顷之姚兴王秦（394 年），法事甚盛。和乃入关。先助译《出曜》，后参与罗什译场。什公钦其风德，赠以颂十章。而僧伽提婆渡江，先止庐山，后至建业。提婆在建业更传译《中阿含》、《比丘戒本》，后有鸠摩罗什更译。《尼戒本》则为竺法汰所删改。（见《开元录》竺佛念录中）

此上所述竺佛念出经于安定。释法和助译于洛阳。其后共译《出曜》。溯其始，俱源于道安、赵整之努力。当时人称许"释赵为法之至"（《祐录》卷十之第七），信不诬也。

道安在佛学上之地位

综自汉以来，佛学有二大系。一为禅法，一为般若。安公实集二系之大成。又魏晋佛学有三变。一，正始玄风飚起，《般若》方等因颇契合而极见流行。释法师兼擅内外，研讲穷年，于法性之宗之光大，至有助力。此当于第九章详之。二，安公晚年译经，已具三藏，多为罽宾一切有部之学。安公没后，其弟子庐山慧远，继其师业，亦曾兼弘一切有部《毗昙》，颇为一时所从风。此当于第十一章述及。三，在远公晚年罗什至长安，既精译《般若》方等，又广传龙树、提婆之学。然当安公初至长安，即闻罗什之名于僧纯。每劝坚迎什。什亦远闻安风，谓是东方圣人，恒遥而礼之。则罗什之来，固亦由道安。而安公在关中讲学译经，已颇集国中之英才。什公三论之为世信受，固亦因《般若》已经风行。而什公翻译之绝伦，亦有先贤为之预备矣。罗什功业，当于第十章述之。东晋孙绰为《名德沙门题目》（《僧传》原文作"论自"）云，释道安博物多才，通经名理。又为之赞曰：

> 飞声汧陇，驰名淮海。形虽草化，犹若常在。

呜呼，释道安之德望功绩，及其在佛教上之建树，比之同时之竺法深、支道林，固精神更犹若常在也。

第九章　释道安时代之般若学

自汉之末叶，直讫刘宋初年，中国佛典之最流行者，当为《般若经》。即以翻译言之，亦译本甚多。最早者为支娄迦谶之十卷《道行》。《放光》、《光赞》同为《大品》。《光赞》东晋时得释道安之表彰，乃稍流传，而《放光》于西晋即已行世。及罗什入长安，重译大小品，盛弘性空典籍，此学遂如日中天。然《般若》之始盛，远在什公以前。而其所以盛之故，则在当时以《老》、《庄》、《般若》并谈。玄理既盛于正始之后，《般若》乃附之以光大。据牟子《理惑论》及《大明度经注》等，均援用流行之《老》、《庄》玄理，则此事导源甚早。释道安《鼻奈耶序》曰：

> 经流秦土，有自来矣。随天竺沙门所持来经，遇而便出。于十二部，毗曰罗（方等）部最多。以斯邦人老、庄教行，与方等经兼忘相似，故因风易行也。

兹章所述，即在掇拾罗什以前，《般若》流行之事实学说。盖在此时代，中国学术实生一大变动，而般若学为其主力之一也。吾称此时代为释道安时代者，盖安公用力最勤，后世推为正宗也。又表彰斯经诸人，考其年代，多与安公同时。在其前者甚少。据《祐录》道安《渐备经书叙》，谓"《大品》（《祐录》八道安《般若钞序》，言及胡大品。《祐录》十，僧伽罗刹《所集经后序》，言及安公《大品序》。其时《大品》者，指《放光经》）出后，先出诸公，略不综习，深可为恨。但《大品》顷来，东西诸讲习，无不以为业。"此可证在安公时，《般若》研究乃大盛也。

本时代般若学之派别

约在道安之时，《般若》学者既多，而又各抒新义，遂生派别。于法开与支道林辩即色义。竺昙壹与道恒争心无义。（上见《僧传》）郗超与法汰辩本无，有四首。支道林与王洽（字敬和）、王幼恭申即色，有二篇。（俱见《祐录》陆澄《法论》中）释僧肇于弘始十一年（409年）之后，作《不真空论》。（论引及《中论》，《中论》乃弘始十一年译。）其中言及本无、即色、心无三家。而约在同时，僧叡作《毗摩罗诘堤经义疏》，而为之序。有曰：

> 自慧风东扇，法言流咏以来，虽曰讲肆，格义迂而乖本，六家偏而不即。性空之宗，以今验之，最得其实。

格义与性空之宗，留待后详。六家者，不知其确指。（按嘉祥《中论疏因缘品》，据肇之三家，而曰什师未至。长安本有三家义。今叡序已称六家。则长安不只知三家义也，甚明矣。）陈朝小招提寺慧达法师作《肇论序》，有"或六家七宗，爰延十二"之语。唐元康作《肇论疏》，释此句曰：

> "或六家七宗，爰延十二"者，江南本皆作"六宗七宗"，今寻记传，是"六家七宗"也。梁朝释宝唱，作《续法论》一百六十卷云，宋庄严寺释昙济作《六家七宗论》。论有六家，分成七宗。第一本无宗，第二本无异宗（晓月《肇论序注》作"本无玄妙宗"），第三即色宗，第四识含宗，第五幻化宗，第六心无宗，第七缘会宗。本有六家，第一家分为二宗，故成七宗也。言"十二"者，《续法论》文云，下定林寺释僧镜作《实相六家论》，先设客问二谛一体，然后引六家义答之。第一家，以理实无有为空，凡夫谓有为有。空则真谛，有则俗谛。第二家，以色性是空为空，色体是有为有。第三家，以离缘无心为空，合缘有心为有。第四家，以心从缘生为空，离缘别有心体为有。第五家，以邪见所计心空为空，不空因缘所生之心为有。第六家，以色色所依之物实空为空，世流布中假名为有。前有六家，后有六家，合为十二家也。故曰"爰延十二"也。

僧镜（即焦镜）之六家，按其内容，并不与昙济相同。此六家为何人之说，亦不可考。但其第一家第二家或均与昙济之第一二家相同。第三或似识含宗（昙济之第三家）。第四第五均不悉何指。第六家则似缘会宗（昙济之第六家）。

昙济之六家，则吉藏《中论疏》、日人安澄《中论疏记》，均释之颇详。而《肇论》所破之三家，亦谓包摄于昙济之六家中。故唐元康之《肇论疏》，宋净源之《中吴集解》，元文才之《新疏》，亦足资考证。又日本《续藏》二编乙第二十三帙载有《肇论疏》三卷（日人新作目录谓只上中二卷，缺下卷，实误），系陈慧达撰（原录作"晋慧达"亦误）。不知即作《肇论序》之小招提慧达法师否也。《肇论》章疏，盖推此为最早。《中论疏记》之作，始于日本延历二十年，至大同元年讫，即当唐德宗贞元十七年至宪宗元和元年（801 年至 806 年）。书中于解六家时，除引达康之疏外，引古佚书数种。一为《述义》，乃《中论述义》，作者不明。一为《山门玄义》，似即陈三论师兴皇法朗作之《中论玄》，《东域录》著录，但《录》言只一卷，然据安澄所引有出卷五者。一为泰法师《二谛搜玄论》，《东域录》称为凡三十纸一卷。泰法师不知为何如人，《疏记》称为冶城寺泰法师。（见《大正藏》六十五卷八一页）凡此均可供参考。但所述各家法师，则诸书互有出入。兹先表列之于下：

（一）肇所破三家：

《肇论》	《慧达疏》	《元康疏》（《集解》、《新疏》均同）	《述义》
心无	竺法温	支敏度（《新疏》作"道恒"）	竺法温
即色	支道林	支道林	支道林
本无	道安	竺法汰	道安

此中最可注意者，为慧达以为肇所破之本无义，为释道安说，并且引及匡山远公《本无论》也。

（二）昙济六家七宗：

昙济	《中论疏》	《山门玄义》	《二谛论》
本无	道安		
本无异	琛法师（肇所破者）	竺法深	
即色	关内（肇所破者）支道林	第八支道林	
识含	于法开	第四于法开	
幻化	壹法师	第一释道壹	
心无	温法师（肇所破者）	第一释僧温	竺法温
缘会	于道邃	第七于道邃	

按安澄谓《二谛搜玄论》，列有十三家。而照上表，《山门玄义》亦不只引七宗。其中有两"第一"，其一必为传写之误。所谓六家七宗者，此有三说。（一）元康谓本有六家，本无分为二宗，故成七宗。（二）七宗除本无宗，为六家。（三）或人除本无异宗。而谓一为深法师，二为关内即色，余为识含等四宗。后二说见安澄书中。据僧叡《维摩序》，列性空之宗于六家之外，性空宗即本无宗，则第二说系叡师旧说。然昙济之说，是否依叡所说，既不可知。而元康年代尚早，其说或亦有据。

昙济、僧镜均为刘宋时人，其所言各家，当均起于晋代。而据上表所列诸人，皆与道安先后同时也。当时宗义之繁，实为奇观。惜所存材料极少，多不知其详。兹请先述格义，再及六家七宗。

竺法雅之格义

大凡世界各民族之思想，各自辟途径。名辞多独有含义，往往为他族人民所不易了解。而此族文化输入彼邦，最初均牴牾不相入。及交通稍久，了解渐深。于是恍然于二族思想，固有相同处。因乃以本国之义理，拟配外来思想。此晋初所以有格义方法之兴起也。迨文化灌输既甚久，了悟更深，于是审知外族思想，自有其源流曲折，遂瞭然其毕竟有异，此自道安、罗什以后格义之所由废弃也。况佛法为外来宗教，当其初来，难于起信，故常引本国固有义理，以申明其并不诞妄。及释教既昌，格义自为不必要之工具矣。

格义之法，创于竺法雅。雅，河间人（《佛图澄传》称之为中山竺法雅）。与释道安同学于佛图澄。后立寺于高邑。《僧传》曰：

> 竺法雅（中略）少善外学，长通佛义。衣冠仕子，或附咨禀。时依雅门徒，并世典有功，未善佛理。雅乃与康法朗等，以经中事数，拟配外书，为生解之例，谓之格义。及毗浮昙相等，亦辩格义，以训门徒。雅风彩洒落，善于机枢。外典、佛经，递互讲说。与道安、法汰，每披释凑疑，共尽经要。

格义者何？格，量也。盖以中国思想，比拟配合，以使人易于了解佛书之方法也。事数者何？据《世说·文学篇注》曰：

> 事数，谓若五阴、十二入、四谛、十二因缘、五根、五力、七觉之属（亦作"声"，误）。

法雅之所谓事数即言佛义之条目名相。其以事数拟比，盖因佛经之组织，常用法数，而自汉以来，讲经多依事数也。（说见前）《僧传》谓康法朗等以事数与外书拟配，因而生了解，然后逐条著以为例，于讲授时用之训门徒，谓之格义。（参看《蔡元培先生纪念册》陈寅恪《支愍度学说考》）竺法雅少善外学，长通佛义，乃最有以内外相比拟之资格者。其弟子并世典有功，未善佛理，则善诱之方，应在使其由世典以悟入佛理，故用格义，外典内书，递互讲说，以使生解也。康法朗等者，应等取道安、法汰也。朗内外学若何，《僧传》无明文。然道安、法汰固称为内外兼通者也。

观乎法雅、道安、法汰俱为同学。或格义之法在道安青年师佛图澄时，早已用之。及其师死后，道安舍弃格义方法。《高僧传·释僧光

（亦作"先"）传》，引安公言云，"先旧格义，于理多违"，则当因安公少年时，必常用格义。及在飞龙山，其学有进步，而知其多违理处。《高僧传·慧远传》曰：

> 远年二十四，便就讲说。尝有客听讲，难实相义，往复移时，弥增疑昧。远乃引《庄子》为连类，于是惑者晓然。是后安公特听慧远不废俗书。

远引《庄子》为连类，乃似格义之拟配外书。安公听远不废俗书，则其通常令弟子废俗书可知。废俗书者，亦与反对格义同旨也。（又《昙徽传》云，安尚徽之神彩，先令读书，学兼经史，十六方许剃发。此亦见通常安公不令弟子多读经史。）

格义既以经中事数，拟配外书，使得生解悟，并逐条著之为例，其迂拙牵强，可以想见。因此而为有识者之所不取。但格义用意，固在融会中国思想于外来思想之中，此则道安诸贤者，不但不非议，且常躬自蹈之。故竺法雅之格义，虽为道安所反对，然安公之学，固亦常融合《老》、《庄》之说也。不惟安公如是，即当时名流，何人不常以释教、《老》、《庄》并谈耶。此证极多，姑不详举。

格义之法，起于河北。然法雅之格义，用之者必不少。《僧传》谓道安非议之，而僧光戒其妄诽先达。则颇为一时人士所重可知。（按法雅于道安，虽为同学，但必年岁较安为长。盖雅之弟子昙习，为赵太子石宣所敬。其后安公为石遵所敬，请入华林园。习与安或年相若。而法雅则为前辈也。因此僧光称法雅为先达。）但自道安以后，佛道渐明，世人渐了然释教有特异处。且因势力既张，当有出主入奴之见，因更不愿以佛理附和外书。及至罗什时代，经义大明，尤不须藉俗理相比拟。故僧叡于什公来后，乃申言格义迂而乖本也。而慧叡《喻疑论》中亦言格义自道安、罗什之后废弃不用也。

但《喻疑论》中言及格义一段，亦颇可注意：

> 昔汉室中兴，孝明之世，（中略）当是像法之初。自尔以来，西域名人，安侯之徒，相继而至。大化文言渐得渊照边俗，陶其鄙俗。汉末魏初，广陵、彭城二相出家，并能任持大照，寻味之贤，始有讲次。而恢之以格义，迂之以配说。

由此言之，格义拟配之说，道安以前，应甚普通流传，不只一方也。（叡先在长安，后在南方。）但《祐录·鸠摩罗什传》有曰：

自大法东被，始于汉明，历涉魏晋，经论渐多，而支竺所出，多滞文格义。

此段与《喻疑论》比较，似系节引上段，脱胎成文。但僧祐误以为格者扦格之格，非格量之格，遂改格义配说为滞文格义。是梁时学僧已不悉格义之意。慧皎《高僧传》虽载法雅创格义事。但其《罗什传》，抄袭僧祐原文，仍言"滞文格义"。此乃慧皎之不精审处。但亦可见在梁时，融合内外，虽尚有其风。而格义迂阔之方法，所谓逐条拟配立例者，则已久废弃不用而忘却矣。

本无宗

昙济六家七宗之第一为本无宗。诸章疏谓此为道安或法汰之说。而慧达于此，且引及慧远之本无义。竺法深所执，则为本无异宗（详见上表）。然元康以肇公所破本无，属之法汰。而吉藏谓肇公仅破本无异宗。据此则法汰亦属本无异宗也。（详见下）

但本无一义，执者甚广。广义言之，则本无几为般若学之别名。支谶《道行》第十四品，竺叔兰《放光》第十一品，均名本无。竺佛念译之第七品，亦称本无。支道林《大小品对比要钞》，一则曰：

尽群灵之本无。

再则曰：

还群灵乎本无。

而支遁著述中有《释即色本无义》，则道林之学固自以为属本无宗也。慧达《肇论疏》云：

庐（原作"卢"）山远法师本无义云，因缘之所有者，本无之所无。本无之所无者，谓之本无。本无与法性同实而异名也。（下略）

按《慧远》作《法性论》，以发挥其所见。此言本无与法性同实异名，则远公之学称为本无宗，固亦无不可也。《名僧传抄》载昙济《六家七宗论》有曰：

如来兴世，以本无弘教。（"弘"字原文系"佛"字，此据慧达《肇论疏》校改。）故方等深经，皆备明五阴本无。本无之论，由来尚矣。

而王洽《与支道林书》（载于《广弘明集》中）有曰：

> 今本无之谈，旨略例坦。然每经明之，可谓众矣。然造精之
> 言，诚难为允。理诣其极，通之未易。岂可以通之不易，因广异同
> 之说。遂令空有之谈，纷然大殊。后学迟疑，莫知所拟。今《道行
> 旨归》，通叙色空，甚有清致。然未详经文为有明旨耶，或得之于
> 象外，触类而长之乎。

此段所言，"本无之谈"，即谓般若性空。法性宗典籍，当日已称浩繁。
故曰："每经明之，可谓众矣。"而在魏晋以来，本无性空之说，持之者
多，各出异义。故王敬和叹曰："空有之谈，纷然大殊。后学迟疑，莫
知所拟。"而支道林《道行指归》一书由即色以谈本无，则经典虽多，
似未明言，故为可疑。此可见王氏盖以支公义为多数本无义中之一也。

　　窃思性空本无义之发达，盖与当时玄学清谈有关。实亦佛教之所以
大盛之一重要原因也。盖自汉代以本无译真如，其义原取之于道家。正
始以后，世人尤崇尚道德虚无之论。晋裴頠因时人"无论"纷纷，乃著
《崇有论》以正之。论谓当世之士，"阐贵无之议，而建贱有之论"。又
谓其，"深列有形之故，盛称空无之美"。但不知，"形器之故有征，空
无之义难检"。盖裴逸民深患时俗放荡，不尊儒术。何晏、阮籍，素有
高名于世，口谈浮虚，不遵礼法（此引《晋书》本传），此辈所凭藉者为
《老》、《庄》、《周易》，故其论有曰：

> 老子既著五千之文，表摭秽杂之弊，甄举静一之义，有以令人
> 释然自夷，合于《易》之损谦艮节之旨，而静一守本，无虚无之谓
> 也，损艮之属，盖君子之一道，非《易》之所以为体守本无也。

夫《崇有论》中所斥之"虚无"、"空无"及"本无"，未必不兼指佛家
之说。释家性空之说，适有似于《老》、《庄》之虚无。佛之涅槃寂灭，
又可比于《老》、《庄》之无为（安世高、支谦等俱以"无为"译"涅槃"）。
而观乎本无之各家，如道安、法汰、法深等者，则尤兼善内外。如竺法
深之师刘元真，孙绰谓其谈能雕饰，照足开矇。盖亦清谈之人物。故其
弟子法深，能或畅方等，或释《老》、《庄》。而支公盖亦兼通《老》、
《庄》之人。因此而六朝之初，佛教性空本无之说，凭藉《老》、《庄》
清谈，吸引一代之文人名士。于是天下学术之大柄，盖渐为释子所篡
夺也。

　　又窃思之，晋初之格义，必亦此种学术风气中产生。而格义拟配之

外书，必多为《老》、《庄》虚无之说。如远公谈实相，引《庄子》为连类（见《僧传》），是其一例也。因此而《般若》各家，盖即不受《老》、《庄》之影响，至少亦援用《老》、《庄》之名辞。读今日佚存之书卷，甚为显著，无事详列也。

"本无"一义，既几为《般若》各家所通用。但昙济之《六家七宗论》中，所谓本无宗者，自不必其包举各家。原论既失，吾人自不得不信唐人章疏。今从诸说，定本无异宗，指法深、法汰之说。而本无宗则属道安。但道安又本以性空宗著称，如下所述。

释道安之性空宗义

安公一生于《般若》研究最为致力。观其所撰述，亦可知其宗旨所归。《祐录》载其所著书中，有下列诸项，皆与《般若》有关也。

《光赞折中解》一卷

《光赞抄解》一卷

《放光般若折①疑准》一卷

《放光般若折②疑略》二卷

《放光般若起尽解》一卷

《道行经集异注》一卷（上均见《祐录》卷五）

《实相义》

《道行指归》

《般若折③疑略序》（当即第四项之序）

《大品序》（以上见卷十二）

《道行经序》（即第六项之序）

《合放光光赞略解序》（上二出卷七）

《摩诃钵罗若波罗蜜经抄序》（此见卷八）

《性空论》（见元康《肇论疏》，或即上列之实相义）

间常论之，道安平生，可分为四时。第一河北求学时。其在此时，师事佛图澄，而其同学有法和、法汰、法雅、法进等。此诸人者，均学通内外。法雅创立格义（详上），道安必亦常用此法。第二河北教学时。当时安公或特重禅观。故在濩泽则注《阴持入经》、《大十二门经》及《道地经》。（均见《祐录·经序》）此时道安当已见《放光》、《道行》二经，而《光赞》亦得其一品。（《合放光光赞随略解序》）其时并曾讲《般若》。

---

① ② ③　或作"析"。

《高僧传·慧远传》）但已屏除格义之法（在飞龙山时系在师死之后）。第三襄樊教学时。此时大讲《般若》。且《光赞》于太元元年由凉州送来，安公寻之玩之，欣有所益。（见同序中）其《摩诃钵罗若波罗蜜经抄序》曰：

> 昔在汉阴，十有五载，讲《放光经》，岁常再遍。及至京师，渐四年矣。亦恒岁二，未敢堕息。

第四关中译经时。此时安公虽亦讲《放光》。（前四年亦每年二遍，参看《僧传·僧富传》。）但其所最致力者为译经。译经之中，有《摩诃钵罗若波罗蜜经抄》（此亦名《须菩提品》），此经实即《小品》，但安公误以为《大品》。故译时与《放光》、《光赞》对校。

安公尽力研究《般若经》，观其《般若》注疏之多，已可想见。《祐录》卷九载有未详作者之《渐备经十住胡名并书叙》。审其文义，并与安公《合放光光赞随略解序》比校，知实为道安致友人书。叙《十住》胡名及《渐备》与《光赞》译出，与送达襄阳（时安公在襄阳）诸事。书中言及《大品》，谓方欲研之，"穷此一生"。亦可见道安之弘愿。又此《书叙》及《随略解序》均述其寻求《光赞》之难。缘《光赞》译出虽先于《放光》九年，但寝逸凉土，不行于世。安公在河北，得其一卷。（《随略解序》作第一品）知有此经，而求之不得。及至襄阳，会慧常、进行、慧辩等将如天竺，路经凉州。慧常得《光赞》写之，因互市人康儿展转至长安。长安安法华遣人送至互市。互市人于泰元元年五月二十四日送达襄阳，付道安。襄阳僧人使僧显写送扬州竺法汰。道安既得《光赞》，即与《放光》校读，谓其"互相补益，所悟实多"。考《光赞》现存二十七品，比之《放光》缺六十三品。故安公序中，谓"其残不具"。（《光赞》泰元元年以前，中原只有其残卷。故道安仅见一卷。且即在襄阳，安公所得，亦非全璧。）夫得书若是之难，得之又缺失，昔人读书之困苦与其辛勤，可念也。

由上所言安公一生均与《般若》有关。叡《喻疑论》曰：

> 附文求旨，义不远宗，言不乖实，起之于亡师。

而僧叡《大品经序》曰：

> 亡师安和上凿荒途以开辙，标玄指于性空，落乖踪而直达，殆不以谬文为阂也。亹亹之功，思过其半，迈之远矣。

据此则僧叡谓其师之学，标宗性空也。而其《毗摩罗诘堤经义疏序》曰："格义迂而乖本，六家偏而不即。性空之宗，以今验之，最得其实。"性空之宗，显即昔日安公之学，而与六家格义之说不同。以今验之者，谓以罗什所译验之也。元康《肇论疏》有曰：

> 如安法师立义以性空为宗，作《性空论》。什法师立义以实相为宗，作《实相论》，是谓"命宗"也。

性空之宗，不但僧叡谓为"最得其实"。而道安之学，六朝常推为斯教之重心。梁武帝《大品经序》有曰：

> 此经东渐二百五十有八岁，始于魏甘露五年至自于阗。叔兰开源，弥天导江。鸠摩罗什澍以甘泉，三译五校，可谓详矣。

此谓弥天释法师，与竺叔兰及什公并美。慧达《肇论序》亦有曰：

> 至如弥天大德，童寿桑门，并创始命宗，图辩格致。

及至嘉祥大师，力屏他说，特张三论。其意以为方等经论，得其意者，为道安、罗什、僧肇、僧朗、僧诠、法朗（三人属山门义）也。故《中论疏·因缘品》，叙六家七宗，而谓本无一家分为二宗。二宗者，乃道安本无，与琛法师本无也。琛法师本无义，待下详。而其叙安公本无曰：

> 什师未至。长安本有三家义。（此乃指《不真空论》所言之本无、即色、心无三者。但长安未必只知此三家义，已如前说。）一者释道安明本无义。谓无在万化之前，空为众形之始。夫人之所滞，滞在未（应是"末"字）有。若诧（应是"宅"字，或是"讬"字）心本无，则异想便息。安公本无者，一切诸法，本性空寂，故云本无。此与方等经论，什、肇山门义，无异也。

"无在万化之前"数语，乃出于昙济《六家七宗论》。《名僧传抄·昙济传》引之较详，文曰：

> 著（原作"着"）《七宗论》，第一本无立宗曰，"如来兴世，以本无弘（原作"佛"）教。故方等深经，皆备明五阴本无。本无之论，由来尚矣。何者？夫冥造之前，廓然而已。至于元气陶化，则群像禀形。形虽资化，权化之本，则出于自然。自然自尔，岂有造之者哉。由此而言，无在元化之先，空为众形之始。故称本无。非谓虚豁之中，能生万有也。夫人之所滞，滞在末（原文作"未"，误。

参看下段）有，宅心本无，则斯累豁矣。夫崇本可以息末者，盖此之谓也。"云云。

《肇论·不真空论》破异执，第三破本无义。慧达谓为安公义。其所言即略释上段。文曰：

> 第三解本无者，弥天释道安法师《本无论》云，明本无者，称如来兴世，以本无弘教。故方等深经，皆云五阴本无，本无之论，由来尚矣。须得彼义，为是本无。明如来兴世，只以本无化物。若能苟解本无，即异想（原文作"思异"）息矣。但不能悟诸法本来是无，所以名本无为真，末有（此可证吉藏《疏》"未有"系"末有"之误）为俗耳。

据上所言，僧叡称其师之说曰性空宗。昙济《六家七宗论》，则称为本无宗。而自僧叡以后，梁朝武帝、陈时慧达以至隋唐吉藏均认安公为般若学之重镇。吉藏之时，尚无定祖之说。假使有之，可断言道安必被推为三论宗之一祖也。

安公可谓自禅观以趣于性空者也。《阴持入经序》作于瀼泽。有言曰：

> 以慧断智，入三部者，成四谛也。十二因缘论净法部首，成四信也。其为行也，唯神矣，故不言而成，唯妙矣，故不行而至。

《道地经序》（亦作于瀼泽）亦曰：

> 其为像也，含弘静泊，绵绵若存。寂寥无言，辩之者几矣。恍忽无行，求以漭乎其难测，圣人（中略）乃为布不言之教，陈无辙之轨。

《安般注序》（不悉作于何时）曰：

> 寄息故无六阶之差，寓骸故有四级之别。阶差者，损之又损，以至于无为。级别者，忘之又忘，以至于无欲。

在《人本欲生经注》内释想受灭尽定曰：

> 行兹定者，冥如死灰，雷霆不能骇其念，火燋不能伤其虑，萧然与太虚齐量，恬然与造化俱游。

所谓无言无为，静寂道游，语虽出于《老》、《庄》。而实同于安公之般若。盖"据真如游法性，冥然无名者，智度之奥室也"。（《道行序》）而

"泊然不动，湛尔玄齐"（《随略解序》），亦何异于冥如死灰。故安公之空，发于禅也。

吉藏《中观论疏》曰，安公明本无者，一切诸法，本性空寂，故云本无。又曰，安公谓无在万化之前，空为众形之始。夫人之所滞，滞在末有，若讬心（原作"诧"）本无，则异想便息。据此安公之意，大义有二。一空者空无。二空无之旨，在灭异想。此中空无，究为何义，典籍不详，颇难测知。然安公实非谓有无之"无"则甚明。《名僧传抄》引第一本无宗之言曰：

> 非谓虚豁之中能生万有也。

但此不言无辙之教，无以名之，名之曰"无"。无者真谛，盖对于俗谛之有而言。故慧达解曰，本无为真，末有为俗。安澄亦曰，别记云，真谛者为俗谛之本，故云无在元化之前也。又安公《合放光光赞随略解序》曰：

> 般若波罗蜜者，成无上正真道之根也。正者，等也，不二入也。等道有三义焉。法身也，如也，真际也。故其为经也，以如为首，以法身为宗。如者尔也。本末等尔，无能令不尔也。佛之兴灭，绵绵常存，悠然无寄，故曰如也。法身者，一也。常净也有无均净，未始有名。故于戒则无戒无犯，在定则无定无乱，处智则无智无愚，泯尔都忘，二三尽息，皎然不缁，故曰净也，常道也。真际者，无所著也。泊然不动，湛尔玄齐，无为也，无不为也。万法有为，而此法渊默，故曰无所有者，是法之真也。由是其经万行两废，触章辄无也。何者，痴则无往而非徼，终日言尽物也。故为八万四千尘垢门也。慧则无往而非妙，终日言尽道也。故为八万四千度无极也。所谓执大净而万行正，正而不害，妙乎大矣。

道安之状般若法性，或可谓为常之至极，静之至极欤。至常至静，故无为，故无著。故解无为曰渊默，曰泊然不动。解法身为一，为净而不缁，谓泯尔都忘，二三尽息。解如曰尔，尔者无能令不尔，所谓绵绵常存，悠然无寄也。故自安公视之，常静之极，即谓之空。空则无名无著，两忘玄莫，隤然无主。由是而据真如，游法性，冥然无名。由是而痴除而尘垢尽。除痴全慧，则无往而非妙。千行万定，莫不以成。药病双忘，辙迹齐泯。（参看《道行经序》）故空无之旨在灭异想。举吾心扩充而清净之，故万行正矣。凡此常静之谈，似有会于当时之玄学。虽安公曾斥格义，虽其《道行序》卑《易》理有曰："执道御有，卑高有差，此有为之域耳。"然融会佛书与《老》、《庄》、《周易》，实当时之风气，安公之学说似仍未脱此习也。（其合《光赞序》文之末，亦以可道常道与二谛相比，甚无谓。实格义之余响。）

按肇公《不真空论》，成于晋时，其时僧叡只举六家。昙济《六家七宗论》，作于宋代，则似就叡之六家，加性空之宗，而分本无为二。但自肇、叡二师之时言之，则或无分为二宗之说。而僧肇所破，必通举持本无之诸师，未必详为分别，仅破其中某一人也。及至陈时慧达《肇论疏》，犹谓肇公所破，即安与远两师义。惟在隋吉藏《中论疏》中，就昙济分本无为二之说，而言肇公所破，乃本无异宗。嘉祥大师所言，虽或如理。盖肇公所破本无，谓"情尚于无"、"宾服于无"者，似指谓于虚豁之中生万有。（说见下）而安公则曰，非谓虚豁能生万有也。但吉藏又谓安公本无与方等经论，什、肇山门义无异，则未免言之太过。盖如安公以至静至常状法相。则肇公《物不迁论》，正非此义。盖肇谓动静未始异，必即动而求静，即乾坤倒覆，无谓不静，洪流滔天，无谓其动。安公所说，吾人虽因文献不足，不能测其全。但决无即动求静之旨，肇公对之，当只认为亦是"人情之惑"欤。

本无异宗

《中论疏》谓本无一家，分为二宗。一为道安本无义，如上所述。一为琛法师义。据日人安澄《中论疏记》谓此即竺道潜，字法深。而其作"琛"字者，乃误也。并谓有琛法师，即《中论疏》之所谓北土三论师。安澄并见其所作《中论疏》。（《大正续藏》六十五卷二十页）据此则琛法师，另有其人，在罗什来华之后，非东晋初之竺法深也。竺法深善《放光般若》，师中州刘元真。年二十四，即讲《法华》、《大品》。现存南北朝书籍中，未言其学说如何。然深为般若学者，而本无似为当时般若学之通称，则谓深法师执本无说者，自无不可。但据唐元康《肇论疏》，则谓肇公《不真空论》所斥之本无义，乃竺法汰说。法汰，道安之同学，在建业讲《放光经》，在荆州驳道恒之心无义。而《祐录》中陆澄《法论目录》中有此一条：

《本无难问》郗嘉宾。竺法汰难，并郗答，往反四首。

而《高僧传·汰传》亦曰：

汰所著义疏，并与郗超书论本无义，皆行于世。

按郗超似系主张支道林即色义者，本无义，应为法汰之说也。

《中论疏》五引琛（应作"深"，如前说）法师之言曰："本无者，未有色法，先有于无，故从无出有，即无在有先，有在无后，故称本无。"僧肇论本无论曰："本无者，情尚于无多（元康、安澄解为情尚于无者多，盖此宗偏执于非有者多，而于非无则少所说也），触言以宾无。非有，有即无。非无，无即无。"（谓非有则无，非无亦无。）据《中论疏记》曰：

> 《二谛搜玄论》十三宗中，本无异宗，其制论曰："夫无者，何也。壑然无形，而万物由之而生者也。有虽可生，而无能生万物。故佛答梵志，四大从空生也。"《山门玄义》第五卷，《二谛章》下云，复有竺法深即云，诸法本无，壑然无形，为第一义谛。所生万物，名为世谛。故佛答梵志，四大从空而生。

此宗谓万物从无而生。其所谓无者不详其实义。然观其所谓"壑然无形"，又引"四大从空而生"，似亦偏空色法，而心神为无形者，则似不空心神也。但此宗特点为肇等所注意者，似在执著"有无"二字。故僧肇又谓其执，"非有者无此有，非无者无彼无"。执有无若实物，故生穿凿。僧肇因而斥为"好无之谈"也。故《中论疏》解此说曰，若无在有前，则非有。本性是无即前无后有，从有还无。《疏》并引《大品经》三十七《成就众生品》之言驳之。经曰，若法前有后无，即诸佛菩萨便有罪过。今本无之说，谓先无后有，是亦有罪过也。

据此则此宗执"实无"。其所谓空者，非"非有非无"。而为先无后有，似直以有无之无释空，所以与安公空寂之说，截然为二派也。

法汰同时有竺僧敷者，学通众经，尤善《放光》、《道行》。沙门道嵩与道安书，称为非吾等所及。在其死后，法汰曾与安公书曰："每忆敷上人，周旋如昨。逝没奄复多年，与其清谈之日，未尝不相忆。思得与君共覆疏其美"云云。汰并与安书数述敷义。（上均见《高僧传》）则竺僧敷之学说，当亦与法汰本无，有契合处耶。

支道林之即色义

昙济之《六家七宗论》中，即色义为第三宗。《中论疏》谓此有二家。一者关内即色空，谓色无自性，即僧肇所呵。二者支道林即色是空，此谓即安公本性空寂之说。但陈慧达及唐元康《肇论疏》，均谓肇所呵之即色义，即支道林说。而《中论疏记》亦曰：

> 康、达二师并云，破支道林即色义。

元文才之《肇论新疏》，亦言肇所破者支道林说。文才似据唐光瑶禅师疏。则陈至唐时人多如此解。吉藏之言实误也。

支遁谈理作品，依现所知者列下：

《即色游玄论》（王敬和问，支答。王之问载《广弘明集》中。）

《释即色本无义》（王幼恭问，支答。）

《道行指归》（按此亦明即色义，王洽读之有疑。作书问之［书载《广弘明集》中］，支公乃答以《即色游玄论》。）

《大小品对比要钞》（《祐录》存其序）

《辩著论》

《辩三乘论》（支辩三乘滞义，见《世说新语》。）

支书《与郗嘉宾》

支道林《答谢长遐》

《本起四禅序并注》

《本业略例》

《本业经注序》（以上见《祐录》十二）

《圣不辩知论》

《释矇论》

《安般经注》（以上见《高僧传》）

《妙观章》（《世说》注引之，谓出《支道林集》中。）

《逍遥论》（《世说》注引之）

《通渔夫》（《世说》）

《物有玄几论》（慧达《肇论疏》）

此外载于现存之《支遁集》（邵武徐幹本）有诗文若干篇，而上列各书均佚。仅《要钞序》尚全存。《广弘明集》载王洽《与林法师书》，盖《即色游玄论》所附之王敬和问也。

支道林于《般若经》用功盖甚勤。曾就大小品之同异，详为研寻，作《对比要钞》。此所谓《大品》者，当指《放光》。《小品》或即支谶之《道行经》（支序文谓出之在先）。二本详略互异，常有致疑者。支公以为理无大小，虽教因人之明暗而有烦约，然其明宗统一，会致不异。又研《般若》二经，往往断章取义，致失原旨。"或以专句推事，而不寻旨况。或多以意裁，不依经本。故使文流相背，义致同乖。群义褊狭，丧其玄旨。或失其引统，错征其事。巧辞辩伪，以为经体。虽文薄清而理统乖宗。"以是因由，支公作《对比要钞》。其序曰："推考异同，验其虚实，寻流穷源，各有归趣。而《小品》引宗，时有诸异。或辞倒事同，而不乖旨归。或取其初要，废其后致。或筌次事宗，倒其首尾。或散在群品，略撮玄要。时有此事，乖互不同。又《大品》事数甚众，而辞旷浩衍。本欲推求本宗，明验事旨，而用思甚多劳，审功又寡。且稽验废事，不覆速急。是故余今所以例玄事以骈比，标二品以相对，明彼此之所在，辨大小之有光。虽理或非深奥，而事对之不同。故采其所究精粗，并兼研尽事迹，使验之有由。"（上均引《要钞序》）《要钞》一书，其用意甚佳，而用功极勤可知也。

郗超为支公之信徒，二人言论甚相契合。超曾与亲友书曰："林法师神理所通，玄拔独悟，数百年来，绍明大法，令真理不绝，一人而已。"而支公亦称嘉宾为一时之俊。（见《世说》）郗超因与林公理义符契，故于竺法汰之本无义，于法开之识含义，均破斥之。超之佛教著作列下：

《本无难问》　竺法汰难，并郗答，往反四首。

郗《与法濬书》

郗《与开法师书》

郗《与支法师书》

《奉法要》

《通神咒》

《明感论》

《论三行上》

《叙通三行》

郗《与谢庆绪书》，往反五首。

《论三行下》

郗《与傅叔玉书》，往反三首。

《全生论》

《五阴三达释》（以上均见《祐录》载陆澄《法论目录》）

《支遁序传》

《东山僧传》（均见《高僧传》，但《支遁序传》当即在《东山僧传》中）

郗超著作均佚，惟《奉法要》载《弘明集》中。《论三行》诸作，不知其确指。但《弘明集·日烛》，谓支公"三幡著而重冥昭"。又《文选·天台山赋》注引郗敬舆（亦超之别号）《与谢庆绪（名敷）书》，论三幡，文曰：

近论三幡，诸人犹多欲既观色空，别更观识，同在一有，而重假二观，于理为长。

则论三行固亦谈及色空也。

僧肇谓其所呵之即色空曰：

即色者，明色不自色，故虽色而非色也。

唐元康谓此言不见于支道林之《即色游玄论》，而实载于其集中之《妙观章》。该段原文，《世说·文学篇注》引之较详，亦谓见于《支遁集·妙观章》中。文曰：

夫色之性也，不自有色。色不自有，虽色而空。故曰色即为空，色复异空。

但慧达《肇论疏》引此言则稍异。其文曰：

支道林法师《即色论》云，吾以为即色是空，非色灭空（此引《维摩经》。《肇论·不真空论》引之为"色之性空，非色败空"），此斯言至矣。何者，夫色之性，色不自色（三字依上段加），虽色而空。如知不自知，虽知恒寂也。

《中论疏记》引《山门玄义》，文字上又稍不同。

第八支道林著《即色游玄论》云，夫色之性，色不自色。不自，虽色而空。如（原文无"如"字，今依达《疏》加）知不自知，虽知而寂也。（原文无"也"字，今依上段加。）

此三段文字虽有出入。然观其文义，支公之说，实即肇公所呵。而所谓关内即色义，即有其义，亦仍祖述林道人之说也。惟所谓执关内即色，或竟无其事，亦未可知。盖支公与道安声名扬溢，或有曲为之解者。谓肇与支、安持义无异。故既谓肇未斥安公本无。复言亦非呵支公即色。而且谓肇在长安，所破者为长安之三家义。故吉藏疏曰："长安本有三家义。"又谓另有"关中即色"也。实则恐并非事实。（此种误传，或即出于吉藏之揣测，亦未可知。）

支公著述，除《要钞序》外，余均佚。故支公即色义，尤不能详。慧达、元康、净源、文才、安澄之解释确否难定。兹姑妄议之。所谓色不自色者，即明一切诸法无有自性（慧达语）。因其无有自性，故肇公继述支公语意（此据元康《疏》，参看安澄《疏记》）云：

夫言色者，但当色即色，岂待色色而后为色哉。

此谓色不"待色色而后为色",即是说"色无自性",亦即是言"色不自色"。盖"色不自色"即谓色不待色色之自性而后乃为色也。色本因缘假有,本性空无。当此假有之色,即是色(故曰当色即色)。非另有色色之自性也。

即色空,注重色与一切法,均因缘而成。按宗少文《答何承天书》中言即色空,可引为连类。文曰:

> 夫色不自色,虽色而空。缘合而有,本自无有。皆如幻之所作,梦之所见。虽有非有。将来未至,过去已灭,现在不住,又无定有。

此谓缘合而有,故色即空。故待缘之色可谓如幻如梦,本自无有。是盖空者,因其待缘,因其不自色。至若待缘之假色亦是空,则支公所未悟。故肇公破曰:

> 此直语"色不自色",未领色之非色也。

元康所释或得原意。文曰:

> 此林法师但知言色非自色,因缘而成。而不知色是空,犹存假有也。

支法师即色空理,盖为《般若》"本无"下一注解。以即色证明其本无之旨。盖支公宗旨所在,固为本无也。如其《要钞序》曰:

> 夫《般若波罗蜜》者,(中略)明诸佛之始有,尽群灵之本无。登十住之妙阶,趣无生之径路。何者耶,赖其至无,故能为用。

此谓至极以无为体。因须证无之旨,支公特标出即色空义。然其所以特标出即色者,则实因支公持存神之义。其《要钞序》,一曰"神王之所由,如来之照功"。又曰"智不足以尽无,寂不足以冥神"。又曰"神悟迟速"。又曰"质明则神朗"。通篇之言及神者如此类甚多。而支公之理想人格,常曰"至人"。而至人也者,在乎能凝守精神,其神逍遥自足(自足者,以凝也守也),故同序又曰:

> 夫至人也,览通群妙,凝神玄冥。灵虚响应,感通无方。建同德以接化,设玄教以悟神。述往迹以搜滞,演成规以启源。或因变以求通,事济而化息。适任以全分,分足则教废。故理非乎变,变非乎理,教非乎体,体非乎教。故千变万化,莫非理外。神何动

哉，以之不动，故应变无穷。

《世说注》引支氏《逍遥论》曰：

> 夫逍遥者，明至人之心也。（中略）至人乘天正而高兴，游无穷于放浪，物物而不物于物，则遥然不我得。玄感不为，不疾而速，则逍然靡不适。此所以为逍遥也。（下略）

盖心神本不动，自得其得，自适其适。而苟能至足，则可自得其适，应变无穷。至足者自人方面言之，则谓之圣。自理方面言之，则名曰道。道乃无名无始，圣曰"无可不可"。无可不可，亦《逍遥论》自适至足也，亦《要钞序》所谓之"忘玄故无心"也。无心者，《即色论》中所谓"知不自知，虽知而寂"，盖亦以神为不动之体，故不自知。然果能凝此冥寂之心知，则神朗。神朗则逆鉴，是真无所不知矣。是亦"应变无穷"也。苟能神朗忘玄无心，则智全言废，即所谓还群灵于本无也。

郗超《奉法要》有文一段，似可与上述相发明。

> 夫空者，忘怀之称，非府宅之谓也。无诚无矣，存无则滞封。有诚有矣，两忘则玄解。然则有无由乎方寸，而无系乎外物。虽陈于事用，感绝则理冥。岂灭有而后无，偕损以至尽哉。

或者此宗由即色而谈本无。即色所空，但空色性。而空者，无者，亦无心忘怀，逍遥至足，如支氏所写之至人之心也。

于法开之识含宗

七宗之第四为识含宗，谓为于法开之说也。开为于法兰弟子。以医术称奇，善《放光》、《法华》。晋哀帝曾征之讲《放光》。凡旧学抱疑，莫不因之披释。支道林讲《小品般若》，开尝使其弟子法威难之。又每与支道林争即色空义。庐江何默申明开难，高平郗超宣述林解。《祐录》载陆澄《法论目录》中有郗《与开法师书》。识含义者，乃比三界于梦幻，悉起于心识。《中论疏》曰：

> 三界为长夜之宅，心识为大梦之主。今之所见群有，皆于梦中所见。其于大梦既觉，长夜获晓，即倒惑识灭，三界都空。是时无所从生，而靡所不生。

《中论疏记》曰：

> 《山门玄义》第五云，第四于法开著《惑识二谛论》曰：三界为长夜之宅，心识为大梦之主。若觉三界本空，惑识斯尽，位登十

地。今谓以惑所睹为俗，觉时都空为真。

据唐均正《四论玄义》述梁武帝之说，与上言相同。

> 彼（指梁武帝）明生死以还，唯是大梦，故见有森罗万像。若得佛时，譬如大觉，则不复见有一切诸法。

按：梁武帝作《神明成佛义记》，谓神明未成佛时，惑识未尽，谓之无明神明。及既成佛，则无明转变成明。于法开之说，似亦可引此为连类，盖当时于精神与心识之关系，已为研讨之问题。如陆澄《法论目录》载有王稚远问罗什精神、心、意、识，慧远辩心、意、识等，想均论此。而法开所谓识者，与神明分为二事。神者主宰，识者其所发之功用。"识含"一语，据宗少文《明佛论》，乃谓"识含于神"。（原文曰知慧恶亡之识，常含于神矣。）宗氏文中有数语，或可发明法开"识含"二字之用意。其言曰：

> 然群生之神，其极虽齐，而随缘迁流，成粗妙之识。

于法开说，或即谓三界本空。然其所以不空者，乃因群生之神，随缘迁流，可起种种之惑识。当其有惑识时，即如梁武帝所谓之无明神明，所睹皆如梦中所见。及神既觉，知三界本空，则惑识尽除，于是神明位登十地，而成佛矣。宗少文《明佛论》，谓群生之神均相同（桀之神明与尧同）。而惑倒乃识所化生。（三界本空，因此颠倒，而万象森罗。）此类学说，悉根据神识之划分，而诠释本空之外象所以幻为实有也。

幻化宗

七宗中之第五，为幻化宗，吉藏谓为壹法师说。壹法师不知指何人。竺法汰有弟子昙壹及道壹，时人呼昙为大壹，道为小壹。竺法汰在荆州时，曾令昙壹攻难道恒心无义，大壹或确守师说者（本无义）。则幻化义者或为道壹之说。《中论疏记》亦谓此为道壹之主张。《中论疏》云：

> 壹法师云，世谛之法，皆如幻化。是故经云，从本以来，未始有也。（据《疏记》此节引《大集经》九）

《中论疏记》谓此说但空诸法，不空心神。其文曰：

> 《玄义》云，第一释道壹著《神二谛论》云，一切诸法，皆同幻化，同幻化故名为世谛。心神犹真不空，是第一义。若神复空，教何所施，谁修道，隔凡成圣，故知神不空。

据此则道壹主张，亦有存神之意，而与下言心无之说相径庭也。

支愍度之心无义

七宗之第六为心无宗。吉藏谓为温法师义。实则此说起于支愍（亦作"敏"，又作"慜"，盖皆唐时避太宗讳所改。余概改作"愍"）度。陈寅恪先生《支愍度学说考》，论之极翔实。兹述之于下。

《世说新语·假谲篇》曰：

> 愍度道人始欲过江，与一伧道人为侣。谋曰，"用旧义往江东，恐不办得食。"便共立心无义。既而此道人不成渡。愍度果讲义积年。后有伧人来，先道人寄语云，"为我致意愍度，无义那可立。治此计权救饥尔，无为遂负如来也"。

伧道人（《世说·雅量篇注》引《晋阳秋》曰，吴人以中州人为伧。《晋书》陆玩致王导笺曰，仆虽吴人，几为伧鬼。此伧道人亦中州人）事未必即实。但据此，心无义乃支愍度所始立。唐元康《肇论疏》，亦谓此义为度说。《高僧传·竺法汰传》有曰：

> 时沙门道恒，颇有才力，常执心无义，大行荆土。汰曰："此是邪说，应须破之。"乃大集名僧，令弟子昙壹难之，据经引理，析驳纷纭。恒拔其口辩，不肯受屈，日色既暮，明旦更集。慧远就席攻难数番，关责锋起。恒自觉义途差异，神色微动，麈尾扣案，未即有答。远曰："不疾而速，杼柚何为。"坐者皆笑，心无之义，于此而息。

而依《中论疏》，心无乃温法师义。安澄《中论疏记》谓道恒执心无义实得之法温。后支愍度亦追学前义。但此实为臆度之谈。盖《中论疏》所言之温法师，安澄所谓之法温，实即竺法深之弟子竺法蕴。《中论疏记》引《二谛搜玄论》曰：

> 晋竺法温，为释法琛法师之弟子也。

按：竺法深有弟子竺法蕴。传谓其悟解入玄，尤善《放光般若》。据此则蕴亦《般若》学者，其执心无义，自无足怪。依上所言，执心无义者，有支愍度，有道恒，有竺法蕴（即温法师或法温）。按《祐录》二，谓支愍度乃晋惠帝时沙门。《高僧传》谓其成帝时过江。而《世说》则谓其立心无义在江北。竺法蕴乃深公弟子，为支愍度晚辈。而法汰则在兴宁三年顷至江陵（说见上章），与道恒争心无义。以此推之，愍度之年代最早。故此义应为其所创。而《世说》与元康之言不误。（陈寅恪先生考之甚详，兹不赘。）

支愍度之著作列下：

《合维摩诘经》五卷（《祐录》卷七载其序文）

《合首楞严经》八卷（《祐录》卷八载其序文）

《经论都录》一卷（见《房录》、《开元录》等）

《经论别录》一卷（同）

《修行道地经序》（见《房录·安世高录》中，《开元录》同。）

心无之义，创者支愍度，传者道恒、法蕴。虽法汰使昙壹并慧远破之。然并不如《僧传》所言，谓"心无之义，于此而息"。盖《祐录》十二陆澄《法论目录》载有下列二条：

> 《心无义》桓敬道。王稚远难，桓答。
>
> 《释心无义》刘遗民。

据此则桓玄及刘程之俱为宗心无义者，且在道恒之后也。又《中论疏记》引宋僧弼《丈六即真论》曰，圣人以无心为宗，云云。则僧弼或亦用心无义者乎。

僧肇《不真空论》，破心无义。元康谓为愍度之说。《论》原文曰：

> 心无者，无心于万物，万物未尝无。此得在于神静，失在于物虚。

所谓心无义者，据吉藏《二谛义》上，乃空心不空色。（一）不空境色者，谓万物未尝无也。元康疏释之曰：

> 然物是有，不曾无也。

《中论疏》亦解之曰：

> 不空外物，即外物之境不空。

而不空外物，非佛法之正义。故元康曰：

> 不知物性是空，故名为失也。

（二）空心者，即心无之谓。所谓无心于万物也。元康曰：

> 但于物上不起执心，故言其空。

而吉藏《二谛义》曰，以得空观，故言色空，色终不可空也。其《中论疏》亦曰：

> 其意谓经中说诸法空者，欲令心体虚妄不执，故言无耳。

但支愍度之无义，《世说》谓与旧义不同。刘孝标注释之曰：

> 旧义者曰，种智是有（原文作"有是"），而能圆照。然则万累斯尽，谓之空无。常住不变，谓之妙有。而无义者曰，种智之体，豁如太虚。虚而能知，无而能应，居宗至极，其唯无乎。

据此则旧义谓尽累之谓空。此正吉藏所言之虚妄不执也。而愍度乃已屏弃旧义，而推求心之体，以为豁如太虚。虚而能知，无而能应。则元康、吉藏之解，犹未见其全也。

至若竺法蕴，或温法师之说，则见于慧达《肇论疏》，及《中论疏记》。所引宗旨仍在空心不空境。其慧达《肇论疏》曰：

> 竺法温法师《心无论》云，夫有，有形者也。无，无像者也。有像不可言无，无形不可言有。而经称色无者，但内止（原作"正"）其心，不空外色。但内停其心，令不想外色，即色想废矣。

《中论疏记》所载有一段曰：

> 《山门玄义》第五云，第一（按《疏记》引《玄义》幻化宗之道壹亦列第一，与此段所言相冲突。但此处"一"字，实误，说见下）释僧温著《心无二谛论》云："有，有形也。无，无像也。有形不可无。无像不可有。而经称色无者，但内止其心，不空外色。"此壹公破，反明色有，故为俗谛，心无，故为真谛也。

另又有一段曰：

> 《二谛搜玄论》云，晋竺法温，为释法琛法师之弟子也。其制《心无论》云，夫有，有形者也。无，无像者也。然则有像不可谓无。无形不可谓有（原文是"无"字）。是故有为实有，色为真色。经所谓色空者，但内止其心，不滞外色。外色不存余情之内，非无而何。岂谓廓然无形，而为无色者乎。

二段引温法师之言，小有不同。然其宗旨在辨有无。谓有者，有形。无者，无像。然若像是有，不可曰无。若形是无，不能曰有。因此形之有应为实有，而色为真色矣。夫色既为真色，而经所谓色空，必仅系内止其心，不滞外色，并非色形真无也。据此则其义为空心不空境，甚明也。（但法蕴之说，似亦未脱"旧义"。）

第一段"此壹公破"云云，"壹公"骤视之，似为昙壹。盖因其曾破心无义也。但实则此指执幻化义之道壹。盖幻化义者，谓物同幻化，而心神真有。与心无义恰相反。故曰，此壹公破，反明色有心无云云也。据此则《玄义》述壹说，必在温说之前。故上引第一段中"第一"二字，应为"第二"之误也。按《肇论》只破三家义，本无为法深、法汰之说，即色为支遁之说，均世之大师。而心无义盖亦甚流行，肇因亦破之。三者为肇所特别提出，可见其为当时所重视也。

缘会宗

七宗之第七，为缘会宗，吉藏谓为于道邃之说。邃为于法兰之弟子，与于法开盖为同学。竺法护称其可为大法梁栋。与兰公共过江，后随往西域，于交趾遇疾卒，年三十一。其著作学说均不明。《中论疏》曰：

> 第七于道邃，明缘会故有，名为世谛。缘散即无，称第一义谛。

《中论疏记》释此曰：

> 《玄义》云，第七于道邃著《缘会二谛论》云，缘会故有，是俗。推折无，是真。譬如土木合为舍，舍无前体，有名无实。故佛告罗陀，坏灭色相，无所见。

缘会故空，《般若经》常言之。宗炳《明佛论》以神之不灭、缘会之理、积习而圣三者为佛法之根本义。宗氏虽在宋时，然晋代即如支遁辈，何尝不用缘会之理。于道邃偏重缘会，后人解为分析空，然书卷失载，不详其旨也。（后人释齐周颙之《三宗论》，谓其第二宗与邃义相同。详下第十八章中，可参看。）据《玄义》引坏灭色相之言则或亦重色空。吾人于此，所知资料最少，其说果如何，不可臆测也。

本末真俗与有无

魏晋玄学者，乃本体之学也。周秦诸子之谈本体者，要以儒道二家为大宗。《老子》以道为万物之母，无为天地之根（根本也）。天地万物与道之关系，盖以"有"、"无"诠释。"无"为母，而"有"为子。"无"为本，而"有"为末。（参看《老子》五十二章王注）本末之别，即后世所谓体用之辨（"体用"二字对用见于《老子》三十八章王注）。魏正始中，何晏、王弼祖述《老》、《庄》。其立论以为天地万物皆以"无"为本。

《晋书·王衍传》）及至晋世，兹风尤甚。士大夫竞尚空无。凡立言藉于虚无，则谓之玄妙。（裴頠《崇有论》语）遂大唱贵无之议，而建贱有之论。"本无"、"末有"，实为所谓玄学者之中心问题。学者既群趋有无之论，而中国思想遂显然以本体论为骨干。至若佛教义学则自汉末以来，已渐与道家（此指老庄玄理，而非谓道教方术）合流。《般若》诸经，盛言"本无"，乃"真如"之古译。（支谶已用此语。谶虽在何、王之前，然般若是否对于正始玄谈有影响，则无事实证明。）而本末者，实即"真"、"俗"二谛之异辞。真如为真，为本。万物为俗，为末。则在根本理想上，佛家哲学，已被引而与中国玄学相关合。《安般守意经》曰："有者谓万物，无者谓空。"释道安曰："无在万化之前，空为众形之始。"本无一辞，疑即《般若》实相学之别名。于是六家七宗，爰延十二，其所立论枢纽，均不出本末有无之辨，而且亦均即真俗二谛之论也。六家者，均在谈无说空。世传于法开著《惑识二谛论》，道壹著《神二谛论》，僧温著《心无二谛论》，于道邃著《缘会二谛论》。而依今观之，本无即色，固亦真俗本末之辨也。十二者，均在辨空有。空为真谛，有则俗谛。（已详前引）僧镜所述之实相十二家，固亦均依二谛，以释有无问题也。

中国之言本体者，盖可谓未尝离于人生也。所谓不离人生者，即言以本性之实现为第一要义。实现本性者，即所谓反本。而归真、复命、通玄、履道、体极、存神等等，均可谓为反本之异名。佛教原为解脱道，其与人生之关系尤切。大法东来以后，汉代信士主精灵之不灭，但因业报相寻，致落苦海，解脱之方在息意去欲，识心达本，以归无为。归无为者，仍返其初服之意也。及至魏吴，而神与道合之说兴。盖谓三界皆苦，无可乐者，苦难相侵，由于欲滞，心滞于有，众邪并至。有道之士，惧万有之无常，知迁化者非我。（郗超《奉法要》曰，神无常宅，迁化靡停，谓之非身。无我一义，自汉以来，多作此解。）于是禅智双运，由末达本。（参看《祐录》道安《道地经序》）妙道渐积，损以至无。无物于物，故能齐于物。无智于智，故能运于智。因诸佛之玄鉴，还神明于本无。（《祐录》支道林《大小品序》）夫《般若经》中，已有佛即本无之说。归乎本无，即言成佛。《老子经》曰，道法自然，无为而无不为。所谓成佛，亦即顺乎自然。顺乎自然，亦即归真反本之意也。按汉代佛法之反本，在探心识之源。魏晋佛玄之反本，乃在辨本无末有之理。此中变迁之关键，系乎道术与玄学性质之不同。又按反本之说，即犹今日所谓之实现人生。人以心灵为主。故汉代以来佛徒说色空者多，而主心空者极少

（无我一义类取老子"外其身"之说解释之）。观乎六家中所谓心无，大受当代名人之攻难，可以知矣。

夫轻忽人事，逍遥至足，晋代名士与名僧之心胸，本属同气。（如第七章所述）贵无贱有，反本归真，则晋代佛学与玄学之根本义，殊无区别。由是而僧人行事之风格，研读之书卷，所用之名辞，所采之理论，无往而不可与清谈家一致。凡此诸端，前已略言，不再详举。支道林者，乃当时风气中之代表人物。今姑录其诗一首以为证。其咏怀诗之二曰：

> 端坐邻孤影，眇罔忘思劢。偓寨收神劈，领略综名书。涉《老》咍双玄，披《庄》玩太初。咏发清风集，触思皆恬愉。俯薪质文蔚，仰悲二匠徂。萧萧柱下逈，寂寂蒙邑虚。廓矣千载事，消液归空无。无矣复何伤，万殊归一途。道会贵冥想，罔象掇玄珠。怅怏浊水际，机忘映清渠。及鉴归澄漠，容与含道符。心与理理密，形与物物疏。萧索人事去，独与神明居。

总结

《般若经》之传译，始于汉末。及晋惠帝时，朱士行所得《放光》行世之后，斯学遂转盛。而《般若》本无，玄学贱有，因契合而益流行。格义沟通内外，般若新兴，此法当有所助力。道安时代，东西诸讲习，遂无不以《般若》为业。而安公提倡亦最著辛劳。姚秦时僧肇破异计有三，所谓心无、即色、本无也。僧叡已言及六家，然不知其何指。刘宋昙济乃著《六家七宗论》。依今考之，其名目与人物列下：

六家	七宗	主张之人
本无	本无	道安（性空宗义）
	本无异	竺法深　竺法汰（竺僧敷）
即色	即色	支道林（郗超）
识含	识含	于法开（于法威　何默）
幻化	幻化	道壹
心无	心无	支愍度　竺法蕴　道恒（桓玄　刘遗民）
缘会	缘会	于道邃

六家七宗，盖均中国人士对于性空本无之解释也。道安以静寂说真际。法深、法汰偏于虚豁之谈。其次四宗之分驰，悉在辨别心色之空无。即色言色不自色，识含以三界为大梦，幻化谓世谛诸法皆空。三者之空，均在色也。而支公力主凝神。于法开言位登十地。道壹谓心神犹真。三

者之空，皆不在心神也。与此三相反，则有心无义。言无心于万物，万物未尝无，乃空心不空境之说也。至若缘会宗既引灭坏色相之言，似亦重色空。综上所说，《般若》各家，可分三派。第一为二本无，释本体之空无。第二为即色、识含、幻化以至缘会四者，悉主色无。而以支道林为最有名。第三为支愍度，则立心无。此盖恰相当于《不真空论》所呵之三家。观于此，而肇公破异计，仅限三数，岂无故哉。

道安时代，《般若》本无，异计繁兴，学士辈出，是佛学在中夏之始盛。西方教理登东土学术之林，其中关键，亦在乎兹。惟原著全缺，窥测实难。本章旨在采辑佚文，聊备后来之参考云尔。（本章除本末真俗一段外，已载于民国二十二年五月出版之《哲学论丛》中。）

第十章　鸠摩罗什及其门下

鸠摩罗什以姚秦弘始三年（401 年）冬至长安，十五年（413 年）四月迁化。十余年中，敷扬至教，广出妙典，遂使"法鼓重震于阎浮，梵轮再转于天北"。（僧肇《什法师诔文》）法筵之盛，今古罕匹。虽云有弥天法师为之先导，慧远、僧肇等为其羽翼，然亦法师之博大精微，有以致之也。

鸠摩罗什之学历

鸠摩罗什（《祐录》十四、《高僧传》及《晋书·艺术传》均有传，于法师之名并作鸠摩罗什。《祐录》所载诸经序多同。惟有时称为鸠摩罗耆婆，如《十住经序》。或作拘摩罗耆婆，如《成实论记》。或作究摩罗耆婆，如《大智论记》。或称鸠摩罗，如《小品经序》。或作究摩罗，如《法华经后序》。或称罗什，如《新出首楞严经序》。或作耆婆，如《菩提经注序》）法师约于晋康帝之世（343 年或344 年）生于龟兹。（关于什公年岁，系依《广弘明集》僧肇《什法师诔文》推算。此下所记，多以《祐录》之传为本。按丽本《祐录》传云，鸠摩罗什，齐言童寿，此传原作于南齐之世也。）本天竺人，家世国相（《大乘大义章》引苻书谓其系出婆罗门种姓）。什祖父达多，倜傥不群，名重于国。父鸠摩罗炎（《晋书》及《大义章》引苻书均作"鸠摩罗炎"，《祐录》、《僧传》作"鸠摩炎"）聪明有懿节，弃相位出家。（《祐录》云，将嗣相位，辞避出家。吉藏《百论疏》云，国破，远投龟兹。）东度葱岭，投止龟兹。（《祐录》云龟兹王闻其弃荣，甚敬慕之，自出郊迎，请为国师。）王有妹名耆婆，年始二十，才悟明敏，过目必解，一闻则诵。且体有赤黡，法生智子。诸国娉之，并不肯行。及见鸠摩罗炎，心欲当之。王乃逼以妻焉。既而怀什。什在胎时，其母慧解倍常，闻雀梨大寺（《水经注》引道安《西域记》云，龟兹国北四十里山上有寺名雀离大清寺。《祐录》十一《比丘尼戒本末序》言，龟兹北山寺名致隶蓝，六十僧，当即此）名德既多，又有得道之僧，即与王族贵女德行诸尼，弥日设供，请斋听法。什母忽自通天竺语。（《僧传》云，时有罗汉达摩瞿沙曰，此必怀智子，为说舍利弗在胎之证。按吉藏《无量寿疏》言舍利弗在胎，其母善辩论。窥基《阿弥陀经通赞疏》上亦云，舍利弗在胎，其母言辞辩捷。）及什生之后，还忘前语。后什母欲出家，夫未之许，遂更产一男，名弗沙提婆。复因见枯骨生感，绝食求出家。受戒后，业禅法，学得初果。

龟兹之有佛教，不知始于何时。（《阿育王太子坏目因缘经》记阿育王给其子法益之领土中，即有龟兹在内。）中土凡龟兹僧人，类姓帛（或作"白"）。《开元录》谓曹魏译经者有白延。（然此实晋凉州之白延，不在魏世，《开元录》误。）西晋武帝时竺法护译《阿维越致遮经》，其胡本乃于敦煌得自龟兹副使美子侯。（《祐录》七）而译《正法华》时，参校者有帛元信。（《祐录》八）怀帝时法护译《普曜经》，笔受者有帛法巨。（《祐录》七）而《祐录》九《渐备经十住胡名叙》，言有帛法巨，亦是博学道士。（《开元录》惠帝时有法炬曾译经，未悉即帛法巨否。）而白法祖法祚昆季，为一时名僧，原姓万，河内人，则显系受业于龟兹人，而从师改姓者。东晋渡江者，有高座道人帛尸黎密多罗。凉州有助支施崙译经之白延。（为龟兹王世子。《开元录》所记魏世白延，即此人之误。）据此则西晋以来，龟兹有佛教流行，盖无疑也。

龟兹所流行之佛教，多小乘学。（《祐录·昙无谶传》）苻秦时有僧纯等，曾游龟兹。归来曾述其地佛教情形。《祐录》十一之《比丘尼戒本所出本末序》犹存其大略。（此序原失作者之名。但审之当是道安亲闻僧纯所言，而记出者。）其文与原注如下：

> 拘夷国寺甚多，修饰至丽。王宫雕镂，立佛形像，与寺无异。有寺名达慕蓝（百七十僧），北山寺名致隶蓝（六十僧），剑慕王新蓝（五十僧），温宿王蓝（七十僧）。右四寺佛图舌弥所统。寺僧皆三月一易屋床座，或易蓝者。未满五腊，一宿不得无依止。王新僧伽蓝（九十僧），有年少沙门字鸠摩罗什，才大高，明大乘学，与舌弥是师徒，而舌弥《阿含》学者也。

据此龟兹之戒法极谨严。而小乘《阿含》学者佛图舌弥，则为当时之大师。《祐录》十一《关中近出尼坛文记》云，"僧纯、昙充拘夷国来，从云慕蓝寺，于高德沙门佛图舌弥许，得此《比丘尼大戒》，及授戒法，受坐以下至剑慕法"，云云。云慕蓝盖即上述之达慕蓝，"云"字乃"昙"字之讹也。（剑慕法即杂法。剑慕即羯摩。而上文中之剑慕王，似同为一字。）致隶蓝者，即雀离大寺（《后汉书·班勇传》，"焉耆有雀离关"），即鸠摩罗什之母听法之所。（见上文）《祐录》、《僧传》，均谓罗什于游学还龟兹之后，住于新寺，盖即上文之王新僧伽蓝。罗什师佛图舌弥，原奉小乘。僧纯等见彼时，已改信大乘。僧纯得《尼戒本》等归，在建元十五年（379年）译之，时罗什年三十有六矣。

《比丘尼戒本所出本末序》，复记龟兹之尼寺云：

> 阿丽蓝（百八十比丘尼），轮若干蓝（五十比丘尼），阿丽跋蓝（三十尼道），右三寺比丘尼统。依舌弥受法戒。比丘尼外国法不得独立也。此三寺尼，多是葱岭以东王侯妇女，为道远集斯寺。用法自整，大有检制。亦三月一易房，或易寺。出行非大尼三人不行。多持五百戒，亦无师一宿者，辄弹之。今所出《比丘尼大戒本》，此寺所常用者也。

据此龟兹僧尼戒律谨严，尤可想见。按龟兹有温宿王蓝（温宿自曹魏至元魏臣属龟兹）。而葱岭东，王侯妇女，常来集诸尼寺。可见此国为西域佛教之一中心。而罗什之母以王妹而出家学道，亦当时之风气如此也。

据《祐录》所记，罗什年七岁（约在晋穆帝永和六年）亦随母俱出家。从师（或即佛图舌弥）受经，日诵千偈。（原文云，偈有三十二字，凡三万二千字。）诵《毗昙》既过，师授其义，即自通解，无幽不畅。（疑什所首诵之经，即小乘《阿毗昙》。西方教学，或首授《阿毗昙》也。）时龟兹国人，以其母乃王女，故利养甚多。乃携什避之。什年九岁，随母渡辛头河至罽宾。遇名德法师盘头达多，即罽宾王之从弟也，渊粹有大量，才明博识，独步当时，三藏九部，莫不该博，从旦至中，手写千偈，从中至暮，亦诵千偈，名播诸国，远近师之。什至，即崇以师礼。从受杂藏、《中》、《长》二《阿含》凡四百万言。达多每称什神俊，遂声彻于王。王即请入，集外道论师共相攻难。言气始交，外道轻其年幼，言颇不逊，什乘隙而挫之。外道悔伏。王及僧众敬之逾恒。（详原书）至年十二，其母携还龟兹（约在晋穆帝永和十一年）。

归程中什母将什至月氏北山。有一罗汉见而异之。谓其母曰，常当守护此沙弥。若至年三十五不破戒者，当大兴佛法，度无数人，与沤波掘多无异。（《僧传》作"优波毱多"。据《祐录》三所记，优波掘为释迦后之第五代师，改治律藏为《十诵律》。玄奘《西域记》卷四记邬波毱多每度一夫妇置一筹，积筹满石室。卷八记其劝阿育王建塔事。）什进到沙勒国，曾顶戴佛钵。
《僧传》谓智猛曾在奇沙见佛钵，《佛国记》谓弗楼沙国有佛钵，而什所顶戴者在
沙勒国。）遂停沙勒一年。其冬诵《阿毗昙》（此指一切有部根本论之《发智
论》），于《十门》、《修智》诸品（《发智论》结蕴有《十门品》，智蕴有《修智
品》），无所咨受，而备达其妙。又于《六足》诸问，无所滞碍。并诵
《增一阿含》。（上见《僧传》及《祐录》，但《祐录》所记较略。）沙勒国王因
用三藏法师名喜见者之言，设大会，请什升座，说《转法轮经》。请一
沙弥演世尊鹿苑初转法轮之经，崇之可谓甚至。此举意在勉励其本国之
僧众，及交好于龟兹国。龟兹王果遣使酬其亲好。按鸠摩罗什七岁以后
受《毗昙》。至罽宾从盘头达多学杂藏中长二《阿含》。在沙勒诵《阿毗
达磨发智论》，于《六足论》亦无滞碍。盖其在年十二岁以前，所习为
小乘。而尤宗罽宾所流行一切有部之学。自苻秦之世以来，罽宾僧人东
来共道安译经者，已有多人。迨什公至长安，弗若多罗及卑摩罗叉与佛
陀耶舍亦均莅止，并为罽宾人。而弗若多罗与什公共译《十诵律》。卑
摩罗叉乃罗什之师，亦《十诵律》匠，而《十诵律》者，乃一切有部律
也。故罗什早年受罽宾有部之影响，必甚深厚也。

　　什公学问之转变在其停沙勒国时。《僧传》谓什在沙勒，于说法之
暇，乃寻访外道经书。善学《韦陀舍多论》，多明文辞制作问答等事。
又博览《四韦陀》典，及《五明》诸论。阴阳星算，莫不毕尽。妙达吉
凶，言若符契。据此则什在沙勒时，始行博览。意其住罽宾时，早善天
竺语书。今更精习其文法，以及《韦陀》经典。先是有罽宾僧佛陀耶舍
者至沙勒，为太子达摩弗多所重，留养宫中。罗什后至，曾从耶舍受
学，甚相尊敬。按耶舍少时，诵大小乘经数百万言，善谈论，以知见自
处。且曾学《五明》诸论，世间法术，多所综习。什公在沙勒，博采外
书，并明法术，或受耶舍之熏陶。耶舍少时性简傲，不为诸僧所重。罗
什亦性率达，不厉小检，修行者颇疑之。盖皆必均有自得于中，未尝以
俗务介怀也。其后什在姑藏，耶舍远道相从。什至长安，亟劝姚兴招
迎。二人间精神之契合，盖可想见。（《祐录·罗什传》谓什从耶舍习《十诵
律》，殊不确。因耶舍乃四分律师也。）

　　沙勒国在当时佛教颇盛行。其王及太子，均信三宝，曾作三千僧
会。（《僧传·佛陀耶舍传》）其国或奉小乘。地处交通之枢纽，南入印度，
北达龟兹。而其西接大月氏故地，汉代即流行方等经典。东行经莎车可
至于阗。于阗为有名之大乘国家，其西有子合国，法显称其僧多大乘

学。而近人又常谓子合即遮拘迦国，则隋世传其纯奉大乘教。（上详见羽溪了谛《西域之佛教》第四章第四节）沙勒因地当行旅孔道，故亦有大乘之流行。而莎车则距于阗尤近（有人谓莎车即《法显传》之子合）。故罗什在沙勒遇莎车大乘名僧，而弃小宗，归心方等焉。《僧传》曰：

> 时有莎车王子参军王子兄弟二人，委国请从，而为沙门。（此语颇难解。大意似谓兄弟弃王位出家。《法华传记》引此，"莎"作"草"，"请"作"诸人"。《百论疏》作丘兹王，子名沙车，皆不可通。）兄字须利耶跋陀，弟字须利耶苏摩。（《祐录》未言苏摩为王子。并未载兄弟二人诸语。）苏摩才技绝伦，专以大乘为化。其兄及诸学者皆共师焉。什亦宗而奉之。亲好弥至。苏摩后为什说《阿耨达经》。（《百论疏》叙此事颇不同。《阿耨达经》，亦名《弘道广显三昧经》，西晋时竺法护曾译之，见《祐录》。）什闻阴界诸入皆空无相。怪而问曰："此经更有何义，而皆破坏诸法。"答曰："眼等诸法非真实有。"什既执有眼根，彼据因成无实。于是研核大小，往复移时。（参看《百论疏》所载）什方知理有所归，遂专务方等。乃叹曰："吾昔学小乘，如人不识金，以鍮石为妙。"因广求义要，受诵《中》、《百》二论及《十二门》等。

计罗什随母离罽宾经月氏北山，到沙勒。遇佛陀耶舍及须利耶苏摩而其学风丕变。（《祐录》叙什遇耶舍及苏摩在其返龟兹之后，与《僧传》所言不同。今从《僧传》。《僧传》及《祐录·佛陀耶舍传》，述其与什关系虽稍不同，但均谓什在沙勒得见耶舍。）在此住约一年后，随母北行，进到温宿，即龟兹之北界。因议论挫一有名道士，声誉扬溢。（事详《僧传》）龟兹王躬往温宿迎之归国。广说诸经，四远学宗莫之能抗。时王女为尼，字阿竭耶末帝，博览群经，特深禅要，云已证二果。（此当即指罗什之母，因母系王女，而前言出家业禅并已证初果也。）闻法喜踊，乃更设大集，请开方等经奥。什为推辩诸法皆空无我，分别阴界假名非实。听者莫不悲感追悼，恨悟之晚也。至年二十受戒于王宫（约为晋哀帝兴宁元年）。从卑摩罗叉学《十诵律》。（《祐录》未载什在温宿及受戒事，此从《僧传》。）有顷，什母辞往天竺，谓龟兹王白纯曰："汝国寻衰，吾其去矣。"行至天竺，进登三果。什母临去谓什曰："方等深教，应大阐真丹。传之东土，唯汝之力。但于自身无利，其可如何。"什曰："大士之道，利彼忘躯。若必使大化流传，能洗悟矇俗。虽复身当炉镬，苦而无恨。"于是留住龟兹，止于新寺。（上见《僧传》）

《祐录》言罗什于龟兹帛纯王新寺得《放光经》读之，后于雀离大寺读大乘经，二次均有魔扰（《僧传》则只叙其读《放光》为魔所扰）。停住二年（《祐录》似系指在雀离住二年，《僧传》似系指新寺），广诵大乘经论，洞其秘奥。按罗什停沙勒年约十三，至温宿或年十四，其后当不久即返龟兹。及后吕光破龟兹，则什年已四十一。则自其返国后停住者，约二十六年。此中何时住于帛纯所造之新寺，何时住于雀离大寺，已不可考。唯依龟兹僧人规律，三月易一寺言之（已见上文），则什公住寺，或常变更也。

《僧传》言罗什因其师盘陀达多未悟大乘，欲往化之。俄而达多因遥闻什之声名，及龟兹王之弘法，自远而至（《祐录》则谓什自往罽宾化其师）。什得师至，欣遂本怀，即为师说《德女问经》（《祐录》四"失译阙本录"中著录一卷），多明因缘空假。（《祐录》只言为师说一乘妙义，未言经名。）昔与师俱所不信，故先说也。师谓什曰："汝于大乘，见何异相，而欲尚之。"什曰："大乘深净，明有法皆空。小乘偏局，多滞名相。"师曰："汝说一切皆空，甚可畏也。安舍有法，而爱空乎。如昔狂人，令绩师绩绵，极令细好。绩师加意，细若微尘。狂人犹恨其粗，绩师大怒，乃指空示曰，此是细缕。狂人曰，何以不见。师曰，此缕极细，我工之良匠，犹且不见，况他人耶。狂人大喜，以付绩师。师亦效焉，皆蒙上赏，而实无物。汝之空法，亦由此也。"什乃连类而陈之，往复苦至。终一月余日，方乃信服。师叹曰："师不能达，反启其志（乃《瑞应本起经》叙太子七岁学书时语），验于今矣。"于是礼什为师。言"和尚是我大乘师，我是和尚小乘师"矣。西域诸国，咸伏什神儁。每至讲说，诸王皆长跪座侧，令什践而登焉。其见重如此。什由是"道流西域，名被东国"。（《僧传》语）

当苻秦建元十五年（379年）有僧纯、昙充等自龟兹还，述此国佛教之盛。并言及"王新僧伽蓝"，"有年少沙门字鸠摩罗，才大高，明大乘学"。其所述载于《祐录》十一《比丘尼戒本所出本末序》中。此序当出道安手笔。是时安公恰到长安（查《戒本》于十一月译出，道安赴长安，则在二月苻丕克襄阳之后），而即闻罗什之声。《名僧传·道安传》谓安先闻罗什在西国，每劝苻坚取之。而《慧远传》载其致什公书有曰："仁者曩绝殊域，越自外境，于时音译未交，闻风而悦。"又什公在凉州，僧肇不远而至。及到长安，四方学者云集。《僧传》谓其"道流西域，名被东国"，盖非虚语也。

罗什至凉州

苻坚在关中，以晋升平元年（357年）僭称大秦天王，改元永兴。

其时罗什约十余岁。其后二十二年（379 年），而僧纯至长安，述及罗什之声名。但《祐录》云：

> 苻氏建元十三年，岁次丁丑正月，太史奏有星见外国分野，当有大德智人，入辅中国。坚素闻什名，乃悟曰，朕闻西域有鸠摩罗什（《僧传》多“襄阳有沙门道安”七字。道安系于此后二年乃至长安），将非此耶（《僧传》下多“即遣使求之”五字）。

据此则在僧纯东归之前二年，苻坚已素闻什名。其事恐未确也。是时苻氏已平山东，士马强盛，遂有图西域之志。（语见《晋书》百二十二）约在建元十四年（378 年），梁熙已遣使西域，称扬坚之盛德，于是朝献者多国。（《通鉴》一〇四及《十六国春秋辑补》三十五）苻坚屡胜而骄，欲垂芳千载。（坚答苻融语，见《晋书》百十四。）而西域来人亦颇有劝其出兵者。《僧传》曰：

> 时苻坚僭号关中，有外国前部王及龟兹王弟（或即帛震），并来朝坚。坚于正殿引见。二王因说坚云，“西域多产珍奇”，乃请兵往定，以求内附。

《僧传》又曰：

> 至十七年二月，鄯善王前部王等又说坚请兵西伐。（《晋书·载记》车师前部王弥寘，鄯善王休密驮来朝，请西伐，在建元十八年，不在十七年。又据《祐录》道安《般若抄序》，二王朝坚事，亦似在十八年。《僧传》实误。）十八年（《祐录》作“十九年”，误）九月，坚遣骁骑将军吕光，陵江将军姜飞等将前部王及车师王等，率兵七万，西伐龟兹及乌耆诸国。临发，坚饯光于建章宫。谓光曰：“夫帝王应天而治，以子爱苍生为本。岂贪其地而伐之，正以怀道之人故也。（若依此则坚出兵之动机，专为迎什，恐不确。《祐录》本无此诸语。）朕闻西国有鸠摩罗什，深解法相，善闲阴阳，为后学之宗。朕甚思之。贤哲者，国之大宝。若克龟兹，即驰驿送什。”光军未到，什谓龟兹王白纯曰：“国运衰矣，当有勍敌。日下人从东方来，宜恭承之，勿抗其锋。”纯不从而战。光遂破龟兹，杀纯。立纯弟震为主。

按僧肇《什法师诔》云：“大秦姚、苻二天王，师旅以迎之。”（《广弘明集》）可见苻氏出师，本亦在求什。但坚好大喜功，欲如汉帝之开通西域置都护。（详《晋书》）又得车师前部王等之诱劝，因以兴师。则其动机固非专为迎什也。

《僧传》继曰：

> 光既获什，未测其智量，见年齿尚少，乃凡人戏之。强妻以龟兹王女。什拒而不受，辞甚苦到。光曰："道士之操，不逾先父，何所固辞。"乃饮以醇酒，同闭密室。什被逼既至，遂亏其节。或令骑牛及乘恶马，欲使堕落。什常怀忍辱，曾无异色。光惭愧而止。

按吕光于晋太元九年（384 年）破龟兹。苻坚于明年被杀。若光果依坚命驰驿送什，则什公于苻秦时已到长安。观光对什公之逼辱，光固非敬奉佛徒者。什公于在凉州未能弘道，其故在此也。

什公通阴阳术数，其随吕光父子至凉州，所言无不验。（一）吕光回师置军山下，什言不可，必致狼狈。至夜大雨，死者数千。（二）预言光归当于中路得福地以居。后光果在凉州，僭号。（改元太安，在晋太元十一年。）（三）太安元年（太元十一年。"元"亦作"二"）正月，姑臧大风，什曰，不祥之风，当有奸叛，然不劳而自定也。俄而梁谦、彭晃相继而反，寻皆殄灭。（晃于是年十二月叛。梁谦事失考。）（四）什预言吕纂讨段业必败。后纂果败于合黎。（在吕光飞龙二年，晋隆安元年五月。）俄而又败于郭麿。（《僧传》作"馨"，误。事在同年八月。）（五）中书监张资病。外国道人罗叉云能差资疾。什作法证其治必无效。后资果死。（六）及吕纂即位之二年（隆安四年），什公因妖异屡见，而言必有下人谋上之事。后吕超果杀纂而立吕隆（隆安五年）。

按什公于晋太元十年（385 年）随吕光至凉州。同年而姚苌即皇帝位于长安。其后九年而姚兴即位，改元皇初。又七年为姚兴之弘始三年（隆安五年，401 年），而吕隆为凉主。什公在凉前后已十七年（《百论疏》作"十八年"）。《高僧传》曰：

> 什停凉积年，吕光父子既不弘道，故蕴其深解（《祐录》作"经法"），无所宣化。苻坚已亡，竟不相见。及姚苌僭有关中，闻其高名，虚心要请。诸吕以什智计多解，恐为姚谋，不许东入。（《祐录》所载与此异，但不可据。）及苌卒，子兴袭位。复遣敦请。兴弘始三年三月，有树连理生于庙庭，逍遥园葱变为茝，以为美瑞。谓智人应入。至五月，兴遣陇西公硕德西伐吕隆。隆军大破。至九月，隆上表归降。方得迎什入关。以其年十二月二十日至于长安。（《祐录》僧叡《大品经序》、《关中出禅经序》、《大智释论序》及《大智论记》所记年

月日均同。）

罗什在长安

什公于姚兴弘始三年（401 年）至长安，于十五年癸丑（413 年）四月十三日薨于大寺，时年七十。（此据僧肇诔文）长安西晋已有竺法护译经。而帛法祖讲习，弟子几且千人。可见其时长安佛法已甚盛。及至符坚建都关中，因释道安、赵文业之努力，长安译经遂称重镇。而当时名僧法和（安公同学）、慧常（凉州沙门至游西域）、竺佛念（据《名僧传》曾游外域，且为译家）、僧䂮、僧导、僧叡咸集西京。而僧䂮、僧叡至什公时大著功绩。安公时昙景（即昙影）助译《鼻奈耶》，僧导为《四阿含暮抄》笔受者，后均为罗什门下名僧。（什公曾作颂赠法和，见《僧传》。）故知罗什时法会之盛，实大得力于安公。而且姚子略之奉佛，更甚于符永固。其朝廷之信法者有姚旻（延昙摩难提译《王子法益坏目因缘经》，见《祐录》七竺佛念序文）、姚嵩、姚显、姚泓（太子）。义学沙门群集长安。外国沙门之来者亦有多人。僧肇至叹言谓遇兹盛化，"自不睹祇洹之集，余复何恨"。慧叡《喻疑论》亦曰：

> 义不远宗，言不乖实，起之于亡师（指道安）。及至符并龟兹，三王来朝。持法之宗，亦并与经俱集。究摩罗法师至自龟兹。持律三藏集自罽宾。禅师徒众，寻亦并集。关中洋洋十数年中，当是大法后兴之盛也。

什至长安，姚兴待以国师之礼，甚见优宠。晤言相对，则淹留终日。研微造尽，则穷年忘倦。（此引《僧传》）《晋书·载记》叙姚子略敬礼什公事，曰：

> 兴如逍遥园，引诸沙门于澄玄堂，听鸠摩罗什演说佛经。罗什通辩夏言，寻览旧经，多有乖谬，不与胡本相应。兴与罗什及沙门僧略（与"䂮"字通）、僧迁、道树（"标"字之误，即道标）、僧叡、道坦（"恒"之误）、僧肇、昙顺等八百余人更出《大品》。（据僧叡《大品序》言译时沙门五百余人。《僧传》亦言八百余人。三处所记僧名各有不同。）罗什持胡本，兴执旧经，以相考校。其新文异旧者，皆会于理义。续出诸经并诸论三百余卷。今之新经，皆罗什所译。兴既托意于佛道。公卿已下，莫不钦附沙门。自远而至者五千余人。起浮图于永贵里，立波若台于中宫。沙门坐禅者恒有千数，州郡化之，事佛者十室而九矣。

姚兴能讲论经籍。(《晋书·载记》) 于佛法亦通摩诃衍（大乘）、阿毗昙（小乘）义。(《僧传》谓兴托意九经，游心十二。) 曾以其所怀，疏条摩诃衍诸义，欲与什公详定。其最知名者，为《通三世论》。破斥阿毗昙之说，而谓三世一统，循环为用，过去虽灭，其理常在。什公答书亦颇许之。姚氏所疏诸条，又有曰：

> 众生之所以不阶道者，有著故也。是以圣人之教，恒以去著为事。故言以不住般若。虽复大圣玄鉴，应照无际，亦不可著。著亦成患。欲使行人忘彼我，遗所寄，泛若不系之舟，无所倚薄，则当于理矣。

其言虽无甚深致。但颇袭当时玄学家之窠臼（兴称佛教为玄法），此亦可见当时之风气也。(以上所引均见《广弘明集》姚兴与姚嵩往来书中，参看《僧传·什传》。)

庐山慧远闻什入关，即遣书通好。(书见《远传》) 并赠以衣裁法物。什公答书，勉励备至，并遗偈一章。后有法识道人自关中至匡阜，远闻什公欲返本国。乃复作书，报偈一章。(均见《远传》) 并条具经中难问数十事，请其解释。又晋王谧（字稚远）亦以二十四事咨问，什亦有答。今并多零落，所存者无几。(下详)

通佛法有二难，一名相辨析难，二微义证解难。中华佛教，进至什公之时，一方经译既繁，佛理之名相条目，各经所诠不一，取舍会通，难知所据。远公问什数十事，大概属于此类。故什公答书，亦只往往取经论所言，互为解譬。故佛法之深义大旨，不能由之而显。又一方魏晋以来，佛玄合流，中国学人，仅就其所见以臆解佛义。或所见本不真切，所解自无是处。或虽确有所悟，然学问之事，失之毫厘，谬之千里。此则什公欲大乘之微言大义，为华人证知，自又甚难。什论西方偈体有曰："改梵为秦，失其藻蔚。虽得大意，殊隔文体。有似嚼饭与人，非徒失味，乃令呕哕也。"由此可知传译梵典，文字上之领会已甚难。而什《赠法和颂》有曰："心山育明德，流薰万由延。哀鸾孤桐上，清音彻九天。"哀鸾孤桐，什公亦以自况，盖玄旨幽赜，契悟者尤少也。《僧传·慧远传》谓，什公欲返本国，恐亦因门人虽五千，而解人实少，故知难而退欤。《僧传》又曰：

> 什雅好大乘，志存敷广。常叹曰："吾若著笔作大乘阿毗昙，非迦旃延子比也。今在秦地，深识者寡，折翮于此，将何所论。"

乃凄然而止。唯为姚兴著《实相论》二卷，并注《维摩》，出言成章，无所删改。辞喻婉约，莫非玄奥。什为人神情鉴彻，傲岸出群，应机领会，鲜有其匹。且笃性仁厚，泛爱为心，虚己善诱，终日无倦。姚主常谓什曰："大师聪明超悟，天下莫二。若一旦后世，何可使法种无嗣。"遂以伎女十人，逼令受之。自尔已来，不住僧坊。别立廨舍，供给丰盈。每至讲说，常先自说，譬如臭泥中生莲花，但采莲花，勿取臭泥也。（《晋书·罗什传》谓什生二子。吉藏《百论疏》谓长安犹有其孙。《北山录》三曰，魏孝文诏求什后，既得而禄之。《魏书·释老志》载孝文太和二十一年诏于罗什故寺［名常住］建浮图，并访其子胤。）

什译《大品经》时，僧叡叙称有五百余人。译《法华》时，慧观谓集四方义学沙门二千余人，僧叡谓听受领悟之僧八百余人，皆诸方英秀，一时之杰。译《思益经》时，僧叡谓咨悟之僧二千余人。译《维摩经》时，僧叡谓有千二百人。《祐录》云，于时四方义学沙门，不远万里。名德秀拔者，才、畅二公（二公不知何人）乃至道恒、僧摽（即道标）、慧叡、僧敦（未详）、僧弼、僧肇等三千余僧，禀访精研，务穷幽旨。《魏书·释老志》云，时沙门道彤（未详）、僧略（与"畧"通）、道恒、道禰（即道标）、僧肇、昙影等与罗什共相提挈，发明幽致。计现在所知义学沙门之在长安者，不过数十人。（甲）其原在关中者为法和（安公同学，并助其校经。荥阳人，原自蜀至长安），僧叡（魏郡长乐人，道安弟子，并曾助译），昙影（助安译《鼻奈耶》，什译《成实论》之正写者，北人），僧畧（见《大品经序》。安公时参与译《增一》。原住长安大寺），慧精（即昙戒，见《僧传》五。原为安公之弟子，与安同住长安太后寺，见《名僧传抄》），法钦，慧斌（上四人姚兴命为僧官。均长安僧人），道恒（蓝田人，如为执心无义者，则见什之前，曾在荆州），道标（恒之同学，姚兴曾劝二人还俗，见《僧传》及《弘明集》所载姚与二人书），僧导（京兆人，《四阿含暮抄》笔受者），僧苞（长安人），僧肇（京兆人），昙邕（安弟子，原在长安，后事远公，常为送书致罗什），佛念（助佛陀耶舍译《长阿含》者，序称为凉州沙门，岂即安公时之竺佛念耶），道含（助译《长阿含》者，序称秦国道士，或原在关中）。（乙）原从北方来者为道融（汲郡林虑人），慧严（豫州人，与觉贤入关），昙鉴（冀州人，后住荆州），昙无成（家在黄龙），昙顺（黄龙人，有弟子僧馥，醴泉人，作《菩提经注序》，今存。顺从什后，复师慧远），僧业（河内人），慧询（赵郡人）。（丙）原从庐山来者，有道生（法汰弟子，彭城人，曾在建业，后至庐山，乃往关中），慧叡（冀州人，原为道安弟子，曾西行求法。归后至庐山。后与道生同往见什），慧观（远弟子，庐山僧），慧安（庐山凌云寺寺僧），道温（安定朝那人，庐山慧远弟子），昙翼（远弟子。后师什公，晚在会稽），道敬（《广弘明集》若耶《敬法师诔》，谓其自庐入关）。（丁）原从江左来者，有僧弼（吴人），昙干（《传》言与弼同学，或亦南人）。（戊）不知所从来者则有慧恭（下六人均见《大品经序》），宝度，道恢，道惊，僧迁，道流（姚兴命二人为僧官。或原在长安。又《僧传·道祖传》谓有僧迁、道流，同入庐山受戒，远公嘉美之），僧嵩（《成实论》家，为什弟子，见《魏书·释老志》），僧楷（《僧叡传》谓为同学，或亦什弟子），僧卫（据《祐录·十住经含注序》），道凭（什公弟子，八俊之一，常称为关内凭，或亦关中人），僧因（与僧导同师什公，或原在长安），昙晷（《成实》笔受者）等。（此外有《祐录》所言之才、畅二公，及僧敦，《释老志》之道彤，亦不悉其出处。）

什公于弘始十五年（413 年）卒。其与众僧告别有曰："因法相遇，殊未尽伊心，方复异世，恻怆可言。"（详《祐录》、《僧传》）后外国沙门来云，罗什所谙，十不出一。是则什公理解幽微，已有深识者寡之叹。而其学问广博，亦因年岁短促，而未能尽传于世也。

什公之译经

《高僧传》云，什在长安译经三百余卷，《祐录》卷二著录三十五部，二百九十四卷。（《名僧传抄》作三十八部，二百九十四卷。《祐录》十四，则作三百余卷。）似什公之功绩，全在翻译。但古今译书，风气颇有不同。今日识外洋文字，未悉西人哲理，即可译哲人名著。而深通西哲之学者，则不从事译书。然古昔中国译经之巨子，必须先即为佛学之大师。如罗什之于《般若》、《三论》，真谛之于唯识，玄奘之于性相二宗，不空之于密教，均既深通其义，乃行传译。而考之史册，译人明了于其所译之理，则亦自非只此四师也。若依今日之风气以详论古代译经之大师，必不能得历史之真相也。

盖古人之译经也，译出其文，即随讲其义。所谓译场之助手，均实听受义理之弟子。罗什翻经，亦复讲释（并授禅与戒律）。慧观《法华宗要序》曰：

> 有外国法师鸠摩罗什，（中略）更出斯经，与众详究，什自手执胡经，口译秦言，曲从方言，而趣不乖本，即文之益，亦已过半。虽复霄云披翳，阳景俱晖，未足喻也。什犹谓语现而理沉，事近而旨远，又释言表之隐，以应探赜之求。

僧叡《法华经后序》曰：

> 遇究摩罗法师为之传写，指其大归。

是什常讲《法华》也。《思益经序》曰：

> 既得更译梵音，正文言于竹帛。又蒙披释玄旨，晓大归于句下。

是什亦曾释《思益》也。僧肇《维摩经注序》曰：

> 余以暗短，时预听次。虽思乏参玄，然粗得文意。辄顺所闻，而为注解。略记成言，述而无作。

此经肇注现存，中当多什公之口义，则其译《维摩》时，亦讲之也。僧馥《菩提经注》曰：

> 耆婆法师入室之秘说也。亲承者寡，故罕行世。家师顺（当即昙顺）得之于始会，余虽不敏，谬闻于第五十。

罗什是常秘说《菩提经》也。而什公对于《大品》，三译五校。（梁武帝语，参看下列年表。）且平日宗旨特重《般若》、《三论》，其于译此诸经论时，必大弘其义也。

长安之译经，始于法护，盛于道安。安公死后，姚兴皇初之末，弘始之初（399年），法和、僧䂮、僧叡、佛念已在长安共僧伽跋澄译《出曜经》。后二年而什公至，其译经藉道安之旧规及助手（如法和、僧䂮等），必得力不少。道安卒后十六年而鸠摩罗什至长安（401年）。在道安以前，译经恒为私人事业。及佛教势力扩张后，帝王奉佛，译经遂多为官府主办。什公译经由姚兴主持，并于译《大品》新经时，姚天王且亲自校雠。长安译事，于十数年间，称为极盛。《高僧传》论之曰：

> 其后鸠摩罗什硕学钩深，神鉴奥远。历游中土，备悉方言。（中略）时有生、融、影、叡、严、观、恒、肇，皆领悟言前，辞润珠玉。执笔承旨，任在伊人。故长安所译，郁为称首。是时姚兴窃号，跨有皇畿，崇爱三宝，城堑遗法。使夫慕道来仪，遐迩烟萃。三藏法门，有缘必睹。自像运东迁，在兹为盛。

什公相从之助手，学问文章，均极优胜。而且于教理之契会，译籍之了解，尤非常人所可企及。

慧叡随什传写，什为之论西方辞体。（详《僧传》后谢灵运从之咨问，而著《十四音训叙》，条例胡（亦作"梵"）汉，昭然可了，使文字有据。

道融为姚兴所叹重，敕入逍遥园，参正详译。什译《中论》，始得两卷。融便就讲，剖析文言，预贯终始。什又命讲新《法华》，什自听之，乃叹曰："佛法之兴，融其人也。"俄而师子国来一婆罗门，与秦僧捔辩，融大胜之。（事详《僧传》）

昙影助什出《成实论》，凡诤论问答，皆次第往反。影恨其支离，乃结为五番，竟以呈什。什曰，大善，深得吾意。

僧叡参正什所翻经论。昔竺法护出《正法华经受决品》云："天见人，人见天。"什译经至此，乃曰："此语与西域义同，而在言过质。"叡曰："将非人天交接，两得相见。"什喜曰："实然。"后出《成实论》，什谓叡曰："此诤论中有七处文破《毗昙》，而在言小隐，若能不问而解，可谓英才。"至叡启发幽微，果不咨什。（叡随道安。得见罽宾有部来华诸僧，自对于《毗昙》，本已用功。）

僧肇因出《大品》后（403年至405年）便著《般若无知论》（时年约二十三岁），什读之称善。肇又著《物不迁论》等。

慧观著《法华宗要序》，以简什，什曰："善男子所论甚快。"（上均见《高僧传》）

僧叡《思益经序》曰，此经天竺正音，名《毗绝沙真谛》（Visesacinta），是他方梵天殊特妙意菩萨之号也。详听什公传译其名，翻覆展转，意似未尽，良由未备秦言，名实之变故也。察其语意，会其名旨，当是持意，非思益也。直以未喻持义，遂用益耳。（《祐录》）

据此当时助译者之领悟常为什师所称道，宜其所译，非惟如《法华》、《维摩》等，为文字佳制，而理解精微，亦具特长也。

什公年将六十，犹躬自传译，直至死时，罕有辍工。兹就所知，列为年表如下：

晋安帝隆安五年，即后秦弘始三年（401年），罗什年五十八岁，十二月二十日，自凉州至长安。先是僧肇已至凉从什，今亦随来，年仅十九岁。考随什公者，此年法和约七十岁，僧䂮约六十岁，道恒约五十六岁（道标或相同），昙影约五十岁，僧叡亦逾五十岁（《大品经序》），慧严、慧叡均约四十岁，僧导约三十七岁，僧业约三十五岁，慧观约三十岁，慧询约二十七岁，僧弼、昙无成约二十岁。其余不知年岁者颇多。但或以法和为最老，僧肇为最少也。

僧叡即以十二月二十六日从受禅法，寻什公并为抄集《众家禅要》

得三卷（《房录》谓弘始四年译之《坐禅三昧经》当即此也）。其后并出《十二因缘》及《要解》，均禅法也。（详见僧叡《关中出禅经序》）

晋安帝元兴元年，即弘始四年（402年），二月八日，译《阿弥陀经》一卷。（《房录》）三月五日译《贤劫经》七卷。（《房录》）夏在逍遥园之西门阁，开始译《大智度论》。（《祐录》二谓在逍遥园译。卷十《后记》谓在逍遥园西门阁中。）十二月一日，在逍遥园译《思益梵天所问经》四卷（《房录》），僧叡、道恒传写（《经序》），叡作序。是年曾译《百论》，叡为作序。但其时什公方言犹未融（《百论疏》卷一），故僧肇《百论序》谓什"先虽亲译，而方言未融，致令思寻者踌躇于谬文，标位者乖迕于归致"。

晋安帝元兴二年，即弘始五年（403年）四月二十三日，在逍遥园始译《大品般若》。"法师手执胡本，口宣秦言。两释异音，交辩文旨。秦王躬攒旧经，验其得失。咨其通途，坦其宗致。与诸宿旧义业沙门释慧恭、僧䂮、僧迁、宝度、慧精、法钦、道流、僧叡、道恢、道标、道恒、道悰等五百余人，详其义旨，审其文中，然后书之。以其年十二月十五日出尽。校正检括，明年四月二十三日乃讫。"（《经序》）

晋安帝元兴三年，即弘始六年（404年），四月，检校《大品经》讫。十月十七日在中寺为弗若多罗度语，译《十诵律》，"三分获二"，而多罗卒。是年姚嵩请什更译《百论》二卷。肇公作序，较之二年前所译及叡师之序，此次"文义既正，作序亦好"。（《百论疏》卷一）

晋安帝义熙元年，即弘始七年（405年），六月十二日，译《佛藏经》四卷（《房录》）十月译《杂譬喻经》一卷。（《房录》）十二月二十七日译《大智度论》讫，成百卷。僧叡有序。先是什译《大品经》时，随出《释论》，随即校经，《释论》今既译讫，《大品经》文乃正。（《大品序》及《大智度论序》。）

是年又译《菩萨藏经》三卷（《房录》），《称扬诸佛功德经》三卷。（《房录》）是年秋昙摩流支至长安，因远公、姚兴之请，与什共续译《十诵律》，前后成五十八卷。后卑摩罗又开为六十一卷。

晋安帝义熙二年，即弘始八年（406年），夏，在大寺译《法华经》八卷。是年并在大寺出《维摩经》，肇、叡均有疏有序。又译《华手经》十卷。（《开元录》）是年卑摩罗又至长安，实罗什之师也。

晋安帝义熙三年，即弘始九年（407年），闰月五日，重订《禅法要》。（详《关中出禅经序》中）是年姚显请译《自在王菩萨经》为二卷，有僧叡序。昙摩耶舍（号大毗婆沙）共昙摩掘多至关中，在石羊寺写出《舍利弗阿毗昙》原文，直至弘始十六年（414年）经师渐闲晋言，乃自宣译，次年乃讫，为二十二卷，道标作序。

晋安帝义熙四年，即弘始十年（408年），二月六日至四月三十日，出《小品般若经》十卷，僧叡为作序。

晋安帝义熙五年，即弘始十一年（409年），在大寺译《中论》四卷。僧叡、昙影均有序。又在大寺译《十二门论》一卷，僧叡为作序。

晋安帝义熙六年，即弘始十二年（410年），先是佛陀耶舍于什公到长安后即入关，共译《十住经》四卷，不知在何年。本岁耶舍在中寺始出《四分律》。（此据僧肇《长阿含序》。但藏经中现存《四分律序》，亦僧肇作，乃谓律译于弘始十年，不知何故。今因《祐录》未收《四分律序》，颇疑此序不可信。《开元录》于此有所解释，但不可通。）耶舍乃什之师，称为赤髭毗婆沙，或大毗婆沙（《僧传》），又曰三藏沙门。（《长阿序》）

约在本年支法领赍西域所得新经至，什公在大寺译之（惟不知为何经）。佛陀跋多罗在宫寺授禅，门徒数百。是年八月肇公致书刘遗民，称长安佛法之盛。（文见下引）

晋安帝义熙七年，即弘始十三年（411年），九月八日姚显请译《成实论》昙晷笔受，昙影正写。（《祐录·略成实论记》）

晋安帝义熙八年，即弘始十四年（412年），九月十五日，译《成实论》竣，共十六卷。是年佛陀耶舍译《四分律》讫，共六十卷。

晋安帝义熙九年，即弘始十五年（413年），岁在癸丑，什于四月十三日薨于大寺，时年七十。本年佛陀耶舍译《长阿含经》，凉州沙门佛念为译，秦国道士道含笔受，肇公作序。

凡不知翻译年月，而为重要之典籍，则列其目于下（其《梵网》、《仁王》二经，均有可疑，故未列入）：

《金刚般若经》一卷

《首楞严经》三卷

《遗教经》一卷

《十住毗婆沙论》十四卷

《大庄严经论》十五卷

据上年表所列，自弘始三年至七年，什多住在逍遥园。八年以后，则在大寺。逍遥园在城北（僧叡《大品经序》）渭水之滨（《大智释论序》）。毕校宋敏求《长安志》曰，姚兴常于此园引诸沙门听罗什演讲佛经。"起道遥宫，殿庭左右有楼阁高百丈，相去四十尺，以麻绳大一围，两头各拴经楼上，会日令二人各楼内出，从绳上行过，以为佛神相遇。"此事不悉确否。但左右楼阁之一，或即西门阁。（看《智度论记》什公译经之所也。）《志》又谓园中有澄玄堂，为什演经所。又《晋书·载记》，谓姚兴起浮图于永贵里，立波若台于中宫。据该志则波若台即在永贵里。（其文曰，永贵里有波若台。姚兴集沙门五千余人，有大道者五十人，起造浮图于永贵里，立波若台。居中作须弥山，四面有崇岩峻壁，珍禽异兽，林草精奇，仙人佛像俱有，人所未闻，皆以为希奇。）大寺者，中构一堂，缘以草苫，故又名草堂。及至北周之初，此寺已分为四寺：（一）仍本名，为草堂寺。（二）常住寺。（三）京兆王寺，后改安定国寺。（四）大乘寺。（详见《长房录》及《内典录》）什公时，长安又有中寺，乃耶舍出《四分》之所。有石羊寺，前秦僧伽跋澄在此译《僧伽罗刹经》及《毗婆沙》，而今为写《舍利弗》胡本之所。肇公《致刘遗民书》中又有宫寺，此应即逍遥园。觉贤居此时，什公已移居大寺矣。

佛陀跋多罗与罗什

《隋书·经籍志》称什公在长安时，西国僧人来者数十辈。据今所知，苻秦时长安外人已甚多。姚秦时当更有增加。（《僧传》谓什公有外国弟子在侧，又《道融传》言，有师子国婆罗门外道至长安。）按僧肇有《致刘遗民书》（载《肇论》中），述长安佛法之情形曰：

> 领公（慧远弟子支法领）远举，千载之津梁也。于西域还，得方等新经二百余部。请大乘禅师一人，三藏法师一人，毗婆沙师二人。（《僧传》、《祐录》均缺"请"字下十九字）什法师于大寺（亦作大石寺此依《祐录》）出新至诸经，法藏渊旷，日有异闻。禅师于宫寺（即逍遥园。现行本《肇论》作"瓦官寺"，当误。慧达疏作"官寺"，亦误。今据丽本《祐录》改正。）教习禅道，门徒数百，夙夜匪懈，邕邕肃肃，致自欣乐。三藏法师于中寺出律部，本末精悉，若睹初制。毗婆沙法师于石羊寺出《舍利弗阿毗昙》胡本，虽未及译，时问中事，发言新奇。（《高僧传·肇传》，《出三藏记集》三均引之，而文略异。）

此中所谓禅师者，当系佛陀跋多罗。三藏法师者，乃佛陀耶舍。（按《祐录·长含阿经序》曰："以弘始十二年岁在上章掩茂［庚戌］请三藏沙门佛陀耶舍出《律藏四分》四十卷，十四年讫。"［现存《四分律序》所记不同，但此序《祐录》不载，未可为据。］《祐录》三亦云《四分律》乃三藏法师佛陀耶舍所出。［《祐录》二亦称耶舍为三藏法师。］秦司隶校尉姚爽请其于中寺安居，三藏法师译律藏者，乃译《四分》也。[《肇论疏》多有谓为《十诵》者。但《祐录》三《十诵》系在逍遥园出，当非是。] 毗婆沙法师二人者，乃昙摩耶舍及昙摩崛多二师也。（据道标《舍利弗阿毗昙序》，二人于弘始九年写梵文，十六年始译之。肇公此书疑作于弘始十二年，而支法领即于此年前返抵长安。[《四分律序》谓领于弘始十年返，不知可据否？] 至所谓禅师一人，三藏法师一人，毗婆沙师二人，或法领在西域得见而请之来，然未必同行至华也。[《僧传》未载领请外国法师事，仅《四分律序》，称领与佛陀耶舍同东来。]）而同时尚有弗若多罗（助罗什译《十诵律》，未竣而卒），昙摩流支（助什续译《十诵》），卑摩罗叉（罗什之师，晚住寿春，大弘《十诵》，江南人宗之），均集长安，则于中国律藏至有关系也。

佛驮跋多罗（《祐录》作"佛大跋陀"），此云觉贤，生于天竺那呵梨城。《僧传》并云，本姓释氏，迦维罗卫人，甘露饭王之苗裔也；但《祐录》无此语。）以禅律驰名（慧达《肇论疏》无"律"字）。游学罽宾，受业于大禅师佛陀斯那。秦沙门智严西行（《达疏》多一慧叡），苦请东归。于是逾越沙险至关中。（此据《智严传》。《僧传·觉贤传》称其东来度葱岭，路经六国，疑即《西域记》卷十所谓东南大海隅之六国，至交趾乘海舶达青州，再行入关，殊不可信。）得见罗什，止于宫寺。（《僧传·智严传》谓住大寺。《玄高传》作"石羊寺"。《祐录》十二《师资传》作"齐公寺"。）教授禅法，门徒数百。名僧智严、宝云（据《僧传》）、慧叡（据《达疏》）、慧观（据《僧传》）从之进业。乃因弟子中颇有浇伪之徒，致起流言，大被谤黩。秦国旧僧僧䂮、道恒谓其违律，摈之使去。贤乃与弟子慧观等四十余南下到庐山，依慧远。（事详《僧传》）计贤约于秦弘始十二年（410 年）至长安，当不久即被摈。停庐山岁许，慧远为致书姚主及秦众僧，解其摈事。晋义熙八年（412 年）乃与慧观至江陵，得见刘裕（《通鉴》裕是年十一月到江陵）。其后（415 年）复下都，译事甚盛。（后详）

觉贤与关中众僧之冲突，慧远谓其"过由门人"。（据《贤传》）实则其原因在于与罗什宗派上之不相合。《僧传》云，什与贤共论法相，振发玄微，多所悟益。贤谓什曰："君所释不出人意，而致高名，何耶？"什曰："吾年老故尔，何必能称美谈。"觉贤对于罗什之学，可知非所伏膺。盖贤学于罽宾，其学属于沙婆多部。（《祐录》十二《师资传》）罗什虽亦游学罽宾，精一切有学，但其学问则在居沙勒以后，已弃小就大（沙婆多部即小乘一切有）。据当时所传，佛教分为五部。不惟各有戒律。（参看《祐录》三）且各述赞禅经。（语见《祐录》慧远《庐山出禅经序》）罗什于戒律虽奉《十诵》（沙婆多部），但于禅法则似与觉贤异趣。什公以弘始辛丑（401 年）十二月二十日至关中，僧叡即于二十六日从受禅法。什寻抄究摩罗罗陀（简称罗陀）、马鸣、婆须密、僧伽罗叉、沤波崛、僧伽斯那、勒比丘（疑系胁比丘）等家禅法，译为《禅要》三卷。（据《祐录》当即《坐禅三昧经》，一名《菩萨禅法经》，现存，但系二卷。）后又依《持世经》益《十二因缘》（各录均言阙，但恐即现存《坐禅三昧经》之末一经）及《要解》二卷。（《禅法要解》，现存。）至弘始九年（407 年）复详校《禅要》（据《祐录》，此当即现存之《禅秘要法》），因多有所正，而更详备，当与第一次所译极不同。（以上据《祐录》，僧叡《关中出禅经序》。）什公之于禅法，可谓多所尽力。《晋书·载记》云什公时沙门坐禅者恒有千数。《续僧传·习禅篇》论曰，"昙影、道融厉精于淮北"，则什之门下坐禅者必不少。但约在弘始十二年（410 年），觉贤至关中，大授禅法，门徒数百。当什公弘三论鼎盛之时，"唯贤守静，不与众同"。（语出《僧传》）而其所传之禅法，与什公所出，并相径庭。于是学者乃恍然五部禅法，固亦"浅深殊风，支流各别"。（《祐录》慧观《修行不净观经序》中语。按此序乃现存经第九品以下之序。）而觉贤之禅，乃西域沙婆多部，佛陀斯那大师所传之正宗。其传授历史，认为灼然可信。（慧观序详叙传授历史，而旧有觉贤师资相承传。[《祐录》十二] 盖禅法重传授家法，不独戒律为然也。）觉贤弟子慧观等，必对于什公先出禅法，不甚信任。慧远为觉贤作所译《禅经序》（此序称为统序，乃现存经全书之序。慧观序，则为其后半部之序），谓觉贤为禅训之宗，出于达摩多罗与佛大先（即佛陀斯那）。罗什乃宣述马鸣之业，而"其道未融"。则于什公所出，直加以指摘。按什公译《首楞严经》，又自称为《菩萨禅》。（见《僧传·僧叡传》及所译禅经）而觉贤之禅则属小乘一切有部，其学不同，其党徒间意见自易发生也。

觉贤所译《达摩多罗禅经》，一名《修行道地》，梵音为"庾伽遮罗浮迷"，此即谓《瑜伽师地》。按大乘有宗，上承小乘之一切有部。则有宗之禅，上接有部之法，固极自然。觉贤所处之时，已当有部分崩之后，其学当为已经接近大宗之沙婆多也。《僧传》云：

> 秦太子泓欲闻贤说法，乃要命群僧，集论东宫。罗什与贤数番往复。什问曰："法云何空。"答曰："众微成色，色无自性，故唯色常空。"又问："既以极微破色空，复云何破一微。"答曰："群师或破析一微，我意谓不尔。"又问："微是常耶。"答曰："以一微故众微空，以众微故一微空。"时宝云译出此语，不解其意。道俗咸谓贤之所计微尘是常。余日长安学僧复请更释。贤曰："夫法不自

生，缘会故生。缘一微故有众微。微无自性，则为空矣。宁可言不破一微，常而不空乎。"此是问答之大意也。

据此贤之谈空，必与什公之意不同。而其主有极微，以致引起误会，谓微尘是常。而什言大乘空义说无极微（见下文），则似贤之学不言毕竟空寂，如什师也。又按贤译《华严经》，为其译经之最大功绩。而《华严》固亦大乘有宗也。总之觉贤之被摈，必非仅过在门人，而其与罗什学问不同，以致双方徒众不和，则为根本之原因也。

什公之著作

什译经既多，殊少著述。其有统系之作，为《实相论》，今已佚失。并曾注《维摩经》、《金刚经》，当亦可见其学说之大要，然前者不全，后者早佚。又什公有与慧远及王稚远（王谧）问答文多篇。后人集什、远问答中之十八章为三卷，即今存之鸠摩罗什《大乘大义章》。（陈慧达《肇论疏》、隋吉藏《中论疏》，均曾引此书什公之文。）近人邱欑先生希明为之校勘，易名为《远什大乘要义问答》。至若其余问答，已早不存。兹表列什之撰述如下：

《实相论》二卷

《注维摩经》（存现有之肇注，及关中疏内，但恐不全。）

上见《高僧传》中。

《问如法性实际》（《义章》第十三章）《问实法有》（《义章》第十四章）

《问分破空》（《义章》第十五）　　《问法身》（《义章》第一。慧达《肇论疏》曾引此章。）

《重问法身》（《义章》第二）　　《问真法身像类》（《义章》第三）

《问真法身寿》（《义章》第四）　　《问法身感应》（《义章》第七）

《问修三十二相》（《义章》第五）　　《问法身佛尽本习》（《义章》第八）

《问念佛三昧》（《义章》第十一）　　《问遍学》（《义章》第十七）

《重问遍学》（《义章》第十七）　　《问罗汉受决》（《义章》第十）

《问住寿》（《义章》第十八）　　《问后识追忆前识》（《义章》第十六）

以上均载《祐录》陆澄《法论目录》中。均慧远问，罗什答。并存《大乘大义章》中。

《问四相》（《义章》第十二）

此亦见陆澄《目录》，虽仅言慧远问，而不言什答。然寻之在《大义章》中。又吉藏《中论疏》引之，称出什公手。

《问答受决》（《义章》第六）《问答造色法》（《义章》第九）

上二不见于陆澄《目录》，而为现《大义章》所有者。均远、什问答。

《问法身非色》

上项见《陆澄录》，而为《大义章》所不载者，亦为远、什问答。

《问涅槃有神不》	《问灭度权实》
《问清净国》	《问佛成道时何用》
《问般若法》	《问般若称》
《问般若知》	《问般若是实相智非》
《问般若萨婆若问同异》	《问无生法忍般若同异》
《问礼事般若》	《问佛慧》
《问权智同异》	《问菩萨发意成佛》
《问法身》	《问得三乘》
《问三归》	《问辟支佛》
《问七佛》	《向不见弥勒不见千佛》
《问佛法不老》	《问精神心意识》
《问十数论》	《问神识》

上二十四项，《祐录》、《法论目》均著录，悉王稚远问，什答者。

《问三乘一乘》（什答，不知何人问。）

《略解三十七品次第》

上二项亦罗什所作，见《祐录》所载之《法论目》者。

《问实相》（王稚远问，外国法师答。）

《问遍学》（外国法师答，不注问者姓名。）

上二项，亦见《祐录》，或亦罗什作答。

《答姚兴通三世论书》

此见《广弘明集》。又《弘明集》中载什与僧䂮等上表，议敕道恒、道标还俗事。又《高僧传》中载什文，如上吕纂疏等，凡数篇，及与慧叡论西方辞体，则于教理无关也。

《金刚经注》

见《广弘明集》所载之唐李俨《金刚般若经集注序》。但佛家目录未著录。

《老子注》二卷（两唐志）

《耆婆脉诀》十二卷，释罗什注（见日本见在书目医方类中）

上二书不见他处，疑为伪作。《脉诀》之耆婆，乃印度医王，非鸠摩罗耆婆。谓为罗什所注，乃因名致误也。

罗什之学

什公之学因其著述残佚，甚难测知。世因其作《实相论》，而称其学为实相宗。（见元康《肇论疏》）但此论早佚。至若《大乘义章》，则按慧远所问，多解释名相，疏释经文之作，无由窥见什公思想之深弘。惟就现有材料，什公为学之宗旨，可以窥见者有四事。

一曰，什公确最重《般若》三论（或四论）之学也。什公所阐弘，于经有《法华》，于律有《十诵》，于论有《成实》，于修持有《菩萨禅》，四者均发生多少之影响。而《成实论》之势力，在南朝且凌驾《般若》三论而上之。但什公学宗《般若》，特尊龙树（四论之三均为龙树所造）。其弟子之秀杰，未有不研大乘论者。昙影注《中论》，道融疏《大品》、《维摩》，道生注《小品》及《维摩》，僧导作《三论义疏》。僧叡《中论序》曰：

> 《百论》治外以闲邪，斯文（《中论》）袪内以流滞，《大智释论》之渊博，《十二门观》之精诣。寻斯四者，真若日月入怀，无不朗然鉴彻矣。予玩之味之，不能释手。

至若什公重《大智度论》，则有明文见于僧叡之序：

> 有鸠摩罗耆婆法师者，（中略）常伏斯论为渊镜，凭高致以明宗。

其重《百论》，则僧肇序中言之：

> 有天竺沙门鸠摩罗什，（中略）常味斯论，以为心要。

而于《中论》则僧叡序云：

> 天竺诸国敢预学者之流，无不玩味斯论，以为喉衿。

由此言之，后世称什公学派为三论者，固甚有见而云然也。

二曰，什公深斥小乘一切有之说也。什公早习有部经论，后弃而就大乘，必卓有所见。《高僧传》谓其曾言《成实论》有七处破《毗昙》，疑其正因此论斥破有部而为入大乘之过渡作品，故译出之。《大义章》中其驳有部义，亦曾数见。如曰：

> 但阿毗昙法、摩诃衍法，所明各异。如迦旃延《阿毗昙》说，幻化梦响，镜像水月，是可见法，亦可识知，三界所系，阴界入所摄。大乘法中，幻化水月，但诳心眼，无有定法。

又曰：

> 言有为法四相者，是迦旃延弟子意，非佛所说。

又曰：

> 佛法中都无微尘之名，但言色若粗若细，皆悉无常，乃至不说有极微极细者。（中略）为破外道及佛弟子邪论，故说微尘，无决定相，但有假名。

此所谓佛弟子邪论，自亦指沙婆多师说也。又有曰：

> 是故当知言色等为实有，孔等为因缘有，小乘论意，非甚深论法。

此所谓小乘，亦指有部也。

三曰，至什公而无我义始大明也。自汉以来，精灵起灭，因报相寻，为佛法之根本义。魏晋之世，义学僧人，谈《般若》者，亦莫不多言色空。支愍度立心无义，则群情大诧。而佛法之所谓无我者，则译为非身。支遁诗曰："愿得无身道，高栖冲默靖。"此用《老子》外其身之说也（支氏《土山会诗序》有曰"悟外身之贞"）。郗超《奉法要》曰："神无常宅，迁化靡停，谓之非身。"此仍神存形灭之说也。及至罗什，而无我之说乃大明。僧叡《维摩序》曰：

> 自慧风东扇，法言流咏以来，虽曰讲肆，格义迂而乖本，六家偏而不即。性空之宗，以今验之，最得其实。然炉冶之功，微恨不尽。当是无法可寻，非寻之不得也。何以知之，此土先出诸经，于识神性空，明言处少。存神之文，其处甚多。《中》、《百》二论，文未及此，又无通鉴，谁与正之。先匠（指道安）所以辍章遐慨，思决言于弥勒者，良在此也。

据此什公来华，译《中》、《百》二论，有破神之文。于识神性空之义，大为阐明。前此则虽道安于此曾有所疑，然无由决定也。

试考罗什以前，其所谓神者，或不出二义。一神者实为沉于生死之我。一为神明住寿。如牟子《理惑论》曰："有道虽死，神归福堂，为恶既死，神当其殃。"又如《四十二章经》曰："佛言，阿罗汉者，能飞行变化，住寿命，动天地。"康僧会《安般守意经序》有"制天地，住寿命"之语。道安《阴持入经注》亦言"住寿成道"。又据《大乘大义章》所载，庐山慧远曾以书咨什公，问菩萨可住寿一劫有余。什公答曰："若言住寿一劫有余者，无有此说，传之者妄。"又曰："摩诃衍经曰，若欲寿恒河沙劫者，此是假言，竟不说人名。"自《般若》之学大昌以来，中土学人，渐了然于五阴之本无，渐了然于慧叡所言之识神性空。住寿之说，与法身之理相牴牾，故慧远问什公书中已疑其为"传译失旨"。夫"法身实相，无来无去，同于泥洹，无为无作"。（上二语见《大义章》卷上）则轮转生死，益算住寿之神，谓为佛法之根本义，实误解也。《祐录》陆澄《法论目录》载王稚远问什公"泥洹有神否"。今虽其文已佚，不知什公何答。然可断言其必谓泥洹有神之说，为"传之者妄"也。

四曰，罗什之学，主毕竟空也。什公以前之《般若》，多偏于虚无。罗什说空，简料前人空无之谈。故什言曰：

> 法身义以明法相义者，无有无等戏论，寂灭相故。（《义章》第七）

又曰：

> 有无非中，于实为边也。言有而不有，言无而不无。（《注维摩经》卷二）

又曰：

> 摩诃衍法，虽说色等至微尘中空，心心数法至心中空，亦不坠灭中。所以者何，但为破颠倒邪见，故说不是诸法实相也。（《义章》第十五）

遣有谓之空，故诸法非有非无是空义。什曰：

> 本言空以遣有，非有去而存空。若有去而存空，非空之谓也。（《维摩注》卷三）

毕竟空者扫一切相。既遣于有，又复空空。既非有非无，亦无生无灭。小乘观法生灭为无常义，大乘以不生不灭为无常义。依小乘生灭无常，则云"念念不住，则以有系住"。惟"今此一念，若令系住，则后亦应住。若今住后住，则始终无变。始终无变，据事则不然。以住时不住，所以之灭。住即不住，乃真无住也。本以住为有，今无住则无有，无有则毕竟空。"毕竟空，即大乘无常之妙旨也。（见《维摩》注）

三论之学，扫一切相，断言语道。而扫相离言者，非言万有之为顽空绝虚（绝对空虚），乃言真体之不可以言象得也（故般若无所得）。言象者，周遍计度，宰割区划，于真体上起种种分别，而失如如之性。（万物如其所如，然其所然，初非名言强分，彼此之所可得也。）诸法不生不灭，而人乃计常计断，诸法非有非无，而有无之论纷起。夫有无生灭者，人情所有之定名，而非真如之实际。（什公为明此义，于《大义章》及《维摩注》中屡言"物无定相"。）盖凡人感于万有，必须取相，必须于无相之本体起种种相，俾心有所攀缘，而名言分别以起。因执著言象之分别，遂于所谓外境者，计度区划，而有极微实有之说，于所谓内心者，计度区划，而有灵魂住寿之说。所谓极微灵魂也者，均执著言象之所得，而视为实物。（宇宙本体并非空无。然执人心所取之相以之为实物，则直蹈空。）于是在实相以外，别立自性（如极微、自我等是）。其所谓宇宙本体，乃离实在而独存（犹言本体以外又有现象）。则直如执著镜中花、水中月也。

由上所言，物无彼此，"无定相"。执著言象所得之定相，则必至就言象所得，执有实物，于实在以外别立实体（如西哲休谟所斥之 Substance 学说）。大乘佛法之所以谈空者，端在于明"物无定相，则其性虚"也。（《维摩注》一）无定相者，即谓无相。性虚者，即谓无自性。（自性如自我、极微等，休谟所谓哲学家之虚妄［Fictions］均是也。）人情执著名象，于无相上著相，于无自性上立另有实物，而反失实在之真相。（《维摩注》六什公曰："法无定相，相由感生，即谓法无自性，缘感而起。"、"即谓"二字要紧。盖于法上执有定相，乃持法有自性之张本也。）然则宇宙之实相，本无相可得。宇宙之本体，亦非超然物外。非超然物外，故穷物之源，更无所出，因曰"无本"。（《维摩注》六）无相可得，故能所双忘，是非齐泯。非超然物外，故非可如执实有镜花水月，反以无为有。（若如此执，则反落空，所谓恶取空。）无相可得，故曰："一切法毕竟空寂，同泥洹相，非有非无，无生无灭，断言语道，灭诸心行。"（《义章》十二）然则一切法无相绝言者，非谓万物之外别有一独立秘密之自体也。

什公著作多佚，口义罕传。（玄奘弟子章疏存者较多。故奘师之著作虽亦不存，但口义颇多见于唐人章疏中。）但即就其赠慧远偈一章言之，亦已理趣幽邃，境界极高，颇可见其造诣之深。黄冈熊十力先生曾为偈作略释。兹录于下：

既已舍染乐，心得善摄不。

　　"染乐"谓贪欲等。"摄"谓心不外驰。"不"读"否"，发问词，下准知。言既已舍离贪欲等染法，令不现起，此心遂得善自凝摄，不复向外驰求散乱否耶。盖贪欲等习气潜存，虽暂被折伏，若止观力稍一松懈，则犹有乘机窃发之虞。止观者，此心恒时凝敛而不散乱名"止"，恒时简择一切法而不迷谬，名"观"。即止即观，乃就一心之相用而分别言之耳。

若得不驰散，深入实相不。

如止观工夫绵密无间，常能折伏贪欲等，令不现行，即此心已得不驰散，可谓已入实相否耶？入者证入实相，犹云本体，亦谓真如，克就吾人而言，即本心是也。虽止观力深而心不驰散，然染习根株，犹复未尽，但加行无间（加工而行，名曰"加行"），即未离能所取相（凡位未得证智，则心起必有所取相。以有所取故必有能取相。能所相依而有故），如何可说证实相耶？故发问以疑之，使其自知功修尚浅，如远行方备资粮，而距此欲至之地，尚迢遥不可期也。

毕竟空相中，其心无所乐。

毕竟空者，一切所取相皆空，故能取相亦空，能所取相皆空，故空相亦空。都无一切相，故冥然离系，寂灭现前（灭者灭诸杂染。寂者寂静不取于相），是名毕竟空相。至此则心无所乐，方是真乐。若有所乐者，即未能泯一切相，未得离系，故非真乐也。此正显示涅槃心体（涅槃即实相之异名）。若功修尚浅，如何便得臻此？前问深入实相否，正欲其因疑而求进至此也。

若悦禅智慧，是法性无照。虚诳等无实，亦非停心处。

悦禅即有所乐，犹有所取相，故智慧未泯能取相也。性者体义，法性犹云诸法本体，即斥指本心而目之也。无照者，非如木石顽然无有照用，以即体之照，虽复朗然遍照，而无照相可得，故云无照。若有照之心，便是虚妄分别相，故云虚诳等无实也。若认此虚妄分别之心以为本心，即是认贼作子，乃自害也。故云亦非停心处。停，犹止也，言心不可止于虚诳无实之域也。此中申明毕竟空相，而归极于照，而无照则智慧相亦不可得。若有智慧相可得，则必非智慧也，直是虚诳无实之妄识而已。其开示心要如此真切。肇公《般若无知论》，与此可相印证。

仁者所得法，幸愿示其要。

此示谦怀，以求远公之自反也。详玩什师此偈，盖以资粮加行二位之间，而拟远公之所诣。其视远公亦可谓甚高，而所以诱而进之者复至厚。余尝谓什师非经师一流，盖实有以自得者。惜其自悲折翮而无造述。此偈仅存，至可宝贵。若引教详释，则不胜其繁，又初学困于名相，益难索解，故为粗略释之云尔。

鸠摩罗什之弟子

什公之弟子，无虑千百，其中秀杰知名者亦颇不少。后人称生、肇、融、叡（当是僧叡）为四圣。（此说不知始于何时。宋智圆《涅槃机要》载之。）但《高僧传》记时人评语，或曰："通情则生、融上首。精难则观、肇第一。"则无僧叡。或曰，生、叡（此为慧叡）发天真（聪悟发于天性）。严观洼流得。（洼，深也，深思流连，始可继足也。）慧义惷惇进（努力方得前也）。寇渊（道渊姓寇）于嘿塞。（《僧传》谓渊潜光隐德，世莫之知。）则并缺僧肇、道融、僧叡。（按此或仅就江南僧言之，故缺此三。）梁时慧皎于论译经，始特举八人，所谓生、融、影、叡（僧叡）、严、观、恒、肇也。而《大义章》卷首，言什门八子，则为融、伦（不详）、影、肇、渊、生、成（昙无成）、叡也。及至隋唐，乃有八俊十哲之目。八俊者，生、肇、融、叡、凭（当即《僧传·僧远传》之道凭）、影、严、观。（敦煌本体请［又作"清"]《释肇序》。参看吉藏《中论疏》一。）但或有翯而无凭（参看《北山录》四），或有道恒而无凭。（见于《肇论新疏游刃》。此乃依《僧传》译经论。）十哲者则于八俊之外，加道恒、道标也。（《北山录》四）

此中僧肇为三论之祖，道生为涅槃之圣，僧导、僧嵩为《成实》师宗之始。均当于后另详之。其余诸人，则仅择要叙其事迹之大略于下：

僧叡，魏郡长乐人。依僧贤出家。曾听僧朗讲《放光经》（或即泰山僧朗）。师事道安，助之译经。后什公入关，参入译经，称为英才。卒时年六十七（当在长安）。

道融，汲郡林虑人。十二出家，先学外书。年迄三十，才解英绝。内外经书，暗游心府。什公入关，故往咨禀，什甚奇之。后还彭城，讲说相续。门徒甚多。卒于彭城，年七十四。著有《法华》、《大品》、《金光明》、《十地》、《维摩》等义疏。

昙影，或云北人。曾助道安译《鼻奈耶》。能讲《正法华经》及《光赞般若》。每讲听者千数。姚兴大加礼接。及什至长安，影往从之，助之译经。著《法华义疏》四卷，并注《中论》。后山栖隐处（《魏书·殷绍传》谓有昙影居阳翟九崖岩，当是一人。昙影业禅，故晚年居山中），卒年七十。

僧翯，北地泥阳人。初师弘觉大师。觉为姚苌讲《法华》，翯为都讲。通六经及三藏。姚苌、姚兴早重之。及罗什入关，敕为僧主（即僧统）。后曾游樊、邓。（《僧传·昙谛传》）以弘始之末卒于长安大寺，春秋七十三。

道恒，蓝田人。年二十，始出家。学该内外，多所通达。什公入关，即往造修，并助译事。姚兴尝劝恒与其同学道标还俗，共理国政。恒、标不从。恒乃遁居山中。义熙十三年卒于山舍。

慧叡，冀州人。游学天竺，洞悉方言。或亦曾师道安。（《喻疑论》所称之亡师，指安公。）后憩庐山。俄与道生、慧严入关，从什于长安。后还建业，止乌衣寺。（《祐录》十五《道生传》称为始兴慧叡，当是寺名。）宋彭城王义康师之，谢灵运与友善。于《泥洹经》译出之后，曾作《喻疑论》（《祐录》五），以释世之非难佛性义者。宋元嘉中卒，年八十五。

慧严，豫州人。年十二，为诸生，博晓诗书。十六出家，又精练佛理。入关见什，后返建业，止东安寺。为宋高祖、文帝所重。后与慧观、谢灵运改治《涅槃》大本。宋元嘉二十年（443年），卒，年八十一。

慧观，清河人。少以博览驰名，习《法华经》。（《祐录·法华宗要序》）曾适庐山，师事慧远。闻什入关，特往从之。后与觉贤南止庐山，约在晋义熙八年，共贤至江陵。（本传谓在什亡后，误。八年刘裕讨刘毅至江陵，时观或已见裕，见《觉贤传》。）停滞至十一年，刘裕讨司马休之，观与之相见。（此据本传）观并在此地，为卑摩罗叉记所讲《十诵律》。（见《叉传》）后还京师，止道场寺。观通禅律，善佛理。注《法华经》，探究《老》、《庄》，并擅文辞，时流慕之。元嘉中卒，年七十一。

按晋代以玄学、《般若》之合流，为学术界之大宗。南方固为士大夫清谈之渊薮，而北方玄理固未绝响。什公有名之弟子，来自各方。均兼善内外，博通诗书。且在什公入关以前，多年岁已大，学有成就。吾人虽不知其所习为外学何书。然僧叡、僧融，早讲《般若》。慧叡、慧观，来自匡山。匡山大师慧远，并重《老》、《庄》。而罗什以前之《般若》，更富玄学气味。则吾人即谓什公门下，多尚玄谈。固无不可。而慧观探究《老》、《庄》，史有明文。僧肇年最幼，然其在见什以前，已读《老》、《庄》。（均见《僧传》）则其同学中人之学风，可以推知矣。

又按什公以前，释道安驻锡关中，道安原亦玄学中人。但其时恰值罽宾一切有部僧人僧伽提婆等东来，道安助之传译。有部谓一切诸法，皆有自性。与《般若》谈自性空寂者异其趣。后提婆南下，《毗昙》小乘学亦暂在南方流行。其时南北佛学，必稍转变。但不久而什至，使性空宗义又重光大。慧叡《喻疑论》有云：

三十六国，小乘人也。此釁（疑是"学"字误）流于秦地，慧导之徒，遂不复信《大品》。既蒙什公入关，开托真照，《般若》之明，复得辉光。

慧导之徒，疑即受罽宾学僧之影响，而不信《大品》。及什公至长安，破斥《毗昙》，复弘《般若》。而其门下集四方之英俊，吸收国内之玄学者。夫玄学重在得意忘象，自与有部之甚重名数分析者大相径庭。故罗什弟子对于有部之学，与王辅嗣对于汉《易》，其态度当甚相同。僧叡曰，丧我在乎落筌。（《十二门论序》语）道生亦曰，忘筌取鱼，始可言道。（见《僧传》）而昙影《中论序》，亦斥废鱼守筌，存指忘月。并辨名数之用曰：

夫万化非无宗，而宗之者无相。虚宗非无契，而契之者无心。故至人以无心之妙慧，而契彼无相之虚宗。内外并冥，缘智俱寂。岂容名数于其间哉，但以悕玄之质，趣必有由。非名无以领数，非数无以拟宗。故遂设名而召之，立数而辩之。然则名数之生，生于累著（原作"者"）。可以造极，而非其极。苟曰非极，复何常之有耶。是故如来始逮真觉，应物接粗，启之以有。后为大乘，乃说空法。化适当时，所悟不二。

此中如来所说之有，应指沙婆多部。夫《般若》非无名数之分析，然分析即是扫荡，则名数固仅筌蹄也。筌蹄之说，本于玄学。（南朝士大夫清谈，尝执筌蹄。则筌蹄在器物上，亦为谈玄者之象征。）《般若》家，与谈玄者，其方法态度，实系一致。故什公弟子，宗奉空理，而仍未离于中国当时之风尚也。

僧肇传略

释僧肇，京兆人。（宋晓月《注肇论序》云，俗姓张氏。）家贫以佣书为业。遂因缮写，历观经史，备尽坟籍。志好玄微，每以《庄》、《老》为心要。尝读老子《道德章》，乃叹曰："美则美矣，然期栖神冥累之方，犹未尽善。"后见旧《维摩经》，欢喜顶受。披寻玩味，乃言"始知所归矣"。因此出家，学善方等，兼通三藏。及在冠年，而名振关、辅。时竞誉之徒，莫不猜其早达。或千里负粮，入关抗辩，肇既才思幽玄，又善谈说，承机挫锐，曾不流滞。时京兆宿儒及关外英彦，莫不挹其锋辩，负气摧衄。后罗什至姑臧，肇自远从之。（《百论疏》一云什至京师，肇从请业，误。）什嗟赏无极。及什适长安，肇亦随入。及姚兴命肇与僧叡等入逍遥园，助详定经论。肇以去圣久远，文义舛杂，先旧所解，时有乖谬。及见什咨禀，所悟更多。因出《大品》之后（403 年至 405 年），肇便著《般若无知论》，凡二千余言。竟以呈什。什读之称善。乃谓肇曰："吾解不谢子，辞当相挹。"约在弘始十年（408 年）夏末，竺道生南归，以此论示庐山隐士刘遗民。遗民叹曰："不意方袍复有平叔。"因以呈远公。远乃抚几叹曰："未尝有也。"因共披寻玩味。翌年（409 年）刘致书肇公，于此论有所咨难。又一年（410 年）八月十五，肇乃得作答，并遗以所注之《维摩经》（406 年丙午罗什译出）。肇从什公十余年，晋义熙十年（414 年），即什公死后之次年，卒于长安，寿仅三十一。（此据《僧传》。他书间作三十二。）当时惜其早逝云。（此语出《隆兴编年》卷三。又吉藏《中论疏》一，有"老则融、叡，少则生、肇"之语。）《传灯录》第二十七卷，谓僧肇为秦主所杀，临刑时说偈四句。按唐以前似无此说。偈语亦甚鄙俚，必不确也。

兹条列肇公之著作于下：

《般若无知论》

《答刘遗民书》

《祐录》所载陆澄《法论目录》著录（原文"知"字误"名"字），并注云："刘遗民难，肇答。"

《不真空论》

《物不迁论》

陆澄《目录》均著录。此二论中，均引及《中论》。是作于弘始十一年（409 年）之后。《高僧传》谓肇于作《般若无知论》后，又著《不真空论》、《物不迁论》，所言不误。

《涅槃无名论》

《上秦王表》（进《涅槃无名论》）

陆澄《目录》载有《无名论》，而未言及《上秦王表》。据表中言，在什公死后，因见秦王姚兴答姚嵩之书（按即《广弘明集》所载者），因作此论。论中托于无名与有名之问答，有九折十演。《高僧传》谓姚兴备加赞述，敕令缮写，班诸子侄。但关于此论，颇有疑点，当于后另论之。

上均见《高僧传》，并载现存之《肇论》中。《肇论》列《物不迁论》为第一，《不真空论》次之，《般若无知论》又次之，而附以刘遗民致肇书及肇答书，次则为《上姚兴表》，及《涅槃无名论》。合诸论为一书，而冠以《宗本义》，不知始于何时。《旧录》仅载四论，而《宗本义》未著录，殊可致疑。惟陈朝当已加入《宗本义》。盖小招提寺慧达序中曾言及也。又据现存日本《续藏经》中所谓之慧达《肇论疏》，四论次序与通行者不同。而且似阙《宗本义》。日本僧人称其为慧达所作，但不悉即小招提寺僧否。此为《肇论疏》之最古者，决在唐以前，甚可贵。

《丈六即真论》

陆澄《目录》及隋《法经录》著录，他处未尝言及，已佚。

《维摩经注》

见于《高僧传》，现存之经注，系糅合什、肇、生、叡、融诸人之注而成。通行本题此书为僧肇作，实不合。又敦煌发现唐道液之《净名经关中疏》，亦系集什、肇等之说。

《维摩经序》（即经注之序）

《长阿含经序》

《百论序》

上三序，均载《祐录》中。

《鸠摩罗什法师诔》

文载《广弘明集》中。

又现存有《宝藏论》者，谓为僧肇作。《祐录》、《长房录》、《内典录》、《隋志》、两《唐志》均未著录。六朝章疏未言及。至《通志略》与《宋史·艺文志》始列入，决为伪托。明憨山大师云，《传灯录》载肇在被杀时，乞七日假，著《宝藏论》。（《御选语录》云，典刑之人，无乞假著书之理。肇被杀事，实不确也。）现查《传灯录》无此语。（宋晓月《肇论序注》云，作《宝藏论》进上秦王，秦王答旨殷勤。是宋时人亦有不知肇被杀者。）但谓此论为僧肇所作，或本出于禅宗人之传说。且查论中语句，颇多宗门所常用，殊不似僧肇口吻。禅宗著作，亦有援引此论者。明弘治甲子所刊之《宝藏论》，载有上都章敬寺怀晖序文。（叙肇在义熙十年年三十一终于长安，未言其被杀。）按怀晖亦唐代禅宗名人之一（元和十年逝世）。则此论之流行，与禅宗当有关系。又金赵秉文《道德经集解》，引有所谓肇公之《老子注》，其中有"习学谓之闻，绝学谓之邻"诸句。（禅宗书《碧岩录》五引此诸语，则谓出于《宝藏论》。）实《宝藏论》中语。论中亦并颇有道教理论，与名辞（如虚洞、太清、阴符等）。则似此论为中唐以后，妄人取当时流行禅宗及道教理论凑成，托名僧肇。而所谓肇公之《老子注》，同是伪书也。检《宝藏论》云，"何谓五通，一曰道通，二曰神通，三曰依通，四曰报通，五曰妖通"云云。夫"通"者亦即"神通"之简称，五通者即谓五神通。（按《长阿含·十上经》谓神足通、天耳通等为"六神通"，可以为证。《长阿含》译时，僧肇曾参与，并为作序，现存。）今列"神通"为五通之一，肇公博学，曾助什翻译（《维摩经·方便品》"游戏神通"句下，肇注曰，"经云菩萨得五通，或具六通"云云。此为肇知"通"为"神通"之略称之证），必不能言论离奇至此。又作伪者似以"神通"者神仙之通，故列一"妖通"与之相对。可谓妖妄已极。《宝藏论》之为伪托，固可不俟再烦言取证而即决也。

僧肇为中华玄宗大师。世人伪撰，托名肇公，固无足异。（《内典录》言《无名子》，乃托肇名之伪书。）今肇公之著作，虽有疑伪，而又不全，然《物不迁》、《不真空》及《般若无知》三论，实无上精品。兹就此三论，略解释肇之玄学于后。

僧肇之学

魏晋以讫南北朝，中华学术界异说繁兴，争论杂出，其表面上虽非常复杂，但其所争论，实不离体用观念。而玄学佛学同主贵无贱有。以无为本，以万有为末。本末即谓体用，《般若》之七宗十二家，咸研求此一问题，而所说各异。僧肇悟发天真，早玩《庄》、《老》，晚从罗什。所作《物不迁》、《不真空》及《般若无知》三论，融会中、印之义理，于体用问题，有深切之证知。而以极优美、极有力之文字表达其义。故为中华哲学文字最有价值之著作也。

肇公之学说，一言以蔽之曰：即体即用。其所著诸论中，当以《物不迁论》为最重要。论云："必求静于诸动，不释动以求静。"又言："静而常往，往而常静。"均主即动即静。若如古希腊哲学家 Parmenides 主一切不变。[①] 又如 Heracleitus 执一切皆变。僧肇自皆加呵斥。而即所谓两家之"调和派"谓本质不变，而变属于现象，似亦与《物不迁论》之主旨大相径庭。论云：

> 《放光》云，"法无去来，无动静者"，寻夫不动之作，岂释动以求静，必求静于诸动。必求静于诸动，故虽动而常静。不释动以求静，故虽静而不离动。然则动静未始异，而惑者不同。

全论实在证明动静一如，住即不住。非谓由一不动之本体，而生各色变

---

① 自然界没有发展，没有新的东西，只是多样性的罗列。

动之现象。盖本体与万象不可截分。截分宰割，以求通于动静之真际，则违真迷性而莫返。故此论"即动即静"之义，正以申明"即体即用"之理论。称为《物不迁》者，似乎是专言静。但所谓不迁者，乃言动静一如之本体。绝对之本体，亦可谓超乎言象之动静之上。亦即谓法身不坏。故论言："如来功流万世而常存，道通百劫而弥固。"法身本体，不偏于相对之动或静。亦即因"动静未始异"也。僧肇之说，虽有取于庄老玄学，但亦实得之于鸠摩罗什。因什公注《维摩》，已发挥此义（已见前）。据僧肇学说之背景言之，一则常人惑于有物流动。而二则玄学家贵无，又不免以静释本体。（如释道安，见前。）僧肇契神于有无之间，以为二者各有所偏，因而建立此不偏不二之说。

从来佛家谈空，皆不免于偏。僧叡曰"六家偏而不即"是矣。支愍度、竺法温之心无论旨在空心。支道林主境色无自性，从物方面说空。均有所偏。而东晋以来，佛教大师释道安以及竺法深，染当时玄学之风，亦不免偏于虚无。僧肇《不真空论》，斥本无曰，"情尚于无多"，所谓"多"者，即谓其偏于无也。偏于无，故"触言以宾无"矣。凡从来"好无之谈"，不知本体无相，超乎一切分别。固不能偏于有，亦不能偏于无。盖一切决定，即是否定。（西哲 Spinoza 曰，To call anything finite is a denial in part。罗什曰"物无定相，其性虚矣"。）从言象上作决定，谓其如此或如彼，即是于本体上有所否定，而失其真。要知遮偏即所以显体，但非遣去万有而独存虚无。去有存无，仍为本无家之偏说。即有即无，即体即用（此乃六家偏而不即之"即"），乃大乘体用一如之妙谛。（体用一如，亦仿佛 Spinoza 之所谓 immanent cause。）又从来说空，偏于不空心神。于是其所谓空者，或采老子忘怀外身之说，或用庄周逍遥自足之言。于法开谈空，谓心神梦醒，则倒惑识灭。竺法温谈空，谓内停其心，不想外色。是皆谓万物由我心以空，而不知万有之本性空寂。故肇公云："惟圣人之于物也，以其即万物之自虚，不假虚而虚物也。"综上所言，从来说空，或偏尚虚空，以致分割有（万象）无（本体），而遣有以存无，色败乃有空。但肇曰："圣人之于物也，即万物之自虚，岂待宰割以求通哉。"或则谓杜塞视听，乃为真谛。而肇云："至人极耳目于视听，声色所不能制，岂不以其即万物之自虚，故物不能累其神明者也。"《不真空论》曾三次言"即万物之自虚"，盖肇公显以此义为通篇主旨，而用之以自别于从来之异执也。

从来谈空者，各有不同。肇公《不真空论》呵斥三家。"无"为

"空"字之古译，故心无即"心空"，即色自号为"即色空"，本无即"本空"。而僧肇乃自称其学为"不真空"。（不真空乃持业释，谓不真即空，非谓此空不真，而主张实在论也。）谓"诸法假号不真"（此引《放光经》，乃论名之所由来），非有非无。"欲言其有，有非真生，欲言其无，事象既形，象形不即无，故曰非无，非真非实有，故曰非有。"本体无相，超于有无。（肇致刘书曰有也无也，心之影响也。）而有无皆不真。肇曰："物无彼此，而人以此为此，以彼为彼。彼亦以此为彼，以彼为此。彼此莫定乎一名。而惑者怀必然之志。"彼此悉为假名，均出于人情之惑，故万物非真。但真体起用，万有之起，本于真体。"故经云，甚奇世尊，不动真际，为诸法立处。非离真而立处，立处即真也。"因诸法立处即真。故肇《论》最终一句有曰："道远乎哉，触事而真。"此明谓本体之道，决非超乎现象以外，而宇宙万有，实不离真际，而与实相不二也。

《般若无知论》主旨，在解释应化，并非专就知识而言。《物不迁论》依即静即动谈即体即用，奠定肇公理论之基础。《不真空论》谈体，《般若无知论》谈体用之关系。由此言之，三论各有其著眼之处，而且互有关涉。肇公于《大品般若》译毕之后，乃作《无知论》。竺道生南下，乃以之示庐山刘遗民。刘因与肇书，颇致诘难。僧肇答书，颇为详悉。由此二书，甚可以窥知此论极重要之一义。盖查刘宋时代陆澄《目录》，刘氏曾有《释心无论》之作。彼盖本主"心无"之说。故其咨肇书中有曰：

> 圣心冥寂，理极同无，不疾而疾，不徐而徐。

《世说注》称支愍度之心无论曰：

> 种智之体，豁如太虚，虚而能知，无而能应。

此均言圣人之心是虚无静寂之本体，体虽静寂，而能有知。（《易》云"寂然不动，感而遂通"，亦可作如是解。）此仍体用截然，"宰割求通"，而不知体用一如，诸法不异。（《论》云是以经曰"'诸法不异'者，岂曰续凫截鹤，夷岳盈壑，然后无异哉。"）"智虽事外，未始无事。神虽世表，终日域中。"凡人之心，因有言象之攀缘，所以生有无内外，种种分别。实则体超言外，智绝思境。既不能谓"有而为有，无而为无"，亦不可言"动而乖静，静而废用"。动静不二，故肇公曰：

> 用即寂，寂即用，用寂体一，同出而异名，更无无用之寂，而主于用也。

"无用之寂而主于用"，即谓"虚而能知，无而能应"。肇公云，无"无用之寂而主于用"，可以知其宗旨确然与持心无论者根本殊异。故其致刘公书呵斥当时流行之学说云：

> 是以闻圣有知，谓之有心。闻圣无知，谓等太虚。

谓圣心如太虚，恰指支愍度、刘遗民等之所言。肇公则以为"谓圣有心"与谓其等于"太虚"，俱为边见，非处中莫二之道。故体用一如，静动相即，亦为《般若无知论》之最根本义。

肇公之学，融合《般若》、《维摩》诸经，《中》、《百》诸论，而用中国论学文体扼要写出。凡印度名相之分析，事数之排列，均皆解除毕尽。此虽亦为文字上之更革，但肇能采掇精华，屏弃糟粕，其能力难觅匹敌。而于印度学说之华化，此类作品均有绝大建树。盖用纯粹中国文体，则命意遣词，自然多袭取《老》、《庄》玄学之书。因此《肇论》仍属玄学之系统。概括言之，《肇论》重要论理，如齐是非，一动静，或多由读《庄子》而有所了悟。惟僧肇特点，在能取庄生之说，独有会心，而纯粹运用之于本体论。其对于流行之玄谈，认识极精，对于体用之问题，领会尤切。而以优美有力文笔，直达其意。成为中国哲理上有数之文字。肇公而后，义学南渡。《涅槃》、《成实》，相继风行。但《涅槃》虽出于《般若》，而其学已自真空入于妙有。《成实》虽采摩诃衍之空义，而实不免于沙婆多之有说。宋、齐、梁、陈皆未能如东晋之专重《般若》，此虽于翻译有关系（《成实》、《涅槃》均在《般若》之后译出）。但僧肇"解空第一"（元康《肇论疏》引《名僧传》谓罗什言如此），其所作论，已谈至"有无"、"体用"问题之最高峰，后出诸公，已难乎为继也。

义学之南趋

《广弘明集》载姚兴《与安成侯嵩书》有云：

> 吾曾以己所怀，疏条摩诃衍诸义，图与什公平详厥衷，遂有哀故，不复能断理。未久什公寻复致变。自尔丧戎相寻，无复（疑是"得"字）意事，遂忘弃之。

据此则什公死后，即在姚兴之世，法事已渐颓废。而鸠摩罗什卒于晋义熙九年。其后四年而刘裕入关。又明年赫连勃勃破长安。此时前后，又有西秦后魏之争战。关内兵祸频繁，名僧四散。往彭城者有道融、僧嵩。止寿春者为卑摩罗叉、僧导。昙影、道恒，遁迹山林。慧叡、慧观、慧严、僧业，南住建业。道生早已渡江。僧肇又先夭折。长安法会，本已凋零。而最后又经魏太武帝之毁法。善谈名理者，挟其所学，南游江淮。《高僧传》中所记，名已不少。而其余湮没不彰者，当更多。汉魏之间，两晋之际，俱有学士名僧之南渡。学术之转徙，至此为第三次矣。自此以后，南北佛学，风气益形殊异。南方专精义理，北方偏重行业。此其原因，亦在乎叠次玄风之南趋也。

第十一章　释慧远

释慧远之地位

夫教化之体，在能移风易俗。释慧远德行淳至，厉然不群。卜居庐阜，三十余年，不复出山。殷仲堪国之重臣，桓玄威震人主，谢灵运负才傲物，慧义强正不惮，乃俱各倾倒。非其精神卓绝，至德感人，曷能若此。两晋佛法之兴隆，实由有不世出之大师，先后出世，而天下靡然从同也。暨乎晚近，释子偷惰，趋附势利，迎合时流，立寺以敕建为荣，僧人以恩赉为贵。或且外言弘道，内图私利。日日奔走于权贵之门，号称护法，不惜声誉，而佛法竟衰颓矣。提婆之毗昙，觉贤之禅法，罗什之三论，三者东晋佛学之大业。为之宣扬且特广传于南方者，俱由远公之毅力。慧远受道安之命，广布教化，可谓不辱师命矣。《僧传》云，安公在襄阳分张徒众，各被训诲，远不蒙一言。远乃跪曰："独无训勖，惧非人例。"安曰："如汝者岂复相忧。"呜呼，和尚可谓能知人矣。

慧远年历

《僧传》谓慧远卒于晋义熙十二年，年八十三。《世说注》引张野《远法师铭》，亦谓其年八十三而终。然《广弘明集》载谢灵运《远法师诔》，则谓远公卒于义熙十三年，年八十四。二说未知孰是。《僧传》叙远事，常不依年岁先后。兹特略考定远公之年历如下：

晋成帝咸和九年（334 年），慧远生于雁门楼烦。

晋穆帝永和十年（354 年），年二十一岁，就安公出家。时安公在太行恒山立寺。

晋哀帝兴宁三年（365 年），年三十二，随安公南投襄阳。

晋孝武帝太元三年（378 年），年四十五，别安公东下。先停荆州，后住匡山之龙泉精舍。（远公东下，《传》谓在秦建元九年苻丕寇襄阳之时，但丕寇襄阳，实不在彼年。）

晋孝武帝太元十年（385年），道安卒于长安。

晋孝武帝太元十六年（391年），年五十八岁。僧伽提婆南止庐阜，在南山精舍。远公请出《阿毗昙心》。（见《祐录》十，经序。）时远已居东林寺。（远迁东林不知在何年。惟寺立于桓伊为刺史时，即自太元九年至十七年中。）

晋安帝隆安三年（399年），年六十六，桓玄道经庐山。

晋安帝隆安五年（401年），罗什至长安。其后远公致书通好，且作书问大乘大义，往返多次。

晋安帝元兴元年（402年），年六十九。与刘遗民等共誓生西方。（通常谓在太元十五年。但《僧传》刘遗民《立誓愿文》曰："维岁在摄提格，七月戊辰朔，二十八日乙未。"按太元十五年虽为寅年，而七月朔系丁未。元兴元年壬寅七月朔乃为戊辰也。参看陈垣《二十史朔闰表》。）

晋安帝元兴三年（404年），年七十一，与桓玄书，论拜俗及沙汰沙门。

晋安帝义熙元年（405年），年七十二，安帝致远公书。

晋安帝义熙六年（410年），年七十七，卢循过庐山相见。

晋安帝义熙六七年顷（410年至411年），佛陀跋多罗在长安被摈，南至匡山，远公请出禅经。

晋安帝义熙九年（413年），罗什薨于长安。

晋安帝义熙十二年（416年），或十三年，年八十三或八十四，卒于庐山之东林寺。"卜居庐阜，三十余年。"（语见《僧传》。自太元四年至此，为三十七八年。若依《僧传》本传，言慧远于建元九年已东下，则已四十余载，故建元九年东下之说误。）其后三年，刘裕篡晋。

慧远早年

释慧远，本姓贾氏，雁门楼烦人也。弱而好书，珪璋秀发。年十三（《世说·文学篇注》引张野《远法师铭》作"年十二"），随舅令狐氏游学许、洛。盖是时石虎方强，从事修复洛阳宫殿，南北无战事，中原粗安也。远少为诸生，博综六经，尤善《庄》、《老》。性度弘伟，风鉴朗拔。虽宿儒英达，莫不服其深致焉。年二十一（《祐录》、《僧传》、《世说注》同），欲渡江东，与范宣子（名宣）共契嘉遁（此依《祐录》及《僧传》丽本，余本均缺此二字）。范宣少尚隐遁（《晋书》本传），未尝入公门（《世说·栖逸篇》），时潜居豫章，雅好经术。是则远公当时，仍志在儒学。（按范宣子曾与雷孝清论丧服，见《通典》九十七。慧远亦精《丧服经》。）而其隐居之愿，亦怀之久矣。惟其时石虎已死，殷浩连年北伐。及远公年二十一，即永和十一年，桓温继之北征。故传谓中原寇乱，南路阻塞，志不获从。时沙门释道安立寺于太行恒山，弘赞像法，声甚著闻。远遂往归之，一面尽敬，以为真吾师也。（《名僧传抄·说处》云，远以道安敬为真吾师事。）后闻安讲《般若经》，豁然而悟。乃叹曰："儒道九流，皆糠秕耳。"及其晚年，尝致书刘遗民（名程之），叙其所学云：

> 每寻畴昔，游心世典，以为当年之华苑也。及见《老》、《庄》，便悟名教是应变之虚谈耳。以今而观，则知沉冥之趣，岂得不以佛理为先。（《广弘明集》）

远公出家，盖由学悟，非比寻常也。

远见安公，便与弟慧持投簪落发，委命受业。（《名僧传抄·说处》卷十云，"惠持九岁随兄〔原作"兑"〕同为书生，俱依释道安抽簪落发"云云。按远长于持约三岁，是出家时为十二岁。《广弘明集》谢灵运《远法师诔》云："鬊角味道。"又云："公之出家，年未志学。"但《祐录》、《僧传》、《世说注》，均言远二十一岁出家，今从之。）既入乎道，厉然不群。常欲总摄纲维，以大法为己任。精思讽持，以夜续昼。贫旅无资，缊纩常阙。而昆弟恪恭，终始不懈。有沙门昙翼，每给以灯烛之费。安公闻而喜曰："道士诚知人矣。"远藉慧解于前因，发胜心于旷劫，故能神明英越，机鉴遐深。安公常叹曰："使道流东国，其在远乎。"年二十四，便就讲说。尝有客听讲难实相义，往复移时，弥增疑昧。远乃引《庄子》义为连类，于惑者晓然。是后安公特听慧远不废俗书。安有弟子法遇、昙徽，皆风才照灼，志业清敏，并推服焉。（上引《祐录》、《僧传》）

晋哀帝兴宁三年（365 年），远公年三十二，追随道安已过十年。至是，与弟慧持复随师南下樊、沔。既至襄阳，竺法汰东趋，遇疾停扬口，荆州刺史桓豁遣使要过。慧远奉师命下荆问疾。时道恒常执心无义，大行荆土。汰使弟子昙壹难之。远亦就席攻难数番，恒为之屈。后远公当复还襄阳。有河内沙门慧永，年十二，伏事沙门竺昙现为师。后又服膺道安（《名僧传抄》无此六字）。素与慧远共期，欲结宇罗浮之岫，但远为道安所留。永乃先行，至浔阳为郡人陶范（侃之子）所留。遂住庐山之西林寺。（参看《僧传》及《名僧传抄》）至晋孝武帝太元三年（378 年），苻丕寇斥襄阳，道安为朱序所留，不得去。乃分张徒众，各随所之。自是远即与师别，终身未得再相见矣。

慧远东止庐山

慧远既去襄阳。先与弟慧持及弟子数十人下荆州。过江，住上明

寺。昙翼、昙徽等亦在上明。后当系欲应慧永之要约，拟往罗浮山。及
届浔阳（陈舜俞《庐山记》引《十八高贤传》，谓太元六年至浔阳），见庐峰清
静，足以息心，始住于龙泉精舍。陈舜俞叙《山北篇》，有龙泉庵，即
此处。《水经注》云，庐山之北有石门水，其水历涧经龙泉精舍南，太元中沙门
释慧远所建也。）时慧永先远到庐山（在太和中约十年前，见《名僧传抄》），
住西林寺。寺在山北，太和二年（367年）浔阳陶范为永缔构（陈舜俞
《庐山记》引欧阳询《西林寺碑》）。永与远同门旧好，遂要远同止。永谓刺
史桓伊曰："远公方当弘道，今徒属已广，而来者方多，贫道所栖褊狭，
不足相处，如何？"桓乃为远复于山东更立房殿，即东林是也。远创造
精舍，洞尽山美，却负香炉之峰，傍带瀑布之壑。仍石叠基，即松栽
构，清泉环阶，白云满室。复于寺内别置禅林，森树烟凝，石径苔合，
凡在瞻履，皆神清而气肃焉。《僧传》按桓伊于太元九年为江州刺史，
曾移镇浔阳，约至十七年卒。（参看《晋书》本传，《晋略方镇表》。）东林寺
之立，盖在此诸年中。（陈舜俞《庐山记》谓：龙泉精舍距东林寺十五里而远。）
陈舜俞《记》引《十八高贤传》，谓寺成于太元十一年（386年），或实
录也。

　　昔慧远奉侍道安，尝闻西域沙门言西域有佛影。（按安公曾作《西游
志》，盖集录游方僧人传说。）及至义熙中，在庐山值罽宾禅师佛陀跋多罗
（约于六七年顷到山），及南国律学道士（不知为何人，但似非法显。因显时尚
未归来），详问其所亲见，乃立台画像（义熙八年五月立台）。并刻铭于石
（义熙九年九月作铭）。于时挥翰之宾，金焉同咏。（详《广弘明集》慧远《佛
影铭》）并命弟子道秉，远至江东，嘱谢灵运制铭，以充刻石。（见《广弘
明集》。铭作于义熙九年秋冬之后，故言及法显。又铭之序中，言"庐山法师闻风
而悦"。乃指远公在远方闻天竺佛教流风遗泽而悦，非闻法显所言也。铭中有"承
风遗则"句可证。）又相传昔时陶侃在广州得阿育王像，送至武昌寒溪寺，
及远创寺既成，迁佛于寺。（详见《高僧传》）

　　慧远在匡庐三十余载，自年六十，不复出山。（见《世说注》引张野
《铭》。又《祐录》、《僧传》并云，远居山三十余年，影不出山，迹不入俗，每送客
游履，常以虎溪为界焉。）而四方靡然从风，来归者甚众。其弟子之知名
者，有慧观（《僧传》有传）、僧济（有传）、法安（有传）、昙邕（有传）、道
祖、僧迁、道流、慧要、昙顺、昙诜（并见《道祖传》，传中又言有法幽、道
恒、道授等百余人，或均远弟子）、僧彻（有传）、道汪（有传）、道温（有传）、
法庄（有传）、慧宝、法净、法领（并见《慧远传》）、道秉（谢灵运《佛影铭

序》)、昙恒（见陈舜俞记《十八高贤传》，或即《僧传·道祖传》之道恒）、道敬（《广弘明集》有《若耶山敬法师诔》）。而同时居山者有远公之弟慧持（弟子有道泓、昙兰。持后入蜀，据《高僧传》丽本，卒于蜀，时年七十六，他本作"八十六"，均误）、同学慧永、慧安（住凌云寺，有传）、山阴慧静（上四人均有传。又《佛祖统纪》二十六载庐山僧，别有慧恭等数人。《比丘尼传》载有尼道仪，慧远之姑，夫为浔阳令，夫死出家，应曾居浔。参看《僧传·慧持传》）等。谢灵运《远法师诔》（《广弘明集》）云：

> 昔释安公振玄风于关右，法师嗣沫流于江左。闻风而说，四海同归。尔乃怀仁山林，隐居求志。于是众僧云集，勤修净行，同法餐风，栖迟道门。可谓五百之季，仰绍舍卫之风，庐山之峄，俯传灵鹫之旨，洋洋乎未曾闻也。

晋末朝廷之佛教

佛教至孝武之世（373 年以后）已在中国占绝大势力。支道林卒于晋太和元年（366 年），竺道潜卒于宁康二年（374 年），二僧乃谈客之领袖。释道安在长安受苻坚之礼遇，卒于太元十年（385 年）。时上流社会帝王公卿文人学士颇有崇奉正法者。而平民之归依三宝者，以当时寺院之多（据陈作霖《南朝佛寺志》所载，晋朝建业一地，现今知名之寺，已有三十七）证之，当亦极盛。大凡一宗教既兴隆，流品渐杂，遂不能全就正轨。《弘明集》载有《正诬论》，或作于孝武帝之前。中引诬佛者曰：

> 又诬云，道人聚敛百姓，大构塔寺，华饰奢侈，糜费而无益。

又曰：

> 又诬云，沙门之在京洛者多矣。而未曾闻能令主上延年益寿，上不能调和阴阳，使年丰民富，消灾却疫，克静祸乱。（下略）

此犹只言僧寺之无益也。《弘明集》载道恒《释驳论》，作于孝武帝之后（在义熙之年）。其述时人指斥僧人言论至为痛切。如曰：

> 但今观诸沙门，通非其才，群居猥杂，未见秀异，混若泾渭浑波，泯若薰莸同箧。

又曰：

> 然触事薆然，无一可采。何其栖托高远，而业尚鄙近。至于营求汲汲，无暂宁息。或垦殖田圃，与农夫齐流。或商旅博易，与众人竞利。或矜恃医道，轻作寒暑。或机巧异端，以济生业。或占相

孤虚，妄论吉凶。或诡道假权，要射时意。或聚畜委积，颐养有余。或指掌空谈，坐食百姓。斯皆德不称服，行多违法。虽暂有一善，亦何足以标高胜之美哉。（中略）是执法者之所深疾，有国者之所大患。

在东晋孝武帝之世，佛徒秽杂，涉及政治，竟至与国家衰亡有关。初明帝好法，手画佛像在乐贤堂。（详第七章）《比丘尼传》，穆帝何皇后为尼昙备立永安寺。（后名何后寺。后父准，《晋书》本传称其唯诵佛经，修营塔庙。）《建康实录》引寺记云："褚皇后立延兴寺。"《御览》九十九引《晋阳秋》云："康献褚皇后在佛屋烧香。"（《建康实录》作"在佛堂读经"）是知晋宫内早有佛像，后妃并有崇奉者。孝武帝即位，年只十岁。康献褚太后临朝摄政。（竺法深逝世，孝武下诏优恤，即太后摄政时事。）太元元年，帝始亲政。皇后王氏，讳法慧，其兄恭，极崇释教。（《晋书》本传）疑后亦奉佛者。五年以琅琊王道子（后为会稽王）为司徒。六年春正月，帝初奉佛法，立精舍于殿内，引诸沙门居之。（《异苑》云，帝曾请僧斋会，见《御览》九十九。）尚书左丞王雅表谏，不从。（雅，肃之曾孙，尝荐道士孙泰于孝武帝，上均见《通鉴》。）后帝溺于酒色，委事于琅琊王道子。道子崇尚佛教，穷奢极费。（《晋书·王恭传》，虞珧子妻裴氏服食黄衣，状如天师，道子悦之，令与宾客谈论，道子似亦信天师道。）帝与道子，酣歌为务。姆姆尼僧，尤为亲昵。并窃弄其权，交通请托，贿赂公行，官赏滥杂，刑狱谬乱。许营上疏谏有曰："僧尼乳母，竞进亲党。"又曰："今之奉佛教者，秽慢阿尼，酒色是酖。"闻人奭上疏谏亦曰："尼姆属类，倾动乱时。"（见《通鉴》及《晋书·道子传》）支妙音尼为帝及道子所敬奉。道子以太元十年为之立简静寺。以音为寺主，徒众百余人。一时内外才义者，因之以自达。供嚫无穷，富倾都邑。贵贱宗事，门有车马，日百余乘。权倾一朝，威行内外。（《比丘尼传》）王国宝为中书令，道子之党，尝使袁悦之因尼妙音致书与太子母陈淑媛，称誉国宝之贤。（《道子传》）桓玄凭妙音之力，令帝以殷仲堪刺荆州。（详《比丘尼传》）按《晋书·孝武帝本纪》，称"晋祚自此倾"矣。晋祚之倾，内由道子、王国宝辈之昏乱专横，外由王恭、殷仲堪、桓玄等之抗兵。以致安帝之世，桓玄篡立，刘裕继起，而晋鼎以革。虽朝廷之失政，非全由释氏僧尼之冒滥，不得归罪于佛教。然尼妙音等之窃弄大权，结纳后妃，与朝政不纲，亦有甚大关系焉。

建业佛法精神既极衰替，且乱国政。当时遂颇多反佛之言论。道恒作《释驳论》云，义熙之年（405年至418年），江左袁、何二贤（袁不详，何或何无忌。见下文），商略治道，讽刺时政，发五横之论，而沙门居其一。佛法以报应之说，鼓动愚俗，故时颇非议之。因是慧远作《明报应论》、《三报论》（均见《弘明集》），戴安公（当即戴逵字安道）作《释疑论》，谓报应之说，旨在劝教。慧远得戴书，令周续之作答，并以《三报论》示之。（并见《广弘明集》）中国佛徒，以精神不灭为三世因果之张本，故孙盛疑之，而罗含作答。（见《弘明集》。孙盛卒于晋末，罗卒于宋代。）又沙门袒服，蔑弃常礼，何无忌作论斥之。（时为镇南将军，镇寻阳，在义熙五六年顷。）远复致书相质难。至若桓玄则反对佛教之意至为显著。玄尝述心无义，想因悦"佛理幽深"，而不废玄谈。然其于出家修道，"永乖世务"（上均引与慧远书语），于不敬王者，遗礼废敬，则俱非议之。其在荆楚，曾致书远公，请其罢道。（玄为南郡公，故远答书称曰，《答桓南郡书》。二书均见《弘明集》。）中有曰：

> 先圣有言，未知生，焉知死。而令一生之中，困苦形神，方求冥冥，黄泉下福。皆是管见，未体大化。迷而知反，去道不远，可不三思。

安帝元兴初，玄入京师，杀道子及其子元显等，自为侍中丞相录尚书事，又自称太尉扬州牧，总百揆。与八座书论沙门不致敬王者之妄，并曾致书慧远，询其意旨。（上均见《弘明集》）及篡帝位，乃许令不致敬。疑从远公之言也。夫僧尼能与帝王抗礼，宜乎得出入宫掖，参与政事，桓玄重建沙门尽敬之议，疑有为而发也。

又在同时，桓玄曾下教令沙汰沙门。（见《弘明集》。其远公答书称桓太尉。按桓自称太尉，在元兴元年。又《弘明集》又载隆安三年京邑沙门等《与桓论求沙门名籍书》，题为支遁作，但支已早死，其妄可知。）其文略曰：

> 佛所贵无为，殷勤在于绝欲。而比者陵迟，遂失斯道。京师竞其奢淫，荣观纷于朝市。天府以之倾匮，名器为之秽黩。避役钟于百里，逋逃盈于寺庙。乃至一县数千，猥成屯落。邑聚游食之群，境积不羁之众。其所以伤治害政，尘滓佛教，固已彼此俱弊，实污风轨矣。

观乎道子奉佛穷奢，亲昵僧尼，而桓玄所云"天府以之倾匮，名器以之秽黩"，诚非虚妄也。（时慧远与桓书，亦谓佛教陵迟，秽杂日久。又远公书中广玄所立沙汰条例，玄从其说。详见《弘明集》及《僧传》本传。）但玄教令末曰：

> 唯庐山道德所居，不在搜简之例。

盖自安公逝世，罗什未来，其中十有余载，远公潜遁山林，不入都邑。考之《僧传》，僧人之秀，群集匡庐，其在京邑者甚少。当朝廷僧尼遗臭，引起攻难。而远公望重德劭，砥柱中流。为僧伽争人格，为教法作辩护。影不出山，迹不入俗，而佛法自隆。不仕王侯，高尚其事，而群情翕服。遂至桓玄以震主之威，亦相敬礼。公之地位，在僧史中可谓所关非细矣。然远上人不但能维护佛法于一时，而其招致西来僧人，首唱弥陀净土，则复影响及于后代。此当于下文分论之。

《毗昙》学传布之开始

《毗昙》（即《阿毗昙》，新译《阿毗达磨》）本指对法藏。而中国在六朝时特举一切有部之学而言。一切有部，盛于罽宾。罽宾即迦湿弥罗。地处印度之西北。孤立群山之中，与外国交通颇不易。相传在阿育王时，佛化始被斯土。所传为上座部之学，演而为一切有部。迦旃延撰《发智论》，迨后五百应真，结集《大毗婆沙》，汉言为广说。（据《西域记》时三藏均作注释，律藏之释亦称毗婆沙，但中土毗婆沙通指论藏注释。）实系合多家解说，为《发智论》作集注。所采极烦博，虽未必即合五百名师之意见，但其时一切有部学之发达，于斯可见。中国前汉以来，即通罽宾。但在道安以前，其学迄未大传。盖彼国教尚保守。唐玄奘《西域记》谓，《大毗婆沙》等圣典，以铜镙镂写，石函封固，藏于塔中，命药叉神守护，不令异学持此论出。然至晋时，竺法护译《贤劫经》，其原本乃得自罽宾沙门。（《祐录》七《贤劫经记》）而佛图澄"自云再到罽宾，受诲名师"。（《僧传》）及至符秦统一中国北方，与西域之交通畅达。罽宾沙门遂群集长安。大出一切有部经律论，其详如第八章所述。

罽宾沙门在关中译经，其赞助之主角为远公之师道安。而译人中一切有部之大家，则为僧伽提婆。同时译人虽亦出有部三藏。而僧伽提婆则特善《毗昙》。所译《阿毗昙》，即《发智论》也。《祐录》十载道安序文有曰：

> 其身毒来诸沙门，莫不祖述此经（指《阿毗昙·发智论》）。宪章《鞞婆沙》。咏歌有余味者也。然乃在大荒之外，葱岭之表。虽欲从之，未由见也。

罽宾一切有部《毗昙》，至道安时，而始来中国。及符秦溃败，僧伽提

婆东止洛阳（约 385 年），渐娴汉语，乃与法和更出此经，及尼陀槃尼
撰之《毗婆沙》（原系僧伽跋澄所译）。至晋太元十六年南下至庐山。以其
年冬在南山精舍出《阿毗昙心》四卷。自执胡本，口译晋言，道慈笔
受。来年秋复与提婆校正，以为定本。时上座竺僧根、支僧纯等八十
人。（《祐录》十未详作者序）据慧远序文（《祐录》十）云：

> 罽宾沙门僧伽提婆，少玩兹文，味之弥久。（中略）会遇来游，
> 因请令译。提婆乃手执胡本，口宣晋言，临文诚惧，一章三复。远
> 亦宝而重之。

则请译《阿毗昙心》者，乃远公也。（提婆在山，远公又曾请其出有《三法
度》二卷。）

《祐录》八僧叡《维摩义疏序》，谓："自提婆以前，天竺义学之僧，
并无来者。"释慧琳《道生法师诔》（《广弘明集》）有曰："提婆小道之
要。"《晋书》六十五曰："外国沙门名提婆，妙解法理，为王珣兄弟讲
毗昙经。"可证其为学人，而善小乘《阿毗昙》也。提婆虽先在长安译
出《毗昙》，但旋遭变乱，其学当少研求者。及至庐山，为名僧聚居之
所。《名僧传抄·说处》卷十记有："慧远庐山习有宗事。"则远公固曾
提倡一切有部之学。据慧琳诔文，竺道生亦精于提婆之学。（时生公亦在
匡山，详下第十六章。）《弘明集》载范泰致生、观二法师书有曰：

> 外国风俗，还自不同。提婆始来，义观（一作"义亲"）之徒，
> 莫不沐浴钻仰。此盖小乘法耳。便谓理之所极，谓无生方等之经，
> 皆是魔书。

义者疑为慧义（《慧远传》谓其强正不惮，至庐见远，衷心折服），观即慧观，
均曾居匡山。夫"提婆始来"先止庐阜。所出者《毗昙》，而竟风靡一
时，使佛徒视方等为魔书。则《毗昙》学之大兴，实由于慧远徒众也。

隆安元年（397 年）提婆东游京师，卫军东亭侯王珣（字元琳）为
立精舍。请罽宾沙门僧伽罗叉讲《中阿含经》胡本，提婆传译，道慈笔
受，慧持校阅。（《祐录》九《出经序》及《僧传·慧持传》）道慈、慧持，均
来自庐山也。慧持受豫章太守请，讲《法华》、《毗昙》。持亦匡山僧人，
并为王珣所重。珣又请提婆于其舍讲《毗昙》。（据《世说注》，所讲似为
《阿毗昙心》。）王僧弥（珣弟珉，字僧弥。《高僧传》宋元明本误作"僧珍"）听
之及半，便能自讲。（详见《世说·文学篇》，并《僧传》。）僧弥盖读庐山所
译之《阿毗昙心》，再听提婆讲说，故能自讲也。

慧远与罗什

鸠摩罗什于隆安五年（401 年）至长安，其明年桓玄反，入建康。又二年（404 年），刘裕讨平之。其后刘裕遣大参军诣姚显，请通和。显遣吉默报之。自是聘使不绝。（《晋书》百十七姚兴载记）约在此时前后（义熙元年顷，405 年），慧远得姚左军书。（按据《祐录》八，弘始八年 [406 年] 僧叡《法华经后序》，称安成侯姚嵩为左将军。远公或于八年前，得姚嵩之书。）翌年乃致书通好。于时庐山僧人道生、慧观等北行入关，问道于鸠摩罗什。什法师既得远书，即便作答，并遗偈一章。书有曰：

> 经言末后东方当有护法菩萨，勖哉仁者，善弘其事。（《世说注》引张野《远法师铭》曰，"名被流沙，彼国僧众，皆称汉地有大乘沙门，每至然香礼拜，辄东向致敬"，云云，所言疑本于此。）夫财有五备，福，戒，博闻，辩才，深智，兼之者道隆，未具者疑滞，仁者备之矣。

其后法识道人自北来，言罗什欲反本国，远公亟作书，并报偈劝勉。并略问数十条事，请为批释。（上据远、什往来书，并见《高僧传》本传。）什法师一一作答，现存十八章，即所谓《大乘大义章》也。弗若多罗在关中译《十诵律》，未竟而卒。后远公闻昙摩流支入秦，赍此经自随，乃遣弟子昙邕致书祈请。《十诵》乃得全本。（《僧传》慧远，弗若多罗及昙摩流支传。）昙邕者，原姓杨，名邕。苻秦时为卫将军。（《僧传·僧富传》）形长八尺，雄武过人。从苻坚南侵，淝水败后，还至长安。就安公出家，安公既往。乃南师慧远，为远公致书罗什，十有余年，专对不辱。长安、庐山声气相通，邕之力也（邕《高僧传》有传）。

慧远虽遁迹庐山，而孜孜为道，务在弘法。每逢西域一宾，辄恳恻咨访。（上引本传）僧迦提婆，竺僧根，支僧纯（二人见《祐录》十《阿毗昙心序》）。当为西域人。支当即自龟兹得戒律，并称道罗什者。慧远早知罗什高材，或亦得之此人），佛陀跋多罗，均曾止匡山。初经流江东，多有未备。禅法无闻，律藏残阙。远慨其道缺，乃令弟子法净、法领等，远寻众经，逾越沙雪，旷岁方反。皆获梵本，得以传译。什公及觉贤均经用其所得梵本。至若罗什，远公本早挹其高风。（《僧传》远致什书云，"仁者曩绝殊域，越自外境，于时音驿未交，闻风而悦"云云。）庐山僧众入关极众，未必非由远之奖励。而罗什逝后不久，关中大乱积年，徒众四散。竺道生辈先后南下，传罗什所译于江东。《成实》、《十诵》、《三论》、《法华》等经，皆大行南服。究其根本，实在法师坐镇江上，精进护法之所致也。故《高僧传》曰："葱外妙典，关中胜说，所以来集兹土者，远之力也。"

　　江东禅法之流行

　　禅法自汉末以来，即甚流行。及至西晋，吕韶凝神于中山，每入定数日不起。僧光游想岩穴，得志禅慧。（俱见本传）在苻秦世前，关中禅数之学甚盛。《僧伽跋澄传》永嘉乱后，北方僧人，多渡江南。竺僧显数日入定，亦无饥色。竺昙猷苦行习禅。支昙兰有禅众十余。均来自北方者。（均见《僧传》本传。尚有帛僧光，恐亦北人。）而蜀中之贤护、法绪，均来自河西。然在江南好尚，偏重智慧，故谢敷《安般守意经序》有曰：

　　　　苟厝心领要，触有悟理者，则不假外以静内，不因禅而成慧，故曰阿惟越致，不随四禅也。

然道安法师提倡禅法，而其弟子慧远亦因江东阙禅法，使弟子往西域求之。晋末西行求法者群起，颇得禅法以归。且因佛陀跋多罗之南来，佛大先之禅法乃流行江左焉。

　　佛大先者，即佛陀斯那（亦作"佛驮先"）。乃罽宾之禅匠。约于晋之末叶，行化西域。慧远《庐山出禅经序》（见《祐录》卷九，下同）：

　　　　今之所译，出自达磨多罗与佛大先。其人西域之俊，禅训之宗。搜集经要，劝发大乘。弘教不同，故有详略之异。（下略）

《禅要秘密治病经记》亦曰：

　　　　其人天才特拔，诸国独步，诵半亿偈，兼明禅法，内外综博，无籍不练，故世人咸曰人中师子。

慧观《修行地不净观经序》亦曰：

　　　　佛陀斯那化行罽宾。（中略）愍此旃丹，无真习可师。故传此法本，流至东州，亦欲使了其真伪，涂无乱辙。（下略）

华人从佛大先亲炙受法者有智严。《僧传》曰：

　　　　智严（中略）周流西国，进到罽宾。入摩天陀罗精舍，从佛驮先比丘咨受禅法。渐染三年，功逾十载。

而北凉沮渠京声亦曾从之学，并受《禅要秘密治病经》。此经记曰：

　　　　河西王从弟大沮渠安阳侯于于阗国瞿摩帝大寺，从天竺比丘大乘沙门佛陀斯那。

　　然传佛大先之禅法而受付托之重任者，厥为佛陀跋多罗。（即觉贤，事详上章。）此师先在长安，遭什公门下之摈斥。乃与弟子慧观等四十余人俱发庐岳。慧远久服风名。而慧观乃远之弟子。觉贤因往就之。远师闻至欣喜，倾盖若旧。乃遣昙邕送书姚主及关中众僧，解其摈事，并请其出禅经。（《达磨多罗禅经》）贤居山年余，与慧观至江陵。后又下都，止道场寺。宋初江陵、建业颇行禅法，盖觉贤之流泽。而觉贤被摈，非得望重德劭之远师之维护，亦不能风行也。

　　慧远之学

　　慧远学问兼综玄释，并擅儒学。《宋书》谓宗炳（字少文，南阳涅阳人）常入庐山就释慧远考寻文义。周续之（字道祖，雁门广武人）闲居读《老》、《易》，入庐山事沙门释慧远。雷次宗（字仲伦，豫章南昌人）少入庐山，事沙门释慧远，笃志好学，尤明《三礼》、《毛诗》。（并见《宋书》卷九十三）《高僧传》云：

> 时远讲《丧服经》，雷次宗、宗炳等并执卷承旨。次宗后别著义疏。（《隋志》雷次宗《丧服经传略注》一卷）首称"雷氏"。宗炳因寄书嘲之曰，昔与足下共于释和尚间，面受此义，今便题卷首称"雷氏"乎。

陆德明《毛诗音义》云：

> 又案周续之与雷次宗同受慧远法师《诗》义。

远公自言"畴昔游心世典"。（见《与刘遗民等书》。又《僧传》谓远"少为诸生"。）据此则其经学，当已成一家言矣。

　　然慧远固亦不脱两晋佛学家之风习，于三玄更称擅长。《僧传》称其少时博综六经，尤善《庄》、《老》。又谓其释实相引《庄子》为连类，听者晓然。《世说》载其与殷仲堪谈《易》，谓《易》以感为体。其行文亦杂引《庄》、《老》，读其现存之篇什，触章可见，不待烦举。故远公虽于佛教独立之精神，多所扶持。而其谈理之依傍玄言，犹袭当时之好尚也。法师既兼通《庄》、《老》、儒经，故虽推佛法为"独绝之教，不变之宗"。（《弘明集·沙门不敬王者论》）然亦尝曰："内外之道，可合而明。"（同上）。又曰："苟会之有宗，则百家同致。"（《与刘遗民等书》）又曰："如今合内外之道，以弘教之情，则知理会之必同，不惑众涂而骇其异。"（《弘明集·三报论》）则其融合内外之趣旨，甚显然也。

　　三玄与《般若》，当时视为同气。远公之佛学宗旨，亦在《般若》。

溯其未出家时，本尤善《庄》、《老》。及闻安公讲《般若经》，豁然而悟。及后曾自讲实相义。在荆州斥心无义。及在匡山，什公译《大智论》（事在义熙元年），关中道士，咸相推谢，不敢作序。姚兴乃送论远公，并附书，请其作序。（详见《僧传》，远公作序，已佚。）则其擅长《般若》，亦北方所公认。远又因《智论》文繁，初学难寻，乃抄其要为二十卷。（书已佚，序存《祐录》卷十。）则其年事虽高，仍寻求《般若》不辍。又考远公著作有经序（《祐录》载《阿毗昙心序》、《三法度序》、《庐山出禅经序》，均出经序。又《祐录》十二陆澄《目录》著录《妙法莲华经序》。又有《般若经问论序》，当即姚兴请作者），有谈理之文（如《与什公书问大义》。又《祐录》陆澄《目录》著《无三乘统略》，及《与释慧远书论真人至极释慧远答》，又有《释神名》、《辩心意识》、《验寄名》、《问论神》等），有弘教之文（《弘明集》载《答桓玄料简沙门书》、《沙门不敬王者论》、《沙门袒服论》、《答桓玄劝罢道书》、《释三报论》、《明报应论》、《与刘遗民等书》），有节度僧尼之文（陆澄《目录》著《法社节度序》、《外寺僧节度序》、《节度序》、《比丘尼节度序》），又有杂诗文（如《庐山记》、《与罗什书》及《与昙摩流支书》、《念佛三昧诗集序》、《佛影铭》、《襄阳金像铭》），后人集其所著论序铭赞诗书为十卷五十余篇。（此据《高僧传》。《隋志》：慧远集十二卷。《旧唐志》：十五卷。《宋史·志》：慧远《庐山集》十卷。）而其在佛学上最重要之作为《法性论》（已佚。据慧达《肇论疏》所记，论作于庐山，在得罗什《大品经》之前。应在元兴三年之后），《高僧传》引其文曰：

> 至极以不变为性。得性以体极为宗。

体极云者，对顺化而言。（散见于《沙门不敬王者论》）"在家奉法（谓国家礼法）则是顺化之民。"而"有情于化，感物而动。动必以情，故其生不绝。其生不绝，则其化弥广，而形弥积。情弥滞而累弥深。其为患也，焉可深言哉"。出家则"知超化表以寻宗"。而"明宗必存乎体极"。体极者，在于冥符不变之性。不变至极之体，即为泥洹。（泥洹今译涅槃。按慧达《肇论疏》云，远师《法性论》成后二章，始得什师所译《大品经》以为明验，证成前义云，法性者，名涅槃，不可坏，不可戏论。）故远公论称体极者不顺化，而推论之曰：

> 是故经称泥洹不变，以化尽为宅。三界流动，以罪苦为场。化尽则因缘永息。流动则受苦无穷。何以明其然。夫生以形为桎梏，而生由化有。化以情感，则神滞其本，而智昏其照。介然有封，则所存唯己，所涉唯动。于是灵鉴失御，生涂日开，方随贪爱于长

流，岂一受而已哉。是故反本求宗者，不以生累其神。超落尘封者，不以情累其生。不以情累其生，则生可灭。不以生累其神，则神可冥。冥神绝境，故谓之泥洹。泥洹之名，岂虚称也哉。（以上均见《沙门不敬王者论》）

远公得见罗什所译《大品》、《智论》，且与什及其门下通音问。（如僧肇《与刘遗民书》。道生、慧观等之南下。）故其所谓"不变"，非言寂灭。其所谓"无"，非指顽空。其《大智度论抄序》有曰：

> 生途兆于无始之境，变化构于倚伏之场。咸生于未有而有。灭于既有而无。推而尽之，则知有无回谢于一法，相待而非原。生灭两行于一化，映空而无主。于是乃即之以成观，反鉴以求宗。鉴明则尘累不止，而仪像可睹。观深则悟彻入微，而名实俱玄。将寻其要，必先于此。然后非有非无之谈，方可得而言。尝试论之，有而在有者，有于有者也。无而在无者，无于无者也。有有则非有。无无则非无。何以知其然。无性之性，谓之法性。法性无性，因缘以之生。生缘无自相，虽有而常无。常无非绝有，犹火传而不息。夫然则法无异趣，始末沦虚，毕竟同争，有无交归矣。故游其樊者，心不待虑，智无所缘，不灭相而寂，不修定而闲，不神遇以期通焉。识空空之为玄，斯其至也，斯其极也。

至极以不变为性，不变者泯齐生灭，非有非无。故坐禅而善体至极者，"运群动以至壹而不有，廓大象于未形而不无。无思无为，而无不为"。（《庐山出禅经序》）神游法性，而无不在，是以远公《佛影铭序》状法身曰：

> 法身之运物也，不物物而兆其端，不图终而会其成。理玄于万化之表，数绝乎无形无名者也。若乃语其筌寄，则道无不在。是故如来或晦先迹以崇基。或显生涂而定体。或独发于莫寻之境。或相待于既有之场。独发类乎形，相待类乎影。推夫冥寄为有待耶，为无待耶。自我而观，则有间于无间矣。求之法身，原无二统。形影之分，孰际之哉。而今之闻道者，咸摹圣体于旷代之外，不悟灵应之在兹，徒知圆化之非形，而动止方其迹，岂不诬哉。

法身者，圣人成道之神明耳。实则神明不灭，愚智同禀，神之传于形，犹火之传于薪。凡愚下劣，神为情牵，形为桎梏，欲炫于外，情沸于中，一涉动境，成颓山势，惑相相乘，触理生滞。（上四语见远答什公偈语）至若体极之圣，绝于万化之表，妙尽有无之境，不疾而速，遂感而应，是以凡圣同具不灭之神。圣远乎哉。固即在兹。不过因其寄迹不同，终至分轨耳。故慧远《沙门不敬王者论》云：

> 神也者圆应无生，妙尽无名，感物而动，假数而行。感物而非物，故物化而不灭。假数而非数，故数尽而不穷。有情则可以物感，有识则可以数求。数有精粗，故其性各异。智有明暗，故其照不同。推此而论，则知化以情感，神以化传。情为化之母，神为情之根。情有会物之道，神有冥移之功。但悟彻者反本，惑理者逐物耳。

据此则悟彻者反本，不为物化，而能化物。惑理者逐物，为物所化，以致自堕其宗极。然无生无名之精神，凡圣无异，则彰彰明甚也。

慧远与弥陀净土

远公既持精灵不灭之说，又深怵生死报应之威。故发弘愿，期生净土。元兴元年与刘遗民、周续之、毕颖之、宗炳（上四人据《祐录》）、雷次宗、张莱（亦作“莱”）民（名野）、张季硕（名诠，上三人据《僧传》）于精舍无量寿佛像前建斋立誓，共期西方。乃令刘遗民著其文，首曰：

> 维岁在摄提格，七月戊辰朔，二十八日乙未，法师释慧远，贞感幽奥，霜怀特发，乃延命同志息心贞信之士百有二十三人，集于庐山之阴，般若云台精舍，阿弥陀像前，率以香华，敬荐而誓焉。

远公笃信报应，常作《释三报论》、《明报应论》。故其于沉溺生死之苦，累劫轮转之痛，尤所深惧。其致司徒王谧书，劝其勿欣羡于遐龄。（王谧致远书，自称年始四十，而衰同耳顺。故远公诫之，详《高僧传》。）其《致刘遗民等书》曰：

> 君诸人并为如来贤弟子也。策名神府，为日已久。徒积怀远之兴，而乏因藉之资，以此永年，岂所以励其宿心哉。意谓六斋日，宜简绝常务，专心空门。然后津寄之情笃，来生之计深矣。

刘遗民等之立誓共以来生生西方为期。此书劝诫，已发其端绪。又按宗炳悼亡，谓沙门释慧坚曰，“死生之分，未易可达，三复至教，方能遣哀”。（《宋书》本传，又《弘明集》宗氏《明佛论》兼申述报应之旨。）周续之亦曾与戴安公辩报应。（书见《广弘明集》）雷次宗《与子侄书》有曰：“夫生之修短，咸有定分。”又自励曰：“及今耄未至惛，衰不及顿，尚可厉志于所期，纵心于所托。栖诚来生之津梁，专气暮年之摄养。"（《宋书》本传）据此则无常之惧，诸人均感之最切，其共期往生佛国，固所宜也。故发愿文有曰：

> 夫缘化之理既明，则三世之传显矣。迁感之数既符，则善恶之报必矣。推交臂之潜论，悟无常之期切。审三报之相催，知险趣之难拔。此其同志诸贤，所以夕惕宵勤，仰思攸济者也。

据《祐录》及《高僧传》慧远本传，同志立誓者有百二十三人。其知名者仅刘遗民、周续之、毕颖之、宗炳、雷次宗、张莱民、张季硕等七人。又是时诸人唱和纂为《念佛三昧诗集》，远公作序（序见《广弘明集》）。和诗诸人，今只确知有王齐之（诗亦载《广弘明集》，应即《佛祖统纪》二六之王乔之），亦当与百二十三人之数。此外诸人无可考见。

但今日世俗相传，谓远公与十八高贤立白莲社，入社者百二十三人，外有不入社者三人。此类传说，各书所载，互有不同（因繁杂不俱列）。且亦不知始于何时。然要在中唐以后（此前似无言及者）。通常所据之书相传为《十八高贤传》，陈舜俞《庐山记》，载其文。据陈氏曰：

> 东林寺旧有《十八贤传》，不知何人所作。文字浅近，以事验诸前史，往往乖谬，读者陋之。予既作《山记》，乃因旧本，参质晋宋史及《高僧传》，粗加刊正。

宋志磐《佛祖统纪》二十六，亦载《十八贤传》。且于末附注曰：

> 《十八贤传》始不著作者名，疑自昔出于庐山耳。熙宁间嘉禾贤良陈令举舜俞粗加刊正。大观初沙门怀悟以事迹疏略，复为详补。今历考《庐山集》、《高僧传》及晋宋史，依悟本再为补治，一事不遗，自兹可为定本矣。

据此《十八高贤传》，乃妄人杂取旧史采摭无稽传说而成。（按庐山怪异不经之传说甚多。《庐山莲宗宝鉴》卷四，谓有伪撰之《庐山成道记》，所言极不经。其中言远公上生兜率。据四部丛刊本《禅月集·再游东林寺诗》小注曰，传记尽云，安、远、持、奘、三车尽生兜率云云。则远升兜率之说，唐时已流行。三车当系指基法师。）至陈舜俞、志磐为之修正，采用旧史。《十八高贤传》中，当已加入可靠之材料。（《佛祖统纪》载谢灵运远师碑，应系谢作铭，张野作序。但其文与《世说注》所引张野《远法师铭》颇有差异。又陈氏《庐山记》谓此碑无年月，而《统纪》之碑末云"元熙二年春二月朔"，据此《统纪》所录材料，亦有可疑。）然志磐师怀悟之意为之详补，为不入社三人立传，又强集无关之人入百二十三人名录中，则亦不可信也。兹避繁琐，仅叙莲社故事妄伪显著者如下。

（一）查刘程之立誓文中有曰："藉芙蓉于中流，荫琼柯以咏言。"按芙蓉者，荷也。文中言及荷，或为后世莲社说之所本。但二句仅文人之辞藻，抑指有实事，则不可考。（立誓在七月，时虽有莲花。但《广弘明集》远公《念佛诗序》及王齐之《咏三昧诗》均未言及莲花。）此外最早记载并未涉及远公立莲社事。仅隋时智者大师在匡山致晋王书（《国清百录》卷二），有谢灵运穿凿流池三所之语。既不言为莲池，亦未言及立社（仅谓其修西方观）。中唐以后，乃间见莲社之名。（贯休题东林寺诗云，今欲更从莲社去。）但至宋代，莲社之名，解释仍纷歧。如宋戒珠《净土往生传序》云，生无量寿国者，宝幢为之前导，金莲为之受质，故名莲社云。宋道诚《释氏要览》卷一载，莲社之义，四说不同。或以为因东林院中多植白莲。或以为因弥陀佛国以莲花九品次第接人。有云嘉此社人不为名利所污，故名。又有言远公弟子法要以木刻莲花十二叶（参看《僧传·慧要传》）植水中，用机关，凡折一莲是一时，与刻漏无异，俾礼念不失时，故有此名。

（二）十八高贤之说亦不见最早记载中。中唐以后，乃见此名。（如《白香山集》代书云："庐山陶谢泊十八贤已还，儒风绵绵，相续不绝"云云。然既曰儒风，则其中似不应有西域僧人。唐飞锡《念佛三昧宝王论》中云，远受念佛三昧于觉贤，与慧持、慧永、宗炳、张野、刘遗民、雷次宗、周续之、谢灵运、阙公则百二十三人立誓云云，不言及莲社高贤事。）按唐法琳《辨正论》卷三，列刘遗民、雷次宗、周续之、毕颖之、宗炳（原文下衍之字）称为五贤。（同书卷七引《宣验记》载刘遗民行禅事，毫未言及净土。）法琳所引六朝逸史极多，见闻广博，可知唐初固无十八高贤之说，又隋费长房《历代三宝记》，不但未记十八高贤结莲社事。且于《慧远传》中删去其立誓往生事，此亦可见六朝时目录及长房所见诸书，无言及白莲社事。《十八高贤传》谓十八人中有昙诜注《维摩经》，著《穷通论》、《莲社录》。《高僧传》仅言其注《维摩经》（《房录》谓有五卷），著《穷通录》。而独不言其撰《莲社录》。此书亦向未见征引，则其事出杜撰可知。

（三）十八贤中之释慧持于隆安三年（399年）辞远入蜀不返。佛陀跋陀罗于义熙六七年顷（410年或411年）始至庐山。均无于元兴元年（402年）共立莲社之理。《僧传》记觉贤禅定中至兜率，系奉弥勒佛者。竺道生、释慧永、慧叡（《高僧传》有传）、昙诜、昙顺（《道祖传》

附见）、昙恒（或即《道祖传》之道恒）、道敬（《广弘明集》载宋张畅《若耶山敬法师诔》）、道昺（或即谢灵运《佛影铭序》中所言之道秉），六朝时均未闻以事无量寿佛著称。至若佛陀耶舍，《僧传》未言其曾至南方。南北朝记载未言及匡山有耶舍其人。隋智颉与晋王书，始谓远公与耶舍禅师行头陀法，但并不言为佛陀耶舍。且佛陀耶舍乃律师，而非禅师也。（后世记耶舍举铁如意示远公事，显然为中国禅宗传说。）又《宋书》云，宗炳年六十九卒于元嘉二十年。在元兴元年二十余岁，或可参与百二十三人之内，似无高列为十八高贤中之理。（按雷次宗、张莱民、张季硕三人本不见于《祐录·慧远传》，《高僧传》始加入之。）据此则所谓十八高贤者，盖无故实也。

（四）《统纪》于莲社百二十三人集录其可见者三十七人。摭拾《高僧传》、《庐山集》及他书凑合而成。此中仅毕颖之、王乔之二人系在众中。释僧济得睹无量寿佛（《高僧传》），或曾与会。余人则殊少依据。如阙公则据《珠林》引《冥祥记》，死于晋武帝时，即已生西方安乐土。据《祐录》，其弟子卫士度，亦在惠帝时。则阙公则无入莲社之理。又其中有毛修之、孟怀玉。据《宋书》曰，修之不信鬼神，所至必焚除房庙，且事寇天师。孟怀玉于义熙八年刺江州，远公立誓在其前十一年。按《统纪》载入怀玉、修之，乃因其名见于《庐山集》。集中远公诗文，载二人之名，志磐因强为撮合，而毫不悉其事实也。

（五）《统纪》百二十三人录中，有道士陆修静。不入社三人中，有陶渊明。据梁沈璇《简寂观碑》，陆以宋大明五年置馆于庐山。唐李渤《陆先生传》，谓太初难作（元嘉末年），陆乃游匡阜。（上见《庐山小志》）均在远公逝世之后。而据《高僧传·道盛传》，丹阳尹沈季文，令陆与道盛辩论。按沈系于升明二年为丹阳尹。则陆于宋末尚在。又据唐吴筠《简寂先生陆君碑》言元徽五年（即升明元年），修静羽化，年七十二。（见《全唐文》）则陆系生于晋义熙三年，在慧远死时，年不过十二三岁。据此修静不但未入莲社，抑且未能见慧远也。陶靖节与慧远先后同时。（按在远公立誓时，陶年三十九，远年六十九。）但靖节诗有赠刘遗民、周续之篇什，而毫不及远公。即匡山诸寺及僧人，亦不齿及。则其与远公过从，送出虎溪之故事，殊难信也。（按世称之《三笑图》，苏东坡作赞，似不知三人为谁。黄山谷乃指为远与陶、陆三人。）

（六）《统纪》云，远公邀范宁入社，宁不能往。按宁刺豫章（据吴荣光《历代名人年谱》在太元十四年），曾请慧持往讲《法华》、《毗昙》。

《高僧传》）后为江州太守，王凝之弹劾，免官归京，卒于隆安五年。（亦见《吴谱》）恰在东林立誓之前。至若谢灵运约于义熙七八年顷，始到匡山见慧远。则又在立誓后十一年矣。（说见下第十三章）而敦煌本唐法照撰《净土五会观行仪》卷下云，远大师与诸硕德及谢灵运、刘遗民一百二十三人结誓修念佛三昧，皆见西方极乐世界，可见康乐原亦曾列入结誓者之数。（唐飞锡《念佛三昧宝王论》，迦才《净土论序》，文谂、少康《净土瑞应传》，均列谢氏于百二十三人之中。）世传远因其心杂，不许入社，亦妄也。

慧远之念佛

念佛乃禅法十念之一，虽有口宣佛号之事，但根本须修定坐禅。远公之念佛，决为坐禅。非后世俗人之仅口宣佛号也。如刘遗民所作发愿文曰：

> 可不克心重精，叠思以凝其虑哉。

而《广弘明集》载其《念佛三昧诗集序》，言念佛三昧，已明为禅定。而文有曰：

> 故令入斯定者，昧然忘知。

而集中又载琅琊王齐之《念佛三昧诗》四首，末曰：

> 至哉之念，注心西极。

此均谓念佛为心学也。誓文又曰：

> 胥命整襟法堂，等施一心。

而诗序曰：

> 是以奉法诸贤，咸思一揆之契。（中略）洗心法堂，整襟清向，夜分忘寝，凤宵维勤。

由此可证远公念佛系六时大众于法堂坐禅也。按《僧传》谓宋慧通于禅中见无量寿佛，光明晖然。盖见佛往生，均须由修定得之。远发愿生净土，故必行念佛三昧。远公常就罗什问般舟三昧。据《大智度论》，般舟三昧是菩萨位，得是般舟三昧，悉见现在十方诸佛，从诸佛闻法，断诸疑网，是时菩萨心不摇动，是名菩萨位，自后汉至隋译《般舟三昧经》者五人。亦可证念佛之见重也。（参看下第十九章）

余论

庐山在东晋初叶，即为栖逸之地。玄学家有翟汤（庾亮有《翟征君赞》），名僧有竺昙无兰。《祐录》十一《比丘戒三部合异序》云，昔在于庐山中竺僧舒许，得戒一部，持之自随，近二十年。此序乃竺昙无兰于太元六年在建业作。则兰之住庐山，在慧远前十余年。）其后远公莅止，北方佛法因之流布江左，释教赖其维系。南齐释道慧年十四（约在宋孝武帝末年），读庐山《慧远集》，慨然叹息，恨生之晚。遂与智顺沂流千里，观远遗迹，留连三载，乃归建业。《高僧传》）则远公风格学问，感人至深，在宋齐之世已然矣。

第十六章　竺道生

晋宋之际佛学上有三大事：一曰《般若》，鸠摩罗什之所弘阐；一曰《毗昙》，僧伽提婆为其大师；一曰《涅槃》，则以昙无谶所译为基本经典。竺道生之学问，盖集三者之大成。于罗什、提婆则亲炙受学。《涅槃》尤称得意，至能于大经未至之前，暗与符契，后世乃推之为《涅槃》圣。（《涅槃玄义文句》卷上）兹章分二大段，首述《涅槃》初至时之事实，次略考生公之学说。

涅槃部经之翻译

佛藏《涅槃》类经典，颇为繁赜。关于释迦世尊涅槃之正经，约可分三类。（其非释迦之《涅槃经》，有佛母大爱道、舍利弗、目连、阿难诸涅槃经。又有经叙佛涅槃后事，如《般泥洹后灌腊经》、《当来变经》等。《祐录》四有《泥洹后诸比丘经》，注云："或云《小般泥洹经》"，亦属之。至于与释迦涅槃有关，而不以涅槃名者，如《遗教经》、《大悲经》等，兹均不列入。）

（甲）小乘之《大般涅槃经》。此出于《长阿含》中。译称为《游行经》，为《长阿含》之第二经。此外《大藏经》现存之异译有三：（一）《佛般泥洹经》，上下二卷，题为西晋白法祖译。《祐录》未著录，《房录》始载之，似有可疑。但书尾有永兴七年后又二十八年丙戌比丘康日之《后记》。按各代年号，永兴均无七年。而永兴改元后之三十五年（七加二十八）均非丙戌。但晋白法祖实约卒于晋惠帝永兴元年，而其后二十三年为丙戌。虽与记不合，惟世值大乱，记年混淆，或常有之。则此经或实白法祖译也。（二）《大般涅槃经》三卷，题为法显译。此乃智昇所定。盖群录均谓法显所译有二《泥洹经》，一为六卷《大般泥洹》，一为二卷《方等泥洹》。智昇以为《方等泥洹》即六卷之别名。而此小乘经似显译，故以当之。但《方等泥洹》固亦另有其书。（见下文）而法显是否于六卷外另出一《泥洹》，尤为可疑。（《佛国记》只言显在天竺得《方等泥洹经》一种。而据《祐录》八之经记，六卷本即称为《方等大般泥洹经》。[原文见后] 夫显既只携归梵本一种，而所出六卷又原名《方等大般泥洹》。则谓其译出二种，非也。）且《藏经》中此小乘经称为"大般涅槃"亦不似显所译（显书作泥洹故也）。故智昇之言非也。此本实为失译。（三）《般泥洹经》上下二卷。《大藏经》依《开元录》附东晋失译。此经应原系一卷（旧书分卷自不一律，上下二卷固可同在一卷中），并为求那跋陀罗译，见道慧《宋齐录》，乃《游行经》之异译。隋《众经录》及《法经录》均以求那跋陀罗译之一卷本入小乘经中。至智昇乃谓其不似跋陀罗所译，遂以之附东晋失译录中，不知何所据。又《内典录》（《房录》同）谓跋陀罗所出与竺法护之《方等泥洹》相同，实系妄说。《祐录》又言求那跋陀罗之《泥洹经》为一卷，并注云："似即一卷《泥洹经》。"（按《祐录》本言此经已阙，但祐未见者，隋时或重发现之。）则"一卷《泥洹》"乃当时小乘《涅槃经》之名称也。（《祐录》又载有支谶《胡般泥洹经》一卷，已阙。不知亦属小乘否。）

（乙）《方等涅槃经》。中叙四童子礼佛事。隋阇那崛多译本，因名《四童子三昧经》。《祐录》云，竺法护译有《方等泥洹经》二卷，并注曰：或云《大般泥洹经》。《大藏经》现存此经，分上下二卷。审之与《四童子三昧经》同本异译。又《祐录》支谦录中有曰：

> 《大般泥洹经》二卷。（安公云，出《长阿含》，祐案今《长阿含》与此异。）

此经现已佚。但《出三藏记》未言其已阙，是梁时尚存。僧祐又云支谦所译与《方等泥洹经》大同。支、竺二译，均为二卷。后世因称《方等》为"双卷《泥洹》"。又《房录》云，支谦所译，乃略昙无谶大本《序分》、《哀叹品》为二卷，后三纸小异耳。但僧祐明言支译与竺出者大同。现查竺译，并非略《序分》、《哀叹品》，则长房之言误也。又法显除六卷《泥洹》以外，《祐录》谓另有《方等泥洹经》二卷，并注云"已阙"。所言似不确。盖《方等泥洹》，实即六卷本之误传也。

（丙）大乘《大般涅槃经》，北凉昙无谶所译之四十卷是也。乃中国所谓涅槃宗之根本经典，在玄始十年（421 年）出，前已详之。

另一为六卷本，谓当大本之初分前五品，佛陀跋多罗在建业所译，乃法显游西域所得。《祐录》载其《出经后记》曰：

> 摩竭提国，巴连弗邑，阿育王塔，天王精舍，优婆塞伽罗先，见晋土道人释法显远游此土。为求法故，深感其人。即为写此《大

般泥洹经》，如来秘藏。愿令此经流布晋土，一切众生悉成平等如来法身。义熙十三年十月一日于谢司空石所立道场寺出此《方等大般泥洹经》。至十四年正月二（亦作"一"）日校定尽讫。禅师佛大跋陀（即佛陀跋多罗）手执胡本，宝云传译。于时坐有二百五十人。

按法显于晋义熙八年（412 年）归抵青州。次年南下入京。佛陀跋多罗则于十一年（415 年）后由江陵至建业，止道场寺。至十二年（416 年）十一月与法显共译《僧祇律》。十四年二月末译讫。而在未译讫此《律》之前，觉贤兼译《大般泥洹经》六卷。时在十三年十月至十四年正月也（417 年至 418 年）。

又一为二十卷本。乃智猛在华氏邑（即巴连弗邑）得。猛于甲子岁（424 年）自天竺归，后于凉州译之。隋灌顶《涅槃玄义》，谓此二十卷即谶译之前五品，不知然否。但智猛如另有译本，《祐录》谓为阙本，可见其早已不流行也。

先是谶译《涅槃》，未觅得后分。元嘉中释慧观请道普往西域求之。普因舶破伤足，遘疾遂卒。临终叹曰："《涅槃》后分，与宋地无缘矣。"直至二百余年后，唐高宗时，僧会宁共智贤在日南译之，送至中国。但《开元录》已审知为伪作，非大乘《涅槃经》也。

计上述三项，在南北朝时，小乘经称为"一卷《泥洹》"。方等经（支谦、竺法护所译）称为"双卷《泥洹》"。法显所得经称为"六卷《泥洹》"。昙无谶所译则为"大本"。（智猛译为"二十卷《泥洹》"）据《涅槃玄义》云，有人以"泥曰"目双卷，"泥洹"目六卷，"涅槃"目大本。乃指小乘经以外之三经也。（硕法师《三论游意义》末详叙《涅槃》之异本，亦有双卷、六卷等名称，但其文错乱难读。）兹依上列，总列表于下（参看境野黄洋《支那佛教史讲话》上卷二四四页以下）：

（一）小乘涅槃经　　即《阿含游行经》之异译　一卷《泥洹》

《佛般泥洹经》二卷　白法祖译

《大般涅槃经》三卷　失译（原作法显译，误。）

《般泥洹经》二卷　求那跋多罗译（原附东晋失译，亦误。）

（二）方等涅槃经　　双卷《泥洹》

《方等泥洹经》　竺法护译（支谦所出已佚。法显如译此，亦已佚。）

（三）大乘涅槃经

《大般涅槃经》四十卷　昙无谶译大本

《大般泥洹经》六卷　觉贤译（此称为六卷本。智猛谓亦译有二十卷本。）

涅槃大本之修改

按北凉昙无谶译大本，在玄始十年，即刘宋武帝永初二年（421年）。后至宋文帝元嘉中，此本乃传建业。《三论游意义》，谓在元嘉七年（430年）始至扬州。其时江南已有六卷译本。义学名僧若竺道生等已大阐佛性之说。大本既至，斯学更盛。《高僧传·慧严传》曰：

> 《大涅槃经》初至宋土，文言致善，而品数疏简。初学难以厝怀。严乃共慧观、谢灵运等依《泥洹》本加之品目。文有过质，颇亦治改。

《大般涅槃经》原有四十卷，世称为北本。经治改后，成三十六卷，世谓之南本。南北本在文字上不过稍有差别，但前分品目则甚为不同。此则依法显所得六卷本而增改者也。兹表列三本之品目如次，以见其增改之概要（下表分划依《大正藏经》）：

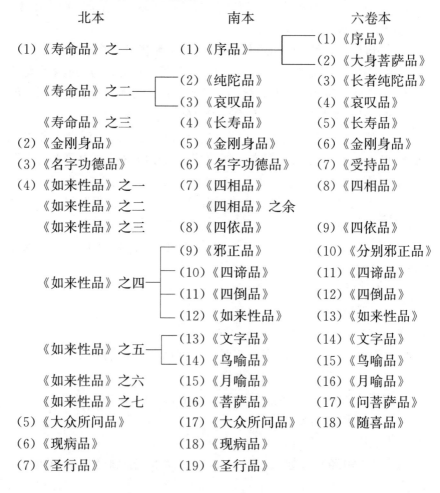

北本	南本	六卷本
（1）《寿命品》之一	（1）《序品》	（1）《序品》
		（2）《大身菩萨品》
《寿命品》之二	（2）《纯陀品》	（3）《长者纯陀品》
	（3）《哀叹品》	（4）《哀叹品》
《寿命品》之三	（4）《长寿品》	（5）《长寿品》
（2）《金刚身品》	（5）《金刚身品》	（6）《金刚身品》
（3）《名字功德品》	（6）《名字功德品》	（7）《受持品》
（4）《如来性品》之一	（7）《四相品》	（8）《四相品》
《如来性品》之二	《四相品》之余	
《如来性品》之三	（8）《四依品》	（9）《四依品》
《如来性品》之四	（9）《邪正品》	（10）《分别邪正品》
	（10）《四谛品》	（11）《四谛品》
	（11）《四倒品》	（12）《四倒品》
	（12）《如来性品》	（13）《如来性品》
《如来性品》之五	（13）《文字品》	（14）《文字品》
	（14）《鸟喻品》	（15）《鸟喻品》
《如来性品》之六	（15）《月喻品》	（16）《月喻品》
《如来性品》之七	（16）《菩萨品》	（17）《问菩萨品》
（5）《大众所问品》	（17）《大众所问品》	（18）《随喜品》
（6）《现病品》	（18）《现病品》	
（7）《圣行品》	（19）《圣行品》	

(8)《梵行品》	(20)《梵行品》
(9)《婴儿品》	(21)《婴儿品》
(10)《光明普照高贵德 王菩萨品》	(22)《光明普照高贵德 王菩萨品》
(11)《师子吼菩萨品》	(23)《师子吼菩萨品》
(12)《迦叶菩萨品》	(24)《迦叶菩萨品》
(13)《憍陈如品》	(25)《憍陈如品》

南本依六卷《泥洹》将北本之前五品分为十七品。《泥洹》有《大身菩萨品》第二。惟《泥洹·序品》述佛将入灭时，一切大众均来顶礼，大身菩萨为来顶礼者之一。南本以并入《序品》。故其前十七品当六卷本之十八品也。至若文字上之改治，则常因原文之过质。如北本曰："犹如慈父，唯有一子，卒病丧亡，送其尸骸，置于冢间，归还怅恨，愁忧苦恼。"南本改曰："犹如慈父，唯有一子，卒病命终，殡送归还，极大忧恼。"（此见《序品》）但南本有时亦有因《泥洹》本而改治者，如北本《寿命品》之二"啼泣面目肿"，六卷本作"久远忧悲痴冥暗"，南本作"恋慕增悲痛"。北本《寿命品》之三，佛说偈中有"而与罗汉等"，《泥洹》作"量与罗汉等"，南本亦然。则南本文字上之改治，亦稍有依《泥洹》者。但如大段文字，《泥洹》所有，而北本所无者，南本例不增入。如《泥洹·序品》有六恒河沙一段，《问菩萨品》首段迦叶问何为菩萨，均北本所缺，而南本亦未敢增加也。至若南本《文字品》开首有"佛复告迦叶"一语，《月喻品》首有"佛告迦叶"一语，均为北本所无，《泥洹》所有，则系因加分品目而增入者也。总之，南北二本之不同，一为品目之增加，此仅及北本之前五品。二为文字上之修治，则南北本相差更甚微也。

竺道生事迹

我国译经，自道安之后大盛。道安在长安，所出多属一切有部。罗什在长安时，所出注重《般若》三论。昙无谶在凉州所译，以《涅槃》为要。竺道生者，盖能直接此三源头，吸收众流，又加之以慧解，固是中华佛学史上有数之人才。刘宋时人王微以之比郭林宗，乃为之立传，旌其遗德。而释慧琳《竺道生法师诔文》，推崇亦备至。（《广弘明集》）文有曰：

> 乃收迷独运，存履遗迹。于是众经云披，群疑冰释。释迦之旨，淡然可寻。珍怪之辞，皆成通论。聊周之伸名教，秀弼之领玄

心，于此为易矣。

竺道生，本姓魏。《高僧传》曰，钜鹿人，寓居彭城。（《诔文》彭城人，《宋书》九十七、《祐录》十五，均同。）家世仕族。父为广戚县令。（《诔文》、《祐录》同。广戚晋属彭城国。《宋书》作"广武"，则属雁门郡。）乡里称为善人。生幼而颖悟，聪哲若神。其父知非凡器，爱而异之。后值沙门竺法汰（《祐录》丽本作"法太道人"，《宋书》"法大"，《诔文》"法汰"）遂改俗归依，伏膺受业。因从时习，故姓竺也。既践法门，俊思奇拔。研味句义，即自开解。故年在志学（《诔文》、《祐录》同，《宋书》作"十五"亦同），便登讲座，吐纳问辩，辞清珠玉。《诔文》曰：

> 于时望道才僧，著名之士，莫不穷辞挫虑，服其精致。鲁连之屈田巴，项托之抗孔叟，殆不过矣。

竺道生不知寿若干岁，及生于何年。按南京瓦官寺立于兴宁年中（363年至365年，《僧传》法汰及慧力传），竺法汰于兴宁三年随道安达襄阳，后经荆州东下至京都，居瓦官寺。简文帝敬重之，请讲《放光经》。简文帝在位仅二年（371年至372年）。其时瓦官寺创立未久。及汰居之，乃拓房宇，修立众业。《高僧传·法汰传》是汰之来都，在兴宁年后，简文帝之世也。（但《世说·赏誉篇》载法汰因王领军之供养，而名遂重。查王洽卒于升平二年[358年]，其时法汰尚未共道安南来。《世说》所载，应为另一王氏子弟。）汰后卒于南京，在太元十二年。自兴宁末至此，共二十三年。竺道生出家即在此二十三年间。据《高僧传》，简文帝请法汰讲《般若》时，黑白观听，士庶成群，三吴负帙至者数千。道生之出家，或在是时（371年至372年）。又其后若干年，而道生年十五。（如假定在375年，而道生死于434年，则道生寿六十岁。）又其后五年，当二十岁，受具足戒。《祐录》曰："年至具戒，器鉴日跻，讲演之声，遍于区夏。王公贵胜，并闻风造席。庶几之士，皆千里命驾。生风雅从容，善于接诱。其性烈而温，其气清而穆。故豫在言对，莫不披心焉。"

《高僧传》谓生与叡公（当为慧叡）及慧严、慧观同学齐名。叡等三人均未闻其为法汰弟子。此曰同学，盖谓同学于鸠摩罗什也。慧观曾师慧远。然生公则未闻为远弟子。且法汰与安公同学，故道生与远公为平辈。至若世传道生入白莲社为十八高贤之一，亦不可信。

诔文谓生中年游学，广搜异闻。生公当于三四十岁时去扬都游学。先至庐山。即在其时，得见罽宾义学沙门僧迦提婆。查提婆在安公死

（385 年）后至洛邑。数年后乃至庐山。于太元十六年（391 年）在山译《阿毗昙心》。（见《祐录》，未详作者序文，及远公序。）至隆安元年（397年）提婆东下京师。道生应在太元之末数年至庐，得见提婆，从习一切有部义。按《名僧传钞》载《名僧传·目录》，其卷十如下：

　　《名僧传》第十（隐道下，中国法师六。）

　　　　晋故章崐山支昙谛一

　　　　晋吴虎丘东竺道宝二

　　　　伪蜀郡龙渊寺慧持三

　　　　（中略）

　　　　宋寻阳庐山西寺道生十（下略）

而《名僧传钞》之《说处》中，卷十则如下：

　　第十

　　　　昙谛讲《法华》、《大品》、《维摩》各十五遍事。

　　　　惠持九岁随兄（原作"兑"）同为书生，俱依释道安抽簪落发事。

　　　　惠持辞惠远之处，入蜀之时，契以西方为期事。

　　　　庐山西寺竺道生事。

　　　　慧远庐山习有宗事。（下略）

据此《名僧传》卷十，首叙昙谛，内载其讲经事。（《高僧传》亦载之）次为道宝。再次为慧持，内叙与其兄慧远从安公出家及后入蜀事。及至第十传，则为竺道生。其中乃载有慧远庐山习有宗事。依此推之，竺道生或与远公同从提婆习一切有部之学。故《名僧传》于道生传中载远公习有宗事。据《祐录》载竺道生于隆安中游庐山，则生见提婆应在建业（提婆隆安元年到京师）。然与上所述牴牾。且慧皎钞袭《祐录》之传，而"隆安中"三字则除去。可见皎亦疑之。又如生果于隆安中到匡山，并居彼七年。则其至关中，必远在什公入关数年之后。夫道生闻什之来，当急欲相见，必不若是之迟滞也。

　　《僧传》曰，生常以入道之要，慧解为本。故钻仰群经，斟酌杂论。万里随法，不惮疲苦。后与慧叡、慧严同游长安，从什公受学。《祐录》谓慧观亦同行。慧皎《传》曰，叡、观二人，先游庐山。闻什公入关，乃自南徂北。据此则二人者当亦曾与远、生二公同习提婆小乘之学，后又共道生入关也。道生《诔文》叙生之见闻曰：

　　　　中年游学，广搜异闻。自扬徂秦，登庐蹑霍。罗什大乘之趣，
　　　　提婆小道之要。（提婆指僧伽提婆。《祐录》十五《生传》改此为龙树大乘

之源，提婆小道之要云云。乃误以罽宾学僧为《百论》作者。）咸畅斯旨，究举其奥。所闻日优，所见逾赜。

生公在关中，众僧咸称其秀悟。按《续僧传·僧旻传》引王俭曰：

> 昔竺道生入长安，姚兴于逍遥园见之，使难道融义，往复百翻，言无不切，众皆睹其风神，服其英秀。

《肇论》载刘遗民与僧肇书曰：

> 去年夏末，始见生上人，示《无知论》。

肇公答书曰：

> 生上人顷在此同止数年。至于言话之际，常相称咏。中途还南，君得与相见，未更近问，惘惘何言。

按肇公作书，应在晋义熙六年八月十五日。刘书则寄于前一年（409年）之十二月。在其前又一年夏末，生公南归，至庐山，以肇著之《般若无知论》示刘遗民。盖为义熙四年也。生公想系下都，路经庐山，不久即东去。故《祐录》曰，义熙五年（409年）还都，因停京师。道生还都，止青园寺。宋文帝、王弘、范泰、颜延之均敬重之。《僧传》元嘉中年范泰因争踞食，上表文帝，帝并下诏答之。表与诏书均言及慧严、道生、慧观三道人。可见生公与严、观，盖朝廷上下所重视者也。

道生还京，《僧传》谓住青园寺。刘宋初有二青园寺。一见于《高僧传》，为道生所住。是晋恭思皇后褚氏所立，本种青处，因以为名。生既当时法匠，请以居焉（景定至元二志谓在覆舟山下）。一见于《比丘尼传》。业首尼所居，元嘉三年王景深母范氏以王坦之故祠堂地施与首起立寺舍，名曰青园。此寺似在前寺之东，故《比丘尼传》称为东青园。二寺一立于晋时，一立于宋元嘉三年也。道生住寺，后改名龙光。《祐录》谓道生未至庐山之前，已住龙光寺。《僧传》删此语，可见慧皎以为《祐录》误也。盖此寺乃恭帝时立，生公去庐远在此前也。

生公在匡山，学于提婆，是为其学问第一幕。在长安受业什公，是为其学问之第二幕。及其于晋义熙五年（409年）南返至建业，宋元嘉十年（433年）卒于庐山。中经二十五年，事迹殊少见记载，且不能确定其年月。但其大行提倡《涅槃》之教，正在此时。是则为其学问之第三幕。

法显携来之六卷《泥洹》于义熙十三年（417年）十月一日译出，

即在道生还建业后之八年。涅槃佛性之说，生公似早有所悟。其立顿悟佛性诸义，不知在何年。惟《高僧传》云，生因"潜思日久，悟彻言外"，则立诸义。似不必与《泥洹》之译有关也。《祐录》载之《出经后记》（全文见前）有曰："愿一切众生悉成平等如来法身。"是译经时，众人已知佛性义为此经之特点。而彼《记》又曰，于时坐有二百五十人。而《喻疑论》谓有百有余人。二数虽不同。然当时同情于斯经者要非只生公一人。斯经译后，引起学界之大波澜。慧叡《喻疑论》曰：

> 今《大般泥洹经》，法显道人，远寻真本，于天竺得之。持至扬都，大集京师义学之僧百有余人。禅师（指佛陀跋多罗）参而译之，详而出之。此《经》云，泥洹不灭，佛有真我。一切众生，皆有佛性。皆有佛性，学得成佛。佛有真我，故圣镜特宗，而为众圣中王。泥洹永存，为应照之本。大化不泯，真本存焉。而复致疑，安于渐照，而排跋真诲。任其偏执，而自幽不救。其可如乎。此正是《法华》开佛知见，开佛知见，今始可悟。金以莹明，显发可知。而复非之。大化之由，而有此心，经言阐提，真不虚也。

慧叡痛惜时人之疑《泥洹》，而恶其唯相是非，执竞盈路。其谈"皆有佛性"，斥"安于渐照"，则全同情于道生之言论。《论》又曰：

> 此《大般泥洹经》既出之后，而有嫌其文不便者，而更改之。人情少惑。有慧祐道人私以正本，雇人写之。佣书之家，忽然火起。三十余家，一时荡然。写经人于灰火之中求铜铁器物，忽见所写经本，在火不烧，及其所写一纸，陌外亦烧，字亦无损。余诸巾纸，写经竹简，皆为灰烬。

此事亦见于慧皎之《法显传》中（稍不同）。此经必当时已疑为伪作，故信之之人，必常引此事证其非妄。（《昙无谶传》所记盗《涅槃经》事，亦有同样作用。）《论》文言"人情少惑"云云，即谓疑全书系伪造也。《弘明集》范泰致生、观二法师书有曰：

> 外国风俗，还自不同，提婆始来，义、观（亦作"义、亲"）之徒，莫不沐浴钻仰。此盖小乘法耳。便谓理之所极，谓无生方等之经，皆是魔书。提婆末后说经，乃不登高座。法显后至，《泥洹》始唱，便谓常住之言，众理之最。

《般若》宗极，皆出其下。以此推之，便是无主于内，有闻辄变。譬之于射，后破夺先。此短简数语，直概括东晋佛学之全部历史。中国义学僧人，先谈《般若》，如道安、法深、法汰、支遁等皆是也。及提婆既来，而庐山、南京诸僧（即所谓义、观之徒）乃从而竞学。甚至且有诽议《般若》者。《喻疑论》曰：

> 慧导之非《大品》，而尊重《三藏》。

《三藏》指小乘，慧导者或即因学有部，而指方等为魔书者也。及法显之六卷《泥洹》至，而宗之者亦大有人在。道生、慧叡、慧严、慧观皆信新说，而疑之者亦不乏人。如中兴寺僧嵩，信《大品》而非《涅槃》。（《中论疏》）《高僧传》谓其兼明数论，末年僻执，言佛不应常住，临终之日，舌本先烂。（《中论疏》所记，颇不同。）《祐录》卷五云，彭城僧渊，诽谤《涅槃》，舌根销烂。（此事不见《高僧传》，恐系僧嵩事误传。）

《喻疑论》不知作于何时。然观其仅言及法显之《泥洹》，则必在昙无谶大本流行以前。范泰之书，系论踞食，同时并有书致王司徒诸公。王司徒者，王弘，字休元，元嘉三年（426 年）正月为司徒。五年（428 年）六月降为卫将军。八月而范泰卒。范泰致生、观之书中，亦仅言法显六卷本。则其时在元嘉五年之前，大本《涅槃经》仍未行世。叡公作《喻疑论》，范氏讥信《泥洹》者之“无主于内”，可见诽议新经之烈。新经之领袖当为道生，立佛性顿悟义。而性复刚烈（二字见诔），锋芒或太露，为时所忌。故诔文有曰：

> 物忌光颖，人疵贞越。怨结同服，好折群游。

此盖叙生公被摈事。其被摈之故，《祐录》、《僧传》均谓因立一阐提皆得成佛义。传曰：

> 又六卷《泥洹》先至京都。生剖析经理，洞入幽微。乃说一阐提人皆得成佛。于是大本未传，孤明先发，独见忤众。于是旧学，以为邪说，讥愤滋甚。遂显大众，摈而遣之。（佛法：凡犯戒须于共住中忏悔，或处罚，故罪犯受罚曰显于众，参看《僧传·道亮传》。）生于大众中正容誓曰：“若我所说，反于经义者，请于现身即表疠疾。若与实相不相违背者，愿舍寿之时，据狮子座。”言竟拂衣而逝。初投吴之虎丘山，旬日之中，学徒数百（《祐录》不载生居虎丘事）。其年夏，雷震青园佛殿，龙升于天，光影西壁。因改寺名号曰龙光。时人叹曰，“龙既已去，生必行矣”。俄而投迹庐山，销影岩岫。山中

僧众，咸共敬服。后《涅槃》大本至于南京，果称阐提悉有佛性，与前所说，合若符契。

范泰致生、观二法师书，在元嘉三年至五年顷。生公犹住青园寺。但当在元嘉五六年中即被摈。何以言之？盖谢灵运为与严、观二师共修改大本之人，其修改场所，应在京内（严、观均京师僧）。在元嘉三年以后，康乐只到京二次。第一次在元嘉三年，被征为秘书监，至六年乞假东归。此时大本未至建业。盖《祐录·道生传》曰："生以元嘉七年投迹庐阜。俄而《大涅槃经》至于京都。"而隋硕法师《三论游意义》，亦谓元嘉七年《涅槃》至扬州，是年谢灵运因孟颛陈其有异志，乃驰至京师。因大本适至，而与严、观二法师共改治之。时生公已自虎丘隐居匡山。故生公之被摈，应在元嘉五六年中也（428年至429年）。

雷震青园佛寺，龙升于天，而道生去京，必为一时佳话。《祐录》无此段，岂疑之乎。据《宋书·五行志》，元嘉初年中常有雷震，尤以五年为甚。谓震太庙，破东鸱尾，彻壁柱。而《景定建康志》，以为龙见于覆舟山，在元嘉五年（但原文所述颇有牴牾）。岂生公之行在五年欤。但《祐录》卷二卷四，均谓景平元年译《五分律》于龙光寺，道生参与其事。青园如于元嘉时改名龙光，景平时则不应称为龙光。龙升天之说，当为后出之神话也。

道生被摈，居于虎丘。虎丘有法纲法师，想即与谢灵运辩顿悟义之人。纲卒于元嘉十一年十一月。道生卒于其前一月。释慧琳为二人均各作《诔》。其《虎丘法纲法师诔》有曰："怀游居之虎丘，悼冥灭之庐岭。"以意度之，系并哀二僧。或二人素相友善，则道生之居虎丘，或在法纲所也。（生公在虎丘说法，顽石点头传说，不知始于何时。《中吴纪闻》，谓见于《四蕃志》。）据《僧传》，生不久即隐遁匡山。《祐录》谓其至庐山在元嘉七年，不久《涅槃》大本至京师。经改治后，当送达庐阜。道生即讲之（《三论游意义》谓观法师请生公讲此）。大本中果有阐提成佛之语。京师僧人中，不但悟生公之卓识。而信《涅槃》义者当更多矣。道生《法华经疏序》曰：

聊于讲日，疏录所闻。述记先言，其犹鼓生。又以元嘉九年春之三月于庐山东林精舍，又治定之。加采访众本，具成一卷（"一"字恐系"二"字）。

元嘉九年（432年）春，生公居东林寺，再治《法华疏》。据《名僧传钞》，宝唱称道生为庐山西寺释。则生常住之处，为西林寺也。《祐录》曰：

> 生既获新经，寻即建讲。以宋元嘉十一年冬十月庚子，于庐山精舍升于法座。神色开明，德音骏发。论议数番，穷理尽妙。观听之众，莫不悦悟。法席将毕，忽见麈尾纷然而坠。端坐正容，隐几而卒。颜色不异，似若入定。道俗嗟骇，远近悲凉。于是京邑诸僧，内惭自疚，追而信服。其神鉴之至，征瑞如此。仍葬于庐山之阜。（《僧传》文同，惟"十月"作"十一月"。按此年十一月无庚子，当是误写。）

此完成其出都时"据狮子座"之愿言，证实其立说之不妄。南齐大明四年慈法师《胜鬘经序》，亦谓生在元嘉十一年于讲座之上迁神异世。（《祐录》）然宋慧琳诔文，则毫未言及。

竺道生之著作

生公之著作，现已散佚不全。兹列其目于下：

《维摩经义疏》 见《祐录》十五。《东域录》作三卷。按今存之《维摩经注》，及《关中疏》，均摘钞生公义疏。《祐录》曰，关中沙门僧肇始注《维摩》，世咸味玩。及生更发深旨，显畅新异，讲学之匠，咸共宪章，云云。按肇公致刘遗民书时，曾附赠《维摩注》，事在义熙六年。生公之注，或更在此年后也。

《妙法莲华经疏》上下二卷 见《祐录》十五，收入《日本续藏经》一辑二篇乙第二十三套第四册中。日本《天台章疏录》、《东域录》，均著录。按《四论玄义》卷十，引生法师释白牛车一段，恰出此疏中。

《泥洹经义疏》 见《祐录》十五，此应为六卷本之疏。查《涅槃经集解》中录有道生之言，则生公另有大本之注疏。

《小品经义疏》 见《祐录》十五。

《善不受报义》 见《祐录》十五，参看《僧传》。

《顿悟成佛义》 同上，生公似各曾为文发挥此二义。

《二谛论》 见《僧传》本传，《祐录》未著录。生公论二谛，《集解》三十二略引之。

《佛性当有论》 同上

《法身无色论》 同上

《佛无净土论》（《胜鬘宝窟》上末作《法身无净土论》） 同上

《应有缘论》 同上

《涅槃三十六问》 "问"一作"门"。

《释八住初心欲取泥洹义》

《辩佛性义》 上三项均见《祐录》所载之陆澄《法论目录》第二帙《觉性集》中。末项并有注曰："竺道生，王问，竺答。"按之上文，王系王谧，字稚远。《内典录》载《法论目录》，作王稚远问。

《竺道生答王（休元）问》一首 生公答王弘问顿悟义。现存《广弘明集》中。

《十四科元赞义记》 《宋史志》著录。(日本智证《请来目录》、《东域录》均作"十四科义一本")疑系后人编辑生公著作（如上述诸论）而成，故唐以前未闻有此书。

又陆澄《目录》第九帙《慧藏集》中，有下列诸项：

《问竺道生诸道人佛义》 范伯伦

《众僧述范问》

《范重问道生》往反三首

《傅季友答范伯伦书》

上四项似一时往返之辩答。傅季友死于元嘉三年。则诸书之作在此前。既称问佛义，或亦辩佛性之理也。

又同《目录》第六帙《教门集》有下列一条：

《与竺道生书》 刘遗民

此书既不存，未知论何事，亦不悉生公有答书否。但竺道生曾自长安携肇之《般若无知论》示遗民，则二人甚友好。

顿悟渐悟之争

顿悟渐悟之争，在宋初称甚盛。六朝章疏分顿有大小。慧达《肇论疏》谓顿悟有两解，竺道生执大顿悟，支道林、道安、慧远、埵法师及僧肇均属小顿悟。文繁兹不详钞。隋硕法师《三论游意义》亦曰：

> 用小顿悟师，有六家也。一肇师，二支道林师，三真安埵师，四邪通师，五匡山远师，六道安师也。此师等云七地以上悟无生忍也。(合年天子)竺道生（原文夺"生"字）师，用大顿悟义也。(小缘天子)金刚以还，皆是大梦，金刚以后，皆是大觉也。(此中"合年天子，小缘天子"八字，不知何解，疑衍。原系本文，兹改为小注。)

分顿悟为两解及数家，当在道生以后。但谓生公前即有顿悟义，则南齐刘虬已言之。其《无量义经序》，言安公、道林之言合于顿悟。世传僧肇于什公死后，作《涅槃无名论》，《难差》第八，《辩差》第九，《责异》第十，《会异》第十一，《诘渐》第十二，《明渐》第十三，均实辩顿渐之理也。可见顿渐之辩，甚为流行也。（但此论疑非肇作，下详。）

然顿悟之义，究始于竺道生。其余支道林诸说，自生公视之，当仍是渐悟，非真顿也。《高僧传》谓生校阅真俗，研思因果，乃言善不受报，顿悟成佛。又谓时人以生"推阐提得佛，此语有据。顿悟不受报等，时亦宪章"。《宋书》九十七叙生事曰："及长有异解，立顿悟义，时人推服之。"生公之声名广播，因其多独到。而独到处之最有名者，为顿悟成佛义。当时于此大生争执。《祐录》载陆澄《法论》第九帙《慧藏集》著录下列诸项：

《辩宗论》 谢灵运

《法勖问》往反六首 同上

《僧维问》往反六首 同上

《慧骈述僧维问》往反六首 同上

《骈新（亦作"杂"）问》往反六首 同上（"骈新"《广弘明集》作"骈维"。）

《竺法纲释慧林问》往反十一首 同上（"林"《集》作"琳"）

《王休元问》往反十四首 同上（王问题为"问谢永嘉"，谢答题为"答王卫军"。）

《竺道生答王问》一首 同上（以上均载《广弘明集》中）

《渐悟论》 释慧观，沙门竺道生执顿悟，谢康乐灵运《辩宗》述顿悟，沙门释慧观执渐悟（此段二十六字乃小注）

《明渐论》 释昙无成

谢灵运《辩宗论》及下问答共八项，均载《广弘明集》中。据彼论称，乃述"新论道士"之说。此新论道士，当即指道生。其证有二：（一）王弘（字休元，时为卫将军）既与谢辩顿义往反多次后，即将其问答送示生公。必因生公为原来立此义之人，故以之就正也。（二）陆澄《目录》称"道生执顿悟，谢康乐述顿悟"，是谢述生之义也。慧达《肇论疏》亦曰："谢康乐灵运《辩（原作"弁"）宗》，述生师顿悟也。"（生复王弘书，亦谓谢论"都无间然"，是生公颇以谢之顿说为然也。）又据谢致王休元书有曰："海峤岨回，披叙无期。"是可证斯论之作，在康乐为永嘉太守时，即永初三年七月至景平元年秋也。永初元年江州刺史王弘进为卫将军开府仪同三司，景平二年诏召弘入京，是作论时谢在永嘉，王在江州也。又据《祐录》，景平元年七月（此据卷二，卷十五作"十一月"）沙门竺道生、释慧严请罽宾律师佛驮什于京都龙光寺译出《五分律》。据此则景平元年，生在南京。是谢作论之时，生公当亦在都邑也。问答诸僧之法纲，即慧琳为作《诔》之虎丘法纲。而初庐陵王义真与谢灵运、颜延年、慧琳道人情好款密。朝臣徐羡之恶义真，遂出谢为永嘉太守。慧琳想亦出都。谢书系与纲、琳二人。则二人恐同在虎丘。又据康乐《辨宗论》谓同游（游永嘉山水也）有诸道人。问答之中，有法勖、僧维、慧骕等，当即在永嘉同游者也。王弘书内称此间道人，故有小小不同。当系王曾与江州僧人，论顿悟也。因是顿悟义之争辩，广及永嘉、虎丘、扬都、江州诸地，亦可谓大观矣。

生公唱顿悟义，康乐演述之，事在永嘉三年七月至景平元年秋（422 年至 423 年）。是远在大本《涅槃》南来以前。当时已显分二派。持渐悟者，首称慧观。陆澄《法论》著录其《渐悟论》。（见前）《高僧传·观传》曰：

> 著《辨宗论》，论顿悟渐悟。

此盖即指《渐悟论》。谓论名《辨宗》，与谢氏同，则系误记也。昙无成亦著《明渐论》。（见前引）成亦元嘉中卒，亦当时此项论战中之一人。至于与康乐辩论之法勖、僧维、慧骕、法纲、慧琳、王休元以及江州僧人，均致疑顿说者。此外持渐悟者，尚有僧弼。（见下）至若顿派，则生公、谢侯之外，有慧叡。其《喻疑论》斥疑泥洹者安于渐照。则可知其本执顿悟。而顿家又有宋文帝。在生公死后，帝尝述此义。沙门僧弼等皆设巨难。僧弼盖执渐悟者。据日人安澄《中论疏记》引其所作《丈六即真论》，阐明佛性，盖亦信《涅槃》者。然生公死后，顿渐之争，当于后详之。

竺道生在佛学上之地位

《涅槃》大经译自北凉之昙无谶。而最初光大之者，反多由罗什南方之弟子。其在北方，道朗、慧嵩而外，只知有东阿静（名慧静，东阿人。著《涅槃略记》、《大品旨归》等，多流行北土。江东小山瑶为其弟子），关内凭（什公弟子，法瑶亦从之学，均详下章）。然江南则有慧叡（什弟子，作《喻疑论》），慧严，慧观（均什弟子，改治北本），僧弼（什弟子，亦涅槃学者），道汪（远公弟子，善《涅槃》），谢灵运（改治北本）。而竺道生尤为斯学之重心，则什公之高足也。

竺道生者，其四依菩萨软。四依者，此言法四依，依法不依人，依了义经不依不了义经，依义不依语，依智不依识。生公湛思入微，慧解敏锐，深有得于般若之学。彻悟实相，以理为宗。彼盖确有见于理之不可易者，故不执著于名相，不守滞于经文。直抒所见，虽多骇俗之论，而毅然不顾，此真有契于四依之真谛矣。慧琳诔文述生之言曰：

> 既而悟曰："象者理之所假，执象则迷理。教者化之所因，束教则愚化。是以征名责实，惑于虚诞。求心应事，芒昧格言。"

《高僧传》亦云：

> 生既潜思日久，彻悟言外。乃喟然叹曰："夫象以尽意，得意则象忘。言以诠理，入理则言息。自经典东流，译人重阻，多守滞文，鲜见圆义。若忘筌取鱼，始可与言道矣。"于是校阅真俗，研思因果，乃言善不受报，顿悟成佛。又著《二谛论》、《佛性当有论》、《法身无色论》、《佛无净土论》、《应有缘论》等，笼罩旧说，妙有渊旨。而守文之徒，多生嫌嫉。与夺之声，纷然竞起。

生公在佛学上之地位，盖与王辅嗣在玄学上之地位，颇有相似。汉代京焦易学，专谈象数。黄老道家，本重方术。辅嗣建言大道之冲虚无朕，因痛夫前人推致五行之弥巧，而失原愈甚。（《易略例》曰："互体不足，遂及卦变。变又不足，推致五行。一失其原，巧愈弥甚。"）于是主贞一，忘言象。体玄极，黜天道。而汉代儒风，一变而为玄学。其中关键，盖在乎《周易略例·明象》一章。因大象无形，大道无名，而盛阐得意忘象、得象忘言之说。竺道生盖亦深会于般若之实相义，而彻悟言外。于是乃不恤守文之非难，扫除情见之封执。其所持珍怪之辞，忘筌取鱼，灭尽戏论。其于肃清佛徒依语滞文之纷纭，与王弼之菲薄象数家言，盖相同也。

《般若》、《涅槃》，经虽非一，理无二致。（《涅槃》北本卷八，卷十四，均明言《涅槃》源出《般若》。）《般若》破斥执相，《涅槃》扫除八倒。《般若》之遮诠，即所以表《涅槃》之真际。明乎《般若》实相义者，始可与言《涅槃》佛性义。而中华人士则每不然。（一）《涅槃经》曰我（《涅槃》真我）无我（《般若》空执）无有二相。（北本卷八）而中华人士，或执《般若》之空，以疑《涅槃》之有（如上所言僧嵩等疑佛性义者）。或持神灵不灭，以与佛性之说相较。（下详）（二）《般若》尽除封惑，用显实相法身。法身绝形色，离合散，美恶斯外，罪福并舍。于是生公乃唱言法身无色，佛无净土，善不受报。而当时人士与夺之声，乃纷然竞起。（三）《涅槃》佛性，直指含生之真性（即本性，心性）。阐提是含生之类，何得独无佛性。言阐提无佛性，似理有所必不然。而当时旧学因乏经证，以为邪说，而生公乃被摈矣。

实相无相，故是超乎象外。（《般若》义）佛性本有，则是直指含生之真性。（《涅槃》义）夫性既本有，则悟自须自悟，岂能与信修（信经教而修，非由自悟）无别。而理超象外，为不可分，则悟体之慧，岂能谓有差异。以有阶差之悟，符彼不分之理，据情则必不然。是则见性成佛，必须顿得自悟，亦理之不可易者矣。而小顿悟家，如支道林等，一方知理之妙一，而一方又言悟之可有渐进。是不知大悟以还，皆为信修。而证体之悟，必为自悟之极慧也。按王辅嗣领袖玄宗，开一时之风气。而竺道生孤明独发，非议者多。其学虽为有识者所赏，而未得普遍之接受。则在学术地位上，二人对于旧学扫除之功或可相比，而其影响所及，实不相类。但生公殁后，微言未绝，至于有唐，顿悟见性之说大行，造成数百年之学风，溯其源头，固出于竺道生也。（竺道生全部学说，根本有二。一般若扫相义，一涅槃心性义。二者菩提达磨之禅教均所注重，详第十九章。据此则生公与禅宗人之契合，又不只在顿悟义也。）

慧远、罗什与佛性义

《般若》实相，《涅槃》佛性，理固无殊。然就经文言，则佛性之义，固《般若经》之所未明言。中国自汉以来，盛行《般若》。其中明慧妙思之士，早悟《涅槃》之义，自非不可能。据《高僧传·慧远传》则远公已持泥洹常住之说。其文曰：

> 先是中土未有泥洹常住之说，但言寿命长远而已。远乃叹曰："佛是至极则无变。无变之理，岂有穷耶！"因著《法性论》曰："至极以不变为性，得性以体极为宗。"罗什见论而叹曰："边国人未有经，便暗与理合，岂不妙哉！"

考此段系引《祐录》之文。而僧祐则采自远公《碑铭》。《录》及《碑文》与此皆不同，均未以远公之言与常住之说并比。据此则《僧传》中此段，乃已经增改，或《涅槃经》来后所加之解释也。又慧叡《喻疑论》，亦谓什公已持佛性义，但未见经文，未能畅言。其文曰：

> 什公时虽未有《大般泥洹》文，已有《法身经》，明佛法身，即是泥洹，与今所出，若合符契。此公若得闻此，佛有真我，一切众生，皆有佛性，便当应如白日朗其胸衿，甘露润其四体，无所疑也。何以知之。每至苦问，佛之真主亦复虚妄。积功累德，谁为不惑之本。或时有言，佛若虚妄，谁为真者，若是虚妄，积功累德，谁为其主。如其所探。今言佛有真业，众生有真性，虽未见其经

证，明评量意，便为不乖。而亦曾问，此土先有经言，一切众生皆当作佛，此云何？答言，《法华》开佛知见，亦可皆有为佛性。若有佛性，复何为不得皆作佛耶。但此《法华》所明，明其唯有佛乘，无二无三，不明一切众生皆当作佛。皆当作佛，我未见之，亦不抑言无也。若得闻此正言，真是会其心府。故知闻之必深信受。

此述叡在长安亲闻诸什公之辩答语。《涅槃经》所谓一切众生皆有佛性，皆得成佛，虽未见有经文，然亦不抑言无也。《法华·方便品》首言开佛知见。众生有佛知见，道生以后，每解作为众生皆有佛性也。

竺道生佛性义

说竺道生佛性义，当以五段明之。一实相无相，二涅槃生死不二，三佛性本有，四佛性非神明，五生公说之要义。

生公悟发天真（《僧传》谓时人语曰，生、叡发天真），能深体会《般若》实相之义。《般若》扫相，谓相不可得。《般若》绝言，谓言不可执。故生公曰，得意忘象，入理言息。然则象虽以尽意，而不可有所得。言虽以诠理，而不能有所执。盖扫相即以显体，绝言乃所以表性。言象纷纭，体性不二。"万法虽异，一如是同。"（《法华疏》）真如法性，妙一无相。于宇宙曰实相，于佛曰法身。实相法身，并非有二。生公谈法性曰："法者无复非法之义也。性者，真极无变之义也。"（《集解》卷九）谈实相曰："至像无形，至音无声，希微绝朕之境（朕下原衍"思"字），岂有形言哉！"（《法华疏》）谈法身曰："法者，无非法义也。无非法者，无相实也。"（《维摩注》）然则法身实相，等无有相。故复曰："悟夫法者，封惑永尽，仿佛亦除，妙绝三界之表，理冥无形之境。形已既无，故能无不形。三界既绝，故能无不界。"（同上）实相无相，超乎象外。"三界受生，盖唯惑果。"（《慧日钞》引生语）由诸惑妄，乃生横计。于是沉溺于骄慢，"横计于我，自以为善知"。（《集解》十九）沉溺于生死，而自居于横造（《法华疏》云生死横造）。沉溺于希求，或受人天，而横计之为福。（《集解》卷九，此善不受报义。）如来大圣，以大悲心，深悯众生沉溺惑海，于是乃以言说为方便，而教人不著。以化诱为善权，而令人自悟。知教化为善权，故净土报应之说，皆接引之言。知言语乃方便，则实相绝言，超象之意益显。众生若能了实相之自然，诸法之本分（《维摩注》生云法性者法之本分也），悟经教"言虽万殊，而意在表一"（《法华疏》）则能"反迷归极，归极得本"。（《集解》卷一）得本即曰般泥洹。泥洹即返于实相，成就法身。竺道生曰："一切众生莫不是佛，亦皆泥洹。"（《法华疏》）泥洹者，乃自证无相之实相，

物我同忘，有无齐一，断言语道。灭诸心行，除惑灭累，而彻悟人生之真相。由是而有真我之说生焉。（此第一段）

法身真我之义，似与般若无我义相牴牾，而实则相成。《维摩经》有曰："于我无我而不二，是无我义。"什公注曰：

> 若去我而有无我，犹未免于我也。何以知之。凡言我，即主也。《经》云，有二十二根。二十二根，亦即二十二主也。虽云无真宰，而有事用之主，是犹废主而立主也。故于我无我而不二，乃无我耳。

僧肇注曰：

> 小乘以封我为累，故尊于无我。无我既尊，则于我为二。大乘是非齐旨，二者不殊，为无我义也。

此均着眼于扫除情见之封执。诸法毕竟空寂，是非齐旨。然毕竟空者，空空之谓。其意在显实相，非谓顽空。既非顽空，则法身常住，意在言外。而竺道生注此经文则辨之甚明。其言有曰：

> 无我本无生死中我，非不有佛性我也。

佛性我者，即真法身。所谓封惑永尽，名虑永绝，非废我而有所建立，非绝三界而别树境界，《涅槃》破八倒，乃谓我与无我，并当破斥。有所建树，皆成戏论，均当破斥。

诸法毕竟空寂，不能废我而有所树立。则亦不能于生死之外别言涅槃，于烦恼之外，别证菩提。众生不见佛性，则菩提为烦恼，众生见佛性，则烦恼即是菩提。善乎，生公注《维摩》有言曰：

> 若投药失所，则药反为毒矣。苟得愈，毒为药也。是以大圣为心病之医王，触事皆是法之良药。

又《维摩经》云："何等为如来种。六十二见及一切烦恼皆系佛种。"生公疏释颇可见其对于佛性之真意。其文曰：

> 夫大乘之悟，本不近舍生死，远更求之也。斯在生死事中，即用其实为悟矣。苟在其事，而变其实为悟始者，岂非佛之萌芽，起于生死事哉。其悟既长，其事必巧，不亦是种之义乎。所以始于有身，终至一切烦恼者，以明理转扶疏，至结大实也。

夫至极之慧，本以众恶为种。又何能于尘劳之外，建妙极之道，另求妙极佛性以为因耶。《涅槃》佛性本含识所有之真性。真理湛然不变，故生死寂灭，原无二致。苟见其理，心性之真自然流畅。即在生死中当下即证无生。"当下即是"，虽后日宗门之言，而生公已意与密契矣。（上第二段）

依上所言，道生应持佛性本有义。然唐人之解释，则尝指为始有义。似失生公原旨。生所作《佛性当有义》早已佚失。其内容如何，不易推测。即"当有"二字之意为何，亦难武断。唐均正《四论玄义》卷七有曰：

> 道生法师执云，当有为佛性体。法师意一切众生，即云无有佛性，而当必净悟。悟时离四句百非，非三世摄。而约未悟众生望四句百非，为当果也。

据此"当"者，"当来"之当。佛性为众生净悟将来有之果。虽在体言，无过未现。（道生《法华疏》谓佛无时不有，无处不在。又北本三十六，谓佛性非三世摄，可参照也。）而对于众生未悟时，则得佛性为当来之果也。

又据吉藏《大乘玄论》卷三言释佛性者有十一家，其第八家以当果为正因佛性，即是当果之理也。又破此说曰：

> 当果为正因佛性，此是古旧诸师多用此义。此是始有义。若是始有，即是作法。作法无常，非佛性也。

按佛性有"本有"、"始有"之诤论。吉藏谓当果义，是始有。但佛性本始之辩，乃在南北朝群计竞起之后，强为分别，常至无谓。道生之时必无此诤论也。

当果正因佛性义，吉藏谓古旧诸师多用此义，然未言及生公。均正谓此为生公所执，未知果何所据。但《大乘玄论》云，光宅法云以避苦求乐为正因佛性。并曰，彼师云："指当果为如来藏，以有当果如来藏故。"据此则光宅法云有当果说。查《法华义记》虽非法云所撰，然要亦其弟子所记。彼书卷三释诸佛欲令众生开佛知见，言及当果。其文略曰：

> 今光宅法师解言"知见"只是一切（原文无"切"字）众生当来佛果。众生从本有此当果。但从昔日以来，五浊既强，障碍又重，不堪闻大乘，不为其说有当果。此当则有闭义。今日大乘机发，五浊不能为障，得闻今日经教，说言众生皆当得佛。此则是开义。

此文最可注意之点有三。第一，《法华》开佛知见，自罗什以来，即引之以契合佛性义。第二，此文申明"本有于当"之说。（此乃成实师之说，详下章中。）第三，道生《法华经疏》言及开佛知见，则固直言本有。文略曰：

> 故言以一大事因缘出现于世，欲令众生开佛知见。（中略）良由众生本有佛知见分，但为垢障不现耳。佛为开除，则得成之。

又《涅槃集解》卷一引道生之言，则明言本有：

> 苟能涉求，便反迷归极。归极得本，而似始起。始则必终，常之以昧。若寻其趣，乃是我始会之，非照今有。有不在今，则是莫先为大。既云大矣，所以为常。常必灭累，复曰般泥洹也。

按道生之言，实主本有。吉藏斥当果义为始有，不能谓为对生公之说而发也。且即据均正所言，生法师意一切众生"即云无有佛性"。夫言"即云"云者，已可见其意实谓众生本有佛性也。

解生公说为当果义，乃出于白马爱法师。均正谓此师义为生公说之支末。其文略曰：

> 白马爱法师执生公义云，当果为正因。则简异木石无当果义。无明初念不有，而已有心，则有当果性。故修万行，克果，故当果为正因体。此师终取《成论》意，释生师意未必尔。（参看《涅槃宗要》所引）

此爱法师实不得生公意。盖既曰，无明初念不有，则非本有。曰已有心，则有当果，则是始有。《成论》之意，多持"本有于当"（详下章），谓佛性亦本有，亦始有。而道生之说，则言本有也。故均正谓生公意未必尔也。

复次涅槃绝百非，超四句，何来本有始有之辩。故均正谓佛性非三世摄者，似得意之言。夫生公常言："象以尽意，得意则象忘。言以诠理，入理则言息。"后来种种辩论，生公必谓其"多守滞文，鲜见圆义"也。生公之谈佛性当有今不详知。然均正所解，或近之。其所谓当来之果者，乃约未悟众生望四句百非而言，实非据究竟圆义也。（上第三段）

中夏涅槃之争甚烈，可以《喻疑论》证之。其理由则必多因"真我"与"无我"及"神明"之义不同而生疑。据宗性钞《名僧传》卷十三，有问无我与佛性一段，即分辨佛性真义。此段未题为何人所作，但其文系在"渐解实相"段之后。渐解实相之文，决出于慧观手。则无我与佛性段，或亦慧观所作。此段辩佛性义，当亦因涅槃义初出，为释疑而作。其文首曰：

> 又问无神我曰，经云外道妄见我，名之为邪倒。今明佛性即我，名之为正见。外道何以为邪，佛性以何为正。答曰，外道妄见神我，无常以为常，非邪而何。佛法以第一义空为佛性，以佛为真我，常住而不变，非正而何。问曰，何故谓佛性为我。答曰，所以谓佛性为我者，一切众生皆有成佛之真性。常存之性，唯自己之所宝，故谓之为我。

此辨无我与佛性之本相符契，毫无可疑。大体上犹是无死生中我，非无佛性我之意。按《喻疑论》有曰："《三藏》祛其染滞，《般若》除其虚妄，《法华》开一究竟，《泥洹》阐其实化。"祛其染滞者，因小乘无我义，乃在除常人僻执。因计有生死中我，乃染滞之根基也。

《名僧传钞》同段，进而辟当时之执神我者。中土人士之唱神我，乃因信报应之说，故详辨之。其文长，兹不录。按《涅槃经》亦常辨佛性与外道神我之差别。但晓谕多端，如自心法、色法言之，如自眼识乃至意识言之，如自歌罗逻乃至老死言之，如自进止俯仰视眴等言之。经中反复申明，不止一处。然未有特标出报应者。此段特提出天堂地狱等语者，乃针砭中国当日之信仰。盖中国当日人士，均因注重因果而持言神之不灭，而与《涅槃》佛性之说相似而实冲突也。

溯自汉以来，中土人士，以神明不灭为佛法之根本义。及般若学昌，学僧渐知识神性空，法身无形，不来不住，而始疑存神之论。如僧叡《维摩序》所言是矣。（什公破神我，详第十章。）此学说上之一变也。及至泥洹始唱，有佛性常住之说。持论者复以存神之论相质难，是又学说上之一大变也。因是生公为当世守文滞义者所共非议，被摈之机，导乎此矣。（上第四段）

总上所言，万法之真，是曰实相，亦称佛法身。法者，无非法义也。无非法义，即无相实也。实相无相，超乎象外。万象之与实相，死生之于涅槃，等无二致。无相曰无，万象曰有。有生于惑，无生于解。扫除封执，实相即显。然万惑之体，本即实相。涅槃佛性，原为本有。而此万惑中本有之实相，原超乎情见，称为佛性，自非常人之所谓神明也。佛性之义，《涅槃经》反复譬解，不厌求详。（详解乃惧人之误执佛性，而转堕入封惑也。）生公陈义，要言有三。一曰理，一曰自然（或曰法），一曰本有。《涅槃集解》卷一引生公曰："真理自然。"生注《维摩》曰："理既不从我为空。"（此句下文提出"有佛性我"义）《法华注》曰："穷理乃睹。"（穷理，见法身之全也。睹者，顿悟也。）皆所以状佛性也。此开后来以理为佛性之说，而于中国学术有大关系。《集解》五十四引生公曰："夫体法者，冥合自然。一切诸佛，莫不皆然，所以法为佛也。"又曰："作有故起灭，得本自然，无起灭矣。"（此言佛性常住）然则诸法实相，超乎虚妄（偏见），湛然常真（《集解》同卷引生公曰，不偏见，乃佛性体。不偏则无不真），故曰自然。自然者，无妄而如如也。因又曰法。法者无非法也。（佛即法，故实相曰法身。）无妄则去惑。无非法则无相（亦生公语已见前）。盖生公深有得于《般若经》扫相之义，而处处确然于象外，以体会宇宙之真，故其学称为"象外之谈"也。又宇宙真理，事本在我，不须远求。生公解佛性八德（《集解》五十一）有曰："善性者，理妙为善，反本为性也。"又曰："涅槃惑灭，得本称性。"盖佛性本有，反本而得。然则见性成佛（是由顿悟）者，即本性（或本心）之自然显发也。《涅槃》之学，由生公视之，盖真本性之学矣。此义为生公顿悟义之基础，于阐提成佛义亦有关，当于下复述之。（上第五段）

法身无色、佛无净土、善不受报义

竺道生密契于象外之真理，而多发"珍怪之辞"。夫实相无相，忘言绝虑。凡夫著虑，悉为惑妄。圣人垂教，多为方便。故佛无人相，自非色身。谓其有色，乃为惑妄。无身而言身，乃为方便。由是而立法身无色义。法身至极，无为无造，美恶斯外，罪福并舍，由是而立佛无净土，善不受报二义。

道生《法身无色论》已佚。然在《维摩注》中已申此义。《阿閦佛品注》云：

> 人佛者，五阴合成耳（故无人佛）。若有便应色即是佛。若色不即是佛，便应色外有佛也。色外有佛，又有三种。佛在色中，色在佛中，色属佛也。若色即是佛，不应待四也。若色外有佛，不应待色也。若色中有佛，佛无常矣。若佛中有色，佛有分矣（但佛无分）。若色属佛，色不可变矣（但色是可变）。

《维摩经》同品有云："如来非四大起，同于虚空。"道生释之曰：

> 向虽推无人相佛，正可表无实人佛耳。未足以明所以佛者，竟无人佛也。若有人佛者，便应从四大起而有也。夫从四大起而有者，是生死人也。佛不然矣。于应为有，佛常无也。

生公之《佛无净土论》亦佚。惟《维摩注》中亦有此义。《经》文曰，菩萨随所化众生而取佛土。生之注曰：

> 夫国土者，是众生封疆之域。其中无秽，谓之为净。无秽为
> 无，封疆为有。有生于惑，无生于解。其解若成，其惑方尽。始解
> 是菩萨本化，自应终就。使既成就，为统国有。属佛之迹，就本随
> 于所化义，为取彼之国。既云取彼，非自造之谓。若自造则无所
> 统。无有众生，何所成就哉。

又道生《法华经疏》，亦谓"无秽之净，乃是无土之义。寄土言无，
故言净土。无土之净，岂非法身之所托哉。"《胜鬘宝窟》末云："竺道
生著《法身无净土论》，明法身无净土。"然经中之所以常称净土者，则
亦有故。盖"净土不毁，且令（原作"今"）人情欣美尚好。若闻净土不
毁，则生企慕意深。借事通玄，所益多矣。"又同《注》有曰：

> 然事象方成，累之所得。圣既会理，则纤尔累亡。累亡故岂容
> 有国土者乎。虽曰无土，而无不土。无身无名，而身名愈有。故知
> 国土，名号，授记之义者，应物而然，引之不足耳。

生公重权教方便之义。《维摩经注》有谓若伏累须有慧。然若偏执则慧
亦缚。"若以为化（教化）方便用之，则不缚矣。"故佛本无身，而寄言
为身。佛本无土，借事通玄，而曰净土。皆引人令其向善（不自足则向
善），非实义也。

据此则所谓善受报，亦为方便也。道生所作《善不受报论》亦佚，
难言其详。按慧远《释三报论》，谓凡人必有业报。而得道之宾，则不
受报。其文有曰：

> 夫善恶之兴，由其有渐。渐以之极，则有九品之论（此当指三
> 界惑之九品）。（中略）类非九品，则非三报之所摄。

又曰：

> 方外之宾，服膺妙法，洗心玄门。一诣之感，超登上位。如斯
> 伦匹，宿殃虽积，功不在治，理自安消，非三报之所及。

又慧远《明报应论》所言亦相同。文有曰：

> 若彼我同得，心无两对，游刃则泯一玄观，交兵则莫逆相遇。
> 伤之者岂唯无害于神，固亦无生可杀。此则文殊按剑，迹逆而道
> 顺。虽复终日挥戈，措刃无地矣。若然者，方将托鼓舞以尽神，运

干钺而成化。虽功被犹无赏，何罪罚之有耶。

此言体极者超乎报应。然在同论中于凡人则亦言报应有征。按《名僧传钞·说处》有下二条：

> 因善伏恶，得名人天业，其实非善是受报也，事。
> 畜生等有富乐，人中果报有贫苦，事。

审此文次第，均出道生传中。虽文略不易明。然按佛经，行善者得人天果报（死后受生为人为天）。作恶者堕落恶趣（畜生、饿鬼、地狱等）。此皆就凡人而言。据上二条，道生似谓从善伏善者，业名人天。弃善长恶者，业名恶趣。即凡人亦无善恶受报之事。而且恶趣中之畜生有富乐，善趣中之人亦有贫苦。则在事实上，果报亦无征验。生公《维摩经注》曰：

> 无为是表理之法，无实功德利也。

此谓沙门为无为法。无为法中，无利益，无功德。其意与远公略相同。但真理常存，无生无灭，美恶斯外，罪福并舍，故无福报之可言。生公言无为是表理之法，乃就理体立说。慧远则从圣贤而论，其说又似不同。而且生公谓凡人无人天果（只可谓有人天业），报应并乏明征。则二公之说，似更相异。按《维摩注》又有曰：

> 贪报行禅，则有味于行矣。（味相应乃禅之一种。味者味著也。）既于行有味，报必惑焉。夫惑报者，缚在生矣。

此谓行者应舍报心。生公惧报应为贪爱之本，故立论谓依理无利益功德，依事报应亦无明征。而经教之明报应者，生公当亦谓如净土授记之义，同是令人欣美向善也。（慧远《三报论》谓报应非"善诱"。周续之与戴安论报应，力斥报应为圣人设教之说。慧远与戴书，赞同周说。则远公意亦与生公不同。）

按陆澄《目录》载有下列一项：

> 述《竺道生善不受报义》，释僧璩，释镜难，璩答。

僧镜为谢康乐所重，曾著《泥洹义疏》。僧璩乃律师，始住虎丘，宋武帝时乃至扬都。镜亦元徽中卒。二人之问答，当在生公逝世之后。南齐刘虬亦述善不受报义。（见《广弘明集·法义篇》萧子良与刘虬书）则由宋至齐，亦常讨论此问题也。

一阐提有性与应有缘义

夫一阐提者，《经》谓其"病即诸佛世尊所不能治。何以故，如世死尸，医不能治"。(北本卷九)譬如掘地刈草，砍树，斩截死尸，骂詈鞭挞，无有罪报。杀一阐提，亦复如是，无有罪报。(卷十六)阐提如烧焦之种，已钻之核，即使有无上甘雨，犹亦不生。(卷十)六卷《泥洹》本无"阐提成佛"之说。大经与六卷本最显著之差别亦在此。如六卷本卷三有曰：

> 如一阐提懈怠懒惰，尸卧终日，言当成佛。若成佛者，无有是处。

而同处此段在大经北本卷五，则已增改，意义大殊。其文曰：

> 如一阐提，究竟不移，犯重禁，不成佛道，无有是处。何以故，是人于佛正法中，心得净信，尔时便灭一阐提。若复得作优婆塞者，亦得断灭。于一阐提犯重禁者，灭此罪已，则得成佛。是故若言毕定不移，不成佛道，无有是处。真解脱中，都无如是灭尽之事。(下略)

又法显本卷四有文曰：

> 一切众生皆有佛性在于身中。无量烦恼悉除灭已，佛便明显，除一阐提。

而北本同段在七卷中，其文亦殊，且无"除一阐提"四字。

> 一切众生悉有佛性，烦恼覆故，不知不见。是故应当勤修方便，断坏烦恼。

又六卷本第六有灰覆火偈，在此偈后有曰：

> 彼一阐提于如来性，所以永绝。

而在北本卷九灰覆火偈后文甚不同。并有曰：

> 彼一阐提，虽有佛性，而无量罪垢所缠，不能得出。

凡此六卷本与大经皆完全相反。道生于大本未至之前，先悟其理。故遭守文者之诽谤。夫生公所倡佛性之说，既与世俗所谓神明异趣。无净土、不受报等，尤非滞文者之所敢谈。至于阐提不能成佛，经有明文，而生公毅然发此珍怪之论，旧学讥愤，以为邪说，不亦宜乎。

生公论文亦佚（《集解》亦未录其疏释此义之文）。中国日本章疏中，罕述其义。(常盘大定《佛性之研究》书中，博采彼土章疏，亦只详言与道生反对者为何人：[一] 谓为智胜，[二] 法显，[三] 慧观，[四] 罗什。所言均无据，且多荒谬，详见常盘氏原书。）夫道生谓佛性为众生本有之性，而涅槃之学，乃本性之学。但众生为惑所覆，如灰覆火，非无火也，乃灰覆故。众生非无性，惑业缚而不见故。实则众生源于佛性（佛性者，本性。无本则无末矣），无性则并无众生矣。一阐提若为众生（而非木石），则其有佛性也明矣。日本元兴寺沙门宗撰《一乘佛性慧日钞》引《名僧传》卷十之文（文亦见于《名僧传钞·说处》而较简略）曰：

> 生曰，禀气二仪者，皆是涅槃正因。三界受生，盖唯惑果。阐提是含生之类，何得独无佛性。盖此《经》度未尽耳。（《名僧传钞·说处》又云，"一阐提者，不具信根，虽断善犹有佛性事"，亦是生公之说。）

《泥洹经》者法显之所得，未曾闻其非全豹也。而生公依义不依文，竟敢言《经》之传度未尽，真独具只眼也。生公盖谓众生之所以为众生，咸因其禀有佛性。阐提有性，乃理之所必然也。生公以理为宗，依了义而不依不了义，故敢畅言也。

阐提既必有佛性，应能成佛。（《僧传》云，生"说一阐提皆得成佛"，可见生言阐提并可成佛。）然成佛虽因佛性为正因，亦须有缘因。盖若一切众生悉有佛性，而自能成佛，何用修道。譬如七人浴恒河中，而有没有出，则因有习浮不习浮也。故众生成佛，必须藉缘。生公作《应有缘论》，今已佚。所论乃佛之感应，必于佛性缘因义有关也。

《大乘四论玄义》卷六云：

> 生法师云，照缘而应，应（原文夺一"应"字）必在智。此言应必在智，此即是作心而应也。今时诸论师，并同此说。（均正亦似赞同其说）

应必在智，即谓作心而应，亦即有心而应。佛智异于众生，无心于彼此，应无作心。但圣人之智，方便应物，任运照境，即为作心。非同二乘凡夫有相之心。故圣人忘彼此，而心能应一切。（此依均正原文测生公义，可参看原书。）且其应也，亦必待缘。慧达《肇论疏》云：

> 生法师云，感应有缘，或因（原文作"同"）生苦处，共于悲愍，或因爱欲，共于结缚，或因善法，还于开道，故有心而应也。

佛照缘起智，或因生苦处，或因爱欲，或因善法，而有感应。而其所谓"共"者，疑谓众生与佛同源也。同源则如父子天性相关，善恶苦乐俱可感应。(此仅推测之辞,别无明文可证。同源而应之义,常见于《四论玄义》。如曰:"佛与众生,亦共同一源,同在清净大源中。[中略]故感应义是相关为宗。佛所以得与众生得论感应者,一切众生既与佛道同源,必有可反本义。")夫一阐提虽断善根,然是爱欲之结晶。(按一阐提者在梵文谓一遮案提。一遮谓贪欲。案提谓鹄的。合言之乃以贪欲为唯一鹄的之人也。)故藉爱欲之恶缘感佛(《四论玄义》谓广州大亮法师持恶可感应),圣人乃依缘起智,而与之应。《涅槃经》曰:"是人于佛正法中,心得净信,尔时便灭一阐提。"此言在正法中,佛出世应化,虽阐提亦感而灭罪,并能成道。《高僧传》谓大本来后,知"阐提得佛,此语有据"。生公谓阐提成佛义,虽不详。然要当与经所言相符也。

顿渐分别之由来

顿渐之辨,实不始于竺道生也。但生公顿义,不滞经文,孤明独发,大为时流所非议,至为有名,因而知之者多耳。道生以前,"渐顿"二字亦常见于经卷。而东晋之世,乃因十住三乘说之研求,而有顿悟之说。

南齐刘虬《无量义经序》论顿悟有曰:

> 寻得旨之匠,起自支、安。

此谓顿渐之辨,至道安、支遁,始有其旨。而《世说·文学篇注》云:

> 《支法师传》曰,法师研十地,则知顿悟于七住。

此谓顿悟之说首创者,为支道林。所谓十地者,谓初欢喜地至十法云地之大乘菩萨十地也。"十地"古又译"十住"。(与《华严经·十住品》之十住异。元康《肇论疏》曰,关河大德,凡言住者,皆是地也。)东晋之世,广释十住之经,为《渐备一切智德经》(竺法护译),《十住经》(罗什译,均《华严·十地品》异译),《大智度论·发趣品》,《十住毗婆沙》(什译)等。(《仁王经》十地虽有顿悟之说,但此经决非罗什所译,且恐为伪经。)菩萨进修,必循十住。然住虽有十,而关键只三。初欢喜地,为隔凡入圣之始。十法云地,学满究竟,得大法身。第七远行地,亦为十住中一特殊阶段。详举其故,可分四端。(一)菩萨住此,远过一切世间及二乘出世间道,超越尘劳。(《渐备经》云有二世界,一瑕疵,一清净,七住乃能超过是二中间。)(二)七住初得无生法忍。(三)七住具足道慧,普能具足一切道品。盖六住以下,次第修道。地地之中,诸行新起(故曰生)。若至七住,则诸行顿修,无新起者(故无生)。(四)七住寂用双起,有无并观。(无生。

第七地因又名等定慧地。参看《大乘玄论》卷五。后来禅宗人尝论"定慧等"。）
而六住以下，则空有二行，相间而起，不能并观（故是生）。以此四端，
故十住之中，第七亦甚重要。

支道林研寻十住之文，知七住之重要，因而立顿悟之说。其意盖谓
至于七住，虽功行未满，而道慧已具足。十地功行完满，即是成就法身
而证体。七住神慧具足则知一切，而悟理之全分。支公认证体与真慧为
二，故七住虽非究竟（十住亦名究竟地），而已可有顿悟。故刘虬云：

> 支公之论无生，以七住为道慧阴足（支公《大小品序》所谓之"览
> 通群妙"），十住则群方与能（支序所谓之"感通无方"）。在迹斯异，语
> 照则一。（七住之与八九十住，其迹虽异，而其般若之照则前后无不同。）

"道慧阴足"，即已得无生法忍。故于得无生法忍之始，已圆照一切，诸
结顿断，即得佛之摩诃般若。即于此而有顿悟。慧达《肇论疏》曰：

> 第二小顿悟者（第一为大顿悟），支道琳师云，七地始见无生。
> 弥天释道安师云，大乘初无漏慧，称摩诃般若，即是七地。远师
> 云，二乘未得无有（当是"生"字），始于七地，方能得也。琊法师
> 云，三界诸结，七地初得无生，一时顿断，为菩萨见谛也。肇法师
> 亦同小顿悟义。（下略）

七住诸结顿断，为菩萨见谛，故顿悟在于七住。

顿悟者有"不新"义。道安《十法句义序》（见《祐录》卷十）云：

> 人亦有言曰，圣人者，人情之积也。圣由积靡，炉锤之间，恶
> 可已乎。经之大例，皆异说同行。异说者，明夫一行之归致。同行
> 者，其要不可相无，则行必俱行。全其归致，则同处而不新。不新
> 故顿至而不惑。俱行故丛萃而不迷也。所谓知异知同，是乃大通，
> 既同既异，是谓大备也。

此盖谓行虽万殊（就用言），而归致是一（就体言），如得归致之全，则万
行具备，而无新矣。不新而全其归，则顿至而不惑。故慧之极诣号曰顿
悟。六住以还，新行次第起。若至七住，则道慧具足，万行皆备，再无
新行，而谓有顿悟。支道林《大小品对比要钞序》（《祐录》八）有云：

> 神悟迟速，莫不缘分。分暗则功重，言积而后悟。

盖天分（天分谓根器也）不同，故悟有迟速。众生分暗，故须用功烦重。
及积德累功，损之又损，则由初地渐进以至七住。既至七住，则悟已

全。自功重言之，则须渐教。自全悟言之，则称为神悟，亦即顿悟。神悟在言积之后，亦即谓功行已备，再无新行也。

又顿悟者有"不二"义。悟其全分，则不二。慧达《肇论疏》述肇师小顿悟云：

> 六地以还，有无不并，无二之理，心未全一，故未悟理也。若七地以上，有无双涉，始名理悟。

七住并观有无，全其归致，故知于七住有顿悟。顿悟者，即知一切，知其全也。

又所谓十地者有二。（一）古亦曰十住，即《华严经》之十地，乃大乘菩萨行。上来所论者是也。（二）如《大品般若·灯炷品》、《大智度论》七十八所言，即自初乾慧地至十佛地。此谓三乘共地，初七小乘，次一中乘，后二大乘。东晋所辨之顿渐，据《肇论·涅槃无名论》，《难差》、《辨差》二节所言，恐亦尝依三乘共地立说。然其详则不可得知。但当时寻求法华二乘归一之理，则亦有关于顿悟。支道林著有《辨三乘论》。《祐录》七载未详作者之《首楞严经注序》曰：

> 沙门支道林者（中略）启于往数，位叙三乘。余时复畴咨，豫闻其一。

《世说·文学篇》曰：

> 三乘佛家滞义，支道林分判，使三乘炳然。（下略）

支公分判三乘，或亦言及顿悟之旨，又刘虬述道安顿悟义云：

> 安公之辨异观，三乘者始篝之因称，定慧者终成之实录。此谓始求可随根三，入解则其慧不二。（安公有与法汰书，辩三乘义，见陆澄《目录》。）

根器不同，故须由信进修。而涉求之始，可有三乘。支公亦谓群品之分有殊，故必须言积功重，此皆谓渐修（此称为信）不可废也。及至终于解悟，则支公所谓之悟其全分。既豁然顿悟，则其慧自不能有二（此称为悟）。故支、安二公均主顿悟，而不废渐修也。

但小顿悟立说虽依经文，而绝非圆义。盖顿悟之说，亦出于体用之辨。体者宇宙实相，或称真如。夫真如绝言，无名无相。中土人或称之曰道，或称之曰理。道一而已，而理亦不可分。真如无相，理不可分。故入理之慧，亦应无二。于是则始求虽因可有三（就用言），终成必悟理不二（依体言）。因是而支、安乃立顿悟义。然理既无分，悟亦不二。则必须见理证体，始为不二之慧。又必须至佛地金刚心后，成就法身，始有顿悟之极慧。而支道林等乃据经文，以为七地结尽，始见无生，乃谓顿悟在于七住。而究竟证体，仍须进修三位（八、九、十位）。夫既须进修，则未见理。如未见理，曷名为悟？又既须进修，则理可分。理既可分，则慧可有二。支氏等之说，实自语相违也。善乎《涅槃无名论·难差第八》之问曰：

> 儒童菩萨时，于七住初获无生忍，进修三位。若涅槃一也，则不应有三。如其有三，则非究竟。究竟之道，而有升降之殊，众经异说，何以取中耶？

又《诘渐》第十二论三乘，引《正法华经》曰，无为大道，平等无二。

> 既曰无二，则不容有异（不许三乘）。心不体则已，体应穷微。而曰体而未尽，是所未悟也。

按支道林之所言甚为支离。其所以支离者，则因未彻底了然体用之不相离。（因体既无分，则悟岂可仍有进修。）乃拘执经文，以立顿说，是仍生公所斥滞文之徒也。（《涅槃无名论》持说与支公同。僧肇于体用问题彻底了然，似不应仍有此说，故此论疑非肇公所作也。）惟竺道生慧解入微，深入实相，不执经文，不滞名相，故立大顿悟义。

竺道生之顿悟义

竺道生主大顿悟。大顿悟者，深探实相之本源，明至理本不可分。悟者乃言"极照"（或称极慧）。极照者冥符至理。理既不可分，则悟自不可有阶段。生公以前未详作者之《首楞严经注序》盛唱理不可分之说。其言曰：

> 所以寂者，未可得而分也。故其篇云，悉遍诸国，亦无所分。于法身不坏也。谓虽从感若流，身充宇宙，岂有为之者哉。谓化者以不化为宗，作者以不作为主。为主其自忘焉。像可分哉。若至理之可分，斯非至极也。可分则有亏，斯成则有散。所谓为法身者，绝成亏，遗合散。灵鉴与玄风齐踪，员神与太阳俱畅。其明不分，万类殊观，法身全济，非亦宜乎。故曰不分无所坏也。

夫理不可分，法身全济，则入理之悟，应一时顿了。悟之于理，相契无间。若有间隔，则未证体，而悟非真悟矣。推《楞严经注序》之所言，则顿悟之义，已在其中矣。

生公以前不但已流行理之不分之说。而支、安诸公则更已有顿悟义。寻其所谓顿悟者，谓全其归致，悟其全分。但其言至于七住，已得不新不二之真慧。（不新者，万行具修。不二者，有无并观。）则实以证体与悟理截为二事。于悟理既许全其归致。于进修则尚有三位，而实未得其全分。所言矛盾，均滞于经文解释七住之言，而未见圆义也。

生公论顿悟之文已佚。然《涅槃集解》卷一引道生序文之言，可见其旨。文曰：

> 夫真理自然，悟亦冥符。真则无差，悟岂容易。（故悟须顿）不易之体，为湛然常照，但从迷乖之，事未在我耳。（故悟系自悟）

慧达《肇论疏》述生公之旨曰：

> 而顿悟者，两解不同。第一竺道生法师大顿悟（第二为支道林等小顿悟，文见前）云，夫称顿者，明理不可分，悟语极照。以不二之悟，符不分之理。理智恚（此字不明）释，谓之顿悟。（故悟须顿）见解名悟，闻解名信。（故悟者自悟，反本之谓悟。按佛教解脱本有信解脱〔闻解〕与见到〔见解〕之分，生公之说要本于此。查僧伽提婆在庐山译《毗昙心》，内有此说。生公或得此义于提婆。）信解非真，悟发信谢。理数自然，如果熟自零。悟不自生，必藉信渐。用信伪惑（"伪"字疑是"伏"字），悟以断结。悟境停照，信成万品，故十地四果，盖是圣人提理令（原作"今"）近，使夫（疑是"行"字）者自强不息（原作"见"。此下原文更多讹误，略之）。

盖真理自然，无为无造。佛性平等（此亦慧达引生公语），湛然常照。无为则无有伪妄，常照则不可宰割。寻夫本性无妄，而凡夫因无明而起乖异。真理无差，而凡夫断鹤续凫以求通达。是皆迷之为患也。除迷去妄，唯赖智慧。而真智既发，则如果熟自零。是以不二之悟，符彼不分之理，豁然贯通，涣然冰释，是谓顿悟。然悟不自生，亦藉信渐。悟者以种智（自有）冥符真性。真性无分而是本有。故悟无阶级，而亦是自见其本然。信者修行，闻教而生解（故称信修），非真心自然之发露，故非真悟。故道生言及工夫，有顿有渐。顿者真悟（极慧，大悟），渐者教与信修。（教可渐，修可渐，而悟必顿。）生之《法华疏》云：

> 此经（《法华》）以大乘为宗。大乘者，谓平等大慧，始于一善，终于极慧是也。平等者，谓理无异趣，同归一极也。大慧者，就终

为称耳。若统论始末者，一毫之善皆是也。

此终成之大慧（极慧），乃指顿悟。而一毫之善，则为渐修。此文言《法华》会归之旨，固未废渐教也。（又同注曰："将说法华，故先导其情，说无量义。其既滞迹日久，忽闻无三，顿乖昔好。昔好若乖，则望岸而返。望岸而返，则大道废也，故须渐也。"此亦言教须渐。）又其《维摩注》云：

> 一念无不知者，始乎大悟时也。以向诸行，终得此事，故以名焉。以直心为行初，义极一念知一切法，不亦是得佛之处乎。

一念无不知者（什公《维摩注》言，大乘唯一念豁然大悟，具一切智），是即大悟，唯得佛乃能终得此事。至若诸行，则由闻生解，而有初中后。此明渐修亦不可废也。（又同注云，理不可顿阶，必要粗以至精，损之又损，以至于无损，云云。亦言有渐修。）

古之持顿悟者，皆不言全弃渐教渐修也。支道林、释道安、竺道生、谢灵运所言均同。盖登极峰者，必先平地。千里之行，始于足下。当其未造极峰，未达千里之前，虽不能谓为已至。然前此行程，均不可废。但行虽有渐，而至则顿达。已造极峰，则豁然开朗。而修行言教之渐阶，皆是引人入胜之方便法门。故生公曰，"十地四果，皆圣人提理令近"，使人能自强不息。盖以真悟符不分之理，故顿而无渐。然则十地四果之各阶，以至六波罗密三十七道品之众行，皆近于理而未至，故非真悟。刘虬《无量义经序》云：

> 生公曰，道品可以泥洹，非罗汉之名。六度可以至佛，非树王之谓。（此言道品六度皆修行方便，而未至极果。）斩木之喻，木存故尺寸可渐。无生之证，生尽故其照必顿。

实相无生，尽生则无生顿显。尽者，言得其全也。无生实相，不可分割，无丝毫之伪妄。故证无生，亦必得无生之全，而必须顿悟。然则顿悟者，尽乎无生也。而且尽即无生。无生亦固未尝离于生。竺道生曰："大乘之悟，本不近舍生死，远更求之也。"又曰："不易之体，湛然常照。但从迷乖之，事未在我耳。"然则实相法身，涅槃佛性，原不舍生死，事本在我。（事在我者，谓佛性本有也。）但从迷乖之耳。吾人若藉信修，以进于道（进者，尽也）。则是真理自发自显，如瓜熟蒂落，豁然大悟。故生公曰："见解名悟，闻解名信。"闻解由人（由教而信），而见性成佛，则事确在我也。注重真理之自然显发，乃生公顿说之特点。而其说固源出于佛性在我义也。事既在我，则十地四果，都为方便。二乘三乘，俱是权教。十地以还，均为大梦。生公《法华注》云：

> 得无生法忍，实悟之徒，岂须言哉。（中略）夫未见理时，必须
> 言津。既见乎理，何用言为。其犹筌蹄以求鱼菟，鱼菟既获，筌蹄
> 何施。（下略）

然则得无生法忍，超乎言象。支公等谓七住可得无生者，是不知佛之方便
说法，而以指为月，得筌忘鱼也。世称生公之学为"象外之谈"，亦因此也。

生公驳小顿悟家之言已不详。然现有书中则亦常见其辨三乘十地之
说。如《法华疏》曰：

> 譬如三千，乖理为惑，惑必万殊。反而悟理，理必无二。如来
> 道一，物乖为三。三出物情，理则常一。如云雨是一，而药木万
> 殊。万殊在乎药木，岂云雨然乎。

此言乘可有三，而理唯一极。（谢康乐言理归一极，义本出于生公。）故
《疏》又有曰：

> 佛为一极，表一而出也。理苟有三，圣亦可为三而出。但理中
> 无三，唯妙一而已。

夫理既为一，则涉求之始，可以有三因。而终成则悟理自无有二。故慧
达《肇论疏》曰：

> 唯竺道生执大顿悟云，无量（应是"果"字）三乘，有因三乘。

夫权智入道之途可殊，故因可有三。妙极之果则仅是一，所谓理不可分
也。理既是一非三，则悟须一。悟一，则万滞同尽也。此乃据三乘而
言。又道生持十地以后乃有大悟。吉藏《二谛义》引其言云：

> 果报是变谢之场，生死是大梦之境。从生死至金刚心，皆是
> 梦。金刚后心，豁然大悟，无复所见也。

豁然大悟，即是真悟。在十地以前，无有真悟。七地自不能见无生。故
唐均正《四论玄义》有曰：

> 故经云，初地不知二地境界，乃至第十地不知（原作"至"）如
> 来举足下足也。亦是大顿悟家云，至第十地，始见无生。小顿悟家
> 云，至七地始见无生也。

《涅槃集解》卷五十四引道生之言曰：

十住几见，仿佛其终也。（参看《泥洹经》卷五《如来性品》）始既无际，穷理乃睹也。

穷理乃睹，生公之顿悟也。（七住未穷理，依生公意，自非真睹。）

总之，竺道生实能善会罗什、昙无谶所传之学。道生生于《般若》风行之世，后复得什公之亲传。故其于《涅槃》，能以《般若》之理融合其说。使真空、妙有契合无间。刘宋以后之谈《涅槃》者，皆未知《般若》，因多堕于有边（如谓佛性是神明者皆是也），而离于中道。唯生公顿悟能理会大乘空有二经之精义。《般若》宣说无相，理不可分。故极慧冥符，胡能有渐。而《涅槃》直指心性。不易之理，事本在我。故"见解名悟"，是真理之自然顿发，与"闻解"者不同。此则后日禅宗之谈心性主顿悟者，盖不得不以生公为始祖矣。《高僧传》曰：生公笼罩旧说，妙有渊旨。而实则其发明"新论"，下接宗门之学，更为中华学术开数百年之风气也。

谢灵运述道生顿悟义

据上所言，道生因理不可分，故立顿说。又因见解之事在我，而言信非是悟。《般若》无相义，经生公之精思，与《涅槃》心性之理契合，而成为一有名之学说。谢康乐与道生交谊如何，今不可知。但于顿义，则甚为服膺。《辨宗论》即述生之言。（详前）谢曾谓孟顗曰："得道应需慧业。丈人生天，当在灵运前，成佛必在灵运后。"此所谓慧业，想必顿照之意也。兹略叙《辨宗论》及问答之要旨如下：

谢氏自言其顿悟义乃折中孔、释二家。《辨宗论》曰：

同游诸道人，并业心神道，求解言外。余枕疾务寡，颇多暇日，聊申由来之意，庶定求宗之悟。（故论名《辨宗》。宗者，宗极也。）释氏之论，圣道虽远，积学能至，累尽鉴生，方应渐悟。孔氏之论，圣道既妙，虽颜殆庶，体无（王弼云"圣人体无"，系指孔子。参看皇侃《疏》"颜子屡空"及"不违如愚"句）鉴周，理归一极。（一极本道生所用名辞。按皇侃《疏》二引王弼曰"极不可二，故谓之一也"。）有新论道士以为"寂鉴微妙，不容阶级。（盖因理不可分，而归一极。）积学无限，何为自绝。"（积学非无限，故能至，而不自绝。）今去释氏之渐悟，而取其能至。去孔氏之殆庶，而取其一极。一极异渐悟，能至非殆庶。故理之所去，虽合各取。然其离孔、释矣。余谓二谈救物之言（谢答勖云："华人易于见理，难于受教。故闭其累学，而开其一极。夷人易于受教，难于见理。故闭其顿了，而开其渐悟。"故孔、释二氏之谈，均随方救物），道家之唱（新论道士之说），得意之说。敢以折中自许。窃谓新论为然。聊答下意，迟有所悟。

据此道生之新论，有"寂鉴微妙，不容阶级，积学无限，何为自绝"数语。而谢氏以其言为然。并兼取孔、释之说，而以折中自许。然谢虽折中孔、释，而其顿说固源出道生。故其答骃、维问有曰："唯佛究尽实相之崇高。今欲以崇高之相，而令迷蒙所知，未之有也。"其答维问有曰："阶级教愚之谈，一悟得意之论。"此所谓实相崇高，即亦其所谓累尽之"无"。夫累尽之后，"无"乃可得。故悟在"有表"。"有表"者，即生公之"象外"。此所谓阶级教愚之谈，即谓理不可分，而无差异。故一悟乃得意之论。而悟在有表，象外无相，故须一悟万滞同尽，此全承生公意之说也。而渐教者，谓除累之学行。累未尽去，则仍迷蒙。既未出迷，何能达"有表"之"无"耶。故曰"今欲以崇高之相，而令迷蒙所知，未之有也"。

由此言之，方其除累，仅谓之学。累尽至无，乃可言悟。学者渐，为假，为暂，为权，为受教。悟者又名照，乃顿（万滞同尽），为真，为常，为智，为见理。慧骃问真假二知何异。谢氏答曰：

> 假知者，累伏，故理暂为用。用暂在理，不恒其知。真知者，照寂，故理常为用。用在常理，故永为真知。

骃又问理实在心，累亦在心，而不自除，将何以除之乎。谢之答曰：

> 累起因心，心触成累。累恒触者心日昏，教为用者心日伏。伏累弥久，至于灭累。然灭之时，在累伏之后也。（修仅伏累，悟乃灭累。）

伏累灭累，实不相同。故曰：

> 伏累灭累，貌同实异，不可不察。灭累之体，物我同忘，有无一观。（按小顿悟家因七住并观有无，而言七住顿悟。此主大顿悟，成佛乃并观。）伏累之状，他己异情，空实殊见。殊实空、异己他者，入于滞矣。一无有、同我物者，出于照也。

伏累者有所滞，故非真悟。真悟者得其全，物我双忘，有无并观，故一悟万滞同尽矣。

渐学既为假，然则将不可废乎，抑亦有其用乎。谢氏谓渐不可废，且有其用。其答僧维曰：

由教而信，则有日进之功。非渐所明，则入无照之分。

但渐之为用，非以有祛有。（凡夫滞于有，自不能再以有祛其惑。）而乃以无伏有。众生皆封于有，故须用无治之。有之病，须凭无之药也。其答纲曰：

夫凭"无"以伏"有"，伏久则"有"忘。伏时不能知，知则不复辨。是以坐忘日损之谈，近出老庄。数缘而灭（择灭无为），经有旧说。如此岂累之自去，实"无"之所济。

"无"者，宗极之谓。凡人未至宗极，而可由教示之以宗极，以发信心。行者行坐忘数灭之工夫，以近此宗极。方此之时，是曰"向宗"。然向宗者未至。既得既至，乃可谓真悟。然则向宗者伏累，虽功日进，而非真悟也。

宗极者不分无二（谢曰"宗极微妙"），超乎象外，在于有表。于宇宙称之曰实相，而非迷蒙滞有者所知。于众生号之曰佛性，而非渐教之所能达。（谢答琳曰，物有佛性，其道有归，所疑者渐教。）宇宙众生之实体，盖唯源于此妙一之宗极耳。故又名为一极。生公《法华疏》曰，三乘是方便，"佛为一极"。盖三乘者，亦方便，亦筌蹄耳。佛为一极，则忘象之言（一极象外），而为得意之说也。宗极妙一，与此宗极冥符之悟，自无有二。故刘虬曰："忘象得意，顿义为长"也。又谢侯答勖曰，孔、老二教，"权实虽同，而用各异。昔向子期以儒道为壹。应吉甫谓孔、老可齐。皆欲窥宗，而况真实者乎"。此认孔、释所体无异，但于用有殊（因随民情而立教故）。而"道一而矣"，向、应二子之齐孔、老，实"窥宗"之言。在南朝玄风盛时，佛道儒诸家，类认其宗极（亦曰"本"，亦曰"体"）相同。而其高下，不过在能证此宗极与否（因体一，故南朝常有齐三教之言），《辨宗论》者，明示吾人以各教之宗极是一（如三乘只有一极）。而其所辨者，则只在定"求宗之悟"也（即顿渐之辨）。

按谢侯顿悟之义，源出生公理不可分义。而其特点，则在折中孔、释之言，言极新颖。梁释智藏和武帝会三教诗云："安知悟云渐，究极本同伦。"（此亦由一极义，齐三教。）北齐颜之推《家训·归心篇》有曰："内外两教，本为一体。渐极为异，深浅不同。"（此虽引谢之言，而稍误会其旨。盖一极之体依谢意，固内外教所同也。）"渐"、"极"者指渐学与一极，均引谢氏之言也。

总而言之，生公顿悟，大义有二。（一）宗极妙一，理超象外。符理证体，自不容阶级。支道林等谓悟理在七住，自是支离之谈。（二）佛性本有，见性成佛，即反本之谓。众生禀此本以生，故阐提有性。反本者真性之自发自显，故悟者自悟。因悟者乃自悟，故与闻教而有信修者不同。谢灵运分辨顿悟与信修，多用生公之第一义。于第二义则无多发挥。（谢曰："心本无累"，又曰："物有佛性，其道有归。"均已隐藏有此义。但其辨顿渐，则少就此发挥。）谢答王弘问难中，言及顿悟与信修之别，谓渐修者知假，亦可谓不知。王弘以其书送示竺道生。而生公乃答曰：

> 以为苟若不知，焉能有信。然则由教而信，非不知也。（渐修亦非不知，此驳谢氏之答。）但资彼之知，理在我表。资彼可以至我，庸得无功于日进。未是我知，何由有分于入照。岂不以见理于外，非复全昧。知不自中，未为能照耶。

知若自中，则豁然贯通，见性成佛（见解名悟）。由教而信，则理在我表，尚不能见性（闻解名信）。顿悟渐修之分，生公以为应如此说。竺道生于读谢论之后，而特补充此一义。可见其认康乐所言，尚未圆到，而"反本为性"之义，则自认其非常重要也。

慧观渐悟义

竺道生既唱顿悟，一时争执极烈（已见前），加入讨论者甚多。按《世说新语·文学篇》曰：

> 佛经以为祛练神明，则圣人可致。（原注曰，释氏经曰，一切众生皆有佛性，但能修智慧，断烦恼，万行具足，便成佛也。）简文云，不知便可登峰造极不。然陶练之功，尚不可诬。

简文帝在《泥洹》佛性说流行以前，即已知成佛之难。谢康乐《辨宗论》谓释氏圣道之远，亦明其登峰造极之不易也。生公死后，宋文帝尝述顿悟。可见帝王于成佛之理，亦常研求。则朝野僧俗，讨论此义之极盛一时，亦不足怪也。

如《涅槃无名论》为僧肇所作，则为持渐以驳顿之最早者。但此论文笔力与《不真空论》等不相似，且颇有疑点，或非僧肇所作。（一）据《肇论疏》等，均谓此论中引及《涅槃经》。按肇死（414年）在《大经》出世（421年）及《泥洹》六卷本译出（417年至418年）之前。（二）肇在什公逝后一年而亡。而其《上秦王表》中，引及姚兴《与安成侯书》。按彼书中所言，似什公去世已久。（三）《无名论》十演中反驳之顿悟，显为生公说。而九折中所斥之渐说，则为支公七住顿悟说。

是作者宗旨赞成七住说，而呵弹大顿悟。据今所知，生公以前，无持大顿者。生公立说想在江南，且亦远在肇死之后。（四）《无名论》非肇作，六朝人似无有言之者。但《大唐内典录》有下列一条：

> 《涅槃无名九折十演论》，无名子。（今有其论，云是肇作，然词力浮薄，寄名乌有。）

按《无名论》，乃托言"有名"与"无名"之争辩。则所谓无名子即指此论。若然则前人已有疑者。（五）《涅槃无名论》虽不出肇公手笔。然要亦宋初顿渐争论时所作。《难差》以下六章，其中"有名"主顿，"无名"主渐，反复陈述，只陈理本无差，而差则在人之义。此外，了无精意。取与诸渐家如王弘等所陈比较，辞力实浮薄，似非僧肇所作也。

反对顿悟之名僧，首称慧观。观与生同游匡山，并同往关中见什。还江南后，亦为世所重。作《渐悟论》以抗生公、谢侯。《名僧传钞》载《三乘渐解实相》一文，审其次序，当即观作。或并出《渐悟论》中。兹全录而略论之：

> 《论》曰，问三乘渐解实相曰，经云，三乘同悟实相而得道。为实相理有三耶？以悟三而果三耶？实相唯空而已，何应有三？若实相理一，以悟一而果三者，悟一则不应成三。答曰，实相乃无一可得，而有三缘。行者悟空有浅深，因行者而有三。

此相当于《难差》第八《辩差》第九之文。观公答言亦持差别在人，与《无名论》之说相同。彼文继曰：

> 问曰，若实相无一可得，悟之则理尽，不悟则面墙，何应有浅深之异，因行者而有三。

此与《责异》第十之问相同。《无名论》所答仍谓差别在人。而此文答辞则实较切实。其文曰：

> 答曰，若行人悟实相无相者，要先识其相，然后悟其无相。以何为识相？如彼生死之相，十二因缘。唯如来洞见因缘之始终，悟生死决定相毕竟不可得，如是识相非相，故谓之悟实相之上者。菩萨观生死十二因缘，唯见其终，而不识其始，虽悟相非相，而不识因缘之始，故谓之悟实相之中者。二乘之徒，唯总观生死之法是因缘而有，虽悟相非相，不著于生死，而不识因缘之始终，故谓之悟实相之下者。（《名僧传钞·说处·道生传》中有"上乘智慧总相观空，菩

萨智慧别相观空事"云云。当系就顿说辨此义。今不详。）理实无二，因于行者照有明暗。观彼诸因缘，有尽与不尽，故于实相而有三乘之别。

问曰，菩萨之与二乘既不穷因缘之始终，何得称缘实相而得道。答曰，菩萨之与二乘虽不洞见因缘之始终，而解生死是因缘而有，知生死定相不可得，故能不染著于生死，超三界而得道。云云。

此言须先识其相，然后悟无相。菩萨与二乘，虽不能知其全，而究有所知。此说比《涅槃无名论》所言，实更进一层。又慧达《肇论疏》亦引观之言一段，系驳《辨宗论》背南停北之喻。其文多讹误，不甚可解。因其亦吉光片羽，并全录以俟后考。

释慧观师执渐悟，以会斯譬云，发出嵩、洛，南形衡，去山百里，仿佛云岭。路在嵩（崇）朝，岑严游践。今发心而向南，九阶为仿佛，十住为见岑，大举为游践。若以足言之，向南而未至。以眼言之，即有见而未明。但弁（辩）宗者得其足以为五度度。况渐悟者，取其眼以为波若之，向南之行而所取之义殊，犹不龟之能，而所用之功异之也。

观公之意，大举游践，虽在登峰之后。而足发嵩、洛，南趣衡岳，自远而近。以足言之，虽实未至。但以眼言之，则有所见。既有所见，即是有所悟。然则悟有阶级，亦不可否认也。

竺道生之门下

道生之顿悟义，宋文帝极提倡之。尝于生逝世后述顿悟义。沙门僧弼等皆设巨难。帝曰："若使逝者可兴，岂为诸君所屈。"文帝又招致道猷、法瑗入京师。二人皆述生之顿义者。

（一）道猷乃吴人。初为生公弟子。随师之庐山。师亡后，隐临川郡山。见新出《胜鬘》，披而叹曰："先师昔义，暗与经同。但岁不待人，经集义后，良可悲哉。"因注《胜鬘》，以翼宣遗训，凡有五卷。后宋文问慧观"顿悟之义，谁复习之"。答云："生公弟子道猷。"即敕临川郡发遣至京。既至，即延入宫内，大集义僧，令猷申述顿悟。时竞辩之徒，关责互起。猷既积思参玄，又宗源有本，乘机挫锐，往必摧锋。帝乃抚几称快。（《祐录》九道慈《胜鬘序》谓孝武帝于大明四年招猷，此从《僧传》。）孝武帝升位，尤相叹重。乃敕住新安，为镇寺法主。大明六年敕吴兴郡致送小山释法瑶至京，与猷同止新安寺，使顿渐二悟，义各有宗。孝武帝每叹美猷曰："生公孤清绝照，猷公直峦独上，可谓克明师匠，无忝徽音。"猷于元徽中卒。后有沙门道慈祖述猷义，删其注《胜鬘》，以为两卷。（有序，见《祐录》九。）

（二）法瑗乃陇西人。游学北方后，自成都东抵建业。依道场慧观为师。后入庐山守静味禅。顷之刺史庾登之请出山讲说。文帝访觅述生公顿悟义者，乃敕下都，使顿悟之旨重申宋代。何尚之闻而叹曰："常谓生公殁后，微言永绝。今日复闻象外之谈，可谓天未丧斯文也。"文帝、孝武帝均优礼之。明帝造湘宫寺，敕为法主。注《胜鬘》及《微密持经》。论议之隙，谈《孝经》、《丧服》。南齐永明七年卒。

生公之弟子又有僧瑾。隐士沛国朱逮（亦作"建"）之第四子，少善《老》、《庄》及《诗》、《礼》。初事昙因，后从道生。宋孝武帝敕为湘东王师。及王即帝位，敬奉极厚。惟明帝末年颇多忌讳，犯忤而致诛戮者十有七人。瑾每匡谏，礼遂薄。后因周颙进言，使帝稍全宥犯者。（详《僧传》）瑾以元徽中卒。

《僧传》又谓龙光寺有沙门宝林。初经长安受学，后祖述生公诸义。时人号曰游玄生。著《涅槃记》，及注（?）《异宗论》、《檄魔文》（文载入《弘明集》）等。林弟子法宝（《名僧传钞》言亦龙光僧人）亦学兼内外。著《金刚后心论》等，亦祖述生义。《金刚后心》，想即论金刚以后皆是大觉。是其所述乃顿义也。《僧传》又谓刘宋昙斌并申顿悟渐悟之旨。时心竞之徒，苦相雠校。斌既辞惬理诣，终莫能屈。斌曾学于小山瑶。瑶乃主渐者也。

刘虬与法京禅师

南齐时荆州隐士刘虬述善不受报顿悟成佛义，当世莫能屈。又注《法华》、《无量义》等。（《法华注》乃集注，见《中论疏记》。又《文选注》，曾引之。）讲《涅槃》、《大小品》等。其著作均佚。仅《祐录》有其《无量义经序》。序首叙七时判教，明施教依根器不同。次辨顿悟义，谓入空则其慧不二。评定顿渐之得失，以渐为虚教，以顿为实说，实具调和之意。其文有曰：

　　既二谈分路，两意争途，一去一取，莫之或正。

此可见南齐时犹有顿渐争也。虬评之曰：

　　自极教应世，与俗而差。神道救物，称感成异。玄圃以东，号曰太一。罽宾以西，字为正觉。东国明殃庆于百年，西域辨休咎于三世。希无之与修空，其揆一也。有欲于"无"者，既无得"无"之分。施心于"空"者，岂有入"空"之照。而讲求释教者，或谓会理可渐，或谓入空必顿。请试言之，以荃幽寄。立渐者以万事之成，莫不有渐。坚冰基于履霜，九成作于累土。学之入空也，虽未圆符，譬如斩木，去寸无寸，去尺无尺。三空稍登，宁非渐耶。立顿者，以希善之功，莫过观于法性。法性从缘，非有非无。忘虑于非有非无，理照斯一者，乃曰解空。存心于非有非无，境智犹二者，未免于有。有中伏结，非无日损之验。空上论心，未有入理之效。而言纳罗汉于一听，判无生于终朝，是接诱之言，非称实之说。妙得非渐，理固必然。

故刘君之言，仍主顿义。而其大旨仍承生公之说。其序末曰：

> 今《无量义》亦以无相为本。若所证实异，岂曰无相。若入照必同，宁曰有渐。非渐而云渐，密荃之虚教耳。如来亦云："空拳诳小儿，以此度众生。"（语出《智度论》）微文接粗，渐说或允。忘象得意，顿义为长。聊举大较，谈者择焉。

虬有子之遴。之遴师后梁僧正法京。（《续传·习禅篇》有传）《广弘明集》载其《吊京法师亡书》有曰：

> 顿悟虽出自生公，弘宣后代，微言不绝，实赖夫子。

按之遴自言从京五十余年。则其父与京当为故交。而虬之主顿恐亦得之于京也。京乃禅师，驻锡江陵。其弟子智远、慧暠（二人《续传》俱有传）并于陈隋之际游建业、荆州。京恐系以般若学者（刘书比之于什、肇、融、恒、林、安、生、远）而行定业。暠乃三论宗人（系茅山明法师弟子），陶练中观禅法。（语出《续传》）而且楞伽禅师法冲曾从暠学。（《法冲传》）顿悟之义与禅宗人发生关系，据史书所记，于此微见其端矣。

第十七章　南方涅槃佛性诸说

两晋《老》、《庄》教行，《般若》方等与之兼忘相似，亦最见重于世。及至罗什传授三论，僧肇解空第一，般若之学，已登峰造极。夫圣人体无，然无不足以训，乃渐以之有。肇公以后，《涅槃》巨典，恰来中国。于是学者渐群趋于妙有之途，而真空之论，几乎渐息。竺道生初精于《般若》，晚盛谈《涅槃》。真空妙有，契合无间。其后《涅槃》大兴，而《般若》衰歇。于是谈者乃忘真空，而常堕于一边。《续僧传》载僧旻之言曰："宋世贵道生，顿悟以通经（经谓《涅槃》）。齐时重僧柔，影《毗昙》以通《论》（《论》谓《成实》）。"据此，《涅槃》、《成实》，相继盛于宋齐。而中国法师之竞谈此二者，则多因其未免于有也。

南方涅槃佛性诸家

《涅槃》大经来自北凉。道生昌明其学。（与生同时治此学者，名已见上章。）然宋初已后，南方《涅槃》固多出于道生，而直接来自北方者仍不少。（一）其属于道生系统者，有宝林（住龙光寺，著《涅槃记》。下多见《僧传》或《续传》），法宝（林之弟子，著《金刚后心论》，均附见《生传》），道猷（随生之匡山），道慈（猷弟子），僧瑾（生公弟子），法瑗（祖述生公顿悟义），爱法师（住白马寺。《集解》引有昙爱之说，当即此人），僧宗（瑗弟子，又从斌、济二法师，著《涅槃义疏》），慧超（宗之弟子），慧朗（《集解》引其言常述僧宗、法瑶诸人之说。即《续传·僧韶传》之法朗，作《涅槃集解》，下详），敬遗（《集解》引其记，亦述僧宗。《僧传·法安传》附见），法莲（《集解》引其记，述僧宗）；（二）其曾学于北方不属生公者，有慧静（吴兴人，居剡），法瑶（东阿僧慧静游历伊、洛、徐、兖，小山法瑶乃其弟子），昙斌（初学于南阳道袆，后学于瑶及静林法师），慧亮（东阿静［原作"靖"］之弟子，《集解》引有僧亮之说，或即慧亮），僧镜（学于北，著《泥洹义疏》，或指六卷本），超进（长安人），僧钟（鲁郡人），法安（事洛邑白马寺慧光为师。有《涅槃义疏》），宝亮（事青州道明为师，有《涅槃义疏》），法云（光宅寺），慧约（剡慧静弟子），昙准（原为北方智诞弟子，后游南京，有《疏》），僧迁（宝亮弟子，有《疏》）；（三）系统不明者，有僧含（见《宋书·外国传》），僧庄（荆州上明寺），昙济（作《七宗论》者），昙纤（《集解》引其言，《僧传·僧钟传》附见），道慧（《集解》常引道慧记曰，或撰曰，或即《僧传·慧隆传》附见之僧），僧籥（上党人），觉世（北多宝寺），静林（多宝寺），慧定（中兴寺），僧慧（昙顺弟子），智顺（事钟山延贤寺智度为师，有《疏》），智藏（开善寺），梁武帝（有《疏》），慧皎（会稽嘉祥寺，有《疏》十卷），法令（上定林寺），慧令（《集解》引有彭城慧令之说），明骏（不详，《集解》多其按语），道琳（富阳），智秀（有《疏》），法智（有《疏》），慧勇（三论学僧），警韶（白马寺），宝琼（住彭城寺，著有《疏》）等。

佛性学说，为《涅槃经》之中心。诸家研求，多有异说。吉藏《大乘玄论》卷三，出正因佛性十一家。《涅槃游意》，说佛性"本有"、"始有"共三家。元晓《涅槃宗要》出佛性体有六师。均正《大乘四论玄义》（日僧光太法师《三论真如缘起》谓此书慧均僧正作，则均正并非人名，犹慧令僧正称为令正也）卷七则言正因佛性有本三家，末十家之别。虽各有殊异，而大致相同。今以均正所传为母，而以吉藏元晓所言为子，分附于均正各家之下：

均正（即慧均僧正）本三家：

（甲）道生法师　当有为佛性体。《玄论》之第八家。当果为正因佛性，古旧诸师多用此义。

（乙）昙无谶（原作"此远"，误）法师　本有中道真如为佛性体。《玄论》于其所列之十一家外曰："河西道朗法师与昙无谶法师共翻《涅槃经》，亲承三藏作《涅槃义疏》，释佛性义，正以中道为佛性。"

（丙）瑶（原作"望"）法师　于上二说中间，执得佛之理为正因佛性。《游意》之第二解，障（应作"新"）安瑶师以众生有得佛之理，为正因佛性。

均正　末十家：

（一）白马寺爱法师　执生公义云，当果为正因。《宗要》之第一师，当有佛果为佛性体（引文与均正大同）。此是白马寺爱法师述生公义。

（二）灵根寺慧令僧正　执瑶（原作"望"）师义云，一切众生本有得佛之理，为正因佛性。《玄论》之第九家，以得佛之理为正因佛性。此义灵（原作"零"）根僧正所用。

（三）灵味宝亮（即小亮）法师　真俗共成众生真如佛理为正因体。《玄论》之第十家，以真如（原文如作"谛"，今据《三论略章》改正。）为佛性，此是和法师、小亮法师所用。《游意》之第一解为灵味高高。"高高"即"宝亮"之讹。其说则系梁武帝之说。但据均正，谓亮与武帝之说本属同气，故《游意》云然。

（四）梁武帝　真神为正因体。《玄论》之第六家，以真神为正因佛性。《宗要》之第四师，心神为正因体，乃梁武萧衍（原作"箫焉"）义。《游意》以此为灵味高高之说。"高高"乃"宝亮"之误。武帝说与小亮一气，故《游意》如此言。

（五）中寺法安（即小安）法师　心上有冥传不朽之义为正因体（又云同照提义也）。《玄论》之第四家，以冥传不朽为正因佛性。

（六）光宅寺法云　心有避苦求乐性义，为正因体。《玄论》之第五宗，以避苦求乐为正因佛性，此是光宅（原作"泽"）师一时所用。（均正云，光宅亦常用亮师义云，心有真如性，为正体也。）

（七）河西道朗法师，及末有庄严寺僧旻与招提白琰公等。众生为正因体。《玄论》之第一家，以众生为正因佛性。（未言为何师之说，且谓道朗系以中道为正因体。）《宗要》之第二师，现有众生为正因体，是庄严寺旻（原作"是"，误）法师义。

（八）定林寺僧柔、开善寺智藏　（通）则假实皆是正因。故《迦叶品》云，不即六法，不离六法。（别）则心识为正因体。《玄论》之第二家，以六法为正因佛性，故经云，不即六法，不离六法（即上之通）。第三家以心为正因佛性（即上之别）。

（九）《地论》师　第八无没识为正因体。《玄论》之第七家，以阿梨耶识自性清净心，为正因佛性。

均正又云，《地论》师曰，分别而言之有三种。一是理性，二是体性，三是缘起性。隐时为理性，显时为体性，用时为缘起性。

（十）《摄论》师　第九无垢识为正因佛性。均正云，上两师同以自性清净心为正因佛性，《宗要》第六师阿摩罗识真如解性为佛性体。如《经》言，佛性者名第一义空。此真谛三藏之义。《玄论》之第十一师，以第一义空为正因佛性。此北地摩诃衍师所用。

附《宗要》之第五师，言阿赖耶识，法尔种子为佛性体。谓为"新师"等义。此当是唐代新法相宗师义也。

上列诸家中，（甲）、（一）二者已于上第十六章论及。其中（乙）家实为吉藏及均正等三论宗自谓所祖之义。道朗之义，则难详知。而（九）、（十）及法相家言，则实非《涅槃》大经原属之宗义也。兹就其余诸师，论其学说之大要如下。

释法瑶

释法瑶（丽本《高僧传》作"珍"，误），姓杨，河东人。约生于东晋安帝之世。少而好学，寻问万里。刘宋景平中（约436年）南游兖、豫。贯极众经，傍通异部。（《高僧传》本传）有东阿人释慧静，少游学伊、洛之间，晚历徐、兖。至性虚通，澄审有思力。著有《涅槃略记》。每法轮一转，辄负帙千人。（《高僧传·慧静传》）法瑶当在兖得听东阿静公讲。众屡请复述。静叹曰："吾不及也。"（《高僧传》本传）按《科金刚錍序》云："分大经章段，始于关内凭、小山瑶。"又《法华文句》一云，河西凭（当即关内凭）江东瑶取天亲意，节目经文。又《百论疏》云："宋代道凭法师，释此《论》之元首也。瑶公等并采用为《疏》。"据此，瑶恐曾受业关内凭。（慧静为东阿人，称为东阿静。则关内凭自当为关内人。或曾入河西，故亦善《涅槃》。）凭即世传什公门下八俊之一。《高僧传·僧远传》云：

> 时有沙门道凭，高才秀德，声盖海、岱。

僧远系在江北从凭受学，法瑶如为凭弟子，或亦在江北也。（按《三论略章》云，"小"［原作"冰"］山瑶法师宗彭城凭法师解。是则凭曾住彭城，瑶或于彼地从学。）瑶元嘉中过江。沈演之特深器重。请还吴兴武康小山寺。（本传）演之字台真，乃武康人。平生好读《老子》，日百遍。以义理业知名。（《宋书》六十三）瑶居武康，每岁开讲。三吴学者，负笈盈衢。有释昙斌者，亦来从之研访《泥洹》、《胜鬘》，后为宋代法匠。（《僧传》）瑶在小山寺，首尾十有九年，自非祈请法事，未尝出门。（本传）但《宋书·王僧达传》曰：

> 吴郭西台寺多富沙门。僧达求须不称意。乃遣主簿顾旷率门义劫寺内沙门竺法瑶，得数百万。

按僧达于元嘉三十年（453 年）至孝建三年（456 年）为吴郡太守，如竺法瑶即小山释法瑶则彼于此诸年中曾居吴也。（按宋初僧人不均姓释，而《僧传》每改为姓释。如《僧传》所载与法瑶同居新安寺之释道猷，《祐录》九道慈《胜鬘经序》作"竺法攸"，可以为证。）《高僧传》曰："瑶年虽栖暮，而蔬苦弗改，戒节清白，道俗归焉。"《名僧传》亦列之于《高行传》中。或者瑶虽受施甚厚，而其自奉则甚薄也。

晋末宋初，竺道生为当时法匠，创大顿悟义。其同学慧观持渐悟。谢康乐、宋文帝亦服膺生公之学。谢侯作《辨宗论》，与僧俗难问往复。文皇招致道猷、法瑗，使生公之微言复张。（详见上章）宋大明六年（462 年）孝武帝宠姬殷贵妃薨，为之立寺于青溪鸡鸣桥北。因贵妃子子鸾封新安王，故以"新安"名寺。（见《建康实录》，《宋书·天竺传》及《张融传》。又《高僧传·僧达传》谓寺为子鸾所造。）敕名僧居之。先是文帝自临川招生公弟子道猷下都，申述顿义。（《祐录》九《道慈序》言孝武帝召之入京。此从《僧传》。）至此年孝武又于吴兴礼致法瑶。瑶盖主渐。二人同被敕止新安寺。使顿渐二悟，义各有宗。瑶至京师，便就讲席。鸾舆降跸，百辟陪筵。（上见《僧传》）释昙斌当亦于其时止此寺，讲《小品》、《十地》。并申顿悟渐悟之旨。而斌原曾从瑶听讲者也。（见《僧传·斌传》）计瑶于元嘉中过江，在小山最久，首尾共十九年。中间或曾居吴之西台。大明六年乃至京，住于新安。后于元徽中（473 年至 476 年）

卒，年七十有六。按前废帝杀子鸾，毁新安诸寺，驱斥僧徒（465 年）。明帝践祚，敕令修复，并招还旧僧。（《宋书·天竺传》）法瑶卒时，当仍在新安寺。

《高僧传》谓瑶著有《涅槃》、《法华》、《大品》、《胜鬘》等义疏。按东阿静公诵《法华》、《小品》，注《维摩》、《思益》，著《涅槃略记》、《大品旨归》。则瑶之学问得力之处，与静公略相同。《胜鬘》乃元嘉十三年译出。竺道生弟子道猷披读，叹其师之旨暗与经会，因为注五卷。（见《祐录》九《经序》）法瑶亦作《胜鬘义疏》。盖《涅槃》以外，此经为佛性各家所必研者。又据吉藏《百论疏》云，“瑶公等采凭法师释《百论》意为《疏》”，则瑶似亦曾为《百论》作疏也。其所作均佚。惟梁世《涅槃集解》，颇录有法瑶之疏，而未注明为何时人。但查其卷一引瑶有曰：

> 宗（疑是“宋”字）音无以译其称，晋言无以代其号。

依其以晋宋并言，则自为小山寺法瑶也。（按《涅槃经游意》明涅槃义，引有隥师之说，审之即出于上文《集解》所引之文中。“隥”字盖“瑶”字之误也。）又瑶所作之《疏》，科分章段，每为后人称述，已于上第十五章中叙及之。

法瑶之后辈，有太昌寺僧宗者，幼为法瑗弟子。后又受道于斌、济二法师。善《大涅槃》及《胜鬘》、《维摩》等。均讲近百遍。每讲，听者近千。妙辩不穷，应变无尽。魏孝文帝遥挹风德，屡致书请开讲。齐世祖不许外出。建元三年（481 年）卒，年五十九。先是有北方法师昙準（《续传》作“准”）闻宗善《涅槃》，特来观听。可知僧宗在宋齐之际，极为知名。按《涅槃集解》广引僧宗，且常载慧朗、敬遗、法莲述宗之说。慧朗并述及法瑶之言。可见瑶、宗二师为人所重视也。

自竺道生多发“珍怪之辞”，而义海大起波澜。释法瑶者，盖生公学说之敌人也。搜辑佚文，法瑶与生公相异之点，约有三：一佛性，二渐悟，三应无缘也。兹分别略述之。

唐初均正《大乘四论玄义》卷七，言古今论佛性体相，有本三家末十家之异。本三家者，一为道生法师，执当有为佛性体。二为昙无谶法师，执本有中道真如为佛性体。（原文作“昙此远”。但吉藏《大乘玄论》第三，言河西道朗承昙无谶作《涅槃义疏》，以中道为佛性。所言恰与均正记载相合。故知昙此远乃昙无谶之误。）三为望法师义。其文曰：

　　　　三于生、讖（原文作"远"，今改）之间，执云，得佛之理为佛
　　性。是望法师义也。

望法师乃瑶法师之误。《水经注·穀水篇》言及洛阳望先寺，据《伽蓝记》乃瑶光之误，是其确证。又《涅槃经游意》说本有始有共三家。第一灵味宝亮（原作"高高"，今改正）之说。第三为开善义。而于其第二师曰：

　　　　次有障安瑶师云，众生有成佛之道理。此理是常，故说此众生
　　为正因佛性。此理附于众生，故说为本有也。

"障安"者应作"新安"。《晋书》六十四《道子传》章安太守孙泰，在《孙恩传》中作新安太守。可以推知"障安"即"章安"之讹，亦即新安也。查《涅槃集解》卷十八解贫女人喻，引瑶有曰：

　　　　众生有成佛之理。理由慈恻，为女人也。成佛之理，于我未有
　　用，譬贫也。

同卷又曰：

　　　　佛性之理，终为心用，虽复暂为烦恼所隐。
　　　　受教之徒，闻见佛性，方生信解。身中乃有此之胜理，生奇特
　　想也。

又卷七引法瑶说理是常。如曰：

　　　　常理既显，方知昔旨。旨在于常，譬在水下也。

法瑶以理为正因佛性。此理是常，是本有，是以理释本体也。法瑶释涅槃云，妙绝于有无之域，玄越于名数之分。（慧达《肇论疏》引此语，"分"字作"表"。且谓为埵法师语，"埵"字乃"瑶"之误。）则常理显时，自超于万惑之外，而理显即是证体也。法瑶之后，涅槃名师僧宗（曾受道于昙斌，而斌曾问学于瑶）亦言"理"为佛性。《集解》引其言曰：

　　　　佛性是理，不断此也。（卷十四）
　　　　性理不殊，正以隐显为异。（卷十九）
　　　　与理冥符，是出世之法也。（卷四十五）
　　　　佛性之理，万化之表，生死之外。（卷四十七）
　　　　性理是常，众生以惑覆故。（卷五十四）
　　　　非色者，理绝形色也。（卷五十五）

但《集解》又引宗言曰："正因者即神明。缘因者即万善。"（卷五十七）又曰："言此神明，是佛正因。"（卷六十六）据此则僧宗似以神明为正因。但详究其所谓神明为正因者，乃以佛性之理，不离因地神明。故如其言曰：

> 今答言不离因地神明而有，故言有耳。（卷十九）
>
> 正以正因佛性不离因地神明，故言住因中耳。（卷十九）
>
> 夫死生之中虽云无我，而性理不亡，神明由之不断。（卷二十）
>
> 下答以觉了神慧体相不改为性也。本有天真之理，在乎万化之表，行满照周，始会此理。不离神慧，而说性也。（卷五十四）

本有天真之理，在乎万化之表。只以其不离因地神明，故假言住于阴中。其实若言真实之我，住生死之中，常而不灭，则为常见。（卷二十）然性理不亡，在生死之外，体相不改，神明由之不断。若人行满照周，始会此理。故僧宗曰"不离神慧（神明智慧）而说性"者，即明不离神慧之理，是佛性也。

梁时灵根寺慧令僧正亦执理为佛性。《四论玄义》记末十家之二曰：

> 第二灵根令正执望师义云，一切众生本有得佛之理为正因体，即是因中得佛之理，理常也。取两文为证。一者《师子吼品》云，佛性者十二因缘，名为佛性。何以故？一切诸佛以此为性。此明正因性而言诸佛以此为性，故证知因中有得佛之理也。二者亦师子吼菩萨问言，若一切众生已有佛性，何用修道。佛答，佛与佛性，虽无差别，而诸众生悉未具足。此正自有性而无佛，故言未具足。亦简异木石等无性也。

《大乘玄论》三述谈佛性有十一家。其第九家以得佛之理为正因佛性。且曰，此是零根（"零"字误）僧正所用。可见法瑶之说，从者甚多。（《集解》卷十八引梁智秀，亦有"性理无二"之言，开善亦用理说佛性，下详。）宜可别于竺道生义外，卓然成家。按《玄论》又评理为佛性曰：

> 此义最长。然阙无师资相传。学问之体，要须依师承习。今问以得佛理为正因佛性者，何经所明，承习是谁？其师既以心为正因佛性，而弟子以得佛理为正因佛性者，岂非背师自作推画耶。故不可用也。

此文最可注意。盖《周易》原有穷理尽性之说。晋代人士，多据此而以理字指本体。佛教学人如竺道生，渐亦袭用。似至法瑶而其说大昌，用其义者不少。吉藏亦赞美其义"最长"。但初无佛经明文，可作根据也。此于中国哲学理论之发展有甚深之关系，学者所当详研也。

释法瑶不但谈佛性与竺道生不同，而其主张渐悟，则尤与生公学派立异。原夫顿渐之论，出于三乘十地之讨论。（详上章）而尤以十地之解释为尤要。支道林分见理与证体为二。谓七地始得无生，是时已悟理。但至于十地，金刚心现，乃证体而作佛。故刘虬曰，支公之论无生，以"七住为道慧阴足，十住则群方与能"。是谓悟可在七地，后世称之为小顿悟。竺道生合悟理与证体为一。主"理不可分"。谓"理唯一极"，"穷理乃睹"。故必至十地乃可言悟。后世因号为大顿悟。法瑶盖犹用支公旧说。慧达《肇论疏》，称僧肇师、支道林、道安、慧远、"瑶法师"执小顿悟。硕法师《三论游意义》，谓"一肇师，二支道林师，三真安埵师，四邪通师，五理山远师，六道安师"，为小顿悟之六家。此中理山远即庐山慧远。邪通师不详。"埵师"与《达疏》之"埵法师"均瑶师之讹，而真安亦新安之误也。《达疏》引瑶说云：

> 三界诸结，七地初得无生，一时顿断，为菩萨见谛也。

此与硕法师所述小顿悟义相同。《涅槃集解》虽未广抄瑶师此说。（唯其卷十五引有瑶公十地三住处之说，可相发明。）然吾人观于宋孝武帝召法瑶入京，与生公弟子道猷同止新安寺，使顿渐二义，各有所宗。则法瑶师为渐悟家，可以知矣。

竺道生曾撰《应有缘论》，而释法瑶则主应无缘。慧达《肇论疏》云：

> 生法师云，感应有缘。或同生苦处，共于悲愍。或因爱欲，共于结缚。或因善法，还于开道。故有心而应也。埵法师盛说无缘。引卢舍那为证。一切诸佛身，同一卢舍那。但于迹中异，故彼此不同耳。

佛性义在释体，渐悟义在明证体之由，而感应义则在说体用关系。佛之应化乃就用言，然用不离体，故如一切诸佛同一卢舍那。但只是迹上有异，而有应之不同。如《肇论》所谓"言用则异，言寂则同"也。均正《四论玄义》六有云：

> 安、肇二师与摇法师云，圣人无心而应。

慧达之"埵法师"，均正之"摇法师"，同系法瑶之讹。其所谓无心而应，亦即应无缘。盖凡人之知取相，故有知有心。相生即缘法，缘法非真。圣人则无知，齐是非，忘彼我，而其应无心也。肇公《般若无知论》，释此最妙。均正谓瑶之旨与肇同，则其说大概，可推知也。（按《广弘明集》载梁昭明太子解法身义，言至人不应，而众生注仰蒙益，亦主应无缘说，可参看。）

释宝亮

释宝亮，约生于宋元嘉之世。先是宋有僧道亮，曾摈居广州，在宝亮之前。故世称道亮为广州大亮。（参看《三论玄义》卷五）而宝亮为灵味寺小亮也。本姓徐，先世避地东莱拊县。亮年十二出家，师青州道明法师。明亦义学之僧，名高当世。亮就业专精，一闻无失。具戒之后，受师之言，观方弘化。年二十一，南至建业（约在宋孝武帝时）。居中兴寺。袁粲见而异之。与道明法师书曰："频见亮公，非常人也。""天下之宝，当与天下共。非复上人贵州所宜专也。"自是学名稍盛。及本亲丧亡，路阻不得还北。因屏居禅思，杜绝人事。齐竟陵文宣王躬自到房，请为法匠。亮不得已而赴。文宣接足恭礼，结菩萨四部因缘。后移憩灵味寺。于是续讲众经，盛于京邑。讲《大涅槃》凡八十四遍，《成实论》十四遍，《胜鬘》四十二遍，《维摩》二十遍，其《大小品》六遍，《法华》、《十地》、《优婆塞戒》、《无量寿》、《首楞严》、《遗教》、《弥勒下生》等亦各近十遍。黑白弟子三千余人，咨禀门徒常盈数百。亮为人神情爽岸，俊气雄逸。及开章命句，锋辩纵横。其有问论者，或豫蕴重关。及亮之披解，便觉宗旨涣然，忘其素蓄。梁武奉佛，以亮德居时望，亟延谈说。亮任性率直，每言辄称贫道。帝虽意有间然，而挹其神出。天监八年（509年）五月八日敕亮撰《涅槃义疏》，九月二十日讫，得十余万言。武帝亲为制序。（文见《涅槃集解》卷一，及《高僧传》本传。）亮以天监八年十月四日卒于灵味寺，年六十六。周兴嗣、高爽并作碑文，刻于两面。弟子法云等又立碑寺内。文宣图其形像，在普弘寺。（以上见《僧传》）其所撰《涅槃义疏》，散见《涅槃集解》中。故其学说犹可窥见。

吉藏《大乘玄论》三曰：

> 第十师以真谛为正因佛性也。（中略）此是和法师（未详）、亮法师所用。

按日本《续藏经》中有《大乘三论略章》一书，系日本僧人摘录吉藏学说要义而成。其中所列佛性说有十家,与《玄论》卷三相同。惟"真谛"为正因,乃作"真如"。盖现存本《玄论》之"谛"字乃"如"之误。均正《玄义》卷七所述之宝亮义,亦只言"真如",可以为证。其文曰:

> 第三灵味小亮法师云,真俗共成众生真如性理为正因体。何者?不有心而已,有心则有真如性上生故。平正真如正因为体。苦无常为俗谛,即空为真谛。此之真俗,于平正真如性上用故。真如出二谛外。若外物(此指木石)者虽即真如,而非心识,故生已断灭也。

宝亮之意,以为无我之说,偏而失中,乃小乘义,并非圆教。(《集解》二十)《涅槃》大经,理无不该。(卷十八)而今教之兴,乃在开神明之妙体也。(卷一自序文)神明妙体,即谓佛性,佛性之体者,妙质恒而不动,用常改而不毁。无名无相,百非不辨。(卷一)百非不辨,故非有非无。"有"谓世俗生死,"无"谓真谛涅槃。故亮曰(《集解》所引):

> 此下第二重明实相中道也。若直谈昔教(小乘外道之偏教),偏取生死空有为实。若就今经(《涅槃经》)为语,乃识神明妙体,真如为实。知金刚心已还,必是苦空无常。佛果必是常乐我净。若作如斯之解,便于两边皆得实义,成中道行。所以然者,生死体空(二者)亦从本来无二无别。涅槃体如,如亦本来无相。此是体识诸法实相之理也。然此中所明唯斯一途,下所历事虽多,然其义要,亦不复异也。

夫生死之与体空,本来无二。然实两边,执其一边,则失圆致。亦即不能显神明妙体之真如性。故曰如谬解在心,则不能得此常乐我净。向来明此因果性即不离十二因缘,使物情识理,不此外觅法。(卷五十四)故真俗二谛共成一真如之法。亮又曰(卷二十一):

> 佛性虽在阴界入中,而非阴所摄者,真俗两谛乃是共成一神明法。而俗边恒阴入界,真体恒无为也。以真体无为,故虽在阴,而非阴所摄也。体性不动,而用无暂亏。以用无亏,故取为正因。若无此妙体为神用之本者,则不应言虽在阴入界中,而非阴入所摄也。故知理致必尔矣。

真俗不相外,而共成一神明真如法体。故亮曰(卷一):

谈真俗两体本同，用不相乖。而暗去俗尽，伪谢真彰，朗然洞照，故称为佛。

亮师于俗尽真彰之旨常有发挥。如曰：

真法者，法若不真，不名为实。故知神明妙体，非伪因所生。理相虚寂，过有言之表。唯斯一法，可称真而实也。（卷三十二）

世谛虽复森罗，于颠倒者，常有也。于无惑者，常空，未尝有也。若以佛而取，恒是一谛。然至佛之时乃至。众生是梦，于如来终日不有也。有无可有，无无可无，寂然无相，故于佛尽是第一义也。（卷三十九）

此均似言真如之性属于第一义。但迹亮公之意，实言真俗体一。一切世谛于如来尽是第一义谛。所谓伪谢真彰者，乃相对而言。故言今真乃遣昔空。亮曰（卷五十三）：

第一义谛者，信神明妙体真如之第一。故知今教所明真者，非昔教之性空。

亮又曰（卷三十二）：

此下约凡圣二人以辨二谛，明有假有之有，无实有可得也。无是因缘之无，亦无无可得也。称此二理而解者，则出世之人，名第一义也。若世人所说者，言有便云性有，言无便谓断灭。则是有无虚谬，俱不著理。故于此人，悉名世谛。

实则神明妙体，超乎有无。执无贵空，两均俗谛。佛性对此，而曰第一义谛。就用而言，真俗有异。即体而谈，真俗不殊。实则宝亮之真如佛性，亦超乎真俗二谛以外也。

神明妙体，绝于生死，恒常不动。故古来谓亮公之谈佛性主张本有。吉藏《涅槃游意》云：

本有义（中略）古来有三解，第一灵味宝亮（原作"高高"），生死之中已有真神之法，但未显现，如藏黄金。（下略）

此义虽似即梁武帝神明成佛之说，但与小亮并无不合。故均正言梁武帝"仍小亮气"也。但按宝亮曾曰（卷二十）：

佛性非是作法者，谓正因佛性，非善恶所感，云何可造。故知神明之体，根本有此法性为源。若无如是天然之质、神虑之本，其用应改。而其用常尔，当知非始造也。若神明一向从业因缘之所构起，不以此为体者，今云何言毒身之中，有妙药王，所谓佛性，非是作法耶。故知据正因而为语也。若是果性，则毒身之中，理自无也。

此言佛性本有。而神明妙体，超出有无，原非实物。故亮有曰："涅槃无体，为众德所成。"（卷一）由此可见其所谓神明之体，乃是真如，即是本体，而非暂住生死之我。此义亮虽未见多所发挥，然其说与梁武帝所持之义殊异，待下论之。

神明妙体，向在众生，此简木石无性。故均正述亮说曰：

> 若外物者，虽即真如，而非心识，故生已断灭也。

心识与木石，均即真如。然心识实恒常，而木石断灭也。

神明妙体，向在众生，如毒身之中，有妙药王。即此妙体，说为正因。然世俗之见，谓毒身为体，而妙药寄在其中。然佛性与五阴身则不然。盖佛性是体，而五阴非体也。故亮曰（卷五十三）：

> 当知众生五阴依正因性有。非是正因性依五阴有。然此中推检与《胜鬘经》明义一种生死依如来藏有也，非如来藏依生死故，得知文义微证，理皎然矣。

神明妙体，虽在众生，然须缘而发。故正因须待缘因。亮曰（卷五十三）：

> 凡夫愚痴，无有智慧。闻佛说众生身有佛性。谓言此五阴身，即时已有一切种智，十力，无畏，不假修行，卧地自成，责佛现有。此不当，是无道用心。然众生之身，即时乃有正因。要须积德修道，灭无明障。暗黑都尽，佛性方显。缘具之时，尔乃有用。其事如箜篌，要须众缘具，故声方出耳。

神明妙体即众生所具之真如性，此为正因，而积德修道为缘因。但亮有时似谓此正因之体，本有避苦求乐之用，而非善恶所感。其释四种佛性曰（卷十八）：

> 佛性有四种，谓正因、缘因、果及果果也。四名所收，旨无不尽。缘正两因，并是神虑之道。夫避苦求安，愚智同尔。但逐要用，义分为二。取始终常解，无兴废之用，录为正因。未有一刹那中无此解用，唯至佛则不动也。故知避苦求乐，此之解用，非是善恶因之所感也。以《胜鬘》云，"自性清净心"也。《师子吼品》

云，"一种之中道"也。而此用者，不乖大理，岂非正也。缘因者，以万善为体，自一念善以上，皆资生胜果。以藉缘而发，名为缘因也。然此解者，在虑而不恒，始生而不灭，则异于正因也。若无此缘助，则守性而不迁，是故二因必相须相带也。若缘因之用既足，正因之义亦满，二用俱圆，生死尽矣。金刚后心，称一切智。转因字果，名为果性也。果果者，对生死之称也。于众德之上，更立总名（涅槃无体，果果佛性，乃众德之总名也），名大涅槃。以果上立果，名果果也。更无异时，但义有前后耳。若论境界性者，其旨则通。但是缘助，不复别开也。

此文所言正缘二因俱就其用说。而避苦求安，则真如性体本有之用（故为正因之用）。其关系颇为重要。因此而有"避苦求乐"为正因佛性之说。

均正《玄义》曰：

> 第六光宅云法师云，心有避苦求乐性义，为正因体。如解皆或（疑"背惑"之误）之性，向菩提性，亦简异木石等无性也。故《夫人经》（指《胜鬘经》）云，众生若不厌苦，则不求涅槃。义释云，以此心有背（原作"皆"）生死之性，为众生之善本故，所以为正因。亦是出二谛外。又于时用师亮师义云，心有真如性为正体也。

据此光宅法云常用其师亮师以"心有真如性为正体"之说。但有时并采用避苦求乐之说。吉藏《玄论》亦云：

> 第五师以避苦求乐为正因佛性。一切众生，无不有避苦求乐之性，即以此用为正因。然此释复异前以心为正因之说（第三家）。今只以避苦求乐之用，为正因耳。故《经》云，若无如来藏者，不得厌苦乐求涅槃。故知避苦求乐之用，为正因佛性也。

吉藏复破此曰：

> 《胜鬘经》曰，若无如来藏者，不得厌苦乐求涅槃者，此正明由如来藏佛性力故，所以众生得厌苦求乐。何时明厌苦求乐，是正因佛性耶。彼师云，指当果为如来藏，以有当果如来藏故，所以众生得厌苦乐求者，不然。《性品》云，我者即是如来藏。如来藏者即是佛性。明佛性本来有之，如贫女宝藏。何劳指当果为如来藏。且当果体犹尚未有，而能令众生厌苦求乐，岂非是漫语者哉。若据

人证者，旧来谁作如此释。此是光宅（原文作"泽"）法师，一时推画，作如此解。经无证句，非师所传，故不可用也。

按法云原为宝亮弟子，亮师死后，法云并为之立碑。其关切可想。亮公原有神明妙体有避苦求乐之用之说。然神明妙体，则认为正因，避苦求乐，则未言为正因。均正、吉藏所传光宅之说，殊与其师稍有不合（又当果之说自亦亮所未言）。但元晓《涅槃宗要》所言，颇与二师所传不同。其文曰：

> 第三师云，众生之心，异乎木石，必有厌苦求乐之性。由有此性，故修万行，终归无上菩提乐界。故说心性为正因体。如下文言，一切众生悉皆有心。凡有心者，必当得成阿耨菩提。《夫人经》言，若无如来藏不（原作"下"）得厌苦乐求涅槃故。此是光宅法师义也。

据此光宅实以心性为正因体，而厌苦求乐则为心性之用。因此用而心性异于木石，可修行成道。均正谓光宅以心有避苦求乐之性为正因体。又另用其师亮师之说以心有真如性为正体。分光宅之说为二，实则二说固原为一义也。

由上所言，灵味、光宅同以神明之体为正因佛性。而又谓其有厌苦求乐之用。因此用而能修道，则此用固亦得佛果之因也。而灵味且云："此用不乖大理，岂非正也！"（已见上引）则似竟谓之为正因矣。其说可谓牵强。光宅之说，如元晓所传亦可如是解。宜乎均正、吉藏谓光宅以避苦求乐为正因也。惟吉藏谓此说旧来所无，则不知光宅固述其师说也。又《胜鬘经》之末有曰："若无如来藏者不得厌苦乐求涅槃。"是固可解为生死苦乐，均为所厌。而求者乃涅槃静寂之乐（常乐我静之乐）。但灵味、光宅所言均颇颠倒。吉藏《胜鬘宝窟》破之甚善。其文曰：

> 灵味亮（原作"凉"，一作"淳"）师云，是理知厌苦求乐，故终能反，异于木石，由有佛性故耳。用此厌苦求乐之心，为正因佛性，由之得佛（此仍以心为正因体）。于时又有光宅师，以厌苦求乐为正因（此直不以心为正因体）。但厌苦求乐，是功德性。极至金刚心得佛时，则无。今谓文意悉不尔。但明有佛性，故得厌苦求乐。无佛性，不得厌苦求乐。不用厌苦求乐以为佛性也。

总之，亮师之说，本以真俗共成众生真如性理（所谓神明妙体）为正因体。但又尝据《胜鬘》之言，而于体上立避苦求乐之用。其立说本牵强，且文中并有"此用是正"之语，其意虽原未必以之为正因，但极易生此误会。光宅据此立说，或行文更不谨慎，致世人相传，彼曾立避苦求乐为正因体之说。实则二师均主心神之体为正因佛性，与梁武帝之说有相似也。

梁武帝

梁武帝博览群书，于儒教制作甚多。（《隋志》著录自《周易讲疏》至《孔子正言》，共十一种，一百十七卷，但尚有《隋志》失载者。）于道家有《老子讲疏》六卷。（《隋志》）于释教则特重《般若》与《涅槃》。其《注解大品经序》（见《祐录》八）有曰："《涅槃》是显其果德，《般若》是明其因行。"并举二经，该摄佛法，可见其宗旨也。（《续传·义解篇》曰，武帝注解《涅槃》，情用未惬，重申《大品》，发明奥义。）天监八年（509年）敕宝亮作《涅槃义疏》，并为制序。十一年（512年）注解《大品般若》。可见其于二经，早即皆致力研求也。兹列武帝佛教撰述于下：

《制旨大涅槃经讲疏》十帙，合目百一卷（《广弘明集》载有昭明太子《谢敕赉讲疏启》。太子卒于大通三年［529年］。）

《大品注解》五十卷（《祐录》十二《法苑集目录》，有《皇帝注大品经记》。《续僧传·宝唱传》谓有五十卷。《广弘明集》陆云《御讲般若经序》谓注释《大品》在天监十一年，并谓自兹以来，躬自讲说。）

《三慧经讲疏》（此即《大品经》第七十品。帝特分出。于大同七年［541年］讲之。［见陆云序］当曾另制疏。《梁本纪》谓帝作《涅槃》、《大品》、《净名》、《三慧》义记数百卷。）

《净名经义记》（已上均见《梁本纪》。按武帝所说号为"制旨义"，上二书题，当均有"制旨"二字。）

《制旨大集经讲疏》二帙十六卷。（《广弘明集》载有昭明太子《谢敕赉讲疏启》）

《发般若经题论义并问答》十二卷。（开题见《广弘明集》。又同书载萧子显《御讲摩诃般若经序》，谓中大通七年［535年］癸丑二月己未朔二十六日甲申至同泰寺讲《般若经》。此论义及问答当是当时所记。按癸丑二月己未朔在中大通五年［533年］。原作"七年"，字有误。）

（《祐录》十二《法苑目录》载皇帝后堂讲《法华》，志上问难。［此事不见于《僧传·保志传》。］或武帝亦有《法华讲疏》。又《广弘明集》载梁武《断酒肉文》，并叙其事，则帝尝据《涅槃》、《楞伽》以明僧人常禁绝肉食。）

武帝深重《涅槃》之学，作疏并自讲。（《续传·宝海传》）当时宝亮、智藏为《涅槃》法匠。帝敕亮撰《疏》。又请藏讲说，亲临听焉。(《续传·智藏传》)盖自北凉《大经》出世以来，智嵩、道朗并各作《疏》。(参看《释老志》)而道朗之《疏》，后人尤依之传习。(《大乘玄论》卷三所言)继则中州早有东阿静之《记》。江南首称竺道生之《疏》。再后而南方注疏甚多。至梁时武帝，于是乃敕撰《涅槃集注》。《续僧传》宝唱及僧韶传云，帝敕建元僧朗(亦作"法朗")集注此《经》，宝唱助之，成七十二卷。按今存有《涅槃经集解》七十一卷，系集十余师注疏而成。其卷一首列所采集诸家注疏序文《目录》。(此乃序文之目录，非全书所引家数目录。)文曰：

> 皇帝为灵味寺释宝亮法师制《义疏》序：
> 道生法师　僧亮法师　法瑶法师　昙济法师　僧宗法师
> 宝亮法师　智秀法师　法智法师　法安法师　昙准法师
> 此十法师《经题序》，今具载。(下略)

检卷一中具载武帝及十法师序文，故卷一中首有序文十一篇。而书中所引除十师外，则尚有多人之注疏。如昙纤、昙爱、道慧、慧朗、敬遗、法莲、慧令等。并尝附以明骏之按语。如武帝序文下注云：

> 明骏按，谨写。皇帝为灵味、宝亮法师制。

据此，明骏虽未详何人，但亦在武帝时。《续僧传》称帝敕僧朗撰《集注》七十二卷，今《集解》为七十一卷，当是失去总目一卷，盖即帝敕撰之书也。《东域录》著录《集解》为七十二卷，并注言"共十法师，僧朗奉敕注"，可以为证也。(日本《续藏》题此为宝亮撰，实误。亮之疏只十余万言，今书字多数倍也。)至若明骏(《东域录》"《集解涅槃记》一卷　释明骏")，则或系与僧朗、宝唱共撰集注人之一也。

元晓《涅槃宗要》云：

> 第四师云，心有神灵不失之性。如是心神已在身内，即异木石等非情物，由此能成大觉之果，故说心神为正因体。《如来性品》云："我者即是如来藏义，一切众生悉有佛性，即是我义。"《师子吼》中言："非佛性者谓瓦石等无情之物。离如是等无情之物是名佛性故。"此是梁武萧衍(原作"萧焉")天子义也。

均正《四论玄义》卷七云：

> 第四梁武萧天子义，心有不失之性，真神为正因体。已在身

内，则异于木石等非心性物。此意因中已有真神性，故能得真佛果。故大经《如来性品》初云："我者即是如来藏义，一切众生有佛性，即是我义。"即是木石等为异，亦出二谛外，亦是小亮气也。

梁武帝之学说，见于《弘明集》之《立神明成佛性义记》（武帝撰文，沈绩序注），及《广弘明集》之《净业赋》。（《隋志》集部著录武帝撰《净业赋》三卷，今存者不全。而现存赋序中，"小人道长"至"各执权轴"二句中，有文一段，系道宣所加。又帝作赋时，已在晚年。据序文可知。）其旨首在分神明有"性"与"用"之二方面。（参看沈序）就心神之性言，以不断为精。精者以其不断，非谓同草木腐化。不断故必终可归妙果。妙果常住，即言其性不断。故曰众生皆有佛性（众生简木石等）。但性虽不断，而精神如涉行未满，则不免于无常。无常者谓生灭。前灭后生，刹那不住。盖吾人心识随境而动，外有境界，内心与之攀缘。境界既流转不住，则与之俱往之神，前心必异后心。然其先后相异，乃心之外用。而就其性言，则固仍湛然不移也。（上据《成佛义记》及沈注）因此武帝乃引儒经以实其说。《净业赋》曰：

> 《礼》云："人生而静，天之性也。感物而动，性之欲也。"有动则心垢，有静则心净。外动既止，内心亦明。始自觉悟，患累无所由生也。

就生性言，湛然常静。就其用言，感物而动。若心息外构，则内识自明。由是而无明转变成明（此乃引《如来性品》中语），乃修行以至大觉，是故一切众生可以成佛。按武帝有《中庸讲疏》（《隋志》著录一卷），今佚，不详其说。然《中庸》诚明之体，天命之性，帝或取以比附其所谓立神明之说。《中庸》一篇前人罕有注意者。（在帝前，戴颙有《中庸传》、《隋志》著录。）帝或有见于此，而有所发挥欤。

夫心为用本，本一而用殊。用殊故自有兴废（生灭），本一（谓本性是一）故原非无常。自众生言之，均有此一本。一本者，即无明神明。寻无明之称，非太虚之目。（无明者谓邪明，非无心，如太虚也。）土石无情，亦非无明之谓。（土石无心，故无佛性。）然无明者，乃因外境污染，故神明不免于惑。凡人感物而动，患累群生。故其本性蔽于无明。识虑之体应明，而因染尘垢，体上不免有惑。惑虑不知，故曰无明。神既不明，则逐尘溺俗。《净业赋》曰：

> 如是六尘（目之于色等），同障善道。方紫夺朱，如风靡草。抱

惑而生，与之偕老。随逐无明，莫非烦恼。轮回火宅，沉溺苦海。长夜执固，终不能改。迤否相随，灾异互起。内怀邪信，外纵淫祀。排虚枉命，蹍实横死。妄生神祐，以招福祉。前轮折轴，后车覆轨。殃国祸家，亡身绝祀。

按萧齐竟陵王子良乐于劝善，思以佛法化民成俗（详见第十三章），因作《净住子》。武帝之《净业赋》，实脱胎于子良之书。其命意同以治国齐家为务。《净住子》劝人曰："病生灭之无穷，慕我净之恒乐。"又曰："今者虽禀精灵，昏惑障重，将由罪业深厚烦恼牢固。"又曰："是故行人常一其心，不令动乱。微起相见，即自觉察，守护六根，不令尘染。"而其书之末略曰："一切众生，皆有佛性。佛为医王，令得解脱，心常无碍，空有不染。"武帝之旨与之符契。帝原在竟陵门下，所受影响似甚深。其行事与学说因多相同也。（武帝重般若，似亦得之竟陵，下详。）

神明性本虚静不昧，而无明神明则有生灭。生灭者仅其异用，而为无明所蔽之心义则不改。（沈注云，所谓"用有兴废体无生灭"者也。）故不能因其用异，便谓心随境灭。武帝证神性之不迁曰：

> 何以知然（何以知神明性不迁）。如前心作无间重恶，后识起非想妙善。善恶之理大悬，而前后相去甚迥。斯用果无一本，安得如此相续。是知前恶自灭，惑识不移。后善虽生，暗心莫改。故经言：若与烦恼诸结俱者，名为无明。若与一切善法俱者，名之为明。岂非心识性一，随缘异乎，故知生灭迁变，酬于往因，善恶交谢，生乎现境。而心为其本，未曾异矣。以其用本不断，故成佛之理皎然。随境迁谢，故生死可尽明矣。（沈注曰，成佛皎然，状其本也。生死可尽，由其用也。）

武帝证明神性不断，本以起信。盖当世之不信法者，多谓神明断灭，曷能成佛？佛既不能成，则世间何曾有佛？故武帝敕答臣下神灭论曰："有佛之义既踬，神灭之论自行。"由是可知武帝作文动机，原在反驳范缜辈神灭之论。其文宗旨则在证人之可以成佛（故题曰《立神明成佛义》）。其所持佛性之真义，当于此处求之。

武帝佛性之真义，实即可谓之为常人所言之灵魂，就心理现象而执有实物，其所陈义固甚浅显。按宋宗炳因慧琳、何承天等不信神之不灭，而作《神不灭论》，又名《明佛论》，其旨亦在明神性常住而随缘迁流，若能渐修，可以成佛。武帝所证，亦不出此。故其《敕》又有曰：

观三圣设教，皆云不灭。其文浩博，难可具载。止举二事，试以为言，《祭义》云："唯孝子为能飨亲。"《礼运》云："三日斋，必见所祭。"若谓飨非所飨，见非所见。违经背亲，言语可息。神灭之论，朕所未详。

此直谓神明即所祭之鬼物。其所会心于《涅槃》大经之义者，固甚浅薄。昔竺道生曰："生死中我，非佛性我也。"今武帝曰，《经》云，我者即是如来藏义，一切众生悉有佛性，即是我义。似其所言为佛性我。然观上所论，实仍只为流转生死之我，亦即世俗所谓轮回之鬼魂也。又释宝亮之谈佛性，谓"涅槃无体"，为"众德之总名"，以真如为佛性，而固非鬼物也。所谓非鬼物者，乃谓妙体为真俗二谛所共生，有无可有，无无可无，固不能视为一物也。《涅槃经》虽谈真我，然并非生死中我，如世之所谓灵魂。宝亮虽言神明为佛性，但实言"神明之体"即是真如，非生死中之神明也。武帝虽言真神为佛性，然其所谓真神，仍堕俗谛。所谓鬼物之有，而非妙有之超乎有无也。

但谓佛性为神明者，亦不止梁武帝一人。此实当时世俗流行之说。按《大乘玄论》卷三引灵根寺僧正慧令曰：

> 灵正云，涅槃体者，法身是也。寻此法身，更非远物。即昔神明，成今法身。神明既是生死万累之体，法身亦是涅槃万德之体。

此其所言与武帝义有相似处。又按均正《玄义》云：

> 第五中寺小安法师云，心上有冥传不朽之义为正因体。此意神识有冥传用，如心有异变相。至佛（下有脱文）亦简木石等。（此下原文讹误，略之。）

法安之说不详（法安即著《志节传》者）。然其说心有冥传不朽之用，就此用言，立为正因。（参看《玄论》卷三之第四师）而心虽一方有冥传之用，然一方亦有异变相（疑安谓至佛则异变相灭），此与武帝分心为常住之性与生灭之用，虽有不同。而疑安大意固亦犹武帝所主之神不灭也。又《玄论》云：

> 第三师以心为正因佛性。故经云，凡有心者，必定成无上菩提。以心识异乎木石无情之物，研习必得成佛。故知心是正因佛性也。

按梁武帝记曰：《经》云，心为正因，终成佛果。与上所言相同。是则吉藏所传之第三师，与其第六师根本无异也。均正于武帝以外，不另列心为佛性之说，当因此欤！（元晓所列六家，亦只梁武之说，而无心为佛性之解。）

按晋末以来，神不灭之争，至为热烈。而《涅槃》（佛性义）、《胜鬘》（如来藏义）讲求者多。佛性之说，亦多异解。此中疑有相互之关系。盖当世流行之见，以为一切众生皆有佛性，即神不灭义之张本也。按均正《玄义》卷五，述武帝明生死以还，唯是大梦，若得佛时，譬如大觉。所言仍本其神明成佛之义。按此义与于法开之识含宗相同。（已见前第九章）东晋时尚未见《涅槃》经典，假使见之，于法开或亦引佛性义以证成其说也。

庄严、开善

均正《玄义》卷七又引制旨义，言有六种佛性。谓三因（原作"果"，应误）二果，及与（原作"兴"）本有佛性正因。此当出梁武帝讲疏中，今佚，不能详知。均正又言古来立佛性多少不同。（甲）立四种，一正因（原作"目"），二缘因，三果性，四果果性。此乃河西朗法师、壹法师所用，庄严亦同此说。（乙）立四种，一正因，二缘因，三境界因，四果。此乃治城索（一作"素"）法师所用。（丙）立六种，乃制旨义，如上言。（丁）开善手书《佛性义》云，广论因果，共有四名。一因，二因因，三果，四果果。又各有四名，因有正、缘、了及境界之别。果有三菩提、涅槃、第一义空及智慧之别。（戊）开善又谓略说四名。因则有正、缘，果则有智与断。

按《涅槃》大经并无境界因之名。而《师子吼品》或言生了二因，或分正、缘二因，或分四种佛性（因及因因，果及果果）。中国法师据经文推画，各立名目，故均有不同。而于讲经时，常各有主张。即一人所说，前后未必相同。因此其弟子所传，自常互异。故《大乘三论略章》，谓开善、庄严各有五种佛性之说，一正因，二缘因，三了因，四果，五果果。所说与均正不同。此非必《略章》讹误（均正书卷八亦谓开善有五种之说）。亦由诸法师随时立说不同也。兹因于庄严、开善正因之说所知略多，故特述之，余均缺。

梁庄严寺僧旻，谓众生为正因佛性，均正及《略章》所传相同。均正云：

> 第七河西道朗法师、末庄严旻法师、招提白琰公（白琰未详。陈有建初寺宝琼，亦号白琼）等云，众生为正因体。何者，众生之用，

总御心法。众生之义，言其处处受生。令说御心之主，能成大觉。大觉因中，生生流转，心获湛然，故谓众生为正因，是得佛之本。故大经《师子吼品》云："正因者，谓诸众生也。"亦执出二谛外也。

吉藏《玄论》云：

> 第一家云，以众生为正因佛性。故《经》言："正因者，谓诸众生。缘因者，为六波罗蜜。"既言正因者谓诸众生，故知以众生为正因佛性。又言"一切众生悉有佛性"，故知众生是正因也。

《略章》云：

> 庄严云，众生为正性。《经》云："正因者谓诸众生，缘因者谓六波罗蜜。"

庄严所谓之众生，果为何义，殊难测知。吉藏亦问"何者是众生"。又谓《经》言众生有佛性，而未言众生是佛性。庄严正因之说，殊为费解。

梁开善寺智藏法师与庄严光宅为梁朝三大法师。均正、吉藏等均目之为成实论家（《三论玄义》常作此言）。然《法华玄义释签》谓"开善以《涅槃》腾誉"。则智藏固为《涅槃》名匠。庄严曾受业于定林寺僧柔，柔为齐代《成论》大师，并通众经。均正云：

> 第八定林柔法师义，开善智藏师所用。通而为语，假实皆是正因。故大经《迦叶品》云，"不即六法（六法谓五阴及假人），不离六法"。别则心识为正因体。故大经《师子吼品》云，"凡有心者，皆得三菩提"。故法师云，穷恶阐提，亦有反本之理。如草木无情，一化便罪（字疑有误），无有终得之理。众生心识相续不断，终成大圣。今形彼无识，故言众生有佛性也。故《迦叶品》亦云，非佛性者墙壁瓦石无情，则简草木等。此意有心识灵知，能感德（"得"字）三菩提果果，则具（原作"俱"）二谛也。

吉藏《玄论》之第三家，以六法为正因佛性。第四家以心为正因佛性。是将上说分为二家。其所以如此者，或因心为正因之说，当时流行（说见上），故别列一家。而智藏以通别二者并陈，则显具调和之意。但均正书于智藏述四种因，《略章》述五种，二者虽不同，但固均言彼以心为正因佛性。故心为正因，当是智藏所常述之说也。

本有始有

南北朝时佛性义有本有、始有之争。（甲）始有者，即"当果"说。初竺道生作《佛性当有论》，白马寺爱法师引申其说，因有当果之说。后人遂立始有义。谓《经》云，"佛果从妙因生"，众生杂染不净，自非妙因。众生之于佛性，自是始有。又如经言，从乳有酪，乳中无酪。是亦言众生当有佛性，而本来则无。（乙）本有者，谓众生本有佛性。盖《经》中譬众生佛性如暗室瓶瓮，力士额珠，贫女宝藏，雪山甜药，"本自有之，非适今也"。经中明文，类此甚多。故《涅槃》诸师，多持此说。如灵味小亮言有心则有真如佛性。如梁武言心性是一，常住不迁。以及法云之避苦求乐，法安之冥传不朽，均是本有，非始有也。

然《涅槃》经文明言成佛必在将来，何容本来已有佛性？（此自是执文而言。据义则本有义原无病。）因贯通经文，而有调和之说。其一为"本有于当"义。均正云：

> 但解"本有"，有（原脱一"有"字）两家。一云，本有于当。谓众生本来必有当（谓当来）成佛之理，非今始有成佛之义。《成实论》师宗也。

此说似谓本无佛性，但就众生当来能成佛之理言，则可言本有。但成佛在当来，故亦得谓始有。此可引开善之言为例，而开善固亦《成论》师也。（成论师光宅法云亦持此说，见上章。）《三论略章》述本有、始有共四家。其第一家为开善，持本有于当义。本有于当者，言佛性亦本有，亦始有。（故有本有涅槃、始有涅槃之称。）故元晓《宗要》谓开善之说，具有二义，为本有，亦为始有。（一）寻其所谓始有义者，盖佛性本有者，有必得义，但众生本来原未得。至得时，则是始得，此即所谓生义。诚以众生心识不断相续，以至成佛，而在万行圆满。金刚心谢，种觉始时，说为始有。又《经》云，乳中无酪，又佛性非三世摄，故在众生未得时，未聚庄严清净之身，故曰始有。（二）其所谓本有义者，是不生义。佛体理极。理固是众生本有，非始有，此是不生也。故元晓述云："若定有神明，则本来有当之理，此本有义。"又佛体无初中后，待谁而曰始，曰生耶。故就众生言，可说相续以至金刚（此生义）。而就体言，则是常（是不生义），自为本有也。（上兼采元晓、均正所述。开善之说，原非真为本有，故均正直言其说是执始有。）

其二如《地论》师之说。吉藏《玄论》三曰：

但《地论》师云，佛性有二种。一是理性，二是行性。理非物
造，故言本有。行藉修成，故言始有。

又均正云：

《地论》师云，分别而言之有三种。一是理性，二是体性，三
是缘起性。隐时为理性，显时为体性，用时为缘起性也。

二书所传虽不同，但理为隐，为本有，则仍具调和之意。实则此义可远
溯至法瑶。而上述开善义，固亦言理为本有。则此说固非北方《地论》
家所创。其后贤首宗据《华严经》大谈理法界、事法界，则亦因袭《地
论》家之说也。（《三论略章》之第四家，或即此义。）

其三《中论疏记》卷十有云：

若灵味解有体用涅槃，有功用涅槃。若旧相传，有本有涅槃、
始有涅槃也。若北《地论》人，解有性净涅槃、方便涅槃。

灵味、宝亮于佛性体用之分，前已述及。本有、始有之分，即本有于
当，《成实》师义也。而北方《地论》人所说之性净、方便，则疑《起
信论》家盛传之，与上所言《地论》意有别。然均是调和之说也。

第十八章　南朝《成实论》之流行与《般若》三论之复兴

晋末至陈，南朝佛学，前后不同。刘宋南齐，《涅槃》、《成实》，相
继流行。其学风颇异于东晋之特重虚无。梁陈二代，玄谈又盛，三论复
兴。与宋齐复有差异。虽《成实》极盛于梁代，然即在齐世，《成论》
已颇有人非议。梁世《般若》则稍昌，浸假而至于《成实》与三论争辩
至烈，各立门户，与唐代各宗之争，性质几全相同。惟唐代之争，已立
宗派。而六朝之世，佛学只有师法，尚未成立教派。日本僧人所传，谓
南北朝有成实宗、三论宗等等，实则不合史实。依史实言之，南北朝仅
有经师，如一代大师，研通经论，而于《成实》特所擅长，复依此论，
发明佛学，则谓之《成实论》师也。据此则法师可兼善数经，而不必即
宗一经。《法华玄论》卷一云，"开善以《涅槃》腾誉，庄严以《十地》、
《胜鬘》擅名，光宅《法华》，当时独步"，而三师均号为《成实论》
师。且亦不闻三师必以《成实》为最上乘也。（均正《玄义》九，言开善以《大
经》为究竟教，《华严》为顿教。）又据此而僧人均为释子，亦不必有正统之
争，当时因绝未见传统定祖之说也。正统之争，生于学派冲突以后，而

不起于其前。故《成实》、三论之立异，初不同于唐代宗派之争。但争执既久，则亦几成为宗派相争之意义，然此则只于吉藏书中见之，前此必罕有也。

《成实论》之传译

《成实论》者，诃梨跋摩所撰也。诃梨跋摩，中天竺人。约当中国曹魏时生。本宗小乘《阿毗昙》。后知迦旃延《大论》，启偏争之始。慨源同末异，乃将衰之征。遂锐意方等，研心九部，博引百家众流之谈，以检经奥通塞之辩。除繁弃末，慕存归本。作成二百二品，为《成实论》焉。传至东晋，乃达中夏。姚秦弘始十三年（411 年），岁次豕韦（辛亥），九月八日，尚书令姚显请出此论。至来年九月十五日讫。外国法师鸠摩罗什，手执胡本，口自传译，昙晷笔受。自是以后，未再传译。而今日原本早佚，世界之研究佛学者，于此不得不求诸我国也。

罗什晚年，始译《成实》。平生致力，本在《般若》。然其所以应姚显之请而译此论者，其故或有二。一则此论名相分析，条理井然，可为初研佛学者之一助。二则什公向斥《毗昙》，此论常破《毗昙》，其持义复受《般若》影响，可与研《般若》者作一对比。以此二因，故为译出，实则什公固未尝特重此书也。吉藏《三论玄义》云：

> 昔罗什法师翻《成实论》竟，命僧叡讲之。什师没后，叡公录其遗言。制《论序》云，《成实论》者，佛灭度后八百九十年罽宾小乘学者之匠，鸠摩罗陀上足弟子诃梨跋摩之所造也。（中略）或有人言，此论明于灭谛，与大乘均致。罗什闻而叹曰，秦人之深识，何乃至此乎。吾每疑其普信大乘者，当知悟不由中，而迷可识矣。

吉藏引叡序之文，当有所本。什公没后，义学南趋。适因时会，《般若》之学，至僧肇已造极顶。宋代学风，偏于平实。而《成实》一论，复便于初学，因相传习，竟至称为大乘。（如《三论玄义》所言）及至齐梁《般若》三论渐兴，始执其为小乘，而加以排斥焉。

《成实论》师

罗什译论，已在晚年，故其弟子通之者或不多。《高僧传》载什译论后，昙影正写，结为五番。僧叡不问而知其破《毗昙》七处。均得什之嘉许。（详第十章）惟什公门下《成论》名师，实为僧导、僧嵩。

释僧导，长安人。早即为僧叡所重。姚兴并钦其德业。及什公译经，导参议详定。又著《成实》、《三论义疏》，及《空有二谛论》等。后宋高祖入长安，平关中，留其子义真镇长安，以之相托。义真后为赫连所逼，因导之力得免。因至江南，高祖感德，因令子侄内外师焉。后立寺于寿春，即所谓东山寺也（亦名石硐寺）。从之学者千余人。孝武帝（454年至464年）诏迎至建业，开讲《维摩》。帝亲临幸。后又辞还寿春。卒年九十六。其弟子知名者甚多，寿春遂为《成实》之重镇。

僧导之弟子以《成实》知名者，有僧因、僧威及昙济。而昙济（即作《七宗论》者）十三岁即从导住寿阳八公东山寺，读《成实》、《涅槃》，以夜继日，未尝安寝。后自当师匠，誉流四海。宋孝武帝请至京师，住中兴寺。（上见《名僧传钞》）时有北多宝寺道亮（即广州大亮），著《义疏》八卷，亦甚知名。

然导公门下之法匠，当首称道猛。道猛者，西凉人。少而游历燕赵，备睹风化，当已多闻《成实》之奥。后停止寿春，想即受学于导。在彼力学三藏九部，大小数论，皆思入渊微，无不镜彻。而《成实》一部，最为独步。于是大化江西，学人成列。宋元嘉二十六年至建业，居东安寺。宋明帝建兴皇寺，敕为纲领。又请其开讲《成实》。元徽三年（475年）卒于东安寺，年六十五。其后兴皇有道坚、惠鸾、惠敷、僧训、道明，均擅《成实》，为猛之弟子。而有道慧者，亦受业于猛。猛尝讲《成实》，张融构难重叠，猛称疾不堪多领，乃命慧答之。融以慧年少，颇协轻心。慧乘机挫锐，言必诣理。酬酢往还，绰有余裕。道慧住庄严寺。梁朝之法宠亦曾为猛之弟子（宠事见下）。

僧导在寿春，大弘《成实》，其影响及于江南。此或可称之为寿春系。然势力最大，影响及于南北者，则为彭城系之僧嵩。僧嵩受《成实论》于罗什，后居徐州（彭城）白塔寺。（《魏书·释老志》）其弟子有僧渊者，亦设教彭城。（参看《本传》）同时有法迁者，亦原在彭城，解贯当世。后南至京口，止竹林寺。其后复还彭城，或亦为嵩之弟子。

僧渊之弟子知名者四人：

（一）昙度，少游建业，备贯众典。善《三论》（《僧传·僧印传》）、《涅槃》、《法华》、《维摩》、《大品》，并探索微隐。因足疾西游，至徐州，从渊受《成论》。遂精通此部。北魏文帝闻风征请，既达平城，大开讲席。法化相续，学徒自远而至者，千有余人。以太和十三年（489年）卒。撰《成实论大义疏》八卷，盛行北土。（此昙度当即《续传·道登传》之法度）

（二）惠纪（"纪"亦作"记"），兼通数论。尝讲经于平城郊外之鹿苑。

（三）道登，与纪均为魏献文所重。道登者，姓芮。闻徐州有僧药者，雅明经论，挟策从之，研综《涅槃》、《法华》、《胜鬘》。后从僧渊究《成实》，年造知命，誉动魏都。北土宗之，累信征请。遂至洛阳，后栖恒岳。极为孝文帝所赏眷。《魏书·灵征志》，载太和十六年十一月乙亥，帝与沙门道登幸侍中省，则登或常在帝左右者也。孝文出征，似亦尝同行。（《南齐书》四十五《遥昌传》卒于太和二十年（496年）。（此据《释老志》，但《续传》则谓登于景明中卒。）孝文帝甚悼之。诏书有谓："朕师登法师奄至徂背，痛怛摧恸，不能已已。比药治慎丧，未容即赴，便准师义，哭诸门外。"又太和十九年帝幸徐州白塔寺，顾谓诸王及侍官曰：

> 此寺近有名僧嵩法师，受《成实论》于罗什。在此流通，后授渊法师。渊法师授登、纪二法师。朕每玩《成实论》，可以释人深情，故至此寺焉。

道登、慧纪之见重魏土也若是。

（四）惠球者，受《成实》于僧渊。后行化荆州，使西夏义僧得与江南抗衡。天监三年卒（504年）。

方道登、慧纪传《成实》于北土，僧柔、慧次亦张彼宗于建业。僧柔为弘称弟子。弘称，洛阳临渭人。其师传不明。惟慧次则受学于彭城之法迁，是亦彭城系之支派也。柔住上定林寺，精勤戒品，委曲禅慧。方等众经，大小诸部，俱尽玄要。卒于延兴元年（494年）。次公住谢寺，原受业于法钦。后随法迁在徐州京口，年十八解通经论。名贯徐土。频讲《成实》及三论等。永明八年（490年）卒。柔、次二公见重齐朝。文惠太子、竟陵文宣王俱师之。而文宣曾命僧人钞《成论》。《祐录》载《略成实论记》曰：

> 齐永明七年十月文宣王招集京师硕学名僧五百余人。请定林僧柔、谢寺慧次法师于普弘寺迭讲。（中略）令柔、次等诸论师钞比《成实》。简繁存要，略为九卷。（中略）即写略论百部流通，教使周颙作论序。

罗什出《成实》之后，中夏南北朝分立。其在南朝，僧导驻锡寿春，其后学道猛止于建业。僧嵩、僧渊（二人均善般若）、法迁弘法于彭城，则皆在宋时也。次有兴皇诸僧（道猛弟子），与柔、次俱在南京。登、纪行道北土，则约为齐时也。此中或为寿春之支派，或系彭城之遗

风。次至梁时，《成实》极盛。《广弘明集·智称行状》述及当时之佛学
情状曰：

> 《法华》、《维摩》之家，往往间出。《涅槃》、《成实》之唱，处
> 处聚徒。

故《成实》一宗，至梁而极盛。宣武法宠、光宅法云、庄严僧旻、开善
智藏，一时名宿，均研《成实》。法宠受之于昙济、道猛，系出寿春。
余三人均曾受学柔、次二公，次则彭城系之支末也。（此外有法开者亦受学
于柔、次。）

释法宠，姓冯氏，南阳冠军人。后遭世难，避居盐城。先出都住兴
皇寺。从道猛、昙济学《成实论》。从长乐寺僧周学通《杂心》及《法
胜毗昙》。从庄严昙斌历听众经，末又从慧基听其讲导。常讲《成实》
及《阿毗昙》。（《续传·慧开传》及慧勇传）梁武帝呼为"上座法师"，普
通五年（524 年）卒，年七十四。

释法云，姓周氏，义兴阳羡人。初为僧成、玄趣、宝亮弟子。后听
僧柔讲，咨决累日，词旨激扬，众共叹异。与同学僧旻齐名。年登三
十，建武四年夏初于妙音寺开《法华》、《净名》二经。天监时，诸法师
各撰《成实义疏》，云乃经论合撰，有四十科，为四十二卷。又敕于寺
三遍敷讲。天监将末，扶南国献经三部，敕云译之，详决梁梵，皆理明
意显。大通三年（529 年）卒，年六十三。

释僧旻，姓孙氏，家于吴郡之富春。早住虎丘西山寺，为僧迥弟
子。后住建业庄严寺，师仰昙景。旻安贫好学，与同寺法云，禅冈法
开，禀学柔、次、远、亮四公经论。夕则合被而卧，昼则假衣而行。往
反咨询，不避炎雪。大明数论，究统经律。曾听僧宗讲《涅槃经》，扣
问联环，言皆摧敌。齐竟陵王曾请柔、次二法师于普弘寺共讲《成实》，
大致通胜，冠盖成阴。旻于末席论议，词旨清新，致言宏邈，往复神
应，听者倾属。次公乃放麈尾而叹曰："老夫受业于彭城，精思此之五
聚，有十五番，以为难窟。每恨不逢劲敌，必欲研尽。自至金陵，累年
始见，竭于今日矣。且试思之，晚讲当答。"及晚上讲，裁复数交，词
旨遂拥。次公动容，顾四座曰："后生可畏，斯言信矣。"年二十六，永
明十年，始于兴福寺讲《成实论》。先辈法师，排竞下筵。名振日下，
听众千余。著有论疏、杂集等百有余卷，内有《成实论义疏》十卷。湘
宫寺智蒨写正，皇太子纲作序（序载入《广弘明集》中）。大通八年卒（按
大通无八年，《续传》有误字），年六十一。

释智藏，姓顾氏，吴人。少事定林寺僧远、僧祐，天安寺弘宗。后从柔、次二公受学。齐竟陵王将讲《净名》，选穷上首。乃招精解二十余僧，探授符策，乃得于藏。年腊最小，独居末座。敷述义理，罔或抗衡。后游会稽虎丘。梁时武帝请还敕居开善。性梗直，尝上正殿，御法座，与帝抗争。敕讲《涅槃》、《成实》、《般若》，听侣皆一时翘秀。普通三年（522年）卒，年六十五。计曾讲大小品、《涅槃》、《般若》、《法华》、《十地》、《金光明》、《成实》、《百论》、《阿毗昙心》等。各著义疏行世。《成论义疏》有十四卷。《大乘玄论》谓为学士安城寺开公、安乐寺远子所记，得藏印可者。而《中论疏记》言藏有《成实论大义记》，为最要之作。

约在天监以后，擅名《成论》者更多。虽未克明其灯传，但泰半为光宅、庄严、开善之弟子，即柔、次之再传也。其在建业，龙光寺为一中心。僧乔、宝渊（亦作"慧渊"）僧整、惠济、惠绍于齐隆昌时，请僧旻移住，讲《成实》者三四年。而龙光僧绰为智藏弟子，阐扬《成实》。（按《大乘玄义》卷二曰，"龙光传开善曰"云云，当指龙光僧绰传开善智藏之学说也。）龙光学士又有舒法师者（见《续传·慧暅传》，当即《慧隆传》之宣武寺慧舒），亦精《成论》。庄严寺为旻公所住，自亦一重镇。其弟子慧朗、慧略、法生、慧武均擅名《成实》。而僧密者，与旻约同时住彼，专以《成实》擅奇，在陈朝又有智瓛，亦《成论》之大师也。

智瓛者，事迹不详。史谓其《成论》之美，名实腾涌，远近朝宗，独步江表。其弟子有智脱、智琰、惠称、智聚等，而瓛之所学，不因前人，故称新成论宗。（见《智琰传》）世谓庄严瓛师，"新实"一宗，鹰扬万代，而陈初宝梁明上亦盛行"新实"。新旧实宗，分别所在，今不得详。但梁代以来，《成实》大师，均善大乘，而梁陈之际，复与三论大生争执。所谓"新实"者或亦因袭大义，而又以三论相攻之结果而于旧说有所修正欤？

《续高僧传·慧荣传》谓梁武帝大通年中，建初彭城咸宏《成实》。武帝天监中敕智藏于彭城寺讲《成实》。齐末梁初彭城慧开亦研《成实》，则先受《成实》及《阿毗昙》于法宠，而后听藏、旻二公经论者也。梁初建初寺明彻亦僧旻之弟子。然所谓大通年中在建初彭城盛弘《成实》者，当为乌琼、白琼二僧正。乌白二琼，并名宝琼。乌琼居建初，通《成实论》，物议所归。白琼居彭城，先学于法云而不浃，后师南涧仙师，凡讲《成实》九十一遍，撰《玄义》二十卷。讲文二十遍，有《文疏》十六卷。讲《涅槃》三十遍，制《疏》十七卷。讲《大品》五遍，制《疏》十三卷。余有《大乘义》十卷，《法华》、《维摩》等经并著《义疏》。

梁末至陈，《成论》盖弥满于南朝。在建业者，自龙光、庄严、建初、彭城以外，有警韶、道超、洪偃及慧暅乃其尤著者。至若江都，则有远法师、法申、惠命（均在安乐寺）、强法师（乃智脱之师。当系智强。慧乘之祖叔，任广陵大僧正，善《成论》及《涅槃》，慧乘师之，见《续传》），及解法师（《续传》慧頵至江都又止华林，从《成论》名匠解法师听讲。华林应在江都）。在会稽，有法开（柔、次之弟子）。

《成实论》之注疏

自刘宋至唐初，研究《成实论》者接轨。而其注疏亦最多，惟均佚失。故今日于《成论》师思想之内容，难得考见，有待于学者之搜讨。（《常盘大定还历纪念集》，境野黄洋有《成实大乘义》一文，稍有所说明，然犹甚简陋。）兹表列南朝《成论》注疏于下。北土注疏不多，无事另列，故亦附焉。

《成实论义疏》　宋僧导

《成实论义疏》八卷　宋道亮

《成实论大义疏》八卷　北魏昙度（上见《僧传》）

《成实论大义记》　梁智藏（见《中论疏记》）

《成实论义疏》十四卷　梁智藏（吉藏《大乘玄论》，言安城寺开公安乐寺远子代作，得印可。或即《大义记》。）

《成实论义疏》四十二卷　梁法云（见《僧传》）

《成实论玄义》十七卷　梁慧琰（招提法师也。此据《中论疏记》。《续传》言智周讲《成论》小招提玄章云云。）

《成实论义疏》十卷　梁僧旻（见《广弘明集》）

《成实论类钞》二十卷　梁袁昙允（见《内典录》。此恐系钞经。）

《成实论玄义》二十卷　陈宝琼

《成实论疏》十六卷　陈宝琼

《成实论疏》数十卷　陈洪偃

《成实纲要》二卷　北齐灵询

《成实论钞》五卷　隋灵裕

《成实论疏》四十卷　隋智脱（此乃文疏。脱并删正梁琰法师之《玄义》，见《续传》。）

《成实义章》二十卷　隋惠影（以上见《僧传》及《续传》）

《成实论疏》十卷　隋明彦

《成实论义林》　著者不知何人

《成实论玄记》　宗法师

《成实论疏》十六卷　元晓（"晓"或作"瑜"，以上见《东域传灯录》。）

《成实论章》　聪法师

《成实论义章》　宗法师

《成实论疏》　法法师

《成实论疏》　嵩法师（上见《中论疏记》，时代卷数均不明。）

般若三论之渐兴

宋初至梁，佛教义学，群集《涅槃》、《成实》。《般若》三论之研求，虽未绝响，但在当时，不见重视，讲之者稀，远非东晋可比。宋初僧导作《三论义疏》，竺道生注《小品》，作《二谛论》，其学当均受之什公。然前者以《成实》知名，后者因《涅槃》称圣。相传彭城僧嵩，初信《大品》，不信《涅槃》。（此据吉藏《中论疏》。即《僧传·道温传》之僧嵩，曾住中兴寺。）然此当即僧渊之师，即以《成实》流誉者也。（《僧传》谓其兼明数论，即指《毗昙》与《成实》。嵩晚年复信《涅槃》，亦见《中论疏》。）小山法瑶著《大品疏》，然亦以《涅槃》命家。此外宋代昙济作《七宗论》，当亦宗《般若》。僧庆、僧瑾均善三论。慧通制《大品疏》。然三师于世，无多影响也。（上均见《僧传》）

齐梁二代，《般若》三论，亦有学者。（齐之智林、玄畅、慧基、僧钟、慧次、僧印，梁之智秀、法通、昙斐，均见《僧传》。）然善者既少，仍不广行。此学之行，端赖摄山诸僧。摄山僧朗，始以三论命家。传其学于僧诠。僧诠传之兴皇法朗。兴皇法朗，在陈时大为时所重。弟子众多，其中隋之吉藏，遂使三论之学，重振于华夏。（日人所传之宗派史，谓三论之初祖为罗什，罗什传之道生，道生传之昙济，昙济传之河西道朗，道朗传僧诠，云云。所说在世代地域上均有抵触，毫无事实根据，且误以道生同时之河西朗即摄山僧朗，甚可笑。）而齐周颙作《三宗论》，梁武帝亲讲《般若》，均与此学之兴，有甚大之助力焉。

般若三论与玄风

南朝重清谈雅论，剖析玄微，宾主往复，娱心悦耳。其在梁代，积习滋盛。《广弘明集》载广信侯萧暎上晋安王（简文帝）书有曰：

> 不审比日何以怡神。披阅儒史，无乃损念。下官每访西邮，备
> 餐令德。仰承观瞩于章华之上，或听讼于甘棠之下。未尝不文翰纷
> 纶，终朝不息。清论玄谈，夜分乃寐。春华之客，登座右而升堂。
> 秋实之宾，应虚左而入室。文宗义府，于焉总萃。唯此最乐，实验
> 兹辰。

当时朝野以清谈为乐事，于此可见。而其所谈资料，虽已兼取儒经。然
其学风，不出玄理。《颜氏家训》论江左玄风，略曰：

> 洎乎梁世，兹风复阐。《老》、《庄》、《周易》，总谓三玄。武皇
> 简文，躬自讲论。元帝召置学生，亲为教授，废寝忘食，以夜
> 继朝。

至于陈世，玄风亦甚。（上俱见第十三章）迨隋灭江南，兹风始革焉。

三玄兴于晋代，而《般若》之学盛行。清谈盛于梁陈，而三论再
起。三论再起，初得力于周颙。而周彦伦者，则纯然玄学家也。善文
辞，工书法，乃周伯仁之裔，此已具有玄谈名士之资格也。筑室钟山，
作隐舍，此仿清流之嘉遁也。其对王俭、萧惠开、文惠太子所问，辞极
简劲，善于应变，乃效谈客之名答也。（均见《南齐书》本传，详上第十三章
中。）而其清论入妙，兼擅玄理佛学，则尤为特色。《南齐书》云："颙
音辞辩丽，出言不穷，宫商朱紫，发言成句。每宾友会同，颙虚席晤
语，辞韵如流，听者忘倦。兼善《老》、《易》，与张融相遇，辄以玄言
相滞，弥日不解。"则俨然无愧当日支、许。故其学问风格亦近乎东晋。
《弘明集》载其《致张融书》有曰：

> 言道家者，岂不以二篇为主？言佛教者，亦应以《般若》
> 为宗。

周氏既以《般若》为佛家之宗，故于佛家其他异义，不无歧视。因之抒
其所见，作《三宗论》。《三宗论》者，论二谛。二谛者，三论之骨干。
而《成实论》亦有二谛之说。周氏之论旨，则在尊《般若》，而黜《成
实论》师之学也。

《成实》之在齐代，已势力极盛。然竟陵文宣王，志好大乘，曾作
《净名经疏》。其子巴陵王，并注《百论》。王见《成实论》太繁，乃于
永明七年（489 年）十月，招集僧人柔、次二公，于普弘寺讲《成论》，
即座又请僧祐、智称讲《十诵律》，而令柔、次钞略《成论》为九卷。
《祐录》十一载《略成实论记》云：

> 公（文宣王）每以大乘经渊深满，道之津涯，正法之枢纽。而
> 近世陵废，莫或敦修。弃本逐末，丧功繁论。故即于律座，令柔、
> 次等诸论师，钞比《成实》。简繁存要，略为九卷。使辞约理举，易
> 以研寻。

此所谓大乘陵废，必指性空典籍。（其余经论，颇见研寻故也。）繁论指数
论名相事数之纷繁，而《成实》亦为数论之一。（周颙序，明言《成实》为
数论，《祐录》十一《诃黎跋摩传》后有注，亦以《成论》为数论。）文宣王痛于
世人弃《般若》之本，而逐数论之末，故令删略《成实》，以省学者之
精力。此则其意已轻《成实》重《般若》也。

钞《成实论》既竣，文宣教令周颙作序（亦见《祐录》十一。此序乃周
代文宣作，故文中未提及文宣令钞经事），周序于轻《成实》重《般若》，言
之更显。始则言此论虽则"近派小流"（谓小乘之流），而"言精理赡，思
味易耽。"（此言其便于学者）是以"今之学众皆云志存大典（大乘之典），
而发迹之日，无不寄济此涂。"（《成实》）次则曰：

> 顷《泥洹》、《法华》，虽或时讲。《维摩》、《胜鬘》，颇参余席。
> 至于《大品》精义，师匠盖疏，《十住》渊弘，世学将殄。皆由寝
> 处于论家（谓数论《成实》之家），求均于弱丧。是使大典（大乘之典
> 如《般若》等）榛芜，义种行辍。兴言怅悼，侧寐难安。

末则谓《成实》乃因其于初学有功，亦不可废。故删赊采要，俾省学士
之烦虑。

> 得使功归至典，其道弥传。《波若》诸经，无坠于地矣。

周氏结论特提《般若》（《波若》），则其旨可知矣。

梁武帝雅好玄学，亲讲《老子》。对于《成实》虽未闻其非议。（参
看《续传·法泰传》）然其学初重《涅槃》，后尊《般若》。自注《大品》，
躬常讲说。观其所言（《祐录·大品序》，《广弘明集·讲大品发题义》），于世
人之轻疑《般若》，最所痛恨。《续高僧传·义解篇》曰："武帝注《涅
槃》，情用未惬。重申《大品》，发明奥义。"（帝注《大品》后，其《涅槃》
之学当有变，今不详。）《大品》或其最后服膺之学。（昭明太子亦谈二谛义，
见《广弘明集》。）按帝原在竟陵王门下，其重大典，当已孕育于彼时也。
及至陈世，玄风犹盛，三论更为流行。陈武帝偏好《大品》，尤敦三论。
（语见《续传·法泰传》）文、宣二帝，亦推重三论学僧。（下详）《成实》之
学，遂不能与之抗衡矣。

周颙、梁武与摄山僧

三论复兴之主角，为摄山诸师。三论之盛，在兴皇法朗之时。法朗之师为僧诠。僧诠之师，实为僧朗。僧朗之师，名法度。法度为黄龙人。江南人士谓燕为黄龙。僧朗为辽东人，二人故乡，盖相接近也。南齐明征君遁迹摄山，刊木驾峰，薙草开径，披拂榛梗，结构茅茨。（语见江总持《栖霞寺碑》）法度南游，征君相与友善。将亡舍宅，请度居之。是曰栖霞寺。按当时有三法度。一何园寺法度，见于《高僧传·慧隆传》。一伪魏法度，见于道宣《僧传·道登传》。谓登学于彭城僧渊，后与同学法度北行至洛，此与慧皎载伪魏昙度之事相符，当是一人。（据《名僧传钞·宝唱书》第十七，有伪魏《法度传》。）一摄山法度，即僧朗之师也。（《高僧传》有传，亦见《名僧传》第二十二。）而度之师不知为何人。度备综众经，而不言以《般若》学见称。江总持碑，谓其"梵行殚苦，法性纯备"。《慧皎传》曰："时有沙门法绍，业行清苦，誉齐于度，而学解优之。"或度并不以学见知。度信弥陀净土，讲《无量寿经》。有名之摄山无量寿石佛，即为度而凿。故僧朗虽为其弟子，而三论之学，未必出于度。关于僧朗之记载，以《高僧传》为最早。其文曰：

> 法度齐永元二年卒于山中。（江总碑谓在建武四年，未知孰是。）春秋六十四。度弟子僧朗，继踵先师，复纲山寺。朗本辽东人，为性广学，思力该普。凡厥经论，皆能讲说。《华严》、三论，最所命家。今上深见器重，敕诸义士，受业于山。

据此则慧皎作书时，朗犹在世。《高僧传》止于天监十八年。朗之死在此年后。江总持《栖霞寺碑》，谓梁武帝敕人受学，在天监十一年。其文曰：

> 先有名德僧朗法师者，去乡辽水，问道京华。清规挺出，硕学精诣。早成波若之性，凤植尸罗之本。阐方等之指归，弘中道之宗致。北山之北，南山之南，不游皇都，将涉三纪。梁武皇帝能行四等，善悟三空，以法师累降征书，确乎不拔。天监十一年，帝乃遣中寺释僧怀、灵根寺释慧令等十僧，诣山咨受三论大义。

栖霞寺创始于南齐永明七年，至天监十一年仅有二十三年。据"将涉三纪"一语，则僧朗南止建业，在立栖霞寺以前。（安澄《中论疏记》，引均正《玄义》第十，言朗原隐山阴会稽，后请至摄山。）或在宋末齐初自北来。惟是否偕法度同来，则史阙文，不可妄断。至隋时吉藏章疏中，数次言及僧朗事迹而加详。如《大乘玄论》卷一曰：

> 摄山高丽朗大师，本是辽东城人。从北土远习罗什师义，来入吴土。住钟山草堂寺，值隐士周颙。周颙因就师学。次梁武帝敬信三宝，闻大师来，遣僧正智寂十师往山就学。梁武天子得师意，舍本《成论》，依大乘作章疏。开善亦闻此义，得语不得意。

《二谛义》卷下，亦有此一段而较详。其末曰：

> 梁武（中略）本学《成论》，闻法师在山，乃遣僧正智寂等十人往山学。虽得语言，不精究其意。所以梁武异诸法师，称为"制旨义"也。

《中论疏》卷五曰：

> 次齐隐士周颙著《三宗论》。（中略）大朗法师关内得此义授周氏，周氏因著《三宗论》也。

吉藏所传，较梁释慧皎、陈江总持加详，而要点有三：（一）周颙从朗受学，因作《三宗论》。（二）梁武帝得其义而作《疏》，并开善亦闻朗义。（三）朗之三论学得之关中。日人境野黄洋，于此均有所见。（见《支那佛教史讲话》下卷第一章）但推断未全精审，兹分论之。

周颙受学，作《三宗论》，事颇可疑。彦伦虽在钟山西立有隐舍，然实非隐士。其作《三宗论》，正官于建业。时有高昌郡沙门智林者，著《二谛论》。又注《十二门论》、《中论》，服膺空宗。闻颙将撰《三宗论》，与己意相符。但颙恐"立异当时，干犯学众"。因"畏讥评"，而欲中辍。因两次作书促之。（第一书略见《隆兴佛教编年》卷五，第二书见《僧传·智林传》、《南齐书·周颙传》。《广弘明集》亦载之。）其第二书有曰：

> 此义旨趣，似非初开。妙音中绝，六十七载（《南齐书》作"六七十载"）。理高常韵，莫有能传。贫道年二十时，便忝得此义。（中略）窃每欢喜，无与共之。年少见长安耆老，多云关中高胜，乃旧有此义。当法集盛时，能深得斯趣者，本无多人。（中略）传过江东，略无其人。贫道捉麈尾以来四十余年，东西讲说，谬重一时。其余义统，颇见宗录。唯有此途，白黑无一人得者。（中略）檀越天机发绪，独创方寸。非意此音，猥来入耳。且欣且慰，实无以况。

周氏三宗义之来源，难可推知。然（一）山阴慧基，亦善《般若》。《小品》、《金刚》周为剡令时，请讲说。（二）沙门玄畅，善于三论，为学者之宗。周氏在蜀在京，当与友善（畅曾游建业及蜀中）。畅死后并为之制碑文。（上均见《高僧传》）据此则颙早习闻《般若》、三论，固不必其三宗之义，即出于僧朗也。又法度与法绍并称为北山二圣。俱为齐竟陵王等所重。而绍又居于山茨精舍。山茨精舍者，即周颙就雷次宗旧宅所立之隐舍也。（周原与绍善，亦见《僧传》。《南齐书》谓颙休沐日常往山住。）据此则颙与度或有交游也。吉藏谓僧朗授周氏以其所学，乃在草堂寺，此亦即山茨也。惟智林书中，不但言此义（即《三宗论》义）"江左罕传"。且称其义出于"独创"。而周之与度，即有交游。然不闻度善三论。则《三宗》之义，似不即出于法度也。又《三宗论》不知出于何时。（《广弘明集》所载智林致颙书云，请写论本，赍之西还。则论作于林西去前不久。）按智林于宋明帝时至京师，周颙当时即亲近宿直。智林后还高昌，卒于齐永明五年。如《三宗论》作于永明中，僧朗当至建业不久。如在宋明帝时，则僧朗应犹未南来也。（《高僧传》谓法度于宋末至京师。《法华玄义释签》谓朗齐建武来江南。）因此周氏之义，似不出于僧朗也。

梁武帝得朗义作疏，则或有其事，而不免夸大。盖武帝曾注解《大品经》。所谓《疏》，当即此。《祐录》载其《序》曰：

> 朕以听览余日，集名僧二十人，与天保寺法宠等，详其去取。灵根寺慧令等，兼以笔功。采释论以注经本。略其多解，取其要释。此外或据关河旧义，或依先达故语，时复间出，以相显发。若章门未开，义势深重，则参怀同事，广其所见。使质而不简，文而不繁，庶令学者，有过半之思。

《大品经注》作于天监十一年。（《广弘明集》陆云《御讲玻若经序》）正梁武遣僧十人从朗受学之时。而参赞之灵根寺慧令，江总持《碑》谓为十人之一。故所谓"关河旧说"，或即得之于僧朗。盖吉藏屡言其宗之学承关河旧说，而智林书中则谓江南殊少传者。（按陈慧达《肇论序》云，"达留连讲肆二十余年，未睹斯论"，可知陈世关河旧说，亦少传人。）梁武帝作《疏》时，智林、周颙均已死，亦未闻别有精研关河旧说之人，则谓其所采，得之于僧朗，似乎近理。但梁武早重《涅槃》，于《成实论》，未闻研求。（仅《续传·法泰传》言其"崇《大论》，玩《成实》"，似不可信。）惟大同年中曾敕智藏讲《成实》（见《续传·智藏传》，当在大同年中。《大乘玄论》卷二，谓武帝敕开善作《义疏》，当即在此次讲席，令作疏。又简文帝在武帝时，为僧旻作《成实论疏序》），则亦似无舍《成实》之事。至若开善与摄山僧朗为同辈，《续僧传》叙其学历甚详，未言其曾闻朗之义。则吉藏言武帝舍《成论》，开善闻朗义，均故为夸大之辞。

至谓僧朗得三论之学于关中，则有可疑。而后人误以河西道朗、辽东僧朗为一人（日本僧人所述三论宗传授史有此误解）。或且谓此学得之于敦煌郡之昙庆法师。（日人安澄《中论疏记》）因谓关河者，乃关中与河西（亦安澄说），则为谬见。盖关河一语，本指关中。（如《宋书·武帝纪》："奉辞西旆，有事关河。"《范泰传》："关河根本既摇。"《南齐书·王融求自试启》："汉家轨仪，重临畿辅，司隶传节，复入关河。"均可证。）关河旧说，即罗什及弟子肇影诸公之学。僧朗于齐梁之际，复兴三论。其远凭古说，理无可疑。但系得之师传，抑仅就旧籍抉择发明，则不可考。智林致周颙书中，谓关中旧有此义，后妙音中绝。则朗即有师授，不必即在关中。然吉藏屡次申言僧朗之学，得自关中，并言梁武帝舍弃《成论》，而开善亦闻此义，则疑别有用意。此不可不先明乎摄山三论之发达，及其与《成实》学者之争执。

《三宗论》

周彦伦之《三宗论》，乃三论学者对《成论》下攻击之第一声也。《高僧传》云："智林申明二谛义，有三宗不同。时汝南周颙，又作《三宗论》，既与林意相符，深所欣慰。"《隆兴佛教编年通论》卷五云："时京邑诸师，立二谛义，有三宗，宗各不同。于是汝南周颙，作《三宗论》，以通其异。"（此与《僧传》所言稍异）据此则《三宗论》者，论当时二谛诸义，有三宗不同也。《通论》又载智林与颙书有曰："《三宗论》钩深索隐，尽众生之情。廓而通之，尽诸佛之意。"而周颙答张融书（《弘明集》）有曰："是吾《三宗》鄙论，所谓取舍驱驰，未有能越其度者也。"据此则周之论，不但会合当世诸说，而且亦自谓尽摄一切佛学也。《南齐书·周颙传》云：

> 著《三宗论》立"空假名"（第二宗）。立"不空假名"（一宗）。设"不空假名"，难"空假名"。设"空假名"，难"不空假名"。"假名空"（三宗），难二宗。又立"假名空"。（此言假名空宗，乃并难前二宗。因难二宗，而又立假名空也。又最后五字，疑原在"立不空假名"句下。）

据此则斯论由浅入深，而三宗则最胜义，为前二宗所不及也。又《般若》、《中观》，畅言二谛中道。此外则《成实论》，亦以此义为其学之骨干（盖此论本小乘部人受大乘中观之影响而作也）。而《中论疏记》卷上有曰：

有人传曰，依均正《玄义》者，"空假名"，"不空假名"（即前二宗），俱是《成实》师。（现均正书已残缺，故无此说。）

据此则斯《论》前二宗者，《成实》师说。而周颙乃据其所信之三宗，难之也。然则第三宗（即假名空）者，当为《般若》三论之正说也。

吉藏《大乘玄论》卷一云：

次周颙明三宗二谛，一不空假，二空假，三假空。

吉藏《二谛义》卷上亦言及三宗，次序相同。而其《中论疏》亦云：

次齐隐士周颙著《三宗论》，一不空假名，二空假名，三假名空。

可见斯论，先叙不空假名，次空假名，后乃述假名空也。

"不空假名"又称为"鼠喽栗义"（又名"不空二谛"或"不空宗"）。《大乘玄论》卷一云：

不空假名者，但无性实，有假世谛不可全无，为鼠喽栗。

均正《大乘四论玄义》卷五云：

或云虽得第一义，犹不失世谛。但世是假，无复有实，如鼠喽（原作"娄"）栗也。

此第一宗乃谓法无自性（此谓得第一义），但有假名（此谓不失世谛）。但世谛因无自性故是假而无实。此则虽言"自性"空，而不空"假名"。故吉藏《二谛义》解曰：

鼠喽栗二谛者，经中明色色性空。彼云色性空者，明色无定性，非色都无。如鼠喽栗中肉尽，栗犹有皮壳，形容宛然。栗中无肉，故言栗空。非都无栗，故言栗空也。即空有并成有也。

《中论疏》亦云：

不空假名者，经云，色空者，此是空无无性实，故言空耳，不空于假名也。以空无性实，故名为空，即真谛。不空于假，故名世谛。晚人名此为鼠喽（原亦作"楼"）栗义。

又《中论疏记》亦云：

又均正《玄义》第三云，不空二谛者，不坏假名，而说诸法实相，明诸法无自性，故所以是空。而自不无诸法，假名可以为有。（下略）

此宗但空色之自性，而不空其宛然之相（即假名）。色之性空，而假名是有。真谛空而世谛不空。此与晋时即色宗所谓"色无自性，虽色而空"之义相同。故吉藏谓此"空性而不空假，与前即色义无异也"（即色义详前第九章中）。

按一切有部谓法体实有，《成实》主无体而有相，大乘《般若》乃言体相皆空。此不空假名，空自性而不空假名，疑出于《成实》之说。其《论门品》曰：

> 论有二门，一世界门，二第一义门，以世界门故说有我。（中略）第一义门皆说空无。

其《灭法心品》云：

> 五阴实无，以世谛故有。所以者何？佛说诸行尽皆如幻如化。以世谛故有，非实有也。

凡此诸言，疑《成实论》师，常引之为第一义空，世谛是有之根据。故慧远《大乘义章》卷一《二谛门》中言，二谛义可分四宗（此四宗亦见于《中论疏》一所引旧地论师之说）。其第二为破性宗。（破性宗者即谓法无自性。其第一宗毗昙人说，名立性宗，即谓诸法各有体性。）其释曰：

> 言破性者，小乘中深宣说诸法虚假无性。（中略）法虽无性，不无假相，此宗当彼《成实论》也。

又曰：

> 第二宗中，因缘假有，以为世谛。无性之空，以为真谛。

此所述《成论》师言，恰合不空假名之宗也。

安澄《中论疏记》云：

> 《山门玄义》第五卷云，第三（"三"字疑误）释显亮《不空二谛论》云，《经》曰："因缘诸法，有佛无佛，性相常住"，岂可言无哉？而《经》云"诸法空"者，所谓内空无主。以无主诸法，名世谛。诸法无主，是真谛。此即数部三藏意，明事理二谛。以三集无为（谓蕴处界之三聚有为也。此作"无为"，乃误字）为俗谛。其中十六真理（谓苦谛之苦无常空无我，集谛之因集有缘，灭谛之尽止妙出，道谛之道如迹乘，此即十六圣行），是第一义谛。旧诏（目也，亦作名；下同）为鼠嵝（原作"楼"）栗义。此一师，即第一"不空宗"（谓不空二谛

宗也）。

《山门玄义》所述显亮之说，谓法无主故空。而无主之法，则非无有。其义与前述相同。显亮者，《高僧传》谓何园寺慧亮，本名显亮（安澄即如此解）。但所言似误。查北多宝寺道亮法师，因性刚忤物，遂显于众，被徙南越。疑因此道亮，遂被称为显亮。道亮著《成论疏》八卷（按道亮或即《涅槃集解》之僧亮。《集解》三十八引僧亮有曰："法从缘得，以无性名空也。"意亦与上义相合也），为最早《成实》师之一。复按《名僧传抄》，宋僧觉世，善《泥洹》、《大品》，立二谛义，以"不空假名"为宗，与慧整齐名。（整善三论，二人均见《僧传·道猷传》。）则研《般若》者，宋时曾立此义也。又《玄义》谓不空假名宗即数部三藏事理二谛。按《大乘义章》一所述之毗昙宗二谛，谓事理相对。事为世谛，理为真谛。事谓阴界入，理谓十六圣谛，即所谓数部三藏之事理二谛也。但《义章》又言此宗说诸法各有体性。（安澄书卷一，解《中论疏》地论师四宗说，乃谓毗昙宗言"法无自性"云云。但毗昙是一切有部，一切有者即言一切诸法皆有自性。安澄之言误。）是不主张法无自性，与不空假名宗不相合也。

"空假名"宗，又称为"案苽义"。（又名"空有宗"或"空有二谛义"。有，谓假名。）《大乘玄论》卷一云：

> 第二空假名，谓此世谛举体不可得，若作假有观，举体世谛；作无观之，举体是真谛。如水中案苽（原作"瓜"，下同），手举苽令体出，是世谛；手案苽令体没，是真谛。（《四论玄义》卷五，《三论略章》，均有此文而较略。）

此宗持诸法假名而有，是俗谛。然体性不可得，故无，是真谛。以俗真相对，而解有无，此义于《成实论》中亦所常见。如曰："说四大，四大所因成者，四大假名故有。"（《色名品》）"故佛于假名中，以四大为喻，故是四大义。"（《明本宗品》）"五阴实无，以世谛故有。"（《灭法心品》）"如经中说诸法，但假名字。假名字者，所谓无明因缘诸行，乃至老死诸苦集灭。以此语故，知五阴亦第一义（真谛），故空。"（《灭法心品》）此均以法假名有，而第一义则空。查《成实》此意，乃主分析空，即言诸法因缘所成，若分析诸缘求之，则体不可得，故空。如吉藏《二谛义》卷上云：

> 次《成论》（中略）明诸法有，为世谛。折（应作"析"，下同）法空，为第一义谛。

故吉藏《中论疏》云:

> 空假名者,一切诸法,众缘所成,是故有体,名为世谛。折缘求之,都不可得,名为真谛。晚人名之为案(原作"安")苨二谛。苨沉为真,苨浮为俗。难曰,前有假法,然后空之,还同缘会,故有"推散即无"之过也。

缘会者,指晋于道邃之缘会宗。(已见前第九章。安澄引《山门玄义》,谓于道邃、支道林均"空有宗",旧名此师为案苨义云云,谓支道林属此宗实误。)因缘假有,推散即无,是则假有时非无,而无时非有。故后人斥为案苨义。《中论疏记》云:

> 均正《玄义》第三云,《山门》等目名"空有二谛",为案苨二谛。明苨没之时,举体并没。若出之时,举体并出。出时无没,没时无出。何异明(原作"时")空之时无纤毫之有,明有之日无纤毫(原夺"纤")之空。

夫谓俗谛假有,真谛空无。分谈二谛,是不知相即义。周颙与张融论佛道优劣,仅许道家"知有"、"知无",而不能"尽有"、"尽无"。盖只许《老子》属于第二宗。其致张书有曰:

> 夫有之为有,物知其有(知俗谛为有)。无之为无,人识其无(知真谛为无)。老之署有题无,无出斯域。是吾《三宗》鄙论,所谓取舍驱驰,未有能越其度者也。(世俗之谈不出前二宗,而老子为最高。)佛教所以义夺情灵,言诡声律,盖谓即色非有,故擅绝于群众耳(佛义又在老子之上)。

周颙以后,三论宗师谓开善二谛义,亦为空假名。《大乘玄论》卷一曰:"空假者,开善等用。"开善亦号为《成论》大师也。其说散见于三论宗旧籍,且多评其为分理为二。如《玄论》卷二,明三种中道,而谓开善义为真俗合中道。并引开善《义疏》(此乃安城寺开公、安乐寺远子代作,十四卷,吉藏未言其为何经义疏,但据其据前文有成实中道云云,此乃《成论疏》)语曰:

> 二谛中道云何谈物耶?以诸法起者,未契法性也。既未契,故有。有则此有是妄有。以其空,故是俗也。虚体即无相,无相即真也。真谛非有非无而无也。以其非妄有,故俗虽非无,非无而有,以其假有故也。与物举体即真,故非有。举体即俗,故非无。则非

有非无，真俗一中道也。真谛无相，故非有非无真谛中道也。俗谛是因，假即因，非即果，故非有。非不作果，故非无。此非有非无，俗谛中道也。（参看均正《玄义》五，《明中道》条。）

智藏言有三种中道。俗谛体虚，而是妄有。（妄有故非无而有，亦即假有。）真谛无相，而非妄有（故曰非无而无也）。体虚是妄，无相非妄，二谛相对，于是合则有真俗一中道。分则有真谛中道，与俗谛中道。而谓虚是俗理，无相是真理。既为二理，即是二物（此吉藏破开善语）。不知中道即"一如"义，即"相即"义。必顺真而不逆俗。非去有（假名）而存空（实相）。如言"举体即真"，则似去有而存空。言"举体即俗"，则顺俗而逆真。故犹之芯沉举体没，芯浮举体出也。

智藏所谓真俗一中道者，乃谓二谛一体。一体乃言相即。（《玄论》卷一，《玄义》卷五。）周颙之论，亦明二谛以中道为体。（《二谛义》卷下）吉藏谓三论师自始即用此义。（《玄论》一论谛体，及《二谛义》下。）故吉藏又曾谓开善用假名空义。如《二谛义》下曰：

　　次周颙明三宗二谛，一不空假，二空假，三假空。野城寺光大法师（未详），用假空义。开善亦用，用中最不得意者。（吉藏《玄论》一，《二谛义》下，均谓开善曾闻《山门义》，然得语不得意。）

因开善与山门用语相同，而义实相异。故吉藏屡辩之。（《二谛义》下，破之尤详。）兹就二事，以明其义。一问曰，若用中道为体，则中道为是二摄，为是二谛外物。答曰，开善明二谛摄法尽。（庄严则明佛果涅槃出二谛外，此见《二谛义》卷下。）中道终是一无名无相，还是二谛摄。（上见《玄论》一，明谛体。）因此中道如是真则非俗（俗则非真）。是亦即真谛为体。如真谛为体，则真俗相对而失中道。（此见《二谛义》下）二开善序云，谛者一真不二之极理。此似指谛为理。谛如为理，则俗理非真。真理非俗，是仍为二理。不知二谛实是教，因对二见根深之众设此教。故二谛乃以表不二之理。如指指月，意不在指，意令得月。（此见《二谛义》下）因其是教，故唯一实谛，方便说二。如唯一乘，方便说三。（此见《玄论》一）故开善虽言相即，而实分真俗有无为二，亦如《老子》虽"知有"、"知无"，而仍终是案芯义也。

按吉藏《中论疏》释《三宗论》，谓晚人名不空假名为鼠喽栗，空假名为案芯。安澄《疏记》释曰："晚人者，僧诠师也。"又澄引均正《玄义》第三云，山门等目名空有二谛（指空假名），而谓山门亦指僧诠。

（亦见《疏记》）又澄引《山门玄义》（据安澄所言，《山门玄义》似即兴皇法朗所作）云，旧诸空假名为案芯义。则摄山诸师，僧诠、道朗，尝引《三宗》，而加批判。安澄《疏记》中并有曰：

> 问均正《玄义》以周颙为不空二谛（安澄曾引均正，谓"不空假名，即周颙义"云云），今何名假名空耶？（何以名周颙义为假名空）答有人传云，均正《玄义》约未了时义而言。今约已了时义而言。"今"谓准《山门玄义》，释显亮师名为不空假名义，于法邃名为空假名。周氏名为假名空，此得理说，故以为第三也。

此言周氏之前二宗为未了时义。第三宗为得理，为已了。亦可见周氏之论，由浅入深，而以第三宗假名空，为佛家之正义也。

"假名空"乃持业释。假名故空，空故假名，空假相即，乃周颙之所以难前二宗。第一宗法自性空，犹存假有，故失相即。第二宗空则无相，假则妄有，析而为二，亦失相即。又空假相即，乃周颙之所以黜老氏。张融致周书有曰：

> 法性虽以即色图空（佛教）。虚无诚乃有外张义（老子）。

张少子意谓佛家法性即色是空，体用一如。老子诚于"有"外别张无义。（义者，宗也。谓老氏未明言体用不离，似于有外另张无之宗极也。）二者诚有差别。但少子又谓老氏非不知即色即空。不过人情恒滞于有，故且不先言即色，而渐因有以尽无。故其书又曰：

> 直以物感既分，应物难合，令万象与视听交错，视听与万象相横，著之既已深，却之必方浅。所以苦下之翁，且藏即色，顺其所有，不震其情，尊其所无，渐情其顺。及物有潜去，人时欲无。既可西风昼举而致南精，夕梦汉魂中寐，不其可乎！

周之答书有曰：

> 苦下之藏即色，信矣斯言也。更恐有不及于即色，容自托于能藏。

其意直以为老氏之藏即色，乃因未悟于即色即空，即体即用。故托言能藏，以自讳饰。而"佛教之所以义夺群情，言诡声律，盖谓即色非有，故擅绝于群家耳"。即色非有，则不外有，亦不外无。（周氏曰老氏之神地悠悠，自悠悠于有外。）有无相即，故体性尽无，而亦尽有。（尽者，完也，备也。）固非仅于有则知其为有，无则识其为无也。故周氏复书又有曰：

尽有尽无，非极莫备。（至极之体，并尽有无。即于尽有，并亦尽无。）知无知有，吾许其道家。唯非有非无之一地，道言不及耳。（并尽有无，则非有非无。）非有非无，三宗所蕴。（此谓第三宗乃言非有非无。）傥瞻余虑，唯足下其盼之。

由此言之，周氏之第三宗，谓诸法非有非无，不存空以遣有，亦非坏假以显实，盖即僧肇之学。故吉藏《中论疏》云：

第三假名空者，即周氏所用。大意云，假名宛然，即是空也。寻周氏假名空，原出僧肇《不真空论》。《论》云："虽有而无，虽无而有。虽有而无，所谓非有。虽无而有，所谓非无。如此即非无物也，物非真物也。物非真物，如何而物。"肇公云："以物非真物，故是假物。假物故即是空。"大朗法师关内得此义，授周氏。周氏因著《三宗论》也。

僧肇所谓之不真空，亦持业释。不真故空，空故不真，周颙之"假名空"一语，与之同义。故《大乘玄论》曰：

假空者（中略）虽空而宛然假，虽假而宛然空，空有无碍。

空有无碍，故非有非无，而不偏于有，不偏于无。故《中论疏》又曰：

大朗法师师周颙二谛，其人著《三宗论》云，佛所以立二谛者，以诸法具空有二所以不偏，故名中道。

此所言虽简略不显豁，然证之上来所言，则相即故不偏，是亦中道义，故二谛以中道为体也。

推周氏之意，本性空寂，无名无著。世人著有，固为有失。若人著无，亦未为得。惟释迦究竟义，乃无所著，乃为大圣。其致张少子书有曰：

但纷纷横沸，皆由著有。迄道沦俗，兹焉是患。既患由有滞，而有性未明。矫有之家，因崇无术。有性不明，虽则巨蔽。然违谁尚静，涉累实微。是道家之所以有神弘教，前白所谓"黄老实雄"者也。王、何旧说，皆云老不及圣，若如斯论，不得影响于释宗矣。

据此则老氏矫有，因崇空无（佛家则言空以遣有，非去有以存空），虽不及圣，而有裨世道。然则周颙作论，对于前二宗，当亦非完全抹杀，而有所称许。然体用兼备，则只许第三宗耳。

三论之盛及与成实之争

《成实》之学，南朝最盛。罗什虽传译，而非其宗义。其后当以义近大乘，并便初学，故渐流行。其初约可分为二系：一为寿春僧导，一为彭城僧嵩及法迁。综计南北朝研五聚者，泰半出寿春、彭城二系。导、嵩二师俱在宋时。继之者有齐之柔、次二公，梁之开善、庄严、光宅三大法师（《续传·义解篇》论云，三大法师云、旻、藏者，方驾当涂，复称僧杰，挹酌《成论》，齐骛先驱），陈之建初、彭城二名德。《成实》之势力，弥满天下，而尤以江左为尤甚。至若《般若》三论，罗什宗旨所在。则宋齐二代，罕有传者。（见前）齐竟陵王已见当时大乘陵废莫修。"弃本逐末，丧功繁《论》。"周颙作序，亦痛惜时人"寝处于论家，求均于弱丧"。而梁武帝《大品经注序》所言，亦可与此相发明。

> 顷者学徒，罕有尊重。（谓《大品》）或时闻听，不得经味。帝释诚言，信而有征。此实贤众之百虑，菩萨之魔事。故唱愈高，和愈寡，知愈希，道愈贵。致使正经沉匮于世，实由虚己情少，怀疑者多。

周颙服膺重玄，推尊空论，与时流异趣。其作《三宗论》，即在破斥《成论》，为三论、《成实》相争之先导。然观其自知"立异当时，干犯学众"。又"畏讥评"，至欲中辍。则当时《般若》正宗之衰，而《成论》则炙手可热，可以想见也。

然三论之兴，实由摄山诸师。僧朗未闻有著述，而于三论，当有独到。僧朗之师法度，已称"备综众经"。而僧朗则称"为性广学，思力该普，凡厥经律，皆能讲说"。其于博学外，必于教义，有所开发。故梁武敕僧受业。后人称为摄山大师。（安澄云：言摄山大师者，指道朗师［即僧朗］是根本故也。）陈江总持入栖霞寺，见有朗（僧朗）诠（僧诠）二师、居士明僧绍、治中萧睐素图象。（《广弘明集》江总《入栖霞寺诗》）明僧绍显誉于齐代。（《南齐书》五十四）萧睐素擅名于梁室。（《梁书》五十二。睐素乃思话之孙，好学能清言，士人敬之。）并遁居于摄山。江氏《栖霞寺碑》曰：

> 南兰陵萧睐（原文无"素"字）幽栖抗志，独法绝群。遁世兹山，多历年所。临终遗言，葬法师墓侧。

夫明僧绍舍宅为法度立寺，梁武帝使人入山受朗之学，而萧睐素命葬僧朗墓侧，其钦佩之忱可知。故摄山僧朗，隐居摄山，虽数十年，然因重兴几绝之学，已为人所注目也。

且僧朗不但重振三论，亦并大弘《华严》。盖觉贤译六十卷，巨部罕有精者。宋代虽有法业、玄畅，以斯经驰誉。然隋唐《华严》大盛，且演为一宗者。则北方不得不归功地论诸师。南方亦颇得力于三论学者。摄山僧朗，《高僧传》本谓其"《华严》、三论，最所命家"。《续高僧传》，谓僧诠亦讲《华严》，法朗从之学。而嘉祥大师《华严经游意》亦谓江南梁代三大法师不讲此经。陈时建初彭城亦不讲。建初晚讲，就长干法师（三论宗智辩也）借《义疏》。彭城晚讲，不听人问未讲之文。（按上五师均研《成实》。吉藏于此，盖调之。）而讲此经，起自摄山，实盛一时。其后兴皇法朗，继其遗踪，大弘兹典。而嘉祥大师，固亦曾讲《华严经》数十遍也。

僧朗虽一身有关于三论、华严二学之兴隆。然仍仅驰名山原，未履京邑。其时在都城为时所最重者，仍属他宗。如开善智藏善《涅槃》而亦《成实论》之大家也。常直上正殿，踞法座，指斥梁武帝。其睥睨一世之概，固非隐遁摄山者所能望也。僧朗之后，弟子僧诠，仍隐摄山，居止观寺（《中论疏记》引《述义》云，摄山内有止观寺。又引均正《玄义》十，谓道朗〔即僧朗〕在止观寺行道。又均正《玄义》称诠为栖霞寺师。则朗、诠均曾居此二寺），因称曰山中师（但安澄谓兴皇法朗，亦有此称），或曰止观诠。初受业朗公，（《二谛义》下云："山中法师之师，本辽东人。"）玄旨所存，唯明《般若》、《中观》。（安澄引《大品疏》云：止观师六年，在山中不讲余经，唯讲《大品》。又《中论疏》云，山中大师以《中论》为《般若》之中心。又安澄引《涅槃疏》："山中师不讲《涅槃》，学士请讲，不许。"）顿迹幽林，禅味相得。（上文见《续传·法朗传》）其从朗学，不知在何时。据《法华玄义释签》云：

> 高丽朗公至齐建武来至江南，难《成实》师。（中略）自弘三论。至梁武帝敕十人止观诠等令学三论。九人但为儿戏，唯止观诠学习成就。

此言僧诠受学在天监十一年。然此段自据吉藏所传而更有附益，非必事实。按据《高僧传》，法度卒于齐永元二年（或建武四年），僧朗继纲山寺。僧诠受业，当在此后，即齐末梁初也。诠公弟子数百中，有四人称为四友。所谓"四句朗，领悟辩，文章勇，得意布"是也。（《法华玄义释签》谓"伏虎朗，领悟辩"。此四人外，诠弟子有慧峰，住栖霞寺，志研律部。）

其所讲为《智度》、《中》、《百》、《十二门论》并《华严》、《大品》等经。当甚有声于时。道宣《僧传》谓"摄山诠尚，直瓒一乘，横行出世"。又谓"大乘海岳，声誉远闻"。其弟子兴皇法朗再传弟子嘉祥吉藏，均常举山门义。（其后茅山大明法师承兴皇遗嘱，因亦称师山门之致，参看《续传·法敏传》。）如《二谛义》卷中，吉藏引法朗说而申明曰：

> 弹他释非，显山门正意。弹他者，凡弹两人，一者弹《成论》，二斥学三论不得意者（或指中假师之智辩）。

法朗曾作《中论疏》，或称为《山门玄义》。其所谓山门正意者，即当承止观诠所说也。（按《二谛义》卷下有曰，今山门释者即四节明并观义。而解释四节，则引山中师说，可证山门义即诠义也。）山中师，则上承摄山大师僧朗之义。而观其斥鼠喽栗及案芯义，则尝采《三宗论》之说而弹《成论》也。

止观僧诠，顿迹幽林，唯明《中观》。弟子法朗，先住山中，后住扬都兴皇寺。慧勇住大禅众寺。智辩住长干寺。自此而三论之学，出山林而入京邑。止观诠弟子慧布则继居山寺，亦为名僧。布颇重禅悦，曾游北土，见邺禅师及禅宗二祖慧可。凡摄山之禅法及其与禅宗关系，当于第十九章述之。法朗大师，住扬都时，对于当世学说，想直言指摘。故《中论疏》有曰："大师何故斥外道，批《毗昙》，排《成实》，呵大乘耶？"《陈书》载傅縡笃信佛教，从兴皇受三论。时有大心暠法师，因弘三论者雷同诃诋，恣言罪状，历毁诸师，非斥众学。爰著《无诤论》箴之。縡乃作《明道论》，用释其难。《无诤论》曰："摄山大师（此指僧朗。若僧诠则已斥《成论》，不可言无诤）诱进化导，则不如此。即习行于无诤者也。"此当叙僧朗也。又曰："导悟之德既往，淳一之风已浇。竞胜之心，阿毁之曲，盛于斯矣。"此当叙兴皇及其党徒驳斥当时流行之学也。傅縡答曰：

> 摄山大师，实无诤矣。（中略）彼静守幽谷，寂尔无为。凡有训勉，莫匪同志。从容语嘿，物无间然。故其意虽深，其言甚约。（上叙僧朗）今之敷畅，地势不然，处王城之隅，居聚落之内。（此谓法朗住建阳门外兴皇寺。按《僧传·道猛传》，太始初宋明帝立寺，令猛纲领。则此寺原为《成实》师所居，今为三论人所住也。）呼吸顾望之客，唇吻纵横之士，奋锋颖，励羽翼，明目张胆，拔坚执锐，骋异家，炫别解，窥伺间隙，邀冀长短。与相酬对，犒其轻重，岂得默默无

言，唯唯听命？必须特擿同异，发摘玼瑕，忘身而弘道，忤俗而通教。

兴皇大师，号称"伏虎"，盖英挺之士。如《百论疏》曰："大师每登高座，常云不畏烦恼，唯畏于我。"可见意气之雄杰。其所争辩，首斥者为《成实》。故傅绎论有曰："《成实》、三论，何事致乖。"（据此语则大心暠法师或《成论》家也）而《三论游意义》曰："《成实》论师云，三论师不得破《成论》。三论师云，得破也。"《大乘玄论》卷五述其师读《中论》，遍数不同，形势非一，乃为略出十条。此中第八，为区分"诃梨所造（成论），旃延之作"。盖《成实》小乘，而托谈空名，极易乱大乘中观之正义，故须"区分"也。再则齐梁以来，《成实》最为风行，实三论之巨敌。周颙嫉之于前，法朗直斥于后。而三论之学，传至法朗，势力弘大。兴皇讲说，听者云会。挥汗屈膝，法衣千领，积散恒结。每一上座，辄易一衣。帝王名士（傅绎以外，孙场亦常听讲，均见《陈书》），所共尊敬。慧勇登太极殿讲说，百辟俱陈，七众成萃。（奉陈文帝敕讲，见《续僧传》。）徐陵讲《大品》于京师。（《陈书》二十六后主在东宫，令陵讲《大品经》，义学名僧，自远云集。）月婆首那译《胜天王》于江州（《开元录》七陈天嘉六年译初出）。而三论之盛行，亦由帝王之特为好尚。（陈武帝与《般若》三论关系见《续传》法朗、慧布、慧暅传，又《法泰传》。文帝见慧勇、宝琼传。后主见法朗、慧布传中。）至是三论、《成实》，势均力敌。争斗之烈，迥异寻常。《续高僧传》载唐初灵叡（曾受学于安州慧暠，即兴皇三传弟子），在蜀弘三论。"寺有异学，《成实》朋流，嫌此空论，常破吾心，将相杀害。"可见倾轧之急。夫《成论》师先既睥睨一时，对于复兴之三论，自力加排斥，指为立异。故法朗因不得不于斥破之外，申明罗什之统系。故吉藏略出师意十条之六曰：

> 六者，前读关河旧序，如影、叡所作。所以然者，为即世人云，"数论前兴，三论后出"，欲示关河相传，师宗有在，非今始构也。

《涅槃经游意》曰：

> 大师云：今解释，此国所无，汝何处得此义耶？云禀关河，传于摄岭。摄岭得大乘之正意者。

吉藏章疏破斥《成论》之处，指不胜屈。而一方又引肇、影古说，以证其宗之出于关河。其《大乘玄论》卷三曰："学问之体，要须依师承习。"《百论疏》卷一曰："若肇公可谓玄宗之始。"（可见，吉藏时无日本所传以道生为三论宗初祖之说。）欲示三论之学，南国所无。故言周颙作论，梁武造疏，开善立说，均得之僧朗，以明斯学为摄山统系所独得。欲示关河相传，师宗有在，故言高丽大师传法关中，以征实其正统。（此诸项传说在嘉祥以前必已流传。其中不合事实处不必即嘉祥伪造。嘉祥但采取故说，以为证耳。）学理争执，论及正统，宗派之发生，肇于此矣。

兴皇法朗及其门下

兴皇法朗（《续传》亦作"道朗"。《陈书·傅縡传》作"慧朗"），俗姓周氏，徐州沛郡沛人也。梁大通后，在建业就大明宝志禅师受诸禅法，兼听此寺象律师讲律本文。又受南涧寺仙师《成论》，竹涧寺靖公《毗昙》。后又于摄山止观寺僧诠法师受四论及《华严》、《大品》等经。此后专弘龙树宗风。陈武帝永定二年十一月奉敕出山。（《二谛义》上有"师曰：我自出山以来"云云。）入京住兴皇寺，镇讲相续。《华严》、《大品》，四论文言，往哲所未谈，后进所损略。朗皆指摘义理，征发词致。故能言气挺畅，清穆易晓。众常千余。阐前经论，各十余遍。以宣帝太建十三年九月二十五日中夜迁神，年七十五。（安澄《中论疏记》引《述义》云：皇兴石志曰陈大兴 [实太建] 十三年辛丑九月丁未朔二十六日王宇法师 [未详] 迁神，年七十五，其月二十八日砭 [原作"定"] 于江乘 [原作"垂"] 星落里摄山之西岭。）是年亦即隋开皇元年也（581 年）。

法朗教人宗旨，散见吉藏著述中。其《胜鬘经宝窟》中有曰：

> 家师朗和上，每登高座，诲彼门人。言以不住为端，心以无得为主。故深经高匠，启悟群生。令心无所著，三世诸佛，敷经演论，常云：皆令众生心无所著。所以然者，以著是累根，众苦之本。以执著故，起决定分别。定分别故，则生烦恼。烦恼因缘，即便起业。业因缘故，则受生老病死之苦。有所得人，未学佛法，从无始来，任运于法，而起著心。今闻佛法，更复起著。是为著上而复生著。著心坚固，苦根转深，无由解脱。欲令弘经利人及行道自行，勿起著心。

《中观论疏》卷五，申明朗师对八不（不生亦不灭，不常亦不断，不一亦不异，不来亦不出）之解释：

> 师云：标此八不，摄一切大小内外有所得人。心之所行，口之所说，皆堕在八事中。今破此八事，即破此一切大小内外有所得人。故明八不。所以然者，一切有所得人，生心动念，即是生。欲

灭烦恼，即是灭。谓己身无常，为断。有常住可求，为常。真谛无相，为一。世谛万像不同，为异。从无明流来，为来。返本退原出去，为出。裁起一念，心即具此八种颠倒。今一一历心观此无从，令一切有所得心，毕竟清净。故云不生不灭乃至不来不出也。师常多作此意，所以然者，为三论未出之前，若《毗昙》、《成实》有所得，大乘及禅律师行道苦节如此之人，皆是有所得。生灭断常，障中道正观。既障中道正观，亦障假名因缘，无方大用。故一向破洗，令毕竟无遗，即悟实相。既悟实相之体，即解假名因缘无方大用也。

朗在兴皇，听者常千。门人来自远方。复散往四处弘化。朗公曾语弟子真观曰："吾大乘经论，略已宏通。而燕、赵、齐、秦，引领翘足。专学虽多，兼该者寡。"可见，朗已有行化北方之意。及隋统一宇内，其徒分布天下。今所知之名僧亦不少。可见，当陈至唐初，三论因兴皇诸师之弘化，其势力方大也。兹表列其门下现所知者之年代地域于下（白衣学士有傅缚、孙场，均见《陈书》）：

僧名	卒时	生地	游地	住寺	所学
罗云	大业十二年	松滋	金陵	荆州龙泉寺	四论
法安		枝江	金陵	荆州等界寺	《中观》、《涅槃》、《成实》
慧哲	开皇十七年	襄阳	金陵	襄州龙泉寺	三论、《涅槃》、《成实》
法澄	大业初	吴郡	金陵 江都	长安日严寺	三论
道庄	大业初	建业	洛阳	长安日严寺	四论、《法华》、《成实》
智炬	大业二年	吴郡	金陵 江都	长安日严寺	四论、《大品》
慧觉	大业二年	金陵	金陵	江都白塔寺	四论、《大品》、《涅槃》、《华严》
明法师			金陵	茅山	三论
小明法师				苏州永定寺	《华严》、《大品》
旷法师				婺州永安寺	四经、三论
智锴	大业六年	豫章	金陵	庐山大林寺	三论、禅法、《法华》等
真观	大业七年	钱塘	金陵	杭州灵隐天竺	三论、《法华》、《涅槃》
吉藏	武德六年	金陵	金陵 会稽	长安延兴寺	四论、《法华》、《大品》、《华严》、《涅槃》等

兴皇弟子之分布，首在长江上下游。后南盛于浙江，北盛于关中。罗云、法安，史载其各有入室弟子十人。（罗云弟子嵩法师，见《珠林》三

九《河东寺》条。)但影响较著者，当推慧哲、智炬、明法师、吉藏四人。慧哲号为"象王哲"，学士三百余人，成器传灯，可有五十。其知名者中有惠璿、智嵩，后在长安弘法。智炬在建业建初寺讲三论，听者常百人。隋炀帝往镇江都，征居慧日。开皇十九年，移居长安，住日严寺，制《中论疏》，止解偈文。时有同师沙门吉藏者，学本兴皇，威名相架。文藻横逸，炬实过之。门人慧感、慧赜于江之左右通化，各领门侣，众出百人。

明法师者，事实不详。惟谓能传朗公之道统。初朗公将化，通召门人。言在后事，令自举处，皆不中意。以所举言者，并门学有声，言令自属。朗曰："如吾所举乃明公乎。"徒侣将千，名明非一。皆曰："义旨所拟，未知何者明耶？"（另有小明法师，见《义褒传》。）朗曰："吾坐之东，柱下明也。"明居此席，不移八载，口无谈述，身无妄涉，众目"痴明"。既有此告，莫不回惑。和议法师，他力扶矣。朗曰："吾举明公，必骇众意。法教无私，不容瑕隐。"命就法座，对众叙之。明性谦退，泣涕固让。朗曰："明公，来。吾意决矣。为静众口，聊奉其致。"命少年捧就傅坐，告曰："大众听。今问论中十科深意。初未曾言，而明已解。可一一叙之。"既叙之后，大众慊伏。皆惭谢于轻蔑矣。即日辞朗，领门人入茅山，终身不出。常弘此论。明既即"兴皇遗嘱"，而朗公之学，本曰"山门义"，以此而明学亦称为"山门之致"。在唐初三论师之知名者，颇多出其门下。（参看《续传》法敏、慧嵩、慧璿传。《嵩传》"茅山"误"苞山"。）其弟子最有名者为法融，即禅宗牛头系祖师。《弘赞法华传》云，融初依茅山（原作"第"）丰乐寺大明法师听三论、《华严》、《大品》、《大集》、《维摩》、《法华》等经。（大明灭后，又从邃法师，旷法师，敏法师，钟山定林寺炅法师学。）《续僧传》云："入茅山依炅法师髭除。"按此炅法师即明法师。（炅系旻误，明旻同音。又融亦从定林寺旻学，或因此而误。）法融必明师最晚弟子。《续传》云："炅师三论之匠。"又云："炅誉动江海，德诱几神，妙理真筌，无所遗隐。"可见明法师之身价。法融精于禅，而摄山一脉，向重禅法。其理论且与菩提达摩相通。故禅宗人认融为牛头宗祖师（实则彼非道信弟子）。又摄山僧人，在禅法上，与天台宗人亦极有关系，此均当在第十九章中述之。

中国三论学之元匠，为嘉祥大师吉藏。从朗公出家，学识广博，陈义精微，敷化南北，声振一时。在其晚年所作《般若》三论章疏，犹常称师说，以山门义为正统。可见，摄山之学，感应深厚。然嘉祥大师没于唐初，其学采涉最多，为中华佛学统一后之学问，不可属于南北朝时代，兹故略之。

第十九章　北方之禅法、净土与戒律

佛法本是解脱道，其目的在修行证果。于是三学，戒定为慧所依。戒定不修，而徒侈言义理者，实失原旨。至若皈依三宝，礼佛施僧，亦曰功德。然其意在敦本立信。于是信解行证，以信解为初。（《杂心》云，于三宝净心不疑名信。）南朝佛法，沙门居士，多以义学著称，而于戒定少所注重。其建功德立寺礼拜，虽亦为社会普遍之宗教表现，然其于行证，固蔑如也。北土佛徒，特重禅定。始有觉贤、罗什之授禅。继有玄高、佛陀之行化，终郁为北朝末造禅法各派之大观。其中念佛禅门，特与宗教之崇拜有关，亦为大宗。而北方研求戒律，亦竟成为一专门之学，并为南方戒律势力所不及。南方禅法衰替，即间有流行，亦多为北方之支流。兹章因述北朝之禅、净、律，而以南方附焉。

晋末宋初禅法之兴盛

中国禅法始于汉之安世高。吴世康僧会亦特注重。而自汉以来，支谶所传之大乘禅，亦颇流行。晋弥天法师，原深禅悦。其晚年在长安共罽宾僧人广译《毗昙》，自亦仍重禅数之学。（《僧传·僧伽跋澄传》云，时禅数之学甚盛。）然其时禅法尚未大明，传者未备其规矩。故僧叡常叹曰："经法虽少，足识因果。禅法未传，厝心无地。"（据《续传·习禅篇论》，此诸语当出《禅经序》中。）故什公至长安之年，叡师即请其出禅法。及智严等邀觉贤东来，于长安、江南更大弘佛大先之禅。习者尘兴。计什公及觉贤所译之禅经，专籍有四（详见第十章）：

什公译　《禅要》二卷（《大正藏》六一四《坐禅三昧经》即此。一名《菩萨禅法经》。）

什公译　《禅法要解》二卷（《大正藏》六一六）

什公译　《禅秘要法经》三卷（《大正藏》六一三）

觉贤译　《达磨多罗禅经》二卷（《大正藏》六一八。一名《修行道地》。）

凡此诸书乃心法专书，示人以规矩，故为学者之所宗。（因此与所谓《三昧经》或《观经》不同。）至刘宋初昙磨蜜多译《五门禅经要用法》一卷。（《大正藏》六一九。所谓五门，即五停心。）沮渠京声译《治禅病秘要法》二卷。(《大正藏》六二〇)亦均专讲禅法之书。

汉晋流行之禅法,大别有四。一曰念安般。此法于安世高译《安般守意经》后,甚见流行。吴康僧会曰:"安般者,诸佛之大乘,以济众生之漂流也。"东晋释道安曰:"兹乃趣道之要径,何莫由斯道也。"谢敷曰:"此《安般》典,其文虽约,义关众经。自浅至深,众行具举。学之先要,孰逾此乎。"(均见《经序》)康僧会谓其六妙门(数息一,相随二,止三,观四,还五,净六),所以治六情。罗什《坐禅三昧经》谓为思觉偏多之对治。觉贤《禅经》列为第一。可见其盛行当世也。

二曰不净观。如觉贤所译《禅经》云:"入佛法有二甘露门。此二者何。一念安般,二不净观。"名僧慧观特为《不净观》作序。什公所出三禅经,均首言此门。谓为淫欲多者之对治。此法在西方习之者多,然在中夏则少见称述。惟道安《十二门经序》,有以"死尸散落自悟"云云。而谓坐禅在"解色防淫",则或均指修不净观者也。

三曰念佛。此门最要,为净土教之所依据。汉支谶译有《般舟三昧经》。般舟三昧者,谓十方诸佛,悉在前立之定。(即入定时,佛现在前立。)其隋前所译此经及别生有多种,但现存者惟三:

《拔陂菩萨经》(《祐录》云,安公入古典,当是最早出经之一,即前四品。)

《般舟三昧经》一卷 汉支谶译

《般舟三昧经》三卷 晋竺法护译(原题支谶译,但境野黄洋考为法护译。)

在此定中即见诸佛国土。而此经于阿弥陀佛,则特为表出,实为最早之大乘念佛经典。其余弥勒、弥陀观经等净土经,均为同类。(下详)而所谓念佛者,如《坐禅三昧经》曰"将至佛像所,或教令自往谛观佛像相(三十二种)好(八十种)。相相明了,一心忆持,还至静处"云云。又《五门禅经要用法》曰"若观佛时,当至心观佛相好"云云。支谶《般舟三昧经》,谓欲生佛国,当念佛三十二相八十种好。此外《坐禅三昧经》,教人由观形像而观法身。"是时便得见一佛二佛乃至十方无量世界诸佛色身。以心想故,皆得见之。既得见佛,又闻说法言。或自请问佛,为说法,解诸疑纲。既得佛念,当复念佛功德法身,无量大慧,无崖底智,不可计德。"此观法身,乃作理想观。观佛功德法身,是大乘之念佛也。

四曰首楞严三昧。盖大乘最要之禅定也。首楞严者,华言健相,或曰勇伏定。因其威力最大,故得是名。罗什译《首楞严三昧经》云:

"首楞严三昧非初地、二地、三地、四地、五地、六地、七地、八地、九地菩萨之所能得。唯有住在十地菩萨，乃能得是首楞严三昧。"盖此即当于小乘禅法之金刚喻定。即在大乘成佛之金刚心位。《经》谓："一切禅定、解脱、三昧、神通、如意、无碍、智慧，皆摄在首楞严中。"故《大般涅槃经·狮子吼品》曰："以首楞严三昧力故，而令诸佛常乐我净。首楞严三昧，有五种名：一者首楞严三昧，二者般若波罗蜜，三者金刚三昧，四者狮子吼三昧，五者佛性。随其所作，处处得名。"（《四论玄义》金刚心条引此段，彼文可参看。）《祐录》载未详作者，此经序文，谓斯定"洞重玄之极奥，耀八特之化筌"。又僧弘充所作罗什新出此经序，谓为"神通之龙津，圣德之渊府"。此定汉晋间当极为人所钻仰。其经之异译（此非唐世伪造之《大佛顶经》）多至九次。详如下列：

《首楞严经》二卷　汉支谶译（《祐录》二著录二卷。又《祐录》七未详作者序文自称曾为作注。并言支道林讲此经。又序末有注曰：安公《经录》云，中平二年十二月八日支谶所出，其经首略"如是我闻"，唯称"佛在王舍城灵鸟顶山中"。）

《首楞严经》二卷　吴支谦译（《祐录》卷二著录。又卷七支愍度《合首楞严经序》云，谦恐仅就谶译删定，并非重译。）

《首楞严经》二卷　西晋竺法护译（《祐录》二著录。并注云，"异出，首称阿难言"。）

《勇伏定经》二卷　西晋竺法护译（《祐录》二著录。并注曰，"安公云，更出《首楞严》。元康元年四月九日出"。又《祐录》七载有《勇伏定经记》。）

《首楞严经》二卷　西晋竺叔兰译（《祐录》二著录。又支愍度所合者，支谦、法护［当为《勇伏定》］、叔兰三经，见《祐录》七，支序。）

《首楞严经》二卷　凉支施崙译（见《祐录》七经后记。又《祐录》二著录曹魏时白延所出此经，即凉译之误载。）

《首楞严经》二卷　后秦鸠摩罗什译（《祐录》二著录。又卷七有弘充序，谓为之注解。此经现存。［《大正藏》六四二］余译均已佚。）

《蜀首楞严经》二卷　失译（《祐录》卷四《失译录》中云，是《旧录》所载，似蜀土所出。参看卷二《异出经录》。）

《后出首楞严经》二卷　失译（《祐录》四云，《旧录》所载，云有十偈。又《祐录》二《异出经录》，谓此经有七人出。乃谓汉译至蜀译之七人。［共出八次］后出未算入七人之中。）

禅法之流行，其故有四。一则六通三明，禅定之果。修行而得超越之胜力，为人之所想望。故如道安《安般注序》曰：

> 得斯寂者，举足而大千震，挥手而日月扪，疾吹而铁围飞，微嘘而须弥舞。斯皆乘四禅之妙止，御六息之大辩者也。

二则灭欲冥累，为禅弃之妙用。如道安《十二门经序》曰：

> 定有三义焉，禅也，等也，空也。用疗三毒，绸缪重病。

三则因禅定或可得见诸佛，断诸疑网。或可生佛国补处，得寂灭乐。世传道安辍章遐叹，思见弥勒，此乃求见佛决疑也。（僧叡《维摩序》）道安亦深信兜率往生之说。其《婆须蜜集序》（《祐录》载为未详作者，但实安手笔）云：

> 集斯经已，入三昧定。如弹指顷，神升兜术（"兜率"亦作"兜术"）。（中略）兹四大士，集乎一堂，对扬权智，贤圣默然（印可也）。洋洋盈耳，不亦乐乎。

四则禅者智之所依。禅智双运，寂（禅）照（智）相济。于是乃由洗心静乱，而至于穷神反本。（见慧远《禅经序》）禅定之极诣，忘言绝虑，有无兼废，而证"绝成亏"、"遗合散"之法身。（《首楞严注序》）斯则如首楞严三昧，超乎象外，而应无不周。玄学家必视此为其所体验之至道。故于佛家三昧，特所冥契也。惟禅者智慧所依，若有玄鉴朗照，深达有无之理，自亦不须禅法，故谢敷《安般》序曰：

> 苟厝心领要，触有悟理者，则不假外以静内，不因禅而成慧，故曰阿惟越致，不随四禅也。

谢敷固玄学中人。若通玄履道，自亦无取于坐禅矣。南朝偏尚玄义，而不重修心，殆亦因此欤。

宋初南方之禅法

庐山慧远重禅法，曾使弟子往西域求禅经戒律。又请觉贤译禅经。觉贤又于建业授法。同时昙摩耶舍至江陵，大弘禅法，来学者三百余人。宋初昙摩蜜多特深禅法，自凉州经蜀（其时智猛在蜀授禅）至江陵，于长沙寺造立禅阁。（约在其后，玄畅在荆州授禅。）晚年在建业授禅。译有禅经，学者远集，号曰大禅师。其时建业有求那跋摩、佛驮什亦善禅法。沮渠京声亦于宋初来建业，译有禅经。又僧伽达多及僧伽罗多哆亦于元嘉中聚众授禅。（见《名僧传抄》与《僧传·畺良耶舍传》。《高僧传·觉贤传》言贤有同学名僧伽达多。）故晋末宋初南方之禅颇盛。建业、江陵、蜀郡均习者不少。兹列宋时中国南方僧人之习禅者如下：

净度，余杭人。常独处山泽，坐禅习诵。

僧从隐，居始兴瀑布山。学兼内外，精修五门。

法成，凉州人。在蜀弘禅法。

僧印，金城榆中人。为玄高弟子（见《僧传》），常行化江陵。（详《名僧传抄》）

慧览，酒泉人。少与玄高俱以寂观见称。后西游，在罽宾从达摩比丘咨受禅要。后在蜀授法。《名僧传抄》曰："蜀间（原作"闻"）禅学，莫不师焉。"后移罗浮。宋文帝请下都，京邑禅僧，均随受业。

法期，蜀人。从智猛受禅业，与法林共学。智猛系于元嘉中自凉入蜀。期后随玄畅下江陵，得畅之禅法。

道法，敦煌人。住成都，专精定业。

普恒，成都人。习静业，入火光三昧。

宋初禅法流行之域，为蜀，为荆州，为建业。蜀与荆州接近北方，故禅定甚盛。其地中国禅僧如法成、慧览、道法均北人。僧印亦自陇至荆州行化。宋以后二地禅师，较江南为多。但亦大抵来自北方。至若建业，则当以觉贤之提倡为最有力。其弟子慧观、宝云均一代名僧，共住道场寺。观作《不净观经序》，云译《观无量寿经》，均弘定业。当时遂有"斗场禅师窟"之语。其后因外国僧人来京，禅法亦行。惟江南究为义学之府，宋末至陈，外国僧人来者亦甚少。中国僧人乃群趋义学。除荆、蜀稍有行者，南方禅法，极为衰落也。

凉州禅法及玄高

后魏佛法上接北凉，而凉州在晋末为禅法最盛之地。昙无谶本受学于白头禅师，善道术。其徒张掖、道进于定中感戒。沮渠蒙逊之从弟京声，西行得佛大先之禅法。凉州僧智严亦西去得见佛大先，并要请觉贤东归。于长安共二僧坐禅，有人至，良久不觉。（详见本传）宝云亦觉贤之弟子，亦称为凉州僧。西行求法之智猛，亦曾住凉州，后入蜀授禅。昙摩蜜多特深禅法，号连眉禅师，亦曾驻锡凉州。惠览（《名僧传抄》作"揽"），酒泉人，曾游西土习禅。于定中见弥勒。于阗沙州（原作"洲"）集众从之学。（此见《名僧传抄》）与玄高俱以寂观崇于西土。（上多见《高僧传》）

玄高者，陇西著名禅师，而后行化于北魏者也。（事已见第十四章）幼精禅律，谓曾在长安受禅于觉贤。在西秦从外国禅师昙无毗。其弟子玄绍学究诸禅，神力自在。僧印亦称为禅学之宗。《名僧传抄》玄高被杀时，门人见光绕高所住处塔三匝，还入禅窟中。其平生所感神异尚多，具有仙道趣味。（详见第十四章）北魏天师寇谦之与高势力相敌，同受尊敬。其故当均在道术之见重也。同时长安寒山有僧周者，初尝在嵩山头陀坐禅。又有慧通于禅中见阿弥陀佛，乃慧绍弟子。慧绍当即玄高门人玄绍（或亦即《名僧传抄》有传之道韶）。魏太武帝杀玄高后，乃毁法。及佛法复兴，得力于昙曜。而《高僧传》云，河西国沮渠牧犍时，有沙门昙曜，亦以禅业见称。此应即北魏石窟寺僧。佛法再兴亦由于禅师也。

禅窟与山居

《续高僧传》曰，昙曜"少出家，摄行坚贞"。又曰，"绥辑僧众，妙得其一"。所谓"坚贞"、"得一"均指其善禅法。其襄造石窟寺，意固在追福建功德。然其中可居三千人。东头佛寺恒供千僧，其规模之伟大，疑用在广招沙门，同修定法。夫坐禅者，宜山栖穴处，则凿窟以为禅居，亦意中事。按高允《鹿苑赋》曰[①]："凿仙窟以居禅，辟重阶以通术。"（重阶通术，有通天台之意，亦可证禅道混杂。）又曰："研道之伦，杖策来践。或步林以经行，或寂坐而端宴。"夫鹿苑与武州石窟建造先后同时，又俱在平城郊外。鹿苑有石窟供僧寂坐，则武州凿山，或原亦为禅居也。

北魏未迁都洛阳之前，嵩山已渐为禅僧集居之所。太武帝时，僧周已在嵩山头陀坐禅。其后有生禅师者，创立嵩阳寺。今存《中岳嵩阳寺碑》，略曰：

> 有大德沙门生禅师（中略）隐显无方，沉浮崧岭。（中略）此山先来未有塔庙。禅师（中略）卜兹福地，创立神场。当中岳之要害，对众术之枢牙（此亦采道家言）。（中略）于太和八年岁次甲子，建造伽蓝，筑立塔殿。（中略）硕学名贤，踵武相望。（中略）虔礼禅寂，六时靡辍。

嵩阳之创立由于禅师，乃在迁都之前。及迁都以后，在太和十九年，孝文帝为佛陀禅师于嵩山少室立少林寺。（据《太平寰宇记》）宣武帝时，令冯亮与沙门统暹，河南尹甄深，周视嵩高形胜之处，造闲居佛寺。（《北史·隐逸传》）《伽蓝记》曰，嵩高中有闲居寺、栖禅寺、嵩阳

---

① 《释老志》："道武作五级寺耆阇崛山及须弥山殿加以缋饰，别构讲堂、禅堂及沙门座。"

寺、道场寺，上有中顶寺。则嵩岳一带，佛寺甚多。而就闲居、栖禅二寺之名言之，恐与嵩阳同为禅僧所住也。

佛陀禅师

少室之少林寺，乃孝文帝时西域禅师佛陀（《释老志》作"跋陀"）所立也。《续高僧传》曰，佛陀禅师，本天竺人。（《志》作"西域人"）初结友六人，同修定业。五僧证果，唯佛陀无获。时有道友云，修道藉机，时来便克。卿于震旦，特是别缘。因同游历，至魏平城。孝文帝敬之，别设禅林，凿石为龛，结徒定念（据此亦可见凿窟多为坐禅），国家供给。佛陀终于恒安（平城）城内证得道果。后随帝南迁，于洛复设静院，敕以居之。而性爱幽栖，林谷是托。屡往嵩岳，高谢人世。有敕就少室山为之立寺。公给衣食，即有名之少林寺也（《志》亦载此）。四海息心之俦，闻风响会者，众恒数百。（上均据《续传》）自此嵩山少室，更以禅法驰誉。

佛陀一日在洛市见沙门慧光，年方十二，在天街井栏上反踢蹀镨一连五百。佛陀奇之。遂劝度为僧。又令弟子道房度得僧稠。光、稠均不世出之人物也。光以学显，稠以禅著。按《慧光传》谓："往佛陀禅师所受三归。"又言："会佛陀任少林寺主，勒那初译《十地》，至后合翻，事在别传。"夫与勒那摩提共译《十地》者，为佛陀扇多，据此则少林寺主之佛陀禅师，固亦地论师之佛陀扇多也。（参看境野黄洋《讲话》上册592页）《续僧传》无《扇多传》，仅附在《菩提流支传》中，而别为佛陀禅师立传。误认一人为二也。按勒那摩提，亦曾授禅法。（《续传·僧实传》）则地论师善禅者，又不只佛陀也。

略论北方禅法

孝文以后，禅法大行北土。《伽蓝记》载胡太后时一故事，颇有趣。其文略曰：

> 崇真寺比丘惠凝死，一七日还活。（中略）具说过去之时，有五比丘同阅。一比丘云是宝明寺智圣。坐禅苦行，得升天堂。有一比丘是般若寺道品。以诵四十卷《涅槃》，亦升天堂。有一比丘云是融觉寺昙谟最。讲《涅槃》、《华严》，领众千人。（据《伽蓝记·融觉寺》条谓最初亦善禅学）阎罗王曰："讲经者心怀彼我，以骄凌物，比丘中第一粗行。"（中略）敕付司，即有青衣十人，送昙谟最向西北门，屋舍皆黑，似非好处。有一比丘云是禅林寺道弘。自云教化四辈檀越，造一切经，人中像十躯。阎罗王曰："沙门之体，必须摄

心守道，志在禅诵，不干世事，不作有为。虽造作经像，正欲得他人财物。既得他物，贪心即起。既怀贪心，便是三毒不除，具足烦恼。"亦付司，仍与昙谟最同入黑门。有一比丘云是灵觉寺宝明。自云，出家之前，尝作陇西太守，造灵觉寺成，即弃官入道。虽不禅诵，礼拜不缺。阎罗王曰："卿作太守之日，曲理枉法，劫夺民财，假作此寺，非卿之力，何劳说此。"亦付司，青衣送入黑门。太后闻之，遣（中略）访（中略）皆实有之。议曰："人死有罪福。"即请坐禅僧一百人，常在殿内供养之。（中略）自此以后，京师比丘，悉皆禅诵，不复以讲经为意。

此故事或虽伪传，然颇可反映当时普通僧人之态度。后魏佛法本重修行。自姚秦颠覆以来，北方义学衰落。一般沙门自悉皆禅诵，不以讲经为意。遂至坐禅者，或常不明经义，徒事修持。道宣《僧传·习禅篇》曾论及此。文曰：

> 顷世定士，多削义门。随闻道听，即而依学。未曾思择，扈背了经。每缘极旨（"缘"亦作"指"。上文意不明），多亏声望。吐言来诮，往往繁焉。或复耽著世定，谓习真空。诵念西方，志图灭惑。肩颈挂珠，乱掐而称禅数。衲衣乞食，综计以为心道。又有倚托堂殿，绕旋竭诚。邪仰安形，苟存曲计。执以为是，余学并非。冰想铿然，我倒谁识。斯并戒见二取，正使现行，封附不除，用增愚鲁。向若才割世网，始预法门，博听论经，明闲慧戒。然后归神摄虑，凭准圣言。动则随戒策修，静则不忘前智，固当人法两镜，真俗四依。达智未知，宁存妄识。如斯习定，非智不禅。则衡岭台崖扇其风也。

道宣所言，虽指隋唐僧人。然禅法兴盛，智学废替，自更易发生此类现象。北朝末叶，衡岳慧思，天台智顗，极言定慧之必双修，或亦意在纠正北朝一般禅僧之失欤。

以上所述，系就普通僧人而言。若印土东来之大师，所授禅法，均有其所据之理论。佛陀扇多及勒那摩提所授禅法，当属于瑜伽师宗。菩提达摩授《楞伽经》，其禅法实源出性空之宗。及魏之末叶，北方义学兴盛，中国僧人俱修定法，而且有其所宗之经典。禅智兼弘，成为一时之风气，以至酿成隋唐之大宗派。此又不只慧思、智顗宗《大品》《法华》，以建立所谓天台宗为然也。

菩提达磨

魏世禅师以菩提达磨为有深智慧，而其影响亦最大。达磨称为中国禅宗之初祖。唐代时晚出禅宗史记，所叙达磨平生，不可尽信。兹姑不详辨。惟今日所存最可据之菩提达磨史记有二：一为杨衒之《洛阳伽蓝记》所载，一为道宣《续僧传》之《菩提达磨传》。杨衒之约与达磨同时，道宣去之亦不远。而达磨之学说，则有昙琳所记之《入道四行》（收入日本《续藏》中）。此文为道宣引用（亦载入《少室六门》）。知其在唐初以前即有之，应非伪造。兹据此诸书，略述菩提达磨之平生及学说如下。

菩提达磨（"磨"亦作"摩"）者，南天竺人（《续传》本传），或云波斯人。（《伽蓝记》）神慧疏朗，闻皆晓悟。志存大乘，冥心虚寂，通微彻数，定学高之。（《续传》）其来中国，初达宋境南越，末又北度至魏。（此语出《续传》。据此可知达磨于宋时至中国。参看胡适之《论学近著》第一集《楞伽宗考》。）在洛见永宁寺之壮丽，自云年百五十岁，历涉诸国，靡不周遍。而此寺精丽，遍阎浮所无也。极佛境界，亦未有此。口唱南无，合掌连日。（《伽蓝记》）又尝见洛阳修梵寺金刚，亦称为得其真相。（亦见《伽蓝记》）达磨先游嵩、洛。（见《续传·慧可传》，后世传其住少林寺。）或曾至邺。（《续传》题为北齐邺下南天竺僧。又慧可亦邺中僧。）随其所止，诲以禅教。（《续传》）常以四卷《楞伽》授学者，以天平年（534年至537年）前灭化洛滨。（《续传》）或云，遇毒卒。（《旧唐书》神秀传及宝林传）其弟子知名者列下：

慧可，一名僧可，虎牢人。在嵩洛受达磨之禅，并四卷《楞伽》。师亡后，天平年初北至邺授禅。其弟子有那禅师，粲禅师等。（其余弟子详《续传·法冲传》）南方摄山之慧布，亦曾在邺遇之。

道育（《法冲传》作"慧育"），受道心行，口未曾说。（《法冲传》语）

僧副，太原祁县人。《传》谓其性爱定静，游无远近。裹粮寻师，访所不逮。有达磨禅师，善明观行，循扰岩穴，言问深博。遂从而出家。此达磨当为菩提达磨（僧副当即《传灯录》之道副）。副后于齐建武年南游（故达磨当至迟于宋末已北去）。

昙琳作《入道四行》，或亦曾受业于达磨。其时在洛参与译经者，有昙琳者作经序记多篇。或同为一人。又《慧可传》有林法师，或亦是此人。

菩提达磨以四卷《楞伽》授慧可曰："我观汉地，惟有此经。仁者依行，自得度世。"（达磨南天竺人，《楞伽》亦出自南印，达磨原于此经，深所默契。及来华先至南方，得四卷译本，故以之自随，授与学者。非必四卷宋译为其所遵，而他译则彼所排斥也。）可禅师每依此经说法。那（可弟子）、满（那弟子）等师，常赍四卷《楞伽》，以为法要。（此见《可传》）可师后裔，盛习此经。（《法冲传》语）达磨一派，因称为楞伽师。（唐玄赜有《楞伽人法志》，其后净觉有《楞伽师资记》。）按《续僧传·法冲传》云，冲先于三论师慧暠（茅山大明法师弟子）听《大品》、《三论》、《楞伽》。又以《楞伽》奥典，沉沦日久，所在追访。

> 又遇可师亲传授者，依"南天竺一乘宗"讲之。（中略）其经本是宋代求那跋陀罗三藏翻，慧观法师笔受。故其文理克谐，行质相贯。专唯念慧，不在话言。于后达磨禅师传之南北，忘言忘念，无得正观为宗。后行中原。慧可禅师，创得纲纽，魏境文学，多不齿之。领宗得意者，时能启悟。

据此达磨一脉，宗奉宋译《楞伽》。其学颇与时人不同，因遭讥议。慧可后裔亦自知其法颇与世异。其讲《楞伽》，谓依"南天竺一乘宗"。则知当世讲者，或有不依此宗者。又《法冲传》叙《楞伽》师承，谓有迁禅师出疏四卷，尚德律师出《入楞伽疏》十卷（《入楞伽》乃菩提流支译），均"不承可师，自依《摄论》"。则"依《摄论》"者"不承慧可"，亦即非"依南天竺一乘宗"也。故此"南天竺一乘宗"者，自有其玄旨，与迁禅师（即地论师之昙迁。并弘《摄论》，下详）等之依《摄论》者不同。而其玄旨何在，大为可注意之事。

"南天竺一乘宗"，即上承《般若》法性之义。何以言之。南天竺者，乃龙树空王发祥之域。佛法自大众部之小空，以至《般若》之大空，均源出南印度。达磨据《续传》本南天竺人，故受地方学风之影响。龙树之学，出于《般若》。扫尽封执，直证实相。此大乘之极诣，不但与小乘执有者异趣，且与大乘言有者（如《地论》、《摄论》等法相宗义）亦殊途（然法相之指归与法性固相同）。《续僧传·习禅篇》论僧稠与达磨两宗之禅法曰：

> 然而观彼两宗，即乘之二轨也。稠怀念处，清范可崇。磨法虚宗，玄旨幽赜。可崇则情事易显，幽赜则理性难通。

《续传》言僧稠习《涅槃》圣行，四念处法。此谓稠师依《涅槃经·圣行品》所载四念处法以修心。《涅槃》虽为大经，而四念处法则原为小乘最胜之方便。（亦且为有部所重视，览《毗昙》诸论可知。）僧稠特重四念处法，故与达磨取法于大乘虚宗者不同。（虚宗一语，本有二义。一指大乘，如《续传·志念传》"情附虚宗"云云。一谓《般若》法性宗，如昙影《中论序》言"契无相之虚宗"是也。道宣所言或兼取二义。）故曰，即乘之二轨也（大小二乘乃二轨）。四念处法，观身，观受，观心，观法，其阶藉所由，步骤井然。故情事甚显，而易于遵行。大乘虚宗，以无分别智，无所得心，悟入实相。依此正观（坐禅之谓），立证菩提。故其旨玄妙幽赜。由常人视之，其理难通，必领宗得意（得意者忘象），乃能启悟也。（此用《法冲传》语）

《楞伽经》者（此经或出于南天竺），所明在无相之虚宗（如百八句即明无相）。虽亦为法相有宗之典籍（中已有八识义），但其说法，处处著眼在破除妄想，显示实相。妄想者如诸执障，有无等戏论。实相者体用一如，即真如法身，亦即涅槃。（四卷《楞伽》曰：涅槃非舍非得，非断非常，非一义，非种种义。）菩提达磨主行禅观法，证知真如。（亦即实相之体验，亦即成就法身，入涅槃。）因须契合无相之真如，故观行在乎遣荡一切诸相。必罪福并舍，空有兼忘。必心无所得，必忘言绝虑。故道宣论又有曰：

> 属有菩提达磨者，神化居宗，阐导江洛。大乘壁观（《灯录》引《别记》云，达摩教二祖曰，外息诸缘，内心无惴，心如墙壁，可以入道。宗密《禅源诸诠》二上所言达磨教人安心法，语亦同。壁观乃禅法名称），功业最高。（中略）审其所慕（原文无"所"字，兹依胡氏意补），则遣荡之志存焉。观其立言，罪福之宗两舍。详夫真俗双翼，空有二轮，帝网之所不拘，爱见莫之能引。静虑（禅之意译）筹此，故绝言乎。

达磨所修大乘禅法，名曰壁观。达磨所证，则真俗不二之中道。壁观者，喻如墙壁，中直不移，心无执著，遣荡一切执见。中道所诠，即无相之实相。以无著之心，契彼真实之理。达磨禅法，旨在于此。

然所谓契者，相应之谓。不二则相应。彼无著之心，与夫真实之理，本无内外。故达磨又拈出心性一义。心性者，即实相，即真如，即涅槃，并非二也。宗密曰，达磨但说心。（见《禅源都诠》下之一）心性一义，乃达磨说法之特点。而与后来禅宗有最要之关系。（由此言之，达磨之教以无相与心性二义为其特点。按竺道生之学说，亦综合《般若》扫相与《涅槃》本性二义，甚与达磨同气。参看第十六章。）按四卷《楞伽》亦谈心性如曰：

> 如我所说涅槃者，谓善觉知自心现量，不著外性，离于四句，见如实处。（下略）

又曰：

> 虽自性清净，客尘所覆，故犹见不净。

涅槃真际与本净自心，原非二物。体会得本有心性，即是证无上涅槃。涅槃之与心性，同为事绝百非，而常净者也。

昙林所传菩提达磨《入道四行》，其要旨即如上所说。其文（下文均据《续传》之文）开首陈总纲云：

> 如是安心，谓壁观也。如是发行，谓四法也。如是顺物，教护讥嫌。如是方便，教令不著。然则入道多途，要惟二种，谓"理"、"行"也。

达磨言入道之途有二。一为"理入"，即是"壁观"。二为"行入"，即指"四行"。（如是顺物，如是方便，均属行入。）

一理入者：

> 藉教悟宗，深信含生同一真性。客尘障故。令舍伪归真，凝住壁观，无自无他，凡圣等一，坚住不移，不随他教（《楞伽师资记》引此作"更不随于言教"）。与道冥符，寂然无为。名"理入"也。

理入以无所得心（无所得，故坚住不移。心如墙壁，忘言绝虑）悟入实相。宇宙实相，即含生同一之真性。大乘壁观，旨在令此本性与道冥符，忘象忘言，寂然无为。

二行入者，谓四行。其文曰：

> 行入者四行，万行同摄。

> 初报怨行者，修道苦至，当念往劫，舍本逐末，多起爱憎。今虽无犯，是我宿作，甘心受之，都无怨诉（亦作"对"）。经云，逢苦不忧，识达故也。此心生时，与道无违，体怨进道故也。

> 二随缘行者，众生无我，苦乐随缘。纵得荣誉等事，宿因所构，今方得之。缘尽还无，何喜之有。得失随缘，心无增减，违顺风静，冥顺于法也。（《师资记》作"喜心不动，冥顺于法"。按禅法最重内外风不动。动者则扰乱失心。《师资记》改原文非是。）

> 三名无所求行，世人长迷，处处贪著，名之为求。道士悟真，理与俗反，安心无为，形随运转。三界皆苦，谁而得安，经曰，有

求皆苦，无求乃乐也。

以上三行，想即上文所谓之"如是顺物，教护讥嫌"。而报怨行当修行苦至。随缘行则苦乐随缘。无所求行则戒贪著。或本此三义，而达磨一派，甚重头陀行。（详见《胡适近著》210页以下）其第四行名称法行。原文曰：

四名称法行，即性净之理也。（此依《续传》之文）

称者相当义，相应义。法者宇宙之真，亦即性净之理。行道时，事事与真实相应。宇宙实体，无染无著，无此无彼。入道者当任运而行，如是修行方便，"教令不著"。是与法相应（法无非法义也）。故曰称法行。此与"理入"原无二趣。惟"理入"者乃禅观，而"行入"乃指日常之道行也。

四行者，盖如《华严经》之十行。（晋译卷十一）于日常行事，触事而真。念念顺法，事事应理。入道多途，要唯二种。大乘壁观（禅法），直指心性，与道冥符，寂然无为。大乘行业（四行），当随顺事机，称法而行，任运而赴。守护根门（故修头陀行），修道苦至。以不著应物，以贞静宅心。于日常行事，苦下工夫。念念省察，性净之理，自然流露。夫恼乱莫甚于爱憎，欲望皆起于苦乐。心形胶执，长堕迷惘，悉由贪求。若能于行业时，细自体会，断爱憎，泯苦乐，息贪求，无为任运，而又能事事应法而行。则怨亲平等，苦乐随缘，不企不求，应理而动。如是则虽行只四，而直可摄万行。虽为行业，而其为"入道要途"与壁观固无异而相成也。

由上所陈，达磨宗义，乃大乘空宗。空宗者主体用一如，真如与宇宙万有本无差别。差别之生，乃由妄想。空诸妄想，故以空为宗。《续传》载向居士致慧可书曰：

影由形起，响逐声来。弄影劳形，不知形之是影。扬声止响，不识声是响根。除烦恼而求涅槃者，喻去形而觅影。离众生而求佛，喻默声而寻响。故迷悟一途，愚智非别。无名作名，因其名则是非生矣。无理作理，因其理则诤论起矣。幻化非真，谁是谁非。虚妄无实，何空何有。将知得无所得，失无所失。未及造谈，聊伸此意，想为答之。

可命笔答曰：

> 说此真法皆如实，与真幽理竟不殊。
>
> 本迷摩尼谓瓦砾，豁然自觉是真珠。
>
> 无明智慧等无异，当知万法即皆如。
>
> 愍此二见之徒辈，伸词措笔作斯书。
>
> 观身与佛不差别，何须更觅彼无余。（无余，涅槃也）

万法皆如，身佛无别。谓有差别，乃是迷惘。诸法实相，空一切相，断一切差别，灭一切迷惘。所谓本性清净，乃言封执本空而无实也。故《续僧传》云：

> 满（那禅师弟子）每说法云，诸佛说心，令知心相是虚妄法。今乃重加心相，深违佛意，又增论议，殊乖大理。

真如无相，不可以形事显，不可以言说求。故禅宗人自达磨以来，即主张忘言。达磨曰："不随于言教。"（此据《师资记》）道育受道心行，口未曾说。可禅师后粲禅师等并口说玄理，不出文记。（上均见《道冲传》）楞伽师道冲曰："义者道理也，言说已粗。况舒在纸，粗之粗矣。"盖实相本空，若著之言语纸笔，则必分别安立，是于心上著相（如满禅师所说）。著相则须辨析。于是议论纷纭，殊乖大理。《续传》又云：

> 每可（慧可）说法竟曰，此经四世之后，变成名相，一何可悲。

此慧可悬记，疑指其后裔之为《楞伽经》作疏者。据《续传·法冲传》，可师之后，有疏及抄十部五十余卷。（不承可师者除外。详见原传。）计前后不及百年，见于记载者已若是之多。道宣论达磨后裔曰："诵语难穷，精励盖少。"（语见《习禅篇论》）疑楞伽诸师至唐初已多偏于细析经文，执著名相，而少能于坐禅修心精进不懈。大鉴禅师之所以痛言不立文字者，殆以此欤。（古今禅学之别，已属隋唐时代，兹不详述。参看胡适《神会和尚遗集》34页以下，及《内学》第一辑蒙文通《中国禅学考》第二段。）

菩提达磨以四卷《楞伽》授学者。大鉴慧能则偏重《金刚般若》。由此似若古今禅学之别，在法相与法性。然而不然。达磨玄旨，本为《般若》法性宗义，已如前述。在史实上，此有六证。（一）摄山慧布，《三论》名师，并重禅法。于邺遇慧可，便以言悟其意（谓布得可之意）。可曰，法师所述，可谓破我除见，莫过此也。（见《布传》）（二）三论师兴皇法朗教人宗旨，在于无得。（已见第十八章）达磨所教《楞伽》，亦以"忘言忘念无得正观为宗"。（《法冲传》语）（三）道信教人念《般若》。（见本传）（四）法融禅师，受学于《三论》元匠茅山大明法师（兴皇弟子）。而禅宗人认融为牛头宗初祖。此虽不确（因彼非道信弟子），然《三论》与禅之契合可知。（五）慧命禅师，曾著《大品义章》。（命为天台慧思友人。思亦重《大品》。）其所作《详玄赋》载于《广弘明集》中。而禅宗之《楞伽师资记》，误以为僧粲所作。可见宗《般若经》之慧命，与楞伽师之僧粲，义理上原少异致。（六）法冲，楞伽师也。然初学于三论宗安州慧嵩（亦茅山大明法师弟子），后学慧可之《楞伽经》义（冲曾听嵩之《楞伽》学）。据上六事，可知北方禅宗与摄山《三论》有默契处。（天台宗亦崇《般若》，故道信弟子法显、善伏均与天台师有关系。）二者均法性宗义，并崇禅法。（摄山僧坐禅事，下详。）达磨禅法得广播南方，未始非已有三论之流行为之先容也。且《般若》经典由于摄山诸师，而盛行于南方。禅宗在弘忍之后，转崇《金刚般若》，亦因其受南方风气之影响也。再者达磨原以《楞伽经》能显示无相之虚宗，故以授学者。其后此宗禅师亦皆依此典说法。然世人能得意者少，滞文者多。是以此宗后裔每失无相之本义，而复于心上着相（如满禅师所指斥）。至四世之后，此经遂亦变成名相（此可禅师之悬记）。于是哲人之慧一变而为经师之学，因而去达磨之宗愈远。《金刚般若》者言简意深，意深者谓其赅括虚宗之妙旨，言简者则解释自由而可不拘于文字。（Dasgupta, *History of Indian Philosophy* 上册四二九页云 Gaudapāda 敷扬吠檀多宗新义，而取最小之《Māndūkya 奥义书》作为颂，以发明其旨。盖因此《奥义书》文字短简，解释时文字上之拘束甚少，而可自由发挥其所信也。南宗禅师取《金刚经》，其事与此相似。）故大鉴禅师舍《楞伽》而取《金刚》，亦是学问演进之自然趋势。由此言之，则六祖谓为革命，亦可称为中兴。革命者只在其指斥北宗经师名相之学。而中兴者上追达磨，力求"领宗得意"，而发扬"南天竺一乘宗"本来之精神也。

魏末至隋初北方禅之流行

自晋以来，北方即为禅法之源泉。北魏太武毁法以后，当稍衰歇。《续高僧传·菩提达磨传》谓："于时合国盛弘讲授，乍闻定法，多生讥谤。"但此时佛陀禅师已于洛滨弘化，此言未免太过。再在此后，禅法弥满北土。天台及禅各宗，均自是酝酿而成。其关系至为重大。兹略述其时禅师于下。

北齐禅师，首称僧稠。其禅法依《涅槃》圣行四念处法。《续传》略曰，僧稠初于道房受行止观。苦修之后，久乃得定。常依《涅槃》圣行四念处法，乃至眠觉，都无欲想。后于道明禅师受十六特胜法。常于鹊山静处，以死要心，因证深定，九日不起。后从定觉，情想澄然。便诣少林寺谒佛陀祖师，呈己所证。佛陀曰："自葱岭以东，禅学之最，尔其人矣。"稠于嵩岳、怀州、邺城各地弘道。练众千百。魏孝武帝为立禅室。齐文宣帝躬自郊迎，礼貌优渥。帝信禅法，晚年远诣辽东坐禅山寺。稠之影响当甚大。北齐黄门郎李奖与诸大德请出禅要，因为撰《止观法》两卷。稠卒于齐乾明元年（560年），年八十一。

北周禅师，特尊僧实。僧实初学于道原法师。太和末（499年）至洛，遇勒那摩提，授以禅法。勒那甚奇之，曰："自道流东夏，味静乃斯人乎。"周朝上下，甚为尊敬。以保定三年（563年）卒于长安，年八十八。弟子昙相等，唐初传灯不绝。

当世禅师以稠、实二人为最有势力。然其时禅法已弥漫四境，禅师颇多有知名而罕详其事迹者，兹表列之。

慧初，魏天水人。好习禅定。后游梁。武帝立禅房于净名寺，居之。禅学道俗，云趋请法。

道恒，北朝天平初在邺授禅，徒侣千计。

向居士与慧可友善，致书通好。此外达摩门下之禅师，已见前。

慧满，那禅师之弟子。

和禅师，见《慧可传》。当即玄景之师。《慧可传》谓有化公、廖公，想亦禅家。

道明，僧稠曾从受十六特胜法。

僧达，善义学、戒学，亦业禅。常游南方，为梁武帝及保志所敬称。

昙询，乃僧稠之弟子。

法常，高齐时人。在邺讲《涅槃》，并授禅。后南止荆州。

昙准禅师，昙询初从学法。

恩光、先路二大禅师，乃慧命之师。

慧命，周仙城山名僧，天台慧思之友。

慧思，天台相传之二祖。慧命从之祛所滞。摄山慧布与论大义。

邈禅师，慧命从之祛所滞。摄山慧布与论义。（《布传》曰，邈乃命公之师也。）

慧晓，在北方灵岩寺习禅。

慧文，天台相传之初祖，北齐人。《僧传》谓其聚徒数百，道俗高尚。

鉴（亦作"监"）禅师，慧思往见，述己所证。

最禅师，慧思往见，述己所证。

就禅师，《僧传》曰，慧思从道于就师，就又受法于最师。

开禅师，昙崇之师。有徒二百余人。崇善六行（六妙门）五门（五门禅）。

梁陈南方之禅法

《续高僧传·习禅篇》有曰：

> 逮于梁武，广辟定门。搜扬宇内有心学者，总集扬郡（武帝曾遣使西方求禅经）。校量深浅，自为部类。又于钟阳上下双建定林。使夫息心之侣，栖闲综业。于时佛化虽隆，多游辩慧。词锋所指，波涌相凌。至于征引，盖无所筹。可谓徒有扬举之名，终亏直心之实。

故南方自梁以后，终无禅法大家。慧皎《高僧传·习禅篇》中无梁僧。道宣《续传》亦不过六人。然其中僧副乃学禅于北方达磨禅师者。（已见前）慧胜在交趾从外国禅师达摩提婆学禅。慧初乃魏天水人。（亦已见前）得法均不在江南也。道珍在庐山恒作弥陀业观，当为远公念佛之余响。（外有法归、慧景，亦住庐山。）

道宣传谓梁僧副使庸蜀禅法自此大行。然史书所载梁朝以后，蜀中禅师，并无显者。且宋时蜀中禅法之盛，本与北凉有关。蜀土后入周版图，自更易受北僧之影响。其在后梁荆、襄一带，禅法较为流行。虽晋末以及刘宋，佛陀跋多罗、昙摩耶舍均止荆州授法。但梁陈之时，荆、襄定学仍多受北方之影响。如其中僧人法聪，曾游嵩岳、武当。法常原在漳、邺授禅。而荆州禅师颇多慧思弟子。慧思设教于衡岳，而三湘亦兴禅学。南朝之末修定者稍盛，仍多系受北人之熏陶也。

摄山与天台

南朝末造，禅法之稍盛，亦由于摄山三论诸师。而其与天台宗人之关系，尤可注意。江总《栖霞寺碑》谓此山为"四禅之境"，僧人为"八定之侣"。又曰："名僧宴息，胜侣薰修。"摄山僧人，原隐山林，想专在苦节味定。始有法度，常愿生安养，故偏讲《无量寿经》，积有遍数。高丽朗公，梁《僧传》未言其以禅著称。然安澄疏记云，停止观寺，行道坐禅。又曰，于栖霞寺坐禅行道。《续传·法朗传》曰：

> 初摄山僧诠，受业朗公，玄旨所明，惟存中观。自非心会析

理，何能契此清言，而顿迹幽林，禅味相得。及后四公往赴，三业资承。爰初誓不涉言，及久乃为敷演。故诠公命曰："此法精妙，识者能行。无使出房，辄有开示。故经云，计我见者莫说此经。深乐法者，不为多说。良由药病有以，不可徒行。"朗等奉旨，无敢言匿。及诠化往，四公放言，各擅威容，俱禀神略。勇居禅众，辩住长干，朗在兴皇，布仍摄领。禅门宏敞，慧声退讨，皆莫高于朗焉。然辩公（即智辩）胜业清明，定慧两举。故其讲唱，兼存禅众。抑亦诠公之笃厉也。

此言朗公、僧诠唯明中观，禅味相得。是其禅法，旨依性空。空宗本绝虑忘言，故诠公居止观寺，号止观诠，教弟子誓不涉言，而盼识者之能行。及法朗出山（朗亦曾受禅法于保志），大弘讲席。慧布仍纲山寺。《续传》中称其常乐坐禅，誓不讲说。世称诠公四友，布实最高，称为得意。恐亦忘象遗筌不重讲说之谓也。布末游北邺，遇慧可证其所见。又曾造慧思与邈禅师论议，均获印可。陈至德中，因邈绍介，请保恭禅师南来，于栖霞建立禅众。（参照《续传》慧布及保恭传）夫慧思者，世称天台宗之二祖，与禅师慧命友善。而命则邈师之弟子。是在慧思之时，摄山僧人，已与天台有关系。及天台三祖智颛至建业。长干寺智辩，亦诠公四友之一，延入宋熙（寺名。"宋"原作"宗"）。智辩固亦定慧双举，而其讲唱，兼存禅众。《续传》谓亦由诠公之笃厉。（见上引）故摄山一系，即兴皇虽以讲论见重，而其门下亦多习定。如罗云从陟禅师定慧双修。法安共成禅师琢磨心性。智锴遇天台颛公修习禅法。（上均见《续传》）此则在智颛之时，摄山一脉，与天台尤有关系。夫天台观行，本尊《大品》。摄山一系，亦主定慧兼运。宜其理味相契，多有关涉。而且山门宗义，梁陈大盛于江南，成一时风气。其后智者大师，先在扬州，后至荆州。荆、扬乃当时三论宗人势力最盛之地（荆州亦禅法流行之域）。则天台一宗，盛于南方，实有三论诸师为之先容。吾人若论南齐至隋江东佛学之变迁，则首为摄山寺《成实》之席，次为天台继三论之踪。前者为义学之争执，后者因定学而契合也。

北方禅法之影响

北方禅法偏盛，其影响约有四端。北土佛徒深怵于因果报应之威，汲汲于福田利益之举。塔寺遍地，造像成林。不问其财帛之来源，而大作功德。不知檀密之义，而仅知布施。（如前引《伽蓝记》故事，宝明、道弘二人。）私欲日张，法事愈广。虽曰皈依，本在图利。僧籍冒滥，贤者所叹。沙门作乱，史亦常书。若不有定法修心之提倡，北土佛法，早趋崩溃。盖坐禅行道，重在澄心（自亦有想生天者）。此于薄俗，应有纠正。是乃北方禅法之影响一也。江东佛法，弘重义门，至于禅法，盖蔑如也。（语见《慧思传》）自慧思止于南岳，智顗东趋江左，而天台止观行于南方。慧可以后，僧粲南住皖公山，道信曾留吉州，弘忍在黄梅开东山法门。禅宗势力极盛于南。终至顿教代兴，弥漫全国。此北朝禅法兴盛之影响二也。北方诸大禅师多兼立义学。如佛陀之于《地论》，达磨之于《楞伽》，均是也。自此以后，谈义理者，必依观法。而隋唐大宗派之兴，均以"定慧双修"自许。智顗为天台之宗师。昙鸾为净土之柱石。《地论》巨子昙迁融合南方真谛之学，下启唐代华严一派。（以上诸人除昙鸾外，《续传》均列入习禅门中。）天台、净土、地论以及贤首宗均特有其观法。而上列诸人，亦禅师也。此乃隋唐宗派之特色，亦源于北土之偏重观行。斯其影响三也。按佛教禅法最重传授，与戒律同。中华传宗定祖之说，最早一见于慧远及慧观之《禅经序》（《祐录》九），次有觉贤禅师之《师资传》（《祐录》十二），均意在明其禅门传授之灼然可信（译《付法藏传》之昙曜亦禅师）。当北朝定法盛行之时，禅师各有所宗，如"稠怀念处，磨法虚宗"，而从之学者亦各争谓得真传。其注意师承较义学僧为更甚。隋唐新兴之各宗俱导源于北朝，并各有其禅门，因受定学之影响，遂益重师承，而各宗于是鼎立。其后宗派之争，则又以禅宗为最烈。查中国佛教在南北朝本可谓无确立之宗派。陈隋之际，门户之见大启，未始不与北方禅之流行有关。此其影响四也。

净土经典之传译

念佛本为禅之附庸。及神教信仰羼入佛教，他力往生，渐占势力，于是蔚为大国。我国净土之教，大别有二。一弥勒净土，二阿弥陀净土。二派译籍甚多。兹列隋以前之主要者如下：

（甲）弥勒净土经典

《大乘方等要慧经》　后汉安世高译（现存）

《弥勒菩萨所问本愿经》　西晋竺法护译（现存）

《弥勒成佛经》　法护译

《佛说弥勒下生经》　法护译（现存）

《弥勒当来生经》　两晋失译

《弥勒作佛时事经》　东晋失译

《弥勒来时经》　东晋失译

《弥勒所问本愿经》 东晋祇多蜜译

《弥勒大成佛经》 后秦鸠摩罗什译（现存）

《弥勒下生成佛经》 罗什译（现存）

《观弥勒上生兜率天经》 凉沮渠京声译（现存）

《弥勒成佛经》 后秦道标译

《弥勒下生经》 陈真谛译

《弥勒菩萨所问经》 后魏菩提留支译

《弥勒菩萨所问经论》 留支译（现存。《弥勒所问经》释论。）

（乙）阿弥陀净土经典

（一）《大阿弥陀经》之译本，即《大宝积经》第五会

《无量寿经》二卷 后汉安世高译

《无量清净平等觉经》二卷 后汉支娄迦谶译（现存）

《阿弥陀经》二卷 吴支谦译（现存）

《无量寿经》二卷 魏康僧铠译（现存）

《无量清净平等觉经》二卷 魏白延译（疑即北凉白延）

《无量寿经》二卷 晋竺法护译

《无量寿至真等正觉经》一卷 晋竺法力译

《新无量寿经》二卷 宋佛驮跋多罗译

《新无量寿经》二卷 宋宝云译

《新无量寿经》二卷 宋昙摩蜜多译

（二）《小阿弥陀经》之译本

《无量寿经》一卷 后秦罗什译（现存）

《小无量寿经》一卷 宋求那跋多罗译

（三）观经之译本

《观无量寿佛经》一卷 宋昙摩密多译

《观无量寿佛经》一卷 宋畺良耶舍译（现存）

（四）释经论

《无量寿经论》一卷 魏菩提流支译（现存）

（五）前一二三项称为净土三经。其余中译关于阿弥陀佛经典，及其异译，甚多。重要者，略如下列：

《无量门微密持经》等（等者，等取异译。）

《慧印三昧经》

《德光太子经》等

《悲华经》等

《决定总持经》等

《济诸方等学经》等

《法华经》等

昙鸾与阿弥陀净土

净土教可分为二，一净土崇拜，一净土念佛。净土崇拜者，以礼佛建功德为主。凡北朝造像之所表现，或礼弥勒，或礼弥陀，以至崇拜接引诸佛如观世音等。造像建塔，为父母等发愿往生乐土。此世俗一般人之所行，其性质与西洋所谓宗教信仰相同。净土念佛者，以念佛禅定为主（礼拜附之）。因禅定力，得见诸佛，得生安乐土。此则以修持为要目，与徒重崇拜者不同。净土崇拜势力极为普遍，在历史及社会上自为一大事件。然净土念佛，在佛教亦为极可注意之理行。兹之所论，均属于后者。

弥勒净土念佛，在释道安以后，殊少所闻。惟隋唐诸师如吉藏、道绰、迦才常论其与弥陀派之优劣，可见其信仰未绝。梁宝亮、北齐灵裕均于弥勒经典有研究。至若弥陀净土，则郁为净土之正宗。庐山慧远以后，南齐法琳常诵《无量寿经》及《观经》。北方之慧光、道凭均发愿生西方。灵裕与净影慧远曾作经疏。然北方大弘净土念佛之业者，实为北魏之昙鸾（亦作"峦"）。其影响颇大，故常推为净土教之初祖。

释昙鸾，雁门人也。家近五台山，闻其神迹灵怪，幼即往寻之。便出家，广读经籍，尤研四论与佛性。读《大集经》，为之注解。未成而感疾。遂周行医疗。一日忽见天门开，疾顿愈。乃发心求长生不死之法。承江南陶隐居（弘景）擅方术，往从之。于大通中达南朝。曾与梁武帝辩难，不屈。见隐居，得《仙方》十卷，辞还魏境。至洛见菩提流支启曰："佛法中颇有长生不死法，胜此土仙经者乎。"流支唾地相斥，并授以《观经》曰："此大仙方，依之修行，当得解脱生死也。"鸾寻顶受，烧《仙方》，专宏净土。住汾州北山石壁玄中寺，聚徒蒸业。以魏兴和四年（542年）卒，年六十七。鸾神宇高远，机变无方。言晤不思，动与事会。行化郡邑，流靡弘广。魏主重之，号为神鸾。梁武帝常顾侍臣云："北方鸾法师、达禅师，肉身菩萨也。"（《续僧传·僧达传》）此上均据道宣《续传》之《昙鸾传》。

按鸾于梁大通中（527年至528年）往江南。北魏永安二年（529年）菩提流支在洛阳译《无量寿优波提舍经论》一卷。（《房录》等作普泰元年［531 年］，此据《开元录》。）计鸾北返之时，菩提流支恰译此论。（亦名《净土论》，亦名《往生论》。）故其所授者，《观经》以外，必有此论。（鸾为此作注，亦可证。）兹据各书，列鸾之著作于下：

《往生论注解》二卷（今存，名见迦才之《净土论》下。）

《无量寿经奉赞》七言偈百九十五行（今存，名《赞阿弥陀佛偈》。但小注有曰，释［疑"误"］名《无量寿佛［原作"傍"，误］经奉赞》。此名亦见迦才《净土论》下。当即《续传》之《礼净土十二偈》。）

《略论安乐净土义》一卷（今存。迦才书言有问答一卷，《僧传》有《安乐集》两卷，想均指此。）

《调气论》（见《续传》。王邵注。《隋志》作《调气方》一卷。）

《疗百病杂丸方》三卷（《隋志》）

《论气治疗方》一卷（《隋志》）

《服气要诀》一卷（《隋志》）

昙鸾所行之念佛，当仍为念佛三昧。如其《往生论注》下曰："人畏三涂，故受持禁戒。受持禁戒，故能修禅定。以禅定故，修习神通。"又其《略论净土义》，据《观经》所言，分生安乐土者为上中下三辈。上中二辈均须一向专念无量寿佛。而下辈则一向专意，乃至十念，念无量寿佛。此所谓十念者，出于《大阿弥陀经》及《观经》等。昙鸾之《略论净土义》解曰：

> 若念佛名字，若念佛相好，若念佛光明，若念佛神力，若念佛功德，若念佛智慧，若念佛本愿，无他心间杂，心心相次，乃至十念，名为十念相续。

此所谓念佛名字、相好等，犹为禅定忆念之念。至若其十念相续，心心相次。则《往生论》注解之如下：

> 问曰，几时名为一念。答曰，百一生灭名一刹那。六十刹那名为一念。此中云念者，不取此时节也。但言忆念阿弥陀佛，若总相，若别相，随所观缘，心无他想，十念相续，名为十念。（下略）

中译"念"字本有三义，各不相同。一禅定忆念，二时间之念（所谓念念生灭是也），三口唱之念。《注解》此文，谓随所观缘，心无他想，自为忆念之念（但亦与时有关，《注解》曾辨之，兹不详叙），而非口念也。

然以口念为念佛，世人谓早见于罗什译之《阿弥陀经》，所谓"执持名号"也。然既曰执持，自为持念。（持念亦译为念住，或为念处。）佛经中虽言唱佛名号，然非"念佛"，与"执持名号"实有不同。后世俗僧，只知唱号，而不修禅定，实误解"念"字意义。净土古师盖少专重口念之业。惟口念之说，虽不为昙鸾所注重。然实亦得其提倡，而渐至为净土者之专业。盖鸾之《净土义》中又有论下辈人之十念曰：

> 又宜同志，三五共结言要，垂命终时，迭相开晓，为称"阿弥陀佛"（死时诵佛名，见《大阿弥陀经》），愿生安乐，声声相次，使成十念也。

按晋昙戒死时，诵弥勒佛名不辍口。（见《僧传》）则昙鸾所言，亦中土僧人所已行。后人因此谓声声相次之十念为口念佛名十遍（此善导之说）。此则"但称名号"（此语出《往生论注》卷上末），亦可谓为念佛矣。又《往生论注》中详论赞叹佛名（此为口业），实具不可思议威力。其言有曰：

> 如禁肿辞云，"日出东方，乍赤乍黄"等句，假使酉亥行禁，不关日出，而肿得差。亦如行师对陈，但一切齿中诵"临兵斗者皆陈列前行"（一本"列"下有"在"字），诵此九字，五兵之所不中。《抱朴子》谓之要道者也。又苦转筋者，以木瓜对火熨之，则愈。复有人但呼木瓜名亦愈。吾身得其效也。如斯近事，世所共知。况不可思议境界者乎。

此以宣唱佛号，比之咒语。查菩提流支本善总持，昙鸾或受其影响。但观上文，鸾实采取道教之说。《续僧传》谓其本信神仙方术，既得陶弘景之十卷《仙方》，欲往名山，依之修治。又谓其调心练气，对病识缘，因出《调气方》。《云笈七签》五十九卷，载有《昙鸾法师服气法》，此或即《隋志》著录之《服气要诀》。可见鸾即受流支呵斥以后，仍具有浓厚之道教气味。按北朝释教本不脱汉世"佛道"色彩。昙鸾之大行其道，与口宣佛号之所以渐盛行，当亦由于世风使之然也。

延寿益算之信仰

北朝佛教不脱汉世色彩，尤可于延寿益算说之盛行，而可知之。延寿益算，为众生之所最贪爱，自为南北之所普信。而因其与道教之长生久视同科，为佛道混杂最重要之点。昙鸾原来目的亦在求长生不死。敦煌残卷中有《佛说决罪福经》，南方僧祐、北土法经二僧目录均入疑伪。其文有曰：

> 持斋戒七日，日三过自责己过，身口意所行。自归三尊，奉持八佛名。受烧香，散花燃灯，供养具满。七日布恩种德，慈心众

生，养育穷志。若与清净道士，即得增寿，灭除宿罪。

此项宗教，重悔过，行功德，而且持佛名。按僧祐在昙鸾之前，其目录中，既有此经。可见唱名之说，久行于民间。昙鸾亦系采纳世俗之信仰也。又悔过自责，得除罪增寿，固早为道教《太平经》之要义。汉末黄巾亦教人自首过失。人之功过常有天神下降按巡记录，为中国道教之一中心理论。此亦早载《太平经》中。如其卷百一十云：

> 不知天遣神往记之。过无大小，天皆知之。簿疏善恶之籍，岁日月拘校，前后除算减年。

及天神记录善恶之说，既加入于一般佛徒之信仰中。而帝释之地位，遂相当于《太平经》所言之天。如《决罪福经》有云：

> 处于宗庙，昼夜精进，七日七夜。天曹鬼官，记注大功，以功除罪，即白帝释，增寿益算，除罪定名，祸灭福生，即得如须。

又佛经中亦有四天王观察善恶之传说。现存藏经中有《四天王经》，言四天王各理一方，每月八日，十五日，三十日，亲下世间按察。十四日，二十三日，二十九日，则遣其太子或使者下。其文略云：

> 四天王神（中略）各理一方。常（中略）案行天下，伺察帝王臣民龙鬼蝐蜚蚊行蠕动之类，心念，口言，身行，善恶。（中略）具分别之，以启天释。若多修德，精进不殆。（中略）释敕伺（或是"司"字）命，增寿益算。

此经现题为凉州沙门智严、宝云译。《祐录》亦著录。但据《大智度论》卷十三，引《四天王经》此文，其中并无益算之语。则此经中译，系中国人就原经加增道教学说造成，并非智严等所译。又敦煌卷子中，有《妙法莲华经·马明菩萨品》者，大约为晋世北方所造之伪经（中言及晋国天子及骆驼等）。其中即引有四天王疏善记恶神话。并曰：

> 其行恶者，帝释承书关下地狱。阎罗大王即遣地狱五官，减寿夺算，名名射死。

敦煌又有残卷《佛说七千佛神符经》（原夺"千"字），《大周录》著录，亦名《益算经》。（《开元录》十八）其中以干支五行配合，则全似天师道人之书也。

又《法经目录》卷二伪经中，有《净度三昧经》四卷，云是南齐竟陵王抄经之一。抄时于大本内，"或增或减，芜乱真典，违反圣教"。
（据《开元录》此经有智严、宝云、求那跋多罗及昙曜四译。今均不存。）《法苑珠
林》六十二引此经有曰：

> 八王日（乃谓立春，春分，立夏，夏至，立秋，秋分，立冬，冬至也）
> 诸天帝释镇臣三十二人，四镇大王，司命，司录，五罗大王，八王
> 使者，尽出四布覆行。复值四王十五日三十日所奏（八日，十五日，
> 三十日，四天王亲下世间，已见上引。此文疑"十五日"上脱"八日"二字）
> 案校人民，立行善恶。地狱王亦遣辅臣小王同时俱出，有罪即记。
> 前斋八王日犯过，福强有救，安隐无他，用福原赦。到后斋日重犯
> 罪数多者，减寿条名克死。岁月日时，关下地狱。地狱承文书，即
> 遣狱鬼持名录名（"录"下应夺"录"字）。狱鬼无慈，死日未到，强
> 催作恶，令命促尽。福多者增寿益算。（下略）

唐善导比丘称为净土宗之三祖。其《功德法门》一书，倡言念佛者"现
生即得延年转寿"。亦引《净度三昧经》为证。文曰：

> 又如《净度三昧经》说曰，佛告瓶沙大王，若有男子女子，于
> 月月六斋日及八王日，向天曹地府一切业道数数首过，受持斋戒
> 者，佛敕六欲天王，各差二十五善神，善来随逐守护持戒之人。
> （此言亦见《四天王经》）

又善导之《法事赞》卷上首偈开始即曰："奉请四天王，直入道场中。"
则四天王案校善恶及延寿益算之说，已为净土教之一部。此为无量寿佛
崇拜应有之义，南北朝时，必已流行，非自善导始也。（参看望月信亨
《净土教之起源与发展》一九六页以下）

一般人佛教之信仰，最显著者二事。一为善恶报应。二为施与功
德。前者旨在劝人"诸恶莫作，众善奉行"。（语出《法句经》）四天王观
察世人之说，原著眼在此。减寿益算，均由于行为之善恶。后者则主张
敬礼三宝，施佛施僧。宅心慈悲，救济穷困。前者偏重戒律，在北方以
昙靖之教为其最大之表现。后者则不有私财。自身苦行，而他施无尽。
在北方遂演为信行禅师三阶教中心思想之一。

五戒十善人天教门

现存伪经中多特重视戒律。如《决罪福经》云：

> 小恶不积，不足灭身。吉凶祸福，皆由心生。不可不顺五戒为
> 人本。十善福之根，五戒德之根。十善天之种。佛为一切父，经为

一切母。同师（疑是"归"字）者则兄弟累劫常亲善。五戒者是人五体。五戒具者，乃成人身。若缺一戒，则不成人。

敦煌本《佛说大辩邪正经》（《大周录》著录。"邪正"下有"法门"二字）有曰：

> 尔时文殊师利菩萨重白释迦牟尼佛言，大利益者云何。佛言，文殊师利，大利益者无过能翻一切恶为一切善，此名大利益。

止恶从善，自可引用中国儒、道二教之理论。由是乃有昙靖伪造《提谓波利经》之事，而有人天五戒教之说。

梁僧祐、隋法经二录均谓《提谓经》有二种。一为一卷本，是真典。一为二卷者，乃宋孝武帝时北国沙门昙靖所伪造。《续僧传·昙曜传》云：

> 又有沙门昙靖者以创开佛日，旧译诸经，并从焚荡。人间诱导，凭准无因。乃出《提谓波利经》二卷，意在通悟，而言多妄习。

据此，靖乃于魏太武帝焚毁佛经之后，妄造此经。又《房录》云：

> 宋孝武帝世元魏沙门昙静于北台（平城）撰。见其文曰，东方太山，汉言代岳。阴阳交代，故云代岳。于魏世出，只应云魏言，乃曰汉言。不辨时代，一妄。太山即此方言，乃以代岳译之，两语相翻。不识梵魏，二妄。其例甚多，不可具述。备在两卷经文。《旧录》载有《提谓经》一卷，与诸经语同。但靖加足五方、五行，用石糅金，故成疑耳。

昙靖乃就一卷《提谓经》，增加阴阳五行之说。其教采取世俗一般之信仰，而杂以道术家言，亦汉代佛道之遗产也。

佛成道后，为提谓及波利二商主说法事（此在转法轮之前），见于佛典处甚多。《瑞应本起经》记其时佛说法，文曰：

> 以有善心立德本故，诸善鬼神，常当拥护，开示道地，得利谐偶，不使逃塞，无复艰患。人有见正以信喜敬，净洁不悔，施道德者，福德益大。所随转胜，吉无不利。日月五星，二十八宿，天神鬼王，常随护助。四天大王赏别善人。东提头赖，南维睒文，西惟楼勒，北拘均罗，当护汝等，令不遭横。能有慧意，研精学问，敬佛法众，弃捐众恶，不自放恣，终受吉祥。种福得福，行道得道。

以先见佛，一心奉承，当为从是致第一福，现世获祐。快解见谛，富乐长寿，自致泥洹。（参看《过去现在因果经》卷三）

盖佛为提谓、波利二人说法，全在劝善种福。昙靖因欲诱导世人，故取一卷本经文，附会于中国之礼教，复杂以阴阳术数，最合于北朝一般人之信仰。故极为流行。《续高僧传》云：

> 隋初开皇关壤往往民间犹习《提谓》。邑义各持衣钵，月再兴斋。仪范正律，递相监检，甚具翔实云。

《提谓》之教，亦自有其仪范规矩，并检察颇严也。

《祐录》九载南齐荆州隐士刘虬《无量义经序》文，谓佛随根机说法，其阶有七。"先为波利等说五戒，所谓人天善根，一也。"净影慧远《大乘义章》卷一，谓刘虬言云："如来一化所说，无出顿渐。《华严》等经是出顿教，余名为渐，渐中有其五时七阶。言五时者，一佛初成道，为提谓等说五戒十善，人天教门。"据此则五戒十善之世间法，乃佛为人天善根所说。因随根器说法，未演出世正道，故曰人天教。（《辨正论》一引《魔化比丘经》云，"五戒人根，十善天种"云云。言持五戒当得人身，修行十善必获天报也。此或人天教名之所本。）此"人天教"不知名出何书。据《义章》言，人天教门，无所依据。并引《提谓经》文，以证二商人等所得乃"出世正道"，非人天教门。慧远所引当出一卷之经。可见"人天教"乃中国人所立名称，或即出于昙靖书中，亦未可知。按刘虬在昙靖之后，而《法华玄义》论南北判教之不同云："北地师亦作五时教，而取提谓、波利为人天教。"由此可知人天教乃北方之异说，刘虬亦是采取北方之说也。

昙靖以五戒与五常、五行、五脏、五方等等配合。仍是沿汉人阴阳家方法。《辨正论》卷一论名教与佛法之异同，而引《提谓经》曰：

> 不杀曰仁。仁主肝木之位，春阳之时，万物尽生，正月二月少阳用事，养育群品，好生恶杀，杀者无仁。不邪曰义。义主肺金之位，七月八月少阴用事，外防嫉妒危身之害，内存性命竭精之患，禁私不淫，淫者无义。不饮酒曰礼。礼主心火之位，四月五月太阳用事，天下太热，万物发狂，饮酒致醉，心亦发狂，口为妄语，乱道之本，身致危亡，不尽天命，故禁以酒，酒者无礼。不盗曰智。智主肾水之位，十月十一月太阴用事，万物收藏，盗者不顺天，以得物藏之，故禁以盗，盗者无智。不妄曰信。信主脾土之位，三月

六月九月十二月中央用事，制御四域，恶口伤人，祸在口中，言出则殃至，气发则形伤，危身速命，故禁以口舌，舌者无信。

智者大师之《法界次第初门》卷上之下曰：

> 故佛为提谓等在家弟子受三归已，即授五戒，为优婆塞。若在家佛弟子破此五戒，则非清信士女。故经云："五戒者，天下大禁忌。若犯五戒，在天则违五星，在地则违五岳，在方则违五帝，在身则违五藏。"

又《摩诃止观》六上，言有三种法施。上者出世间上上法施，中者出世间法施，下者为世间法施。世间法施即谓五戒十善等。五常、五行亦似五戒。（此《提谓经》说）并亦可与五经（《礼》、《乐》、《诗》、《书》、《易》。无《春秋》）相配。（此智者私意）《止观辅行弘决》卷六之二释此段甚详。文略曰：

> 言五常似五戒者，如《提谓经》中长者问佛："何故但五，不说四六。"佛言："但说五者，是天地之根，太乙之初，神气之始，以治天地，制御阴阳，成就万物众生之灵。天持之和阴阳。地持之万物生。人持之五藏安。天地之神，万物之祖。是故但五。"又云："所持五戒者，令成当来五体，顺世五常五德之法。杀乖仁，盗乖义，淫乖礼，酒乖智，妄乖信。悯伤不杀曰仁。清察不盗曰义。防害不淫曰礼。持心禁酒曰智。非法不言曰信。（此与《辨正论》所引不同）此五者不可造次而亏，不可须臾而废。君子奉之以立身，用无暂替。故云五戒。"又云："不杀过于二仪，不盗如太素，不邪行如虚空，不妄语如四时。"

人天教门是世间法。谓佛为优婆塞说，故推广而与名教五常相比。（《颜氏家训·归心篇》亦采此说[①]）又袭汉代阴阳道术，而三教合一，因得流行甚广。隋智颉、唐法琳并用之而不疑也。

昙靖之书意在止恶劝善，故亦载有天神下界，察人善恶之说。《法苑珠林》八十八引《提谓经》云：

> 佛言四时交代，阴阳易位。岁终三覆八校，一月六奏。三界皓皓，五处录籍，众生行异，五官典领，校定罪福，行之高下，品格

---

① 《释老志》同。

万途。诸天帝释太子使者、日月鬼神、地狱阎罗、百万神众等，俱用正月一日，五月一日，九月一日，四布案行帝王臣民八夷飞鸟走兽鬼龙行之善恶。知与四天王月八日十五日尽三十日所奏同无不均。天下使无枉错，覆校三界众生罪福多少所属。福多者即升天上，即敕四镇五罗大王司命增寿益算，下阎罗王摄五官，除罪名，定福禄。故使持是三长斋。是故三覆八校者，八王日是也。

此所谓三覆者，在正月、五月、九月之初一日，即三长斋月。八校者即八王日，亦须持斋。六奏者指月之八日，十五日，三十日，及十四日，二十三日，二十九日，即六斋日。（此均已见前引）《辨正论》一，又引有《净土经》（疑即《净度三昧经》）云：

> 八王者谓八节日也。言天王所奏文书，一岁八出，故称八王。此日最急。（中略）一月六奏，六斋日是。一岁三覆，即三长斋月也。

昙靖伪书所言相同，可见为当时人一般之信仰也。

三阶教之发生

三阶教创者乃魏郡信行禅师。其教虽兴于隋代，然实北朝流行之信仰所产生之结晶品。兹分条略述之于下。（参看矢吹庆辉《三阶教之研究》）

一、三阶教人信当时佛法已入末法时代。按此说传来甚早。如昙无谶云，释迦佛正法住五百年，像法（像者似也）住一千年，末法一万。（《文选·头陀寺碑文》李注引之）《祐录》北凉道朗《涅槃序》后有跋，亦曰："至于千载像法之末，虽有此经，人情薄淡，无心敬信，当知遗法将灭之相。"王简栖《头陀寺碑》文，亦言："正法既没，像教陵夷。"是在南北朝初叶已有信当世入末法者。现存敦煌伪经中，多有末法之说。如《决罪福经》（《法经》著录）曰："正教隐弊，末世时，师法不明。"《像法决疑经》（《法经》著录）曰："无上法宝，不久磨灭。"《大通方广经》（《法经》著录）曰："于我末法中有能化一人。"《首罗比丘经》（《法经》著录。经中言及洛阳。《三阶教籍目录》有此经，见矢吹书一七七页）曰："世将欲末，渐令恶起，来年难过。"《法王经》（未悉何时所作，但按经文，或在南北朝）曰："若灭度后千五百岁，五浊众生，多作恶业，专行十恶。"《法经录》卷二卷四著录《小般泥洹经》（一名《法灭尽经》）、《佛说法灭尽经》、《五浊恶世经》等。敦煌残卷中有《小法灭尽经》。此皆宣传末法已至，均隋世以前之书，流行于民间者也。

二、三阶教教义及戒行，多为北朝所已流行。第一，信行本为禅师，其教奖励修定。此乃北方禅法流行之表现。第二，按《宝车经》（《法经》著录。淮州沙门昙辨撰）曰，"如盲者不见日月"云云。而三阶教谓第三阶中，众生如生盲人，不辨颜色。第三，《法经录》四伪经中有《头陀经》，北魏之时颇有习头陀苦行者。三阶教人亦以苦行著称。第四，敦煌伪经中，有《要行舍身经》。（检其内容，非《开元录》七载之伪经，乃别为一书。）劝人于死后分割血肉，布施尸陀林中。《法经录》四亦著录伪经《尸陀林经》一卷。则隋前已有此风。此亦三阶教人所普行。第五，三阶教分众生有时阶机缘根器之不同，而主张对根起行。此项说法，自早已流传。如刘虬所谓五时七阶是矣。隋初有沧州道正禅师，乐习禅法，头陀（宗兰若法）乞食。（此均与三阶教相同）曾综述宪法，流之于世，名曰《六行凡圣修法》也。（《内典录》著录，名为《凡圣六行法》）包举一化，融接万衢。初曰凡夫罪行，二曰凡夫福行，三小乘人行，四小菩萨行，五大菩萨行，六佛果证行。都合六部，极略一卷，广二十卷。前半序分，后半行体。（《内典录》谓其有二十卷、十卷、七卷、五卷、三卷、一卷，六种。）此分凡圣诸人之不同，而决定各人之行修，与信行创教，立意相同。

三、提倡施与，立无尽藏，为三阶教之特色。但南北朝流行之佛教信仰，亦不乏此义。此亦可于伪经中见之。如《决罪福经》云：

> 大福皆用财货，乃得成耳。夫布施者，今现在世有十倍报，后世受时有亿倍报。不可计数，复亿倍万。我常但说万倍报者，略少说耳。恐人不信，少说。

唐时三阶教人师利曾伪造《示所犯者瑜伽法镜经》。此经末曰：

> 此经一名像法，二名决疑，三名济拔安养贫穷孤独，四者最下世界悲田胜法，五者示所犯者瑜伽法镜。

盖此经乃就北朝流行伪书《像法决疑经》，加以增广。《决疑经》者，唱言像法之末，应行布施。其文有曰：

> 此人邪命谄曲，求觅名利。若见布施贫穷乞人，复生瞋恚。作如是念，出家之人，何用布施。但修禅定智慧之业，何用纷动无益之事务。作是念者，是魔眷属。

又曰：

善男子，我念成佛皆因旷劫行檀布施，救济穷贫困厄众生。十方诸佛亦从布施而得成佛。

按三阶典籍常引此经。（见矢吹书 595 页）则即此亦已可知信行禅师乃采取流行当世之佛徒信念，依己意援用经典，以创一宗派也。

又按昙靖、信行均重戒律。其根本原因当因是时民俗败坏，生死盲暗之中。故谓五浊众生，已至末法时代。智慧禅定，均不能修。只能用戒律裁治。如《续传·习禅篇论》云："或有问曰，大圣垂教，正像为初。禅法广行，义当修习。今非斯时，固绝条绪，其次不论，方称末法。乃遵戒之行，斯为极也。"可见末法时代，当重戒行，乃极通行之说也。

志公与傅大士

南朝禅法，向少传习。迨至齐梁，乃稍称盛。而保志（亦作"宝志"）、傅弘均业禅，尤以神通显于世。关于二人之神话甚多，殊少可信（《灯录》所载二人偈言等均晚出之传说）。梁慧皎与志公同时，《僧传》中详记其事。陈徐陵与傅大士亦为同时，作有《东阳双林寺傅大士碑》文。兹依之略述二人之事迹如下。

释保志，本姓朱，金城人。少出家，止京师道林寺。师事沙门僧俭为和尚，修习定业。崇置良耶舍之禅法。（《僧传·耶舍传》）至宋太始初，忽如僻异，居止无定，饮食无时。发常数寸，常跣行街巷。执一锡杖，杖头挂剪刀及镜，或挂一两匹帛。齐建元中，稍见异迹。数日不食，亦无饥容。与人言，始若难晓，后皆效验。（《僧传》述有多事，兹均略之。）时或赋诗，言如谶记。京土士庶，皆敬事之。齐武帝谓惑众，收驻建康。因显神异，乃延入禁中。梁武即位，甚见崇礼。先是齐时多禁志出入，梁武登极乃下诏曰："志公迹拘尘垢，神游冥寂。水火不能燋濡，蛇虎不能侵惧。语其佛理，则声闻以上。谈其隐沦，则遁仙高者。岂得以俗士常情，空相拘制。何其鄙狭，一至于此。自今行来，随意出入，勿得复禁。"志自是多出入禁内。志能分身。为武帝祈雨，并有奇验。天监十三年（514 年）冬无疾而终。自预知死至。武帝厚加殡送，葬于钟山独龙之阜。敕陆倕制铭辞于冢内，王筠勒碑文于寺门。传其遗像，处处存焉。初志显迹之始，年可五六十许，而终亦不老。人咸莫测其年。有徐捷道者，居于京师九日台北，自言是志外舅弟，小志四年，计志亡时，应年九十七云。

傅大士（《续传·慧云传》云名弘。《传灯录》曰名翕）东阳郡乌伤县人。

尝自序云："系弥勒菩萨分身世界，济度群生。"年二十四，弃家隐居其县之松山。修禅远壑，绝粒长斋。太守王烋言其诡诈，幽诸后曹。迄至兼旬，绝粒不食。于是州乡愧伏，远迩归依。逃迹山林，肆行兰若。其自序又云，尝见七佛如来，十方并现。释尊摩顶，愿受深法。每至椎槌应叩，法鼓裁鸣，空界神仙，共来行道。（以上傅《自序》语）至若凡人，虽不能感见诸佛，然亦谓曾睹大士金色表于胸臆，异香流于掌内。或见身长丈余，脚长二尺，指长六寸。于是大士禅修既满，出化乡里。乡人乃或舍须发，或倾财宝。于大士坐禅之高岩松下建寺，因名双林寺。大士亦还家货贸妻儿，襄助功德。并造九层砖塔，经典千余卷。从之学者，颇有其人。梁大通元年（527 年）县中傅普通等一百余人，诣县令范胥连名荐述。又以中大通四年（532 年）傅德宣等三百人，诣县令萧诩具陈德业。均未得见信。又二年大士乃自遣弟子傅暀至京，致书梁武帝。自称为"双林树下当来解脱善慧大士"。当时僧人上书帝王，辞甚恭谨。即国师智者法师（即慧约），等亦文牒卑恭。今大士既非沙门，年非长老，致书至尊，教以治道。因此道俗惊疑。而傅暀发弘誓，在御路烧其左手，因得达天听。于是迎大士至都，入殿讲论，作偈言若干。帝待以殊礼。大士常日授禅，然亦讲《维摩》、《思益》等（未言及《金刚经》）。大士预知世将大乱，拟自烧身，为众生除罪。学徒闻之，乃悲号踊叫。弟子居士徐普拔、潘普成等九人，求输己命以代。其中或黥首刊鼻，或焚臂烧身。大士因许更住人间。于是弟子居士范难陀，比邱法旷，优婆夷严比邱，各在山林烧身。次有比邱宝月等二人，穷身系索，挂锭为灯。次有比邱慧海、菩提等八人烧指。尼昙展、慧光、法纤等四十九人行不食斋法。比邱僧拔、慧品等六十二人割耳出血和香。凡此均所以供养其师。乃大士终于太建元年（569 年）夏于本州弃世而去。按徐陵碑云，大士"小学之年，不游黉舍"。吉藏《中论疏》云："大士本不学问。"自谓为弥勒降生，颇显神通，以致奉者若狂。唐初道宣作《续高僧传》，亦以列入《感通门》中。而后世禅宗人乃言大士曾见达磨，唱《金刚经》颂，而所记大士之言，始颇有宗门风味焉。

按烧身供养，南北颇流行。详《僧传·忘身篇》，及《续传·遗身篇》中，如宋僧瑜在匡山坐薪龛中，合掌平坐，诵《药王品》（《法华经》此品载药王烧身事）。火焰交至，犹合掌不散。宋慧益以吉贝自缠，灌油烧之。北周最有名之僧崖菩萨，以布裹左右五指烧之。如是经日，左手指尽，油沸，将灭火。乃以右手残指，挟竹挑之。以日继夕，并烧二手，眉目不动。后复烧身，身面焦坼，尚在火中礼拜。按烧身之意义有三：一重佛法；二愿如药王烧身后，得生天国；三者示禅定威力。凡慧可断臂不觉，智颛受毒不伤，此种故事，皆证其禅定功夫之完满。惟慧皎论曰：

> 至如凡夫之徒，鉴察无广。竟不知尽寿行道，何如弃舍身命。或欲激誉一时，或欲流名万代。及临火就薪，悔怖交切。彰言既广，耻夺其操。于是俛俛从事，空婴万苦。若然，非所谓也。

若此则烧身并以骇众要誉。烧身乃宗教情绪热烈之表现，往往煽动群心，致举国若狂（如傅大士之事）。故不免有人愿舍身形，以激誉流名也。

南方之《十诵律》

《十诵律》罗什等译之关中。卑摩罗义传之寿春。僧业、慧观等弘之于建业。南方在宋代除《十诵》以外，已几无律学。（《四分》、《五分》、《僧祇》，均学者极少。《弘明集》载慧义致范泰书，称祇洹寺用《僧祇律》。）齐梁更然。今略述其名家如下：

释志道即僧祐《师资传》列入之道律师。亦《十诵》律家也。住钟山灵曜寺，特长律品。何尚之钦德致敬。先时魏太武灭法，后世嗣兴，而戒授多阙。道既誓志弘通，不惮艰苦。乃携同契十有余人，往至虎牢，集洛、秦、雍、淮、豫五州道士，会于引水寺，讲律明戒，更申受法。魏土僧禁获全，道之力也。后南返，于齐永明二年卒于湘土，春秋七十有三。

据《广弘明集·智称行状》，谓律学之盛，始自智称。而慧皎《明律篇论》亦谓称在齐梁之间，号称命世。释智称者，本魏冀州刺史裴徽之后。祖世避难，寓居京口。从宗公仰禅师，隐、具二律师等受禅律。至京师听法颖讲律。僧祐《十诵义记序》云："大律师积道河西，振德江东。"盖即指颖，可见颖之身价。（《僧传》有传）定林寺法献闻称名，携止山寺，献亦名律师也。齐文宣王等常邀称开讲《十诵》。一生讲大本四十余遍。齐永元三年卒，春秋七十二。著《十诵义记》八卷，盛行于世。（《广弘明集》载《智称行状》）

南朝律师之最有名者为僧祐。少事僧范道人、法达法师。曾从定林法献，并受业于法颖。颖乃"一时名匠，为律学之宗"。祐复竭思钻求，无懈昏晓。遂大精律部，有迈先哲。齐竟陵文宣王每请讲律，听众常七八百人。永明中敕入吴试简五众，并宣讲《十诵》，更申受戒之法。凡获信施，悉以修寺。并建无遮大集舍身斋等。又造立经藏，搜校卷轴。祐为性巧思，能自准心计。及匠人依标，尺寸无爽。故光宅、栖霞二寺大像，及剡县石佛等，并请祐经始，准画仪则。梁武帝及王公朝贵均崇其戒范。开善、智藏请事师礼。凡白黑门徒一万一千余人。以天监十七年五月二十六日卒于建初寺，春秋七十有四。初祐集经藏既成（刘勰助之），使人抄撰要事，为《出三藏记集》、《法苑记》、《世界记》、《释迦谱》及《弘明集》等，并著有《沙婆多宗师资传》。

智称之弟子有法超。梁武帝敕集《出律要仪》十四卷，通下梁境，并依详用。至陈代以昙瑗、智文均名律师。《续僧传》曰：

> 宣帝下诏国内，初受戒者，夏未满五，皆参律肆。可于都邑大寺广置德场（一作"听场"）。仍敕瑗公总知监检，明示科举。有司准给衣食，勿使经营形累，致亏功绩。瑗既蒙恩诏，通诲国僧，四远被征，万里相属。时即搜擢明解词义者二十余人，一时敷训。众齐三百。于斯时也，京邑屯闹，行诵相喧，国供丰华，学人无弊。不逾数载，道器大增。其有学成将还本邑，瑗皆聚徒对问，理事无疑者，方乃遣之。由是律学更新，上闻天听。

此盖似设一戒律专门学校也。智文曾与真谛同止晋安，卒于隋开皇十九年，年九十一。平生曾讲《十诵》八十五遍，大小乘《戒心》、《羯磨》等二十余遍，《金光》、《遗教》等各有差焉。著《律义疏》十二卷、《羯磨疏》四卷、《菩萨戒疏》两卷。僧尼从受戒者三千余人。

菩萨戒之流行

菩萨戒为大乘戒。中华一向重大乘，故并流行。齐梁之时，如梁武帝等，均称菩萨戒弟子。菩萨戒以《地持经》、《菩萨璎珞本业经》及《梵网经》为主。而《涅槃经》、《大智度论》等，亦均有大乘戒之说明。《地持经》昙无谶译，与宋求那跋多罗译之《菩萨善戒经》同本，属瑜伽宗。北朝僧范、慧顺、灵裕、法上均曾为之作疏。慧光、昙迁亦弘此经。灵裕之弟子昙荣专精此部。至若南方，殊少研者。《梵网经》为大乘戒之最要经典，但为伪经。其所载与其他大乘经律殊不合。《房录》始著录，谓为罗什译。《法经录》言诸家录多入疑品。《僧祐录》无之，仅谓什译《波罗提木叉》（亦即《僧传》之《菩萨戒本》）。可见此经乃北方人伪造。其序文乃据什译《波罗提木叉后记》，而加以增改。其经文乃取《曼殊千臂》与《优婆塞戒》等，参以私意，加以改造。（参看望月信亨《净土教之起源与发展》，页一五四下。）北土之所以出此经，当因提倡大乘戒之故。按太武帝毁法之后，北方僧伽破坏，纪纲荡然。故志道律师特往洛阳明戒。（见前）《梵网经》或于此时应需要而伪造。其后传至南方，梁慧皎乃为作疏。但南方除皎以外无人研此部。《祐录》既不载经名，即《僧传》亦未提及。总之，《梵网戒》本必流行北方，而南方颇未注意也。

北方《四分律》之兴

北方在元魏时所行之律为《僧祇》及《十诵》。至《四分》之弘，不知究导源何人。此有二说。《续高僧传·慧光传》曰：

> 先是《四分》未广宣通，有道覆律师创开此部，制疏六卷。但是科文，至提举弘宗，无闻于世。故光之所学，惟据口传。

按慧光为北齐人，道覆亦应在魏末。惟据日本凝然大德《律宗纲要》曰：

> 《四分》译已经六十余年，至元魏第六主孝文之世，有北台法聪律师本学《僧祇》，开通精研。然穷初受部，依《昙无德》。辍《僧祇》讲，初弘《四分》。受随相契，事归一揆。然是口授，未载简牍。道覆以后，造疏释文。

据此在道覆以前，法聪已研《四分》。但《昙无德律》无论始于何人，而其大盛，则由慧光。光北朝之末，为最大师，且为《地论》元匠。其事迹待下略陈。唐道宣弘律亦宗《四分》。其作《高僧传》，遂以慧光列入《明律篇》中。慧光卒于北齐之世。其后研《四分律》者甚多。北方普遍奉行。约在慧光后百年，唐中宗令南方禁用《十诵》。于是北方《四分》戒律，乃行于天下。至若陈末至隋初之《四分》律师，则多慧光之后辈。此于隋唐律宗之建立特有关系，今姑不赘及。

跋

中国佛教史未易言也。佛法，亦宗教，亦哲学。宗教情绪，深存人心，往往以莫须有之史实为象征，发挥神妙之作用。故如仅凭陈迹之搜讨，而无同情之默应，必不能得其真。哲学精微，悟入实相，古哲慧发天真，慎思明辨，往往言约旨远，取譬虽近，而见道深弘。故如徒于文字考证上寻求，而乏心性之体会，则所获者其糟粕而已。且说者谓，研究佛史必先之以西域语文之训练，中印史地之旁通。近来国内外学者，经历年之努力，专题之讨论，发明颇多。然难关滞义，尚所在多有。故今欲综合全史，而有所陈述，必如盲人摸象，不得其全也。彤幼承庭训，早览乙部。先父雨三公教人，虽谆谆于立身行己之大端，而启发愚蒙，则常述前言往行以相告诫。彤稍长，寄心于玄远之学，居恒爱读内典。顾亦颇喜疏寻往古思想之脉络，宗派之变迁。十余年来，教学南北，尝以中国佛教史授学者。讲义积年，汇成卷帙。自知于佛法默应体会，有志未逮，语文史地，所知甚少。故陈述肤浅，详略失序，百无一当。惟今值国变，戎马生郊。乃以其一部勉付梓人。非谓考证之学可济时艰。然敝帚自珍，愿以多年研究所得作一结束。惟冀他日国势昌隆，海内乂安，学者由读此编，而于中国佛教史继续述作。俾古圣先贤伟大之人格思想，终得光辉于世，则拙作不为无小补矣。书中于所采用时贤之说，皆随文注明。至若相知友好，或代任钞集，或有所提正，益我良多，统此申谢。

——中华民国二十七年元旦，汤用彤识于南岳掷钵峰下。

魏晋玄学论稿

小　引

　　这本书包括九篇旧日的文稿，经过一个长时间，我终于决定把它拿出来付印了。解放初期，我不敢想它，也不愿提到它，更谈不上出版它了。以后，在和一些同志的谈话中，他们鼓励我把这些文稿整理出版；而我想，经过解放后党的教育和马克思主义的学习，还照原样付印，总不大甘心。再后，看到我国社会主义建设蓬勃发展，文化建设已进入高潮；党提出了"百家争鸣"的口号，深受鼓舞，觉得应贡献自己的一点力量。因此我想，就是包含有错误照原样拿出来，也可以在别人的批评下，得到进步；如果别人能由其中取得一些材料，启发人看到一些问题而进一步加以研究，那更是快乐的事情。我终于克服了怕受别人批评的爱面子思想，将它付印，希望读者批评。

　　本书的九篇文稿，是在 1938 年到 1947 年十年中所写的。这些文章分别发表于当时的报纸杂志上，如《图书季刊》、《学术季刊》、《哲学评论》、《清华学报》、《北京大学四十周年纪念论文集》、《学原》、《大公报·文史周刊》等。其中仅《言意之辨》没有正式发表，在昆明由北大文科研究所油印散发。我原在抗日战争初期就想写《魏晋玄学》一书，但以后因在国民党反动政府统治之下，生活颠沛流离，无法写书，只能写些短篇论文发表。现在出版的这本书就是这些论文的汇集，而不是一本系统的著作。至于原来计划，本在《流别略论》一章后，应有"贵无"学说数章，除王弼外，还应有嵇康与阮籍、道安和张湛等人的"贵无"学说；对向、郭崇有义本应多加阐述；原来计划还包括《玄学与政治理论》、《玄学与文艺理论》两章。这些本都在西南联大讲过，但未写成文章。《玄学与政治理论》的问题，解放后由任继愈同志根据原有讲演提纲用新观点加以研究，写成《魏晋玄学中的社会政治思想略论》一文（由上海人民出版社出版）。至于《玄学与文艺理论》，仍希望任继愈同志不久写出。

在这一时期的研究过程中，王维诚、任继愈、石峻等同志都曾对我有帮助，附录一是石峻同志所记录我的一次演讲稿，经修改成文，因此文体与前面不一致。近人陈寅恪先生、冯友兰先生等的著作于我很有教益。付印前的整理工作是由汤一介和杨辛等青年同志帮助我完成的。

对本书内容我也想陈述一些意见。

如说本书尚有出版价值，那只是因它提出了若干可以注意的资料，指出了这一时期思想史的一些突出问题（例如"言意之辨"）。

然而这些论文都是原封未动的拿出出版，只作了少许文字上的修改，因此读此书者应充分注意到本书的错误和缺点。各篇多写于抗日战争时期中，当时所能利用的书籍和时间都有限，因此在材料上未能作彻底研究，在叙述上也未能作充分的发挥。更主要的是在理论上所用为非历史唯物主义观点。今既要出版，本应大加修改，然由于我的马克思列宁主义学习很差，又久在病中，原定计划既未完成，更谈不到把旧稿彻底改造。

过去我以为自己的观点是很客观的，但实是在主观上同情唯心主义。只由以下几点就显然可以看出。

其一，由汉学到魏晋玄学的变动，无疑应注意到汉代唯物主义的哲学家对当时正统哲学的斗争所起的巨大作用，例加扬雄、桓谭、王充、仲长统等人，但在我的文章中这些人的思想就没有怎么谈到，这实是一种抹杀唯物主义的思想。

其二，在我的文章中对王弼哲学思想很加称赞，其主要的理由是在乎他的学说打击了汉代的"元气一元论"，而建立了神秘主义的超时空的"本体一元论"（无）。

其三，至于在魏晋时期的思想领域内，我简直未想到可能有唯物主义的思想（如在向郭思想中所包含的）；欧西中世纪的唯名论与唯实论的斗争实是唯物主义与唯心主义的斗争，魏晋时期"言尽意"与"言不尽意"的争论是否也应由这一角度去研究；当时佛学历史中有部（毗昙，成实）与般若空宗的对立，似也可这样来考虑。

以上诸点，我过去都未曾想到，现在也还无力详细研究，只好等待今后与对于这些问题有兴趣的同志们一起研究了。

一九五七年三月二十五日

读《人物志》

刘邵《人物志》三卷十二篇，隋唐志均列入名家。凉刘昞为之注。唐刘知几《史通·自序篇》及《李卫公集·穷愁志》均有称述。此外罕有论及者。宋阮逸序惜其由魏至宋，历数百载，鲜有知者。然阮乃云得书于史部，则实不知本为魏晋形名家言。其真相晦已久矣。按汉魏之际，中国学术起甚大变化。当时人著述，存者甚尠。吾人读此书，于当世思想之内容，学问之变迁，颇可知其崖略，亦可贵矣。兹分三段述所见，一述书大义，二叙变迁，三明四家（名法儒道）。

一

书中大义可注意者有八。

一曰品人物则由形所显观心所蕴。人物之本出于情性。情性之理玄而难察。然人禀阴阳以立性，体五行而著形。苟有形质，犹可即而求之。故识鉴人伦，相其外而知其中，察其章以推其微。就人之形容声色情味而知其才性。才性有中庸，有偏至，有依似，各有名目。故形质异而才性不同，因才性之不同，而名目亦殊。此根本为形名之辨也。汉代选士首为察举（魏因之而以九品官人），察举则重识鉴。刘邵之书，集当世识鉴之术。论形容则尚骨法。昔王充既论性命之原，遭遇之理（《论衡》第一至第十），继说骨相（第十一），谓察表候以知命，犹察斗斛以知容。其原理与刘邵所据者同也。论声则原于气禀。气合成声，声应律吕。故整饰音辞，出言如流，宫商朱紫发言成句，乃清谈名士所尚。论色则诚于中形于外。诚仁则色温柔，诚勇则色矜奋，诚智则色明达。此与形容音声，均由外章以辨其情性，本形名家之原理也。论情味则谓风操，风格，风韵。此谓为精神之征。汉魏论人，最重神味。曰神姿高彻，神理隽彻，神矜可爱，神锋太儁，精神渊箸。神之征显于目（邵曰："征神见貌，情发于目"），蒋济作论谓观其眸子可以知人。甄别人物，论神最难。论形容，卫玠少有璧人之目，自为有目者所共赏。论神情，黄叔度汪汪如千顷之陂，自非巨眼不能识。故蒋济论眸子，而申明言不尽意之旨。盖谓眸子传神，其理微妙，可以意得，而不可以言宣也。《抱朴子》曰：

"料之无惑，望形得神，圣者其将病诸。"《人物志》曰："能知精神，则穷理尽性。"二语均有鉴于神鉴之难也。

二曰分别才性而详其所宜。凡人禀气生，性分各殊。自非圣人，材能有偏。就其禀分各有名目（此即形名）。陈群立九品，评人高下，各为辈目。傅玄品才有九。《人物志》言人流之业十有二焉。有清节家，师氏之任也。有法家，司寇之任也。有术家，三孤之任也。有国体，三公之任也。有器能，冢宰之任也。有臧否，师氏之佐也。有智意，冢宰之佐也。有伎俩，司空之佐也。有儒学，安民之任也。有文章，国史之任也。有辩给，行人之任也。有雄杰（骁雄），将帅之任也。夫圣王体天设位，序列官司，各有攸宜，谓之名分。人材禀体不同，所能亦异，则有名目。以名目之所宜，应名分（名位）之所需。合则名正，失则名乖。傅玄曰，位之不建，名理废也。此谓名分失序也。刘邵曰："夫名非实，用之不效。"此谓名目滥杂。圣人设官分职，位人以材，则能运用名教。袁弘著《后汉纪》，叙名教之本。其言有曰："至治贵万物得所而不失其情。"圣人故作为名教，以平章天下。盖适性任官，治道之本。欲求其适宜，乃不能不辨大小与同异。《抱朴子·备阙篇》云："能调和阴阳者，未必能兼百行，修简书也。能敷五迈九者，不必能全小洁，经曲碎也。"蔡邕《荐赵让书》曰："大器之于小用，固有所不宜。"皆辨小大，与《人物志·材能篇》所论者同（持义则异）。当世之题目人物者，如曰庞上元非百里才，此言才大用小之不宜也。《昌言》云："以同异为善恶。"《抱朴子》云："校同异以备虚饰。"《人物志》曰："能出于材，材不同量，材能既殊，任政亦异。"曰能识同体之善，而或失异量之美。曰取同体也，则接论而相得。取异体也，虽历久而不知。皆论知人与同异之关系也。（参看《论衡·答佞篇》贤佞同异）

三曰验之行为以正其名目。夫名生于形须符其实。察人者须依其形实以检其名目。汉晋之际，固重形检，而名检行检之名亦常见。《老子》王弼注曰："圣人不立形名以检于物。"夏侯玄《时事议》云："互相形检，孰能相失。"《论衡·定贤篇》云："世人之检。"傅玄曰："圣人至明，不能一检而治百姓。"皆谓验其名实也（检本常作验）。刘邵有见于相人之难，形容动作均有伪似。故必检之行为，久而得之。如言曰："必待居止然后识之。故居视其所安，达视其所奉，富视其所与，穷视其所为，贫视其所取，然后乃能知贤否。此又已试，非始相也。"（刘注云："试而知之，岂相也哉?"）《人物志》八观之说，均验其所为。而刘邵主都官考课之议，作七十二条及《说略》一篇，则《人物志》之辅翼也。

四曰重人伦则尚谈论。夫依言知人，世之共信。《人物志》曰："夫国体之人，兼有三材，故谈不三日，不足以尽之。一以论道德，二以论法制，三以论策术。然后乃竭其所长，而举之不疑。"然依言知人，岂易也哉。世故多巧言乱德，似是而非者。徐幹《中论·核辩篇》评世之利口者，能屈人之口，而不能服人之心。《人物志·材理篇》谓辩有理胜，有辞胜。盖自以察举以取士，士人进身之途径端在言行，而以言显者尤易。故天下趋于谈辩。论辩以立异，动听取宠，亦犹行事以异操蕲求人知。（《后汉书》袁奉高不修异操，而致名当世。则知当世修异操以要声誉者多也。）故识鉴人伦，不可不留意论难之名实相符。（徐幹云："俗士闻辩之名，不知辩之实。"）刘邵志人物，而作《材理》之篇，谓建事立义，须理而定，然理多品而人异，定之实难。因是一方须明言辞与义理之关系，而后识鉴，乃有准则。故刘邵陈述论难，而名其篇曰材理也。（按夏侯惠称美邵之清谈，则邵亦善于此道。）

五曰察人物常失于奇尤。形名之学在校核名实，依实立名因以取士。然奇尤之人，则实质难知。汉代于取常士则由察举，进特出则由征辟。其甄别人物分二类。王充《论衡》于常士则称为知材，于待出则号为超奇。蒋济《万机论》，谓守成则考功案第，定社稷则拔奇取异。均谓人才有常奇之分也。刘邵立论谓有二尤。尤妙之人含精于内，外无饰姿。尤虚之人，硕言瑰姿，内实乖反。前者实为超奇，后者只系常人。超奇者以内蕴不易测，常人以外异而误别。拔取奇尤，本可越序。但天下内有超奇之实者本少，外冒超奇之名者极多。故取士，与其越序，不如顺次。越序征辟则失之多，顺次察举则其失较少。依刘邵之意，品藻之术盖以常士为准，而不可用于超奇之人也。然世之论者，恒因观人有谬，名实多乖，而疑因名选士之不可用。如魏明帝曰："选举莫取有名，名如画地作饼，不可啖也。"吏部尚书卢毓对曰："名不足以致异人，而可以得常士。常士畏教慕善，然后有名，非所当疾也。愚臣既不足以识异人，又主者正以循名案常为职，但须有以验其后。今考绩之法废，故真伪混杂。"明帝纳其言。诏作考课法。卢毓、刘邵同属名家。毓谓选举可得常士，难识异人。循名案常，吏部之职。综核名实，当行考绩。其意与刘邵全同也。

六曰致太平必赖圣人。刘邵曰："情性之理甚微而玄，非圣人之察，其孰能究之哉！"夫品题人物基于才性，圣人之察，乃能究其理，而甄拔乃可望名实之相符。邵又曰:"主道得而臣道序,官不易方而太平用成。"盖天地设位,圣人成能。人主设官分职,任选材能,各当其宜,则可以成天功。是则人君配天,正名分为王者之大柄。诚能以人物名实之相符,应官司名分之差别,而天下太平。然则太平之治,固非圣王则莫能致也。魏世钟繇、王粲著论云:"非圣人不能致太平。"司马朗以为伊颜之徒,虽非圣人,使得数世相承,太平可致。按刘邵曰:"众人之明,能知辈士之数,而不能知第目之度。辈士之明,能知第目之度,不能识出尤之良也。出尤之人,能知圣人之教,不能究之入室之奥也。"夫圣人尤中之尤,天下众辈多而奇尤少。甄别才性,自只可以得常士。超奇之人,已不可识,而况欲得圣人乎。圣人不可识,得之又或不在其位。则胡能克明俊德,品物咸宜,而致治平欤。依刘邵所信之理推之,则钟王之论为是,而司马朗之说为非也。

七曰创大业则尚英雄。英雄者,汉魏间月旦人物所有名目之一也。天下大乱,拨乱反正则需英雄。汉末豪俊并起,群欲平定天下,均以英雄自许,故王粲著有《汉末英雄传》。当时四方鼎沸,亟须定乱,故曹操曰:"方今收英雄时也。"夫拨乱端仗英雄,故许子将目曹操曰:"子清平之奸贼,乱世之英雄也。"(此引《后汉书》)而孟德为之大悦。盖素以创业自任也。又天下豪俊既均以英雄自许,然皆实不当名。故曹操谓刘备曰:"天下英雄惟使君与操耳。"而玄德闻之大惊。盖英雄可以创业,正中操贼之忌也。刘邵《人物志》论英雄,著有专篇,亦正为其时流行之讨论。其所举之例为汉高祖,所谓能成大业者也。志曰:"聪明秀出谓之英,胆力过人谓之雄。"英雄者,明胆兼备,文武茂异。若胆多则目为雄,韩信是也。明多则目为英,张良是也。此偏至之材,人臣之任也。(傅巽目庞统为半英雄,亦当系谓其偏至。)若一人兼有英雄,则能长世,高祖项羽是也。然成大业者尤须明多于胆,高祖是也。(参看嵇康《明胆论》)按汉魏之际,在社会中据有位势者有二。一为名士,蔡邕、王粲、夏侯玄、何晏等是也。一为英雄,刘备、曹操等是矣。魏初名士尚多具名法之精神,其后乃多趋于道德虚无。汉魏中英雄犹有正人,否则亦具文武兼备有豪气。其后亦流为司马懿辈,专运阴谋,狼顾狗偷,品格更下。则英雄抑亦仅为虚名矣。

八曰美君德则主中庸无为。此说中糅合儒道之言,但于后述之。

二

汉末晋初,学术前后不同。此可就《人物志》推论之。本段因论汉晋之际学术之变迁。

《隋志》名家类著录之书除先秦古籍二种共三卷外，有：

> 《士操》一卷，魏文帝撰；
>
> 《人物志》三卷，刘邵撰。

此二书之入名家，当沿晋代目录之旧。其梁代目录所著录入名家者，《隋志》称有下列诸种：

> 《刑声论》一卷（撰者不明）；
>
> 《士纬新书》十卷，姚信撰；
>
> 《姚氏新书》二卷，与士纬相似（当亦姚信撰）；
>
> 《九州人士论》一卷，魏司空卢毓撰；
>
> 《通古人论》一卷（撰者不明）。

以上共九种二十二卷，与《广弘明集》所载梁阮孝绪《七录》名家类著录者相合（惟卷数二十三当有误字）。然则刘邵书之入名家，至少在梁代即然。《刑声论》者，疑即形声，言就形声以甄别人物也。其余诸书，从其名观之，亦不出识鉴人伦之作。至若姚信，乃吴选部尚书，而《士纬》现存佚文，如论及人性物性，称有清高之士，平议之士，品评孟子、延陵、扬雄、马援、陈仲举、李元礼、孔文举，则固品题人物之作也。《意林》引有一条曰："孔文举金性太多，木性不足，背阴向阳，雄倬孤立。"其说极似《人物志·九征篇》所载。然则魏晋名家与先秦惠施、公孙龙实有不同。

名学有关治道伦常，先秦已有其说，兹不具论。《汉书·艺文志》论名家而谓出于礼官。古者名位不同，礼亦异数。名学已视为研究名位名分之理。《隋志》云，名者所以正百物，叙尊卑，列贵贱，各控名而责实，无相僭滥者也。其说仍袭《汉志》。然控名责实，已摄有量材授官，识鉴之理亦在其中（晋袁弘《后汉纪》论名家亦相同）。《人物志》、《士纬新书》之列为名家，自不足异也。

现存尹文子非先秦旧籍，或即汉末形名说流行时所伪托之书（兹已不可考）。其中所论要与汉晋间之政论名理相合（《隋志》名家有尹文而无公孙龙、惠施）。据其所论，以循名责实为骨干。如曰："名以检形，形以定名；名以定事，事以检名。察其所以然，则形名之与事物无所隐其理矣。"（王伯厚《汉志考证》名家下曾略引此段）检形定名，为名家学说之中心理论。故名家之学，称为形名学（亦作刑名学）。

溯自汉代取士大别为地方察举，公府征辟。人物品鉴遂极重要。有名者入青云，无闻者委沟渠。朝廷以名为治（顾亭林语），士风亦竞以名行相高。声名出于乡里之臧否，故民间清议乃隐操士人进退之权。于是月旦人物，流为俗尚；讲目成名（《人物志》语），具有定格，乃成社会中不成文之法度。一方由此而士人重操行，洁身自好，而名教乃可以鼓舞风气，奖励名节。一方清议势盛，因特重交游，同类翕集而蚁附，计士频蹴而胁从（崔寔语）。党人之祸由是而起。历时既久，流弊遂生。辗转提携，互相揄扬。厉行者不必知名，诈伪者得播令誉。后汉晋文经、黄子艾恃其才智，炫耀上京。声价已定，征辟不就。士大夫坐门问疾，犹不得见。随其臧否，以为予夺。后因符融、李膺之非议，而名渐衰，惭叹逃去。黄晋二人本轻薄子，而得致高名，并一时操品题人物之权，则知东汉士人，名实未必相符也。及至汉末，名器尤滥。《抱朴子·名实篇》曰："汉末之世，灵献之时，品藻乖滥，英逸穷滞，饕餮得志，名不准实，贾不本物，以其通者为贤，塞者为愚。"（《审举篇》亦言及此）天下人士痛名实之不讲，而形名之义见重，汉魏间名法家言遂见流行。

汉末政论家首称崔寔、仲长统。崔寔综核名实，号称法家。其《政论》亦称贤佞难别，是非倒置。并谓世人徒以一面之交，定臧否之决。仲长统作《乐志论》，立身行己，服膺老庄。然《昌言》曰："天下之士有三可贱。慕名而不知实，一可贱。"王符《潜夫论》主张考绩，谓为太平之基。文有曰："有号则必称于典，名理者必效于实，则官无废职，位无非人。"徐幹《中论》曰："名者所以名实也。实立而名从之，非名立而实从之也。故长形立而名之曰长，短形立而名之曰短。非长短之名先立，而长短之形从之也。仲尼之所以贵者，名实之名也。贵名乃所以贵实也。"刘廙《政论·正名篇》曰："名不正则其事错矣。""王者必正名以督其实。""行不美则名不得称，称必实所以然，效其所以成。故实无不称于名，名无不当于实。"据此诸言，可征形名、名形之辨，为学术界所甚注意之问题。

《人物志》者，为汉代品鉴风气之结果。其所采观人之法，所分人物名目，所论问题，必均有所本。惜今不可详考。惟其书宗旨，要以名实为归。凡束名实者，可称为名家言也。（《后汉书·仲长统传》注曰："名实，名家也。"）《材能篇》曰："或曰人材有能大而不能小，犹函牛之鼎不可以烹鸡，愚以为此非名也。"盖名必当实，若非实事，则非名也。《效难篇》曰："名犹（疑由字）口进，而实从事退。"又曰："名由众退，而实从事章。"（此二语似系引当时常用语）前者名胜于实，众口吹嘘，然考之事功，则其名败。后者实超于名，众所轻视，然按之事功，则真相显。二者均月旦人物普通之过失也。夫邵既注意名实，察人自重考绩，故作都官考课之法。其上疏有曰："百官考课，王政之大较。"且核名实者，常长于法制。邵作有《法论》（《隋志》入法家），又受诏作新律十八篇，著《律略论》。按魏律以刑名为首篇，盖亦深察名实之表现也。

王者通天地之性，体万物之情，作为名教。建伦常，设百官，是谓名分。察人物彰其用，始于名目。以名教治天下，于是制定礼法以移风俗。礼者国家之名器（刘邵劝魏明帝制礼作乐），法者亦须本于综核名实之精神。凡此皆汉晋间流行之学说，以名实或名形一观念为中心。其说虽涉入儒名法三家，而且不离政治人事，然常称为形名家言。至于纯粹之名学，则所罕见。然名学既见重，故亦兼有述作。魏晋间爱俞辩于论议，采公孙龙之辞以谈微理。其后乃有鲁胜注墨辩，为刑（依孙校作"形"）名二篇。爱俞之言今不可知。鲁胜则仍袭汉魏名家之义。其叙曰："名者所以别同异，明是非，道义之门，政化之准绳也。"又曰："取辩于一物，而原极天下之污隆，名之至也。"又自谓采诸众集为刑（形）名二篇，略解指归云云。如其所采亦有魏晋形名之说，则是书指归，必兼及于政治人事也。

魏晋清谈，学凡数变。应詹上疏，称正始与元康、永嘉之风不同。戴逵作论，谓竹林与元康之狂放有别。依史观之，有正始名士（老学较盛）、元康名士（庄学最盛）、东晋名士（佛学较盛）之别。而正始如以王何为代表，则魏初之名士，固亦与正始有异也。魏初，一方承东都之习尚，而好正名分，评人物。一方因魏帝之好法术，注重典制，精刑律。盖均以综核名实为归。名士所究心者为政治人伦。著书关于朝廷社会之实事，或尚论往昔之政事人物，以为今日之龟鉴，其中不无原理。然纯粹高谈性理及抽象原则者，绝不可见。刘邵之论性情，比之于宋明诸儒；论形名，较之惠施公孙龙之书，趣旨大别。后世称魏晋风气概为清谈玄学。而论清谈者，多引干宝《晋论》。如曰："谈者以虚薄为辩，而贱名检。"然魏曹羲，何晏、邓飏之党与也。其《至公论》曰："谈论者以当实为清。"则谈并不主虚薄也。又曹羲之言，乃论清议臧否，而魏初论人物者固亦甚贵名检也。（当实为清，本循名责实之意。）

魏初清谈，上接汉代之清议，其性质相差不远。其后乃演变而为玄学之清谈。此其原因有二：（一）正始以后之学术兼接汉代道家（非道教或道术）之绪（由严遵、扬雄、桓谭、王充、蔡邕以至于王弼），老子之学影响逐渐显著，即《人物志》已采取道家之旨。（下详）（二）谈论既久，由具体人事以至抽象玄理，乃学问演进之必然趋势。汉代清议，非议朝政，月旦当时人物。而魏初乃于论实事时，且绎寻其原理。如《人物志》，虽非纯论原理之书（故非纯名学），然已是取汉代识鉴之事，而总论其理则也。因其亦总论理则，故可称为形名家言。汉代琐碎之言论已进而几为专门之学矣。而同时因其所讨论题材原理与更抽象之原理有关，乃不得不谈玄理。所谓更抽象者，玄远而更不近人事也。

上项转变，可征诸于《人物志》一书。其可陈述者凡二点：（甲）刘邵论君德，本道家言。人君配天，自可进而对于天道加以发挥。此项趋势最显于王弼之书，待后论之。（乙）《人物志》以情性为根本，而只论情性之用。因此自须进而对于人性本身加以探讨，才性之辩是矣。（按魏中正品状，品美其性，状显其才。故当时不论性情而辩才性。此盖与实际政治有关。）才性论者，魏有傅嘏、李丰、钟会、王广。嘏与会均精于识鉴。（嘏评夏侯玄、何晏等事，见《魏志》本传注及《世说》。会相许允子事，见《魏志·夏侯玄传》注。）李丰曾与卢毓论才性。（丰主才性异，见《魏志·毓传》。）毓本好论人物，作《九州人物论》。而丰亦称能识别人物。（《魏志·夏侯玄传》注）盖皆是与刘邵同类人物也。（王广待详）按何劭《荀粲别传》（《魏志·荀彧传》注及《世说》注）云：

> 太和初到京邑，与傅嘏谈。嘏善名理，而粲尚玄远。

《世说·文学篇》云：

> 傅嘏善言虚胜，荀粲谈尚玄远。

注引《傅子》曰：

> 嘏既达冶好正，而有清理识要。如论才性，原本精微。

合观上文，嘏所善谈者名理。而才性即名理也。虚胜者，谓不关具体实事，而注重抽象原理。注故称其所谈，原本精微也。至若玄远，乃为老庄之学，更不近于政事实际，则正始以后，谈者主要之学问也。又《世说·德行篇》注引李秉（原作"康"，误）《家诫》，言司马文王云：

> 天下之至慎者，其惟阮嗣宗乎。每与之言，言及玄远，而未尝评论时事，臧否人物。

按自东汉党祸以还，曹氏与司马历世猜忌，名士少有全者。士大夫惧祸，乃不评论时事，臧否人物。此则由汉至晋，谈者由具体事实至抽象原理，由切近人事至玄远理则，亦时势所造成也。

综上所言，正始前后学风不同，谈论殊异。《人物志》为正始前学风之代表作品，故可贵也。其后一方因学理之自然演进，一方因时势所促成，遂趋于虚无玄远之途，而鄙薄人事。《世说新语》曰：

> 刘尹与桓宣武共听讲《礼记》。桓云：时有入心处，便觉咫尺玄门。刘曰：此未关至极，自是金华殿之语。

魏初名士谈论，均与政治人事有关，亦金华殿语也。东晋名士听讲《礼记》，虽觉入心，而叹其未关至极。则风尚之已大有变迁，盖可窥矣。

三

《人物志》一书之价值如何，兹姑不论。但魏初学术杂取儒名法道诸家，读此书颇可见其大概。故甚具历史上之价值，兹略述于下。

汉魏名家亦曰形名家，其所谈论者为名理。王符《潜夫论》曰："有号则必称于典，名理者必效于实，则官无废职，位无废人。"此谓典制有号，相称则官无废职，人物有名，见效则位无废人。然则名理乃甄察人物之理也。傅玄曰："国典之坠，犹位丧也。位之不建，名理废也。"据此，则设位建官亦谓之名理。荀粲善谈名理，据《世说》注，似其所善谈者才性之理也，此皆名理一辞之旧义。后人于魏晋玄学家均谓长于名理，失其原义矣。按名家以检形定名为宗而推之于制度人事，儒家本有正名之义，论名教者，必宪章周孔，故《人物志》自以为乃依圣人之训。其序曰：

> 是故仲尼不试，无所援升。犹序门人以为四科，泛论众材以辨三等。又叹中庸以殊圣人之德，尚德以劝庶几之论，训六蔽以戒偏材之失，思狂狷以通拘抗之材，疾悾悾而无信以明为（应作"依"，名见《九征篇》，依《全三国文》据宋本作"伪"）似之难保。

刘邵叙列人物首为圣人，有中庸至德。次为兼材，以德为目（伊尹、吕望，又如颜子）。次为偏至之材自名。此乃三度，谓出于仲尼之三等也。此外则抗者过之，拘者不逮，谓出于孔子所言之狂狷。至若乱德之人，一至一违，称为依似，则是孔子所斥悾悾无信之人。刘邵分别品目，大较不出于此，均自谓本于儒教也。（书中引儒义尚多，兹不赘。）应詹上疏谓元康时乃以玄虚弘放为夷达，以儒术清俭为鄙俗。正始之间则不然，盖魏世名分礼法本为时尚，读者并为儒书，家教犹具典型。即阮嗣放达，亦似有疾而为，非以乱道。（戴逵《放达为非道论》）晋兴以后则不然矣。

名法二家均言循名责实，其关系尤密，此可于刘邵、卢毓二人见之。刘作《人物志》，卢作《九州人士论》，同主依名选士，考课核实。毓与邵同定律，于刑律均有著述。毓所举之名人有阮武。武亦为法家，亦能知人，比为郭林宗。其所作《政论》言弩有法准，故易为善，明主张法于天下以制强梁之人。其告杜恕依才性能用为言，则亦兼名法家言也。又建立纲常，尊卑有序，设官分职，位人以材，本儒教正名制礼之义。然《韩非子》曰："术者因任而授官，循名而责实，操杀生之柄，课群臣之能，此人主之所执。"则名分卑尊择人任官，在儒家为教化，而在法家则为主术。教化所以导善，主术乃以防奸。魏晋相继，篡逆叠起，权臣执柄，君臣危之，则不得不申尊卑之防。篡杀既成，窃国者自危，尤不得不再申正名之义。曹魏父子严刑峻法，司马父子奖挹忠孝，其迹虽殊，用意则一。故不但儒名二家相通，而其实则常实为法术之运用也。又考课之法原载儒书，然其意固在综核名实，则又法家之言。故论者多讥其专在止奸，而失于立本。故卢毓刘邵立考课之法而傅嘏上疏有曰："建官均职，清理民物，所以立本也。循名考实，纠励成规，所以治末也。"杜恕奏有曰："世有乱人无乱法，若使法可任，则唐虞不须稷契之佐，殷周无贵伊吕之辅矣。"又曰："今之学者师商韩而上法术，竞以儒家为迂阔，不周世用，此最风俗之流弊。"据此则考绩托言源出圣王之治，而实阴取申韩之术也。按傅嘏论才性出于名家，杜恕作《体论》乃儒家言（《隋志》），殊少法家趣味。刘邵重考课，修刑律，其学虽合儒名，而法家之精神亦甚显著也。

魏文帝重法术，明帝奖经术，形名家言通于二家亦甚流行于世。然其时道家之学亦渐盛，终成正始玄风。故正始以前名士中颇兼老氏学而可称为过渡之人物。夏侯玄少知名，士大夫中声望极重。荀粲好道家言，赞泰初为一时之杰。何晏喜玄理，谓其深而能通天下之志。玄亦复崇奉自然，在魏代玄学家泰初之地位颇高，而时亦较早。然玄亦以知人见称于世，为中护军拔用武官无非俊杰（以此为司马氏所忌）。书议时事，评九品中正，陈建官之意，最中时弊。其论古无肉刑，与李胜往复，则知亦留心于法意。故夏侯泰初者上接太和中名法之绪，下开正始玄理之风也。钟会少尝受《易》与《老子》，反复诵习，曾论《易》无互体，

与王弼之意相同，史亦称其与辅嗣并知名，则会固擅长玄学。会义长于
识鉴，善论才性，集傅嘏等之说而为《四本论》，此论在魏晋甚流行，
故史又称会精练名理也。《魏志》本传曰："及会死后，于会家得书二十
篇，名为《道论》，而实刑（应作"形"）名家也。其文似会。"夫论以道
名而内容为形名，其故何在，颇堪探索。

今本《尹文子》序曰："其学本于黄老，大较刑（形）名家也。"高
似孙《子略》论，亦言其杂取道法。《四库提要》云："其书本名家者
流，大旨指陈治道欲自处于虚静，而万事万物则一一综核其实。故其言
出入于黄老申韩之间。"魏代名家本采纳黄老之说，《尹文子》所陈与钟
会之《道论》想大体不殊。《尹文子》似是汉末名家伪托之书，兹以无
确证，姑不详疏。然魏世任嘏作《道论》，其书固亦为名家，其佚文多
言政治人事，而《御览》引一条曰：

> 木气人勇，金气人刚，火气人强而躁，土气人智而宽，水气人
> 急而贼。

此论人物之理与刘邵九征之说虽不全同，但任子《道论》，固亦形名家
言也。

何晏、王弼已为正始之玄学家，与魏初名士不同（晏之《道论》自与
任子《道论》有殊），然犹受时代之影响。平叔具有法家精神。选人各得
其才（傅咸语），则亦善名家之术。至若辅嗣著书，外崇孔教，内实道
家，为一纯粹之玄学家。然其论君道，辨形名，则并为名家之说。《老
子注》自未受《人物志》之影响，然其所采名家理论，颇见于刘邵之
书也。

《人物志》中道家之说有二：一为立身之道，一为人君之德。其言
有曰：

> 老子以无为德，以虚为道。
>
> 君子知屈之可以为伸，故含辱而不辞。知卑让之可以胜敌，故
> 下之而不疑。
>
> 君子之求胜也，以推让为利锐，以自修为棚橹，静则闲嘿泯之
> 玄门，动则由恭顺之通路。是以战胜而争不形，敌服而怨不搆。
>
> 《老子》曰："夫惟不争，故天下莫能与之争。"是故君子以争
> 途之不可由也，是以越俗乘高，独行于三等之上。何谓三等？大无
> 功而自矜一等，有功而伐之二等，功大而不伐三等。（下略）

> 不伐者，伐之也。不争者，争之也。让敌者，胜之也。下众
> 者，上之也。

卑弱自持为刘邵教人立身之要道。《人物志》本为鉴人序材之书，此义
似若与题无干，而书末竟加有释争一篇，则其于《老子》之说深为契
赏，可以知也。

刘邵以为平治天下必须圣人，圣人明智之极，故知人善任。知人善
任则垂拱而治，故能劳聪明于求人，获安逸于任使。（序文）此人君无为
而治之一解也。晋裴頠上疏有曰：

> 故尧舜劳于求贤，逸于使能，分业既辨，居任得人，无为而
> 治，岂不宜哉！

裴頠本以善名理见称，并作《崇有论》以尊名教，与喜玄虚者不同，尚
为魏初学术之余响。与其说有相似者为郭象，《庄子注》有曰：

> 夫在上者患于不能无为而代人臣之所司，使咎繇不得行其明
> 断，后稷不得施其播殖，则群才失其任，而主上困于役矣。

郭象之说其所据虽别有妙义，而此处解无为之治与上文无异也。此解亦
见于王弼《老子注》，其文曰：

> 夫天地设位，圣人成能。人谋鬼谋，百姓与能者，能者与之，
> 资者取之，能大则大，资贵则贵，物有其宗，事有其主。如此则冕
> 旒充目而不惧于欺，黈纩塞耳而无戚于慢，又何为劳一身之聪明以
> 察百姓之情哉？

魏明帝至尚书门欲案行文书，尚书令陈矫跪阻曰：“此自臣职分，非
陛下所宜临也。若臣不称其职，则请就黜退，陛下宜还。”帝惭而反。
此具见当时此类学说当世上下共知，今世推克特它（Dictator）大权独
握，百事躬亲，在下者亦不敢进以此言，即言之，在上者亦必所未
喻也。

知人善任，治平之基。知人必待圣王，圣人之所以能知人善任，则
因其有中庸至德。中庸本出于孔家之说，而刘邵乃以老氏学解释之。
《人物志》曰：

> 凡人之质量中和最贵矣。中和之质必平淡无味，故能调成五
> 材，变化应节。
> 夫中庸之德，其质无名，咸而不碱，淡而不䵖，质而不缦，文

而不绩，能威能怀，能辩能讷，变化无方，以达为节。

若道不平淡与一材同用好，则一材处权，而众材失任矣。

主德者聪明平淡，总达众材，而不以事自任也。

圣德中庸，平淡无名，不偏不倚，无适无莫，故能与万物相应，明照一切，不与一材同用好，故众材不失任（无名）。平淡而总达众材，故不以事自任（无为）。和洽谓魏武帝曰："立教观俗，贵处中庸，为可继也。"亦是同意。

知人善任，名家所注意。中庸应变乃采道家之说。此不独在政治上有此综合，而其所据乃有形而上之学说也。此则见于《尹文子》。《尹文子》固形名家而参以道家。其书首曰："大道无形，称器有名。"夫形而上者谓之道，形而下者谓之器，依宇宙说，道无名无形，而器则有名有形。就政治说，君德配天，上应天道。故君亦无名，不偏，而能知用众材，百官则有名而材各有偏至。器以道为本，臣亦君为主。此合虚无名分为一理，铸道德形名于一炉也。

刘邵仍是名家，此义仅用之于政治，王弼乃玄学家，故既用此义于解君德，而且阐明其形上学之根据。《论语》皇疏四引王弼云：

中和质备，五材无名。

此称美圣德，文意与《人物志》全同。《老子》曰："朴散则为器，圣人用之则为官长。"王注曰：

朴，真也。真散则百行出，殊类生，若器也。圣人因其分散，故为之立官长，以善为师，不善为资，移风易俗，复使归于一也。

夫道常无名，朴散则为器（有名），圣王亦无名，但因天下百行殊类而设官分职，器源于道，臣统于君也。故三十二章注又曰：

道无形、不系、常、不可名……朴之为物，以无为心也。亦无名，故将得道，莫若守朴。

道无形无名，圣君法天，故莫若守朴。圣德守朴则中庸平淡，可役使众材（如智勇等）而为之君（即不为人所役使）。故注又曰：

夫智者可以能臣也，勇者可以武使也，巧者可以事役也，力者可以重任也（百官分职）。朴之为物，愦然不偏，近于无有，故曰莫能臣也（谓君也）。

故三十八章注有曰:

> 载之以道,统之以母（无名无形）。故显之而无所尚,彰之而无
> 所竞。用夫无名,故名以笃焉。用夫无形,故形以成焉。守母以存
> 其子,崇本以举其末,则形名俱有而邪不生,大美配天而华不作。
> 故母不可远,本不可失。仁义,母之所生,非可以为母。形器,匠
> 之所成,非可以为匠也。

君德法道,中和无名,因万物之自然（故二十七章注曰:"圣人不立形名以检
于物。"《后汉纪》卷三袁论首段可参看）,任名分而恰如分际（故三十二章注
曰:"过此以往,将争锥刀之末"）,则可以成天功而跻于至治也《列子》注引
夏侯玄语,疑亦可如上解,兹不赘）。

总上所言,刘邵、王弼所陈君德虽同,而其发挥则殊异,《人物志》
言君德中庸,仅用为知人任官之本,《老子注》言君德无名,乃证解其
形上学说,故邵以名家见知,而弼则为玄学之秀也。

（原刊于昆明《益世报》读书双周刊第 119—121 期）①

言意之辨

章太炎《五朝学》有云:"俗士皆曰,秦汉之政踔踔异晚周,六叔
(魏、晋、宋、齐、梁、陈)之俗子尔殊于汉之东都。其言虽有类似。魏晋
者俗本之汉,陂陀从迹以至,非能骤溃。"《章氏丛书,文录》卷一）夫历
史变迁,常具继续性。文化学术虽异代不同,然其因革推移,悉由渐
进。魏晋教化,导源东汉。王弼为玄宗之始,然其立义实取汉代儒学阴
阳家之精神,并杂以校练名理之学说,探求汉学蕴摄之原理,扩清其虚
妄,而折衷之于老氏。于是汉代经学衰,而魏晋玄学起。故玄学固有其
特质,而其变化之始,则未尝不取汲于前代前人之学说,渐靡而然,固
非骤溃而至。今日而欲了解玄学,于其义之所本,及其变迁之迹,自不
可忽略也。

复次,研究时代学术之不同,虽当注意其变迁之迹,而尤应识其所
以变迁之理由。理由又可分为二:一则受之于时风。二则谓其治学之眼
光之方法。新学术之兴起,虽因于时风环境,然无新眼光新方法,则亦
只有支离片段之言论,而不能有组织完备之新学。故学术,新时代之托

始，恒依赖新方法之发现。夫玄学者，谓玄远之学。学贵玄远，则略于具体事物而究心抽象原理。论天道则不拘于构成质料（Cosmology），而进探本体存在（Ontology）。论人事则轻忽有形之粗迹，而专期神理之妙用。夫具体之迹象，可道者也，有言有名者也。抽象之本体，无名绝言而以意会者也。迹象本体之分，由于言意之辨。依言意之辨，普遍推之，而使之为一切论理之准量，则实为玄学家所发现之新眼光新方法。王弼首唱得意忘言，虽以解《易》，然实则无论天道人事之任何方面，悉以之为权衡，故能建树有系统之玄学。夫汉代固尝有人祖尚老庄，鄙薄事功，而其所以终未舍弃天人灾异通经致用之说者，盖尚未发现此新眼光新方法而普遍用之也。

由此言之，则玄学统系之建立，有赖于言意之辨。但详溯其源，则言意之辨实亦起于汉魏间之名学。名理之学源于评论人物。《抱朴子·清鉴篇》曰：

> 区别臧否，瞻形得神，存乎其人，不可力为。自非明并日月，听闻无音者，愿加清澄，以渐进用，不可顿任。

盖人物伪似者多，辨别极难。而质美者未必优于事功，志大者而又尝识不足。前者乃才性之名理，后者为志识之名理，凡此俱甚玄微，难于辨析。而况形貌取人必失于皮相。圣人识鉴要在瞻外形而得其神理，视之而会于无形，听之而闻于无音，然后评量人物，百无一失。此自"存乎其人，不可力为"；可以意会，不能言宣（此谓言不尽意）。故言意之辨盖起于识鉴。晋欧阳建《言尽意论》（《艺文类聚》十九）曰：

> 世之论者以为"言不尽意"，由来尚矣。至乎通才达识咸以为然。若夫蒋公之论眸子，钟、傅之言才性，莫不引此为谈证。

魏晋间名家之学流行，而言不尽意则为推求名理应有之结论。时人咸喜月旦品题，自渐悟及此义。故当时通才达识咸以为然。而魏世蒋济著论谓观眸子可以知人，钟会傅嘏之辨论才性，为名理上最有名之讨论（按会嘏均《四本论》中人。又钟傅或指太傅钟繇，然繇未闻论才性），均引言不尽意以为谈证。尤可见此说源于名理之研求，而且始于魏世也。欧阳建主张言可尽意，而其论中亦述及言不尽意之义。其文曰：

> 夫天不言而四时行焉，圣人不言而鉴识存焉。形不待名而圆方已著，色不俟称而黑白已彰。然则名之于物无施者也，言之于理无为者也。

名家原理，在乎辨名形。然形名之检，以形为本，名由于形，而形不待名，言起于理，而理不俟言。然则识鉴人物，圣人自以意会，而无需于言。魏晋名家之用，本为品评人物，然辨名实之理，则引起言不尽意之说，而归宗于无名无形。夫综核名实，本属名家，而其推及无名，则通于道家。而且言意之别，名家者流因识鉴人伦而加以援用，玄学中人则因精研本末体用而更有所悟。王弼为玄宗之始，深于体用之辨，故上采言不尽意之义，加以变通，而主得意忘言。于是名学之原则遂变而为玄学家首要之方法。

案《周易》系辞云："子曰，书不尽言，言不尽意。然则圣人之意，其不可见乎。"夫易建爻象，应能尽意（参看李鼎祚《集解》引虞翻、陆绩、侯果、崔憬之注），其曰"言不尽意"者自有其说。王辅嗣以老庄解《易》，于是乃援用《庄子·外物篇》筌蹄之言，作《易略例·明象章》，而为之进一新解。文略曰，"尽意莫若象，尽象莫若言"。然"言者所以明象，得象而忘言。象者所以存意，得意而忘象"。"是故存言者非得象者也，存象者非得意者也。"然则"忘象者乃得意者也，忘言者乃得象者也"。因此言为象之代表，象为意之代表，二者均为得意之工具。吾人解《易》要当不滞于名言，忘言忘象，体会其所蕴之义，则圣人之意乃昭然可见。王弼依此方法，乃将汉易象数之学一举而廓清之，汉代经学转为魏晋玄学，其基础由此而奠定矣。

王弼之说起于言不尽意义已流行之后，二者互有异同。盖言不尽意，所贵者在意会；忘象忘言，所贵者在得意，此则两说均轻言重意也。惟如言不尽意，则言几等于无用，而王氏则犹认言象乃用以尽象意，并谓"尽象莫若言"，"尽意莫若象"，此则两说实有不同。然如言不尽意，则自可废言，故圣人无言，而以意会。王氏谓言象为工具，只用以得意，而非意之本身，故不能以工具为目的，若滞于言象则反失本意，此则两说均终主得意废言也。

王氏新解，魏晋人士用之极广，其于玄学之关系至为深切。凡所谓"忘言忘象"、"寄言出意"、"忘言寻其所况"、"善会其意"、"假言"、"权教"诸语皆承袭《易略例·明象章》所言。兹归纳群言，缕陈其大端于下：

第一，用于经籍之解释。王弼作有《论语释疑》，书已佚，大旨当系取文义难通者为之疏抉（故于《论语》十卷只有释疑三卷）。子贡曰："回也闻一以知十，赐也闻一以知二。"夫回赐优劣固为悬殊，然二、十之数，依何而定？张封溪曰："一者数之始，十者数之终。颜生体有厚识，故闻始则知终。子贡识劣，故闻始裁知至二也。"其说牵强泥于文义。而王弼曰："假数以明优劣之分，言己与颜渊十裁及二，明相去悬远也。"（《皇疏》三）又"子曰：'君子而不仁者有矣夫，未有小人而仁者也'"。孔安国注云："虽曰君子，犹未能备也。"是君子犹可不仁，其义颇为费解。而王弼曰："假君子以甚小人之辞，君子无不仁也。"（《皇疏》七）此均以假言之说释《论语》中之滞义。其后晋人注疏多用此法，如《论语》"子曰：'吾不复梦见周公。'"李充注曰："圣人无想，何梦之有，盖伤周德之日衰，哀道教之不行，故寄慨于不梦。"（《皇疏》四）又"季子然问仲由冉求可谓大臣欤？"缪协称中正曰："所以假言二子之不能尽谏者，以说季氏虽知贵其人而不能敬其言也。"（《皇疏》六）凡魏晋南朝之解经依此法者甚多，不必详述，但凡会通其义而不拘拘于文字者皆根据寄言出意之精神也。

汉代经学依于文句，故朴实说理，而不免拘泥。魏世以后，学尚玄远，虽颇乖于圣道，而因主得意，思想言论乃较为自由。汉人所习曰章句，魏晋所尚者曰"通"。章句多随文饰说，通者会通其义而不以辞害意。《左氏传》杜注曰："诗人之作各以情言，君子论之，不以文害意。故《春秋传》引《诗》不皆与今说《诗》者同，后皆仿此。"（隐公元年）不以文害意（文本《孟子》），盖亦源于寄言出意之旨，而为魏晋玄学注解之通则也。魏晋注疏恒要言不烦，自抒己意。书之大旨或备于序文，如郭象注《庄子》之序是也。学问之体要，或具分述于"品目义"（谓篇名下之解释）中，张湛《列子》篇名之注是也。二者均谓之"通"，原在总论大义。至若随文作注，亦多择其证成己意处会通其旨略。未必全合于文句。故向秀观书鄙章句（颜延年五君咏），陶渊明好读书不求甚解，每有所会，欣然忘食。（《五柳先生传》）《世说·轻诋篇》注引《支遁传》曰：

> 遁每标举会宗，而不留心象喻，解释章句或有所漏，文字之徒多以为疑。谢安石闻而善之，曰：此九方皋之相马也，略其玄黄而取其儁逸。

沙门支道林为东晋谈玄之领袖，其所制作，群公赏为"名通"，其为学风格如此，南方之习尚可知矣。《世说·文学篇》曰：

> 褚季野语孙安国云："北人学问渊综广博。"孙答曰："南人学

问清通简要。"支道林闻之曰:"圣贤固所忘言,自中人以还,北人
看书如显处视月,南人学问如牖中窥日。"

支所言固亦譬成孙、褚之理,但"显"、"牖"谓学之广、约,"日"、
"月"指光之明暗,自是重南轻北,而其归宗于忘言得意,则尤见玄学
第一义谛之所在也。

第二,忘象忘言不但为解释经籍之要法,亦且深契合于玄学之宗
旨。玄贵虚无,虚者无象,无者无名。超言绝象,道之体也。因此本体
论所谓体用之辨亦即方法上所称言意之别。二义在言谈运用虽有殊,但
其所据原则实为同贯。故玄学家之贵无者,莫不用得意忘言之义以成其
说。崇尚虚无者魏晋人士甚多,不能详陈。惟其最早有二系:一为王、
何,一为嵇、阮。王辅嗣兼综名理,其学谨饬。汉代易学,拘拘于象
数,繁乱支离,巧伪滋盛,辅嗣拈出得意忘象之义,而汉儒之学,乃落
下乘,玄远之风,由此发轫。此为通常人所熟知,无须具论。

至若嵇叔夜则宅心旷达,风格奔放。其学与辅嗣大异,然得意废言
之旨,固亦其说之骨干,兹请略陈之。盖王氏谨饬注重者体之宗统,嵇
氏奔放欣赏者天地之和美。嵇叔夜深有契于音乐,其宇宙观察颇具艺术
之眼光(阮嗣宗亦同)。虽思想浮杂难求其统系,然概括言之,其要义有
二。首则由名理进而论音声,再则由音声之新解而推求宇宙之特性。
(一)名理之学本在校练名实,然其后乃因言象之讨论进而为无名之说。
嵇康《声无哀乐论》本引及得意(文曰,"能反三隅者得意之言"),论中曾
谓圣人鉴识不借言语。盖心不系于所言,言或不足以证心。

夫言非自然一定之物,五方殊俗,同事异号,举一名以为标
识耳。

言为工具,只为心意之标识。意有定旨,而言则可因俗而殊。由此而可
知声仅可有和音,而哀乐则因人心而不同。故嵇氏之意托大同于声音,
归众情于人心。"和声无象",不以哀乐异其度,犹之乎得意当无言,不
因方言而异其所指也。(二)夫声无哀乐(无名),故由之而"欢戚具
见",亦犹之乎道体超象(无名),而万象由之并存。于是乃由声音而推
及万物之本性。故八音无情,纯出于律吕之节奏,而自然运行,亦全如
音乐之和谐。阮嗣宗《乐论》曰:"夫乐者,天地之体、万物之性也。"
"昔者圣人之作乐也,将以顺天地之性,体万物之生也。"中散之义根本
与步兵相同。综上所言,嵇氏盖托始于名学而终归于道家,其论证本亦

用忘言得意之义也。

第三，忘言得意之义，亦用以会通儒道二家之学。汉武以来，儒家独尊，虽学风亦随时变，然基本教育固以正经为中心，其理想人格亦依儒学而特推周、孔。三国、晋初，教育在于家庭，而家庭之礼教未堕。故名士原均研儒经，仍以孔子为圣人。玄学中人于儒学不但未尝废弃，而且多有著作。王、何之于《周易》、《论语》，向秀之《易》，郭象之《论语》，固悉当代之名作也。虽其精神与汉学大殊，然于儒经甚鲜诽谤。（阮嗣宗非尧舜，薄汤武，盖一时有激而发。）《论语》子见南子本孔安国所疑（《集解》三），王仲任并大加非议（《论衡·问孔篇》），然王弼祖尚老学，而于此不但不愿如仲任之问孔，而且巧为之说，以释安国之疑。文云（《皇疏》三）：

> 案本传，孔子不得已而见南子，犹文王拘羑里，盖天命之穷会也。子路以君子宜防患辱，是以不悦也。
>
> 否泰有命，我之所屈不用于世者，乃天命厌之，言非人事所免也。重言之者，所以誓其言也。

夫天地四时犹有消息，而况人乎。此玄学家山涛引《易经》以答嵇绍之语。（见《世说·政事篇》，参看《言语篇》张天锡答王中郎。）是义自非关汉代之阴阳，而指魏晋之自然。辅嗣引此以为孔书辩护，虽阳尊儒道而阴已令道家夺儒家之席矣。玄学人注经，巧为解释，大率类此，不必详举。

虽然孔子重仁义，老庄尚道德；儒书言人事，道家谈玄虚，其立足不同，趣旨大异。儒书多处如子见南子之类，虽可依道家巧为解说，而（甲）六经全豹实不易以玄学之管窥之，又（乙）儒书与诸子中亦间有互相攻击之文，亦难于解释。前者为儒道根本之差异，后者为文句上之冲突，二者均不得不求一方法以救之。此法为何？忘言得意之义是矣。

（甲）玄学贵尚虚无，而圣人（孔子）未尝致言。儒书言名教，老庄谈自然。凡老庄玄学所反复陈述者均罕见于儒经，则孔老二教，全面冲突，实难调和。魏晋人士于解决此难其说有二。其一则谓虚无之义固为圣人所体，但教化百姓如不用仁义名教，则虽高而不可行，此说见王弼答裴徽之语（《世说·文学篇》及注），郭象之《庄子注》序。然与言意之辨无关，兹可不论。其二则以虚无为本，教化为末，本末者即犹谓体用。致用须有言教（儒经），而本体（玄旨）则绝于言象。吾人不能弃体而徒言其用，故亦不能执著言教，而忘其象外之意。《论语》孔子曰："予欲无言"，又曰："天何言哉"。王弼解之（《皇疏》九）已用此旨：

> 夫立言垂教,将以通性,而弊至于湮。寄旨传辞,将以正邪,
> 而势至于繁。既求道中,不可胜御,是以修本废言,则天而行化。

"寄旨"于言,本以出意。如言教而至于繁(如汉人之学),则当反求其
本,修本者废言,则天而行化。此仍本得意忘言之义。(何晏《集解》云,
言益少故欲无言,旨趣与王不同。)晋人张韩(严可均谓"韩"疑"翰"误)作
《不用舌论》(《艺文类聚》十七)引"天何言哉",其解释与王说亦同,原
文曰:

> 余以留意于言,不如留意于不言。徒知无舌之通心,未尽有舌
> 之必(疑本"不"字)通心也。仲尼云:"天何言哉,四时行焉。"
> "夫子之文章可得而闻也。夫子之言性与天道不可得而闻。"(下略)

盖得意者废言,世人徒知哓哓然称赏得意,而不识废言然后得意,仲尼
所云,均示废言之义,然则圣人固以言教人(儒书),而其本实在于无言
也(至道虚无)。

张韩所引《论语·性与天道章》,尤为魏晋人士所尝道。《论语》
"子贡曰:'夫子之文章可得而闻也,夫子之言性与天道不可得而闻
也。'"按性与天道,汉儒与晋人所解悬殊,甚见学风之不同,兹姑不
论。其"不可得而闻"一语,汉儒似有二解。(一)《史记·天官
书》云:

> 孔子论六经,纪异而说不书,至天道性命不传,传其人不待
> 告,告非其人,虽言不著。

此则不可得闻,谓非其人则不传。

(二)桓谭上光武疏(《后汉书》本传,参看《前汉书·张禹传》)云:

> 观先王之记述,咸以仁义正道为本,非有奇怪虚诞之事,盖天
> 道性命圣人所难言也。自子贡以下不得而闻,而况后世浅儒能通
> 之乎。

此则天道性命均圣人所难言。自子贡以下,不可得而闻。上述二解虽稍
殊,然其取义均与上引张韩之语根本不同。推求张氏之意,性与天道事
绝言称(任昉《答示七夕诗启》语)。天本无言,自不得闻。执可闻之教,
可道之道(用),而欲穷理尽性(体),则直认用为体,误指为月矣。是
以留意于言,不如留意于不言,即得意忘言之旨也。

综上所陈,则立言设教虽有训人之用(儒书),而天道性命本越言

象，故无言自为圣人之所体（玄学道本无言）。夫如是则圣人所言，虽与玄学之旨殊，而于圣人所无言处探求之，则虚无固仍为圣人之真性，与老庄之书所述者无异也。魏晋人士既持此说，于是乃一方解答儒书与老庄何以面目全殊，一方则以老庄为本，儒教为末。学者当不存言而忘其意，修其末而反废其本也。此虽调和孔老，而实崇道卑儒也。按魏世荀粲解释性与天道一章以儒经为糠秕，其说较上述尤为极端。《魏志》引何劭《荀粲传》云：

> 粲诸兄并以儒术论议，而粲独好道。常以为子贡称夫子之言性与天道不可得闻，然则六籍虽存，固圣人之糠秕。粲兄俣难曰：易亦云，圣人立象以尽意，系辞焉以尽言，则微言胡为不可得而闻见哉。粲答曰：盖理之微者，非物之象所举也。今称立象以尽意，此非通于意外者也。系辞焉以尽言，此非言乎系表者也。斯则象外之意，系表之言，固蕴而不出矣。

至道超乎象外，出乎系表。性与天道，自不可得而闻，然则六经固圣人之糟粕（详《皇疏》九）先王之陈述也（《庄子·天运篇》及郭注）。荀粲之义盖本之言不尽意，与王弼说忘言得意者不同，而弼并亦无糠秕六经之意，盖粲独好道，而弼言圣人体无（圣人谓孔子，见《世说·文学篇》弼答裴徽），实阴相老庄，阳崇孔氏。表面上仍以儒家为本位，故不能如粲之攻击儒书也。夫儒经既为糠秕，则孔、老差异根本推翻。二教冲突乃浅识者之自扰。然粲此说本言不尽意义应有之结论。由此可见言意之辨，于玄学之建立关系至大也。

总之，玄学家主张儒经圣人，所体者虚无；道家之书，所谈者象外。圣人体无，故儒经不言性命与天道；至道超象，故老庄高唱玄之又玄。儒圣所体本即道家所唱，玄儒之间，原无差别。至若文字言说均为方便，二教典籍自应等量齐观。不过偏袒道家者则根据言不尽意之义，而言六经为糠秕，荀粲是也。未忘情儒术者则谓寄旨于辞，可以正邪，故儒经有训俗之用，王弼是矣。（上引《皇疏》九孔子无言王弼说及《世说》王答裴徽语）二说因所党不同，故所陈互殊。然孔子经书，不言性道。老庄典籍，专谈本体。则老庄虽不出自圣人（孔子）之口，然其地位自隐在六经以上，因此魏晋名士固颇推尊孔子，不废儒书，而其学则实扬老庄而抑孔教也。（查《抱朴子·尚博篇》崇奉正经，而以诸子为"筌蹄"，其说与时人不同。盖葛洪黜浮华奖礼教，以神仙为内，儒术为外，犹是汉人之旧习，非玄学中人也。）

（乙）根本差异之调和如上述。然老庄之书绝圣弃智，而儒家著作亦鄙薄诸子。此类文句，冲突显然，甚为难通。按子书中之毁非圣人，莫明于《庄子》。儒家之轻鄙庄老则有《法言》。因是向、郭注《庄》，李轨注《法言》，均不能不于此项困难之处，设法解决，其法为何，仍为寄言出意是也。

"向子期以儒道为壹"（谢灵运《辨宗论》），郭象袭取其注，立义亦同。《庄子·大宗师》孔子自谓游方之内，而《庄子》之文所宗者固乃游方之外（子桑户等三人），其言显以孔子为陋。然郭象则会通儒道，谓游外者必弘内，文有曰：

> 是故庄子将明流统之所宗（谓游外）以释天下之可悟。若其就称仲尼之如此（若直谓孔子弘内），或则将据所见以排之（六经文字乃众人所知见），故超圣人之内迹而寄方外于数子（子桑户等）。宜忘其所寄以寻述作之大意，则夫游外弘内之道坦然自明，而《庄子》之书，故是超俗盖世之谈矣。

由此言之，读《庄子》须忘言得意，乃能了然其所言实不背于孔子之学，而可知庄子并无毁仲尼之意。按《世说·文学篇》云：向秀"大畅玄风"，而《晋书》本传曰：庄注出世而"儒墨之迹见鄙，道家之言遂盛矣"。夫玄风之畅，儒学之消沉，自不始于向秀。然向、郭之注庄，不但解庄绝伦，而其名尊圣道，实唱玄理，融合儒道，使不相违，遂使赖乡夺洙泗之席。王、何以来，其功最大。按郭注开始，即告吾人读《庄》之法，须"要其会归，遗其所寄"。可知此义与向、郭之学关系甚大，余已另有文论之（《北大四十周年纪念册》乙编上）①，兹不赘。

扬雄《法言》尊孔教而排诸子。《修身篇》以韩非、庄子并言。东晋李轨注（秦氏影宋本）曰：

> 庄周与韩非同贯，不亦甚乎。惑者甚众，敢问何谓也？曰，庄虽借喻以为通妙，而世多不解。韩诚触情以言治，而阴薄伤化。然则周之益也其利迂缓，非之损也其害交急。仁既失中，两不与耳，亦不以齐其优劣比量多少也，统斯以往，何嫌乎哉。又问曰，自此以下凡论诸子莫不连言乎庄生者，何也？答曰，妙旨非见形而不及道者之言所能统，故每遗其妙寄，而去其粗迹。一以贯之，应近

---

① 即已收入本书的《向郭义之庄周与孔子》一文。——编者注

而已。

《君子篇》李注亦曰：

> 此章有似驳庄子，庄子之言远有其旨。不统其远旨者，遂往而
> 不反，所以辨之也。各统其所言之旨，而两忘其言，则得其意也。

李轨以为无为之本乃圣人与老子所同（《问道篇》注），而注中所陈颇袭向、郭注《庄》之义（兹不能详）。其于扬子诽议庄周，亦同用寄言之法，解释其牴牾，其事与《庄子注》全同。则李弘范虽名注儒书，实宗玄学也。

第四，言意之辨，不惟与玄理有关，而于名士之立身行事亦有影响。按玄者玄远。宅心玄远，则重神理而遗形骸。神形分殊本玄学之立足点。学贵自然，行尚放达，一切学行，无不由此演出。阮籍《答伏义书》有曰：

> 徒寄形躯于斯域，何精神之可察。

形骸粗迹，神之所寄。精神象外，抗志尘表。由重神之心，而持寄形之理，言意之辨，遂亦合于立身之道。卢谌《赠刘琨诗》有曰：

> 谁谓言精，致在赏意。不见得鱼，亦忘厥饵。遗其形骸，寄之
> 深识。

嵇康《赠秀才入军诗》有曰：

> 俯仰自得，游心泰玄，嘉彼钓叟，得鱼忘筌，郢人逝矣，谁与
> 尽言。

魏晋士大夫心胸，务为高远，其行径虽各有不同，而忘筌之致，名士间实无区别也。概括论之，汉人朴茂，晋人超脱。朴茂者尚实际。故汉代观人之方，根本为相法，由外貌差别推知其体内五行之不同。汉末魏初犹颇存此风（如刘邵《人物志》），其后识鉴乃渐重神气，而入于虚无难言之域。即如人物画法疑即受此项风尚之影响。抱朴子尝叹观人最难，谓精神之不易知也。顾恺之曰："凡画人最难"（张彦远《历代名画记》卷一），当亦系同一理由。《世说·巧艺篇》云：

> 顾长康画人或数年不点目精，人问其故，顾曰："四体妍媸，
> 本无关于妙处，传神写照正在阿堵中。"

数年不点目睛（《人物志》谓征神于目），具见传神之难也。四体妍媸，无

关妙处（参看同书顾长康画裴楷），则以示形体之无足重轻也。汉代相人以筋骨，魏晋识鉴在神明。顾氏之画理，盖亦得意忘形学说之表现也。（魏晋文学争尚隽永，《文心雕龙》推许隐秀，隽永谓甘美而义深长，情在词外曰隐，状溢目前曰秀，均可知当时文学亦用同一原理，此待另论之。）

魏晋名士谈理，虽互有差别，但其宗旨固未尝致力于无用之言，而与人生了无关系。清谈向非空论，玄学亦有其受用。彼神明之贵尚，象外之追求，固可有流弊遗害国家，然玄理与其行事仍求能一贯，非空疏不适实用之哲理也。大凡欲了解中国一派之学说，必先知其立身行己之旨趣。汉晋中学术之大变迁亦当于士大夫之行事求之。汉世以察举取士，而天下重名节。月旦品题，乃为士人之专尚。然言貌取人，多名实相乖，由之乃忽略"论形之例"而竞为"精神之谈"（《抱朴子·清鉴篇》），其时玄风适盛，乃益期神游，轻忽人事，而理论上言意之辨，大有助于实用上神形之别。世风虽有迁移，而魏晋之学固出于汉末，而在在与人生行事有密切之关系也。

魏晋名士之人生观，既在得意忘形骸。或虽在朝市而不经世务，或遁迹山林，远离尘世。或放弛以为达，或佯狂以自适。然既旨在得意，自指心神之超然无累。如心神远举，则亦不必故意忽忘形骸。读书须视玄理之所在，不必拘于文句。行事当求风神之萧朗，不必泥于形迹。夫如是则身虽在朝堂之上，心无异于在山林之中。"名教中自有乐地"，不必故意造作也。（山涛言名教有乐地语，亦另含一义，兹不赘。）故嵇阮之流，虽贵"得意，忽忘形骸"（《晋书·阮籍传》），而何劭（敬祖）《赠张华诗》则曰："奚用遗形骸，忘筌在得鱼。"二者均用得意忘言之旨也。

夫依何劭之义得意者固尝抗迹尘表。而既已得意，亦不必执著，务期忽忘形骸。《广弘明集》载东晋（原作"陈"，误）张君祖（张翼，字君祖，晋东海太守，详唐窦蒙《述书赋》注，载《法书要录》卷五。）《咏怀诗》云："运形不标异，澄怀恬无欲"，"何必玩幽闲，青衿表离俗"，盖得何劭之旨。夫沙门居山林，绝俗务，不但义学与玄理相通，即其行事亦名士所仰慕，故晋世佛法大行，竺法颓将遁居西山（疑为宣城之华阳山），张君祖特作诗以嘲之。而康僧渊（"康"原作"庚"，误）亦以诗答。康序谓君祖之诗"虽云言不尽意，盖亦几矣"。实则依忘言得意论之，牵于俗务，固未忘言；远遁西山，亦未必得意。居士若果澄怀无欲，则在朝市中，亦可以忘筌。（张诗曰，"居士亦有党"，可称为明代居士派之远祖。）君祖答诗有曰：

冲心超远寄，浪怀邈独往。众妙常所晞，维摩余所赏（维摩居士未出家）。苟未体善权，与子同佛仿。悠悠诚满域，所遗在废想。

既言不尽意，则所贵者自在得意。既贵得意，而碍于形迹，则徒得至道之仿佛，外虽貌似，而内未神全。拘拘然恪守言教，而未了言教本为方便。佛家善权方便，本合于玄家得意忘形之义。故君祖言及，以嘲僧人。夫沙门康僧渊序中叹"言不尽意"，而岂知君祖固善于言意之妙谛也耶。（王坦之《沙门不得为高士论》意亦同，看《世说·轻诋篇》所记。）

复次，观上述四端，可知言意之辨，在玄理中其地位至为重要。魏晋佛学为玄学之支流，自亦与之有关系，今请进而论之。玄学之发达乃中国学术自然演化之结果，佛学不但只为其助因，而且其入中国本依附于中华之文化思想以扩张其势力。大凡外国学术初来时理论尚晦，本土人士仅能作支节之比附。及其流行甚久，宗义稍明，则渐可观其会通。此两种文化接触之常例，佛学初行中国亦然。其先比附，故有竺法雅之格义。及晋世教法昌明，则亦进而会通三教。于是法华权教，般若方便，涅槃维摩四依之义流行，而此诸义，盖深合于中土得意忘言之旨也。

佛教来华，在于汉之中叶。佛学始盛，约在桓灵之世。安世高于桓帝时到中夏，其学稽古，善于禅教。当其讲说，悉就经中之事数，逐条依次，口解其义。盖西方沙门，除初步知识外，始受佛学，疑均诵"毗昙"。毗昙（阿毗达磨）者即"对法"，盖对于佛所说之法加以整理划一。最初之形式，如《长阿含》之《十报法经》，依数目之次序（四谛五阴等），逐项陈述。此原附于"契经"（修多罗）之中，其后分出，别立"对法"，为三藏之一。"对法"亦名摩得立迦，原义即为目录，盖佛说之纲目也。故毗昙学家长于阐明法数（因称为"数学"学）。然佛学名相，本难了解，而欲中国人信受，尤不得不比附此土已有之理论。故五阴四大乃比于元气五行（见《察微王经》），而真谛俗谛乃比于常道与可道（道安之说）。两晋之间竺法雅讲经乃立格义，以经中事数拟配外书，授之门徒。此种比附条例，当系承汉末以来授经者所积累，法雅不过总其成，广而述之耳。按事数之书，其性质颇与汉人象数之学相同，而五阴四大尤与汉代之理论相通。故格义者疑精神上大体仍依附汉学。按道安乃玄学家，然其在河北时，汉代学风实甚显著，由此可以推知竺法雅之学，似亦承汉学之旧风也。

华人融合中、印之学，其方法随时代变迁，唐以后为明心见性，隋唐为判教。而晋与南朝之佛学则由比附（格义）进而为会通，其所用之方法，仍在寄言出意。佛教玄学之大师，首推西晋竺法护，法护月支人，专弘般若方等之学。般若学扫除名相，其精神与"数学"家极不相同（因此而佛教之谈玄者称曰义学以别之），而汉末佛徒安玄，学宗大乘，"常与沙门讲论道义，世谓之为都尉玄"。（《祐录》十五）疑中国般若家讲经，早已有人与数论家不同。而般若方便之义，法华权教之说，均合乎寄言出意之旨。（维摩四依至罗什译文乃显，支谦所译文晦不明。）竺法护宗般若译法华，故名士推为名僧中之山涛。（孙绰《道贤论》）按《法华经》于中国宗教及文学上影响甚大，而在哲理上则虽有天台依之建立宗义，然其崇拜《法华》（法华忏议），大唱圆顿止观（法华三昧），根本仍均注重宗教方面。但什公前后，《法华》亦备受义学沙门所尊崇。然考其故则不在宗教而在玄理。夫《法华经》本为般若实相学之羽翼。慧观《法华宗要序》（《祐录》八）引经颂曰：

> 是法不可示，言辞相寂灭。

此颂出于方便品，慧观特提出此文，必由罗什所指示。夫至道绝言超象，则文句亦圣人真意之糟粕耳。如此则二乘及一切教法悉为权说。夫玄学前既以得意之说混一孔老。此则依权教之义，亦可会通三教。夫道一而已矣，圣人之意，本自相同，而圣人之言则因时因地而殊。吾人绝不可泥于文字之异，而忘道体之同。故晋代人士咸信至道玄远，本源无二致。而善权救物，枝末可有短长。本一末异，同归殊途。学者要当不滞于末而忘其本，不以指为月，得鱼忘筌，得意忘言，斯乃可矣。

佛教玄理既亦主得意忘象，则自推翻安世高系之小乘毗昙，于是大乘义学因之兴盛，小乘数学由之消沉。故得意之说虽亦会通内外，而与格义比附，精神上迥然有别。格义限于事数，而忘言则超于象外。东晋佛徒释经遂与名士解儒经态度相同。均尚清通简要，融会内外，通其大义，殊不愿执著文句，以自害其意。故两晋之际有名僧人，北方首推释道安，则反对格义；南方倾倒支道林，则不留心文句。于法开"深思孤发，独见言表"。释慧远本不废儒经。然道既忘言，故读《般若经》而叹儒道九流皆为糠秕，其所持理由疑与荀粲之言相同。苻秦之末年，一切有部颇流行中国。然未久而鸠摩罗什来华，什公本排有部毗昙，崇尚无相空宗。故其弟子虽亦颇习有部，但极轻视事数名相。僧叡《十二门论序》（《祐录》十一）云：

正之以十二则有无兼畅，事无不尽。事尽于有无，则忘功于造化。理极于虚位，则表我于二际。然则表我在乎落筌，筌忘存乎遗寄。筌我兼忘，始可几乎实矣。

昙影《中论序》（《祐录》十一）云：

夫万化非无宗，而宗之者无相；虚宗非无契，而契之者无心。故至人以无心之妙慧而契彼无相之虚宗，内外并冥缘智俱寂，岂容名数于其间哉。但以悕玄之质趣必有由，非名无以领数，非数无以拟宗，故遂设名而召之，立数而辨之。然则名数之生生于累者，而可以造极而非其极，故何常之有耶？是故如来始逮真觉应物接粗启之以有（此指有部），后为大乘乃说空法，化适当时所悟不二。（大乘实说，小乘乃权说，本《法华经》旨。）流至末叶象教之中，人根肤浅道识不明，遂废鱼守筌，存指忘月，睹空教便谓罪福俱泯，闻说相（谓有部）则谓之为真，是使有无交兴，生灭迭争，断常诸边，纷然竞起。

河西道朗，不闻其为罗什弟子，然要亦承受"关、河之学"，其《涅槃经序》（《祐录》八）云：

任运而动则乘虚照以御物，寄言蹄以通化。

或（惑）我生于谬想，非我起于因假，因假存于名数。故至我超名数而非无。

凡此上所引，一方受什公反对毗昙之影响，一方亦源出玄学得意忘言之说也。什公弟子中持此说最坚，用之最广，而最有关系者为竺道生。生公深得维摩四依、法华方便之真谛。伏膺般若绝言、涅槃超象之玄旨。于是悟曰："象者理之所假，执象则迷理；教者化之所因，束教则愚化。"（《广弘明集》慧琳《道生法师诔》）轻鄙滞文之徒，全以理为依归，故净土人所崇拜，而视为接粗之迹。（道生有《佛无净土论》）报应人所欣惧，而解为方便之言。（道生有《善不受报义》）烧身为无上功德，而生公以为经文本意，乃示更有重于身之宝。（看《法华经·药王本事品》生公疏）"观音"乃大众所诵持，而生公谓圣人权引无方，故寄之于名号。（看《法华经·观世音普门品》疏。按《法华》所叙述之神话奇迹，道生恒指为寄言出意，兹姑不具陈。）忽略形迹之筌蹄，而冥会本体于象外。虽未尝呵佛骂祖，全弃渐修，然其学不拘文句，直指心性，固虽上继什公亦且下接曹溪，虽居晋末宋初，而已后开唐宋之来学矣。

夫得意忘言之说,魏晋名士用之于解经,见之于行事。为玄理之骨干,而且调和孔老。及至东晋佛学大盛,此说黜格义之比附,而唱法华诸经之会通,于是一则弃汉代之风,依魏晋之学;二则推翻有部,专弘般若;三则同归殊途,会合三教。又按佛经事数密如稠林,不但毗昙书中,罗列满纸,即般若诸经,亦逐项破斥,此既中华所无,故颇不易悟,然废言落筌之方既通行当代,故通释佛典者只需取其大意,略其名相,自不害其弘旨。故晋人佛教撰述殊不以事数为意,大异于隋唐之注疏。即如僧肇,实得印度学之精髓,而文字不用名相,其面目与玄学家之论说同。(参看《文心雕龙·论说篇》)夫佛经事数,华人所难,而领会大意则时风所尚。晋代人士既变佛经之烦重,为玄学之"会通",自易为学术界所接受。然则以言说为方便,非但为当日释家之紧要条目,而佛学之大见流行盖亦系于此也。

(本文约写于 1940 年,曾由北京大学文科研究所油印散发)

魏晋玄学流别略论

溯自扬子云以后,汉代学士文人即间尝企慕玄远。凡抗志玄妙者,"常务道德之实,而不求当世之名。阔略杪小之礼,荡佚人间之事"。(冯衍《显志赋》)"逍遥一世之上,睥睨天地之间。不受当世之责,永保性命之期。"(仲长统《昌言》)则其所以寄迹宅心者,已与正始永嘉之人士无或异。而重玄之门,老子所游。谈玄者必上尊老子。故桓谭谓老氏其心玄远与道合。冯衍"抗玄妙之常操",而"大老聃之贵玄"。傅毅言"游心于玄妙,清思于黄老"。(《七激》)仲长统"安神闺房,思老氏之玄虚"。则贵玄言,宗老氏,魏晋之时虽称极盛,而于东汉亦已见其端矣。

然谈玄者,东汉之与魏晋,固有根本之不同。桓谭曰:"扬雄作玄书,以为玄者天也,道也。言圣贤著法作事,皆引天道以为本统。而因附属万类王政人事法度。"亦此所谓天道,虽颇排斥神仙图谶之说,而仍不免本天人感应之义,由物象之盛衰,明人事之隆污。稽察自然之理,符之于政事法度。其所游心,未超于象数。其所研求,常在乎吉凶。(扬雄《太玄赋》曰:"观大易之损益兮,览老氏之倚伏。"张衡因"吉凶倚伏,幽微难明,乃作《思玄赋》"。)魏晋之玄学则不然。已不复拘拘于宇宙运行之外用,进而论天地万物之本体。汉代寓天道于物理。魏晋黜天道而究本体,以寡御众,而归于玄极(王弼《易略例·明象章》);忘象得意,而游于物外。

《易略例·明象章》）于是脱离汉代宇宙之论（Cosmology or Cosmogony）而留连于存存本本之真（ontology or theory of being）。汉代之又一谈玄者曰："玄者，无形之类，自然之根。作于太始，莫之与先。"（张衡《玄图》）此则其所谓玄，不过依时间言，万物始于精妙幽深之状，太初太素之阶。其所探究不过谈宇宙之构造，推万物之孕成。及至魏晋乃常能弃物理之寻求，进而为本体之体会。舍物象，超时空，而研究天地万物之真际。以万有为末，以虚无为本。夫虚无者，非物也。非无形之元气，在太始之时，而莫之与先也。本无末有，非谓此物与彼物，亦非前形与后形。命万有之本体曰虚无，则无物而非虚无，亦即物未有时而非虚无也。汉代偏重天地运行之物理（按扬雄、张衡之玄亦有不同，兹不详析），魏晋贵谈有无之玄致。二者虽均尝托始于老子，然前者常不免依物象数理之消息盈虚，言天道，合人事；后者建言大道之玄远无朕，而不执著于实物，凡阴阳五行以及象数之谈，遂均废置不用。因乃进于纯玄学之讨论。汉代思想与魏晋清言之别，要在斯矣。

玄学兴起之原因，兹姑不详论。但道家老庄与佛家般若均为汉晋间谈玄者之依据。其中心问题，在辨本末有无之理。然名流竞起，新义叠出。其所据尝有殊，其著眼亦各别。嵇康《卜疑》曰："宁如老聃之清净微妙，守玄抱一乎。将如庄周之齐物变化，洞达而放逸乎。"是则当时虽雅尚老庄，然其通释，固不必相同。谈老谈庄亦可各异。至于佛家般若性空，虽风行当代。而毗昙言有，亦复东来。童寿沙门与觉贤禅师，空义互殊，竞构仇怨。（《高僧传·佛陀跋多罗传》）而在什公前后，般若称六家七宗，或谓有十二家。则西国所传既不相同，中土立说亦各自异。详研魏晋僧俗之著述，其最重要之派别有四。兹分述之于下。

一

其一，为王辅嗣之学，释氏则有所谓本无义。其最要著作为《老子王注》。其形上之学在以无为体。其人生之学以反本为鹄。《晋书·王衍传》曰："何晏、王弼立论，天地万物皆以无为本。"盖王、何深识宗极之贞一，至道之纯静。其著眼在贞一纯全之本体。万象纷陈，制之者一。品物咸运，主之者静。《周易》王注曰：

> 凡动息则静，静非对动者也。语息则默，默非对语者也。然则天地虽大，富有万物，雷动风行，运化万变，寂然至无，是其本矣。

万有群变以无为本。是则万有归于一本。群变原即寂无。未有非于本无之外，另有实在，与之对立。故虽万物之富，变化之烈，未有不以无为本也。此无对之本体（Substance），号曰无，而非谓有无之无。因其为道之全，故超乎言象，无名无形。圆方由之得形，而此无形。白黑由此得名，而此无名。（参看《列子·天瑞篇》注引何晏《道论》）万有群生由之以成，而非器形之所谓生。形器之生，如此生彼，昭然二物。而宇宙之本，虽开物成务，然万物未尝对本而各有实体。《老子》三十九章，王注曰：

> 物皆各得此一以成。既成，而舍以居成。居成，则失其母。

无对贞一之本体，为物之本原。即谓万有群生，皆各不离此本而别为实有。惟人若昧于所以成，而自居于其成。一犯人之形，而曰人也，人也。则失其本，丧其母，永堕于有为之域，宥于有穷之量。夫自居于有穷之量者，未能全其用也。"执一家之量者，不能全家。执一国之量者，不能成国。"（《老子》四章王注）故人必法天法道，冲而用之。冲而用之，乃本体全体之用。不自居于成，不自宥于量，舍有穷之域，反乎天理之本。故反本者，即以无为体。以无为体，则能以无为用（即冲而用之）。以无为用，则无穷而无不载矣。（《老子》三十八章注，《周易》复卦注。）

由上所言，王氏形上之学在以无为本，人生之学所反本为鹄。西晋释氏所谓本无宗者，义当相似，而不免失之太偏。本无宗人，有释道安、竺道潜、竺法汰。道安弟子慧远，法汰弟子道生之学亦可谓为其枝叶。（道生象外之谈，并重反本，与王弼同，兹不赘。但生公之学精深，非其前辈所及。）安、潜、汰等之著作少存，难详其异同。"本无"者乃"真如"之古译。佛家因以之名本体。道安解曰："无在元化之先，空为众形之始，故称本无。非谓虚豁之中，能生万有也。"（《名僧传抄》）本无者，非谓虚豁而指诸法之本性，无名无形之本体。本体本性，绝言超象，而为言象之所资。言象之域，属于因缘。本性空寂，故称本无。（道安之学，早晚不同，理论甚杂，其立说颇存汉人思想之余习，兹不详叙。）故道安高足慧远法师释本无义曰："因缘之所有者，本无之所无。本无之所无者，谓之本无。本无之与法性，同实而异名也。"（慧达《肇论疏》）然则本无义者，以真如法性为本无，因缘所生为末有。且古德尝视外书之"本末"即内典之"真俗"。故以安公本无为真谛，末有为俗谛。（慧达疏）又安曰："世俗者可道之道。无为（真谛）者，常道。"（语见《合放光光赞略解序》。此盖晋代所谓之格义。格义乃以经中事数拟配外书。）则安公之根本义，仍自取证于《老子》。按王辅嗣之学，固以其《老子注》为骨干。而万有以无为本，又道安等与之有同信。则释氏之本无宗者，实可谓与王氏同流也。惟稽考古籍，本无宗未免过于着眼在实相之崇高，而本末遂形对立。故僧肇曰："本无者，情尚于无多，触言以宾无。"此讥其崇无之太偏也。又评之曰："此直好无之谈，岂谓顺通事实，即物之情哉？"此斥其画本末为两截，因而蹈空也。又南齐周颙作《三宗论》，其第二宗"空假名"，虽称为于道邃缘会之说，但亦犯此病。讥之者遂名之为案芘义。盖体用对立，则空中无有，有中无空。如芘沉举体并没，芘浮举体并出，出时无没，没时无出也。又周氏谓老子属于空假名宗。盖空假名宗执著无相之体为真，而空假名。无相独真，假名纯空。独真与纯空，自不能相容，而分有无为二截。周颙以为老子仅能有知其有，无知其无。有无不相即，故属于此宗。又此宗既贵无太过，而离有。因之于有之外，别立无之宗义。周氏言虚无之学"有外张义"，故谓老子不出于此宗也。案《老子》本义如何，自为另一问题。但两晋南朝之解老者，疑多有此弊。故周颙只许老子属于第二宗也。

二

其二，为向秀、郭象之学，在释氏则有支道林之即色义。其主要著作为向、郭之《庄子注》。其形上之学主独化，其人生之学主安分。独化者，物各自然，无使之然也。世称罔两（郭注景外之微阴也）待景，景待形，形待造物。而郭象则曰：罔两非景之所制，而景非形之所使，形非无（造物）之所化。故造物者无物，而有物各自造。知有物之自造而无所待，则罔两之因景，有景必有形，皆自然而并生，俱出而俱没，岂有相资前后之差哉？万物均不为而自尔，各无待于外而同得，乃天地之正也。（参看《齐物论》郭注）盖王弼贵无，向、郭则可谓为崇有，崇有者则主物之自生、自然。（见裴頠《崇有论》）夫物自然而然，而不知其所以然。突然自生，而无所使之生。则万物无体，无所从生。古来号万物所从生为天，为道，为无。然向秀曰："天也者万物之总名也。"（《弘明集》罗含《更生论》）郭象曰："夫天籁者，岂复别有一物哉？即众窍比竹之属，接乎有生之类，会而共成一天耳。"（《齐物论》注）然则非生物者乃为天，而物自生耳。道者亦非别有一物也。牛之理即在筋骨。宰牛之道，直寄于技。故道可谓无所不在，而所在皆无。因曰道无能而至无。言万物得于道者，亦以明其自得耳。（参看《养生主》注及《知北游》"有先天地生者"段注）至于无，即无有也。依独化之义，有且不能生有，而况无乃能生有哉？庄、老之所以屡称无者，正在明生物者无物，而自生

耳。(参看《在宥篇》注)

王弼与向、郭均深感体用两截之不可通。故王谓万物本于无,而非对立。向、郭主万物之自生,而无别体。王既著眼在本体,故恒谈宇宙之贞一。向、郭既著眼在自生,故多明万物之互殊。二方立意相同,而推论则大异。又王弼既深见于本末之不离,故以为物象虽纷纭,运化虽万变,然寂然至无,乃为其本。万殊即归于一本,则反本抱一者,可见天地之心,复其性命之真。向、郭亦深有见于体用之不二,故言群品独化自生,而无有使之生。万物无体,并生而同得。因是若物能各当其分,各任其性,全其内而无待于外,则物之大小虽殊,其逍遥一也。(参看《逍遥游》注)王言反本抱一,故必得体之全,则物无不理。若安于有限,居于小成,则虽"穷力举重,亦不能为用"。(《老子》四章注)向、郭主安分自得,故物各以得性为至,自尽为极。若全马之性,"任其至分,而无铢毫之加"(《养生主》注),则驽马亦可足迹接乎八荒之表。(参看《马蹄篇》注)驽马之与良骥,得其性则俱济也。又王之所谓自然与向、郭义亦颇有不同。自然一语本有多义。王主万象之本体贞一。故天地之运行虽繁,而有宗统。"物无妄然,必由其理。故繁而不乱,众而不惑。"(《易略例·明象》)故自然者,乃无妄然也。至若向、郭则重万物之性分。物各有性,性各有极。物皆各有其宗极,而无使之者。故自然者即自尔也,亦即块然、掘然、突然也。由王之义,则自然也者并不与佛家因果相违。故魏、晋佛徒尝以二者并谈,如释慧远之《明报应论》是矣。由向、郭义,则自然与因果相悖。故反佛者亦尝执自然以破因果,如范缜之《神灭论》是矣。自然与因果问题,为佛教与世学最重要争论之一。其源盖系于立义之不同,其大宗约如上之二说。亦出于王与向、郭形上学说之不同也。

支道林以通庄命家。其学疑亦深受向、郭之影响。孙绰作《道贤论》,以支遁比向子期,当有见而云然。《世说·文学篇》注引支公《妙观章》文曰:

> 夫色之性也,不自有色。色不自有,虽色而空。故曰:"色即为空,色复异空。"(《般若》经文)

又慧达《肇论疏》引其《即色论》云:

> 吾以为"即色是空,非色灭,空"(维摩经文),此斯言至矣。何者?夫色之性,色不自色(三字依上段加),虽色而空,如知不自

知，虽知恒寂也。

所谓色不自色者，即明色法无有自性。"不自"者，即无支持（support, or substantum）之谓。亦即谓其色虽有，而自性无有。然色即不自有，则虽有色，而是假有。假有者"虽色而非色"（《肇论》述即色义语），亦即是空。又空者古译为无。世人常以空无为本。支道林与向、郭同主万象纷纭，无本无体。夫色象既无体（即无自性），则非别有空。无体，故曰"色复异空"。非别有空，故曰"色即是空"。既主色无体，无自性，则非色象（appearance）灭坏之后，乃发见空无之本体（reality）。故曰"非色灭，空"也。僧肇《不真空论》述即色义曰：

> 夫言色者，但当色即色，岂待色色而后为色哉。（唐元康疏云，此文乃肇述支公语意，并非破即色之言。）

此谓色不待色色而后为色，即是谓色不待色色之自性。色虽假有，本性空无。当此假有之色即是色（故曰当色即色），非另有色色之自性也。《知北游》郭注有曰："明物物者无物，而物自物耳。"又曰："既明物物者无物，又明物之不能自物，则为之者谁哉，皆忽然而自尔耳。"支公所言，与此文义均同。其不同处，仅《庄子》注粗称曰万物，《即色论》析言曰形色耳。（支公有知不自知等语，但疑仅为陪衬。论既名即色，则其所论，自只关于形色。）周颙《三宗论》之第一宗为"不空假名"，即支道林义：

> 不空假名者，但无性实，有假，世谛不可全无，为鼠喽栗。
> （《大乘玄论》卷一）

此谓法无自性，但有假名。世谛诸法虽有，而是假有。空自性，而不空假名。故如鼠喽栗，栗中肉尽，而外壳宛然犹存也。向、郭、支遁之义，盖至南朝尚为流行也。

至若《世说》载支公通《逍遥游》，卓然标新理于二家之表。似若支与向、郭立义悬殊，此则亦不尽然。盖向、郭谓万物大小虽差，而各安其性，则同为逍遥。然向、郭均言逍遥虽同，而分有待与无待。有待者必得其所待，然后逍遥。无待者则与物冥而循大变。不惟无待，而且能顺有待，而使其不失其所待。（参看《世说》注引向、郭注，及《逍遥游》"乘天地之正"段郭注。）有待者，芸芸众生。无待者，圣人神人。有待者自足。无待者至足。支公新义，以为至足乃能逍遥。实就二家之说，去其有待而存其无待。郭注论逍遥，本有"至足者不亏"之言。（至足本作至至，今从释文改。）支公曰，"至人乘天正于高兴，游无穷于放浪"，亦不过引申至足不亏之义耳。按佛经所示圣贤凡人区画井然。支公独许圣人以逍遥，盖因更重视凡圣之限也。

三

其三，为心无义。其四为不真空义。今按玄学者辨有无之学也。僧肇居东晋末叶，品评一代学术，总举三家，一心无，二即色，三本无。周颙在南齐之世，会合众师玄义，定为三宗，一不空假名，二空假名，三假名空。不空假名与即色实为一系。空假名与本无颇有相同。是则王弼本无之学，以及向、郭与即色之说，均源远流长，为魏晋南朝主要之学说也。假名空者，上接不真空义，乃僧肇之学，自在三家之外。至若心无，仅流行于晋代，故周颙《三宗》遂未言及也。

心无义虽不行南朝，然颇行于晋代，而为新颖可注意之学说。盖玄学家诠无释有，多偏于空形色，而不空心神。六家七宗，识含宗以三界为大梦，而神位登十地。幻化宗谓世谛诸法皆空，而心神犹真。缘会亦主色相灭坏。至若即色，则就色谈空。凡此"无义"虽殊，而均在色，故悉可称为"色无义"也。独有支愍度乃立"心无义"，空心而不空色，与流行学相径庭，故甚可异也。《世说·假谲篇》注曰：

> 旧义者曰："种智是有（原作有是），而能圆照。然则万累斯尽，谓之空无。常住不变，谓之妙有。"

> 无义者曰："种智之体，豁如太虚。虚而能知，无而能应。居宗至极，其为无乎。"

旧义与无义之别，在一以心神为实有，一以心神为虚豁。晋末刘遗民者，亦心无义家。其致僧肇书中有曰：

> 圣心冥寂，理极同无，不疾而疾，不徐而徐。

此即心无义也。肇答书有曰：

> 闻圣有知，谓之有心。闻圣无知，谓等大虚。

前者乃旧义，后者即心无义。（按《高僧传》载道恒执心无义，慧远与论难反复。恒神色微动，未即有答。远曰："不疾而速，杼柚何为?"不疾而速，疑亦道恒所引用，与刘遗民同。而远公则更就恒所引用之言，以讥其踌躇。谢朓《酬德赋》"意搔搔以杼柚，魂营营以驰骛"。杼柚谓徘徊也。）又心无义之特点，不仅在空心，而亦在不空形色。心无各师，其心无之解释疑不全相同。而其空心不空色，则诸人所同。故肇公述曰："心无者，无心于万物，而万物未尝无也。"

心无义颇风行南方。道恒在荆州，竺法汰大集名僧，与之辩难二日。其学为时所重视可知。《世说》载愍度与一伧道人谋救饥，而立此义。其事未必实。但由此可见心无义为骇俗之论，而颇流传一时。盖自汉以来，佛家凤主住寿成道。神明不灭，经修练以至成佛。若心神空无，则成佛无据。即精于玄理之僧俗，于心神虚豁之义，亦所未敢言。及至罗什东来，译中百二论，识神性空之义始大明。（参看《祐录》僧叡《维摩序》）故肇评心无义曰："此得在于神静，而失在于物虚。"许其神静为得，亦可见此义不全为什公门人所鄙弃也。

四

其四，为僧肇之不真空义。夫玄学者，乃本体之学，为本末有无之辨。有无之辨，群义互殊。学如崇有，则沉沦于耳目声色之万象，而所明者常在有物之流动。学如贵无，则流连于玄冥超绝之境，而所见者偏于本真之静一。于是一多殊途，动静分说，于真各有所见，而未尝见于全真。故僧肇论学，以为宜契神于有无之间，游心于动静之极，不谈真而逆俗，不顺俗而违真，知体用之一如，动静之不二，则能穷神知化，而见全牛矣。

《不真空论》曰："夫至虚无生者，般若玄鉴之妙趣，有物之宗极者也。"般若说空（至虚无生）在扫除封惑，以显示有物之宗极。原夫宗极之至虚无生者，谓"万物之自虚"。虚者无相，实相本为无相，非言象之所可得，故物非有。自虚者不假虚而虚物，不外体而有用，故物非无。夫宗极无相，则不可计度而谓有实物。既无实物，即不可物物。故论曰："如此则非无物也。物非真物。物非物，故于何而可物？"既非无物（无物则非至虚无生，而为顽空），故曰非无。物非可物（可物则堕于名象），故曰非有。至极之体，体用一如，真俗不乖，空有不外。俗不乖真，故物非有。空不外有，故物非无。非有曰空，非无而假（不真）。空故不真，空假相即。故非有非无，即所以显示真际之即伪即真，即体即用也。

然世之论者，未了体用之一如，实相之无相，而分割有无，于实相上着相。于是有也，无也，均执为实物，而不能即万物之自虚。故心无论曰，无者心无，而万物实有。万象咸运，岂可谓无。无者盖心如太虚，无累而能应。故必涤除万物，杜塞视听，寂寥虚豁，而后为真谛。是乃不知圣人"即万物之自虚，故物不能累其神明也"。本无论者，贵尚于无（本体 substance），而离于有。无义竞张，均在"有"外。于是无为实物，与有对立。故妄解般若经曰，非有者，无此有，非无者，无彼无。既执实物，乃分彼此。分别彼此，即堕入言象。然真谛独静于名象之外，岂曰文言之所能辨者欤。又既贵无而离有，则万有落空而独在。于是无既为真，有则纯伪。真者实有，伪者实幻。而不知佛典所言之"幻"谓如幻，而非谓实无。谓假号不真，而非谓无有。如此则非无物也，物非真物也。故曰："譬如幻化人，非无幻化人，幻化人非真人也。"即色论者，偏于崇有，而不知言象所得之非有。故言色未尝无，而无者色色之自性。自性实无，色相实有。陈义虽与本无论相背，而其分割有无则相符。执著有无，"宰割以求通"，乃堕入名象之域。夫有也，无也，心之影响也。言也，象也，影响之所攀缘也。（肇公《寄刘遗民书》语）执著有无，则仅沉溺于影响，因乃分别言象，以为攀缘。由此而言象之物，实有而非不真。夫言象之物既为真有，则般若经何能谓至虚无生为有物之宗极哉！因不知至虚无生非有物之宗极，故向、郭注《庄》，言至无即实无，而万物实有。是不知万物名言所得，假号不真。夫"物无当名之实，名无得物之功。……名不当实，实不当名。名实无当，万物安在"。既万物安在，则所谓众窍比竹之属，接于有生之类会者，固亦未尝为实有也（故僧肇评即色论"未领色之非色"）。肇公继承魏晋玄谈极盛之后，契神于有无之间，对于本无论之著无，而示以万法非无。对于向、郭、支遁之著有，而诏之以万法非有。深识诸法非有非无，乃顺第一真谛，而游于中道矣。

总上所陈，王弼注《老》而阐贵无之学。向、郭释《庄》而有崇有之论。皆就中华固有学术而加以发明，故影响甚广。释子立义，亦颇挹其流风。及至僧肇解空第一。虽颇具谈玄者之趣味，而其鄙薄老、庄（见《高僧传》），服膺佛乘，亦几突破玄学之藩篱矣。周彦伦《三宗论》假名空宗，谓上承肇公之学。周之言曰："世学未出于前二宗，而第三宗假名空则为佛之正说，非群情所及。"斯盖有所见而云然也。

（原刊于 1940 年《国立北京大学四十周年纪念论文集》）

王弼大衍义略释

西晋何劭作《王弼传》，见于《魏志·钟会传》裴注（当有节删）。《世说·文学篇》注引有弼别传，文虽小异，惟当即劭作（《艺文类聚》七十四亦引数语）。今日所知辅嗣事迹几尽在《传》中。而何敬祖盖生于魏文帝世（何与晋武帝同年，当生于青龙中），虽未必曾见弼，然于正始玄风，应所熟识。然则此《传》所记玄理必当时认为辅嗣学之特点。因此欲窥见王学之精义，不可不先于何劭所载求其明解也。

何《传》所记玄理有三事最可注意：（一）大衍义，（二）答裴徽语，（三）圣人有情说。后二项余拟另为文释之。兹姑试释其大衍义。

汉末玄风渐起，其思想蜕变之迹，当求之于二事：一为名学，一为易学。名学偏于人事，为东汉清议演为清谈之关键，余已别为文论之（《读人物志》）。易学关于天道，辅之以《太玄》，在汉末最为流行。马、郑而外，荆州宋衷，江东虞翻，北方荀爽，各不相同。今日欲知汉代宇宙学说如何演为魏晋玄学之本体论者，须先明汉魏间易学之变迁。汉代旧《易》偏于象数，率以阴阳为家。魏晋新《易》渐趋纯理，遂常以《老》、《庄》解《易》。新旧《易》学，思不相参，遂常有争论。管辂自以为久精阴阳，而鄙何晏之谈《易》。其言有曰："若欲差次老庄而参爻象，爱微辩而兴浮藻，可谓射侯之巧非能破秋毫之妙也。"（《魏志》本传注引辂别传）此新旧《易》学冲突例之一也。何劭《王弼传》云："太原王济好谈，病老、庄，尝云见弼《易注》，所误者多。"（"误"通常作"悟"，但王应麟《郑氏易序》引陆澄《与王俭书》作"误"。检《南齐书》三十九卷《陆澄传》则作"悟"，但玩陆王二书语气，"悟"必为"误"之讹。）王济即浑之次子，史载其善清言著有《易义》，而未闻其病老、庄，但何劭与济"相得甚欢"（见《文选》傅咸《赠何劭王济诗序》），所言必不误，则济毋亦嫌弼以老庄解《易》"背爻象而任心胸"（管辂语）为新旧《易》学冲突之又一例耶。

何《传》又云："弼注《易》，颍川人荀融难弼大衍义，弼答其意。"按《魏志·荀彧传》注称融与王弼、钟会齐名，与弼、会论《老》、《易》义传于世。融之学不知果如何。但融之叔祖爽有《易》注。其叔悦谓爽书据爻象承应阴阳变化之义。而虞翻谓谞（爽，一名谞）之注有愈俗儒。清人类言虞氏主消息，荀氏主升降，均汉《易》也。融之叔父顗与诸兄并崇儒术，不似弟粲之好道家言。（《魏志》注何劭《荀粲传》）钟会言《易》无互体，王弼作《易略例》亦讥互体。而顗尝以难钟会易无互体见称于世（《魏志》注引《晋阳秋》），则顗固亦与弼殊义也。融之从子菘，东晋初请置郑《易》博士（《宋书志》），则亦重旧《易》者。按魏晋恒家世其学，荀氏治《易》者如爽，如顗，如菘，均主旧学。然则荀融之《易》，恐亦本之汉儒，其于王弼新创之玄言加以非议，似为新旧学冲突之又一例欤。

王弼注《易》摈落象数而专敷玄旨。其推陈出新，最可于其大衍义见之。《易·大传》大衍之数五十，其用四十有九，又曰天数二十有五，地数三十，凡天地之数五十有五。此中难解之处有二：（一）为天地之数与大衍之数之关系。五十与五十五何以参差，此则汉儒或以五行释之（郑玄），或以卦爻释之（荀爽）。王弼于此如何解释，兹不详知，姑可不论。（二）大衍之数何以其一不用。王弼之说韩康伯注曾引之，此必即荀融所难之大衍义。立论极精，扫除象数之支离，而对于后世之易学并有至深之影响，诚中华思想史上之一大事因缘也。

欲知辅嗣大衍义之为创见，当先略明汉儒之解释。

（一）《周易》郑注（张惠言订本）曰：

> 天地之数五十有五，以五行气通，凡五行减五，大衍又减一，故四十九也。衍，演也。天一生水于北，地二生火于南，天三生木于东，地四生金于西，天五生土于中。阳无耦，阴无配，未得相成。地六成水于北，与天一并，天七成火于南，与地二并，地八成木于东，与天三并，天九成金于西，与地四并，地十成土于中，与天五并也。大衍之数五十有五，五行各气并，气并而减五，惟有五十（上言天地之数所以减五）。以五十之数不可以为七八九六卜筮之占以用之，故更减其一，故四十有九也（此释其一不用）。

此依筮法以解其一不用。（参看郑氏《易说》卷七、《易图明辨》卷一）

（二）《周易正义》引荀爽曰：

> 卦各有六爻，六八四十八加乾坤二用，凡有五十，乾初九潜龙勿用，故用四十九也。

又引姚信、董遇曰：

> 天地之数五十有五者其六以象六画之数，故减之而用四十九。

此均依卦爻解其一不同。

（三）上述二说，与王弼学说虽迥然不同，但因其殊不相关，故不详论。然汉代最盛行之学说，则为三统历、纬书、京房、马融、虞翻等所用，均根据汉代之宇宙论，如取与王弼之玄理比较，极可表现学术变迁前后之不同。孔疏引京房曰：

五十者谓十日，十二辰，二十八宿也，凡五十。

《易乾凿度》曰：

> 五音六律七变，由此作焉。故大衍之数五十，所以成变化而行鬼神也。日十干于五音也，辰十二者六律也，星二十八者七宿也。凡五十，所以大阂物而出之者也。

京君明之解五十盖出于纬书。孔疏又引京曰：

> 其一不用者，天之生气，将欲以虚来实，故用四十九焉。

按《乾凿度》郑注曰：

> 故星经曰，天一太乙主气之神。

孔疏所引京书生气当为主气之误（天之生气疑本作天一主气或太乙主气）。

按郑注谓太乙亦即北辰之神名。然则主气亦即北辰也。以北辰解不用之一，正为马融之说，孔疏引马曰：

> 易有太极，谓北辰也。太极生两仪，两仪生日月，日月生四时，四时生五行，五行生十二月，十二月生二十四气。北辰居中不动，其余四十九，转运而用也。

马季长解五十之数虽不同，但于解"一"仍似京房。京房、马融之说虽有相似，但其所据之观点则不同。京氏盖依宇宙构成言之。《乾凿度》云：

> 孔子曰易始于大极。

郑注曰：

> 气象未分之时，天地之所始也。

刘歆《钟历书》云太极元气，函三为一。三者或谓天地人（孟康），或谓太初太始太素（钱大昕说，依此则太极即太易浑沦）。但"一"必即所谓主气（即太极太易，亦即太一北辰），气象未分之浑沦是。而阴阳未分之道，亦名太一。（《吕氏春秋·大乐篇》）因此三统历云：

> 以五乘十，大衍之数也而道据其一，其余四十九所当用也。

太极元气，阴阳未分之道，为万物所从生。故京房曰，天之主气欲以虚来实，盖即《乾凿度》所谓之有形（实）生于无形（虚）也。李鼎祚

《周易集解》引虞翻曰："太极者，太乙也，分为天地，故生两仪也。"亦与京君明之说，原理相同。

马融之说盖依宇宙运动言之。马融《尚书》注上帝太一神，在紫微宫（释文）。郑玄《论语》注，北辰居中不移，而众星共之。（《集解》）太一即北辰，即指北极星。天体运行，而北辰不动，故马谓"北辰居中不动，其余四十九转运而用"。又《续汉·天文志》注引《星经》曰璇玑谓北极。王弼《易略例》云："处璇玑以观大运"，盖亦引北辰居中不动之说也。

王弼虽知汉代宇宙学说，但其解《易》则扫旧说，专阐玄理。玄学与汉学差别甚大。简言之，玄学盖为本体论而汉学则为宇宙论或宇宙构成论。玄学主体用一如，用者依真体而起，故体外无用。体者非于用后别为一物，故亦可言用外无体。汉学主万物依元气而始生。元气永存而执为实物。自宇宙构成言之，万物未形之前，元气已存。万物全毁之后，元气不灭。如此，则似万有之外、之后别有实体。如依此而言体用，则体用分为二截。汉儒如京房等之太极太一，本指天地未分之浑沦。（即马融之北辰星，固亦本诸元气说，《御览》天部引杨泉《物理论》，"星者，元气之英"。）浑沦固无形无名，似玄学家所谈之体，然此则体其所体，非玄学之所谓体也。《老子》云有生于无，语亦为汉儒所常用。但玄理之所谓生，乃体用关系，而非谓此物生彼（如母生子等），此则生其所生，亦非汉学所了解之生也。汉学元气化生，固有无物而有气之时（元气在时空以内）。玄学即体即用，实不可谓无用而有空洞之体也（体超时空）。

王弼以为天地万物皆以无为本。本者宗极（魏晋人用宗极二字常相当于宋儒之本体），即其大衍义中所谓之太极（一作大极）。太极无体（邢昺《正义》引《论语释疑》），而万物由之以始以成。太极无分（亦谓无名，有名则有分），而万物则皆指事造形。无体者谓其非一物（非如有形体之物）。物皆有系有待。非物则无所系无所待。宗极冥漠，无所不穷（即万物之体故），而不随于所适。（其体独立故，见《老子》二十五章注。）万物有分，于冥漠之宗极而设施形名。于是指事造形宛然如有。然用者依体而起，体外固无用。万有由无而始成，离无亦不别有群有。然则万形似多而以一为其真，万象各偏而舍全则未获具存（多一偏全诸辞均无数量之意）。夫有生于无，万物由无而有。王弼曰："本其所由与极同体。"（《老子》六章注。《列子》注引此作"与太极同体"。）盖万有非独立之存在，依于无而乃存在。宗极既非于万物之后之外而别有实体，故曰与极同体也。

贞一之宗极又名曰道。所以名之曰道者，盖言其依理以长育亭毒万物。依理者即谓顺自然，所谓"物无妄然，必由其理"（《易略例》）也。万物各有其所本之理，故各有其性。"物皆不敢妄，然后乃各全其性。"（《易》无妄卦王注）宇宙之全体盖为一大秩序。秩序者谓万理之全。万物之生各由其理，故王弼曰："道者，无不通也，无不由也。"（邢昺《正义》引《论语释疑》）通者，由者，谓万物在秩序中各得其分位。得其分位则谓之德，此分位自道言之名之曰理（天），自德言之则名为性（人）。（何晏作《道德论》，又称王弼"可与谈天人之际"，均指此。）宇宙全体之秩序（道）为有分有名之万形之所从出，而其自身（道）则超乎形名之上。万有群生虽千变万化，固未始不由于道。道虽长育亭毒，而其自身则超于变化，盖宇宙之全如有形名，则为万物中之一物。如有变化，则失其所谓全。玄学之所以常以"无"以"静"况称本体者盖因此欤。

虽然，体用不可划为二截，有之于无，动之于静，固非对立者也。故《易》复卦王弼注曰：

> 复者反本之谓也。天地以本为心者也。凡动息则静，静非对动者也。语息则默，默非对语者也。然则天地虽大，富有万物，雷动风行，运化万变，寂然至无，是其本矣，故动息地中，乃天地之心见也。若其以有为心，则异类未获具存矣。

天地之心即天地之体，称心者谓其至健而用形者也。以其至健而总统万形（乾卦注），又不失大和同乎大顺，则永保无疆（看坤卦"应地无疆"注）。万象纷纭，运化无方，莫不依天地之心，而各以成形，莫不顺乎秩序而各正性命。万有由本体而得存在，而得其性（故不能以有为心）。而本体则超越形象笼罩变化（故本体寂然至无）。总之，宇宙全体为至健之秩序。万物在其中各有分位各正性命。自万有分位言之，则指事造形，宛然各别。自全体秩序言之，则离此秩序更无余物，犹之乎波涛万变而固即海水也。（此类譬喻不可拘泥，因水为一物而本体则非物也。老子八章"水几于道"，王注曰："道无水有，故曰几也。"此言深可玩味。）

王弼体用一如之说，世人多引上述复卦注以阐明其义。然实则其于释大衍，言之固亦甚明晰。韩康伯引弼文曰：

> 演天地之数所赖者五十也。其用四十有九，则其一不用也。不用而用以之通，非数而数以之成，斯易之太极也（一作大极）。四十

有九，数之极也，夫无不可以无明，必因于有，故常于有物之极，而必明其所由之宗也。

不用之一，斯即太极。夫太极者非于万物之外之后别有实体，而实即蕴摄万理孕育万物者耳。故太极者（不用之一）固即有物之极（四十有九）耳。吾人岂可于有物（四十有九）之外，别觅本体（一）。实则有物依体以起，而各得性分。如自其性分观之则宛然实有，而依得性分之所由观之，则了然其固为全体之一部而非真实之存在。故如弃体言用而执波涛为实物，则昧于海水。而即用显体，世人了悟大海之汪洋，本即因波涛之壮阔。是以苟若知波涛所由兴，则取一勺之水，亦可以窥见大海也。

据此则末有之极，即本无即太极也；"四十有九"亦即"不用之一"也。不过四十有九为数，而一则非数也。夫数所以数物，万形万用，固均具有名数。但太极为万用之体而非一物，故超绝象数，而"一"本非数。故曰"不用而用以之通，非数而数以之成"。万物本其所以通，本其所以成，固与太极同体（即谓体用一如），而非各为独立实体也。夫汉儒固常用太极解"不用之一"矣，然其"一"与"四十九"固同为数。"一"或指元气之浑沦，或指不动之极星，"四十有九"则谓十二辰或日月等等，"一"与"四十九"分为二截，绝无体用相即之意。按阮籍《通老论》谓道者"《易》谓之太极，《春秋》谓之元，《老子》谓之道"。（《御览》二）其说似亦与王弼相同，然阮氏以万有变化为一气之盛衰，以人身为阴阳之精气。《达庄论》则仍主元气说（嵇康亦然。又按以太极、元、道三者并论，本汉人思想，见《汉书·律历志》），实未脱离汉儒之通义。其扫尽宇宙构成之旧说，而纯用体用一如之新论者，固不得不首称王弼也。

又按《晋书》卷六十八载纪瞻与顾荣在赴洛途中，论《易》太极。荣言略曰：

> 太极者盖谓混沌之时蒙昧未分（此仍汉儒旧说）……老子云："有物混成先天地生"，诚《易》之太极也，而王氏云太极天地（此应即王弼文，或出大衍义中），愚谓未当。夫两仪之谓，以体为称则是天地，以气为名则名阴阳。今若谓太极为天地，则是天地自生，无生天地者也。

顾荣出南土世家，伏膺旧学，推元气之本以释太极，遂谓天地生于太极，而太极非即天地。此则全是《周易·乾凿度》也。查王弼书中天地二字用法有二。一就体言，如《老子》七十七章注"与天地合德"，天地则直为本体之别名，因此则太极直为天地矣。一就用言，则为实物，如复卦注曰，天地虽大，而寂然至无为本。夫寂然至无之体并非一实物（非如元气），而其天地之用亦非离体而独立存在（非如汉人所谓之两仪）。如是则天地之与太极中间具体用之关系，即体即用，则天地即太极也。太极之与天地为体用之关系，而非实物之由此生彼也，因非有时间先后之关系，故王弼释"先天地生"为"不知其谁之子"。不知其谁之子者，谓寂然至无为天地万物之本之极也，并非谓先有混沌之太极，后乃分而为天地，如汉儒所论，顾荣所述也。（参看《老子》四章王注。辅嗣谈体用，未尝就时间说。如第一章注虽用先字，但均只为逻辑之先后而非为时间之先后。）王弼太极新解为汉魏间思想革命之中心观念，顾氏依旧学评判，宜其不为他所了悟。（纪瞻虽驳顾说，但亦不得王旨，文繁不俱引。）准由此观之，则荀融难弼大衍义，其争点所在亦可以推知矣。

（原刊于《清华学报》1942 年第 13 卷第 2 期）

王弼圣人有情义释

何劭《王弼传》云：

> 何晏以为圣人无喜怒哀乐，其论甚精，钟会等述之，弼与不同，以为："圣人茂于人者神明也，同于人者五情也。神明茂，故能体冲和以通无；五情同，故不能无哀乐以应物。然则圣人之情，应物而无累于物者也。今以其无累，便谓不复应物，失之多矣。"

> 弼注《易》，颍川人荀融难弼大衍义，弼答其意，白书以戏之曰："夫明足以寻极幽微，而不能去自然之性。颜子之量，孔父之所预在，然遇之不能无乐，丧之不能无哀。又常狭斯人，以为未能以情从理者也，而今乃知自然之不可革。是足下之量，虽已定乎胸臆之内，然而隔逾旬朔，何其相思之多乎。故知尼父之于颜子，可以无大过矣。"

上文所载辅嗣之言，第一段自出于驳何晏学说之文（此简称文），其所论当为正始名士清谈要目之一。其第二段致荀融书（此简称书），亦论及同一问题，立意亦相同，然书中自比孔父，实涉游戏。王氏论圣人有情，自以文为据，而其含义亦更重要。按诸此文，当时论者，显分二派，二方均言圣人无累于物，但何、钟等以为圣人无情，王弼以为圣人有情，并谓有情与无情之别则在应物与不应物。魏晋古籍佚者多而存者少，王弼之论只留片羽，何、钟所作又不可见，兹仅能综合汉魏间学说推寻而得其意，分别陈述于下。

第一，圣人无情乃汉魏间流行学说应有之结论，而为当时名士之通说（故王弼之说实为立异），圣人无情之说，盖出于圣德法天。此所谓天乃谓自然，而非有意志之天。夫天何言哉，圣人为人伦之至，自则天之德，圣人得时在位，则与寒暑同其变化，而未尝有心于宽猛，与四时同其推移，而未有心于喜怒。不言而民信，不怒而民威。圣人不在其位，固亦用之则行，舍之则止，与时消息，亦无哀怨。夫自汉初重黄老以来，学人中固颇有主张顺乎自然者。而汉学之中心主义所谓天人感应，亦言圣人则天之德，不过汉人之天道，究不离于有意志之天道，而未专以自然解释。故汉代虽有顺自然与法天道之说，而圣人无情一义仍未见流行。及至汉魏之间，名家渐行，老、庄渐兴（名学以形名相检为宗，而归于无形无名之天道。老、庄以虚无无为为本，行化则法乎自然），当时之显学均重自然天道。而有意志之天道观，则经桓谭、王充之斥破而渐失其势。（因此当时名士如何平叔、钟士季等受当世学说之濡染而推究性情之理，自得圣人无情之结论也。）

夫内圣外王，则天行化，用舍行藏，顺乎自然，赏罚生杀，付之天理。与天地合德，与治道同体，其动止直天道之自然流行，而无休戚喜怒于其中，故圣人与自然为一，则纯理任性而无情。圣人以降，则性外有情，下焉者则纵情而不顺理，上焉者亦只能以情为理，而未尝无情，《论语》颜子"不迁怒"，《集解》曰：

> 凡人任情，喜怒违理。颜渊任道，怒不过分。迁者移也。怒当其理，不移易也。

按《集解》中文凡未注姓名，皆何晏之说（《皇疏》一），此段当亦平叔之言。汉代以还，于古圣贤均有公认之定评。颜不及圣，只可谓贤，平叔此言，乃论贤人（或亚圣）。过去有人引上段，以释何氏之圣人无情，实忘颜子之非圣也。推平叔之意，圣人纯乎天道，未尝有情，贤人以情当理，而未尝无情。至若众庶固亦有情，然违理而任情，为喜怒所役使而不能自拔也。

第二，由上所论，圣人象天本汉代之旧义，纯以自然释天则汉魏间益形著明之新义，合此二义而推得圣人无情之说。此说既为当世显学应有之结论，故名士多述之。何劭《传》云："何晏主圣人无情，钟会等述之，弼与不同。"盖弼深思入微，立论精密，圣人无情本当世显达者之宗义，圣人法天，自然行化，亦弼所曾言，而其立论独异者，则必别有所见而云然。兹先解释弼义，而后推求其立义之所由。

王弼曰："圣人茂于人者神明也；同于人者五情也。"按辅嗣之学为本体之学，而往往以政事为例证。其本体之学深有会于老子，而其政论则深受当世名家之影响。名理之学主知人善任以致太平。知人极难，常人每有偏失，圣者乃可全知。盖圣王明哲之极，平章百姓各尽其能，"能者与之，资者取之。能大则大，资贵则贵，物有其宗，事有其主"（《老子》四十九章注），而天下太平。王弼与荀融书曰：

> 夫明足以寻极幽微，而不能去自然之性，颜子之量，孔父之所预在，然遇之不能无乐，丧之不能无哀。

此所树义与驳圣人无情之文相同。文云"圣人茂于人者神明"，书曰"明足以寻极幽微"。文云"同于人者五情"，书曰"不能去自然之性"（性字本可统性情言之，此处性字即指情）。不过与荀融之书专就知人言之。贤愚寿夭，本由天赋，天道幽微，圣明乃可玄鉴。然圣人虽茂于神明，而五情亦禀之自然。故颜子贤愚之量，因孔圣之所熟知，而遇之则乐，丧之则哀，固仍不能无情也。王弼曰："圣人茂于人者神明也。"又曰："神明茂故能体冲和以通无"。此文盖由本体论言之，辅嗣之言本体盖为至健而顺理之全。全者无分而不变，万物由之以始以成。因其无分而不变，号之曰一，因万物由之以生，况之曰道。《老子》"昔之得一者"（三十九章），王注："昔，始也，一，数之始而物之极也。各是一物之生，所以为主也。"凡物乃有分，分则有数，"一"者固非数（大衍义），而为物之本体（极者体也），至健而能生，取象则似君德，故曰数之始（即犹言物之始），又曰所以为主也。但"物皆各得此一以成，既成而舍（捨）以居成，居成则失其母，故皆裂发歇竭灭蹶也"。盖即天地之大，亦依体以致清宁，清不能自清，宁不能自宁，皆"有其母以存其形"。然迷者昧于本源，而清者不知其所以清，而以为自清，宁者忘其所以宁，而以为自宁，则忘其所以成，而自居于成，于是乃失其母而致裂发也。故万有群生欲得其母，全其性（所以生也），必须开扩智慧，知返本复命。返本者归于无，以无为用（亦作以无为心，失母居成者则以有为心者也），如是则得性命之常。"以无为用"，即《老子》之抱一，亦即返本复命之智，即圣人茂于人之神明也。（参看《老子》十章"抱一"注，十六章"知常曰明"注。）王弼曰："圣人茂于人者神明也。""神明茂故能体冲和以通无。"盖神明茂者即能体冲和之道而返于无也。

又"圣人茂于人者神明"也者，似谓圣明独厚，非学而得，而其意则更为深厚。盖茂于神明者即王弼所谓"智慧自备，为则伪也"。（《老子》二章注）盖常人殊类分析，察察为明，其明昭著于外，以利器授人而不示人以朴。（参看四十九章注）盖常人以有为心，执有则有分，有分则违自然而伪生而起争竞。（参看四十九章、五十八章注）圣人则藏明于内（《易·明夷》王注），以无为心，以道之全为体，混成无分，非平常分析之知，故虽明并日月犹曰不知（《皇疏》四引王弼），大智晦其明（《易·明夷》象辞），不为不造，无固无必，顺任自然，有似蒙昧。故蒙卦王弼注有曰："蒙之所利乃利正也。夫明莫若圣，昧莫若蒙。蒙以养正乃圣功也。然则养正以明，失其道矣。"夫圣人体自然，绝形象，其养正之明，自非囿于形器之域之知识也。

由是言之，茂于神明乃谓圣人智慧自备。自备者谓不为不造，顺任自然，而常人之知，则殊类分析，有为而伪。夫学者有为，故圣人神明，亦可谓非学而得，出乎自然（此自然意即本有）。顾圣人岂仅神明出于自然耶，其五情盖亦自然（五情者喜怒哀乐怨）。盖王弼主性出天成，而情亦自然，并非后得。故弼文曰："圣人同于人者五情也"，其书曰："不能去自然之性"，又曰："今乃知自然之不可革"。五情既亦自然而不可革，故圣人不能无情，盖可知也。

王弼曰："五情同，故不能无哀乐以应物。"盖辅嗣之论性情也，实自动静言之。心性本静，感于物而动，则有哀乐之情，故王弼《论语释疑》曰："夫喜惧哀乐，民之自然，应感而动，则发乎声歌。"（《皇疏》四）又曰："情动于中，而形于言，情正实而后言之不作。"（《皇疏》七）夫感物而动为民之自然，圣自亦感物而有应，应物则有情之不同，故遇颜子而不能不乐，丧颜子而不能不哀，哀乐者心性之动，所谓情也。歌声言貌者情之现于外，所谓"形"也。圣人虽与常人同有五情，然圣人之情，应物而无累于物。无累于物者，乐而不淫，哀而不伤，亦可谓应物而不伤。夫有以无为本，动以静为基。静以制动，则情虽动也不害性之静。静以制动者，要在无妄而由其理。人之性禀诸天理，不妄则全性，故情之发也如循于正，由其理，则率性而动，虽动而不伤静者也。故王弼曰，感，"必贞然后乃吉"。贞者正也。（咸卦注）又曰："感，应也……以刚感顺，志行其正，以斯临物，正而获吉也。"（临卦注）动而正，则约情使合于理而性能制情。动而邪，则久之必至纵情以物累其生而情乃制性。情制性则人为情之奴隶（为情所累）而放其心，日流于邪僻。性制情，则感物而动，动不违理，故行为一归于正，《易·乾卦》之言"利贞者性情也"。王弼注曰：

> 不性其情，何能久行其正（《皇疏》九所引何作焉）……利而正者必性情也（性情即性其情）。

性其情者谓性全能制情，性情合一而不相碍。故凡动即不违理乃利而正也。然则推此而论，情其性者自谓性纯为情所制，纵情而不顺理者也。（参看程伊川《颜子所好何学论》）至若已知抑情顺理而性情尚未统一，则自不能事事应礼，如三月不违，"日月至焉"，亦不能保其能久行其正也。

又按《易·乾卦》本言大人之德（君德），亦即圣人之德也（圣人乃能君人，本王弼义），"故利而正者必性（其）情也"一语本指圣人。圣人以还，则均不性其情也。不性其情者，则谓贤如颜回以及恶如盗跖是矣（盗跖可谓情其性）。由上所论，则圣贤与恶人之别固不在情之有无（因均感物而动），而在动之应理与否。故推论何晏、王弼之异同当如下列：

甲、何主圣人无情，王言圣人有情。

乙、弼文曰："今以其无累，便谓不复应物。"是何王均言圣人无累，但何之无累因圣人纯乎天理而无情（依王氏释是不应物）。王之无累则因圣人性其情，动不违理（应物）。

丙、何论凡圣之别，圣人无情，贤人动不违理（《论语集解》所谓之颜子怒必当理）。而小人当系违理任情。王论则谓圣人性其情，有情而动不违理，颜子以下则不能动均不违理（所谓不能久行其正也）。若推论之，小人则是情其性，为情欲所累且不能自拔，而事必违理。

又王弼《与荀融书》有曰："又常狭（轻狎也）斯人（指孔子）以为未能以情从理者也，今乃知自然之不可革。"此中"以情从理"可有二解，一可解为情不违理，盖谓圣人本性其情，应以情从理，惟此解与上下语文气不合。二解为以理化情，即是无情，盖谓王弼原亦主无情（冯芝生先生说）。此解于上下文极可通。但以情从理似仍有情，而以情从理似不得比之用理化去情欲也。按王弼之文佚失颇多，兹难悬揣，而其与荀书，本为戏文，亦不必过于重视也。

由上所论，人性本静，禀受天理，圣人有感于物循理而动，则情役于理，而全生无累。然究其无累之本在乎循理，循理在乎智慧之朗照。故由王弼之义测之，则圣人茂于神明，亦即应物而无累于物之张本也。王弼在乾卦注"美乾元之德"有曰：

　　大明乎终始之道（此即明足以寻极幽微，亦即指圣人茂于人之神明），故六位不失其时而成，升降无常，随时而用，处则乘潜龙（退能静处），出则乘飞龙（进能制动），故曰时乘六龙也。乘变化而御大器，静专动直，不失大和（此言应物而无累），岂非正性命之情者耶（此言圣人得性之正，而全其真。情者实也，对伪而言。又如谓应物而有情，则此谓圣性应物而得其正也）。

圣人体道之全，以无为心，故大明乎终始之道。大明乎终始之道，谓无幽不照，无理不格，故能率性而动，动必应理，用行舍藏，生杀予夺，均得其宜。夫如是即所谓正其性葆其真也。

　　第三，上文推寻王弼义已竟，今且略论其立义之所由。

　　自孔子以来，世之论人性者多矣，然其注重之点常不相同，即如汉之末世，其论性者亦多矣，一论才性，则所重者性之施于社会活动者（政事），此为名家言（政论），则其论所摄，不但善恶，而智愚文武以及能与不能皆属之。二论性情，则所究者心性之源，为形上学之问题。而注重形上学（包括本体论与宇宙论）者，恒由天命以推及人事。因此而不能不论（一）性之本为善为恶，（二）性之质为阴为阳，（三）心性之动静，（四）及天理人欲之关系。论此四者自皆须分辨性情。王弼虽曾受名家之影响，然其不论才性而辨性情者，因其为形上学家也。

　　中国之形上学之大宗首推儒家，儒家之言性，自孟、荀分流，最详于别善恶而兼及理欲。汉之董仲舒"始推阴阳为儒者宗"，乃于善恶理欲之辨加以阴阳之说。于是汉代之论性者乃常以阴阳为其基本之概念。《春秋繁露·深察名号篇》云：

　　　身之名取诸天。天两，有阴阳之施，身亦两，有贪仁之性（此性统性情言之）。天有阴阳禁，身有情欲袆，与天道一也。

　　　身之有性情也（此性对情而言），若天之有阴阳也。言人之质而无情，犹天之阳而无其阴也。

《白虎通德论》，汉儒共有之通义也，其论性情云：

　　　性情者何谓也，性者阳之施，情者阴之化也。人禀阴阳而生，故内怀五性六情，情者静也，性者生也。

纬书汉儒之所造，《白虎通》引《钩命决》曰：

　　　情生于阴，欲以时念也（《易·乾卦》正义云，随时念虑谓之情，

《礼记·乐记》疏云，因性念虑谓之情）。性生于阳，以就理也。阳气者仁，阴气者贪。

《孝经援神契》曰：

> 情生于阴以计念，性生于阳以理契。

上来所言性有仁，契理，生于阳；情有利欲，为贪，生于阴。性善情恶，论主二元，为汉代最流行之学说。此说原出于儒家（孟、荀）之辨善恶，而汉代经师乃加以别阴阳也。

然古籍中论性情精微而重要者，则见于《礼记·乐记》。所谓"人生而静，天之性也，感于物而动，性之欲也"一段。此虽儒经，而因其论乐，乐感动人心，故此文乃以动静论性情，汉代之取此说者为刘向，王充《论衡》云：

> 刘子政曰，性生而然者也，在于身而不发。情接于物然者也，出形于外（黄晖校谓出形应作形出）。形外则谓之阳，不发则谓之阴。

此言性阴情阳与董生之说正相反，盖董生上承孟、荀之辨，重在善恶，而推以阴阳，则"善之属尽为阳，恶之属尽为阴"（《繁露·阳尊阴卑篇》），故遂言性为阳而情为阴，而刘子政于性情则以动静为基本概念，如《说苑》曰：

> 夫民有血气心知之性，而无哀乐喜怒之常，应感起物而动，然后心术形焉。（此文本出《乐记》）

夫刘子政既以动静论性情，而阳动阴静，故当持性阴情阳之说，自不得不与董生相反。而且既主情者性之动，则自可言性善者其动也善，性恶者其动也恶，故曰："性情相应，性不独善，情不独恶。"（《申鉴·杂言下》引刘向说。荀悦论性情亦依动静言之，故以向言为然。）

中国形上学之大宗，儒家之外，自推道家。老学贵无主静。"人生而静"，"感于物而动"，自合于道家之旨。（上二语本亦见《文子·道原篇》）而因此道家之论性情，亦恒自动静言之。王弼学袭老氏，故其讨论性情亦以动静为基本概念。所谓"应物"是也。王氏自动静言情性，故其说颇似刘向。刘氏反对尧舜（圣人）无情之说（见《申鉴》），并谓情不必恶，王氏皆与之同也。

汉儒上承孟、荀之辨性，多主性善情恶，推至其极则圣人纯善而无恶，则可以言无情。此圣人无情说所据理之一。刘向首驳其义，而荀悦以为然。汉魏之间自然天道观盛行，天理纯乎自然，贪欲出乎人为，推至其极则圣人道合自然，纯乎天理，则可以言无情，此圣人无情说所据理之二，必何晏、钟会之说所由兴，乃道家之论也。（此外按《晋书》九四郭文曰："思由忆生，不忆故无情。"此专就心理言，则无情说所据理由之三也。）然何晏、王弼同祖老氏，而其持说相违者疑亦有故，何晏对于体用之关系未能如王弼所体会之亲切，何氏似犹未脱汉代之宇宙论，末有本无分为二截，故动静亦遂对立（何晏之学俟另文详之）。王弼主体用一如，故动非对静，而动不可废。盖言静而无动，则著无遗有，而本体遂空洞无用。夫体而无用，失其所谓体矣。辅嗣既深知体用之不二，故不能言静而废动，故圣人虽德合天地（自然），而不能不应物而动，而其论性情，以动静为基本观点。圣人既应物而动，自不能无情。平叔言圣人无情，废动言静，大乖体用一如之理，辅嗣所论天道人事以及性情契合一贯，自较平叔为精密。何劭《王弼传》曰："其论道附会文辞不如何晏，自然有所拔得多晏也。"盖亦有所见之评判也。

（原刊于《学术季刊》1943 年第 1 卷第 3 期）

王弼之《周易》、《论语》新义

陈寿《魏志》无王弼传，仅于《钟会传》尾附叙数语，实太简陋。然其称弼"好论儒道"，"注《易》及《老子》"，孔老并列，未言偏重，则似亦微窥辅嗣思想学问之趋向。盖世人多以玄学为老、庄之附庸，而忘其亦系儒学之蜕变。多知王弼好老，发挥道家之学，而少悉其固未尝非圣离经。其生平为学，可谓纯宗老氏，实则亦极重儒教。其解《老》虽精，然苦心创见，实不如注《易》之绝伦也。

汉魏之际，中华学术大变。然经术之变为玄谈，非若风雨之骤至，乃渐靡使之然。经术之变，上接今古文学之争。魏晋经学之伟绩，首推王弼之《易》，杜预之《左传》，均源出古学。今学本汉代经师之正宗，有古学乃见歧异。歧异既生，思想乃不囿于一方，而自由解释之风始可兴起。夫左丘明本"不传《春秋》"，而杜预割裂旧文以释经，以非经而言为经，与王肃之造伪书作圣证，其为非圣无法实有相同。然尊左氏为经，本导源刘歆，亦非后世所突创也。至若《易》本卜筮之书，自当言象。王弼黜爻象，而专附会义理，似为突创。然王氏本祖费氏《易》，世称同于古文。传至马融，荀悦言其"始生异说"。古文《易》本不同今文《易》。马氏治《易》又更异于先儒，则《易》本早有变化。而王氏之创新，亦不过继东汉以来自由精神之渐展耳。

汉代儒生多宗阴阳，魏晋经学乃杂玄谈。于孔门之性与天道，或释以阴阳，或合以玄理，同是驳杂不纯，未见其间有可轩轾也。夫性与天道为形上之学，儒经特明之者，自为《周易》。王弼之《易》注出，而儒家之形上学之新义乃成。新义之生，源于汉代经学之早生歧异。远有今古学之争，而近则有荆州章句之后定。王弼之学与荆州盖有密切之关系。汉末，中原大乱，荆州独全。刘表为牧，人民丰乐。表原为八顾之一（或称八交，八友，八俊），好名爱士，天下俊杰，群往归依。"开立学宫，博求儒士。使綦毋闿、宋忠等撰立五经章句，谓之后定。"（《魏志》六注引《英雄记》）王粲即于其时在荆州。其《荆州文学记官志》（《艺文类聚》三八）谓刘表"乃命五业从事宋衷所作文学延朋徒焉"，"五载之间，道化大行。耆德故老綦毋闿等，负书荷器自远而至者三百余人"。《蜀志·李譔传》"譔父仁与尹默俱游荆州，从司马徽宋衷等学。譔具传其业"，"著《古文易》、《尚书》、《毛诗》、《三礼》、《左氏解》、《太玄指归》。皆依准贾马，异于郑玄。与王氏（肃）殊隔，初不见其所述，而意归多同"。《魏志》王肃"从宋衷读《太玄》，而更为之解"。则子雍之学本有得于宋仲子。子雍善贾马之学，而不好郑玄，仲子之道固然也。譔、肃之学并由宋氏，故意归多同。而其时"伊洛以东，淮汉以北，郑氏一人而已，莫不宗焉"。宋衷之学，异于郑君，王肃之术，故诋康成。王粲亦疑难郑之《尚书》。则荆州之士踔跞不羁。守故之习薄，创新之意厚。刘表"后定"，抹杀旧作。宋王之学，亦特立异。而王弼之《易》，不遵前人，自系当时之风尚如此也。

荆州学风，喜张异议，要无可疑。其学之内容若何，则似难言。然据《刘镇南碑》（《全三国文》五六）称表改定五经章句，"删刬浮辞，芟除烦重"，其精神实反今学末流之浮华，破碎之章句。又按《南齐书》所载王僧虔诫子书有曰，"荆州八帙"，"言家口实"。又曰，"八帙所载，共有几家"。据此不独可见荆州经学家数不少，卷帙颇多，而其内容必与玄理大有契合。故即时至南齐，清谈者犹视为必读之书也。荆州儒生之最有影响者，当推宋衷。仲子不惟治古文，且其专长似在《太玄》。王肃从读《太玄》，李譔学源宋氏，作《太玄指归》。江东虞翻读宋氏书，乃著《明杨释宋》。（见《吴志》本传注）而陆绩《述玄文》中称，荆州刘表遣梁国成奇修好江东。奇将玄经自随。陆幅写一通，精读之。后奇复来，宋仲子以其《太玄解诂》付奇，寄与张昭。陆氏因此得见仲子之书。可见荆州之学甚盛。而仲子为海内所宗仰，其《太玄》并特为天下所重。夫《太玄》为《易》之辅翼，仲子之《易》，自亦有名于世。虞翻曾见郑玄、宋衷之《易》，而谓衷小差玄。在其同时，《易》学实极盛，马融、郑玄、荀爽、王肃、虞翻、姚信、董遇、李譔均治《周易》。虞翻言"经之大者，莫过于《易》。自汉初以来，海内英才解之率少。至桓灵之际，颍川荀谞（爽）号为知《易》"。（本传注）可见汉末，孔门性道之学，大为学士所探索。因此而《周易》见重，并及《太玄》，亦当时学风之表现。而王弼之《易》，则继承荆州之风，而自有树立者也。

王弼未必曾居荆州。然其家世与荆州颇有关系。山阳刘表受学于同郡王畅。汉末畅孙粲与族兄凯避地至荆州依刘表。表以女妻凯。蔡邕尝赏识粲，末年以数车书与之。粲之二子与宋衷均死于魏讽之难（魏讽之难，实因清谈家反曹氏而起）。邕所与书悉归凯子业。魏文帝因粲子二人被诛，以凯之子业嗣粲。而王弼者乃业之子，宏之弟，亦即粲之孙也。（《魏志·钟会传》注）宏字正宗。张湛《列子注序》谓正宗与弼均好文籍。《列子》有六卷，原为王弼女婿所藏。按《列子》固非先秦原书，然必就旧文补缀成篇。王氏盖自正宗，即好玄言。而其父祖两辈与荆州有关系。粲、凯以及粲之子与业必均熟闻宋仲子之道，"后定"之论。则王弼之家学，上溯荆州，出于宋氏。夫宋氏重性与天道，辅嗣好玄理，其中演变应有相当之连系也。又按王肃从宋衷读《太玄》，而更为之解。张惠言说，王弼注《易》，祖述肃说，特去其比附爻象者。此推论若确，则由首称仲子，再传子雍，终有辅嗣，可谓一脉相传者也。（蒙文通《经学抉原》页三八）

大凡世界圣教演进，如至于繁琐失真，则常生复古之要求。耶稣新教，倡言反求《圣经》(return to the *Bible*)。佛教经量部称以庆喜（阿难）为师。均斥后世经师失教祖之原旨，而重寻求其最初之根据也。夫不囿于成说，自由之解释乃可以兴。思想自由，则离拘守经师而进入启明时代矣。汉初经学，繁于传记，略于训说。其后罢传记博士，而章句蔚起。其末流之弊，班固谓"一经说百余万言。说五字之文，至于二三万言"。故有识者尝思救其偏失，于是乃重明文证据。刘歆斥博士为信口说而背传记。许慎诉俗儒鄙夫为怪旧艺而善野言。古文之学遂乘之而起。（《经学抉原》页二六、二七）其后乃必有返寻古远传记之运动。杜元凯分《春秋》之年使与《左氏传》相附，即此项运动之结果。而《周易》新义之兴起，亦得力于轻视章句，反求诸传。荆州"后定"盖已开轻视章句之路，而王弼新《易》之一特点，则在以传证经。盖皆自由精神之表现也。

世传王弼用费氏易。《汉书·儒林传》费直治《易》，亡章句（张惠言云：后世所传费氏易注伪托不足信），徒以彖象系辞十篇文言解说上下经。是以费氏《易》与古文同，而其学本以传解经，亦与今文家重训说章句者大异其趣。王弼用费氏《易》云者非但因其所用易文同于古文，而实亦因其沿袭其以传解经之成规也。

然细按新《易》学反求诸传之运动，其步骤可分为二：（一）则于注文解说时引传证经，经传连合，并为一谈。此费氏学之特色。魏高贵乡公谓郑康成《易》注以彖象与经文相连，乃谓郑氏于易注中，以经传合并解说也。史称康成并传费氏《易》，故其注《易》实用费氏之法。（二）则不但注解时经传合说，而且割裂传文，附入经文。其法即杜元凯用之于《春秋左氏经传集解》者。此二步骤，前者以传证经，后者以传附经（实亦即以经附传）。然前者尚只用于注解，后者乃进而改窜经文。二者深浅有别，而其主张反求古传，轻视后师章句，则相同。《易》学至此，汉人旧说乃见衰颓，魏晋新学乃可兴起也。

改窜《周易》以经附传，实颇出于王弼之手。《玉海》朱震曰："王弼以文言附乾坤二卦。"则文言传之附入经文，始于辅嗣。又《正义》云："弼意彖本释经，宜相近附，故分爻之象辞，各附当爻下。"则小象传之附入经文亦始于辅嗣。又按《魏志·高贵乡公纪》，帝问《易》博士淳于俊曰："孔子作彖象，郑玄作注，今彖象不与经文相连而注连之，何也？"夫古注单行，康成注《易》，合彖象于经，为之解说。然其于《周易》本文，据高贵乡公之言，实经传未尝混合。是则以彖象附入经文，似非如世人所言出于康成。而读王弼《易略例》，首章即为明象。其以象说经之旨，昭然如见。或者以彖象连入经文亦即出于辅嗣。而此久已流行之今本《周易》以经传相附，或即出王弼一人之手也。

今本《周易》因王弼所制定与否，兹姑不详辨。然其注《易》时用传解经之精神实甚显著。此则其明证有四：（一）王《易》相传出于费氏，费氏亡章句，而主以传解经。（二）王氏多于小象下无注，而以小象之义入爻辞中，是为以传解经之实例。（三）孔疏云："辅嗣加乾传泰传字，离为六篇。"盖今本《周易》分六卷，每卷首题周易上经（或下经）某传（乾传、泰传、噬嗑传、咸传、夬传、丰传）云云。于六卷之首，均明言某传，极见其以经附传，用传解经之意。（四）《经典释文·叙录》略云："王注上下经六卷，系辞以下不注。相承以韩康伯注续之。"是王注只及上下经。系辞以下以韩注续，乃"相承"已久之事。（《南史·顾欢传》云："顾注王弼《周易》二系。"此当系谓其亦续注王书也。）但辅嗣注《易》，祖述系传。（读《略例》可见）而系反无注者，必王作书原旨只在以传解经。经注已完，系辞以下，自无续注之必要矣。

　　弼注《易》，摈落爻象，恒为后世所重视。然其以传证经，常费匠心。古人论弼《易》者，如孙盛称其附会之辨。（附会字义，参看《文心雕龙·附会篇》，不定为贬辞。）朱子亦尝称其巧。当均指此。夫弼固好《老》，然其于儒经用力甚勤。其言有曰，《易》之"微言精粹，熟习然后存义"。（《论语·述而》皇疏引）弼之于《易》亦拟熟习而解其义欤？儒家经典，《周易》而外弼曾为《论语》作《释疑》。《隋志》、《唐志》及《释文·叙录》均著录（三卷或二卷）。按正始玄宗王何均研《论语》，俱重圣人之学行，而其著作之旨不同。平叔等作《集解》，盖以晚近训解不少（《集解》叙），今须择善而从也。辅嗣作《释疑》，则因其中有难关滞义，须为之解答也。疑难者，或文义相违（如问同而答异），或言行费解（如子见南子，佛肸召子欲往），王充《论衡·问孔篇》讥之详矣。王弼于此，皆有解释，亦可谓圣门之功臣欤？尤有进者，王弼之所以好论儒道，盖主孔子之性与天道，本为玄虚之学。夫孔圣言行见之《论语》，而《论语》所载多关人事，与《老》、《易》之谈天道者似不相侔。则欲发明圣道，与五千言相通而不相伐者，非对《论语》下新解不可。然则《论语释疑》之作，其重要又不专在解滞释难，而更在其附会大义使与玄理契合。此下所论，略述王弼之《易》理，而以其释《论语》用新义处附焉。

　　世之非毁弼《易》者，一非其援老氏入《易》。然汉代自严遵以来，兼治《老》、《易》之人固多矣。即若虞仲翔之《易》，世固谓为汉《易》矣。然于乾象引自胜者强，坤象引胜人者有力，屯卦辞引善建者不拔，下系引自知者明。以《老》、《庄》入《易》，不论其是否可为诟病，然在汉魏之时，此风已长，王弼用之，并非全为创举也。又世之非毁弼《易》者，亦因其师心自用，不守家法。然弼之注《易》，采取旧说颇不见少。张惠言谓弼祖述王肃，特去其比附爻象者。实则弼注除黜象数外，文义亦尝援用旧说。如观卦卦辞注即用马融之文，泰之初九全引虞氏易，革卦巳日乃孚乃用宋衷之注，颐之六二全用王肃之书。凡此均足证辅嗣治《易》，多读世儒作品，于作注时，并有所取材也。

王弼之伟业，固不在因缘时会，受前贤影响。而在其颖悟绝伦，于形上学深有体会。今日取王书比较严遵以至阮籍之《老子》，马融、虞翻之《周易》。王氏之注，不但自成名家，亦且于性道之学有自然拔出之建设。因其深有所会，故于儒道经典之解释，于前人著述之取舍，均随意所适。以合意为归，而不拘泥于文字。虽用老氏之义，而系因其合于一己之卓见。虽用先儒书卷之文，而只因其可证成一己之玄义。其思想之自由不羁，盖因其孤怀独往，自有建树而然也。

《魏志》云，王弼好论儒道，实即因其以二家性道之学同主玄虚，故可并为一谈。《论语》"志于道"，王弼《释疑》曰："道者，无之称也，无不由。况之曰道，寂然无体，不可为象。"夫汉代之天道指祸福吉凶，谓一切事象必有所由，顺之则祥，逆之则殃。此与王弼主"一物之动必有其所以然之理"，其原理固相通。然汉代言天文灾异者，以人政上应天道，如客星犯轩辕大星，则主皇后失势；貌之不恭（谓君臣不敬），则有鸡祸。其立言全囿于形器之域。汉人所谓天，所谓道，盖为有体之元气，故其天道未能出乎象外。至若王弼，则识道之无体超象，故能超具体之事象，而进于抽象之理则。夫著眼在形下之器，则以形象相比拟而一事一象。事至繁，而象亦众。夫众不能治众，治众者必由至寡之宗。器不能释器，释器者必因超象之道。王弼以为物虽繁，如能统之有宗，会之有元，则繁而不乱，众而不惑。学而失其宗统，则限于形象，落于言筌。据此说《易》，则必以乾比马，以坤为牛，其立意与轩辕配中宫，不肃应鸡祸，固无异也。不知"义苟在健，何必马乎？类若在顺，何必牛乎？爻苟合顺，何必坤乃为牛？义苟应健，何必乾乃为马？"（《略例·明象》）

夫义类者抽象之简理。马牛者具体之繁象。具体之象生于抽象之义。（参看乾文言上九注）知其义类，何必拘执于马牛。依此原则，而扫除汉人囿于形器之积习，然后玄远虚胜之谈乃有根据也。

王弼用忘象得意之原则以建立玄学。而其发现此原则实因其于体用之理深有所会。王氏之所谓本体，盖为至健之秩序。万象所通所由，而本体则无体而超象。万有事物由真实无妄之本体以始以成。形象有分，而体为无分至完之大全。事物错动，而体为用形制动之宗主。本体超越形象，而孕育万物。万物殊变，俱循至道，而各有其分位。万有之分位固因于本体之大用。然则真识形象之分位者，固亦深知天道之幽赜者也。夫《易》之为书，小之明人事之吉凶，大之则阐天道之变化。圣人观象设卦，无非表示物变之分位。依分位则能辨其吉凶之由，明其变化之理。故王弼论《易》，最重时位。变化虽繁，然如明其时位，则于万有可各见其情，而变斯尽矣。万有依其在大道中之地位，而以始以成。由其本身言，则谓为其性分（或德）。由始成言之，则谓为其所以然之理。故王氏乾卦文言注有曰："夫识物之动，则其所以然之理，皆可知也。"所谓物之动者，即天道之变化。所以然之理即谓万变在大全中之时位。明其时位，则上可悉其变化之所由，下可推人事之吉凶。夫万有咸得一以成，由道以生。故万有纷繁，运化万变，必有宗统。宗极至健，故万变而不离。统制有序，故纷繁而不乱。王氏《易略例》，首章明象，盖示万变之必有宗主，万物之必由乎道也。而品制万变，因时而易（王注之时略如时势）。于是《易》乃设卦以存时义，又于卦分爻以应时之变。故王氏《略例》乃有《明爻通变》及《明卦适变通爻》之二章。王弼之《易》，反象数，主时位，盖皆本于其本体之学也。

王弼注《易》，旨在发挥其一己于性道之学之真知灼见。故往往改弃旧义，另立新说。而其遗旧创新处，正为其真知所在，极可注意。乾为天，坤为地，为汉儒所奉之古义。然所谓天者，清明无形（郑玄）。地者有九等之差（宋衷）。即所谓上下覆载形气之物，而非王辅嗣所明之象外之本体也。故其乾卦注曰：

> 天也者，形之名也。健也者，用形者也。

坤卦注曰：

> 地也者，形之名也。坤也者，用地者也。

夫《易》之首卦不曰天地，而曰乾坤，则乾坤非即天地，而指能用天地之本体之德也明矣。本体至健，能孕万形。本体至顺，能循理则。本体寂静而统万变，其德则曰乾。本体贞一而顺自然（坤六二注），其德则曰坤。本体为至健之秩序，雷动风行，运化无方，俱为大用必然之流行。所谓盈虚消息为人力之所难挽。故大易所示，时有否泰。爻有变动，君子熟于天地盈虚消息之理，则可以适时应变矣。

复卦向以为一阳始生，主六日七分，当建子之月，为人君失国而还返之象（郑玄、虞翻、荀爽）。至王弼始轻历数之说，而阐明其性道之学。夫万形咸以无为体，由道而得其性。然则苟欲全其性，必当不失其本。

如欲不失其本，必当以无为用。以无为用者，即本体之全体大用。故真欲全性葆真者，必当与道合一，体用具备。故复卦注曰："复者，反本之谓也。天地以本为心者也。"天地之心，即本体之大用。反本即反于无，而以无为用，又曰以无为心。若有物安于形器之域，而昧于本源，则分别彼我，争端以起。故王氏又曰："若其以有为心，则异类未获俱存矣。"

王弼之所谓本体，为至健之秩序。万物生成为本体之用，而咸有其必然之分位。秩序者就全体以称。分位者就一物立言。全体之秩序，即所谓道。故道也者无之称也。无不通也，无不由也。一物之分位，根据其所由之理，而各得其性。故曰："物皆不敢妄，然后万物乃得各全其性。"（无妄卦注）夫道真实无妄，故物均不敢妄，而有其所恒有之性，所恒具之德。恒者，常也。物皆有其所恒，言其各反常道也。为显此义，王弼解无妄与恒二卦，乃大异于前修。马、郑、王肃训无妄为无所希望。（虞氏云，京房及俗儒以为大旱之卦，训无望当因此。）九家易曰，无有灾妄，虞氏谓为无亡。而王弼解为物不可以妄。其言有曰，天之教命，何可犯乎，何可妄乎。夫不违犯天之教命（即道之秩序），则物有其所恒之德性。郑、虞旧义于恒卦仅训为久。王氏乃进而言所久所恒。其言曰"各得所恒，修其常道……故利有攸往"，"道得所久，则常通无咎，而利贞也"，"得其所久，则不已也"，"言各得其所恒，故皆能长久"，"天地万物之情见于所恒也"。此盖有悟于《老子》之所谓常。常者依全体言，即指道；依事物言，则谓其由乎道而有其本然之分位。如物全其分，即得其所恒。全其分者，即不失其本，所谓"修其常道"者也。如失其所恒，则是昧其本源，离其宗极，是即王弼所指旅卦之时也。旅旧或训军旅，此王肃说。张轨释齐斧（资斧）为黄钺斧（参看巽上九荀注），当亦承子雍之说。或训客旅。然所谓客者，举聘客为例（郑玄），亦非王弼所用之义。弼之言曰"旅者大散，物皆失其所居之时也"。然则旅之时，在人事为民失其主，在天道则为物昧其本。物昧其本，则丧其真，失其所恒，必不可久矣。

《易》之戒慎本可合于老氏卑弱之义。王弼注《易》，于此乃反复致意。于《易》之始则有曰：

> 居上不骄，在下不忧，因时而惕，不失其几，虽危而劳，可以无咎。（《乾卦》注）

于《易》之终亦有曰：

> 夫以柔顺文明之质，居于尊位，付与能而不自役，使武以文，
> 御刚以柔，诚君子之光也。(《未济》注)

盖能戒慎恐惧，则斯能识谦损之德。谦尊而光，履尊以损。旧义巽为命令。王主巽顺，曰巽悌乃能命行，又曰巽顺则可以升。(《升卦》注) 旧义大壮为伤。王主壮盛 (王肃义)，曰壮，违礼则凶，凶则失壮。又曰行不违谦，不失其壮。夫老氏卑弱之术，汉初原为刑名所利用，然固亦为慎密惧祸之表现。西汉以来，蜀庄之沉冥，扬雄之守玄，冯衍之显志，刘邵之释争，其持隐退之道者，盖均出于戒慎之意。钟会生母，"特好《易》、《老子》，每读《易》孔子说鸣鹤在阴，劳谦君子，借用白茅，不出户庭之义，每使会反复读之"。(《魏志》二十八注) 是亦合儒家之戒慎，与道家之卑弱为行己至要。辅嗣注《易》，盖亦如是也。

王弼会合儒道最著之处为圣人观念。此可分四事说之。(一) 主儒家之圣人，(二) 圣人神明知几，(三) 圣人治世，(四) 用行舍藏。

(一) 王弼学贵虚无，然其所推尊之理想人格为孔子，而非老子。周彦伦曾言，"王何旧说皆云老不及圣"。(《弘明集》周颙《重答张长史书》) 此盖汉代以来相承之定论。辅嗣、平叔未能有异言。王氏《论语释疑》、《周易注》固常以孔子为圣人。(如解《论语·子温而厉章》，《易·乾卦·文言》注仲尼旅人。) 至若何劭《弼传》引其答裴徽之语，则尤见其融会儒道之用心。当时弼以好老氏虚无之旨见称。弱冠诣裴徽：

> 徽一见而异之。问弼曰："夫无诚万物之所资也。然圣人莫肯致言，而老子申之无已者何？"
>
> 弼曰："圣人体无，无又不可以训，故不说也。老氏是有者也，故恒言无 (据《世说》疑'其'之误) 所不足。"

圣人体无，老子是有，显于其人格上有所轩轾。而圣人所说在于训俗，老书所谈，乃万物所资。则阳尊儒圣，而实阴崇道术也。

(二)《书经》睿作圣，圣人之德，原重明哲。辅嗣《略例》云："明夷务暗，丰尚光大。"二卦并举，盖以显圣德之异常。于丰则言其阐弘微细，通夫隐滞。于明夷则称其示人以朴，能"晦其明"。明寻幽微，知人善任，王者以治天下。大智若愚，不用察察为明，以导百姓之争竞。此则一方主儒圣之明哲，一方又重老学之弃智矣。

圣明知人，天下以臻治平，亦名家所常言。圣人藏明，养正以蒙，乃道家之要义。二者余均别有文论之，兹不再赘。然详研王氏所谓明寻

幽微者，固不限于知人。而圣智之所以异常者，不只在其有似蒙昧。夫圣人则天之德，神与道会。天道变化，圣人神而明之，与之契合。所谓《易》之知几是也。几者谓变化之至也。至者指恰当至之时，不在事后，亦不在事先也。

圣人神知当机，不识于事之后，故无悔尤。《论语·佛肸召章》，仲由引夫子曰"亲于其身，为不善者，君子不入也"。王氏《释疑》曰：

> 君子（原作孔子兹照《论语》本改）机发后应，事形乃视，择地以处身，资教以全度者也，故不入乱人之邦。

事形乃视，是不能当机契合。不能契机，自不能免于悔尤。易称颜子庶几，有过则改。庶几者，殆将侪于圣明契道而稍后者也。颜子亚圣，固可称为君子，而实不及于圣人。（君子与圣人有异，见《论语·述而·圣人不得见章》，王弼曾释之。）圣人则穷神研几，可以无过。（《论语·加我数年章》王注）盖圣智之体，与道合其变，于物极其情，直自然之流行，夫何悔尤之可有。《佛肸召章》，《释疑》于论君子之后，继而称誉圣人。其言曰：

> 圣人通远虑微，应变神化，浊乱不能污其洁，凶恶不能害其性。（下略）

又"未可与权"句，《释疑》曰：

> 权者道之变，变无常体，神而明之，存乎其人，不可豫设，尤至难者也。

圣人通变，随其所适，此所谓以道合其变也。知天道之权变者，即明于事物之情伪。《论语·里仁》"夫子之道忠恕而已矣"句下，王氏曰：

> 忠者情之尽也。恕者反情以同物者也。未有反诸其身而不得物之情，未有能全其恕，而不尽理之极也。

能尽理极，契神故能即物。此所以圣人知几，于物则极其情也。

然知几者，亦非预识于前也。不但权变无常，不可豫设（此王氏文，见上引），而且圣人神与道会，应若自然。如形影声响，同时而有，不为不造。夫汉人之预言吉凶灾异者，固非圣人之徒也。《老子》云"前识者道之华"，王注于此，似斥常人所谓预言。文曰：

> 前识者，前人而识也。即下德之伦也。竭其聪明，以为前识

> ……虽德其情，奸巧弥密。

圣人之知，纯无造作。前人而识，则毁自然而自矜其智矣。盖皆大背于老氏之道，而非儒圣之所谓知几矣。（据现存本严遵《老子指归》，王氏此解疑出于君平。盖此本中前识下严注曰："预设然也。"其《指归》有曰："先识来事以明得失。"）

（三）圣人法道，德合自然。其治世之方，殆亦可推知矣。道大无名，故君人之德，以中和为美。《释疑》曰：

> 故至和之调，五味不形，大成之乐，五声不分。中和质备，五材无名也。

中和质备，则可役偏至之材，而天下以治。自然无造，故不察察而治。《老子注》云：

> 夫以明察物，物亦竞以其明应之。以不信察物，物亦竞以不信应之。……若乃多其法网，烦其刑罚，塞其径路，攻其幽宅，则万物失其自然，百姓丧其手足。（四十九章注）

故圣人之于天下，歙歙焉心无所主。夫心无所主者，若天之至公；察察为政，则未免于私也。《释疑》称尧之德曰：

> 大爱无私，惠将安在？至美无偏，名将何生？故则天成化，道同自然。不私其子，而君其臣，凶者自罚，善者自功。（下略）

圣王以无名不偏之德，行至公自然之治，无毫末之私，不自有其身，百姓日用而不知，故自成大功，自致太平也。

王弼谈治，以因为主。"因而不为"，《老子注》中之所数言。然其所谓因者，非谓因袭前王，而在顺乎自然也。《周易·鼎卦》注云：

> 去故取新，圣贤之不可失也。

其所谓因者，因自然之理，以全民之性（亦即民自全其性）。理有大常，道有大致。修其常，顺其理，则得治之方，致治之方。虽顺道家之自然，但不必即毁儒家之名教。名教有礼法之防。然王氏注《讼卦》，引孔子无讼之言，而申明之曰：

> 无讼在于谋始，谋始在于作制。……物有其分，职不相滥，争何由兴。

《师卦》注云：

> 为师之始，齐师者也。齐众以律，失众则散。

是氏固未尝毁弃分位法制也。《论语》"林放问礼之本，子曰大哉问"，王氏《释疑》曰：

> 时人弃本崇末，故大其能寻礼本意也。

考王氏所谓礼之本意，具详于《老子》三十八章注中，谓仁义礼敬均须统以自然无为。然则礼者，如能出乎自然无私，旨在以观感化人，则王道至大者也。《观卦》注曰：

> 统说观之为道，不以刑制使物，而以观感化物者也。神则无形者也。不见天之使四时，而四时不忒，不见圣人使百姓，而百姓自服也。

治用观感，实因民之性，以期其自化。积极方面，则任民之自然发展。消极方面则"除其所以迷，去其所以惑"。（所以二字甚重要。见《老子》二十九章注。）故政治之用，既有利导，亦有检制。《论语》"兴于诗，立于礼，成于乐"，王氏《释疑》曰：

> 言有为政之次序也。夫喜惧哀乐，民之自然，感应而动，则发乎声歌。所以陈诗采谣，以知民志风。既见其风，则损益基焉。故因俗立制，以达其礼也。矫俗检刑，民心未化。故必感以声乐，以和其神也。

然则王弼论政，虽奉自然，实未废儒教之礼乐也。引申上文之意，则陈诗以观民风。风俗有良窳。良者任其增胜，窳者必见所以然而为之检制。然后感以乐，以和其神。然则自然之治，固非徒以放纵为事也。

（四）中国社会以士大夫为骨干。士大夫以用世为主要出路。下焉者欲以势力富贵，骄其乡里。上焉者怀璧待价，存愿救世。然得志者入青云，失意者死穷巷。况且庸庸者显赫，高才者沉沦，遇合之难，志士所悲。汉末以来，奇才云兴，而政途坎坷，名士少有全者。得行其道，未必善终。老于沟壑，反为福果。故于天道之兴废，士人之出处，尤为魏晋人士之所留意。孔子曰"知天命"。《易》曰："天地盈虚，与时消息。"依儒家之义，时势之隆污乃归之于大运之否泰。若更加以道家之说，则天命之兴废，乃自然之推移。因是"用之则行，舍之则藏"，不但合于儒家之明哲保身，亦实即道家之顺乎自然。夫圣人本德足君人，而每不逢时在位。王氏释"子见南子"以为"犹文王之拘于羑里，盖天命之穷会也"。并曰：

> 否泰有命，我之所屈不用于世者，乃天命厌之，非人事所免也。

天道自然，兴废有期（参看五十知天命句，王氏《释疑》），非人事所能改易。圣人于此，亦顺而安之云耳。

夫盈虚消息之义，清谈人士之所服膺。辅嗣为玄宗之始，于此曾三致意。然其《易》注，于系遁乃曰"遁之为义宜远小人"。于肥遁则曰"超然绝志，心无疑顾"。于观之上九"圣人不在其位"则云"高尚其志，为天下所观"。于泰之九三"时将大变"则曰"居不失其正，故能无咎"。于乾之初九"潜龙勿用"则云"不为世俗所移易"。辅嗣于君子不遇之时，而特重其行义不屈。比于山涛之告嵇绍，不亦胜之远乎。盖玄风之始，虽崇自然，而犹严名教之大防。魏讽死难，汉室随亡。何晏被诛，曹祀将屋。清谈者，原笃于君父之大节，不愿如嵇绍之靦颜事仇也。王弼虽深知否泰有命，而未尝不劝人归于正。然则其形上学，虽属道家，而其于立身行事，实仍尚儒家之风骨也。

（原刊于《图书季刊》1943 年新 4 卷 1、2 合刊）

向郭义之庄周与孔子

《庄子》向秀、郭象二注之异同，近人多有论列。郭钞向注，其例至多。《秋水》、《至乐》子期亦似实未注。（《秋水篇》、《释文》所引，均出于向之《庄子音》。）则《世说》所载，非全诬枉。然据今所考，向、郭所用《庄子》版本，互有不同。而子玄之注不但文字上与向注有出入，其陈义亦有时似较子期圆到。则《晋书·向秀传》所谓郭因向注"述而广之"，固是事实。而向秀作注，自成一家，时人誉为庄周不死（《世说》注），依今所知，郭氏精义，似均源出向之《隐解》。虽尝述而广之，然根本论据，恐无差异。故《世说》曰："向、郭二《庄》，其义一也。"向、郭二《庄》，美言络绎，兹不能详，惟取其对于孔子、庄子之意见推论之。向秀称"周、孔穷神"。又言，"圣人穷理尽性"。（《难嵇叔夜养生论》）盖以孔子为圣人也。《大宗师》孔子曰："彼游方之外者也。丘游方之内者也。"郭注曰："未有极游外之致，而不冥于内者也。"又曰："圣人常游外以弘内。"则郭亦以孔子为圣人也。《庄子》郭注序文，是

否亦曾窃向之文不可知，但其旨似不相违。郭序曰："庄子者可谓知本
矣。"又曰，庄生"虽未体之，言则至矣"。此盖仅许其知言，为百家之
冠，然而未称之为圣人也。夫《天下篇》言庄子"与造物者游"，而祖
尚老、庄者，乃不许其为圣人。庄子绝圣弃智，非尧舜，薄汤武，而
向、郭乃持推尊孔子，且为之辩护。不亦甚可异乎？

郭序曰，《庄子》之书"明内圣外王之道"。向、郭之所以尊孔抑庄
者，盖由于此。内圣外王之义，郭注论之详矣。圣人无心玄应，惟感之
从。会通万物之性，而陶铸天下之化。顺万物之性分而正之，则物咸自
正。因人心之所欲亡而亡之，则人心不失。泛乎若不系之舟，东西之非
已也，无行而不与百姓共，故无往而不为天下之君。夫与物冥而无不
顺，心无为而过于为，天下遂以不治治之。(参看《逍遥游》、《齐物论》注)
故郭注曰："无心而任乎自化者，应为帝王也。"(《应帝王》注)由此言
之，则《庄子》养性之学，即治天下之术也。

然世之读《庄子》者，不知此义，而每多误解。(一)或以为尧舜
一日万几，即失性命之情。而不知尧舜"虽在庙堂之上，然其心无异在
山林之中。世岂识之哉？徒见其戴黄屋、佩玉玺，便谓足以缨绂其心
矣。见其历山川、同民事，便谓足以憔悴其神矣"。(《逍遥游》注)岂知
至足者不亏，而圣人之不以外伤内耶？(二)或贵无为之风，遂云"行
不如卧"。(《马蹄》注)而不知圣人治天下，顺自然而治，固非真不治
也。夫"无为之言，不可不察也。夫用天下者，亦有用之为耳。然自得
此为，率性而动，故谓之无为也"。(《天道》注)(三)或闻游乎方外之
叹，遂以为外天下者必离人。(《人间世》注圣不离人)不知外天下者，淡
然无系，泛然从众耳。卞随、务光以及许由、巢父固不得谓之外天下
也。(《让王》注)"若谓拱默乎山林之中，而得称无为者，此庄、老之谈
所以见弃于当涂"也。(《逍遥游》注)由此言之，士君子固须宅心玄虚，
而不必轻忽人事。《世说》载向子期举郡计入洛，文王引进问曰："闻君
有箕山之志，何以在此？"对曰："巢、许狷介之士，不足多慕。"说者
谓"向秀甘淡泊"，其入洛当别有理由，兹姑不论。但依郭注观之，子
期之言，亦因其平生主张如是也。(向氏《难养生论》有寡情欲，抑富贵，未
之敢许之言。《难养生论》与《庄子隐解》均作于子期入洛之前。)

内圣外王之义，乃向、郭解《庄》之整个看法，至为重要。且孔子
贵名教，老、庄崇自然。名教所以治天下，自然所以养性命。《庄子注》
之理想人格，合养性命、治天下为一事，以《逍遥游》、《齐物论》与

《应帝王》为一贯。于是自然名教乃相通而不相违。谢康乐《辨宗论》
云，"向子期以儒道为壹"，其关键或在此欤？《难养生论》以富贵关之自
然，则合名教自然之又一义，兹不赘。）又正心修身为治国平天下之本，黄
老原亦为君人南面之术。内圣外王本为中华最流行之政治理想。孟子之
对齐王，朱子之告宋帝，千古政论，奉此不坠。庄注所陈，亦非例外。
虽其内圣之德不同，治国之术亦有殊，然正陛下之心乃能正天下之心，
其说与儒家不异也。夫论自然名教相同，乃晋代之通说；圣王合一，乃
我国道德政治之原则。向、郭所论，亦此通说此原则之表现也。

《庄注》内圣外王之说既明，则郭象谓庄生非圣人之言，乃有据。
夫圣王穷神而能兼化，以不治治天下。庄子并未兼化，自亦未足以语穷
神。庄子既未能化洽天下，自亦未跻于不治。反之，则兼化者穷神，治
天下者必已神于不治，则尧、舜、孔子其人矣。郭象对于庄子未以理想
人格许之，因依其学说固有所不足也。盖庄子仅知圣知本耳，于为圣人
则有所不及。圣人暗与理会，以化为体。身游乎玄冥，而德洽百姓。知
圣知本者，言能与理相应，而未体道。只足以知天，而未尝能治人。故
郭序评蒙叟曰，"应而非会，则虽当无用。言非物事，则虽高不行"也。

复次，郭序曰，庄子"未始藏其狂言"。盖体道者，则藏其狂言。
至道唯在自得，非言之所得。狂言虽为至言，然至道何用言乎？《知北
游》注）向秀曰："至人其动也天，其静也地。其行也水流，其湛也渊
嘿。"《列子·黄帝篇》注。）郭象曰，尧舜"非修之也。万物自无为而治。
若天之自高，地之自厚，日月之明，云行雨施而已"。《论语》皇疏卷七，
"修己以安百姓尧舜其犹病诸"注。）故圣王"凄然似秋，暖然似春"。《大宗
师》）"暖焉若春阳之自和，故蒙泽者不谢。凄乎若秋霜之自降，故雕落
者不怨。"《大宗师》郭注）"生而非惠，则赏者自得。戮而非怒，则罚者
自刑。"（支遁《上哀帝书》语，支此意与向、郭同得之于《庄子》。）盖"物有
自然，理有至极，循而直往，则冥然自合"，无所用于言也。《齐物论》
注）天无言而四时成，尧无言而天下治。庄子言之，而天下未见其治
也。故郭序评庄子又曰："与夫寂然不动不得已而后起者，固有间矣。"
圣人法天之无言，体至一之宅，而会乎必然之符。《人间世》"一宅而寓于
不得已"注，又《刻意》注曰，"任理而起，吾不得已也。"）既任乎必然之极，
则天下自安矣。《在宥篇》"君子不得已而临莅天下"注）若庄子者言虽至矣
（郭序），而未能任自然之极。然则何能有君人之德，不得已而临天下，
教泽自被于百姓哉？

　　郭子玄论庄子之人格，与王辅嗣评老、庄之言，实颇相同。《世说》云：

> 　　王辅嗣弱冠，诣裴徽。徽问曰："夫无者，诚万物之所资。圣人莫肯致言，而老子申之无已，何邪？"弼曰："圣人体无，无又不足以训，故言必及有。老、庄未免于有，恒训其所不足。"

此言圣人体无，于无反莫肯致言。老庄于体无则有所不足，乃申之无已，而发为狂言。郭序称，心无为者，则"言唯谨尔"（用《论语》句，本指孔子），未体化者，则"游谈于方外"（《庄子》）。王曰，言及有，乃足以训。郭曰，言非物事，虽高不行。郭说与王弼论圣人与老、庄之不同，实无有异也。又孔子固亦王辅嗣之圣人也。《论语》"子曰，予欲无言"。王弼曰："子欲无言，盖欲明本，举本统末以示物于极者也。"修本者废言，则天以行化。（《皇疏》九）圣人无言，亦王与向、郭之所同意。由是观之，则不肯致言，正明孔子之所以为圣。而申之无已，亦直显老、庄之未及于圣也。

　　复次，汉代儒家已称独尊。班固人表列孔子为圣人，与尧、舜、禹、汤、文、武相同。老子则仅在中人以上。庄子且在中人以下。圣人以儒家之理想为主，而老、庄乃不及圣人。此类品评，几为学术界之公论。及至汉末以后，中华学术渐变，祖尚老、庄。然王辅嗣仍言孔子圣而体无，老、庄未免于有。何晏曰："鬻庄躯放玄虚，而不周于时变。"（王坦之《废庄论》）《文章叙录》云："自儒者论以老子非圣人，绝礼弃学，晏说与圣人同。"（《世说》注）盖王、何旧说，皆以为老不及圣。（《弘明集》周颙致张融书语）庄子人格或且下于老子。但依王、何之学，孔子之所以为圣，在于体无。而老子恒言虚无，故与圣学同。留儒家孔子圣人之位，而内容则充以老、庄之学说。学术宗尚，已趋于新义。而人物评价，则仍旧说。向秀、郭象继承王、何之旨，发明外王内圣之论。内圣亦外王，而名教乃合于自然。外王必内圣，而老、庄乃为本，儒家为末矣。故依向、郭之义，圣人之名（如尧、舜等）虽仍承炎汉之旧评，圣人之实则已纯依魏晋之新学也。

　　虽然，考《庄子》之书，旧评之与新学似有牴牾，不可不察也。老、庄绝圣弃知，鄙薄仁义，毁弃礼乐，而不满于尧、舜、禹、汤、孔子之论，尤常见于庄生之书。然则欲阳存儒家圣人之名，而阴明道家圣人之实者，文义上殊多困难，必须加以解答。依《庄子》郭注，其解有二。一为方法之解答。一为理论之解答。

　　方法之解答为何？寄言显意之义是矣。魏、晋之际，言意关系问题之讨论甚盛。其说约有三。一，言不尽意。（语出《周易·系辞》）当代之士，"通才达识，咸以为然"。（欧阳建《言尽意论》，《艺文类聚》十九。）二，言尽意。欧阳坚石主之，东晋人士，如王茂弘尝道之。（《世说》）三，王辅嗣注《易》反对汉人象数之学，乃申引《庄子·外物篇》之言，称言以尽象，得象则忘言。象以尽意，得意则忘象。因言之所明者象，若已得象，应不存言。象之所表者意，若已得意，应不存象。犹蹄者所以在兔，得兔则忘蹄。筌者所以在鱼，得鱼者忘筌。（《易例·明象章》）此说介乎上二说之中。一方主"尽意莫若象，尽象莫若言"。一方主因言象者象意之代表，故"得意在忘象，得象在忘言"。因此言象非不可用，要唯能得其所表者与否。若滞于文义而不得其所表，则失之远矣。郭象注《庄》，用辅嗣之说。以为意寄于言，寄言所以出意。人宜善会文意，"忘言以寻其所况"。（《逍遥游》注）读《庄子》者最好方法，要当善会其皆归，而不滞文以害意。《庄子》辞多不经，难求其解。然齐谐志怪之言，不必深求。支遁通《逍遥游》曰："庄子建言大道，而寄旨鹏鷃。"（由此可见，道林注《庄》亦采子玄之法。）鹏鷃之状，无须曲与生说。但当录其论大道之意，乃不害其弘旨。至若书中毁圣贤之处，子玄力言均当善会其义，而不必滞于文。故曰："夫庄子推平于天下，故每寄言以出意，乃毁仲尼，贱老聃，上掊击乎三皇，下痛病其一身也。"（《山木》注，一身谓庄子）按寄言之说郭注用以解书中不经处甚少。而用之以释绝圣弃知处则其例甚多（兹不赘述）。是此种读《庄》方法，谓因欲解答上述圣人名实问题，而子玄乃用之，固亦可也。

　　理论之解答为何？圣人之迹之义是矣。圣人者有内有外，有本有末。外末者圣人之迹，内本者圣人之所以迹。圣人举本统末，真体起用。废体而存用，则用非其用。忘本而逐末，则本失其真。必不可也。故曰，所以迹为"父"（《天地》注）为"真性"（《天运》注）。迹为"容"（外表也，《天地》注）为"名"（《在宥》注）。徒彰其名，仿佛其容，而忘父，忘真性，必不可也。夫圣人神于齐物，故应为帝王。《齐物论》言无心。循顺自然，玄同彼我。与物无对，任而不助。旷然无累，与物俱化，而无所不应。（一）与物俱化，则任天下之自能，而各当其分，放万物之自尔，而各反其极。所谓圣人无心，与物冥也。（二）无所不应者，因时变不一，故感应无方。无成见，无执著。务自来，而理自应。随其分，故所施无常。所谓圣人无心，随感而应也。（上文多出《齐物论》

注）"物有自然，理有至极，循而直往，则冥然自合。"此谓与物冥，则随感而应也。与物冥者，与变化为一。随感应者，因物之自行。与变化为一，则无所不忘，而忘其所以迹。（《大宗师》注）因物之自行，非有心以扇仁义之风，故亦可曰圣人无迹。（《让王》注）虽然，圣人固可谓无迹矣。"顾自然之理，行则影从，言则响随。顺物而遗名迹，而名迹自立。"（《德充符》注）非为仁，而仁迹行。非为义，而义功见。（《骈拇》注）举本统末，固未尝无末。真体起用，而未尝无用。然世人则仅见其外用，而昧于内体。徒见仁义之迹，而忘其所以迹。忘其所以迹，则拘拘于圣人之名，彰扬圣人之迹，以号召天下。弊弊然伤性，哼哼然乱国。而不知其所效法追求者，仅虚影空响耳。今夫圣王以下之治天下也，乃以迹求治，而忘圣人之所以迹也。夫如是，则离体言用。离体之用，则所谓用者非用也，直死物耳，假象耳。与圣人之真性无干也。
（一）迹者死物，乃前人所遗留。时移势异，礼法宜变，礼法不适时，则已去之物，非应变之具。（《胠箧》注）由此背今向古，舍己效人。胡能随感而应耶？（参看《释文》引《胠箧》向秀注首二段，正具此意。）（二）迹者假象，乃事功之可见者。夫与物无对，泯然与天下为一，任物之自明，付人之自得。若不任自然，而画地设禁，使人从己，则胡能与物冥耶？《人间世》注）夫舍己效人，则逐物而丧真。使人从己，则作伪而好知。日日言法圣人，而忘圣人之所为圣人也。于是仁义之途，是非之端，纷然为大盗所利用。六经之文，古圣之名，俨然为奸雄所表章。此岂真圣人之过哉？用之不得其人耳。《释文》引向子期《胠箧篇》注曰，"苟非其人，虽法无益"，正指此也。

由上所述之义言之，庄子绝圣弃知之言，盖可解矣。庄子毁仲尼，鄙仁义，均斥常人之弃本逐末，舍己芸人者耳。其论及尧、舜、汤、武，固只寄言出义，而未尝有毁之之意也。夫尧、舜、汤、武者，非徒帝王之名，亦必有其神人之实也。（《逍遥游》注，参看《在宥》注。）必须内为神人，乃外为圣人。无神人之实，而求法圣人之迹（此即不崇自然，而空谈名教），则未尝可治天下也。故郭注圣人之迹一义，固与内圣外王说一贯也。

虽然，犹有疑问也。由上所言，尧、舜有神人之实，而天下治，则自为内圣外王。至若孔子有神人之实，而不居帝王之位，则胡能为圣人乎？此难，郭注想必用素王之义以释之。《天道篇》注曰："有其道为天下所归而无其爵者，所谓素王自贵也。"夫圣人则天行化，与物无不冥。

（《德充符》注云，仲尼非不冥也。）虽无其爵，而能体化应务，则亦圣王也。郭子玄曰："圣人常游外以弘内，无心以顺有。故虽终日挥形，而神气无变。俯仰万机，而淡然自若。"此乃陈述内圣外王之道，而意亦指仲尼也。又此注系释孔子答子贡之言，见于《大宗师》。夫大哉孔子，固天下所宗师，而应为帝王者也。

（原刊于 1940 年《国立北京大学四十周年纪念论文集》）

谢灵运《辨宗论》书后

谢康乐具文学上之天才，而于哲理则不过依傍道生，实无任何"孤明先发"之处。惟其所著《辨宗论》（在《广弘明集》中），虽本文不及二百字，而其中提出孔释之不同，折中以新论道士（道生）之说，则在中国中古思想史上显示一极重要之事实。似不能不加以表章，然此事牵涉颇广，今仅能略发其端耳。

《辨宗论》者旨在辨"求宗之悟"，宗者"体"之旧称，"求宗"犹言"证体"。此论盖在辨证体之方，易言之即成佛之道或作圣之道也。此中含有二问题：一、佛是否可成，圣是否可至；二、佛如何成，圣如何至。

世传程伊川作《颜子所好何学论》，胡安定见而大惊。伊川立论为安定赏识者果何在，颇难断定。但伊川意谓此学乃圣人之学，而好学即在成圣人也。夫"人皆可以为尧舜"乃先秦已有之理想。谓学以成圣似无何可惊之处。但就中国思想之变迁前后比较言之，则宋学精神在谓圣人可至，而且可学；魏晋玄谈盖多谓圣人不可至不能学；隋唐则颇流行圣人可至而不能学（顿悟乃成圣）之说。伊川作论适当宋学之初起，其时尚多言圣人可至而不能学。伊川立论反其所言，安定之惊或亦在此。而谢康乐之论成于晋亡之后，其时正为圣人是否可至、如何能学问题争辩甚烈之时，谢侯采生公之说，分别孔释，折中立言以解决此一难题，显示魏晋思想之一转变，而下接隋唐禅门之学，故论文虽简，而诏示于吾人者甚大也。

谓圣人不可至不能学，盖在汉代已为颇流行之说。《汉书·人表》称"生而知之者上也"，而圣人则固居于上上，《白虎通》王者"虽有自然之性，必立师传焉"（《辟雍》），《论衡》载儒者立论"圣人不学自知"，贤者所不及，盖"圣人卓绝与贤者殊也"。（见《实知篇》）此说与谶纬神仙有关。王充虽不信儒者所论，但亦尝言圣凡均因"初禀"，又虽谓圣可学，但神则不可学，此所谓神略当道术之仙，嵇康已谓仙人"非积学所能致"（《养生论》），而读《抱朴子》已见仙人禀异气，仙人有种诸说。至若玄学则当推王弼、郭象为领袖，王辅嗣著论曰"圣人茂于人者神明也"，郭子玄注《庄》曰"学圣人者学圣人之迹"。引申二公之说，自可及圣人不可学不能至之结论。盖玄学者玄远之学，谈玄远之与人事本出于汉代天人之际（何平叔誉王辅嗣"可与言天人之际"）。大体言之，在魏晋之学"天"为"人"之所追求憧憬，永不过为一理想。天道盈虚消息永为人力所不能挽（清谈人生故归结常为无可奈何而安之若命）。圣道仰高钻坚，永为凡人之所不能及。谓圣人既不能学，自不可至，固必为颇风行之学说也。

《辨宗论》曰："孔氏之论，圣道既妙，虽颜殆庶。"盖谓儒家立义凡圣绝殊，妙道弥高弥坚，凡人所不能至，即颜回大贤亦殆几为圣人，而固非圣人也。

世言玄学出于老、庄，而清谈者固未尝自外于儒教，故其说经，常见圣人不可学且不能至之理论。《论语集解》皇疏集魏晋玄谈之大成，其《学而第一》下疏曰：

> 言降圣以下皆须学成。

夫《法言》、《学行》第一，《潜夫论·赞学》居首，均明言圣人可学而至。《皇疏》于《论语》开宗明义所言，依全书陈义观之，则圣固不与于学成之列。道家本主绝圣弃智，而经玄学家之引申则谓圣人卓绝与凡人殊类也。圣人既不可学，然《学而》乃居第一者，盖所以劝教，所以勉励凡人也。故《志学章》疏曰：

> 此章明孔子隐圣同凡……皆所以劝物也。

又引李充曰：

> 诱之形器，为教之例，在乎兹矣。

又引孙绰曰：

> 勉学之至言。

此与《中人以上章》疏曰：

> 圣人不须教也。

《我非生知章》疏曰：

> 孔子谦以同物，自同常教。

盖同依寄言出意之原则以解经。经中虽常言学，而意在劝教，若圣人则固非学能也。

又王辅嗣以下多主圣人知几故能无过，贤人庶几只不二过，《论语》谓颜子不迁怒不二过，盖明示其天分仅止于大贤（亚圣），故此章《皇疏》曰：

> 云不迁怒者，此举颜回好学分满，所得之功也。

据此，颜子好学，其所得者只庶几为圣而终不及圣。观乎此类言论，则伊川著论谓颜子学为圣人，不诚为可惊之说乎？颜子既分只大贤，则《论语》载其言仰高钻坚亦因之而甚易了解。盖颜子虽好学而自知其分际，凡圣悬隔，非可强致，故晋代玄学名家孙绰曰：

> 夫有限之高，虽嵩岱可陵，有形之坚，虽金石可钻……绝域之高坚，未可以力致也。（参看《皇疏》五并引江熙之言）

《思不如学章》皇疏曰：

> 夫思而后通，习而后能者，百姓皆然也……故谓圣人亦必勤思而力学，此百姓之情也，故用其情以教之。

此盖引郭象之言，子玄之意谓经虽明言孔子亦学，但意亦在劝教，百姓虽须学，但圣人固无所谓学，此章盖亦方便立言，非谓圣人因学而至也。

> 附注——前年与友人冯芝生先生谈圣人不可学致乃魏晋之通说，冯先生疑之，并引《庄子·大宗师》七日九日之文，而谓既有阶级则自须学。但郭象注庄名家，据上文则因谓圣人与百姓不同（郭氏对此整个学说为何兹不具述）。而魏晋人注疏，亦不似现代系统论文之分析详尽。实则学有阶级与圣非学至并不冲突。盖学固可有阶级，而圣则卓绝居阶级之外也。此本为当时之一问题，《辨宗论》问答中已经提出。

《辨宗论》曰："释氏之论，圣道虽远，积学能至。"盖释教修持，目标本在成佛（或罗汉），而修持方法择灭烦恼循序渐进。小乘之三道四果，大乘之十住十地，致圣之道似道阻且长，然其能到达目标固无疑也。佛教自入中国以后本列于道术之林，汉魏间仙是否可学亦为学者聚讼之点，晋《抱朴子》论之甚详，葛洪本意则认为成仙虽有命，但亦学而能至。由汉至晋佛徒亦莫不信修练无为必能成佛也。实则如不能成佛，绝超凡入圣之路，则佛教根本失其作用。汉晋间释氏主积学至圣，文证甚多，但姑不征引。

总上所言，汉魏以来关于圣人理想之讨论有二大问题：（一）圣是否可成，（二）圣如何可以至。而在当时中国学术之二大传统立说大体不同，中国传统（谢论所谓孔氏）谓圣人不可学不可至；印度传统（谢论所谓释氏）圣人可学亦可至。学术界二说并立相违似无法调和，常使人徘徊歧路堕入迷惘，故《世说新语·文学篇》曰：

> 佛经以为祛练神明则圣人可致（此叙印度传统），简文云，不知便可登峰造极不？（此似据中国传统立说不同而生疑）然陶练之功尚不可诬。

二大传统因流行愈久而其间之冲突日趋明朗。学人之高识沉思者，自了然于二说之不一致，故简文发问疑之于前，康乐作论明示于后。而在此时亦正因佛经一阐提成佛义出而争论极烈。印度佛教本有立种姓义者，依此义则超凡入圣亦可谓有不可能。晋末六卷《泥洹经》出，乃明载一阐提不能成佛之说，印度传统中乃起一异说，但竺道生精思绝伦，"孤明先发"，根据法体之贞一（《辨宗论》谓理归一极），力驳此说之妄伪。谓佛性乃群生之真性，一阐提乃属群生，何得独无佛性。一阐提既同具佛性自得成佛，故当东晋末叶印度传统中有一部分人士违背圣人可学可至之宗义，经道生精辟之立张，加以《涅槃》新经之明证，而印度立说乃维持其原来所立之宗义。晋末因印度传统既生波动，而整个问题（即上述之两项）益为学人所注意，竺道生大顿悟义原在求本问题之总解决。谢灵运《辨宗论》述其旨，立言简要，拈出二大传统之不同，而建树一折中之新义。关于整个问题之解决或可分为四句：

一、圣人不可学不可至，此乃中国传统。

二、圣人可学可至，此乃印度传统。

三、圣人可学不可至，此说无理不能成立。

四、圣人不可学但能至，此乃《辨宗论》述生公之新说，所谓"闭其累学"、"取其能至"是也。

梁释僧旻曰"宋世贵道生，顿悟以通经"，盖一阐提成佛乃经中之滞义，生公立大顿悟本为此滞疑之解决，而且魏晋学术之二大异说亦依此而调和，则生公之可贵岂独在通经耶？抑亦在将当时义学之迷惘一举而廓清之也。

竺道生曰，成佛由于顿悟，谢康乐曰，得道应需慧业，故成圣者固不由学也。然谓圣人能至而不可学。欲知其立说之由来，亦当明了魏晋学人之所谓学果含何义。当时学字之意义，实应详加研讨，大要言之，相关之意义约有四：

一、学者乃造为。道家任自然无为无造。鹤胫虽长断之则悲，凫胫虽短续之则忧。玄学弃智，用人之聪明为其所不取。王弼曰"智慧自备为则伪也"，郭象曰"任之而理自至"。夫"学"者即谓有所欲为，则圣人德合自然，应不能学，此其一。

二、"学"者效也，乃由教，由外铄。《论语集解》何晏曰"学自外入"，《皇疏》引谬协曰"学自外来，非复内足"。夫圣人神明自茂，反身而诚。故《皇疏》三有曰"圣人不须教也"。《涅槃集解》引僧亮（刘宋初人）曰"无师自悟是觉义"。佛本大觉，应无所谓学。此其二。

三、学者渐进，累积而有成。孔子"志学"、"而立"之差，佛家十地四果之阶，均以示学之程序。鸠摩罗什曰："能积善果功自致成佛。"然理归一极，法本无妄，以不可妄之法，不可分之理，而谓能渐灭虚妄，由分至全者，是不通之论。是则证体成佛自须顿得，不容有阶差，自亦无所谓学，此其三。

四、学者由于不足。不自足乃有所谓学。然王弼曰物皆得一以成，则群有均不离道；郭象曰物皆适性为逍遥，则万物本不假外求。然则众生本皆自足，人皆可圣，亦不需学，此其四。

综上四者，圣人不须教，佛为无学道，则作圣成佛果何因乎？竺道生乃提出顿悟学说，其说余已别详，兹姑不赘。当时学说之二大传统依上所陈各有是非：中国传统谓圣不能至固非，而圣不能学则是。印度传统谓圣可至固是，而圣能学则非。

生公去二方之非，取二方之是，而立顿悟之说，谓圣人可至，但非由积学所成要在顿得自悟也。自此以后，成圣成佛乃不仅为一永不可至之理想，而为众生均可企及之人格。神会和尚曰："世间不思议事为布衣登九五，出世间不思议事为立地成佛。"实则成佛之事，在魏晋玄谈几不可能，非徒不可思议也。自生公以后，超凡入圣，当下即是，不须远求，因而玄远之学乃转一新方向，由禅宗而下接宋明之学，此中虽经过久长，然生公立此新义实此变迁之大关键也。

康乐承生公之说作《辨宗论》，提示当时学说二大传统之不同，而

指明新论乃二说之调和。其作用不啻在宣告圣人之可至，而为伊川谓
"学"乃以至圣人学说之先河。则此论在历史上有甚重要之意义盖可
知矣。

（原刊于天津《大公报·文史周刊》1946 年 10 月 23 日）

附录：魏晋思想的发展

在讨论魏晋思想的发展以前，首先要申明的是：这儿所谓"魏晋思想"，是就这个时代的"普通思想"或"一般思潮"来说，虽然哲学理论在此中甚关重要，但现在并不打算作专门的探讨；再，我仅仅要来讲明这个"时代思潮"发展的经过，事实上只能提出些大的结论，因为此种结论的前提或考证，牵涉太多，这中间各方面复杂的关系，不是在这短时内所能说明的，所以只得从略了。

讲到魏晋时代的"普通思想"，它在某些方面可以有跟别的时代相同的地方，但是本文特别注意的不是这些方面，反而却自魏晋时代不同于别的时代的地方着眼，换句话说，即在讲明魏晋时代所以成为魏晋时的思想。其它只好不谈。关于"魏晋思想的发展"，根据问题的性质，随同论证的转移，为了说明的方便，分以下三大段来讨论。

一、魏晋时代思想的成分

这个时代，各派思想同时进行不同的组合，要对于这些的面目都有清楚的认识，那是难的。好在这里只提出那主要的"潮流"来讨论，也就是选取那足以代表这"时代思想"的成分来讨论，看它们彼此消长的情势，再进一步的推论这个思潮如何生成与发展的意义。讲到魏晋时代思想特别成分，当然要涉及外来宗教的侵入，或印度佛教的流布。因此这种因素，此后在思想界发生了重大的影响。普通又多称这个时代我国思想的主潮是"玄学"。那么可以成为问题的就是：（一）玄学的产生是否受佛学的影响？（二）魏晋思想在理论上与佛学的关系如何？——或是这种外来的宗教何以能为中华人士所接受？要回答上面的两个问题，我们非得先明了魏晋时代特有思想（玄学）生成和发展不可。这样，必须等本文写到最后部分时再行答复。

魏晋时代思想界颇为复杂，表面上好像没有什么确切的"路数"，但是，我们大体上仍然可以看出其中有两个方向，或两种趋势，即一方面是守旧的，另一方面是趋新的。前者以汉代主要学说的中心思想为根据，

后者便是魏晋新学。我们以下不妨简称"旧学"与"新学"的两派。"新学"就是通常所谓玄学。当时"旧学"的人们或自称"儒道"……其实思想皆是本于阴阳五行的"间架",宇宙论多半是承袭汉代人的旧说;"新学"则用老庄"虚无之论"作基础,关于宇宙人生各方面另有根本上新的见解。

汉朝末年,中原大乱,上层社会的人士多有避难南来,比较偏于保守的人们大概仍留居在北方。所以"新学"最盛的地方在荆州和江东一带,至于关中、洛阳乃至燕、齐各处,仍是"旧学"占优势的地方。后来曹操一度大军南下,曾带领一部学者北归,于是荆州名士再到洛下。但是不久,因为这般人很不满意曹氏父子的"功业",意见不投,多被摧残。此后司马氏又存心要学曹家篡夺的故技,名士更多有遇害的。但在这时节,北地"新学"已种下深根,因此"玄学"的发祥地实在北方,虽然再后因为政局的不宁和其它关系,名士接踵不断的南下,但也并不因此可以说北方根本没有"新学"了。要到西晋以后,"新学"乃特盛行江左。这样,晋朝末年的思想,南北新旧之分,真可算判然两途了。因此南朝北朝的名称,不仅是属于历史上政治的区划,也成为思想上的分野了。这种风气的影响不仅及于我国固有学术的面目,就是南北佛教因为地域的关系也一致的表现了不同的精神。最后,北朝统一中国,下开隋唐学术一统的局面,因此隋唐的学风尚是遵循北朝的旧辙,不过也受了南朝思想的洗礼,看出来影响是不小罢了。所以魏晋时代思想的成分,无论"新"、"旧"哪方面造成的后果,在我国思想史上,都是极重要的。

二、魏晋玄学之发生与长成

从上段讲来,我们可以明白魏晋时代特有的思想,即所以成为魏晋时代者,当然是前节所谓"新学"的一方面了。现在准备更进一步地来说明这种"新学"如何发生与长成的事实。我不打算从历史上实际政治的影响等去分析这个时代的背景,当作思潮发生的原因,却想专就这个"思潮"的本身来试行解剖,魏晋时代"一般思想"的中心问题为:"理想的圣人之人格究竟应该怎样?"因此而有"自然"与"名教"之辨。

汉代学者多讲所谓"天人相应"之学,其时特别注重"天道"的著作,如扬子云的《太玄》,桓谭说:"扬雄作玄书《太玄》,以为玄者天也道也,言圣贤制法作事,皆引天道以为本统,而因附属万类王政人事法度。……"(《后汉书·张衡传》注)此外,汉以前的书,《周易》最言

"天道"，所以汉末谈"天道"的人们，都奉《易经》作典要，其实"魏晋玄学"早期所推重的书，又何尝不是《周易》呢？因为那时《周易》是"正经"，《老》、《庄》才不过是"诸子"罢了。

说到三国时的《易》学。按照地域思想的不同，我想大略可分三项：

（甲）江东一带，以虞翻、陆绩等人作代表。

（乙）荆州，以宋忠等为代表。

（丙）北方，以郑玄、荀融等人为代表。

就中荆州一派见解最新，江东一带也颇受这种新经义的影响，北派最旧，大多传习汉儒的"象数"。当时讲《易经》的又多同时注意《太玄》。宋忠对扬子《太玄》、《法言》两书，素称名家。虞翻、陆绩辈既是《易》学专门，也都诵习《太玄》，可以为证。何晏、王弼史书推论他们是"玄宗之祖"，两人皆深于《易》学，更是不用说了。相传何晏与管辂讨论过《易》学（见《三国志·管辂传》），荀融作文反对王弼的新说。按王弼是王粲的侄孙，王粲曾为刘表重视，据云并有驳斥郑康成旧说的事，王弼实际就是上承荆州一派《易》学"新经义"的大师，荀氏又属当时汉《易》的世家，由此可见这时《易》学各派相互情势的大概了。

此外，约在魏文帝的时候北方风行的思想主要的是本于"形名之学"（形名或作刑名，省称名家），即特别偏重于人事政治方面（名教）的讨论。这个"名家"的根本理论是"名实之辨"，所以跟传统儒家与法家的学说，均有可以相通的地方，因为儒家讲"正名"，法家也论"综核名实"，问题的性质都很接近。又按名家之学本是根源于汉代的政治思想，人君有最大的两种任务：第一是要设官分职，安排官职恰如应有之位分，使"名实相符"。第二是人君应有知人之明，量才授官，认得如何样的人能做如何样的事。这样汉代月旦人物的流风，即是对于人物的评论，叫作"名论"，又叫作"名目"，所有政治上施设，都系于职官名分的适宜，人物名目的得当，这是致太平的基础，此与礼乐等总称之曰"名教"。照那种政论推论下来，人君在上须是能够观照全体；臣民在下，职务应该各有其分。君主无为，臣民有为，因为人君果能设官分职，官当其分，量才授职，人尽所能，此外他便没有个人特别的任务，此即所谓"无为而无不为"，如是即"垂拱而治"了。人君要能够这样，当时便说是合乎"道"或"天道"，故可以说人君是"道体"，并以"配天"。臣下只是各得其分，各尽所职，便谓是"器"或"形器"，又可以说是"器用"。这在表示功能各有不同。《易经·系辞》说："形而上者谓之道，形而下者谓之器。"这句话中"形上"与"形下"的分别，在当时便有如此的解说。根据前人的记载，汉末三国时学者，多作有所谓"道德论"的文章，我们参照别方面的意见，可以明了他们当时所谓"道德"，跟现在一般人通常所了解的含义不相同，一方面范围较广，再则"道"、"德"二字尚属相对并称，不像目前连用作一辞。如王弼注《老子》据说分"道经"与"德经"，可以为例。讨论的问题也就是"天人之际"，如《世说·文学篇》载有这样一段故事，说："何平叔（晏）注老子始成，诣王辅嗣（弼），见王注精奇，乃神伏曰：若斯人可与论天人之际矣，因以所注为道德二论。"这所谓"道德论"讨论的即是"天人之际"，也可以同上面的解释一致，即是说人君为"道"配"天"，臣下有"德"为"人"，"道德"两字在意义上等于"天人"，故"天"、"道"不可名状，"人"、"德"可以言说。《老子》书言："道可道，非常道；名可名，非常名。"这话固然有其形上学的解释，但是人君合乎道，百姓与能，臣民分职，各具德性，所以人君无名无为，臣民有名有为，《老子》开始的两句也可牵合于政治，形上学原可作政论的基础，即在思想上本可拉在一起。因此在理论上，当时的"形名之学"，不仅是跟法家、儒家有关，且与道家相通了。所以名家后来竟变成道家。王弼的思想就是一个好例。君主与臣下的关系，如上所述，在理论上，即是"道"与"器"的对立，"天"、"人"，"道"、"德"的不同，乃至"常道"、"可道"，"有名"、"无名"的分别也可以这样去解释。概括地说，不就是"名教"与"自然"之辨的问题吗？因为人君的"用"在行"名教"来治理天下，而以"天道"或"自然"去配比"君德"，这样君体"自然"，也就是以"自然"为"体"，"名教"为"用"了。我想魏晋时代道家之学兴起的主要原因，在思想的本质上大略是如此。

"名家"之学的中心思想重在"知人善任"。因为汉朝政府用人是采取"察举之制"的，社会上的"名目"，即是一般人的"评论"，早成为进身的阶梯、做官的捷径了。但是对于人物的批评是很难的，往往"差若毫厘，谬以千里"。因为有的看来平庸，实在有才能，也有真是"大智"倒像愚人似的。所以"相人"应该注意到他的全面，重神而不重貌，有时实在"可以意会，不得言传"。这样，当时便流行一种所谓"言意关系"的讨论，好些人并常提出不同的见解，其中"得意忘言"

之说后来发生重大影响，进一步，应用这个原理评判一切，而当代思想的大问题——"自然与名教之争"也依之"裁判"了。因为体"自然"者才可以得意，拘于"名教"者实未尝忘言。王弼解《易》主张"得意"，他在《略例·明象章》说："夫象者出意者也，言者明象者也……是故存言者非得象者也，存象者非得意者也。"王弼采取这一个新的办法，就是用"寄言出意"的理论作根据，鄙视汉代"象数之学"，抛弃阴阳五行等旧说的传统，我国学术由此而发生重大的变化，王弼因此奠定魏晋"新学"（玄学）的基础。

根据以上所说，可知"新学"（玄学）的生成有两个主要因素：（一）研究《周易》、《太玄》等而发展出的一种"天道观"；（二）是当代偏于人事政治方面的思想，如现存刘邵《人物志》一类那时所谓"形名"派的理论，并融合三国时流行的各家之学。上述二者才是"玄学"所以成为魏晋时代特有思想的根源。而"自然"与"名教"之辨以至体用本末的关系，以及"最理想的圣人的人格应该是如何"的讨论，都成为最重要的问题、"新学"的骨干了。因为上接《周易》、《太玄》的思想，下合名、法、儒、道各家，都以这个问题作线索贯串起来的，也可说"新学"之所以能成为"新学"的创造部分，就在对这问题探讨的成绩所给与过去各家学术思想一个新的组合，或构成了某种新的联系使魏晋时代的思想表现特殊的精神。"新学"人们的结论是圣人方可以治天下，所谓"圣人"者，以"自然"为体，与"道"同极，"无为而无不为"。这种"圣人"的观念，从意义上讲，便是以老庄（自然）为体，儒学（名教）为用。道家（老庄）因此风行天下，魏晋"新学"（玄学）随着长成了。

三、魏晋思想的演变

三国以来的学者，在"名教"与"自然"之辨的前提下，虽然一致推崇"自然"，但是对于"名教"的态度并不完全相同。我们此刻不妨把一派称作"温和派"，另一派名为"激烈派"。前者虽不怎样特别看重"名教"，但也并不公开主张废弃"礼法"，如王弼、何晏等人可为代表。他们本出于礼教家庭，早读儒书，所推崇而且常研习的经典是《周易》、《老子》。后派则彻底反对"名教"，思想比较显着浪漫的色彩，完全表现一种《庄子》学的精神，其立言行事像阮籍、嵇康等人可为好例。西晋元康年间（291—299），"激烈派"在社会各方面发生较大的影响，流为风尚，以后一般人多痛心那批"效颦狂生"的行径，忘本逐末，"放"

而不"达"。因此对于"温和派"的精密思想体系也多误认为完全蔑弃"名教"了。其实当代名士对于"激烈派"的种种行为也有表示不满意的,例如乐广,《晋书》本传载:"是时王澄、胡毋辅之等皆以任放为达,或至裸体者,广闻而笑之曰:名教内自有乐地,何必乃尔!"乐广这种感慨是说名教本合乎自然,其中自有乐地,弃名教而任自然,是有体无用,也是不对的,所以乐令公(广)的话并不是特别推崇"名教",其思想还是本于玄学。再如裴頠,后人说他是"深患时俗放荡",作《崇有论》"以释其弊"。(详《晋书》本传)然其理论更是玄学的,大意在说不可去"有"以存"无",弃"用"来谈"体"。史书载称裴頠本是善谈"名理"的人,即可表示他是正统的玄学家,因为玄学的理论,原是上承魏初"名家"思想变来的。晚期戴逵作有《放达为非道论》,我想还是"温和派"思想影响下的余波。

向秀、郭象二人,确是这个时代杰出的人才,他俩的《庄子注》可算玄学中第一等名作。但是他们的思想,实是上承王(弼)、何(晏)等人"温和派"的态度,不过在理论的体系上,王、何"贵无",向、郭"崇有",形上学的根据方面有些两样罢了。因为向(秀)、郭(象)两人也是主张"自然"同"名教"不是冲突或对立的。但是《庄子》书中好些字面上诋毁"孔儒"的话,来作反驳"名教"的口实。向、郭就是想加以矫正,给《庄子》这书一个新的解释,应用"寄言出意"的理论,从根本上去调合孔老(或儒道)两家的冲突,即是进行取消"自然"与"名教"的对立。向、郭这种用意,在他俩的《庄子注》中随处可见,我想不用特为引证了。谢灵运在《辨宗论》上有句话,说"向子期(秀)以儒道为壹",指的正是。《世说·文学篇》谓:"初注《庄子》者数十家,莫能究其旨要,向秀于旧注外为解义,妙析奇致,大畅玄风。"《晋书》本传竟说他的《庄子注》出世,"儒墨之迹见鄙,道家之言遂盛"了。我想当时放任派的人,自以为有契于庄生,因而《庄子》一书几成为不经世务不守礼法者的经典;但向郭《庄子注》上承王(弼)、何(晏)等人温和派的态度,对于《庄子》,主张齐一儒道,任自然而不废名教,乃当时旧解外的一种新的看法。他们这个创见,以《庄子注》中圣人观念为焦点;他们推尊孔子为圣人,发挥"自然"与"名教"不可分离的思想。郭象在他的《庄子注》中说明本书的宗旨是"明内圣外王之道","内圣"就是要顺乎"自然","外王"则主张不废"名教",主张"名教"合乎"自然","自然"为本为体,"名教"为末为用。虽然不废名教，但"名教"为末，故《庄子注》仍是"大畅玄风"，而儒墨之治天下，有用无体。徒有其迹而忘其所以迹，故《庄子注》出而"儒墨之迹见鄙，道家之言遂盛"了。

西晋末叶以后，佛学在中国风行，东晋的思想家多属僧人，但是这种外来的印度宗教，何以能在我国如此的发达，说者理由不一。我看其中主要的原因，多半是由于前期"名士"与"名僧"的发生交涉，常有往来。他们这种关系的成立，一则双方在生活行事上彼此本有可以相投的地方，如隐居嘉遁，服用不同，不拘礼法的行径，乃至谈吐的风流，在在都有可相同的互感。再则佛教跟玄学在理论上实在也有不少可以牵强附会的地方，何况当时我国人士对于佛教尚无全面的认识，译本又多失原义，一般人难免不望文生解，当时佛学的专门术语，一派大都袭取《老》、《庄》等书上的名辞，所以佛教也不过是玄学的"同调"罢了。故晋释道安《鼻奈耶序》上说："以斯邦（中国）人《老》、《庄》教行，与方等经兼忘相似，故因风易行也。"实是当时事实的真相。说到这个时代的佛学，早期最流行的是"般若"的研究，根本的思想是"二谛义"，讲明"真谛"与"俗谛"的关系，这个分别与中国本末体用之辨相牵合；再则"法身"的学说也颇重要，相传古《楞严经》在那时前后总计有七次到九次的翻译，大概系因为这书特别论到"法身"罢。此后到西晋末年，《涅槃经》的学说接着大为风行，还是发挥上述一贯的思想，这些"二谛"、"法身"诸义，讨论圣人"人格"的问题，而同时为"本体论"的追究，佛学给与玄学很丰富的材料，很深厚的理论基础。若论佛学与其它思想的争论，或"内学"与"外教"的关系，其主要问题还是"自然与名教之辨"，乃至"圣"与"佛"的性质各是如何？按印度佛教原本是一种出世解脱道，换句话说，即是"内圣"不一定要"外王"。晋朝末年因受这种外来宗教的影响，对于理想上"圣人的观念"也有改变，如慧远在《论沙门不应敬王者书》上说："不顺化以求宗"，即"体极"者可以"不顺化"，"自然"与"名教"之所以又行分途，佛学于此，关系也颇重要。

现在我要回到本文第一段所提出的两个问题：即：（一）玄学的产生是否受佛学的影响？（二）魏晋思想在理论上与佛学的关系如何？我的意见是：玄学的产生与佛学无关，因为照以上所说，玄学是从中华固有学术自然的演进，从过去思想中随时演出"新义"，渐成系统，玄学与印度佛教在理论上没有必然的关系，易言之，佛教非玄学生长之正因。反之，佛教倒是先受玄学的洗礼，这种外来的思想才能为我国人士所接受。不过以后佛学对于玄学的根本问题有更深一层的发挥。所以从一方面讲，魏晋时代的佛学也可说是玄学。而佛学对于玄学为推波起澜的助因是不可抹杀的。

总上所说，关于魏晋思想的发展，粗略分为四期：（一）正始时期，在理论上多以《周易》、《老子》为根据，用何晏、王弼作代表。（二）元康时期，在思想上多受《庄子》学的影响，"激烈派"的思想流行。（三）永嘉时期，至少一部分人士上承正始时期"温和派"的态度，而有"新庄学"，以向秀、郭象为代表。（四）东晋时期，亦可称"佛学时期"。我们回溯魏晋思潮的源头，当然要从汉末三国时荆州一派《易》学与曹魏"形名家"言的综合说起，正始以下乃至元康、永嘉以迄东晋各时期的变迁，如上面所讲的，始终代表这时代那个新的成分一方面继续发展的趋势。前后虽有不同的面目，但是在思想的本质上确有一贯的精神。魏晋时代思想之特殊性，想在乎此。

（本文为作者在西南联大的演讲稿，由石峻记录）

引用书简目

在本书中作者原来引用书籍时，为了避免累赘，因而常没有说明出处，为阅读本书和研究书中问题方便，现将所引用的原始资料的书名择要列在后面。

（一）《论衡》，王充著。有商务出版黄晖《论衡校释》可用；闻刘盼遂先生《集注》即将出版。[1]

（二）《人物志》，刘邵著。有《四部丛刊》本、《四部备要》本，古籍刊行社出版的任继愈断句本可用。

（三）王、韩《周易注》，王弼、韩康伯所注《周易》。有《四部丛刊》本、《四部备要》本。《十三经注疏·周易》亦系用王、韩注，并唐孔颖达正义（简称《孔疏》）。

（四）王弼《老子注》。有《四部备要》本，浙江书局《二十二子》中亦有。

（五）《论语义疏》，何晏集解，皇侃义疏（简称《皇疏》）。有《知不足斋丛书》本及《古经解汇函》本。《十三经注疏·论语》采用何晏集

---

[1]　刘盼遂：《论衡集解》，古籍出版社，1957年。——编者注

解，邢昺疏。

（六）唐李鼎祚《周易集解》。有《古经解汇函》本。

（七）郭象《庄子注》。有《四部丛刊》本、《四部备要》本，郭庆藩《庄子集释》可用。

（八）张湛《列子注》。有《四部丛刊》本。

（九）《抱朴子》，葛洪著。有《四部丛刊》本、《四部备要》本。

（十）《世说新语》，刘义庆著，刘孝标注。《四部丛刊》、《四部备要》中均有此书。

（十一）《文心雕龙》，刘勰著。有范文澜《文心雕龙注》可用。

（十二）《全后汉文》。

（十三）《全三国文》。

（十四）《全晋文》。

（十五）《全宋文》。

（十六）《全齐文》。

（十七）《全梁文》。

以上十二——十七均在严可均辑《全上古三代秦汉三国六朝文》中，凡本书所引《出三藏记集》（简称《祐录》）、《弘明集》、《广弘明集》、《文选》，以及一些类书中的文章多可按朝代在《全上古三代秦汉三国六朝文》中找到。

汤用彤先生年谱简编

1893 年（癸巳），一岁

　　汤用彤先生，光绪十九年阴历六月二十一日出生于甘肃省渭源县，字锡予。先生原籍湖北省黄梅县孔垅镇汤大墩村，家学渊源深厚。父亲汤霖（1850—1914），字崇道，号雨三，晚年号颐园老人；母亲梁氏；长兄用彬。先生兄妹三人，排行最幼。

1894 年（甲午），二岁

　　本年，汤霖仍知渭源县，随父亲住在县衙。

1895 年（乙未），三岁

　　本年，父汤霖仍知渭源县。《渭源风土调查录》载，汤霖"名士风流，政尚平恕"，"民感其化，尽除险诈之风"，"邑人以汤青天呼之"。

1896 年（丙申），四岁

　　汤霖素喜汉易，兼通佛学，亦深具文学修养，有诗文传世。平时最爱吟诵具有浓郁忧国忧民意蕴的《桃花扇》之《哀江南》套曲和庾信的《哀江南赋》，常吟之终日，以寄其伤时之情。

　　先生幼时罕言语，貌似愚钝，但耳濡目染，四岁时一日忽模仿其父口吻，用湖北乡音一字不差地背出《哀江南》，父母甚为惊异。由此他四岁便在父亲的书馆中受教。

1897 年（丁酉），五岁

　　本年，父汤霖仍知渭源县。随后，任甘肃乡试考官。

1898 年（戊戌），六岁

本年，汤霖丢官，先后设教馆于兰州等地。先生学于父亲所设之教馆。

1902 年（壬寅），十岁

本年，汤霖再次出任甘肃乡试考官。汤用彬附贡生应光绪壬寅年顺天乡试，入京师大学堂译学馆。先生仍随父亲在甘肃。

1906 年（丙午），十四岁

3 月，汤霖与陈曾佑等人在兰州合办甘肃优级师范学堂，任庶务长。

本年，章太炎发表《建立宗教论》（《民报》1906 年第 9 号）主张以佛教为基础建立无神无我的新宗教。先生一直对章氏著述相当关注，在吸取其合理内核的同时，也常与好友就其中理论缺陷提出质疑，展开讨论。

1908 年（戊申），十六岁

本年，先生随父亲来到北京。他 1915 年发表《谈助》于《清华周刊》，提到初来京城时的见闻。

本年，先生就学于北京顺天高等学堂，接受新式教育，除了上国文课外，还学习英文和数、理、化各科。

1911 年（辛亥），十九岁

2 月，清华学堂通过考试录取了第二格学生 141 人。其中正取 116 人，备取 25 人。先生属于 116 名正取的第二格学生。

3 月 19 日，先生入学清华学堂中等科。

6 月 13 日，先生与兄用彬及汤霖弟子 20 余人于北京万牲园为父亲庆贺 61 寿辰。随后汤霖门人固原画家吴本钧绘有《颐园老人生日谦游图》纪此盛况。

自本年始，先生列入清华国文特别班研习国文典籍。

1912 年（壬子），二十岁

暑假，先生与吴宓为阐发他们的人生道德理想，合著长篇章回体小说《崆峒片羽录》。全书拟撰三十回，只完成了缘起回及前三回（3 万余字）。楔子为吴宓撰作，略仿韩愈《毛颖传》，借毛颖之议论，以说明著作小说之原理及方法。以下则由二人共拟大纲，然后由先生著笔，吴宓为之润色。全书大旨，在写二人之经历，及对于人生道德之感想。

本年，先生回故乡黄梅探亲。1915 年他发表《谈助》于《清华周刊》第 53 期提到回乡观感。

本年，素有"鄂东明珠"美誉的湖北省黄梅县第一中学创办。黄梅一中百年校庆之际，2012 年 10 月 3 日，"汤用彤纪念馆"奠基仪式也同时在该校举行。

1913 年（癸丑），二十一岁

本年，吴宓的七言律诗《示锡予》云："风霜廿载感时迁，憔悴潘郎发白先。心冷不为尘世热，泪多思向古人涟。茫茫苦海尝忧乐，滚滚横流笑蚁羶。醉舞哀歌咸底事，沧桑砥柱励他年。"

本年，先生于清华学校学完中等科，接着就读于高等科（1913—1917）。他所修课程除国文与英文贯穿始终外，还包括法语、德语、拉丁文、化学、物理、数学、高等几何、心理学、历史、体育、音乐、国际法等课程。

1914 年（甲寅），二十二岁

4 月 6 日夜，先生与吴宓讨论起国亡时"吾辈将何作"的沉重话题。吴宓说："上则杀身成仁，轰轰烈烈为节义死，下则削发空门遁迹山林，以诗味禅理了此余生。如是而已。"先生则谓："国亡之后不必死，而有二事可为：其小者，则以武力图恢复；其大者，则肆力学问，以绝大之魄力，用我国五千年之精神文明，创出一种极有势力之新宗教或新学说，使中国之形式虽亡，而中国之精神、之灵魂永久长存宇宙，则中国不幸后之大幸也。"

9 月至次年 1 月，先生在《清华周刊》第 13～29 期连续 17 期发表《理学谵言》（2.3 万字），集中体现出他力图熔铸古今中西道德文明的初步尝试，字里行间洋溢着他对弘发中国文化真精神的无限激情，认为引介西方文化应当注意中国国情，尤其是国民心理的特点。

9 月至 10 月，先生于《清华周刊》第 13、15、16 期连载短篇实事《孤鏊泣》。

10 月，先生发表《理论之功用》于《清华周刊》第 15 期。

11 月，先生在《清华周刊》第 20 期发表《新不朽论》。

12 月至次年 1 月，先生连载《植物之心理》于《清华周刊》第 27～29 期。

本年，先生担任清华学校达德学会刊物《益智》的总编辑。

本年，先生发表《惜庐笔记》于《益智》第 2 卷第 3 期。

本年，先生发表于《益智》杂志第 2 卷第 4 期"文篇"栏目的《道德为立国之本议》是现知他最早的学术论文，虽仅千余字，但在其思想发展中却具有创作始基的关键作用，是揭示他早年心路历程和学衡派思想形成的珍贵历史文献。在如何确立"道德人格"这一主调下，他从外来文化中国化的角度重点论述了新旧关系、家族主义与国家主义的关系、自由在中国传播过程中的异化、道德立国还是宗教立国等时代关键问题，提纲挈领地宣示了其试图熔铸古今中西文化之优长的初步尝试和学思理路。

1915 年（乙卯），二十三岁

2 月 16 日，先生与吴宓谈到献身中国文化要从办杂志入手，"他日行事，拟以印刷杂志业，为入手之举。而后造成一是学说，发挥国有文明，沟通东西事理，以熔铸风俗、改进道德、引导社会，虽成功不敢期，窃愿常自勉也"。乐黛云教授据此推断，这就是后来《学衡》杂志所标举的"昌明国粹，融化新知"的最早提法，可见创办《学衡》杂志的理想早有酝酿。

2 月，先生于《清华周刊》第 30、31 期发表《快乐与痛苦》。

9 月 17 日，吴宓日记评论先生"喜愠不轻触发，德量汪汪，风概类黄叔度。而于事之本原，理之秘奥，独得深窥。交久益醇，令人心醉，故最能投机"。

在《二十一条》签订之际，先生愤于国耻，联合吴宓、黄华诸友，于 1915 年冬，在清华学校组织起"天人学会"。会名为先生所定，吴宓的解释甚为符合全会成员的共识："天者天理，人者人情。此四字实为古今学术、政教之本，亦吾人方针所向。至以人力挽回天运，以天道启悟人生，乃会天人之责任也。"

先生所撰《谈助》发表于《清华周刊》第 47 期。文章提到北大和清华园及其周边环境典故。

先生所撰《说今日》发表于《清华周刊》第 52 期。

本年，吴宓赠先生以诗《偶成示锡予》。

1916 年（丙辰），二十四岁

本年初，在先生回黄梅探母前夕，吴宓赠诗《送锡予归省》三首。

2 月至 3 月，先生发表《谈助》于《清华周刊》第 65、66、68、70 期。《清华周刊》第 65 期《谈助》，阐述其文学观。

先生的书评《护民官之末运》发表于《清华周刊》第 74 期。

5 月，先生于《清华周刊》第 75 期发表书评两篇。书评中关于当时美国日益发达的汽车业从身体到心灵摧残人类的引述，大概是国人最早对环境污染和现代化弊端的关注。

5 月，先生有书评两篇发表于《清华周刊》第 76 期。

5 月，先生于《清华周刊》第 78 期发表短文《说衣食》，论及清华校风。

《托尔斯泰传》书评发表于《清华周刊》第 78 期。

《侠隐记》书评发表于《清华周刊》第 78 期。

《欢迎新同学》发表于《清华周刊》第 80 期。

本年，洪深（后成为戏剧大师）所编《贫民惨剧》的演出轰动戏剧界，先生也参与了该项工作。

本年，先生与黄冈张敬平结婚，妻兄张大年，亦民初国会议员，与兄用彬交谊甚笃。

1917 年（丁巳），二十五岁

6 月，由于先生在清华工作出色，荣获金奖。这枚金质奖章现存北京大学校史馆。

6 月，《清华周刊》第三次临时增刊的"课艺"栏目发表《论成周学礼》。

夏，吴宓入美国弗吉尼亚州立大学学习文学。先生在清华 7 年半学习结束终于毕业，留校任国文和中国历史课教员。

年底，《小大之辨》发表于《清华周刊》第 94 期。

本年，先生长子汤一雄出生。

本年，先生担任 1917 届学生年级手册编辑。

1918 年（戊午），二十六岁

8 月 14 日，先生随同清华戊午级毕业生启程前往美国。

9 月 4 日，经过 21 天的航海生活，先生所乘"南京号"抵达旧金山。

9 月 15 日，吴芳吉收到先生在出国前夕来函。先生赞成他到东京留学的计划，但极力反对他去学艺术，力劝其改习新闻专业。

9 月，先生在汉姆林大学注册入学，英文名用"Yung-Tung Tang"。

9 月 20 日，吴宓日记曰："迭接汤、曹诸人来函，知先后抵校"。

9 月 29 日，吴宓再记："锡予近来函甚多，足见关切公私之意，甚为欣幸"。吴宓和吴芳吉日记中多次提到与先生的信件往来。

10 月，《汉姆林大学校友季刊》出版，其中有一则消息提及先生与其清华同学程其保，皆由格雷戈里·沃尔科特（Gregory D. Walcott）教授的引荐而进入汉姆林大学。

先生在汉姆林大学，读书甚勤，系统地学习了西方哲学史以及那个时代最前沿的心理学和生理学理论，写下了十篇关于哲学、普通心理学和发生心理学的课业论文。每次论文完成上交，均由指导教师加以仔细审阅和批改，论文成绩十分优秀，均在 95 分到 99 分之间。指导教师发还论文后，先生将它们装订成 16 开本一大厚册，题名《1918—1919 年写于汉姆林大学的论文集》。

1919 年（己未），二十七岁

1 月 25 日，先生写作《中世纪神秘主义》（*Mysticism in the Middle Ages*）。

4 月 8 日，先生写作《斯宾诺莎、洛克和康德之认识论》（*Epistemology of Spinoza, Locke and Kant*）。

5 月 4 日，"五四"爱国运动爆发。先生与留美学生发表声援国内运动的宣言，藏中国国家博物馆。

6 月，先生在汉姆林大学毕业后即前往哈佛大学，由吴宓接入哈佛，先借住在梅光迪的寓所。

7 月 14 日，《吴宓日记》载："午饭时，赴白师 Prof. Babbitt 宅，约定会晤时间。晚八时，偕陈寅恪君及锡予同往。白师及其夫人陪坐。谈至十一时半始归。白师述其往日为学之阅历，又与陈君究论佛理。夫人则以葡萄露及糕点进，以助清谈云。"

9月15日，先生和吴宓入住维尔德堂51号。在这栋楼里住过的学生成名者颇众，如前总统肯尼迪和联储主席伯南克。这里离赫山街上的陈寅恪住处仅数百米。

9月16日，先生正式在哈佛大学文理学院哲学系注册入学读研究生。一开学就选修了白璧德开设的"19世纪的浪漫主义运动"一课。

9月28日，沃尔科特教授为先生写推荐信。

10月4日晚，先生与吴宓等知友，"会于陈君寅恪室中"，欢送梅光迪首途归国，赴即将成立的南开大学英语系教员任。

12月10日《吴宓日记》载："锡予近读佛学之书，殊多进益。宓未遑涉猎也。偶见其中载佛语一则云：'学道之人，如牛负重车，行深泥中，只宜俯首前进，若一徘徊回顾，则陷溺邃深，而不可拯拔矣。'宓近来体验所得，确信此言之切要也。"

12月29日《吴宓日记》载："留美同人，大多志趣卑近，但求功名与温饱。而其治学，亦漫无宗旨，杂取浮摭。乃高明出群之士，如陈君寅恪之梵文，汤君锡予之佛学，张君鑫海之西洋文学，俞君大维之名学，洪君深之戏，则皆各有所专注。"

吴宓对俞大维、陈寅恪、先生与兰曼的关系记述道："哈佛大学本有梵文、印度哲学及佛学一系，且有卓出之教授 Lanman 先生等，然众多不知，中国留学生自俞大维君始探寻、发现，而往受学焉。其后陈寅恪与汤用彤继之。"

当时哈佛中国留学生中有"哈佛三杰"的说法，即陈寅恪、汤用彤和吴宓。此据李赋宁先生所讲。此外，"哈佛三杰"还有两说分别是：梅光迪、吴宓、汤用彤；俞大维、陈寅恪、汤用彤。

1920年（庚申），二十八岁

1月30日，楼光来转学至哈佛，从白璧德习文学。先生和吴宓、张鑫海赴南车站迎接，他们都很高兴"此间习文史哲理者，渐多矣"。

2月，陈烈勋致函先生。

8月17日，先生与陈寅恪自纽约归哈佛，与张鑫海（后改名歆海）、楼光来、顾泰来、俞大维和吴宓再次相聚。《吴宓日记》视之为"七星聚会"。

9月，先生正式开始跟随兰曼学习梵文和巴利文，其进阶过程与先入兰曼门下的陈寅恪相似。

9 月 29 日，兰曼在日记中记载了先生与陈寅恪在新学期选修课程的情况。

本年下学期，先生开始写作留学哈佛大学时期《哲学专辑》第一册，现存三篇课外论文（一百多纸），成绩皆为"A"。

1921 年（辛酉），二十九岁

1 月 17 日，先生写作课业论文《叔本华天才哲学述评》（*Schopenhauer's Philosophy of Genius*）。此文之妙，不仅在于详尽分析了叔本华天才哲学的理论来源，准确阐述了叔本华天才哲学的内涵及其特征，更在于以敏锐的眼光和哲人的洞察，指出叔本华天才哲学的内在的、深刻的矛盾。

2 月 1 日，《吴宓日记》载："巴师（白璧德）谓于中国事，至切关心。东西各国之儒者（Humanist）应联为一气，协力行事，则淑世易俗之功或可冀成。故渠于中国学生在此者，如张（鑫海）、汤（锡予）、楼（光来）、陈（寅恪）及宓等，期望至殷云云。"

2 月 8 日，《兰曼日记》载，先生的考试表现最佳。

2 月 28 日，先生获哈佛大学哲学硕士学位。

12 月，先生用英文写成的论文 *Oriental Elements in Schopenhauer*（《叔本华思想中的东方因素》），发表在《留美学生月报》（*The Chinese Students' Monthly*），与《叔本华天才哲学述评》专门分析叔本华思想中西方思想因素正相呼应，合而观之正得其全。

1921—1922 学年先生选修的哲学类课程，从哲学到宗教学有一个逐渐的重心转移过程。

1922 年（壬戌），三十岁

1 月，梅光迪、刘伯明、吴宓、胡先骕、柳诒徵等人于南京东南大学创办《学衡》杂志。先生回国前，吴宓邮寄《学衡》各期至哈佛寓所。

先生在哈佛大学做研究生期间，接续以往的研究，深入系统学习宗教学。本年上半年写成《宗教学专辑》一册（212 页）专门研讨各种宗教学理论，征引相关文献多逾百种。

4 月 28 日，《兰曼日记》载他审阅先生的梵文文章。

6月2日，先生参加兰曼主持的巴利文考试。

6月16日，先生与其他两位学生去兰曼家拜访。

6月17日，《兰曼日记》载他到储藏室查找先生所需要的图书。兰曼对先生的学习和生活多有照料，令其感念不已。

此项，由梅光迪、吴宓推荐，先生应东南大学副校长刘伯明之聘，准备回国出任哲学系教授、系主任。

7月初，先生乘火车离开波士顿，前往加拿大西部海港城市温哥华，再乘船返回上海。先生在起程不久的途中寄了一张明信片给兰曼告知其回国的消息。

7月27日，刚从欧洲回到家的兰曼在晚上开始读信，并在日记中记录下先生和陈寅恪来信之事。

9月5日，吴宓致函吴芳吉，谈论他与先生别后一年来的情况。

9月17日，白璧德复函吴宓，为《学衡》出谋划策，并推荐先生所撰叔本华哲学及佛教方面的文章。

1923年（癸亥），三十一岁

5月，译文《亚里士多德哲学大纲》上篇发表于《学衡》第17期。

7月，译文《亚里士多德哲学大纲》下篇发表于《学衡》第19期。

9月，内学院研究部分设的正班和试学班开学，先生参与主持其事。

12月，先生翻译英国剑桥大学神学教授尹吉（W. R. Inge，1860—1954）所撰《希腊之宗教》发表于《学衡》第24期。

本年，支那内学院院刊《内学》在南京创刊，由欧阳竟无主编。先生的《释迦时代之外道》发表于《内学》第一辑。

本年，蒙文通来内学院与先生共同旁听欧阳竟无讲学。蒙先生所写《中国禅学考》等，深得欧阳赞赏。

本年，先生所讲《叔本华之天才主义》之概要，由学生张廷休整理成文，发表于《文哲学报》第三期。

1924年（甲子），三十二岁

2月，先生最早的佛学论文《佛教上座部九心轮略释》发表于《学衡》第26期。

白璧德在先生回国后并未与他失去联系，仍保持书信往来并寄赠自已于 1924 年首版的新书《民治与领袖》（*Democracy and Leadership*）。

6 月，先生所撰《印度哲学之起源》发表于《学衡》第 30 期。

夏，先生与熊十力、柳诒徵两先生于南京聚会，并合影留念。

本年，先生任内学院巴利文导师。

1925 年（乙丑），三十三岁

本年上学期，因国民党与院系之间的势力斗争引发东南大学"易长"风潮，先生受到牵连。

3 月，《释迦时代之外道》转载于《学衡》第 39 期。

7 月，自 1923 年 9 月开办的内学院试学班圆满结束。

8 月，先生转任南开大学哲学系教授。

1926 年（丙寅），三十四岁

5 月 29 日，先生撰《佛典举要》发表于《南大周刊》二周年纪念号。《佛典举要》是先生所发表的现存他涉及中国佛教史领域的最早文章，初步总结了他研读佛典二十多年来的积淀和思考。文中所列书目择取审慎，独具匠心，其解说简明扼要，注重印度佛教与中国佛教的联系，显示出先生由疏理印度佛教史转向中国佛教史的治学思路。可以说，这是首次向世人提供的一份研究中印佛教史的必读书目和最佳入门途径。

冬，先生在南开大学完稿讲义《中国佛教史略》，其中前半部分就是其在中国佛教史方面划时代的传世名著《汉魏两晋南北朝佛教史》的初稿。

本年，熊十力《唯识学概论》讲义第二稿付梓，始自立新说，"借鉴易之变易与不易来讲佛学的体用关系"。熊十力把该讲义赠送先生一册。

1927 年（丁卯），三十五岁

农历正月十五日（公历 2 月 16 日），先生次子一介生于天津南开大学。他年少时生活深受其父教学环境变化的影响。

南开常邀名家来校讲演，哲学界翘楚胡适、李大钊、贺麟、梁漱溟皆欣赴讲席。先生亦做过《气候与社会之影响》等讲演。

先生在南开期间与学衡派的吴宓、柳诒徵及新儒家熊十力诸友时相过从，切磋学问。至今汤一介仍珍藏着熊十力 1927 年来南开讲学时赠给先生的明版《魏书·释老志》，上有其遒劲狂放的毛笔所书"熊十力购于天津　十六年四月八日题于天津南开大学"。

5 月，先生回南京前，南开师生为他在秀山堂举行欢送会，依依惜别。

9 月，先生入南京第四中山大学（后改为中央大学）任哲学院长。

1928 年（戊辰），三十六岁

7 月 16 日，先生在《现代评论》增刊中看完胡适新作《菩提达磨考》后，致函胡适云。

7 月 21 日，胡适回复先生一长信。

10 月，《南传念安般经》发表于《内学》第四辑第二种。

本年，女一平出生。

1929 年（己巳），三十七岁

8 月，在南开讲义基础上，于中央大学编成汉文油印讲义"印度学说史"，在绪论之外分十四章。该讲义手稿"绪论"文末云："惟念国方多难，学殖荒芜。向者玄奘入印，摧破外道邪见，虽不可望。世多高谈佛学，而于其学说之背景，弃而不讲，亦甚怪矣。……今复整理删益成十四章，名曰印度学说史，或可为初学之一助欤。中华民国十八年八月十日黄梅汤用彤识于匡山五老峰上。"

本年，《印度哲学史——绪论》发表于《国立中央大学半月刊》第一期，现版《全集》未收。

本年，编成油印讲义《隋唐佛教史稿》第二稿。

约在本年，东南印刷公司代印中央大学讲义《汉魏六朝佛教史》（1927—1931 年间讲授）是先生拟撰《汉魏两晋南北朝佛教史》的第二稿。钱穆《忆锡予》所述先生于中大所撰之讲义，当指此稿。

1930 年（庚午），三十八岁

1 月 17 日，先生于《中央大学日刊》发表一篇讲演，论述熊十力《新唯识论》及其思想的关键性转变。

2 月，先生请欧阳竟无题诗两首于《颐园老人生日谶游图》，第一首写道："吾岂昔人吾犹昔，此心息息画工师。何妨幻住重留幻，楼阁如今尽孝思"，题署"宜黄欧阳渐"。

9月，先生发表了他的第一篇中国佛教史专文《读慧皎〈高僧传〉札记》于《史学杂志》第 2 卷第 3、4 期合刊，《国立中央大学半月刊》第 8 期转载。

1931 年（辛未），三十九岁

3月，《唐太宗与佛教》发表于《学衡》第 75 期。该文认为唐太宗并不信佛，虽很敬重玄奘，却劝其还俗从政，足见太宗对佛教的态度。

夏，胡适请先生至北大哲学系任教。

《唐贤首国师墨宝跋》及《矢吹庆辉〈三阶教之研究〉跋》发表于《史学杂志》第二卷第五期。《矢吹庆辉〈三阶教之研究〉跋》文对矢氏采用材料失当，考订史实失察等问题，详加辩驳。

本年，《摄山之三论宗史略考》发表于《史学杂志》第二卷第六期。

本年，先生修改讲义《隋唐佛教史稿》第三稿，并由北京大学出版组成铅印。

1932 年（壬申），四十岁

2月，先生重撰的中国佛教史讲义汉魏两晋南北朝部分的第三稿写成。他于讲义前自注云："民国二十一年二月十六日三稿草竣"。

在继《汉魏两晋南北朝佛教史》第三稿完成后，《隋唐佛教史稿》铅印本也印出。

3月，《竺道生与涅槃学》发表于《国学季刊》3 卷 1 号。

暑期，先生南下庐山，在佛教圣地东林寺左近写《大林书评》。

《〈四十二章经〉跋》发表于《国风》1932 年第 9 期。此文后经先生增补成为 *The Editions of the Ssŭ-Shin-Erh-Chang-Ching*。该文主体内容收入《汉魏两晋南北朝佛教史》第三章的一部分。

1933 年（癸酉），四十一岁

3月 22 日，蒙文通在南京致函先生，谈到先生佛教研究对他奉欧阳竟无之命撰写《中国哲学史》的影响，以及不同地域文化之渗透与中国文化发展的关系。信末还表达了自己身体"湿重"，适宜迁居北方的愿望。

4月，胡适写成《〈四十二章经〉考》，大幅引评先生《中国佛教史讲义》。他率先关注到先生后来对该稿的修订。

先生所撰《释道安时代之般若学述略》初载《哲学论丛》1933 年 5 月号。《释道安时代之般若学述略》与陈寅恪《支愍度学说考》同年面世，皆论格义，观点基本一致。盖因陈、汤二老过从甚密，常交流心得，立论自然相近，惟陈寅恪对"格义"外延的界定稍宽泛。

夏，经先生推荐，蒙文通离河南大学，任北京大学史学系教授，主讲周秦民族史、魏晋南北朝史和隋唐史。

1934 年（甲戌），四十二岁

3 月 17 日，《大公报》发表《评〈唐中期净土教〉》。

4 月，陈寅恪自清华西院来明信片，语及《高僧传》之法和与《太平经》传承中的帛和、白和是否为一人，并嘱托先生代抄《太平经》后序。

4 月 14 日，先生复函陈寅恪，论及《太平经》成书年代和传授记载等。陈寅恪接到 4 月 14 日先生的回信后，立即覆书。

4 月 18 日，先生又复函陈寅恪。陈寅恪接到 18 日先生的回信后曾再覆书。

7 月 1 日，先生《王维诚〈老子化胡说考证〉审查书》发表于《国学季刊》4 卷 2 号。

本年起，先生任北大哲学系主任（至 1950 年），聘郑昕讲授一年级形式逻辑。

1935 年（乙亥），四十三岁

此顷，先生所主持之北大哲学系已形成重视哲学史与佛教思想之系风，迥异于清华重逻辑之风气。

3 月，先生在《国学季刊》第 5 卷第 1 期上发表长文《读〈太平经〉书所见》，成为国内学术界对《太平经》创始性的系统研究。

4 月 13 日至 15 日，先生与冯友兰、金岳霖等哲学界同仁发起成立的中国哲学会首届年会在北京大学召开。

本年，《释法瑶》发表于《国学季刊》五卷四号。

1936 年（丙子），四十四岁

4 月 4 日，中国哲学会年会第二届年会在北平举行，先生出席会议，并宣读论文《关于〈肇论〉》。

4月，哈佛燕京学社主办的杂志 *Harvard Journal of Asiatic Studies* 一卷一号发表由美国学者 J. R. Ware 翻译的先生论文《〈四十二章经〉之版本》（*The Editions of the Ssǔ-Shin-Erh-Chang-Ching*）。

本年，先生于《哲学评论》第七卷第一期发表第一届中国哲学年会报告摘要《汉魏佛学的两大系统》。

先生于《哲学评论》第七卷第二期发表第二届哲学年会报告摘要《关于〈肇论〉》。

本年起，先生在以往研究的基础上，开设"魏晋玄学"课程。

1937 年（丁丑），四十五岁

1月，先生发表《评〈考证法显传〉》、《唐贤首国师墨宝跋》、《矢吹庆辉〈三阶教之研究〉跋》于《微妙声》第 3 期。

5月，《评日译〈梁高僧传〉》、《评〈小乘佛教概论〉》发表于《微妙声》第 8 期。

夏，先生陪同母亲消暑于牯岭，并与钱穆同游匡庐佳胜，读书著文。

七七事变前夕，欧阳竟无召集门人于南京支那内学院设《涅槃》讲会，提无余涅槃三德相应之义，讲演对于孔佛二家学说究竟会通的看法。先生、蒙文通赴南京支那内学院主持会议。

10月，先生与贺麟、钱穆等人同行，在天津小住数日，取海道从天津去香港，再辗转于 11 月到长沙临时大学。因文学院设在南岳衡山，先生旋转赴南岳。

12月，先生在《燕京学报》第 22 期上发表的《中国佛史零篇》是其佛教中国化研究具体而微的缩影。他在为该文所写的英文解说中提纲挈领地点睛出《零篇》所未明言的研究佛教中国化发展变迁的思路，坦陈自己对中国文化融化外来之教能力的看法，格外关注竺道生融会中印传统的历史作用，并阐明其"理为佛性"思想之演进轨迹。先生对日本关于中国佛教十三宗旧说的批判性研究，于此已肇其端。

本年，温公颐《道德学》一书由上海商务印书馆出版，出版前曾由先生和汪三辅教授审阅，贺麟校阅并作序。

1938 年（戊寅），四十六岁

元旦，先生于南岳掷钵峰下作《汉魏两晋南北朝佛教史》跋文。

4月19日下午3时，西南联大常委会于昆明办公处召开第56次会议，决议公布通知准予冯友兰来信请辞哲学心理教育系主席，请先生担任该职。

6月，《汉魏两晋南北朝佛教史》由商务印书馆在长沙印行。

8月底，蒙自联大文、法学院迁至昆明，先生与钱穆、姚丛吾、容肇祖、沈有鼎、贺麟、吴宓仍留蒙自读书。

10月29日，先生被推举为赴昆明旅行团团长。

本年至次年，先生在西南联大哲学系开设"佛典选读"一课，石峻负责解答课外同学们的提问。石峻请先生开列一个必读书目，先生为之开列了《"佛典选读"叙目》。

1939 年（己卯），四十七岁

8月12日，太虚法师《己卯日记》专门对《汉魏两晋南北朝佛教史》写下读后感。

本年，北京大学文科研究所恢复招收研究生制度，任继愈考取先生的研究生。

本年，先生关于魏晋玄学的第一篇专文《读〈人物志〉》发表于昆明《益世报》读书双周刊第119至121期，旨在探讨魏晋玄学思想的渊源。

本年，汤一雄因阑尾炎手术麻醉事故而病故，年仅23岁。

1940 年（庚辰），四十八岁

1月20日，《国立北京大学四十周年纪念论文集》在昆明出版。先生发表《魏晋玄学研究两篇》，即《魏晋玄学流别略论》和《向郭义之庄周与孔子》。

6月，钱穆《国史大纲》出版，前言提及先生。

12月17日，先生致函胡适，除庆贺其五十大寿，更主要是从学科建设出发，阐述北大在战时应采取的办学方针和具体措施。

此顷，先生指导王明研究道教。后此，王明成《〈太平经〉合校》，成为研究道教的必读资料。

本年，陈寅恪以新著《秦妇吟校笺》赠先生。

本年，先生对魏晋玄学的研究颇有进展。《读〈人物志〉》一文经修订后，定名为《读刘邵〈人物志〉》发表于《图书季刊》新2卷1期。

本年，中国哲学会在昆明开年会，选举第三届理事会，冯友兰、金岳霖、贺麟为常务理事，先生、宗白华、胡适、张君劢、张东荪、方东美等为理事。

1941 年（辛巳），四十九岁

1 月 7 日，先生在儒学会的一次长期鲜为人知的演讲，充分表明他对儒学的尊奉由来已久。

1 月，皖南事变发生，国共关系十分紧张。受此影响，联大哲学系学生散去数人，先生慰留冯契等人。

6 月，国民政府教育部颁行《部聘教授办法》，实行"部聘教授"制度。由教育部直接聘任的部聘教授是当时中国教育界的最高荣誉。最终确定 29 人为部聘教授，哲学学科中仅先生和冯友兰二人当选。5 年聘期满后，经学术审议委员会议决，这 29 位学者一律续聘第二个任期。

夏，老舍应邀到西南联大讲学，其间遇先生，于是"偷偷地读"他的《汉魏两晋南北朝佛教史》，获益匪浅。不久，老舍在《大地龙蛇》的创作中，写了一位虔诚的佛教徒形象。

在先生开设《魏晋玄学》的同一时期，他 1941 至 1944 年间指导王利器于北京大学文科研究所读研究生，为他选定做《吕氏春秋》研究。

本年，冯友兰的《新理学》获教育部学术研究评奖哲学类一等奖。

杨志玖从先生读研究生期间，本年于《永乐大典》中考证出马可·波罗确实到过中国。先生甚为赞赏，建议把题目改为《新发现的记载和马可·波罗的离华年代》，以把发现和考证都突出来，醒目动人。他还特意给《文史杂志》主编顾颉刚写信赞扬，并建议顾颉刚不要因为是年轻人的文章而不给较高稿酬。

1942 年（壬午），五十岁

3 月，冯友兰写成《新原人》的自序，说："此书属稿时，与金龙荪先生岳霖同疏散于昆明郊外龙泉镇。汤锡予先生用彤亦时来。承阅全稿，并予批评指正，谨此致谢。"

10 月 20 日，朱自清应先生、罗常培诸先生邀宴，席间商定"文史学十四讲"之题目与次序。

11 月 27 日，傅斯年为北大文科研究所事致函先生。

本年，先生所写《言意之辨》，由北京大学文科研究所油印散发。

本年，先生撰《王弼大衍义略释》发表于《清华学报》第 13 卷第 2 期。

本年，先生发表《印度哲学的精神》一文于《读书通讯》第 41 期。

本年，陈国符在先生主持的北京大学文科研究所里始得阅读《道藏》，其传世名著《道藏源流考》酝酿于斯。此书"历代道书目及道藏之纂修与镂板"一章还提到："承汤用彤先生告知道宣《续高僧传》载佛寺亦藏道书，谨录于此。"

1943 年（癸未），五十一岁

1 月，《文化思想之冲突与调和》发表于《学术季刊》第一卷第二期。

1 月 17 日，郑天挺的《日记》载："锡予来，示以觉明敦煌来书，随与之长谈文科研究所发展事。"

1 月 19 日，先生致函胡适，力陈学术建树为大学立足之本，并以开辟敦煌调研为重点来加以具体阐释。

《王弼圣人有情义》发表于《学术季刊》第 1 卷第 3 期；《王弼之〈周易〉、〈论语〉新义》发表于《图书季刊》新 4 卷 1、2 合刊。

《向郭义之庄周与孔子》发表于《哲学评论》第八卷第四期。

本年，先生最疼爱的女儿一平患肾脏病，最后因肾衰竭去世。

1944 年（甲申），五十二岁

3 月，中山大学文科研究所聘请先生与冯友兰、冯沅君、陈寅恪、胡适等为名誉导师。

8 月 9 日下午 5 时，西南联大于昆明龙翔街校总办公处会议室召开常委会第 112 次会议，决议通知公布冯文潜辞去哲学心理学系主任，由先生担任。

本年，《汉魏两晋南北朝佛教史》编入"佛学丛书"于重庆再版。

本年，《隋唐佛教之特点》发表于《图书月刊》第三卷第三、四期。

本年，王达津毕业于西南联大的北大文科研究所。他在文科研究所"受古文字学家唐兰和哲学史家汤用彤的影响攻金文、甲骨、《尚书》与诸子"。此间在先生指导下，他整理研究了《老子王弼注》。

1945 年（乙酉），五十三岁

5 月 24 日，先生与冯友兰、贺麟为中国哲学会西洋哲学名著编译委员会事致胡适信。

8月中旬，先生与北大同人周炳琳（法学院长）、张景钺（理学院代理院长）、毛子水（图书馆长），发电报劝在美国的胡适早日返校主持工作。

9月3日，蒋梦麟校长来到昆明，于才盛巷召集北大教授开会。当天会后，江泽涵写信把会议情况向胡适通告说："他曾要锡予师代理校长，锡予师坚决地拒绝了……现在可以负责的人只有枚荪兄与锡予师在昆明。"

9月6日，先生致函胡适，力劝胡适早日从美国返校主长北大。

10月1日，张奚若和周炳琳一同起草，并同朱自清、李继侗、吴之椿、陈序经、陈岱孙、先生、闻一多、钱端升共10位西南联大教授联名致电正在重庆进行和平谈判的蒋介石、毛泽东，希望国共谈判取得成功，新中国建设早获开始。

10月28日，北大秘书章挺谦邀宴，借以欢迎傅斯年到校。席上有先生、傅斯年、周炳琳等北大同人。饭后谈及时局及学校未来问题。

在胡适到任前，由傅斯年做代理校长。傅斯年常赴渝开会，他在离校时，委托先生主管北大并代理联大常委职责。11月5日，江泽涵致胡适函谓：傅斯年10月23日召集教授会提出"他离校时，请锡予师代表他"。

"一二·一"运动期间，联大最为活跃的当属教授会。每次会议均有决议，且态度明确，措施得力。如，第二次会议"推派周炳琳、汤用彤、霍秉权三先生参加死难学生入殓仪式，代表本会同人致吊"。

汤一介先生回忆说："昆明'一二·一'运动后，梁漱溟曾来联大演讲，讲后访我父亲汤用彤，邀他参加民盟，但被拒绝了。这说明父亲在解放前一贯的政治态度。"

本年，《印度哲学史略》由重庆独立出版社印行。

1946年（丙戌），五十四岁

抗战胜利后，北大在昆明复校事多由用彤先生主持，主要在两个方面：（1）约回散在各地的北大旧人，并聘请新教授；（2）负责把留在昆明的北大教职员和家属及学生迁回北平。

4月2日，傅斯年批复了先生为北京大学复校而写的教师聘用计划报告。

4月5日，傅斯年致先生函，最可说明复校是事关北大生死存亡的历史抉择。

5月4日上午，国立西南联合大学在新校舍图书馆举行结业典礼，由梅贻琦常委主持大会。三校代表先生、叶企孙、蔡维藩相继致词，赞颂三校在战时联合时期合作无间的关系，宣告西南联合大学在完成其战时的历史使命后结束。

7月9日，周炳琳致函胡适说："校中内部维持与在联大中的清华、南开保持接触，数月来汤锡予兄实负其责。锡予兄身体原不大好，为爱北大，竟肯挺身而出，至足钦敬。锡予兄处事稳妥持平，深知各方面情形，数月来局面之维系，孟真实深得其助。"

7月15日，得知闻一多被害的消息后，正在重庆候机北上的先生与冯友兰、金岳霖、周炳琳等33位教授联合上书教育部朱家骅部长转国民政府严正抗议特务的卑劣行径，请求严格追查凶犯及其主使人，从速处理，以平公愤。

7月31日，西南联大正式宣布解散，先生的学生韩镜清、王维诚、庞景仁、张世英等，随南开大学复校到哲学教育系任教。他在文科研究所带的研究生杨志玖、王达津、王玉哲及杨翼骧先后至南开历史系、文学系任教，均成为本学科的学术带头人，为南开大学文科的建设与发展奠定了良好基础。

7月5日，胡适回国到达上海，7月29日飞抵北平，先生与傅斯年、郑天挺等人代表北大赴机场迎接。

胡适与傅斯年以及先生筹建东方语文学系（后来改称东方语言文学系），经向达和白寿彝教授推荐，先生代表北大聘请马坚到北大任教，并聘请刚从德国留学归来的季羡林担任系主任。

季羡林来北大后，当年下学期一开始即以"学生教授"或"教授学生"的身份，听先生讲授的"魏晋玄学"课程。他说自己是汤先生"班上的最忠诚的学生之一，一整年没有缺过一次课，而且每堂课都工整地做听课的笔记，巨细不遗。这一大本笔记，我至今尚保存着"。

9月20日，胡适为傅斯年卸任"代理"校长举办茶话会后，正式接任北大校长。同时聘任先生为文学院长兼哲学系主任。胡适热衷于政治活动，常在南京开会，北大校务多由先生协理。

10月23日，先生的《谢灵运〈辨宗论〉书后》发表于天津《大公报》的《文史周刊》第2期。

11 月 4 日，为工作方便，先生应傅斯年邀请由小石作 3 号搬入了东厂胡同 1 号这所景色优美的中式花园住宅，与傅斯年和胡适比邻而居。

11 月，在西南联大 9 周年纪念会上，胡适以自己和梅贻琦、先生等人为例来说明，三校原本是"通家"，患难与共，休戚相关，合作精神应继续发扬下去。

12 月 21 日，先生与北大、清华、南开等校教授联合致函国民政府主席蒋介石，要求合理调整教师待遇。

年底，中印建交后，先生应邀为北大同学做了两次演讲，一为《佛经翻译》，二为《玄奘法师》。

本年，"青年文库"丛书由中国文化服务社印行，主编是朱云影、程希孟、赵纪彬，编审委员会有：先生、方东美、冯友兰、洪谦、陈大齐、宗白华、黄建中、范寿康、梁漱溟、贺麟。

1947 年（丁亥），五十五岁

1 月 1 日，胡适获知沈崇一案胜诉后，立即去先生家，未遇，遂留一便笺告知。

春，结束魏晋玄学一课，随即授英国经验主义。

2 月 22 日，先生与许德珩、朱自清、向达、金岳霖、俞平伯、陈寅恪、张奚若、钱端升、吴之椿、徐炳昶、杨人楩等十三位教授联名签署《保障人权》的宣言。时人把这次抗议行动称之为"一个新人权运动的开始"。

4 月，美国康奈尔大学柏特教授来访问，先生与熊十力、胡适、林宰平、金岳霖、贺麟、朱光潜等出席中国哲学会举办的欢迎柏特的会议。

5 月 7 日，傅斯年致函胡适，以给先生加薪为由，希望能在不影响其北大工作量的前提下，把他调到史语所工作。由于胡适需要倚重先生在北大协理诸多事务，因而调动之事未获批准。但是傅斯年仍聘请先生兼任中央研究院历史语言研究所驻北平办事处主任。

7 月，《魏晋思想的发展》发表于《学原》第 1 卷第 3 期。

7 月 9 日，先生因应美国加利福尼亚大学之聘起程赴美特请假一年致函胡适校长。

8 月，先生休假出国讲学，由上海乘船赴美。朱光潜出任代理文学院长。

9 月，先生开始在美国加州伯克利大学讲授中国汉隋思想史一课。"中国汉隋思想史"一课现存讲义，主体内容是玄学。

《王弼之〈周易〉、〈论语〉新义》一文由奥地利汉学家李华德译成英文刊于美国《哈佛亚洲研究杂志》，引起了西方学术界的重视。

1948 年（戊子），五十六岁

本年夏，先生在美国伯克利大学讲学满一年后，又收到哥伦比亚大学的聘请。但因他对故土的眷恋，加之与胡适有一年之约，故决定谢绝邀请，如期返回了行将解放的祖国。

由中央研究院第二届评议会主持，1948 年秋，完成了中央研究院首届院士的选举。

9 月 21 日，先生到南京出席中央研究院第一届院士会议，在会上与冯友兰等人共同入选评议员（即常务委员，属人文组哲学门）。

12 月 16 日，北京大学召开第 74 次行政会议，决议推举先生、郑天挺和周炳琳三先生为行政会常务委员。

1949 年（己丑），五十七岁

2 月 3 号上午，解放军举行盛大的入城式，北大组织师生上街列队热烈欢迎。同日，先生代表北大，接受新政权管理。

5 月 13 日，北平市军事管制委员会主任兼北平市长叶剑英正式任命先生为北京大学校务委员会主席兼文学院院长。

9 月，先生作为"中华全国教育工作者代表会议筹备委员会"的代表出席中国人民政治协商会议第一届全体会议。

12 月 16 日，在新北大首次校庆的前一天，《北大周刊》第 21 期刊出先生纪念校庆 51 周年的文章，一方面批评老北大的"为学术而学术"脱离现实的弊端，一方面力图重新阐释"兼容并包"口号。

1950 年（庚寅），五十八岁

5 月 4 日，先生所撰《五四与北大》发表于《文汇报》第 8 版。

6 月初，先生出席中央人民政府教育部召开的首届全国高等教育会议。

10 月 12 日，先生被聘请为中国科学院专门委员。郭沫若院长颁发的"院人字 3096 号"聘书今存。

1951 年（辛卯），五十九岁

1 月 1 日，先生的《新年笔谈》发表于《新建设》。

6 月 16 日，《"有益士林"的武训》发表于《学习》。

9 月 3 日，经中央人民政府委员会第 12 次会议通过，毛泽东主席亲笔签发"府字第 3984 号"令，正式任命先生为北京大学副校长，至此北大圆满实现了领导体制的新旧更替。

12 月 26 日，《改良主义的思想与所谓"清高"》发表于《进步日报》。

《论格义——最早一种融合印度佛教和中国思想的方法》，发表于 *Radhakrishnan：Comparative Studies in Philosophy Presented in Honour of his Sixtieth Birthday*，London：Allen and Unwin，1951。

1952 年（壬辰），六十岁

本年，全国的哲学专家一度皆调集到北京大学，他作为校领导尽力作好团结工作。张岱年回忆说："汤先生以博大的胸怀、诚挚的态度，使哲学界同仁都感到温暖。汤先生的高尚的情操，令人至今感念不忘。"

1953 年（癸巳），六十一岁

10 月 25 日，熊十力致函马寅初、江隆基、先生，并附录有他给林伯渠、董必武函。

11 月 18 日，先生所撰《加强锻炼，进一步搞好体育活动》发表于《北京大学校刊》第 4 期。

年底，先生在北京大学演说《迎 1954 年新年讲话》，手稿残存两纸。

1954 年（甲午），六十二岁

2 月，《历史研究》创刊号出版。第一届编辑委员会成员有郭沫若、尹达、白寿彝、向达、吕振羽、杜国庠、吴晗、季羡林、侯外庐、胡绳、范文澜、陈垣、陈寅恪、夏鼐、嵇文甫、先生、刘大年、翦伯赞。

先生与任继愈合写《魏晋玄学中的社会政治思想和它的政治背景》一文，发表于《历史研究》1954 年第 3 期。

9月23日，《认清我们的职责，迎接祖国第一个宪法》发表于《光明日报》。

11月13日，先生与冯友兰等人出席由《人民日报》主持的胡适批判会议，在长期积劳成疾之下而患脑溢血。经马寅初请卫生部长组织苏联专家会诊，特护治疗数月方脱险。

1955年（乙未），六十三岁

3月，《哲学研究》创刊，由中国科学院哲学研究所编辑出版，先生、冯友兰等人任编委。

先生与任继愈合写《南朝晋宋间"般若"、"涅槃"佛教学说的发展和它的反动的政治作用》发表于《哲学研究》1955年第3期。

6月，中国科学院学部学部委员会成立，先生被选为哲学社会科学部学部委员。

9月，《汉魏两晋南北朝佛教史》上下册，由中华书局重印。

12月2日，先生与任继愈合写《纪念释迦牟尼涅槃三千五百年》发表于《人民日报》。

1956年（丙申），六十四岁

1月，党中央关于知识分子问题会议召开后，为落实重视知识分子的政策，应先生等老专家的要求，北大相继为他们配备了助手，以传承其学说。是年汤一介、杨辛调到北京大学哲学系，作为助手帮助整理先生的著述。从此先生开始抱病为北大哲学系部分师生讲授印度佛教哲学。

8月12日，先生发表《"百家争鸣"是学术上的群众路线》，《人民日报》第7版。

本年，先生与任继愈合撰的《魏晋玄学中的社会政治思想和它的政治背景》，由上海人民出版社出版单行本，改题目为《魏晋玄学中的社会政治思想略论》。

1957年（丁酉），六十五岁

3月15日，先生所撰《高校应重视科研　目前北大的科研潜在力量尚未充分发挥》发表于《光明日报》。

3月25日，先生在助手汤一介先生协助下写成《魏晋玄学论稿·

小引》。

《实事求是，分清是非》发表于《人民日报》1957 年 5 月 26 日第 7 版。

5 月 28 日，《改善科学院和高等学校的关系——在科学院学部会议上的书面发言》发表于《光明日报》。

5 月 28 日，《科学研究和教学不能分家——汤用彤批评科学院的本位主义思想》发表于《人民日报》第 7 版。

6 月，《魏晋玄学论稿》由人民出版社印行。

1958 年（戊戌），六十六岁

5 月 18 日，先生复函中华书局（书局来函及其复函，尚未发现），提出他准备如何整理《高僧传》的办法，并征询编辑部意见。但由于同年先生患心脏病住院治疗等原因，直到一年后才展开《高僧传》整理工作。

本年，先生除当选为第二届全国人民代表大会代表外，还兼任第三届全国政协常委。

1959 年（己亥），六十七岁

3 月 12 日，《人民日报》第 2 版公布《中华人民共和国第二届全国人民代表大会代表名单》。先生列为湖北省代表。

11 月 25 日，先生复函捷克斯洛伐克汉学家鲍格洛。

12 月，先生写成《印度哲学史略·重印后记》。

本年，汉学家许里和《佛教征服中国》一书出版，他屡屡称引先生的著述，盛赞其"大师风范"（masterly fashion），并奉汤著为"价值至高之工具和导引"。

本年，先生把拟写的《魏晋玄学》一书的纲目增订为 21 章。

1960 年（庚子），六十八岁

1 月 10 日，先生致函蒙文通论学时提到："近年颇思研究道教史。"

8 月，《印度哲学史略》经先生的助手王森校改文字上的错落百余处，由中华书局于重印。

本年，先生重读家藏已久的杨文会所撰《十宗略说》作了摘抄，并加按语。

1961 年（辛丑），六十九岁

6月，《康复札记四则："妖贼"李弘·云中音诵新科之诫·何谓"俗讲"·佛与菩萨》发表于《新建设》6月号。

7月，先生发表于《新建设》7月号的《针灸·印度古医书》一文，针对国外流行的针灸起源于印度之说，利用中国古籍、汉译佛经和英译巴利文材料，证明针灸并非由印度传入，而是中国原本固有的，并从中揭示中外文化交流中应注意的一些关键问题。

8月5日，章正续、詹明新《燕园访汤老》，发表于《光明日报》。

8月19日，先生与宗白华的访谈录《漫话中国美学》发表于《光明日报》。

10月，先生与汤一介合写的论文《寇谦之的著作与思想》发表于《历史研究》第5期。

先生撰文《读一点佛书的"音义"》发表于10月19日《光明日报》。

1962 年（壬寅），七十岁

5月4日，《人民日报》第1版刊发了一则题为《北大许多知名学者关怀后一代师资的成长》的新华社消息，提到先生教研近况。

5月28日，先生复函吴宓。

《论中国佛教无"十宗"》发表于《哲学研究》第3期。

6月7日，先生就《论中国佛教无"十宗"》中的校勘问题致函《哲学研究》编辑部。

7月30日，《哲学研究》编辑部寄来黄心川的《印度十九世纪爱国哲学家和社会活动家辨喜的思想》一文，请先生审稿。

8月4日，先生就黄心川《印度十九世纪爱国哲学家和社会活动家辨喜的思想》审稿事，复函《哲学研究》编辑部。

9月，《魏晋玄学论稿》由中华书局再版，印2千册。

10月4日，先生复函列宁格勒大学庞英。

10月4日，《光明日报》学术部致函先生。先生收到来函及所附巨赞的文稿后，10月12日，复函《光明日报》学术部。

10月15日，《历史研究》第5期刊发一篇题为《陈垣、陈寅恪、汤用彤、顾颉刚著述情况》的学术资讯，介绍了汤著的重印，新编中的《往日杂稿》和《魏晋玄学讲义》，还特别关注他古籍整理的进展。

10 月 14 日，《关于慧深》发表于《文汇报》。

11 月 21 日，先生在《光明日报》的《史学》栏目发表《从〈一切道经〉说到武则天》，以其发现的武则天所撰《一切道经》序文为契机，指出武则天在敬佛的同时，亦与道教有密切关系。

11 月 22 日，先生与中华书局总编金灿然签署"高僧传校点"约稿合同。

11 月 29 日，先生复函哲学研究编辑部。

12 月，《往日杂稿》由中华书局出版。

1963 年（癸卯），七十一岁

1 月 15 日，先生致函巨赞，对其质疑的"四毁之行"予以答复。

春节前夕，先生由夫人陪同赴政协礼堂参加招待会，与陈毅晤谈。

巨赞接到先生来信后，在春节期间到先生家中拜访，并讨论相关的问题。

2 月 15 日，巨赞复函先生继续加以论述。

3 月 23 日，为使僧传的出版体例一致，先生复函中华书局哲学组就整理《高僧传》计划提出详细意见。

5 月 1 日劳动节晚，先生应邀上天安门城楼观赏焰火，由周恩来总理导见毛泽东主席。

夏，许抗生、武维琴考上先生的研究生时，他尽管重病缠身，却一心想尽快把毕生所学倾囊传授给后学，以接好老一辈的班，所以他总是不辞劳苦地为学生的学业操心着，坚持讲解佛经，辅导《出三藏记集经序》、《弘明集》等书。

9 月，《高僧传》整理工作全面铺开。

10 月 1 日，国庆节先生又上天安门观礼。

12 月 13 日，先生将卷首部分已基本定稿的六个僧人传记（现存五纸）和三个附录《关于高僧传》、《关于慧皎》、《高僧传分科分卷人数对照表》作为样张油印出来征求意见。

本年，先生完成《道藏资料杂抄》。

本年，先生当选第三届全国人民代表大会代表。

本年，《汉魏两晋南北朝佛教史》由中华书局再版。

本年，《中国佛教宗派补论》发表于《北京大学学报》第 5 期。

1964 年（甲辰），七十二岁

3月，先生因劳累过度心脏病发而住北京医院治疗。

4月2日，先生在医院病笃时口述，由秘书李长霖笔录的《高僧传》校注计划，是现知他最后的学术工作。

5月1日上午，先生因心脏病发作去世。

5月3日，《人民日报》、《光明日报》、《北京日报》同时刊出先生逝世的讣告。

后　记

　　记得 2013 年 12 月下旬的一天，汤一介先生叫我去 301 医院找他。在病床边上，汤先生与我商议了正在编订的十卷本《汤一介集》（中国人民大学出版社 2014 年 4 月已出版）中的一些问题。临走，汤先生告诉我，中国人民大学出版社正在编一套"中国近代思想家文库"，其中收有《汤用彤卷》，让我联系出版社王琬莹编辑进行下一步的工作。汤先生告诉我，他编好了具体的选目，已经交给了王琬莹编辑。

　　后来我从王琬莹编辑处得知，"中国近代思想家文库"是中国人民大学出版社近年推出的大型丛书，作为近代著名思想家、佛教史家的汤用彤先生自然是必要的入选人物之一。根据编写要求，编者必须是对入选者的思想最有研究、最有心得的学者。鉴于汤先生多年来整理、研究汤老先生的著作，加上他作为汤老先生公子的特殊身份，出版社于 2012 年找到了汤先生。汤先生很赞成编选这样一套文库，非常愉快地答应了。

　　随后有一次在汤先生朗润园家中，汤先生告诉我，限于篇幅，对《汉魏两晋南北朝佛教史》的节选主要是围绕道安、鸠摩罗什、慧远、道生等几位高僧展开的。根据"文库"的体例，每一卷需要一个"导言"和一个"年谱"。我告诉汤先生，"导言"可以由我将先生已经发表的文章予以改编并参考学术界有关研究成果写成，而"年谱"可以请赵建永老师完成。对于前者，汤先生表示同意。至于后者，汤先生说，赵建永正在为《汤用彤全集》（增订本）撰写新的更为全面、详尽的年谱，尚未完成，还没有闲暇编写，因而可先采用孙尚扬之前编订的《年谱简编》，其中已发现的疏漏可以请赵建永修订。

　　后来，十卷本《汤一介集》的出版更为紧迫，加上由中国书籍出版社出版的十一卷本《汤用彤全集》（增订本）也一直在紧张的校订中，本卷"导言"就没来得及写成，"年谱"也没有时间修订。2014 年 8 月，赵建永老师完成了拟收入《汤用彤全集》（增订本）第十一卷的《汤用彤学术年谱》。还未及根据新情况调整本卷的编订计划，2014 年 9 月 9 日汤先生遽然弃世。令人痛心疾首的是，我们所承担的多种有关汤老先生、汤先生的著作还没有出版，其中即包括本卷。为了让本卷及时出版，经与乐黛云先生商议，请研究汤老先生积年，成果斐然，且较之前略有空暇的赵建永老师来编写"导言"、"年谱"两部分。乐先生甚为赞同，并嘱咐我作此记略述此卷编订始末云云。

值得一提的是，在汤先生拟定的选取目录中，《魏晋玄学论稿》的每篇文章名称后都注明该篇发表的期刊或年代，以表明此书虽然初版于 1957 年，但其内容则都是在建国以前写就的。据此，我们将汤先生的标注附于各篇文章正文之末，以供参考。

本卷的编选，以 2000 年河北人民出版社所出版的七卷本《汤用彤全集》为底本，同时参照了其它各主要版本进行校订。最终得以出版，特别要感谢中国人民大学出版社编辑们的辛劳和认真负责，同时也要感谢赵建永老师在百忙中爽快地应承下任务，倾心为本卷编写"导言"与全新的"年谱"。

我们有理由相信，有此一卷在手，汤老先生生前出版的主要的三部著作的精华部分已尽在掌握中。并且以此为阶梯，进而可以探究汤老先生更全面的道德文章，发明汤老先生在近现代学术史上的重要贡献。让我们以此卷的出版深深缅怀汤一介先生！

2014 年 10 月 27 日杨浩识于北京大学

中国近代思想家文库

方东树、唐鉴卷	黄爱平、吴杰 编
包世臣卷	刘平、郑大华 主编
林则徐卷	杨国桢 编
姚莹卷	施立业 编
龚自珍卷	樊克政 编
魏源卷	夏剑钦 编
冯桂芬卷	熊月之 编
曾国藩卷	董丛林 编
左宗棠卷	杨东梁 编
洪秀全、洪仁玕卷	夏春涛 编
郭嵩焘卷	熊月之 编
王韬卷	海青 编
张之洞卷	吴剑杰 编
薛福成卷	马忠文、任青 编
经元善卷	朱浒 编
沈家本卷	李欣荣 编
马相伯卷	李天纲 编
王先谦、叶德辉卷	王维江、李鹜哲、黄田 编
郑观应卷	任智勇、戴圆 编
马建忠、邵作舟、陈虬卷	薛玉琴、徐子超、陆烨 编
黄遵宪卷	陈铮 编
皮锡瑞卷	吴仰湘 编
廖平卷	蒙默、蒙怀敬 编
严复卷	黄克武 编
夏震武卷	王波 编
陈炽卷	张登德 编
汤寿潜卷	汪林茂 编
辜鸿铭卷	黄兴涛 编

康有为卷	张荣华 编
宋育仁卷	王东杰、陈阳 编
汪康年卷	汪林茂 编
宋恕卷	邱涛 编
夏曾佑卷	杨琥 编
谭嗣同卷	汤仁泽 编
吴稚晖卷	金以林、马思宇 编
孙中山卷	张磊、张苹 编
蔡元培卷	欧阳哲生 编
章太炎卷	姜义华 编
金天翮、吕碧城、秋瑾、何震卷	夏晓虹 编
杨毓麟、陈天华、邹容卷	严昌洪、何广 编
梁启超卷	汤志钧 编
杜亚泉卷	周月峰 编
张尔田、柳诒徵卷	孙文阁、张笑川 编
杨度卷	左玉河 编
王国维卷	彭林 编
黄炎培卷	余子侠 编
胡汉民卷	陈红民、方勇 编
陈撄宁卷	郭武 编
章士钊卷	郭双林 编
宋教仁卷	郭汉民、暴宏博 编
蒋百里、杨杰卷	皮明勇、侯昂妤 编
江亢虎卷	汪佩伟 编
马一浮卷	吴光 编
师复卷	唐仕春 编
刘师培卷	李帆 编
朱执信卷	谷小水 编
高一涵卷	郭双林、高波 编
熊十力卷	郭齐勇 编
任鸿隽卷	樊洪业、潘涛、王勇忠 编
张东荪卷	左玉河 编
丁文江卷	宋广波 编

贺麟卷　　　　　　　　　　　高全喜　编
陈序经卷　　　　　　　　　　　田彤　编
徐复观卷　　　　　　　　　　干春松　编
巨赞卷　　　　　　　　　　　黄夏年　编
唐君毅卷　　　　　　　　　　　单波　编
牟宗三卷　　　　　　　　　　王兴国　编
费孝通卷　　　　　　　　　　吕文浩　编

图书在版编目（CIP）数据

中国近代思想家文库. 汤用彤卷/汤一介，赵建永编. —北京：中国人民大学
出版社，2015.5
　　ISBN 978-7-300-20685-1

Ⅰ. ①中… Ⅱ. ①汤… ②赵… Ⅲ. ①思想史-研究-中国-近代②汤用彤
(1893~1964)-思想评论 Ⅳ. ①B250.5

中国版本图书馆 CIP 数据核字（2015）第 018150 号

中国近代思想家文库
汤用彤卷
汤一介　赵建永　编
Tang Yongtong Juan

出版发行	中国人民大学出版社			
社　　址	北京中关村大街 31 号		**邮政编码**	100080
电　　话	010 - 62511242（总编室）		010 - 62511770（质管部）	
	010 - 82501766（邮购部）		010 - 62514148（门市部）	
	010 - 62515195（发行公司）		010 - 62515275（盗版举报）	
网　　址	http://www.crup.com.cn			
经　　销	新华书店			
印　　刷	涿州市星河印刷有限公司			
开　　本	720 mm×1000 mm　1/16		**版　　次**	2015 年 5 月第 1 版
印　　张	32.75 插页 1		**印　　次**	2025 年 4 月第 2 次印刷
字　　数	549 000		**定　　价**	117.00 元